2024年（第十届）全国统计建模大赛获奖论文选

全国统计建模大赛组织委员会
国家统计局统计教育培训中心 编

中国统计出版社
China Statistics Press

图书在版编目(CIP)数据

2024年(第十届)全国统计建模大赛获奖论文选 / 全国统计建模大赛组织委员会，国家统计局统计教育培训中心编. —— 北京 ：中国统计出版社，2025. 3. —— ISBN 978－7－5230－0621－4

Ⅰ. C815－53

中国国家版本馆CIP数据核字第2025W6R899号

2024年(第十届)全国统计建模大赛获奖论文选

编　委　会/全国统计建模大赛组织委员会　国家统计局统计教育培训中心

责任编辑/宋怡璇

封面设计/李雪燕

出版发行/中国统计出版社有限公司

通信地址/北京市丰台区西三环南路甲6号　邮政编码/100073

发行电话/邮购(010)63376909　书店(010)68783171

网　　址/http://www.zgtjcbs.com/

印　　刷/河北鑫兆源印刷有限公司

经　　销/新华书店

开　　本/880×1230mm　1/16

字　　数/684千字

印　　张/22.5

版　　别/2025年3月第1版

版　　次/2025年3月第1次印刷

定　　价/78.00元

目录

政策红利如何赋能东北振兴
——来自城市层面的多模态数据新证据

辽宁省统计局 左文帝 吕萌萌 刘国葆

摘 要

本文立足新发展阶段,深入探究了新时代东北振兴政策如何赋能东北地区高质量发展。首先,基于Python自主编程和Jieba库对东北振兴政策进行文本数据挖掘和量化梳理;其次,基于东北地区城市发展特征,采用2013—2022年95个城市的夜间灯光遥感数据、结构化数据和微博文本等多模态数据构建高质量发展指标体系,量化城市高质量发展;然后,基于双重机器学习模型,从政策效果及其滞后性、影响路径、空间溢出效应和异质性等多角度全面分析东北振兴政策对城市高质量发展的影响;最后,提出相关政策建议。

研究结果表明:第一,东北振兴政策对城市高质量发展产生了积极促进作用。从模型结果看,短期政策效应优于长期。振兴政策中如生产要素直接投入等刚性刺激性政策可以在短期内发挥作用,但从长期来看,体制机制等根本性问题有待进一步改进。第二,中介效应检验结果显示,东北振兴政策主要通过提高创新水平来促进城市高质量发展,产业结构升级带来的影响不够显著。主要原因是创新激励政策如人才引进等,可在短期内迅速发挥作用,而产业结构升级具有长期性、滞后性。第三,构建空间杜宾模型发现,东北振兴政策具有明显的正向空间溢出效应。其在促进本地高质量发展的同时充分发挥示范效应,带动周边城市高质量发展。第四,异质性分析表明,东北振兴政策效果存在区域异质性。从第二轮振兴政策实施起始至2022年底,由于各省(区)对政策的响应程度和资源禀赋不同,振兴政策成效不一,辽宁与黑龙江地区城市高质量发展水平提升更为明显。

由此,本文提出以下建议:首先,党的领导贯穿全程,深化体制机制改革;其次,立足各省发展实际,精准靶向制定政策;最后,提高政策长期效益,激发"内生增长动力"。

关键词:东北振兴;高质量发展;多模态;双重机器学习;空间溢出效应

一、引言

(一)研究背景与意义

1. 研究背景

东北地区是我国的老工业基地,在历史上为中国的工业化提供了坚实的基础,作出了突出的贡献。但近年来,东北地区经济发展速度与东中部地区渐有差距,竞争优势减弱。为促进东北地区经济社会发展,2003年中央印发《中共中央国务院关于实施东北地区等老工业基地振兴战略的若干意见》[①]。战略实施后,东北地区经济社会发展成效显著。2016年,在首轮振兴政策实施13年后,国家颁布《关于全面振兴东北地区等老工业基地的若干意见》,新一轮东北振兴全面开始。2018年9月,习近平总书记在东北考察时明确提出,新时代东北振兴,是全面振兴、全方位振兴。2023年,在东北振兴战略实施20周年之际,习近平总书记在哈尔滨主持召开新时代推动东北全面振兴座谈会,会议强调要牢牢把握高质量发展首要任务。同年,党中央再一次对新时代新征程上推动东北全面振兴做出重大战略部署,出台《关于进一步推动新时代东北全面振兴取得新突破若干政策措施的意见》。

① 东北地区:东北三省(辽宁、吉林、黑龙江)和内蒙古自治区东部五盟市(呼伦贝尔市、兴安盟、通辽市、赤峰市和锡林郭勒盟,简称"蒙东地区"。本文为模型构建便利性,将东北地区界定为辽、吉、黑、内三省一区。

2. 研究意义

党的二十大报告指出,高质量发展是全面建设社会主义现代化国家的首要任务。对此,立足新发展阶段,对新一轮东北振兴政策推动东北地区高质量发展成效进行研究和评价具有重要的现实意义。本文利用多模态数据构建高质量发展指标体系测度东北地区高质量发展水平,通过双重机器学习模型评估新一轮东北振兴政策实施成效,力求揭示掣肘发展的关键问题,为实现东北地区经济持续稳定增长和全面振兴的目标,提供科学建议和政策支持。

(二)文献综述

现有研究对东北振兴政策研究成果主要集中在3个方面:东北振兴政策体系研究、东北振兴政策经济效应研究和其他振兴效应研究。

政策体系研究方面,主要从定性和定量两个维度进行分析梳理。①定性角度,多为对比分析政策内容,对政策进行分类,系统梳理东北振兴战略的推进历程、政策实施取得成绩和存在问题(金凤君等,2016;孙久文等,2019)。②定量角度,主要进行政策文本量化,挖掘文本数据资源,对政策进行解构和归类总结。王士君等(2022)按核心内容、层级结构和实施空间层级,分析梳理政策并评价政策响应程度、经济效应,认为东北振兴政策系统复杂,对经济发展起到促进作用,但也面临可持续性等瓶颈;杜宝贵(2020)通过共词聚类分析法,运用多源流理论分析东北振兴政策变迁因素,并由此总结归纳国家政策工具变化特点;郭子熙等(2019)将新一轮东北振兴政策"1+N"体系解构,构建评估体系,发现现代服务业、创新群体、对口合作等方面政策存在落实不到位问题。

东北振兴政策经济效应方面,按政策时间,分为第一轮(2003—2015年)和第二轮(2016年至今)两个阶段。第一轮东北振兴政策研究相对丰富。①宏观经济层面,多数文献采用传统计量模型进行研究,例如双重差分法(DID)或者双重差分倾向得分匹配法(PSM-DID),从不同政策类型、时间长短期角度进行"净效应"评估,但经济效应显著结论不一(赵勇等,2017;何春,2017)。②微观经济层面,现有文献对区域创新、产业结构转型升级、社会保障、城市脆弱性与韧性、城市空间和功能空间发展等微观角度剖析了东北振兴政策经济效应,并提出了针对性的政策建议(赵林等,2014;魏后凯,2017;金凤君等,2016;初楠臣等,2015;高嚣等,2017;王姣娥等,2016;孙巍等,2019)。

第二轮政策效应评估,研究相对匮乏,多数成果发布时间在2020年之前,且集中在微观经济层面。温家隆等(2020)通过模糊综合评价方法,发现政策时间滞后,经济结构优化不足、科技创新投入指标完成度低及区域发展不够协调的结论;孙平军等(2023)研究东北区域性城市收缩,提出区域协调高质量发展建议,以推动全方位东北振兴;杨桐彬等(2020)基于产业结构锁定效应研究了东北地区资源型城市转型路径;尤文龙等(2019)通过传统和新兴工业产业融合发展政策实施效果进行自然实验,得出工业产业融合发展需要盘活各类要素国际流动的结论。

关于高质量发展的研究主要集中在内涵意义和科学测度方面。①内涵意义方面,部分文献对中国经济高质量发展任务要求、阶段特征、高质量发展规律进行阐述,研究制约经济高质量发展的原因,并从构建新发展格局、新动力机制、产业升级转型、生态环境、政府治理、数字经济等方面研究探讨实现经济高质量发展的路径(金碚,2018;王一鸣,2020;张军扩等,2020;荆文君等,2019;彭肖肖等,2024)。②科学测度方面,已有研究从高质量发展内涵入手,以解决经济发展问题和社会主要矛盾为目标导向,分解高质量发展任务要求,合理构建高质量发展评价指标体系,并运用统计计量模型分析城市高质量发展水平,但评价体系和研究结论各家不一(丁松等,2024;马茹等,2019;李金昌等,2019;魏敏等,2019)。

以上学者们对东北振兴政策评估的研究成果颇丰,但仍有进一步改进的空间:首先,现有文献多是对2003年首轮振兴的政策进行效应评价,对第二轮东北振兴政策效应评估研究不够充分;其次,现有研究数据大都来自《中国统计年鉴》《中国城市年鉴》和有关省市统计年鉴、国家统计局网站,数据为数值型,形式较为单一,数据种类有待丰富;最后,数据分析方法多为传统双重差分法,对新模型新技术新方法的利用还较为有限。因此,本文利用多模态数据构建城市高质量发展指标体系,运用双重机器学习模型测度第二轮东北振兴政策实施效果,为东北振兴政策制定做出理论贡献。

(三)研究思路

1. 研究框架

如图 1 所示。

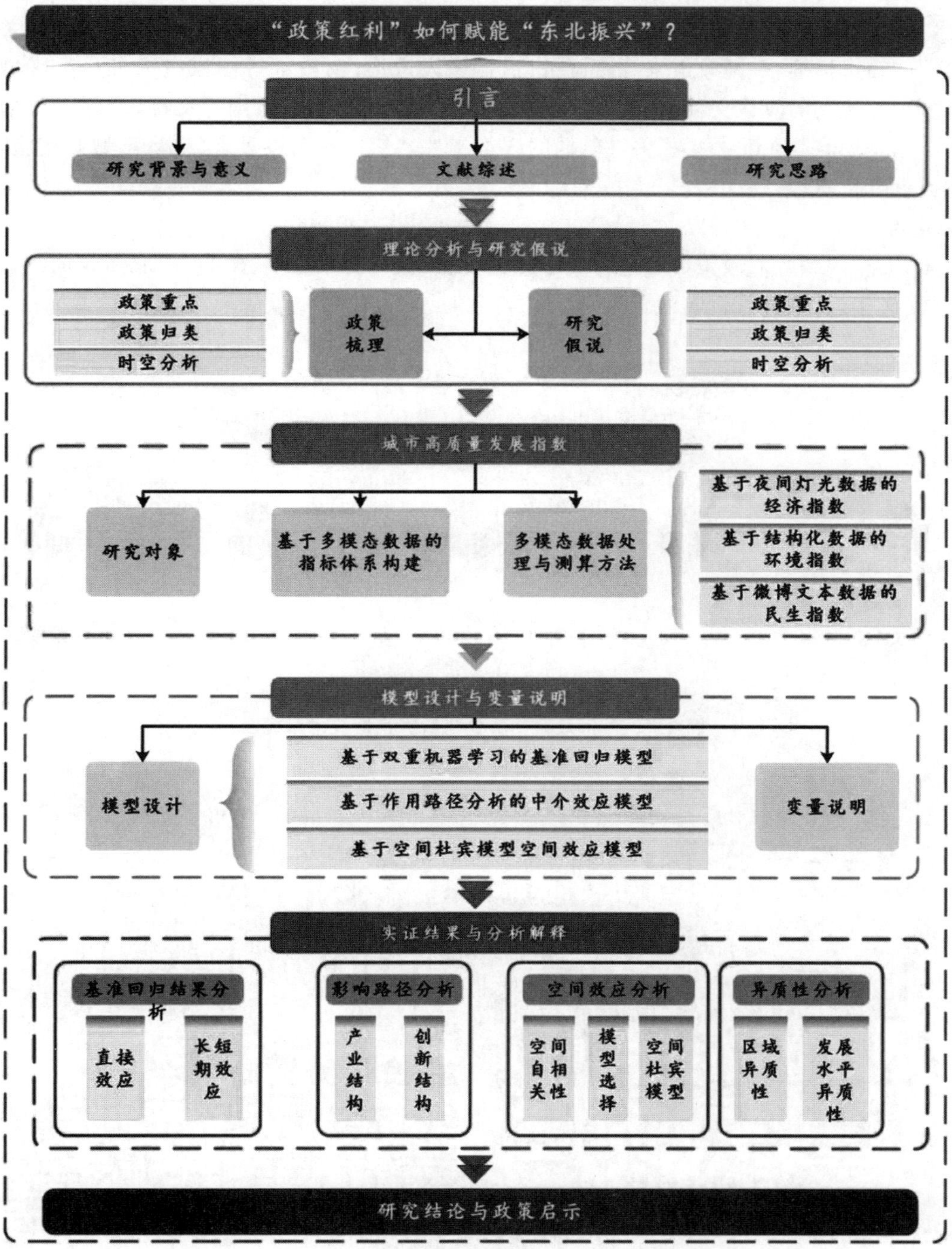

图 1　东北振兴政策赋能城市高质量发展研究框架图

2. 创新点

①拓宽研究视角,瞄准新一轮东北振兴。着眼于新发展阶段下新一轮东北振兴政策的实施成效研究,时效性更强,符合新形势新任务新要求,为东北振兴政策的进一步优化提供了理论参考。

②丰富数据种类,综合利用多模态数据。借助爬虫、文本分析、arcgis 等数据挖掘技术,分析夜间灯光、微博文本、传统结构化数据等多模态数据,构建指标体系,综合评价城市高质量发展状况。

③创新研究方法,采用双重机器学习模型。瞄准新技术新方法,运用双重机器学习评估新一轮东北振兴政策的实施成效,深入开展时间滞后性、作用路径、空间溢出性、组内组间异质性等多维度探究。

二、理论分析与研究假说

(一)政策梳理

现有研究成果多对首轮东北振兴政策进行分析,对东北振兴战略实施至今的整体政策体系分析研究较少。因此,本文以全国、辽吉黑内四省(区)为目标,爬取2003—2022年出台的东北振兴政策相关词条,并进行有效性筛选。筛选标准:一是政策来源于国务院、国家发改委、财政部等国家机关、四省(区)政府官网公开发布的有关东北振兴的政策文件。二是政策内容主要来自通知、意见、函等文件,剔除会议精神、公告等非正式政策。三是剔除与东北振兴相关性较弱的政策文件。然后从政策重点、政策类型和实施时空等三个角度对政策进行分析梳理。

1. 政策重点

基于Python自主编程对政策内容进行文本数据挖掘(技术路线图见图2),提取高频词组,过滤掉无意义单词,合并含义相近主题词,生成词云图(见图3)。

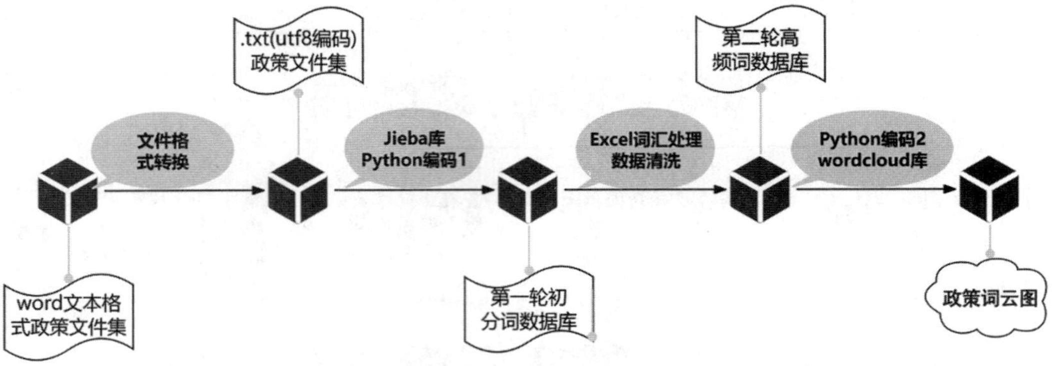

图2 Python政策文本量化数据挖掘技术路线图

图3 2003—2015年与2016—2022年政策对比词云图

通过对比两个时段国家与地方政策词云图(图3)发现:以振兴东北老工业基地为主题,第一轮政策紧盯工业发展、企业改革,新一轮东北振兴政策则更侧重于产业升级、改革创新、社会服务、合作开放、经济发展和区域协同发展。政策变迁以点带面,逐渐形成从“输血式帮扶”向“培养内生增长动力”的转变。

选取排名前18位高频词生成国家与地方高频词对比图(图4)。可以观察到,地方政策高频词中有11个与国家相同,覆盖率达61.1%,说明地方响应到位,与国家政策步调相对一致。

2. 政策归类

将政策根据内容分类:财税金融政策、产业投资政策、资源型城市转型政策以及其他政策(社会保障政

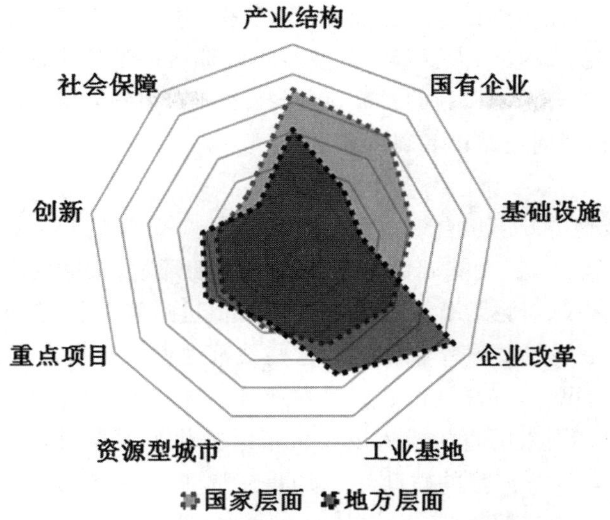

图 4　2003—2022 年国家与地方东北振兴政策高频词图

策、对外开放政策、空间布局政策、人才队伍政策、企业改革政策等)。

①财税金融政策:通过税率优惠,政府补贴、再贴现等手段,支持企业发展,政策形式较为直接。

②产业投资政策:为实现特定目标专门性制定的政策,更具有引导优势。

③资源型城市政策:为实现东北地区资源型城市转型,促进可持续发展制定的对应政策。

④其他政策:东北振兴政策的辅助配套政策,关注区域发展、社会保障、人才队伍建设等方面。

3. 时空分析

①时序顺序。2003—2015 年,政策以"输血"式帮扶为主,重点是东北老工业基地改造及规划工作、专项资金、定点投资等刚性政策,迅速缓解了企业和地方经济压力;2016 年至今,政策主题主要围绕促进体制机制改革、区域发展、重视创新、资源型城市转型、合作扩大对外开放水平等,专注培养东北地区内生增长动力。

②空间顺序。随着东北振兴政策的不断推进,政策的区域性特征更为明显(见图 5)。其中,辽宁地区出台政策数量为四省(区)之最,主要为人才、创新、创业、功能区发展等方面;吉林和黑龙江政策居中,集中在体制机制改革、合作开放、基础设施建设等方面;内蒙古振兴政策数量最少,政策集中在产业升级、科技创新方面。

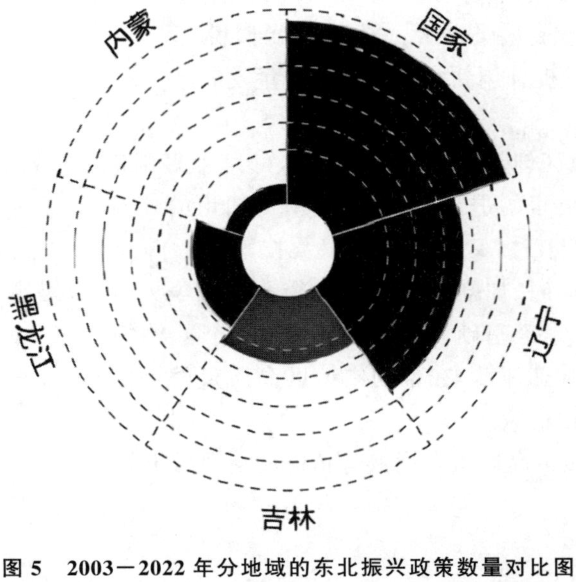

图 5　2003—2022 年分地域的东北振兴政策数量对比图

(二)研究假说

高质量发展是综合全面的发展,涉及社会各个领域,本文将高质量发展内涵界定为促进经济增长、改善城市生态环境和提高城市幸福指数。随着新一轮东北振兴开始,振兴政策体系得到进一步扩展,不仅通过财政、税收、金融、投资等直接调控手段投入生产要素(杨东亮,2011),还扩充了通过调节产业结构、改善营商环境和促进创新发展等间接手段投入人、财和物,使得相应地区的物质生活、精神生活和居住环境都得到改善,进而影响高质量发展。随着基础设施的提高、创新技术和知识的外溢,振兴政策不仅促进本地区高质量发展,还将发挥示范效应,辐射周边城市和邻近地区。

1. 直接影响机制分析

东北振兴进程中,国家及地方政府出台一系列财政和投资政策等通过转移支付为东北地区带来资本和重大项目(杨东亮和王皓然,2021),扩大基础设施建设改善生活环境;金融税收、企业改革和产业发展等政策通过给予地区行业及企业减税、补贴等优惠激发企业活力促进经济增长(王士军,2022);社会保障相关政策完善保障制度,改善地区人民生活提高幸福指数。这些政策通过直接投入人、物、财等生产要素优化资源配置改善生态环境促进经济与民生,提高城市高质量发展。孙巍和冯星(2019)发现东北振兴政策能够降低东北地区贫困程度。然而,生产要素的直接投入以及带来的重化工大项目,可能会让高质量发展产生要素路径依赖。王智勇(2022)认为不断扩张的财政资源加重东北重工业结构,短期内能够推动经济增长。据此,本文提出假说 1。

假说 1:东北振兴政策能够促进东北地区城市高质量发展,但短期效果好于长期效果。

2. 影响路径分析

经济高质量发展关键之一就是推动产业结构转型升级。升级过程中,企业为了提高竞争力,会推动新技术产生和应用,从而提高生产效率和质量。资源配置得到优化可以将资源从低效率的产业向高效率的产业转移,推动生产效率提高。而资源的初始与再配置决定了产业结构,产业结构升级实际就是生产要素配置效率的提高(刘佳等,2021)。冯卓和吴奇(2024),干春晖等(2011)分析得到产业结构升级能够促进中国经济增长的结论。东北振兴政策想要长期促进东北地区高质量发展势必要着力于发展的内在动力。新一轮东北振兴以来,国家出台了有关支柱产业、新兴产业等产业政策促进东北地区产业结构优化。加快产业结构升级是高质量发展的题中之义。据此,提出假说 2。

假说 2:东北振兴政策通过优化产业结构促进高质量发展。

创新是引领高质量发展的第一动力。创新水平的提升可以引入更先进的技术降低成本,提高效率和质量;促进新产业如人工智能、大数据等的发展,这些新产业是高质量发展的重要驱动力。技术创新水平的提升有利于劳动生产率的提高(宣烨等,2019)。在东北振兴进程中,国家出台了《关于促进东北老工业基地创新创业发展打造竞争新优势的实施意见》等相关政策,此外,各省(区)也积极响应,陆续出台促进创新发展的配套政策、奖励机制等。东北振兴政策通过财政资金的增加保障创新活动,注重人才引领,深化企业改革以提升创新活力,进而推动区域高质量发展。据此,提出假说 3。

假说 3:东北振兴政策通过提升创新水平促进高质量发展。

3. 空间效应机制分析

东北振兴政策针对提高地区创新创业能力、加快人才培养等制定一系列机制,加快了本地区生产技术、创新水平、劳动者素质等生产要素的进步,而技术创新与知识的外溢,又促进周边地区高质量发展。同时,企业在被动接收外部知识与技术时,又能够对知识及技术进行再升级,从而形成新一轮溢出扩散(张语格等,2023),本地区企业进步的同时,加剧相邻地区间企业间竞争力,进而提高高质量发展。除此之外,大量的财政转移与投资政策提高本地区基础设施建设,而道路交通、网络设施等的加快能够突破地理距离的局限,促进生产要素在周边地区加速流转,在推动本地区高质量发展的同时,发挥示范效应,带动周边地区共同实现高质量发展。据此,提出假说 4。

假说 4:东北振兴政策对城市高质量发展具有正向的空间溢出效应。

三、城市高质量发展指数

本章从城市全面发展的视角出发,建立经济、环境、民生三位一体的城市高质量发展指标体系,综合运用熵值法和主成分分析法(PCA)确定指标权重,生成 2013—2022 年 95 个城市的高质量发展指数。

(一)研究对象

首轮东北振兴从 2003 年开始,其政策与资源红利在短期内效果显著。2014 年进入新发展阶段,经济发展放缓，“新东北现象”逐渐显现（马佐澎等，2021；田毅鹏等，2019）。故本文在时间范围上选取 2013—2022 年 10 年数据。城市层面上，考虑到东北是典型的老工业基地，参考杨东亮（2021）的做法，以 2013 年国务院发布的老工业基地改造规划为依据，选择东北地区的重点工业城市共 25 个作为实验组；为最大程度控制因城市自身特征不同所带来的干扰，将规划涉及的与东北城市特征相似的其它地区城市作为对照组。实验组与对照组共 95 个城市。

（二）基于多模态数据的指标体系

全面准确地测度高质量发展水平，有助于认清新时代中国区域经济发展过程中的短板和不足，完善相应政策体系，更好地推动新时代中国区域经济高质量发展（王一鸣，2020）。学者们针对高质量发展评价指标体系进行了深入研究：刘瑞等（2020）基于“创新、协调、绿色、开放、共享”的“新发展理念”构建了高质量发展指标体系；李金昌等（2019）从“人民美好生活需要”与“不平衡不充分发展”的矛盾出发，构建了包含经济活力、创新效率、绿色发展、人民生活、社会和谐 5 个维度的评价指标体系；聂长飞等（2020）依据“四高一好”的衡量标准，从经济效益、社会效益等 5 个方面选取指标测度了中国经济高质量发展指数。本文参考已有研究，基于经济、环境、民生三大维度，综合利用夜间灯光遥感数据、结构化数据、微博文本等多模态数据，构建了城市高质量发展指标体系，具体见表 1。

城市经济方面，徐康宁等（2015）发现夜间灯光数据同时具备经济和空间信息，适用于测度经济集聚、城市化、人口流动等多种经济活动，因此本文综合利用夜间灯光数据与地区生产总值来衡量城市经济状况。

城市环境方面，刘佳等（2021）认为，高质量的城市环境不应单纯指城市绿色发展环境，还应包括金融、对外开放的营商环境，城乡协调的平衡发展环境，因此本文从协调、开放和绿色三个维度刻画城市环境状况。

城市民生方面，微博具有实时性、传播速度快、广泛的用户基础和活跃的社交互动等特点，用户的情绪能够体现住房、交通、教育、医疗等民生方面的情况；魏敏（2018）认为提高人民收入水平，保障人民基本需要，可以提升人民生活水平与幸福指数。因此，本文综合利用微博文本数据和人均可支配收入反映城市民生状况。

表 1　城市高质量发展指标体系

分类指标	次级指标	具体指标	计算方式	指标属性
经济	经济活力	地区生产总值	GDP	+
		夜间灯光亮度均值	$\frac{\text{夜光亮度}}{\text{格}}$	+
环境	协调发展	城镇化率	$\frac{\text{城常住人口}}{\text{常住人口}}$	+
		金融发展	$\frac{\text{金融存款}}{\text{GDP}}$	+
	开放程度	外资概况	$\frac{\text{使用外}}{\text{GDP}}$	+
		外企概况	外资企业总产值	+
			外资企业数	+
	绿色发展	三废排放	$\frac{\text{工水排放量}}{\text{工值}}$	−
			$\frac{\text{工二氧化硫排放量}}{\text{工值}}$	−
			$\frac{\text{工(粉)排放量}}{\text{工值}}$	−
			一般工业固体废弃物综合利用率	+
		污物处理	污水处理厂集中处理率	+
			生活垃圾无害化处理率	+
民生	民生改善	微博情绪指数	$\ln\frac{\text{极微博}}{\text{消极微博}}$	+
		收入福利	居民人均可支配收入	+

(三)数据来源

一是夜间灯光数据,来自美国国家海洋和大气管理局(NOAA)对外公开发布的2003—2013年的DMSP/OLS影像数据和2014—2022年的VIIRS/DNB影像数据。

二是结构化统计数据,包括地区生产总值、年末金融机构存贷款余额、居民人均可支配收入、三产增加值等主要来自历年《中国城市统计年鉴》等统计资料。部分年份缺失数据采用线性插值法进行补齐。

三是微博文本数据,使用爬虫技术以95个城市名为关键词获取2013—2022年共272.4万条微博数据,利用cntext库对进行情感分析,合成微博情绪评价指数。

四是政策文本数据,以全国、辽吉黑内四省(区)为目标,爬取2003—2022年出台的东北振兴政策,并进行有效性筛选。

(四)多模态数据处理与测算方法

1. 基于夜间灯光数据的经济指数

夜间灯光数据兼具经济性、时效性、时间跨度长、空间覆盖广等优点,近些年被广泛应用于经济发展、人口密度估算、电力消耗等研究。然而,原始的灯光数据具有不连续性、过饱和性、波动异常等局限性,因此本文参考Yizhen Wu等(2021)的方法,对其进行饱和校正、相互校正、连续性校正,将校正后的灯光数据与GDP共同衡量城市经济发展水平,矫正流程见图6。

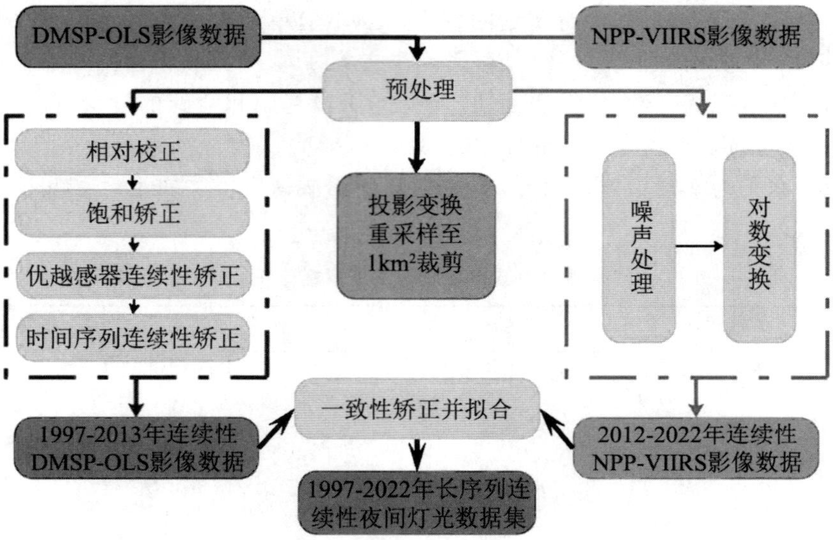

图6 DMSP/OLS和NPP-VIIRS灯光数据矫正流程图

2. 基于结构化数据的环境指数

本节从协调、开放和绿色三方面刻画城市环境状况,采用熵值法合成指数。

①对所有指标进行无量纲化处理:

正向指标:
$$X_{ij}=\frac{x_{ij}-\min(x_{ij})}{\max(x_{ij})-\min(x_{ij})} \tag{1}$$

负向指标:
$$X_{ij}=\frac{\max(x_{ij})-x_{ij}}{\max(x_{ij})-\min(x_{ij})} \tag{2}$$

其中,x_{ij}表示i城市j指标的原始数据,$\min(x_{ij})$和$\max(x_{ij})$表示最小(大)值,X_{ij}表示标准化后的数值。

②为避免破坏原始数据规律,处理如下:

$$X'_{ij}=X_{ij}+\alpha,\qquad \alpha=0.0001 \tag{3}$$

计算j项指标下i个地区的特征比重:

$$P_{ij}=\frac{X'_{ij}}{\sum_{i=1}^{n}X'_{ij}} \tag{4}$$

计算 j 项指标的熵值与差异性系数：

$$e_j=-\frac{1}{\ln n}\sum_{i=1}^{n}P_{ij}\ln(P_{ij}),\quad 0\leqslant e_j\leqslant 1 \tag{5}$$

$$g_j=1-e_j \tag{6}$$

计算 j 项指标权重：

$$w_j=\frac{g_j}{\sum_{j=1}^{m}g_j} \tag{7}$$

计算 i 地区综合得分 F_i：

$$F_i=\sum_{j=1}^{m}w_jX_{ij}',\quad i=1,2,3,\cdots,n;\ j=1,2,3,\cdots,m \tag{8}$$

3. 基于微博文本数据的民生指数

本节运用爬虫技术以 95 个城市名为关键词获取了 2013—2022 年共 272.4 万条微博数据，利用 cntext 库对每一条微博进行情感分析，合成微博情绪评价指数，与人均可支配收入共同反应城市民生状况。微博情绪指数定义如下：

$$\text{weibo}_i=\ln\left(\frac{\sum_{j=1}^{n}I_{pos\_j}}{\sum_{j=1}^{n}I_{neg\_j}}\right),\quad j=1,2,3,\cdots,n \tag{9}$$

其中，I_{pos_j} 为积极情绪指示函数，若该条微博情绪判定为积极，则取 1，否则取 0；相似的，I_{neg_j} 为消极情绪指示函数。我们将比值取对数以减少异常值的影响，并体现变量的相对变化率。

东北地区 2013—2022 年的微博情绪指数见图 7，整体来看网民对东北地区的认可度在不断增加，其中辽宁的受欢迎程度最高。

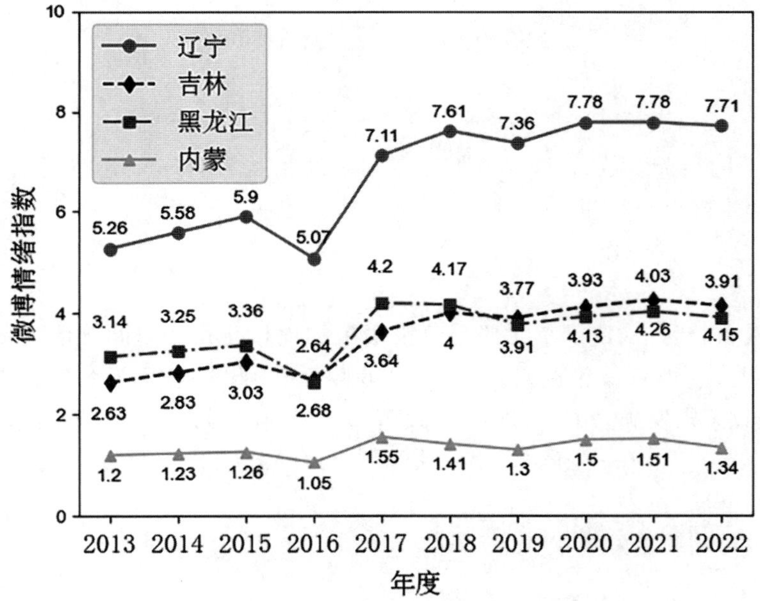

图 7　2013—2022 年东北地区微博情绪指数变化图

四、模型设计与变量说明

(一)模型设计

1. 基于双重机器学习的基准回归模型

Chernozhukov 等(2018)提出了双重机器学习模型(DML)，该模型通过机器学习算法自动筛选控制变量并进行非线性拟合，在本文适用性更强。具体来说：第一，实施了东北振兴政策的城市经济发展水平是受到多种因素影响的,为保证政策效果评估的准确性,不可避免地会增加控制变量的数量,而传统因果推断模型面对高纬度控制变量会面临多重共线性的问题,从而获得不准确的估计量。DML 模型采用了机器学习算法,可以自动筛选高精度的有效控制变量集合,不仅缓解了主要控制变量缺失导致的有偏估计问题,又解决了控制变量过多导致的"维度灾难"问题。第二,在研究经济增长问题时,变量间的关系是复杂的,难以通过简单的线性关系描述,常规的线性回归模型会带来不稳健的估计量,但 DML 模型由于应用了机器学习算法,能够更好地拟合变量间的复杂关系从而获得更准确的结果。

基于上述原因,构建部分线性的双重机器学习模型如下:

$$Y_{it}=\theta_0 Event_{it}+g(X_{it})+U_{it} \tag{10}$$

$$E(U_{it}\mid Event_{it},X_{it})=0 \tag{11}$$

其中,i 为城市;t 为年份;Y_{it} 表示被解释变量,为城市高质量发展指数;$Event_{it}$ 表示处置变量,为东北振兴政策变量,实施后设置为 1,否则为 0;θ_0 为本文重点关注的处置系数;X_{it} 为高维控制变量集合,需采用机器学习算法估计具体形式 $\hat{g}(X_{it})$;U_{it} 为误差项,条件均值为 0。

2. 基于作用路径分析的中介效应模型

为讨论影响机制,验证东北振兴政策促进城市高质量发展的作用路径,构建如下中介效应模型:

$$M_{it}=\theta_0 Event_{it}+g(X_{it})+U_{it} \tag{12}$$

$$Y_{it}=\theta_0 Event_{it}+g(X_{it},M_{it})+U_{it} \tag{13}$$

其中,M_{it} 为中介变量集合,其余变量设定与公式(10)中含义一致。

3. 基于空间杜宾模型的空间效应模型

为研究东北振兴政策对区域协调发展的影响,分析东北振兴政策"由点到面"的政策传导过程,本文借鉴丁任重等(2024)的做法,在双重差分模型(DID)的基础上加入因变量空间滞后项的空间杜宾模型(SDM)作为空间计量模型。具体如下:

$$\begin{aligned} Y_{it}=&\sum_{j=1}^{n} w_{ij}Y'_{ij}\rho+\beta_0+did'_{ij}\beta_1+\\ &\sum_{j=1}^{n} w_{ij}did'_{ij}\theta_1+\sum_{j=1}^{n}\ln(X'_{ij})\beta_2+\\ &\sum_{j=1}^{n} w_{ij}X'_{ij}\theta_2+\mu_i+\tau_i+\varepsilon_{it} \end{aligned} \tag{14}$$

其中,ρ 为因变量空间相关系数,代表不同城市空间上的相互影响;w_{ij} 为空间权重矩阵,采用地理距离与经济距离的空间嵌套矩阵进行衡量。

(二)变量说明

1. 解释变量

根据政策实施区域和时间,构建了东北振兴政策实施的虚拟变量。空间维度上,实验组设置为 1,对照组城市为 0;时间维度上,鉴于新一轮振兴文件于 2016 年出台,政策实际落地需要一定时间,故将 2013—2016 年设置为 0,代表政策未实施,2017—2022 年设置为 1,表示已实施。以上两个虚拟变量交乘后即为本文核心解释变量。

2. 被解释变量

使用前文合成的城市高质量发展指数。

3. 中介变量

①产业结构升级(OIS)。在"经济服务化"过程中一个典型事实是三产增速要快于二产增速(吴敬琏,2008),故本文参考杨慧梅和江璐(2021)的研究使用第三产业增加值占 GDP 比重来衡量产业结构升级。

②创新水平(IL)。专利数量一定程度代表城市创新成果转化水平,采用各市专利授予数的对数衡量创新水平。

4. 控制变量

参考赵涛(2020)和王士君(2022)等的研究,选取其他可能影响城市高质量发展的变量。人口密度(PD)用常住人口与行政区域面积比值衡量;科研投入(SRI)用 R&D 支出与一般公共预算支出比值衡量;教育投入(ELE)用教育支出与一般公共预算支出衡量;社会消费水平(SCL)用社会消费品零售总额与 GDP 比值衡量。

五、实证结果与分析解释

(一)基准回归结果分析

1. 直接效应检验

使用双重机器学习模型,第一阶段,使用随机森林;第二阶段,使用LinearDML算法进行回归;样本分割比为1∶4,5折交叉验证。回归结果见表2第1列。为检验模型稳定性,分别使用岭回归、决策树、梯度提升对第一阶段回归器进行切换,结果见表2第2—4列。样本异常值可能会导致结果有偏,表2第5列为缩尾处理后的结果。表2第1列,东北振兴政策对城市高质量发展的影响在1%的显著性水平下显著为正,且这一结论在进行一系列稳健性检验后依然成立,说明东北振兴政策确实促进了城市高质量发展。东北振兴政策改善了东北地区的基础设施和社会环境,引进人才与先进技术为高质量发展注入动力,社会保障相关制度提升了人民幸福感,企业改革等政策激发了企业活力,提高了城市高质量发展。至此,假说1得到验证。

表2　直接效应检验回归结果

模型	直接检验(随机森林)	稳健性检验(岭回归)	稳健性检验(决策树回归)	稳健性检验(梯度提升回归)	稳健性检验(缩尾)
X	0.244***	0.281***	0.207***	0.215***	0.242***
	(4.762)	(6.949)	(5.375)	(4.04)	(4.929)
PD	0.635***	0.783***	0.437***	0.448***	0.638***
	(5.109)	(5.758)	(4.818)	(4.149)	(4.853)
ELE	0.107***	0.096***	0.064*	0.091*	0.102***
	(2.618)	(2.683)	(1.902)	(1.794)	(2.628)
SRI	0.019	0.046***	0.044***	0.033*	0.023
	(1.121)	(3.281)	(2.98)	(1.923)	(1.336)
SCL	−0.031	0.019	0.017	−0.009	−0.031
	(−0.635)	(0.424)	(0.404)	(−0.18)	(−0.608)

注:*、**、*** 分别代表10%,5%和1%的显著性水平,括号内为z值,下同。

2. 长短期效应检验

为检验政策的长短期效应,参考王士君等(2022)的做法,将处理变量滞后1—5年分别带入模型,结果见表3。滞后1年的政策对城市高质量发展的影响在1%的显著性水平显著为正,滞后2年的显著性水平为5%,滞后3年不显著,且政策系数逐年减小。说明政策的短期效应显著,财政投资、税收等直接要素投入,短期内促进了高质量发展,但政策长期效果不够理想。老工业基地转型升级一直以来都是世界难题,法国的洛林、美国的“锈带”等老工业区的转型升级都经过了相当长的一段时期,东北振兴政策的实施要作好打“长期战”的准备。

表3　长短期效应检验

模型	滞后1年	滞后2年	滞后3年	滞后4年	滞后5年
X	0.148***	0.125**	0.093	0.035	−0.048
	(3.7)	(2.502)	(1.467)	(0.738)	(−0.409)
控制变量			YES		

(二)影响路径分析

1. 政策——产业结构——高质量发展影响路径检验

见表4第1列,振兴政策对产业结构升级的影响在5%的显著性水平下显著为负,第2列中政策系数显著为正,而产业结构升级系数显著为负。这表明,东北振兴政策对产业结构升级的影响并不明显。东北振兴战略的投资方向更倾向于重化工大项目,可能会让高质量发展产生要素路径依赖,不利于产业结构升级。随着中国经济向工业化后期转变,将会更加凸显大项目等带动经济增长在产业结构调整上的弊端(赵勇等,2017)。因此,东北振兴政策应注重长期性,避免陷入"短期红利"与"长期政策陷阱"。

表4 产业结构中介效应检验结果

	(1)	(2)
	OIS	Y
X	−0.158**	0.565***
	(−2.281)	(6.404)
OIS		−0.364***
		(−3.688)
控制变量	YES	

2. 政策——创新水平——高质量发展影响路径检验

见表5第1列,振兴政策对创新水平的影响在5%的显著性水平下显著为正,政策实施提高了区域创新水平。第2列中政策与创新水平的影响系数均显著为正,说明政策实施通过提高创新水平间接促进城市高质量发展。无论是国家出台的促进创新创业的实施意见,还是各省市积极响应的创新机制、工程都从各方面提高了区域自主创新能力,技术、管理和制度的不断创新为高质量发展提供动力。高水平的创新又增强企业竞争力,聚集人才和资金,提高城市高质量发展水平。至此,假说3得到验证。

表5 创新水平中介效应检验结果

	(1)	(2)
	IL	Y
X	0.498**	0.313***
	(2.262)	(4.834)
IL		0.032*
		(1.727)
控制变量	YES	

(三)空间效应分析

1. 空间自相关检验

本文采用既考虑地理与经济距离的"空间经济-地理距离"矩阵,公式如下:

$$W=\begin{cases}\dfrac{|\bar{Q}_i-\bar{Q}_j|}{d_{ij}}, & i\neq j\\ 0, & i=j\end{cases} \tag{15}$$

其中,$\bar{Q}_i$ 是 i 地区10年的GDP均值,d_{ij} 是 i、j 两地区距离的平方。

城市高质量发展的Moran's I均通过1%的显著性检验且均为正(见表6),说明样本城市间的高质量发展存在显著的正向空间依赖关系。

表 6　Moran's I 指数检验结果

年份	城市高质量发展指数		年份	城市高质量发展指数	
	Moran's I	Z 值		Moran's I	Z 值
2013	0.041***	2.896	2018	0.094***	5.688
2014	0.055***	3.666	2019	0.112***	6.596
2015	0.062***	4.029	2020	0.104***	6.233
2016	0.050***	3.418	2021	0.110***	6.533
2017	0.085***	5.209	2022	0.125***	7.179

2. 模型选择

依照 Elhorst(2014)的检验思路,依次进行 LM 检验、效应选择检验、Wald 检验和 LR 检验。SEM 和 SAR 模型 p 值均在 1%显著性水平下显著,说明应该选择 SDM 模型;LR both ind 与 LR both time 均在 1%显著性水平下显著,应选择双向固定效应;Wald 检验与 LR 检验的 P 值均非常显著,拒绝 SDM 模型退化为 SEM 和 SAR 模型,故而最终确定了最优选择为双向固定效应的 DID-SDM 模型。

3. 空间杜宾模型

两种空间权重矩阵下 DID-SDM 模型的空间自回归系数在 1%的置信水平下显著为正(见表 7),说明城市高质量发展存在显著的空间溢出效应。邻近城市之间资源禀赋相近、经济往来密切,高质量发展呈现协同发展态势。政策及其空间滞后项系数均至少在 5%显著性水平下显著为正,说明政策不仅对本地高质量发展有正向促进作用,且对邻近城市的带动效果明显。政策的实施改善了交通、网络等基础设施,加快突破地理距离的限制,促进各生产要素向邻近地区传输;技术创新等生产要素的外溢间接促进周边地区高质量发展。至此,假说 4 得到验证。

表 7　DID-SDM 空间效应回归结果

变量	DID-SDM	
	经济地理矩阵	地理距离矩阵
政策	0.0285***	0.0348**
	(3.39)	(2.49)
W * 政策	0.0510**	0.0683**
	(2.16)	(2.50)
控制变量	YES	
W * 控制变量	YES	
rho	0.737***	0.8445***
	(10.56)	(18.41)
时间	固定	

(四)异质性分析

为分析振兴政策对城市高质量发展影响的区域异质性,将实验组按辽宁、吉林、黑龙江和内蒙古分组。结果见表 8,振兴政策对高质量发展的影响在辽宁与黑龙江均显著为正,在吉林及内蒙古不够理想,且辽宁影响系数更为显著,通过了表 7 中 1%的显著性检验。根据前文政策梳理情况可知,辽宁在四省(区)中出台的相关配套政策数量最多,吉林和黑龙江政策居中,内蒙古最少。辽宁在钢铁、能源等重大工业项目方面具有深厚的基础,其政策针对不同的资源类型、社会需求划分特定功能区域,以实现资源的合理配置,进而显著促进城市高质量发展。

表8 区域异质性检验结果

模型	辽宁	吉林	黑龙江	内蒙古
Event	0.168***	−0.103	0.240**	0.181
	(3.748)	(−1.447)	(2.067)	(0.399)
控制变量	YES			

六、研究结论与政策启示

(一)研究结论

本文利用遥感、结构化和文本等多模态数据构建指标体系,基于双重机器学习模型探究东北振兴政策效果、影响路径、空间溢出效应和异质性。结论如下:

1. 东北振兴政策能够促进区域高质量发展,但政策效果短期内较为明显,从长期来看与预期还有一定差距。地方发展对生产要素直接投入等刚性刺激性政策反应更加强烈,这在短期内促进了城市高质量发展。但从长期来看,随着经济社会动态发展变化,政策持续作用有所减弱,东北振兴政策的实施要作好打“持久战”的准备。

2. 东北振兴政策中,提高创新水平带来的影响要优于产业结构升级。创新激励等政策提高了区域创新能力,进而提高了生产效率,最终促进高质量发展。但从模型结果看,生产要素向第三产业的流入不够符合预期;财政、投资政策的倾向可能会让高质量发展产生要素路径依赖。

3. 东北振兴政策存在明显的正向空间溢出效应,在促进本地高质量发展的同时带动周边城市高质量发展向上向好。政策实施优化了交通、网络等基础设施建设,促进了技术创新外溢,提升了生产要素流转速率,优化了资源配置,进而促进周边地区高质量发展。

4. 东北振兴政策效果存在区域异质性。由于各省(区)对振兴政策的响应程度不同,资源禀赋也各不相同,因此政策效果不一。辽宁在钢铁、能源等重大工业项目方面具有深厚的基础,而黑龙江的农业基础雄厚,且两省针对不同的资源类型、社会需求出台的相关配套政策数量更多,资源配置更加合理,因此在第二轮振兴政策实施起始至2022年底,政策效果更优。

(二)政策启示

为提高东北振兴政策实施成效,本文有以下启示:

1. 党的领导贯穿全程,深化体制机制改革。把党的领导贯穿新时代推动东北全面振兴全过程、各领域、各环节。持续优化政治生态和营商环境,深化改革创新,以看不见的手为主攻、看得见的手打辅助,做到人才、企业、投资引得来、留得下。激发企业内在活力,培植长期经济增长点,以科技创新推动产业创新,改造提升传统制造业,积极培育战略性新兴产业和未来产业,增强发展新动能,提高市场竞争力,释放发展引领力,扎实推进高质量发展。

2. 立足各省发展实际,精准制定靶向政策。各省(区)既要抓好共性任务落实,也要发挥好个性优势。要加强区域合作水平,形成开放创新生态,高效配置生产要素,优化要素流动渠道,培育发展新质生产力。要充分发挥东北比较优势,结合各省不同优势,挖掘工业大省底蕴,立足实际制定针对性政策。要发展特色产业,谋划建设与各省发展相匹配的高质量功能区和基地,提升省域核心竞争力,推动东北地区走出一条高质量发展、可持续振兴的新路。

3. 提高政策长期效益,激发“内生增长动力”。要牢牢把握维护国家“五大安全”重要使命,牢牢把握高质量发展首要任务,构建新发展格局。以增强发展活力、激发“内生动力”和整体竞争力为导向,完善相应配套实施政策。地方政府要切实履行主体责任,加强协调服务和督导检查,及时跟踪研究新情况解决新问题,在政策失效临界点前接续新政策或者及时调整政策,让政策保持适用性和“新鲜感”,释放长期效益。

【参考文献】

[1] 陈诗一,陈登科.雾霾污染、政府治理与经济高质量发展[J].经济研究,2018,53(02):20−34.
[2] 初楠臣,姜博.哈大齐城市密集区空间联系演变特征——基于东北振兴战略实施前后的视角[J].经济地

理,2015,35(03):66—72. D
[3] 丁松,叶金鑫,李若瑾. 城市高质量发展的水平测度与时空演变[J/OL]. 统计与决策,2024,(12):98—102[2024—07—07].
[4] 樊杰,刘汉初,王亚飞,等. 东北现象再解析和东北振兴预判研究——对影响国土空间开发保护格局变化稳定因素的初探[J]. 地理科学,2016,36(10):1445—1456.
[5] 冯卓,吴奇. 平台经济赋能实体经济发展研究——来自中国省级面板数据的证据[J]. 工业技术经济,2024,43(06):103—112.
[6] 干春晖,郑若谷,余典范. 中国产业结构变迁对经济增长和波动的影响[J]. 经济研究,2011,46(05):4—16+31.
[7] 高嚣,王士君,谭亮. 东北振兴以来吉林省区域经济差异的时空演变研究[J]. 地理科学,2017,37(11):1712—1719.
[8] 郭子熙,王世权,赵婷. 新一轮东北振兴政策落实如何? ——基于政策文本的量化分析[J]. 地方财政研究,2019,(07):93—104.
[9] 何春. 东北经济失速的政策性因素——基于"东北振兴"政策效果的再考察[J]. 经济体制改革,2017,(01):44—49.
[10] 金碚. 关于"高质量发展"的经济学研究[J]. 中国工业经济,2018,(04):5—18.
[11] 金凤君,陈明星."东北振兴"以来东北地区区域政策评价研究[J]. 经济地理,2010,30(08):1259—1265.
[12] 金凤君,王姣娥,杨宇,等. 东北地区创新发展的突破路径与对策研究[J]. 地理科学,2016,36(09):1285—1292.
[13] 荆文君,孙宝文. 数字经济促进经济高质量发展:一个理论分析框架[J]. 经济学家,2019,(02):66—73.
[14] 李金昌,史龙梅,徐蔼婷. 高质量发展评价指标体系探讨[J]. 统计研究,2019,36(01):4—14.
[15] 刘佳,黄晓凤,陈俊. 高铁与城市经济高质量发展——基于地级市数据的实证研究[J]. 当代财经,2021,(01):14—26.
[16] 马茹,罗晖,王宏伟,等. 中国区域经济高质量发展评价指标体系及测度研究[J]. 中国软科学,2019,(07):60—67.
[17] 马佐澎,李诚固,张平宇. 东北三省城镇收缩的特征及机制与响应[J]. 地理学报,2021,76(04):767—780.
[18] 彭肖肖,彭刚,沈亚楠. 高质量发展视角下产业结构高级化测算研究[J]. 统计与信息论坛,2024,39(05):16—30.
[19] 孙久文,苏玺鉴,闫昊生. 新时代东北振兴的产业政策研究[J]. 经济纵横,2019,(09):19—28+2.
[20] 孙平军,张可秋,曹乃刚,等. 东北区域性城市收缩的地理认知与治理逻辑[J/OL]. 地理学报,1—22[2024—07—07].
[21] 孙巍,冯星. 东北振兴与脱贫攻坚协调推进政策机制分析[J]. 统计与决策,2019,35(22):63—66.
[22] 王姣娥,杜德林. 东北振兴以来地区经济发展水平演化及空间分异模式[J]. 地理科学,2016,36(09):1320—1328.
[23] 王士君,顾萌,常晓东. 东北振兴政策体系解构及区域经济响应研究[J]. 地理学报,2022,77 (10):2547—2565.
[24] 王一鸣. 百年大变局、高质量发展与构建新发展格局[J]. 管理世界,2020,36(12):1—13.
[25] 魏敏,李书昊. 新时代中国经济高质量发展水平的测度研究[J]. 数量经济技术经济研究,2018,35(11):3—20.
[26] 温家隆,张满银,何维达. 东北振兴规划实施成效评估研究——基于多层次模糊综合评价方法[J]. 经济问题,2020,(07):97—105+122.
[27] 宣烨,陆静,余泳泽. 高铁开通对高端服务业空间集聚的影响[J]. 财贸经济,2019,(9):117—131.
[28] 杨东亮,王皓然. 东北振兴政策效果的再评价——基于灯光数据和 PSM—DID 模型的分析[J]. 商业研

究,2021,(05):35－44.

[29] 杨慧梅,江璐.数字经济、空间效应与全要素生产率[J].统计研究,2021,38(04):3－15.

[30] 杨桐彬,朱英明,王念.东北地区资源型城市产业结构升级的战略效应[J].商业研究,2020,(04):78－84.

[31] 张军扩,侯永志,刘培林,等.高质量发展的目标要求和战略路径[J].管理世界,2019,35(07):1－7.

[32] 张语格,张红霞,孙子轩.国家级新区提升城市产业协同集聚水平政策效果的评估[J].统计与决策,2023,39(10):49－54.

[33] 赵林,王维,张宇硕,等.东北振兴以来东北地区城市脆弱性时空格局演变[J].经济地理,2014,34(12):69－77.

[34] 赵涛,张智,梁上坤.数字经济、创业活跃度与高质量发展——来自中国城市的经验证据[J].管理世界,2020,36(10):65－76.

[35] 赵勇,刘金凤,张倩.东北振兴战略是否促进了经济结构调整?——基于PSM－DID方法的研究[J].城市与环境研究,2017,(04):27－46.

[36] Chernozhukov V. ,Chetverikov D. ,Demirer M. ,Duflo E. ,Hansen C. ,Newey W. ,Robins J. ,2018,Double/Debiased Machine Learning for Treatment and Structural Parameters [J],Econometrics Journal,21(1),C1～C68.

[37] Elhorst P J. Matlab Software for Spatial Panels [J]. International Regional Science Review,2014,37(3):389－405.

[38] Heckman,J. J. H. Ichimura,P. E. Todd. Matching as an Econometric Evaluation Estimator[J]. The Review of Economic Studies,1998,65(2) :261－294.

[39] Hu X H,Hassink R. New perspectives on restructuring of Old Industrial Areas in China:A critical review and research agenda[J]. Chinese Geographical Science,2015,25(1):1－13.

[40] Ren W,Xue B,Yang J et al. Effects of the Northeast China revitalization strategy on regional economic growth and social development[J]. Chinese Geographical Science,2020,30(5):791－809.

[41] Shenggen Fan,Ravi Kanbur,Xiaobo,Zhang. China's Regional Disparities:Experience and Policy[J]. Review of Deve lopment Finance,2011,1 (01) :47－56.

[42] Wang M,Chen Z,Zhang P et al. Old industrial cities seeking new road of industrialization:Models of revitalizing Northeast China[M]. Singapore:World Scientific,2014.

[43] Y. Wu,K. Shi,Z. Chen,S. Liu and Z. Chang. Developing Improved Time-Series DMSP-OLS-Like Data (1992－2019) in China by Integrating DMSP-OLS and SNPP－VIIRS[J]. IEEE Transactions on Geoscience and Remote Sensing,2022,60:1－14.

基于多模态数据的消费行为及增长点挖掘研究

上海市统计局　俞心恬　方惠娟　曹梦悦

摘　要

为了促进中国经济的持续增长并推动经济实现良性循环，扩大国内需求是当前的重要任务。深入研究前沿消费行为，理解居民消费的内在需求，对于找到促进消费高质量发展的路径具有重要意义。本文从小红书近几年的用户笔记入手，收集了10万余条文本数据和2万余条配图数据，通过CLIP预训练模型实现了文本与配图的特征融合，并通过聚类分析挖掘出了当前的消费行为。之后，本文基于企业主营业务与消费场景的文本相似度，将消费行为特征映射至企业层面，将消费需求侧与供给侧关联起来进行分析。最后，采用模糊集定性比较分析方法，探索了不同规模企业在面向不同消费行为时可采取的差异化发展战略。

结果显示，目前存在搭子型、比价型、跟风型、情感型4种消费行为。近年来，搭子型消费正在逐渐兴起，比价型消费呈抬头趋势，跟风型消费占据主导地位，情感型消费出现回落。此外，本文将4种消费行为特征映射至企业层面。从单位规模看，大中型企业面向的消费者行为类型偏向于情感型和比价型，小微型企业偏向于跟风型；从控股情况看，港澳台及外商控股和国有控股企业偏向于情感型，私人控股企业偏向于跟风型；从开业年限看，开业年限长的企业偏向于比价型，开业年限短的企业偏向于跟风型。

进一步，本文挖掘出了不同规模企业在面向不同消费行为类型时的发展路径，并提出了相应政策建议。结果显示，小微企业在发展中需要注重人工成本控制，面向搭子消费的小微企业可以提高管理人员占比；面向跟风消费的小微企业可以提高信息化投入；面向比价和情感消费的小微企业可以提高服务人员占比。大中型企业在发展中需要注重发展质量，面向搭子消费的大中型企业可以提高服务人员和专技人员占比，面向比价消费的大中型企业可以提高专技人员占比和信息化投入，面向跟风消费的大中型企业可以提高服务人员占比和加强品牌打造，面向情感消费的大中型企业可以提高服务人员占比和信息化投入。政府可以通过提供税收优惠、资金支持、宣传引导、人才引进等方式分别帮助小微企业降本增效和大中型企业多维提升。

关键词：多模态融合；消费行为挖掘；发展路径分析

一、引言

（一）研究背景

2020年4月10日，习近平总书记在中央财经委员会第七次会议上的讲话中强调，消费是中国经济增长的重要引擎。2024年政府工作报告中指出，要着力扩大国内需求，推动经济实现良性循环。面对当前复杂严峻的国际形势，我国要形成以国内大循环为主体、国内国际双循环相互促进的新发展格局，积极扩大内需、激发消费潜能是畅通国内大循环的重要环节。

而在新时代背景下，居民消费方式出现变化，消费出现了许多新的现象，如“理性”“悦己”等消费观念在年轻人中影响越来越大，他们将更多的注意力放在了节约和合理支配金钱；新京报贝壳财经发布的《2024中国青年消费趋势报告》中显示41.0%受访年轻人在购物时经常有比价行为……这些新现象展现出数类共通性的消费行为，可能使得基于传统消费行为的宏观政策效应减弱。

研究消费行为、理解居民消费的内在需求，对于挖掘促进消费高质量发展路径具有重要意义。遍观国内各大社交平台，小红书平台更加注重内容，内容形式丰富、原创性高，用户群体趋向年轻化，相较于其他平台更能够反映消费前沿的最新趋势。根据小红书商业动态数据，当前小红书用户中“90后”占比达70%，日均用户搜索渗透达60%，用户原创内容占比达90%。本文基于小红书平台用户笔记和相关企业统计数据，从挖掘消费行为出发，将消费需求侧与供给侧进行关联，并找到有效促进企业营业收入增长的影响路径，为进一步制定有针对性的政策建议提供理论依据。

(二)文献综述

1. 关于消费行为的研究

从世界范围来看,针对消费行为的研究萌芽于19世纪末,美国经济学家凡勃仑在《有闲阶级论》中提出炫耀性消费的概念(曹旭平等,2013)。其后直到20世纪60年代美国俄亥俄州立大学的恩格尔等人合作出版第一部消费者行为学教材,消费行为学作为一门独立学科的地位得到承认。

对于消费行为的分类问题,目前国内外学者还未达成一致结论。黎志成(2002)等认为电子商务模式下的消费者行为具有消费市场更加细分化、服务需求主流化、选择范围的扩大化和购买行为的偏感性化、消费者参与生产和流通循环的直接化等特点。刘博(2023)认为"Z世代"的消费行为表现出寻求悦己体验、关注社交属性、蕴含价值表达的整体趋向。综合来看,现有文献基本只谈及消费行为的特点,而未对其具体类型作出明确界定,同时随着时代发展消费行为出现的新变化还亟待深入探索。

2. 关于消费需求和消费供给关系的研究

消费行为与消费需求高度关联,而消费需求与消费供给之间存在复杂的双向关系。正如马克思所言"消费作为必需,作为需要,本身就是生产活动的一个内在要素。生产活动才是整个过程借以重新进行的动力与行为"。由此可见,在经济增长与发展过程中,生产与消费、供给与需求之间存在着互动关系,它们相互作用、相互影响。

费少卿(2016)认为,近年来我国居民消费需求呈现从注重量的满足转向追求质的提升、从有形物品转向更多服务消费等新趋势,同时供给端存在产业结构调整迟缓、创新能力欠缺等不足并作用于需求侧。张颖等(2017)认为中国目前的消费供给存在高质量供给不足、高端消费供给不足、个性化消费供给不足等三个方面的问题,秉承需求侧与供给侧对接的理念才能共同拉动经济进步,从根本上推动消费需求的上涨。探明消费供需之间的联系具有重要的意义,但目前已有研究仅在理论层面分析消费的供给与需求间的联系,未能在实践层面揭示消费供需之间的深层联系。

3. 关于企业营业收入增长路径的研究

营业收入是反映企业整体经营的最直接的指标,现已有大量文献落足于如何促进企业营业收入增长这一问题。黄登仕等(2016)从企业内部治理角度出发,基于民营上市公司数据探究发现高管团队职能背景的异质性对企业经营绩效具有负向影响。洪灿辉(2023)以外部政策环境为研究重点,利用广东省企业经营申报数据分析得出,实施留抵退税政策能够促进企业营业收入规模增长。诸位学者从不同视角探索了影响企业营业收入的各类因素,然而尚未有研究将消费供需两端关联起来挖掘促进企业营业收入增长的合理路径。

综上所述,当前针对消费行为的研究存在三方面不足:一是现有文献更多的是针对特定群体或特定领域来分析消费行为特征,未将伴随互联网发展产生的新型消费行为纳入考量;二是当前对于消费供给侧和需求的讨论主要集中在理论层面;三是从消费行为切入探究如何促进企业营业收入增长方面尚存在研究空白。本文拟通过多模态数据融合技术挖掘消费行为,将消费行为与企业数据关联起来进行实证分析,并从中找到促进企业营业收入增长的关键因素。

(三)本文创新点

本文在研究视角、研究内容、研究方法方面有如下创新:

1. 新视角

现存研究尚未将用户在社交平台上发布的文本、图片等多模态数据融合起来用于挖掘分析消费行为。本文创新性地利用小红书平台上的用户笔记正文、评论以及图片等多模态数据进行分析,进一步丰富了针对消费行为的研究。

2. 新内容

本文不仅通过社交平台数据挖掘出较为前沿的消费行为,还将需求侧的消费行为和供给侧的企业进行关联映射,旨在探讨消费行为如何与企业特征相互作用共同驱动企业的营业收入增长。

3. 新方法

一是除使用传统LDA主题模型外,本文引入了CLIP模型将文本和图片进行特征融合后聚类,最大程度保证了用于聚类的数据语义信息的完整性,实现了基于多模态数据对消费行为的挖掘。二是使用了

word2vec 相似度算法，基于相同消费场景和相同关键词，将消费行为与企业进行关联，得到每家企业在各种消费行为上的分数，实现了供需两端的映射。三是除使用 XGBoost 模型挖掘影响企业营业收入增长的重要因素之外，引入了 fsQCA 方法，提炼出面向不同消费行为的企业发展路径。

(四)技术路线图

本文共有五个章节，分别为引言、消费行为挖掘研究、消费供需两端映射、基于不同消费行为挖掘企业提高营业收入增速的路径、结论与展望，技术路线如图 1 所示。

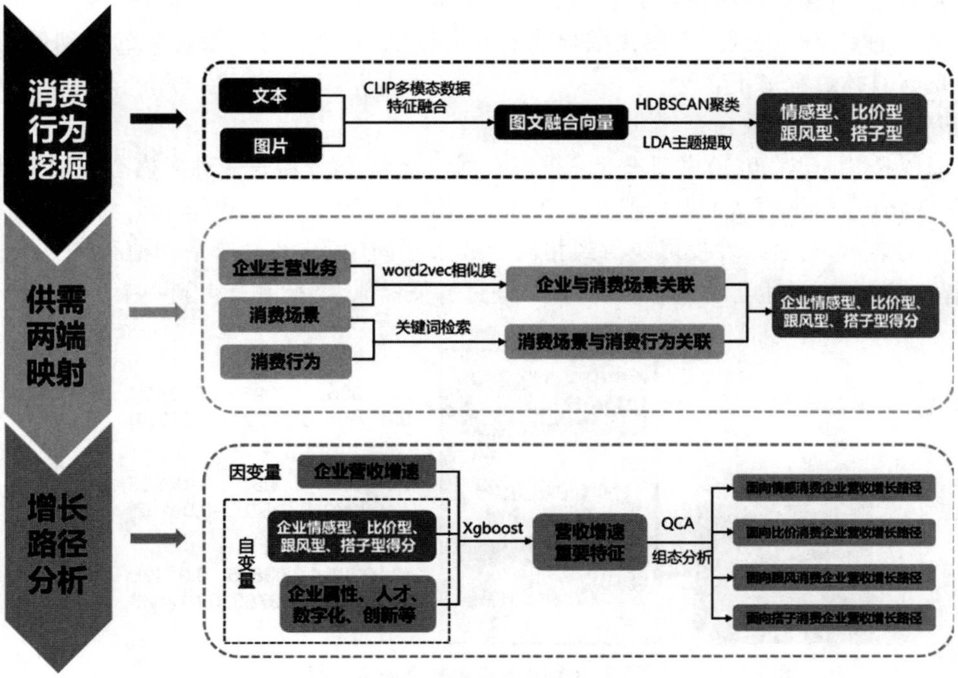

图 1　技术路线图

二、消费行为挖掘研究

本节主要目的是挖掘消费行为。基于小红书平台笔记，对不同模态数据进行处理和特征融合，通过基于 CLIP 的主题挖掘模型得到多个与消费行为相关的聚类，并从中归纳总结得到几种消费行为。

(一)数据来源

基于企业主营业务范围及大众点评分类目录，本文将消费分为餐厅、休闲娱乐、商场、超市、交通、旅游、生活服务等 7 个消费场景，分别对此 7 个消费场景设置了相应搜索关键词，并加上了“上海”作为搜索前缀以确保搜索到的笔记能够反映上海的消费行为特征。通过小红书平台的 API 接口获取每个搜索关键词下的用户笔记时间、用户笔记文本、用户笔记配图、用户评论文本、用户评论配图、评论数、点赞数等 2021 年以来的数据，作为挖掘消费行为的源数据。针对文本数据，由于评论内容相比帖子正文通常较为随意，部分评论内容极短且存在许多表情和符号等干扰信息，我们对表情、特殊符号等内容进行了剔除，仅保留五个字以上的评论，并将 7 个消费场景下的正文及评论数据量进行统一。经过处理，共得到 10 万余条文本数据和 2 万余条图片数据(见表 1)。

表 1　消费场景及关键词

消费场景	关键词
餐厅	餐饮、正餐、小吃快餐、甜品饮料、外卖
休闲娱乐	展览演出、乐园、洗浴桑拿、歌厅、酒吧
商场	商场、百货、服饰鞋包、化妆品、钟表眼镜、珠宝首饰
超市	超市、便利店、超级市场、大卖场
交通	交通、出行、出租车、网约车、客运
旅游	旅游度假、旅行社、酒店、住宿
生活服务	美容美发、健身运动、宠物、家政、保洁、装修、维修

(二)多模态数据融合与聚类

本文期望通过对小红书笔记及评论中的“文本＋配图”多模态数据进行主题提取，以提炼出不同类型的消费行为。将多种模态的数据融合使用能够最大限度保留数据信息，也能弥补单模态数据信息不足的问题。在主题提取任务中，LDA、NMF、Top2Vec、Bertopic是几种较为常用的主题模型。其中，LDA和NMF均需要事先设定主题数量进行挖掘。Top2Vec和Bertopic均采用词向量嵌入并聚类的方法，可以自动确定主题数量，但Top2Vec对大规模数据集的处理效率较低；Bertopic使用了BERT预训练模型，适合大规模数据集的处理，但不支持直接处理图像数据。本文在Bertopic模型基础上进行改造升级，将BERT换成能同时处理图像和文本的CLIP，得到一个图文融合特征后进行聚类，最后基于聚类后的类别使用LDA模型分别提取单个主题。具体过程如下：

1. CLIP多模态数据特征融合

采用了CLIP(Radford，2021)模型进行多模态数据的处理，该模型是一种多模态预训练神经网络模型，通过一个基于Transformer的文本编码器和一个基于卷积神经网络的图像编码器，将文本和图像分别编码为统一长度的向量表示，通过线性投影映射到相同的嵌入空间中，并经过求平均值得到一个多模态的融合向量。例如，输入评论“真的很喜欢这里。”和配图，经过特征提取、特征融合得到一个融合向量(见图2)。

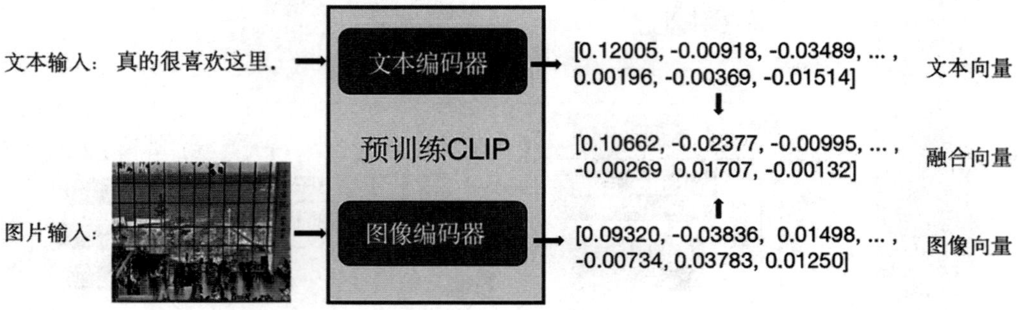

图2 CLIP多模态特征融合过程

2. HDBSCAN聚类及LDA主题提取

由于CLIP得到的融合向量是高维的，使用UMAP算法降低向量的维数，再通过HDBSCAN聚类算法进行聚类，共得到31个簇。

HDBSCAN是一种密度聚类算法，通过构建邻接图、计算可达距离和核心距离、构造凝聚层次聚类树、选择最优的簇来生成最终聚类。可达距离不仅考虑了两点之间的实际距离，还考虑了它们所处环境的密度情况：

$$d_{mreach\text{-}k}(a,b)=\max(core_k(a),core_k(b),d(a,b)) \tag{1}$$

其中，$d(a,b)$指样本a、b之间的直接距离，$core_k(x)$指样本与第k个最近邻样本点的核心距离：

$$core_k(x)=d(x,N_k(x)) \tag{2}$$

$N_k(x)$表示在邻域半径内的点集。

随后，将得到的每个簇中的所有文本合并为一个文档，通过LDA主题模型对每个文档分配一个主题概率分布，文档分布的先验为狄利克雷分布，其概率密度函数为：

$$f(x\mid\alpha)=\frac{\Gamma\left(\sum_{i=1}^{k}\alpha_i\right)}{\prod_{i=1}^{k}\Gamma(\alpha_i)}\prod_{i=1}^{k}x_i^{\alpha_i-1} \tag{3}$$

其中，随机变量$x=(x_1,x_2,\cdots,x_k)$，$\sum_{i=1}^{k}x_i=1,x_i\geqslant 0$，参数$\alpha=(\alpha_1,\alpha_2,\cdots,\alpha_k)$，$\alpha_i>0$，且$\Gamma(s)$为伽马函数：

$$\Gamma(s)=\int_0^{\infty}x^{s-1}e^{-x}dx,s>0 \tag{4}$$

将每个合并文档的最大概率主题确定为核心主题，并获取其主题词。

(三)多模态主题模型结果与解释

1. 基于主题词确定消费行为

根据主题词内容，我们把聚类结果归纳为“搭子型”“比价型”“跟风型”“情感型”4 种消费行为，其对应文本总数占比达到 80％。将同种消费行为下的所有文本合并分别获取词云图（图 3）。

图 3　消费行为词云图

“搭子型”主要包含“搭子”“一起”等能代表结伴式消费的主题词，主要体现在旅游、逛街、打卡拍照等消费场景下寻找搭子。

“比价型”主要包含“价格”“便宜”“折扣”等能代表对价格敏感的主题词，主要体现在超市、餐厅等消费场景下进行价格比较。

“跟风型”主要包含“推荐”“亲测”“分享”等能代表寻求购物经验的主题词，主要体现在旅游、住宿、购物时寻求推荐测评等场景。

“情感型”主要包含“喜欢”“孩子”“服务”等能代表提升情绪价值、追求情感满足的主题词，主要体现在逛商场、家庭出游、动物救助、逛博物馆等场景。

2. 消费行为变化趋势

根据笔记发布时间，我们分析了近几年的主题内容变化情况，我们可以看到各消费行为文本占比如何随着时间的推移而演变（见表 2）。

表 2　消费行为占比变化情况

时间	消费行为占比(％)			
	搭子型	比价型	跟风型	情感型
2021 年	8.7	10.9	61.4	19.0
2022 年	11.6	7.2	63.1	18.2
2023 年	14.6	9.0	59.3	17.0
2024 年	18.2	11.3	60.3	10.2

从表 2 中，我们可以总结出三个现象。一是搭子型消费正在逐渐兴起。搭子型占比逐年提高，展现了年轻一代逐渐倾向一种更加灵活、基于共同兴趣而非深厚情感联系的轻社交关系。二是比价型消费呈抬头趋势。比价型占比在 2022 年以后逐年上升，反映了近年来消费者越来越注重产品的性价比。随着电子商务的成熟，消费者可以轻松访问各种在线平台进行产品比价。三是跟风型消费占据主导地位。跟风型在每年的占比最高，消费者习惯于跟从他人推荐购买商品，这与本文的数据源限定在小红书平台有关，小红书以社交分享和电商购物为主要特色，具有较强的跟风属性。四是情感型消费出现回落。情感型占比逐年下降，反映了近年来由于经济环境和预期不确定，消费者更加注重消费的实用性，而非仅追求情感上的满足。

三、消费供需两端映射

在前文总结出的消费行为基础上，本节将消费行为与企业进行关联映射，得到每个企业的消费行为得分，用于挖掘面向不同消费行为的企业发展路径。

(一)映射逻辑

宏观层面上消费供需两端紧密联系。消费一端连着生产，一端连着需求，两端紧密联系相互影响。一方面，企业生产决定了消费供给；另一方面，消费需求是企业生产的重要驱动力，企业应该根据居民的消费需求情况来调整生产经营方式。

微观层面上聚焦企业主营业务。在实际消费场景中，企业和消费者通过产品或服务相互关联。企业的主营业务代表该企业主要从事的经营活动，对于不同企业来说，由于企业从事的主营活动不同，其面向的消费者行为倾向也会有所不同，故本文通过将企业主营业务活动和各消费场景关键词进行关联，得到每个企业的四种消费行为特征分数。

(二)映射基础

相同消费场景。对于需求侧来说，本文是基于搜索 7 个消费场景下的文本、图片的信息挖掘得到的消费行为。对于供给侧来说，本文根据企业的主营业务活动匹配至同样的 7 个消费场景，实现了供需两侧的消费场景对齐。

相同关键词。对于每个消费场景设置多个关键词，在需求侧，通过这些关键词来搜索各个消费场景的相关文本、图片等信息来挖掘消费行为。在供给侧，通过 word2vec 计算企业主营活动与各消费场景下关键词的文本相似度，根据相似度将主营业务划分至各个消费场景，实现了供需两侧的关键词对齐。

(三)计算公式

1. 确定企业主营业务位次权重。从调查单位基本情况表(101－1 表)中获取企业的主营业务，结合上市公司行业统计分类方法与本市 50 余家企业的调研情况，对企业填报的不同位次主营业务分别设定权重。

2. 关联企业主营业务与消费场景。根据 word2vec 相似度算法将企业每一项主营业务匹配到与之相似度最高的消费场景。

3. 获取各场景在不同消费行为下的文本数占比。基于上一节挖掘出的消费行为对应的文本信息。本小节对每一种消费行为下的各消费场景文本数占比进行计算。例如，搭子型所包含的所有文本中，旅游、餐厅、商场、生活服务、休闲玩乐、超市、交通的占比分别为 29.0%、7.9%、8.6%、19.3%、12.4%、9.3%、13.5%。

基于上述内容，我们最终可以获得企业 i 关于消费行为 j 的得分(见图 4)：

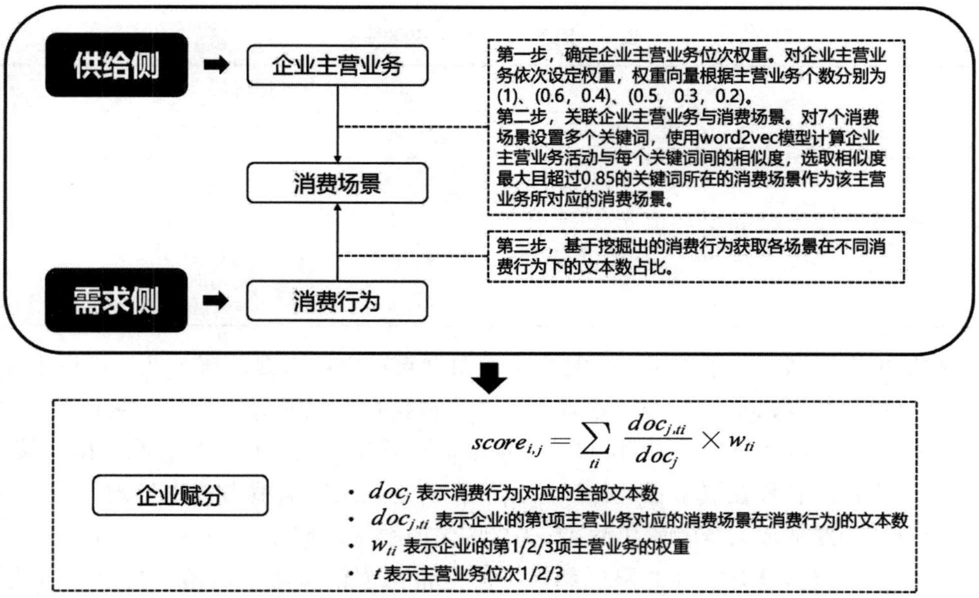

图 4　企业的消费行为特征得分计算流程图

$$score_{i,j} = \sum_{ti} \frac{doc_{j,ti}}{doc_j} \times w_{ti} \tag{5}$$

其中，doc_j 表示消费行为 j 对应的全部文本数，t 表示主营业务位次 1/2/3，$doc_{j,ti}$ 表示企业 i 的第 t 项主营业务对应的消费场景在消费行为 j 的文本数，w_{ti} 表示企业 i 的第 1/2/3 项主营业务的权重。

(四)企业面向的消费者行为统计分析

将企业主营业务范围与消费场景进行匹配，我们共筛选出 5339 家与本文所设置的消费场景相关的企业，并得到了每家企业 4 种消费行为的具体得分。本文认为同一家企业面向的消费者行为可能不止一种，对每种消费行为得分进行归一化，缩放至 0 到 1 之间，大于 0.5 即认为企业具有此消费行为特征。根据以上规则，对部分企业判定结果示例如表 3 所示，爱马仕等奢侈品牌店判定为具有情感型特征；上海国际主题乐园(迪士尼)判定为同时具有搭子型、跟风型和情感型特征。

表 3　部分企业判定结果

企业名称	消费行为特征			
	搭子型	比价型	跟风型	情感型
爱马仕(上海)贸易有限公司				√
汤丽柏琦(上海)商贸有限公司				√
上海哥佬馆餐饮管理有限公司			√	
上海宜家家居有限公司		√		
上海国际主题乐园有限公司	√		√	√

进一步对企业面向的消费行为特征进行统计分析，得到以下结论(见表 4)：

1. 大中型企业面向的消费者行为偏向于情感型和比价型，小微型企业偏向于跟风型。大中型企业中情感型和比价型占比分别为 48.5%和 35.7%；小微型企业跟风型占比达到 53.7%。

2. 港澳台及外商控股和国有控股企业面向的消费者行为偏向于情感型，私人控股企业偏向于跟风型。港澳台及外商控股企业的情感型占比为 42.6%，国有控股企业的情感型占比为 50.7%；私人控股企业的跟风型占比为 49.6%。

3. 开业年限长的企业面向的消费者行为更偏向于比价型，开业年限短的企业更偏向于跟风型。随着企业开业年限变长，跟风型占比逐步降低，5 年期内企业的跟风型占比为 56.6%，超 15 年期企业的跟风型占比降至 37.7%。比价型反之，占比由 28.0%逐步提升至 36.1%。

表 4　企业面向的消费者行为统计分析

企业属性	企业数占比(%)	消费行为特征			
		搭子型	比价型	跟风型	情感型
单位规模	大中型	9.7	35.7	25.3	48.5
	小微型	20.8	32.0	53.7	36.6
控股情况	港澳台及外商控股	8.4	24.4	35.1	42.6
	国有控股	27.1	34.7	33.3	50.7
	私人控股	18.0	34.1	49.6	37.5
开业年限	5 年期内	17.6	28.0	56.6	42.3
	15 年期内	17.6	30.6	51.2	39.1
	超 15 年期	17.6	36.1	37.7	40.4
总计		17.6	32.9	45.5	39.8

四、基于不同消费行为挖掘企业提高营业收入增速的路径

(一)影响企业营业收入增速的重要因素挖掘

为找到企业提高营业收入增速的有效路径，需要先找到影响企业营业收入增速重要因素。本节使用

XGBoost 模型来测度影响企业发展的重要因素,XGBoost 模型是一种基于决策树的集成学习算法,采用前向分布算法进行贪婪学习,使用梯度下降算法来最小化添加新树时的损失,并通过控制最大深度、子采样、目标函数添加正则项等方式防止过拟合。

1. 数据获取与处理

本节数据为上文匹配得到的 5339 家企业。模型因变量设为 0/1 分类变量,将企业近三年平均营业收入增速为正的作为 1,负的作为 0。三年平均增速公式如下:

$$r_{三年平均} = \sqrt[3]{(1+r_{2021})(1+r_{2022})(1+r_{2023})} - 1 \tag{6}$$

其中,r_t 为企业在 t 年的营业收入增速。

模型自变量包括属性类指标、人才类指标、数字化类指标、创新类指标、消费行为类指标。针对单位规模、控股情况和创新类指标,在输入模型前对其进行 One-Hot 编码转为 0－1 变量。针对人才类、数字化类等指标,取 3 年平均值以平滑短期波动。经过处理,共得到 23 个自变量特征(见表 5)。

表 5　模型自变量情况

指标维度	变量名称	变量计算方式	数据来源
属性类	是否为小微	若企业为小型或微型编码为 1,其余为 0	101－1
	是否国有控股	若企业为国有控股编码为 1,其余为 0	101－1
	是否私人控股	若企业为私人控股编码为 1,其余为 0	101－1
	是否外商控股	若企业为外商控股编码为 1,其余为 0	101－1
	是否港澳台控股	若企业为港澳台控股编码为 1,其余为 0	101－1
	是否集体控股	若企业为集体控股编码为 1,其余为 0	101－1
	开业年限	指企业开业至今的年限	101－1
人才类	人均工资	从业人员期末工资/从业人员期末人数	602 102－1
	管理人员占比	中层及以上管理人员期末人数/从业人员期末人数	602 102－1
	专技人员占比	专业技术人员期末人数/从业人员期末人数	602 102－1
	服务人员占比	社会生产服务和生活服务人员期末人数/从业人员期末人数	602 102－1
数字化类	人均信息化投入	全年信息化投入/从业人员期末人数	109
创新类	新经营模式	是否在经营模式方面采用了新的组织管理方式	L125
	新组织结构	是否在组织结构方面实现了新的组织管理方式	L125
	新外部关系处理	是否在处理与其他企业或公共机构的外部关系上采用了新的方式	L125
	新外观设计	是否采用了全新的产品外观设计或包装	L125
	新推广手段	是否在产品(服务)推广上采用了新的媒体技术或手段	L125
	新销售渠道	是否在产品销售渠道上采用了新方式	L125
	新定价方法	是否在产品定价上采用了新方法	L125
消费行为类	搭子型	搭子型消费行为特征得分	上节计算结果
	比价型	比价型消费行为特征得分	
	跟风型	跟风型消费行为特征得分	
	情感型	情感型消费行为特征得分	

2. 模型结果和解释

采用五折交叉验证的方式,使用 XGBoost 模型将数据集分成 5 个互斥子集,每次使用不同的子集作为验证集,其余子集作为训练集,并利用网格搜索方法寻找交叉验证下表现最好的超参数组合,从而得到一个对模型性能更加稳健的估计。结果如下:在本次实验中的 5 个测试子集的准确性分别达到 75.8%、77.8%、

72.3%、74.5%、78.0%，每个验证集的准确率都在70%以上，模型稳定性较好，准确率符合预期（见表6）。

表6 XGBoost模型参数设置与结果

参数	结果
n_estimators	100
learning_rate	0.1
max_depth	3
reg_lambda	10
min_child_weight	1
验证集平均准确率	75.7%

基于SHAP重要性，我们得到了影响企业营业收入增速的前13个重要特征（见图5）。根据结果可知，4种消费行为对企业营业收入增速均存在重要影响。其中，搭子型、情感型消费影响程度高于比价型、跟风型。此外，服务人员占比、人均工资、专技人员占比、开业年限、管理人员占比、人均信息化投入、是否为小微也是影响较大的因素。

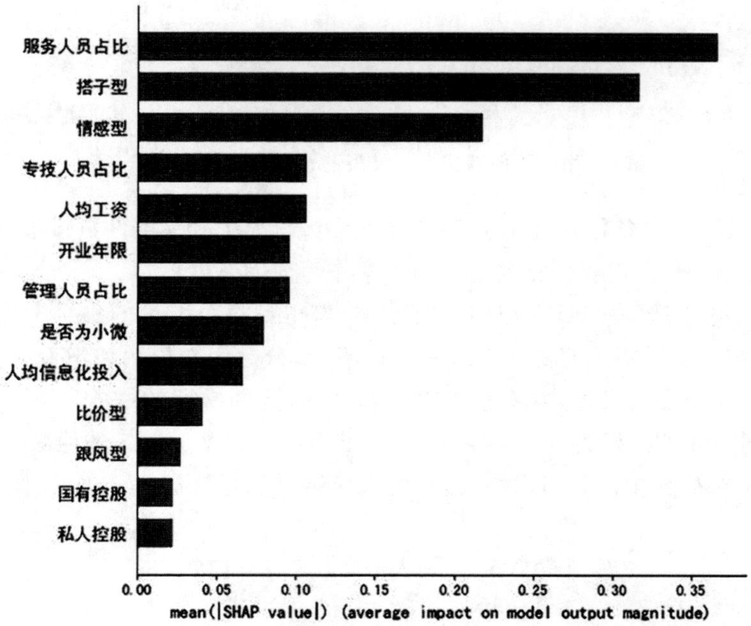

图5 影响企业营业收入增速的前13个特征排名

3. 面向不同消费行为类型的企业营业收入增速重要性分析

根据上节得到的消费行为得分，我们将企业按"是否面向搭子消费""是否面向比价消费""是否面向跟风消费""是否面向情感消费"进行分类得到四组样本。

根据计算的SHAP值结果，分别获取四组企业样本各个特征的SHAP值，对所有结果取绝对值后按特征列求和，将求和结果作为每组样本各个特征的重要性值，得到的各组特征重要性如图6所示。

(二)基于消费行为的企业营业收入增速提升路径挖掘

基于上一步分析出的重要因素，本节使用模糊集定性比较分析（fsQCA）方法，探讨这些因素如何相互作用驱动企业的营业收入增长。与回归分析局限于研究变量间的独立作用或两两交互作用不同，fsQCA方法认为影响特定结果的因素是互相依赖的，具有多重交互关系，通过集合论和布尔运算作为方法论，探究影响被解释结果的各种"组态"路径。通过fsQCA组态分析，可以深入理解变量之间的复杂关系，揭示出多种因素如何共同作用，导致某一特定结果的出现。

1. 基本步骤

fsQCA方法基本步骤包括：确定案例和条件、数据校准、必要性分析、组态分析结果输出、稳健性检验。

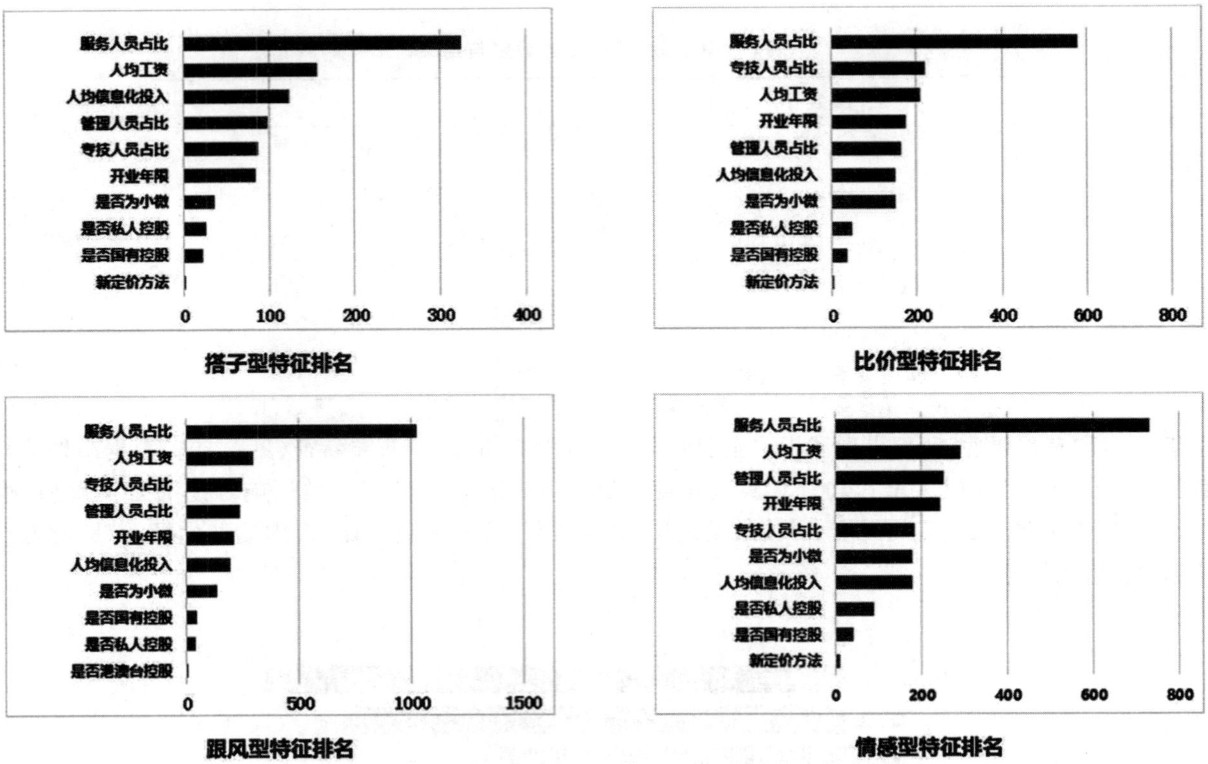

图 6　面向不同消费行为类型的企业特征重要性排名

确定案例和条件：由于 k 个条件在理论上存在 2^k 个组合，为了避免条件数量过多导致使研究结果的解释复杂化，本文选择 SHAP 特征重要性排名前 7 的因素作为前因条件。

数据校准：fsQCA 方法需要将变量数据值进行校准，以得到每个变量的集合隶属分数。集合隶属分数取值在 0 至 1 之间，分数为 1 说明该案例完全隶属于该集合，分数为 0 说明该案例完全不隶属于该集合，分数为 0.5 称为交叉点。在校准方式上，本文采用直接校准法，选择常用的 95%、50%、5% 的标准进行校准。为了避免软件无法判别隶属度正好为 0.5 的案例，对校准后的隶属度为 0.5 的值减去 0.001 的常数。

必要性分析：在 QCA 研究中，用一致性和覆盖度来对结果进行衡量，具体公式如下：

一致性计算：
$$Consistency(X_i \leqslant Y_i) = \frac{\sum[\min(X_i, Y_i)]}{\sum X_i} \tag{7}$$

覆盖度计算：
$$Coverage(X_i \leqslant Y_i) = \frac{\sum[\min(X_i, Y_i)]}{\sum Y_i} \tag{8}$$

若结果发生时总是伴随着某一条件变量的存在，那么该条件就构成结果发生的必要条件：当条件 X 的一致性大于 0.9，则可认为条件 X 是结果 Y 的必要条件，覆盖度则反映了条件 X 对结果 Y 的解释力度(FISS，2011)。

组态分析结果输出：根据案例数量设定相应的频数阈值(每个组态包含的最小案例数量)和一致性阈值(每个组态内案例的一致程度)，得到导致结果出现的充分性条件组态。每个组态结果都由一组特定的条件组合构成，这些条件以特定的方式共同作用，从而导致结果的发生。在组态分析中将条件分为核心条件和辅助条件，核心条件的重要性高于辅助条件，其中●表示该条件的存在对结果的发生发挥了作用，□表示该条件的缺失对结果的发生发挥了作用；空白表示该条件是否存在对结果的发生影响较小。

稳健性检验：通过小幅调整频数阈值、一致性阈值、校准点等参数，如果组态的数量、组成部分以及一致性和覆盖度没有发生实质性变化，则可以认为结果是可靠的(Greckhamer 等，2018)。

2. 面向搭子消费的企业营业收入增长路径

面向搭子消费的企业数量为 939 家，主要包括住宿业、商务服务业等行业。根据必要性分析结果，可认为这些条件均不为该类企业高营业收入增速的必要条件。在组态分析中,此处频数阈值设定为 5,一致性阈值设定为 0.8,共得到 6 个组态,整体覆盖度为 0.71,整体一致性为 0.82。通过调整频数和一致性阈值,组态结果没有发生实质性变化,验证了研究结果具备一定稳健性。

表 7　面向搭子消费的企业高营业收入增速组态分析

条件/组态	路径 1			路径 2		
	1	2	3	4	5	6
专技人员占比		□	□		●	●
管理人员占比	●	●	●	□	□	□
服务人员占比		□		●	●	●
人均工资	□	□		●	●	●
开业年限		□	●	●	●	●
人均信息化投入			□	□		□
小微企业	●	●	●	□	□	
一致性	0.86	0.94	0.93	0.92	0.93	0.94
覆盖度	0.48	0.21	0.23	0.08	0.10	0.09
整体一致性	0.82					
整体覆盖度	0.71					

注:●=核心条件存在,□=核心条件缺失,●=辅助条件存在,□=辅助条件缺失,空白=条件可存在可不存在。

本文总结的路径由组态分析结果中的核心条件、辅助条件共同构成。由于企业规模为短期不变的属性类条件,故本文根据该条件对企业进行分类,对不同规模的企业分别提出适合的发展路径。

对于面向搭子消费的企业,上述 5 个组态可总结为 2 条路径:

一是小微企业可以通过提高管理人员占比,同时适度控制用工成本,促进营业收入增长。

二是大中型企业可以通过提高人均工资水平,降低管理人员占比,同时适当提高服务人员和专技人员占比,促进营业收入增长。

3. 面向比价消费的企业营业收入增长路径

面向比价消费的企业数量为 1759 家,主要包括零售业、居民服务业等行业。根据必要性分析结果,可认为这些条件均不为比价型企业高营业收入增速的必要条件。在组态分析中,频数阈值设定为 8,一致性阈值设定为 0.8,共得到 6 个组态,整体覆盖度为 0.47,整体一致性为 0.80。通过调整频数和一致性阈值,组态结果没有发生实质性变化,验证了研究结果具备一定稳健性。

表 8　面向比价消费的企业高营业收入增速组态分析

条件/组态	路径 1			路径 2		
	1	2	3	4	5	6
专技人员占比			□	●	●	●
管理人员占比					□	
服务人员占比	●	●	●	□	□	□
人均工资	□	□	□	●		●
开业年限		□		□	●	
人均信息化投入	□					●
小微企业	●	●	●	□	□	□
一致性	0.82	0.84	0.89	0.84	0.84	0.85
覆盖度	0.26	0.25	0.24	0.09	0.09	0.08
整体一致性	0.80					
整体覆盖度	0.47					

对于面向比价消费的企业,上述 6 个组态可总结为两条路径:

一是小微企业可以通过提高服务人员占比,同时适度控制用工成本,促进营业收入增长。

二是大中型企业可以通过提高专技人员占比、人均工资水平,降低服务人员占比,同时适当提高信息化投入,促进营业收入增长。

4. 面向跟风消费的企业营业收入增长路径

面向跟风消费的企业数量为 2427 家,主要包括餐饮业、住宿业等行业。根据必要性分析结果,可认为这些条件均不为跟风型企业高营业收入增速的必要条件。在组态分析中,频数阈值设定为 8,一致性阈值设定为 0.8,共得到 5 个组态,整体覆盖度为 0.57,整体一致性为 0.84。通过调整频数和一致性阈值,组态结果没有发生实质性变化,验证了研究结果具备一定稳健性。

对于面向跟风消费的企业,上述 5 个组态可总结为 2 条路径:

一是小微企业可以通过提高服务人员占比和信息化投入,同时适度控制用工成本,促进营业收入增长。

二是大中型企业的营业收入增长与开业年限有一定正相关性。此外,企业可以通过降低管理人员占比,适当提高服务人员占比和人均工资水平,促进营业收入增长。

表 9 面向跟风消费的企业高营业收入增速组态分析

条件/组态	路径 1			路径 2		
	1	2	3	4	5	6
专技人员占比				□	●	
管理人员占比			●	□	□	
服务人员占比	●	●	●	●	●	
人均工资		□	□	●	●	
开业年限	□		□	●	●	
人均信息化投入	●	●		□	●	
小微企业	●	●	●	□	□	
一致性	0.89	0.88	0.87	0.93	0.93	
覆盖度	0.26	0.27	0.33	0.08	0.09	
整体一致性	0.84					
整体覆盖度	0.57					

5. 面向情感消费的企业营业收入增长路径

面向情感消费的企业数量为 2123 家,主要包括零售业、住宿业等行业。根据必要性分析结果,可认为这些条件均不为情感型企业高营业收入增速的必要条件。在组态分析中,频数阈值设定为 8,一致性阈值设定为 0.8,共得到 6 个组态,整体覆盖度为 0.38,整体一致性为 0.80。通过调整频数和一致性阈值,组态结果没有发生实质性变化,验证了研究结果具备一定稳健性。

表 10 面向情感消费的企业高营业收入增速组态分析

条件/组态	路径 1			路径 2		
	1	2	3	4	5	6
专技人员占比			□	□		□
管理人员占比				□	□	
服务人员占比	●	●	●	●	●	●
人均工资	□	□	□	●	●	●
开业年限		□		□	□	□
人均信息化投入	□				●	●
小微企业	●	●	●	□	□	□
一致性	0.82	0.83	0.88	0.88	0.86	0.87
覆盖度	0.25	0.25	0.23	0.07	0.08	0.06
整体一致性	0.80					
整体覆盖度	0.38					

对于面向情感消费的企业，上述 6 个组态可总结为两条路径：

一是小微企业可以通过提高服务人员占比，同时适度控制用工成本，促进营业收入增长。

二是大中型企业可以通过提高服务人员占比，同时适当提高人均工资水平和信息化投入，促进营业收入增长。

五、结论与展望

（一）主要结论

1. 挖掘了 4 种消费行为，并分析了 4 种消费行为在不同类型企业中的分布情况。使用基于 CLIP 的主题模型对多模态数据进行处理和特征融合，并挖掘出搭子型、比价型、跟风型和情感型 4 种消费行为。从近几年变化趋势来看，搭子型消费正在逐渐兴起，比价型消费呈抬头趋势，跟风型消费占据主导地位，情感型消费出现回落。从单位规模看，大中型企业面向的消费者行为类型偏向于情感型和比价型，小微型企业偏向于跟风型；从控股情况看，港澳台及外商控股和国有控股企业偏向于情感型，私人控股企业偏向于跟风型；从开业年限看，开业年限长的企业偏向于比价型，开业年限短的企业偏向于跟风型。

2. 4 种消费行为对企业营业收入增长具有重要影响。根据 XGBoost 和 SHAP 值的特征重要性分析结果，4 种消费行为对企业营业收入增速均存在重要影响。其中，搭子型、情感型消费影响程度高于比价型、跟风型。

3. 提出了不同规模企业面向不同消费行为的发展路径。小微企业在发展中需要注重人工成本控制，促进营业收入增长。其中，对于面向搭子消费的小微企业，可以提高管理人员占比，优化企业管理水平；对于面向跟风消费的小微企业，可以提高信息化投入，加强企业信息化发展；对于面向比价和情感消费的小微企业，可以提高服务人员占比，提升企业服务质量。大中型企业在发展中需要注重发展质量，通过一定方式提高人均工资水平，促进营业收入增长。其中，对于面向搭子消费的大中型企业，可以提高服务人员和专技人员占比；对于面向比价消费的大中型企业，可以提高专技人员占比和信息化投入；对于面向跟风消费的大中型企业，可以提高服务人员占比和加强品牌打造；对于面向情感消费的大中型企业，可以提高服务人员占比和信息化投入。

（二）政策启示

1. 支持小微企业降本增效。对于面向不同消费行为的小微企业，需要从成本控制与效能增强等方面入手，促进营业收入增长。政府可以通过提供税收优惠、金融支持等方式帮助企业降低运营成本，开展教育培训以帮助企业提高管理水平，采用财政激励、宣传引导等方式鼓励小微企业注重服务质量和客户体验的提升。

2. 支持大中型企业多维提升。对于面向不同消费行为的大中型企业，需从多方面同步推进优化与升级，促进营业收入增长。政府可以通过鼓励企业推动产业结构升级，带动人员结构优化；为企业信息化建设提供更多资金支持和技术保障，帮助企业实现技术创新；出台相关政策支持人才引进、加大对高端人才的培养力度，提高企业从业人员素质。

3. 鼓励搭子型、情感型消费，关注比价型消费增多现象。搭子、情感消费对企业营业收入增长具有重要影响，应鼓励企业组织各类适合结伴消费的活动和提升服务质量，扩大由搭子行为和情感行为模式产生的经济效应。另一方面，目前比价型消费呈现出增多现象，但面对比价消费，企业应主要通过加强服务和信息化发展来提高营业收入，不能简单通过价格竞争来赢得市场份额，建议要强化行业自律，防止“内卷式”恶性竞争。

（三）研究不足与展望

本文在挖掘消费者行为过程中使用的是小红书平台数据，虽已经过基本的数据清洗，但数据中仍可能会掺杂推广帖、商家宣传帖等干扰信息，在准确反映消费者行为方面有所不足，挖掘到的消费者行为可能并没有涵盖全部，期望在后续能够对数据质量进行更精准的把控，并扩充数据源做进一步分析。

【参考文献】

[1] 曹旭平,唐娟,姜友林,曹晓君.消费者行为学[M].北京:清华大学出版社,2013:10—11.

[2] 费少卿.基于供给侧改革视角的消费新政研究[J].商业经济研究,2016(11):41—43.

[3] 洪灿辉.增值税留抵退税政策对企业经营影响研究——以广东省A地区企业为例[D].武汉:华中师范大学,2023.

[4] 黄登仕,祝晓斐.高管团队任职背景与企业经营绩效的影响研究——基于民营企业上市公司经验数据[J].经济体制改革,2016(1):131—138.

[5] 黄秀颖.基于fsQCA方法的数字化转型下汽车制造企业绩效影响因素研究[D].北京:北京第二外国语学院,2023.

[6] 黎志成,刘枚莲.电子商务环境下的消费者行为研究[J].中国管理科学,2002(6):88—91.

[7] 刘博."Z世代"的消费新景观与消费行为引导进路[J].思想理论教育,2023(5):99—105.

[8] 徐淑高,王纤阳,蒋卫威,鱼京善,刘源,周桂欢.基于UMAP与HDBSCAN的北京市极端暴雨时空动态分布规律研究.北京师范大学学报(自然科学版),2023(2):269—279.

[9] 张颖,卢萍.论中国扩大消费需求的供给侧支撑[J].沈阳工业大学学报(社会科学版),2017(4):326—330.

[10] Alec Radford,Jong Wook Kim,Chris Hallacy,Aditya Ramesh,Gabriel Goh,et al. Learning transferable visual models from natural language supervision[EB/OL].

[11] Ashish Vaswani,Noam Shazeer,Niki Parmar,Jakob Uszkoreit,Llion Jones,Aidan N Gomez,Lukasz Kaiser,Illia Polosukhin. Attention is All You Need[EB/OL].

[12] David M Blei,Andrew Y Ng,and Michael I Jordan. Latent dirichlet allocation[J]. the Journal of machine Learning research,2003(3):993—1022.

[13] FISS P C. Building Better Casual Theories:A fussy set approach to typologies in organizational research[J],Academy of management journal,2011,54(2):393—420.

[14] Leland McInnes,John Healy,and Steve Astels. hdbscan:Hierarchical density based clustering[J]. The Journal of Open Source Software,2017(11):205—206.

[15] L McInnes,J Healy,J Melville. UMAP:Uniform Manifold Approximation and Projection for Dimension Reduction[EB/OL].

[16] Ragin C C. Redesigning social inquiry:Fuzzy sets and beyond[M]. University of Chicago Press,2008.

[17] Thomas Greckhamer,Santi Furnari,Peer C Fiss,Ruth V Aguilera. Studying configurations with qualitative comparative analysis:Best practices in strategy and organization research [J]. Strategic Organization,2018(4):482—495.

数字经济赋能新质生产力:理论机制与经验证据

四川省统计局　熊英宏　彭先科　张超长

摘　要

数字经济作为新一轮科技革命和产业变革的重要驱动力量,已经成为推动新质生产力发展的重要引擎。基于前人关于"技术—经济"的发展范式研究,从理论上阐释了数字经济驱动新质生产力发展的直接作用机制和中介传导机制。本研究基于2012—2022年30个省份的面板数据,围绕创新发展水平、绿色发展水平、科技智能水平和人力资源水平四个方面构建新质生产力综合评价指标体系,从数字基础设施、数字创新能力、数字产业化和产业数字化四个角度构建数字经济综合评价指标体系,以改进的熵权—TOPSIS方法对新质生产力和数字经济发展水平进行综合测评。随后,运用时间固定效应模型、中介效应模型和基于地理、经济地理嵌套矩阵的空间杜宾效应模型,进一步研究数字经济影响新质生产力发展的区域异质性、中介传导机制和空间溢出效应。研究发现:数字经济是驱动新质生产力发展的显著因素;东部地区数字经济对新质生产力发展的驱动效应大于中部、东北和西部地区;数字经济通过数字技术创新赋能新质生产力的发展;数字经济对新质生产力的影响存在正向的空间溢出效应。本研究通过工具变量法和核心变量滞后分析消除了一定的内生性问题,采用替换核心变量和样本缩减的方法验证了模型的稳健性,结果表明研究模型是可靠的。据此提出以下建议,一是持续发展数字经济,打造新质生产力发展引擎;二是重点突破科技创新,激活新质生产力发展动能;三是加强区域协同发展,推动新质生产力成果共享。

关键词:数字经济;新质生产力;技术创新;中介效应;空间溢出效应

一、绪论

(一)研究背景与意义

党的二十大报告强调"高质量发展是全面建设社会主义现代化国家的首要任务"。当前,世界百年未有之大变局全方位、深层次加速演进,而我国一些领域关键核心技术受制于人的局面尚未根本改变,掣肘经济社会高质量发展。习近平总书记在中共中央政治局第十一次集体学习时强调,发展新质生产力是推动高质量发展的内在要求和重要着力点。同样,以数字技术为核心驱动力,数字经济正引领着一场席卷全球的科技变革浪潮,重塑着各国的经济形态与发展轨迹。近年来,数字技术的快速更新迭代,产生了物联网、人工智能和区块链等一系列新技术,数字技术不断与实体经济深度融合,加速推动传统产业转型升级,催生数字经济新产业新业态新模式,加速技术创新,提升全要素生产率,驱动生产方式变革,逐渐成为新质生产力发展的重要推手。

新质生产力是以科技创新为主导、实现关键性颠覆性技术突破而产生的生产力,是数字时代更能适应新发展格局、更具有活力的生产力。数字经济集信息技术、人工智能、大数据于一体,数据作为新生产要素可以更好地赋能传统生产力改造升级,数字产业化与产业数字化为新质生产力形成提供实体基础,数字基础设施为新质生产力的形成提供坚实的平台支撑(张林 & 蒲清平,2023;周文 & 叶蕾,2024)。研究数字经济对新质生产力的影响不仅有助于深化对生产力理论的理解,揭示数字经济、技术创新与新质生产力发展的内在联系,还能丰富和发展现代经济理论,推动经济学与其他学科的交叉融合,为政策制定提供理论参考。

(二)文献综述

1. 数字经济相关研究

目前,学界对数字经济的指标测度进行了许多研究,尚且没有统一的测量标准。王开科等(2020)认为数字经济的发展离不开数字基础设施的支撑。王军等(2021)选取数字经济发展载体、数字产业化、产业数字化及数字经济发展环境四个维度,并利用熵值法对数字经济进行指标测度。BEA(2022)采用数字基础设施、电子商务、付费数字服务及政府数字服务四个类型的指标测度美国数字经济水平。Liu(2024)从数字基础设施建设、数字产业化和产业数字化三个方面构建辽宁省数字经济发展水平,并运用熵权-TOPSIS综合评价模型和线性熵-TOPSIS综合评判模型进行测度。由此可见,国内外相关研究对数字经济的测度都囊括了数字产业化和产业数字化两个方面,并对各个指标进行主观赋权(张一凡、许宪春,2024)。基于此,本研究认为数字经济应以数字基础设施作为发展根本,融合数字创新能力,推动形成数字产业化及产业数字化。

2. 新质生产力相关研究

新质生产力是以科技创新为核心、把新兴未来产业作为主阵地、将高质量发展放在首位的生产力(蒲清平、黄媛媛,2023);其核心是通过创新驱动高质量发展(李政、廖晓东,2023);新质生产力归根结底仍是一种生产力,在新的经济发展格局下,新质生产力由高素质劳动者、"新质料"劳动资料和新质劳动对象构成,其具备科技创新驱动、高效能且低消耗、数字赋能等特征(李盛竹等,2024)。张辉等(2024)认为,加快形成新质生产力的着力点在于培养高素质人才、建设现代化产业体系、构建新发展格局、形成符合新发展理念的生产优势。基于上述梳理,新质生产力以技术创新为核心要素,以高素质人才为内在动力,遵循绿色发展理念,引领科技智能提升,推动形成新兴产业,实现高质量、可持续发展。

3. 数字经济对新质生产力影响的相关研究

随着我国经济进入高质量发展阶段,数字经济发展水平不断提高,新质生产力的提出对推动经济转型升级具有重要的指导意义和实践价值,数字经济和新质生产力的相关研究逐渐受到学者们的关注。姚树洁等(2024)系统分析了数字经济和新质生产力的内在逻辑及其互动路径,认为加快数字经济发展,是推动新质生产力形成的重要路径。焦方义、杜瑄(2024)探究了数字经济的各组成部分对新质生产力的影响,发现数字产业化、产业数字化、数字治理是我国数字经济发展推动新质生产力形成的有效路径。吴文生等(2024)基于对长三角地区的实证研究,认为数字经济可以通过推动技术创新提升新质生产力水平。基于"技术-经济"的发展范式,数字经济带来的颠覆传统生产方式的创新推动新质生产力的发展(朗元柯,2024)。罗爽等(2024)通过异质性检验分析显示,数字经济核心产业集聚对新质生产力发展的影响程度由大到小分别为东部、西部、东北、中部,即存在空间溢出效应。

4. 文献评述

现有研究关于数字经济对新质生产力的影响研究在指标构建、实证研究支撑以及政策建议提出等方面已经取得了显著的进展。这些研究对于数字经济、新质生产力的概念都进行了各自的界定,也对二者之间的关系进行了系统的阐述。然而,新质生产力的概念提出时间较短,因为数字经济和新质生产力的量化指标较为复杂,且数据获取难度较大,二者的综合评价指标体系没有统一的标准。此外,关于数字经济对新质生产力发展的影响作用及路径机制的探究,定量分析还比较薄弱。根据我国区域间发展不平衡等特点,不同地区的数字经济、新质生产力发展水平存在较大差异,但是现有研究往往缺乏对区域差异的关注,难以提出有针对性的区域发展策略。

(三)研究问题与研究思路

1. 研究问题

本研究对数字经济和新质生产力的综合评价指标体系进行细致的梳理,通过对我国2012-2022年30个省份的数字经济及新质生产力发展水平进行实证研究,探索数字经济是否显著推动新质生产力提升;随后,探讨在数字经济驱动新质生产力发展的过程中,数字化技术创新是否起到中介效应的作用;最后,本研究探究数字经济对新质生产力发展的影响是否存在空间溢出效应,这种效应是促进还是抑制作用。

2. 研究思路

本文研究思路如下图1所示。

(四)研究创新点

第一,本研究构建数字经济和新质生产力两个综合评价指标体系,考虑纳入新兴产业状况及人才资源等指标,较为全面地反映出两个概念的内涵;第二,通过深入分析数字经济对新质生产力的影响机制和作用路径,揭示数字经济在技术创新等方面的重要作用,为后续理论研究提供更为立体的视角;第三,将数字经

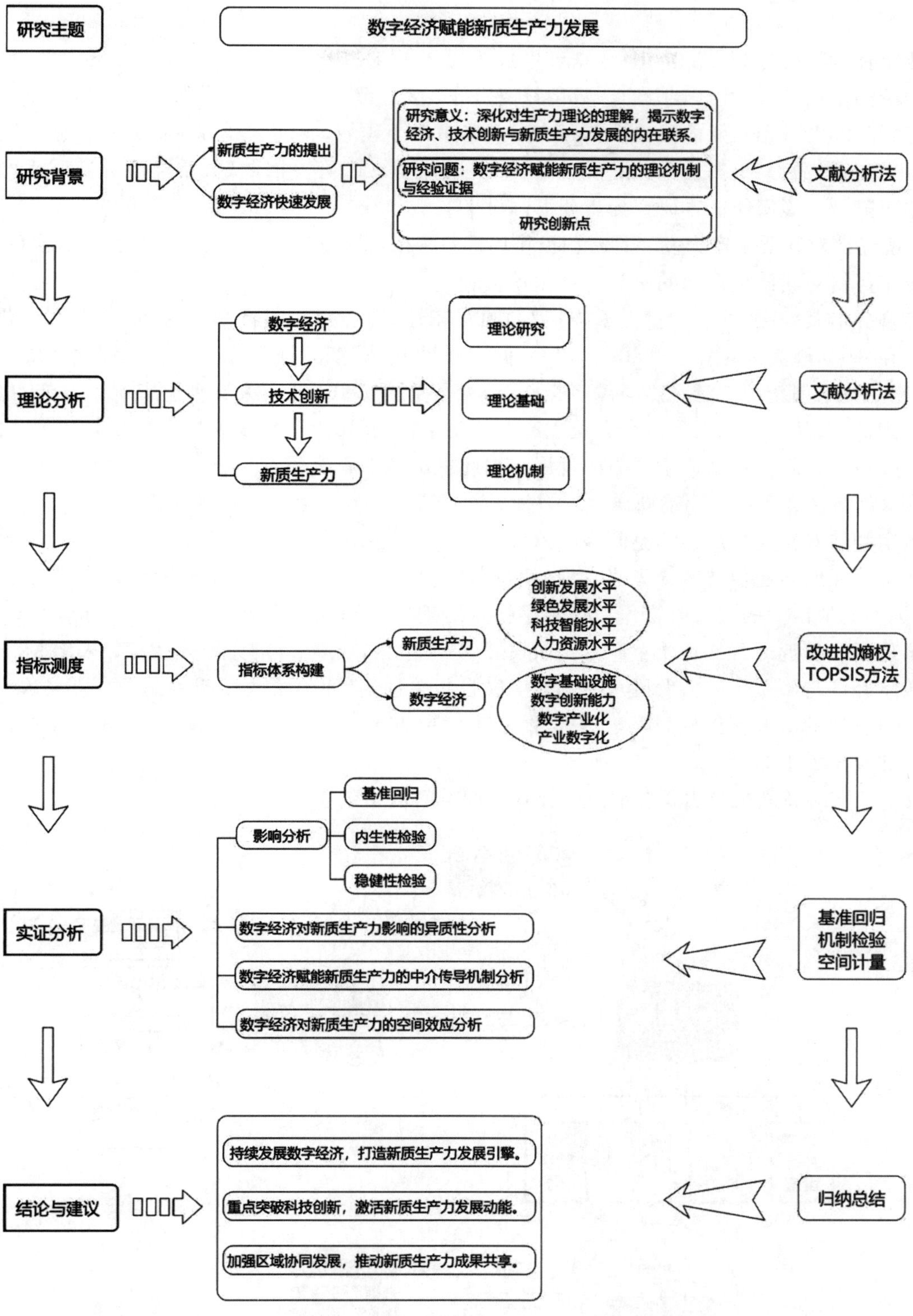

图1　研究思路图

济这一新兴经济形态与新质生产力紧密结合起来，关注区域间的相互作用及差异表现，创新研究思路。

二、理论分析与研究假设

基于对前人研究及相关理论的梳理，提出如图2所示的理论机制图，旨在探讨数字经济、技术创新、新质生产力之间的作用机制，以及邻近地区间存在的空间溢出效应。

(一)数字经济对新质生产力的影响作用

历史唯物主义认为，同生产力发展一定阶段相适应的生产关系的总和构成社会经济基础，生产力发展是衡量社会发展的根本标准。新质生产力的出现代表先进生产力正在取代落后生产力,我国社会生产力正在飞速跃迁(焦方义,2024)。

随着数字技术的成熟和广泛应用,数据已经成为重要的生产要素投入到传统生产模式中,突破了传统经济增长理论的限制(陈晓红等,2022)。数字经济引导要素资源从低生产效率部门向创新效率更高的部门流动(黄大禹等,2022),不断赋能战略性新兴产业及未来产业领域,实现了经济从低质量扩张向高质量发展转型,培育出更具有活力、更高质量的新质生产力(吴文生等,2024)。因此,数字经济为新质生产力的发展提供了基本保障与发展潜能。本研究提出如下假设 H1:

H1:数字经济对新质生产力发展具有积极作用。数字经济越发达,新质生产力发展水平越高。

(二)数字经济对新质生产力的中介传导作用机制

数字经济凭借其"开放共享"与"无缝连接"的独特属性,通过互联网将知识、技术与人力资源等核心要素紧密交织在一起,极大地拓宽了知识共享与协同合作的疆域(朗元柯等,2024)。这种数字要素的深度融合,不仅促进了技术创新的广泛碰撞与深度交融,改变了生产方式,更在深层次上影响了生产对象本身,推动了从物质到信息、从有形到无形的全方位生产力的变革,为新质生产力发展注入了新鲜活力。因此,数字经济能够通过技术创新促进新质生产力的发展。据此提出如下假设 H2:

H2:技术创新在数字经济驱动新质生产力发展的过程中存在显著的中介效应。

(三)数字经济对新质生产力的空间溢出效应

数字经济依靠网络通信技术的飞速发展,使得数字要素在不同区域之间自由流动,打破了传统时空的限制,便利了不同地区间的交流与合作。在数字技术跨地区支撑与数据要素快速流动的作用下,数字经济能够推动本地区和邻近地区的新质生产力正向发展(吴文生等,2024)。朗元柯等(2024)采用 Moran's I 指数法验证了数字经济与新质生产力发展水平具有空间自相关性,且回归系数显著为正。本研究认为数字经济对新质生产力发展的影响不仅只局限于本区域,还会对邻近地区的新质生产力产生影响,存在正向空间溢出效应。据此提出如下假设:

H3:数字经济对新质生产力发展的影响存在正向空间溢出效应。

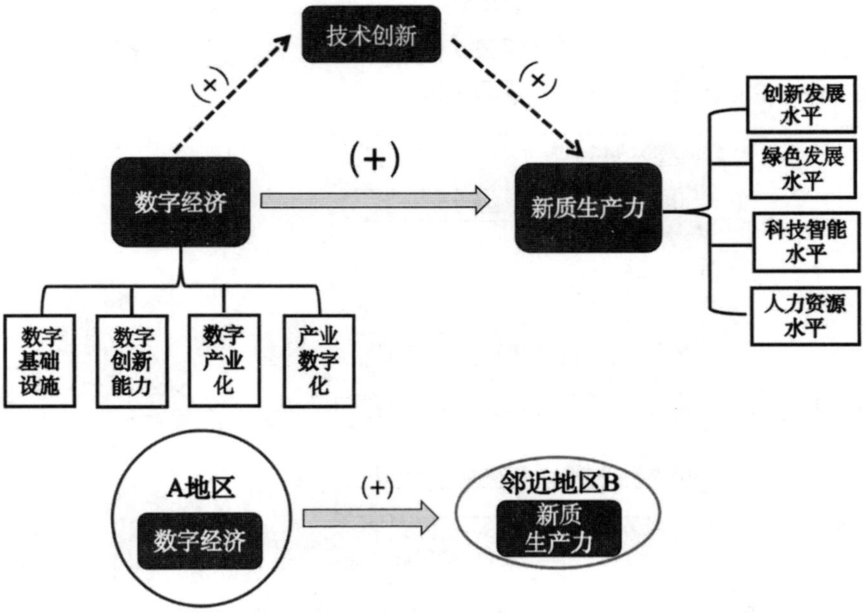

图 2 理论机制图

三、研究设计

(一)研究模型

首先,本研究使用时间固定效应模型研究数字经济对新质生产力的影响。模型设定如公式(1)所示,其中 i 表示省份,t 表示年份,NQC_{it} 表示新质生产力发展水平,DE_{it} 表示数字经济发展水平,α_1 表示数字经济对新质生产力发展水平的影响程度。X_{it} 是一系列控制变量,同时加入年份固定效应 δ_t,ε_{it} 是随机扰动项。

$$NQC_{it} = \alpha + \alpha_1 DE_{it} + \lambda X_{it} + \delta_t + \varepsilon_{it} \tag{1}$$

随后，本研究构建中介效应回归模型探讨数字经济通过技术创新促进新质生产力的影响路径，如公式(2)和(3)所示，其中 M_{it} 为中介变量。

$$M_{it} = \nu_0 + \nu_1 DE_{it} + \xi X_{it} + \delta_t + \varepsilon_{it} \tag{2}$$

$$NQC_{it} = \vartheta_0 + \vartheta_1 M_{it} + \vartheta_2 DE_{it} + \eta X_{it} + \mu_{it} + \delta_t + \varepsilon_{it} \tag{3}$$

最后，数字经济对新质生产力的影响可能存在显著差异，正向影响更为显著的地区可能带动周边地区共同发展，存在一定的空间溢出效应。本研究采用空间计量模型，设定如式(4)所示。ρ 为空间自回归系数，W 为空间权重矩阵，θ_1 和 θ_c 为数字经济空间交互项和控制变量空间交互项的系数。若检验结果表明，系数 θ_1 较为显著，则说明数字经济可以对新质生产力发展产生显著空间溢出效应，研究假设 3 成立。

$$NQC_{it} = \beta + \rho WNQC_{it} + \beta_1 DE_{it} + \theta_1 WDE_{it} + \eta X_{it} + \theta_c WX_{it} + \delta_t + \varepsilon_{it} \tag{4}$$

(二)变量测度及说明

1. 被解释变量

新质生产力是近来新提出的概念，也是一个较为复杂的体系，涉及科技创新、绿色发展、人才供给等方面，目前学界对此尚无统一的评价体系。本研究综合考虑，通过构建创新发展水平、绿色发展水平、科技智能水平、人力资源水平 4 个一级指标、8 个二级指标、19 个三级指标，系统测算各地区新质生产力发展水平，如表 1 所示。考虑面板数据的适用性、权重计算的客观性以及保障计算结果可比性，参考卢江(2024)等相关研究，遵循层次分析法(AHP)的基本思路，通过对指标的差异性系数进行比较，从而得到判断矩阵，求解熵值，以改进的熵权－TOPSIS 方法测算得到新质生产力指标(具体测度方式详见附录及附表 1)。

表 1　新质生产力综合评价指标体系

一级指标	二级指标	三级指标	属性	变量解释
创新发展水平	创新水平	创新研发	+	百人新创企业数(个)
		创新投入	+	规上工业企业产业创新经费(万元)
	技术发展水平	技术研发	+	规上工业企业 R&D 人员全时当量(h)
		科技支出	+	科学技术支出占公共财政支出比重(%)
绿色发展水平	资源节约水平	能源强度	−	能源消费量/GDP(吨标准煤/万元)
		用水强度	−	工业用水量/GDP(立方米/万元)
		废物利用	+	工业固废物综合利用量/产生量(%)
	环境友好水平	废水排放	−	工业废水排放/GDP(吨/万元)
		废气排放	−	工业二氧化硫排放/GDP(千克/万元)
		绿色创新成果	+	每万人绿色专利量(件)
科技智能水平	智能化水平	智能化市场利润	+	高技术制造业利润总额(亿元)
		智能技术产出	+	高技术新产品销售额/GDP(%)
	科技发展水平	机器人安装密度	+	地区工业机器人安装数 *(地区工业就业人数/全国总就业人数)(台/万人)
		智能设备投入	+	信息传输、软件和信息技术服务业固定资产投资(亿元)
		智能经费投入	+	高技术制造业 R&D 经费(万元)
人力资源水平	劳动力水平	就业结构	+	第三产业就业比重(%)
		新产业就业规模	+	高技术制造业 R&D 人员(人)
	人才供给水平	劳动者技能水平	+	高等教育人数占比(%)
		教育水平	+	平均受教育年限(年)

2. 核心解释变量

基于《数字经济及其核心产业统计分类(2021)》和数据的可得性，本研究构建了数字基础设施、数字创新能力、数字产业化、产业数字化4个一级指标,互联网覆盖、研发水平、数字产品制造、数字化效率提升等10个二级指标及24个三级指标,如表2所示。使用改进的熵权-TOPSIS方法测算得到数字经济指标,以此衡量各地区数字经济发展水平(详见附表2)。

表2 数字经济综合评价指标体系

一级指标	二级指标	三级指标	属性	变量解释
数字基础设施	互联网覆盖	互联网宽带接入端口数	+	实际安装运行的接入端口数(万个)
		互联网域名数	+	(万个)
	移动电话覆盖	移动电话普及率	+	移动电话总数/行政区域总人口数(部/百人)
		移动基站密度	+	单位面积移动基站数量(个/平方千米)
	信息传输效率	光缆密度	+	单位面积长途光缆长度(万公里)
		"宽带中国"试点范围	+	省(市)宽带中国试点城市数量/省(市)地级市数量(%)
数字创新能力	研发水平	R&D经费支出	+	统计范围为规模以上工业企业(万元)
		R&D项目(课题)数	+	统计范围为规模以上工业企业(项)
		R&D活动企业比例	+	统计范围为规模以上工业企业(%)
	技术创新水平	技术合同成交总额	+	(亿元)
		专利申请授权数	+	拥有自主知识产权的科技和设计成果情况(件)
数字产业化	数字产品制造	新产品销售收入	+	统计范围为规模以上工业企业(亿元)
		计算机通信和其他电子设备制造业业务收入	+	统计范围为规模以上工业企业(亿元)
	数字技术应用	电信业务总量	+	(亿元)
		软件产品收入	+	统计口径为主营业务收入500万元以上的软件和信息技术服务业(亿元)
	数字服务驱动	数字电视用户数量	+	(万户)
		嵌入式系统软件收入	+	统计口径为主营业务收入500万元以上的软件和信息技术服务业(亿元)
		电子商务交易活动企业比例	+	(%)
		企业电子商务占GDP比重	+	(%)
产业数字化	数字化效率提升	规上工业企业技术获取和技术改造经费支出	+	(亿元)
		快递业务收入	+	(亿元)
		农村生产数字化基地	+	阿里淘宝村数量(个)
		数字金融普惠发展	+	中国数字普惠金融指数
	数字政府	政府数字经济关注度	+	词频统计

3. 中介变量

如前文所述,数字经济促进了技术创新升级,创新亦是新质生产力的根本要素,在数字经济促进新质生产力发展的过程中,技术创新起到机制传导的作用。本研究采用数字经济实用新型发明授权数占国内实用新型专利授权数的比重来衡量数字技术创新这一变量。

4. 控制变量

参照前人研究结果,社会经济发展水平及产业发展水平会影响某地区新质生产力发展水平,因此本研究纳入经济发展水平、社会发展水平及产业发展水平三方面进行变量控制,更好地反映数字经济与新质生产力之间的影响作用机制。

(三)数据来源

本研究的数据为全国30个省、市、自治区(除西藏、港澳台地区)2012—2022年面板数据,具体来源为国家统计局官网《中国统计年鉴》《中国能源统计年鉴》《中国环境统计年鉴》《中国科技统计年鉴》《中国工业统计年鉴》《中国信息产业年鉴》《中国信息年鉴》,历年中国数字经济发展报告、中国信息通信研究院以及工业和信息化相关研究报告,最终纳入分析研究共330个样本。在构建指标体系时考虑到数据的可得性与完整性,使用没有数据缺失或缺失较少的变量,使用插值法填补个别数据缺失值,以保证数据的规范与完整。主要变量的描述性统计结果如表3所示。

表3　描述性统计结果

变量名称	变量描述	平均值	标准差	最小值	最大值
NQC 新质生产力发展水平	/	0.221	0.149	0.080	0.802
DE 数字经济发展水平	/	0.163	0.154	0.013	0.740
Inno 数字技术创新		0.190	0.047	0.080	0.384
	经济发展水平				
*a*1 税负水平	税收收入/地区生产总值	0.080	0.029	0.035	0.200
*a*2 财政支持力度	财政一般预算支出/地区生产总值	0.254	0.105	0.107	0.758
*a*3 经济状况	人均GDP	9.332	0.464	8.598	10.806
	社会发展水平				
*b*1 城镇化水平	城镇人口/总人口	0.608	0.117	0.360	0.900
*b*2 社会消费水平	社会消费品零售总额/地区生产总值	0.380	0.070	0.183	0.538
*b*3 对外开放程度	(货物进出口总额 * 美元对人民币汇率)/地区生产总值	0.243	0.271	0.000	1.441
*b*4 交通基础设施水平	公路里程数取对数和货运总量取对数	11.651	0.834	9.501	12.981
	产业发展水平				
*c*1 工业化水平	工业增加值/地区生产总值	0.317	0.079	0.101	0.523
*c*2 产业结构	第三产业增加值/第二产业增加值	1.384	0.751	0.611	5.283

四、实证分析

(一)经济对新质生产力的影响分析

1. 基准回归分析

根据F检验及Hausman检验结果,本研究采用时间固定效应模型进行基准回归分析,具体结果如表4所示。列(2)在列(1)的基础上引入了控制变量进一步分析,可以看出数字经济的系数为0.841,在1%的水平上显著为正,列(3)在列(2)的基础上控制时间,检验了数字经济对新质生产力的影响,结果显示数字经济对新质生产力的回归系数为0.908,在1%的水平上显著,数字经济对新质生产力的解释能力增强,说明数字经济可以有效驱动新质生产力发展。此外,财政支持力度、城镇化水平、对外开放程度也能显著促进新质生产力发展。

表4　基准回归结果

变量	*NQC*		
	(1)	(2)	(3)
DE	0.889***	0.841***	0.908***
	(0.029)	(0.044)	(0.038)
*a*1 税负水平		−1.142***	−0.963***
		(0.256)	(0.253)
*a*2 财政支持力度		0.107*	0.155**
		(0.055)	(0.070)

续表

变量	NQC		
	(1)	(2)	(3)
*a*3 经济状况		0.019	−0.003
		(0.018)	(0.018)
*b*1 城镇化水平		−0.006	0.120**
		(0.041)	(0.047)
*b*2 社会消费水平		−0.088*	−0.001
		(0.049)	(0.044)
*b*3 对外开放程度		0.138***	0.092**
		(0.048)	(0.045)
*b*4 交通基础设施水平		−0.011*	−0.007
		(0.007)	(0.006)
*c*1 工业化水平		0.062	−0.037
		(0.064)	(0.059)
*c*2 产业结构		−0.021**	−0.024**
		(0.010)	(0.009)
年份固定	NO	NO	YES
Observations	330	330	330
R-squared	0.851	0.883	0.898

注：*、**和***分别表示在10%、5%和1%的水平上显著，括号内为稳健标准误。

2. 内生性检验

为了确保回归模型的可靠性，首先，参考赵涛等(2020)的做法，采用各城市在1984年的邮电历史数据作为数字经济发展水平的工具变量进行内生性检验。一方面，传统通信服务能力与当地的经济状况和产业发展有着密切联系，在一定程度上影响着后来以互联网为基础的通信技术发展；另一方面，在互联网时代，邮政和固定电话等传统通信媒介在经济发展中的作用已大幅下降，满足排他性。因选取的指标是截面数据，因此本研究引入了上一年全国信息技术服务收入与1984年电话和邮政历史数据的交乘项作为工具变量。从第一阶段结果看，工具变量的系数均在1%水平上显著，KP检验拒绝工具变量识别不足的原假设；Kleibergen-Paap Wald rk F值为57.380，大于19.93(10%)；AR检验显著。从第二阶段结果看，在考虑了内生性的情况下数字经济发展水平对新质生产力发展的影响仍显著为正(详见表5)。

表5　工具变量回归结果

变量	第一阶段	第二阶段
	De	*NQC*
*IV*1	0.000188***	
	(10.09)	
*IV*2	−6.25e-09***	
	(−6.11)	
DE		0.600***
		(8.84)
识别不足检验： *Kleibergen-Paap rk LM statistic*	24.905 [0.0000]	
弱识别检验： *Kleibergen-Paap Wald rk F statistic* {*Stock-Yogo weak ID test critical values*：10% *maximal IV size*}	57.380 {19.93}	
Anderson-Rubin Wald test	46.62 [0.0000]	
控制变量	YES	YES
年份固定	YES	YES
Observations	330	330
R-squared	0.778	0.778

注：*、**和***分别表示在10%、5%和1%的水平上显著，括号内为 *t* 统计量。

其次,表 6 中列(3)和列(4)分别将核心解释变量滞后一期和两期进行回归,列(5)和列(6)分别将被解释变量滞后一期和两期进行回归,结果显著为正。说明在消除一定内生性影响的情况下,数字经济水平对新质生产力发展仍然存在显著正向影响。

3. 稳健性检验

首先,替换核心变量数字经济发展水平的测度方法,改用因子分析法进行检验,结果如表 6 列(1)所示,回归系数仍然显著为正,证明基准回归结果稳健。其次,考虑剔除北京、广东、浙江和上海四个数字经济发展水平较高的省份,处理后结果如表 6 列(2)所示,回归结果仍然正向显著。

表 6 稳健性检验结果

变量	*NQC*				*L. NQC*	*L2. NQC*
	(1)	(2)	(3)	(4)	(5)	(6)
DE	0.059***	0.842***			0.951***	0.975***
	(0.0049)	(0.0585)			(0.0363)	(0.0376)
L. DE			0.902***			
			(0.0374)			
L2. DE				0.936***		
				(0.0393)		
控制变量	YES	YES	YES	YES	YES	YES
年份固定	YES	YES	YES	YES	YES	YES
Observations	330	286	300	270	300	270
R-squared	0.813	0.924	0.906	0.903	0.918	0.919

注:1. 控制变量回归结果详见附表 3。

2. *、** 和 *** 分别表示在 10%、5%和 1%的水平上显著,括号内为稳健标准误。

(二)数字经济对新质生产力影响的异质性分析

基于我国各区域地理环境、基础设施、经济结构和生产要素配置等方面存在的客观差异,按照国家统计局公布的经济带划分标准,本研究将 30 个省市划分为东部、中部、西部和东北部地区,以研究不同地区数字经济驱动新质生产力发展的影响。表 7 的区域异质性检验结果表明,数字经济对新质生产力发展的影响作用在东部、中部、西部均在 1%的水平下显著为正,东北地区在 10%的水平下显著为正;从回归系数来看呈现一定的区域异质性,东部地区>中部地区>东北地区>西部地区。主要原因是东部地区的经济基础较好,是实施创新驱动发展战略、培育壮大新动能、打造先进制造业集群的主阵地,因此在发展数字经济以驱动新质生产力发展方面有着显著的"先发优势"。

表 7 异质性检验结果

变量	*NQC*			
	东部地区	中部地区	西部地区	东北地区
DE	1.007***	0.557***	0.307***	0.366*
	(0.0488)	(0.144)	(0.0857)	(0.170)
控制变量	YES	YES	YES	YES
年份固定	YES	YES	YES	YES
Observations	110	66	121	33
R-squared	0.936	0.984	0.463	0.949

注:1. 控制变量回归结果详见附表 4。

2. *、** 和 *** 分别表示在 10%、5%和 1%的水平上显著,括号内为稳健标准误。

(三)数字经济赋能新质生产力的中介传导机制分析

为了探究数字经济对新质生产力的影响作用机制,本研究采用中介效应回归,并通过 Sobel 检验和 Bootstrap 法对中介效应进行了验证,提升中介效应的稳健性。本研究主要探究了技术创新在数字经济驱动新质生产力发展过程中发挥的中介作用,技术创新用数字经济实用新型发明专利授权数占比来衡量。根据下表 8 回归结果,列(1)中,数字经济对新质生产力的回归系数正向显著,列(2)中数字经济对技术创新的回归系数显著为正,列(3)显示数字经济与技术创新对新质生产力的回归均正向显著,且数字经济的回归系数变小,说明技术创新起到中介作用,数字经济能够显著驱动技术创新,随后技术创新进一步推动生产力从资源赋能向技术赋能转变,进而推动形成新质生产力。此外,本研究对中介效应结果进行检验。其中,Sobel 检验的 Z 值为 3.611,P 值为 0.000,技术创新的中介效应在总效应中的占比为 7.1%;Bootstrap 检验 95% 的置信区间内未包含 0,证实了技术创新存在显著的中介效应。假设 H2 成立。

表 8 数字经济赋能新质生产力的作用机制检验结果

变量	(1)	(2)	(3)
	NQC	*inno*	*NQC*
DE	0.908***	0.146***	0.843***
	(0.0378)	(0.0227)	(0.0355)
inno 技术创新			0.442***
			(0.101)
Sobel 检验	z 值为 3.611,p 值为 0.000 中介效应/总效应=7.1%		
Bootstrap 检验	95%的置信区间为[0.7712471,0.9118288](BCa)		
控制变量	YES	YES	YES
年份固定	YES	YES	YES
Observations	330	330	330
R-squared	0.905	0.632	0.912

注:*、** 和 *** 分别表示在 10%、5%和 1%的水平上显著,括号内为稳健标准误。

(四)数字经济对新质生产力的空间效应分析

1. 空间自相关检验

本研究采用空间计量模型考察数字经济发展对新质生产力的空间溢出效应,利用莫兰指数进行了空间自相关检验,使用地理距离矩阵的检验结果如表 9、图 3 所示。

表 9 空间自相关检验结果

年份	Moran's I	Z 值
2012	0.124***	3.452
2013	0.126***	3.449
2014	0.116***	3.267
2015	0.060**	1.986
2016	0.081**	2.476
2017	0.072**	2.336
2018	0.068**	2.337
2019	0.065**	2.293
2020	0.083***	2.604
2021	0.076**	2.458
2022	0.081**	2.548

可以看出，空间自相关系数均在5%的水平下显著为正，新质生产力存在一定的空间集聚效应。

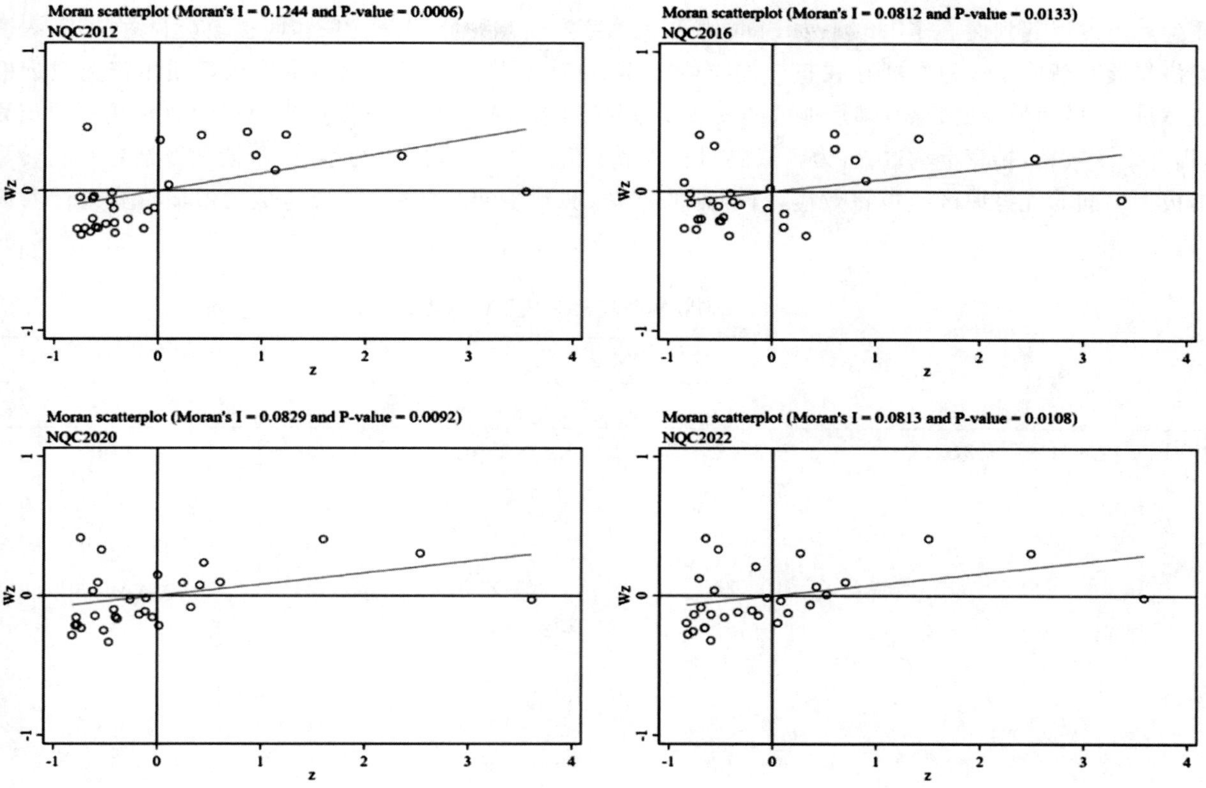

图3　莫兰散点图

2. 模型选择检验

如表10所示，LM检验统计量总体在1%水平上显著，表明本研究可以选择空间计量模型进行分析；LR检验和Wald检验同样在1%水平上强烈拒绝原假设，空间杜宾模型优于空间误差模型和空间滞后模型。根据LM检验、LR检验、Hausman检验、Wald检验及Log-likelihood值比较最终确定时间固定效应的空间杜宾模型(SDM)最合适。

表10　空间计量模型选择检验结果

模型检验		Value	P-value
LM检验	Moran's I	1.947*	0.052
	LM-error	2.743*	0.098
	Robust-LM-error	10.252***	0.001
	LM-lag	2.870*	0.090
	Robust-LM-lag	10.379***	0.001
LR检验	LR-SDM/SEM	67.90***	0.000
	LR-SDM/SAR	63.06***	0.000
Wald检验	Wald-SDM/SEM	30.70***	0.000
	Wald-SDM/SAR	28.05***	0.002

注：*、** 和 *** 分别表示在10%、5%和1%的水平上显著。

3. 空间溢出效应回归结果

为保证回归分析的稳健性，同步报告空间杜宾模型(SDM)和空间自回归模型(SAR)的估计结果。表11列(1)和列(3)是地理距离矩阵下的SDM模型和SAR模型，列(2)和列(4)是经济地理距离嵌套矩阵下的SDM模型和SAR模型。可以看出，空间自回归系数 ρ 均显著为正，说明新质生产力存在显著的正向空间溢出效应,能够带动周边地区的共同发展。一定程度上,新质生产力发展较好的地区会促进区域资源的整合和共享,为区域经济发展带来正的外部效应,同时也可以催化地区间形成良性的竞合机制,从而对提升区域新质生产力发展起到促进作用。此外,SDM模型的数字经济水平空间交互项和间接效应显著为正,表明数字经济发展对新质生产力发展存在正向的空间溢出效应,即数字经济在赋能本地区新质生产力发展的同时,还可以打破地域限制,惠及邻近地区的发展。近年来,数字技术的充分发展和应用通过优化资源配置方式,提升生产效率,拓宽市场边界,为区域协调发展带来新动能。因此,大力推进"智能化改造数字化转型",能够极大地削弱优势地区的极化效应,打破地域壁垒,实现生产力的跃升,快速推动形成具有地区新质生产力。

表11 SDM模型和SAR模型回归结果

变量	SDM		SAR	
	(1)	(2)	(3)	(4)
ρ 空间自回归系数	0.344***	0.418***	0.620***	0.594***
	(0.132)	(0.116)	(0.081)	(0.084)
DE	0.849***	0.847***	0.898***	0.910***
	(0.033)	(0.034)	(0.031)	(0.031)
W * *DE* 数字经济水平空间交互项	0.317**	−0.219		
	(0.158)	(0.137)		
直接效应	0.055	0.001	0.901***	0.917***
	(0.049)	(0.051)	(0.032)	(0.032)
间接效应	0.507**	−0.382	−0.153*	−0.212
	(0.251)	(0.248)	(0.083)	(0.066)
总效应	0.561**	−0.381	0.748***	0.705***
	(0.264)	(0.259)	(0.092)	(0.066)
Log-likelihood	687.8626	670.1487	662.4867	659.8970
控制变量	YES	YES	YES	YES
年份固定	YES	YES	YES	YES
Observations	330	330	330	330
R-squared	0.773	0.825	0.886	0.884

注:*、** 和 *** 分别表示在10%、5%和1%的水平上显著,括号内为标准误。

五、结论与建议

(一)研究结论

研究发现:第一,数字经济对新质生产力发展具有显著驱动效应。第二,数字经济对新质生产力的影响存在区域异质性,在东部地区的作用效果最强,西部地区最弱。第三,技术创新在数字经济赋能新质生产力的过程中发挥着机制传导作用。第四,新质生产力发展存在着显著的空间溢出效应,并且本地区数字经济的发展能够有效带动周边地区新质生产力加快培育。

(二)研究建议

基于以上研究结论,提出如下建议:

第一,持续发展数字经济,打造新质生产力发展引擎。数字经济能够通过信息、网络和数字化平台等,不断拓展市场边界,催动大量生产要素打破传统的地域和物理限制在更大范围内共享,完成生产要素创新性配置。因此,各地应当持续加强5G、数据中心、算力等基础设施建设,营造良好的营商环境,制定完善配套的政策制度,为数字产业发展提供基本保障。应当着力打造地区数字产业集群,健全促进实体经济和数字经济深度融合制度,通过吸收壮大、示范带动、改进推广等方式全方位推动数字产业化和产业数字化,培育数字产业集群竞争优势。

第二,重点突破科技创新,激活新质生产力发展动能。作为新质生产力的核心特点,科学创新和技术创新至关重要。各地应当围绕资金、技术和人才需求构建产业支持政策,鼓励打造争先创新创业的良好生态氛围,不断延长和加强战略性新兴产业的产业链,补强其创新链的薄弱环节。政府部门应当系统部署一批牵引未来产业、战略新兴产业发展的重大科技项目、科技工程,鼓励企业将科技创新成果转化到日常生产运营中,形成以应用场景带动科技攻关、成果转化与产业培育的新发展模式。

第三,加强区域协同发展,推动新质生产力成果共享。目前,我国新质生产力在不同区域之间仍然发展不平衡、不充分,东西部地区差异较为显著。各地应当加强区域协同发展,要把各区域数字经济发展放到推动区域协调发展中来谋划。通过整合中西部地区的成本效益与资源优势,与东部地区的技术创新、广阔市场及数字产业前沿优势相融合,构建一种互补性强、协同高效的区域合作与发展模式。充分发挥东部地区领先优势,辐射带动中部地区,支持引领东北地区、西部地区实现共同技术进步,推动新质生产力成果共享。此外,中西部地区应当借助"东数西算"等政策扶持优势,将自身发展放到国家战略全局中考量,因地制宜、因时制宜,推进区域间开放力度、城镇化与区域数字经济协调发展结合起来,缩小与发达地区之间的差距,加快形成新质生产力。

【参考文献】

[1] 陈晓红,李杨扬,宋丽洁,等.数字经济理论体系与研究展望[J].管理世界,2022,38(02):208—224+13—16.

[2] 黄大禹,谢获宝,邹梦婷.数字化转型提升了企业的要素配置效率吗?——来自中国上市企业年报文本分析的经验证据[J].金融与经济,2022,(06):3—11.

[3] 焦方义,杜瑄.论数字经济推动新质生产力形成的路径[J].工业技术经济,2024,43(03):3—13+161.

[4] 卢江,郭子昂,王煜萍.新质生产力发展水平、区域差异与提升路径[J].重庆大学学报(社会科学版),2024,30(03):1—17.

[5] 罗爽,肖韵.数字经济核心产业集聚赋能新质生产力发展:理论机制与实证检验[J].新疆社会科学,2024,(02):29—40+148.

[6] 李盛竹,薛枫,姜金贵.农业数字化对中国粮食新质生产力的影响效应研究[J].农林经济管理学报,2024,23(04):435—445.

[7] 郎元柯,范柏乃,黄素勤.数字经济对新质生产力的作用路径及政策效应——基于产业生态的视角[J/OL].社会科学家,1—11[2024—07—25].

[8] 李政,廖晓东.发展"新质生产力"的理论、历史和现实"三重"逻辑[J].政治经济学评论,2023,14(06):146—159.

[9] 蒲清平,黄媛媛.习近平总书记关于新质生产力重要论述的生成逻辑、理论创新与时代价值[J].西南大学学报(社会科学版),2023,49(06):1—11.

[10] 赛迪研究院.2022中国数字经济发展研究报告.赛迪研究院官网,2022.

[11] 王军,朱杰,罗茜.中国数字经济发展水平及演变测度[J].数量经济技术经济研究,2021,38(07):26—42.

[12] 王开科,吴国兵,章贵军.数字经济发展改善了生产效率吗[J].经济学家,2020,(10):24—34.

[13] 吴文生,荣义,吴华清.数字经济赋能新质生产力发展——基于长三角城市群的研究[J].金融与经济,2024(04):15—27.

[14] 姚树洁,王洁菲.数字经济推动新质生产力发展的理论逻辑及实现路径[J].烟台大学学报(哲学社会科学版),2024,37(02):1—12.

[15] 张林,蒲清平.新质生产力的内涵特征、理论创新与价值意蕴[J].重庆大学学报(社会科学版),2023,29(06):137—148.

[16] 赵涛,张智,梁上坤.数字经济、创业活跃度与高质量发展——来自中国城市的经验证据[J].管理世界,

2020,36(10):65－76.

[17] 周文,叶蕾.新质生产力与数字经济[J].浙江工商大学学报,2024,(02):17－28.

[18] 张一凡,许宪春.数字经济相关指数和指标体系研究[J/OL].财贸经济,1－15[2024－07－19].

[19] BEA. New and Revised Statistics of the U. S. Digital Economy,2005－2021.

[20] Liu X, Zeng F, Zhang K, et al. MEASURING AND ANALYZING THE DEVELOPMENT OF THE DIGITAL ECONOMY IN THE FACTOR SPACE[J]. Advanced Management Science,2024,13(2).

[21] SOLOW R M. Growth Theory:An Exposition. 2nd ed. New York:Oxford University Press, 2000.

[22] Teece D J. Profiting from innovation in the digital economy:Enabling technologies,standards,and licensing models in the wireless world[J]. Research policy,2018,47(8):1367－1387.

附录

一、核心变量测度方法介绍

本文参照卢江(2020)等的做法,遵循层次分析法(AHP)的基本思路,通过对指标的差异性系数进行比较,从而得到判断矩阵,求解熵值,以改进的熵权－TOPSIS方法对新质生产力各层次的指标进行赋权测度。

1. 指标规范化处理

新质生产力指标体系涉及多个类型和单位的细分指标,各个指标在单位、量纲和数量级等方面的不同会影响综合评价赋权的结果,必须对指标进行无量纲化处理。考虑到下文使用的熵权法要求指标值大于零,本文采用极值处理法,使指标规范化处理后的数据最终落在[0,1]区间内,具体公式如下:

$$x_{ij}^{*}=\frac{x_{ij}-m_j}{M_j-m_j} \tag{5}$$

式中,$M_J=\max_i\{x_{ij}\}$,$m_j=\min_i\{x_{ij}\}$。

2. 计算熵权法差异化系数

熵权法依据各个指标所能够提供的信息量大小来赋予相应指标具体的权重。按照传统的熵值法,首先需要计算差异性系数,具体计算方法如下:

(1)计算第 j 项指标下第 i 个被评价对象的特征比重 p_{ij}。

$$p_{ij}=\frac{x_{ij}}{\sum_{i=1}^{m}x_{ij}} \tag{6}$$

其中,m 为样本个数。

(2)计算第 j 项的熵值 e_j。

$$e_j=\frac{1}{lnm}\sum_{i=1}^{m}p_{ij}ln\frac{1}{p_{ij}} \tag{7}$$

其中,$I_{ij}=ln\frac{1}{p_{ij}}$ 表示信息量,$I_j=\sum_{i-1}^{m}p_{ij}ln\frac{1}{p_{ij}}$ 表示总信息量,e_j 即熵值。

(3)计算第 j 项指标的差异性系数 g_j。

$$g_j=1-e_j \tag{8}$$

3. 计算改进熵权法中的映射值

改进的熵权法遵循AHP的基本思想,先对传统熵权法的差异性系数进行比较,将结果映射到AHP的1－9标度中,进而得到基于熵权的成对比较矩阵,根据AHP的基本操作对矩阵进行归一化处理就可以得到权重,其具体步骤如下:

(1)计算最大的差异性系数比 D。

$$D=\frac{\max g_j}{\min g_j} \tag{9}$$

(2)计算1－9标度的映射比率 R。

$$R=\sqrt[\alpha-1]{\frac{D}{\alpha}} \tag{10}$$

其中,α 为调整系数。如果 $D\leqslant 9$,则 α 取最接近 D 的整数,若 $D>9$ 则 α 取9。

(3)计算标度的映射值。

根据AHP中的1－9标度可以计算改进熵权法所需的映射值,其对应原则如表1。

表1　层次分析法标度映射值

阶数	1	2	3	4	5	6	7	8	9
RI	$1*R0$	$2*R1$	$3*R2$	$4*R3$	$5*R4$	$6*R5$	$7*R6$	$8*R7$	$9*R8$

(4)构造判断矩阵求解权重。

计算各指标两两间的差异性系数之比,其公式为 $r_{jk}=\frac{g_j}{g_k}$。取表1的RI中与r最接近的值构造成对判断矩阵,而后按照AHP方法的基本原则进行层次排序和检验,即可得到最终的权重

4. 利用逼近理想点法进行评价

逼近理想点法,即TOPSIS法,是一种广泛使用的突出整体差异的客观综合评价方法,它强调方案的辨识性原则和自由竞争原则,可以实现与熵权法等方法优势互补。

(1)根据熵权法所确定权重构造加权规范化矩阵。

$$V=P\times W=\begin{bmatrix} w_1P_{11} & w_2P_{11} & \cdots & w_nP_{m1} \\ w_1P_{12} & w_2P_{22} & \cdots & w_nP_{m2} \\ \vdots & \vdots & \ddots & \vdots \\ w_1P_{1n} & w_2P_{2n} & \cdots & w_nP_{mn} \end{bmatrix} \tag{11}$$

(2)计算最优方案和最劣方案。

对于正向指标,其最优方案和最劣方案分别为:

$$V^+=\{\max_j v_{ij}\mid i=1,2\cdots n\} \tag{12}$$

$$V^-=\{\min_j V_{ij}\mid i=1,2\cdots n\} \tag{13}$$

对于负向指标,其最优方案和最劣方案分别为:

$$V^+=\{\min_j v_{ij}\mid i=1,2\cdots n\} \tag{14}$$

$$V^-=\{\max_j V_{ij}\mid i=1,2\cdots n\} \tag{15}$$

(3)计算指标与最优方案和最劣方案的距离。

$$d_i^+=\left[\sum_{j=1}^{n}(V_{ij}-V_j^+)^2\right]^{\frac{1}{2}} \tag{16}$$

$$d_i^-=\left[\sum_{j=1}^{n}(V_{ij}-V_j^-)^2\right]^{\frac{1}{2}} \tag{17}$$

其中,$i=1,2\cdots,m$。

(4)计算相对贴合度。

$$c_i=\frac{d_i^-}{d_i^++d_i^-} \tag{18}$$

相对贴合度c_i反映了评价对象与最优解的贴近程度,即最终得分。

附表

附表 1　新质生产力发展水平

地区	年份										
	2012	2013	2014	2015	2016	2017	2018	2019	2020	2021	2022
北　京	0.3755	0.3991	0.3750	0.3489	0.3156	0.3323	0.2662	0.3012	0.2702	0.3446	0.3165
天　津	0.2943	0.2995	0.2941	0.2296	0.2880	0.2680	0.2261	0.2161	0.2321	0.2204	0.2100
河　北	0.1608	0.1564	0.1700	0.1306	0.1453	0.1556	0.1634	0.2020	0.2044	0.1959	0.2045
山　西	0.1516	0.1505	0.1435	0.0986	0.0913	0.1037	0.1099	0.1066	0.1102	0.1300	0.1167
内蒙古	0.1234	0.1213	0.1425	0.0976	0.1025	0.1044	0.1057	0.1107	0.1166	0.1205	0.1339
辽　宁	0.2321	0.2283	0.2159	0.1363	0.1228	0.1286	0.1777	0.1494	0.1479	0.1701	0.1529
吉　林	0.1588	0.1522	0.1532	0.1164	0.1287	0.1310	0.1107	0.1378	0.1665	0.1522	0.1272
黑龙江	0.1362	0.1324	0.1428	0.0972	0.1008	0.0942	0.0995	0.1007	0.1087	0.1254	0.1153
上　海	0.3626	0.3546	0.3511	0.2567	0.2873	0.2995	0.2791	0.2658	0.3016	0.2841	0.2770
江　苏	0.5935	0.6014	0.6296	0.4915	0.5616	0.5557	0.5350	0.5249	0.6258	0.5981	0.6252
浙　江	0.4204	0.4172	0.4295	0.3385	0.4025	0.4143	0.4181	0.4346	0.4810	0.4594	0.4706
安　徽	0.2145	0.2093	0.2240	0.1798	0.2188	0.2278	0.2220	0.2460	0.2824	0.2975	0.2922
福　建	0.2454	0.2261	0.2369	0.1770	0.1997	0.2567	0.2649	0.2500	0.2956	0.3090	0.3009
江　西	0.1316	0.1292	0.1327	0.1079	0.1178	0.1442	0.1593	0.1843	0.1907	0.2360	0.2273
山　东	0.4046	0.3976	0.4046	0.3894	0.3306	0.3359	0.3387	0.2928	0.3262	0.3339	0.3450
河　南	0.2081	0.2224	0.2481	0.1922	0.2181	0.2245	0.2069	0.2226	0.2341	0.2479	0.2433
湖　北	0.2237	0.2247	0.2320	0.1801	0.1964	0.2109	0.2126	0.2248	0.2145	0.2466	0.2477
湖　南	0.1632	0.1670	0.1724	0.1484	0.1595	0.1767	0.1800	0.2002	0.2132	0.2315	0.2587
广　东	0.7798	0.7564	0.7802	0.6300	0.6800	0.7595	0.7842	0.7930	0.7933	0.8019	0.7958
广　西	0.1338	0.1245	0.1221	0.0867	0.0895	0.0920	0.0957	0.1047	0.1427	0.1114	0.1244
海　南	0.1133	0.1099	0.1003	0.0814	0.0818	0.0805	0.0896	0.1166	0.1351	0.1410	0.1470
重　庆	0.1846	0.1790	0.1898	0.1505	0.1489	0.1653	0.1629	0.1673	0.2241	0.2183	0.2141
四　川	0.1653	0.1654	0.1675	0.1243	0.1323	0.1493	0.1665	0.1784	0.1688	0.1951	0.1833
贵　州	0.1318	0.1312	0.1452	0.1113	0.1302	0.1500	0.1377	0.1210	0.1385	0.1463	0.1420
云　南	0.1203	0.1137	0.1148	0.0839	0.0984	0.0921	0.1066	0.1101	0.1179	0.1250	0.1324
陕　西	0.1645	0.1608	0.1721	0.1339	0.1359	0.1331	0.1705	0.1700	0.1715	0.1637	0.1626
甘　肃	0.1148	0.1181	0.1252	0.0971	0.0819	0.0858	0.0891	0.0906	0.1040	0.1123	0.1072
青　海	0.1088	0.1048	0.1060	0.2923	0.2490	0.2371	0.2235	0.1760	0.1515	0.1276	0.1329
宁　夏	0.1286	0.1294	0.1303	0.1784	0.1440	0.1566	0.1600	0.1460	0.1587	0.1446	0.1418
新　疆	0.1399	0.1340	0.1413	0.1028	0.1051	0.1113	0.1182	0.1168	0.1117	0.1153	0.1052

附表2 数字经济发展水平

地区	年份										
	2012	2013	2014	2015	2016	2017	2018	2019	2020	2021	2022
北京	0.2035	0.2798	0.3905	0.3750	0.3579	0.3313	0.3340	0.3560	0.3535	0.3915	0.2784
天津	0.0786	0.1129	0.1851	0.1572	0.1324	0.1265	0.1409	0.1673	0.2348	0.0949	0.0975
河北	0.1678	0.1086	0.1459	0.1268	0.1202	0.1274	0.1753	0.1949	0.1110	0.1168	0.1193
山西	0.0381	0.0501	0.0588	0.0599	0.0808	0.1022	0.1023	0.0490	0.0548	0.0550	0.0596
内蒙古	0.0336	0.0423	0.0533	0.0545	0.0614	0.0673	0.0453	0.0495	0.0582	0.0554	0.0627
辽宁	0.0976	0.1286	0.1525	0.1419	0.1220	0.0923	0.0936	0.0914	0.0908	0.1115	0.1053
吉林	0.0499	0.0775	0.0890	0.0973	0.0518	0.0508	0.0585	0.0792	0.0647	0.0620	0.0581
黑龙江	0.0364	0.0582	0.0732	0.1071	0.0977	0.0540	0.0531	0.0579	0.0559	0.0560	0.0594
上海	0.2077	0.2418	0.3772	0.3618	0.3524	0.3389	0.3329	0.3462	0.3524	0.3833	0.3840
江苏	0.5311	0.4702	0.5531	0.5602	0.5219	0.5078	0.4598	0.4918	0.4909	0.4959	0.4917
浙江	0.3421	0.3601	0.4369	0.4703	0.4582	0.4347	0.4491	0.5012	0.4914	0.4850	0.3517
安徽	0.0568	0.0885	0.1133	0.1238	0.1285	0.1312	0.1507	0.1696	0.1970	0.1366	0.1494
福建	0.1001	0.1599	0.2266	0.2054	0.2181	0.2392	0.2489	0.2524	0.1549	0.1694	0.1667
江西	0.0656	0.1029	0.1268	0.1389	0.1505	0.1581	0.1614	0.1400	0.1604	0.1619	0.1535
山东	0.1851	0.3762	0.3527	0.3388	0.3234	0.3139	0.2932	0.2817	0.2999	0.3631	0.3763
河南	0.0848	0.1587	0.2028	0.2099	0.2189	0.1149	0.1280	0.1342	0.1361	0.1508	0.1427
湖北	0.0832	0.1383	0.1699	0.1919	0.1356	0.1351	0.1363	0.1525	0.1533	0.1545	0.1588
湖南	0.0860	0.1355	0.1511	0.1481	0.1448	0.1184	0.1221	0.1304	0.1348	0.1444	0.1472
广东	0.4006	0.5582	0.6636	0.6796	0.6657	0.6702	0.7110	0.7216	0.7305	0.7404	0.6900
广西	0.1612	0.0345	0.0521	0.0587	0.0638	0.0666	0.0644	0.0915	0.0946	0.0970	0.0936
海南	0.0128	0.0257	0.0424	0.0451	0.0551	0.0593	0.0516	0.0638	0.0631	0.0723	0.0629
重庆	0.0540	0.0810	0.1020	0.1067	0.1187	0.1106	0.1268	0.1436	0.1398	0.1005	0.1002
四川	0.0825	0.1083	0.1542	0.1587	0.1489	0.1587	0.1933	0.2186	0.1490	0.1492	0.1491
贵州	0.0298	0.0525	0.0603	0.0624	0.1182	0.1358	0.1344	0.0628	0.0632	0.0818	0.0820
云南	0.0312	0.0496	0.0571	0.0613	0.0702	0.0702	0.0353	0.0608	0.0544	0.0514	0.0503
陕西	0.0524	0.0725	0.0894	0.0887	0.0801	0.0817	0.0878	0.1169	0.1196	0.1194	0.1329
甘肃	0.0363	0.0684	0.0692	0.0295	0.0282	0.0422	0.0397	0.0460	0.0477	0.0527	0.0445
青海	0.0248	0.0481	0.0200	0.0254	0.0229	0.0236	0.0306	0.0316	0.0337	0.0397	0.0282
宁夏	0.0187	0.0280	0.0551	0.0624	0.0426	0.0458	0.0461	0.0500	0.0505	0.0492	0.0471
新疆	0.0302	0.0371	0.0410	0.0426	0.0360	0.0394	0.0452	0.0496	0.0582	0.0558	0.0542

附表 3 稳健性检验结果

变量	NQC				L. NQC	L2. NQC
	(1)	(2)	(3)	(4)	(5)	(6)
DE	0.059***	0.842***			0.951***	0.975***
	(0.0049)	(0.0585)			(0.0363)	(0.0376)
L. DE			0.902***			
			(0.0374)			
L2. DE				0.936***		
				(0.0393)		
a1 税负水平	−1.660***	−0.599***	−1.088***	−0.945***	−0.890***	−0.693***
	(0.354)	(0.216)	(0.274)	(0.286)	(0.228)	(0.200)
a2 财政支持力度	0.175**	0.263***	0.218***	0.222***	0.202***	0.180***
	(0.0875)	(0.0734)	(0.0747)	(0.0706)	(0.0654)	(0.0623)
a3 经济状况	0.014	0.027	−0.004	−0.001	0.002	0.006
	(0.0243)	(0.0179)	(0.0183)	(0.0192)	(0.0171)	(0.0178)
b1 城镇化水平	0.005	0.097**	0.117**	0.116**	0.187***	0.212***
	(0.0668)	(0.0469)	(0.0490)	(0.0520)	(0.0468)	(0.0492)
b2 社会消费水平	−0.054	0.070	0.018	0.049	−0.005	−0.012
	(0.0604)	(0.0446)	(0.0445)	(0.0455)	(0.0435)	(0.0456)
b3 对外开放程度	0.295***	0.132*	0.122***	0.092*	0.030	−0.027
	(0.0545)	(0.0700)	(0.0455)	(0.0541)	(0.0384)	(0.0348)
b4 交通基础设施水平	−0.003	0.009	−0.004	−0.006	−0.005	−0.009
	(0.0094)	(0.0064)	(0.0069)	(0.0069)	(0.0064)	(0.0066)
c1 工业化水平	0.098	0.008	−0.045	−0.026	−0.069	−0.082
	(0.0899)	(0.0640)	(0.0663)	(0.0791)	(0.0621)	(0.0683)
c2 产业结构	−0.035**	−0.008	−0.025***	−0.025**	−0.024**	−0.027***
	(0.0155)	(0.0142)	(0.0089)	(0.0102)	(0.0099)	(0.0092)
年份固定	YES	YES	YES	YES	YES	YES
Observations	330	286	300	270	300	270
R-squared	0.813	0.924	0.906	0.903	0.918	0.919

注:*、** 和 *** 分别表示在 10%、5%和 1%的水平上显著,括号内为稳健标准误。

附表 4　异质性检验结果

变量	NQC			
	东部地区	中部地区	西部地区	东北地区
DE	1.007***	0.557***	0.307***	0.366*
	(0.0488)	(0.144)	(0.0857)	(0.170)
*a*1 税负水平	−1.807***	−2.918***	−0.0201	2.010***
	(0.509)	(0.908)	(0.235)	(0.574)
*a*2 财政支持力度	−0.049	−0.018	−0.014	0.361
	(0.273)	(0.322)	(0.0950)	(0.217)
*a*3 经济状况	−0.137**	−0.215**	0.006	0.173
	(0.0651)	(0.0807)	(0.0156)	(0.103)
*b*1 城镇化水平	0.396*	1.452***	0.128***	−0.657*
	(0.207)	(0.396)	(0.0431)	(0.323)
*b*2 社会消费水平	−0.032	0.029	0.122**	0.175
	(0.125)	(0.0969)	(0.0613)	(0.545)
*b*3 对外开放程度	0.195**	0.316**	0.073	0.072
	(0.0772)	(0.145)	(0.0461)	(0.104)
*b*4 交通基础设施水平	−0.018	0.057***	−0.028**	−0.008
	(0.0143)	(0.0174)	(0.0128)	(0.0313)
*c*1 工业化水平	−0.455***	0.038	−0.135	−0.434
	(0.115)	(0.283)	(0.102)	(0.679)
*c*2 产业结构	−0.021	−0.191*	−0.073**	−0.134
	(0.0130)	(0.103)	(0.0323)	(0.170)
年份固定	YES	YES	YES	YES
Observations	110	66	121	33
R-squared	0.936	0.984	0.463	0.949

注：*、** 和 *** 分别表示在 10%、5%和 1%的水平上显著，括号内为稳健标准误。

分好蛋糕:机会公平视角下北京居民收入差距再测度
——基于“环境—能力”的新框架

国家统计局北京调查总队 周晓轩 王琪睿 张小明

摘 要

二十大报告明确指出,中国式现代化是全体人民共同富裕的现代化,要着力维护和促进社会公平正义,坚决防止两极分化。党的二十届三中全会提出完善收入分配制度,规范收入分配秩序。共同富裕的“共同”即为全体人民共享发展成果。当前中国社会的主要矛盾已经转变为人民日益增长的美好生活需要和不平衡不充分的发展之间的矛盾,而机会不平等引发的收入差距制约共同富裕推进和经济发展成果共享。因此,聚焦过程平等,对引起收入分配不公平的因素及其作用渠道和贡献程度进行量化测度,已成为2035年全体人民共同富裕取得实质性进展、推进“发展成果惠及全体人民”的迫切需要。

当前关于共同富裕的研究多以测算收入差距的程度及趋势为主,鲜有研究进一步分析实现共同富裕过程中导致收入差距的作用机制。本文拟从“机会不平等”的角度,定义和应用两方面,分析影响收入不平等的因素及其对实现共同富裕目标的重要意义。在定义层面,经济学框架下机会不平等的研究始于Roemer(1998)。本文打破了Roemer所提出的“环境—努力”的传统理论框架,探索性引入“环境—能力”的新视角,并使用神经网络模型识别“能力”变量的权重。在应用层面,引入机器学习方法,探讨了当结果为二元变量时如何测度,丰富了机会不平等领域相关研究的工具体系。结果显示,2019—2023年,可观测的环境因素代表的机会不平等对收入不平等的总贡献达到了36.8%。同时,在测度过程中,本文与“环境—努力”的传统研究模型和线性参数估计的传统研究方法进行了比较,结果显示,传统方法会低估环境因素对收入差距的影响。

为进一步厘清“机会因素”对收入差距的内在影响机制,本文基于SHAP值算法,分析各类环境因素对于收入差距的影响程度。结果显示,从影响因素看,地域城乡是造成机会不平等的最主要因素,贡献程度超过六成,说明户籍因素是产生差异的重要原因;其次是家庭背景(19.1%),代际传递问题也需要重视。从效应分解看,环境因素的间接影响大于直接影响。即城乡(26.4%)、父母最高受教育程度(17.3%)、行政区域(15.6%)三个环境因素首先对个人能力的培养产生差异,进而间接影响当期的收入差距。随后,引入教育和职业变量,进一步研究机会不平等对收入差距间接影响的作用机制。结果显示,21.7%的间接差距是由于受教育程度以及就业所带来的。最后,本文从缩小城乡差距、促进教育公平和畅通上升渠道等层面,为“北京缩小收入差距、率先实现共同富裕”建言献策。

关键词:机会不平等;机器学习;环境因素;能力;共同富裕

一、绪论

(一)研究目的和意义

共同富裕是社会主义的本质要求,它包括共享与发展,不仅需要经济发展提供丰厚的物质基础,把“蛋糕”做大;更需要坚持公平公正的原则,让人人享有经济发展成果,把“蛋糕”分好。党的二十大明确提出要破除机会不平等,报告强调,“破除妨碍劳动力、人才流动的体制和政策弊端,消除影响平等就业的不合理限制和就业歧视,使人人都有通过勤奋劳动实现自身发展的机会”。党的二十届三中全会强调“规范收入分配秩序,规范财富积累机制”。因此,促进机会公平,加快形成“中间大、两头小”的橄榄形收入分配结构是实现共同富裕的有效抓手。

作为首善之区，北京始终将共同富裕的理念融入到国家发展和现代化建设的宏观蓝图中。2023年，北京的人均国内生产总值(GDP)已经迈过了20万元的大关，约为全球发达经济体的平均水平，为居民收入高质量增长提供了坚实的经济基础。“十四五”期间，北京致力于建设成为国家共同富裕的示范点。然而，在迈向共同富裕的道路上仍面临一些挑战，当前发展中仍存在城乡之间和区域之间等不平衡不充分问题。因此，进一步优化收入分配机制，降低收入不平等程度，为首都在共同富裕进程中取得先发优势具有现实意义。

当前关于共同富裕的研究多以测算收入差距的程度及趋势为主，鲜有研究进一步分析实现共同富裕过程中导致收入差距的作用机制。Roemer(1998)首次将机会平等的概念引入经济学分析，提出了“环境—努力”的理论框架，即影响收入不平等的因素可分为两类，一是个人通过努力可以改变或掌控的因素，它带来的收入差距是与个人后天的努力有关系的；二是个人无法改变或掌控的外界环境因素或机会，它所导致的收入差距是个人后天努力所无法弥补的。那么我们观察到的收入不平等，有多大程度源于“环境或机会”？又有多大程度源于“努力或选择”？答案对于推进共同富裕具有非常深远的政策含义：如果有相当大程度的收入不平等源于“外界环境或机会不平等”，那么进行一定程度的政策干预就很必要。因此，本文从“机会不平等”的角度，并在现有研究的基础上，创新性提出“环境—能力”框架，对分析影响收入不平等的因素及其对实现共同富裕目标的重要意义。

(二)研究思路及方法

本文研究思路如图1所示。从机会不平等的定义和应用两方面，对北京居民收入机会不平等进行“再测度”。首先，基于爬虫系统，详细梳理了国内外对机会不平等的测度方法，使用文本抓取的方法明确环境变量的选择情况。其次，基于新人力资本理论，提出“环境—能力”的理论框架，以能力为中介，将传统二元分析框架中的“努力”纳入非认知能力的一部分，基于CFPS测试方法和“大五”人格模型，对样本住户进行问卷调查，并使用神经网络模型确定“能力”变量的权重。再次，结合住户收支调查超过1000万笔的微观数据，构建条件推断树模型，按照年龄将样本分为5组，分析各个环境因素对于个体收入的影响路径和发展趋势；随后对各环境因素进一步遍历计算，来评估环境因素对收入不平等影响的显著性，并计算出北京居民的收入机会不平等程度。同时，运用SHAP值算法，测量各环境因素的贡献度。随后，为进一步探究环境因素对收入的间接影响效应机制，本文又将个人受教育程度和职业类型作为能力的中介变量进行详细分析。最后，以测度结果与分解结果为基础，从机会不平等的角度，为“北京缩小收入差距、率先实现共同富裕”建言献策。

(三)文献综述

1. 机会不平等的概念

机会不平等的概念最早源于哲学领域，Rawls(1971)首次引入机会平等的理念，并尝试将个人责任纳入其中。他提出社会中包括财富、物质、自由等在内的基本物品(Primary Goods)都应该均等地分配每个人，资源需要向最贫穷的群体倾斜，以此来实现绝对的平等。Dworkin(1981)在此基础上，把基本物品的概念进一步拓展，分为个人(person)和环境(circumstance)，其中个人包括性格、人品、喜好等特征，环境包括社会上各种用于交换的物质，我们关注的应该是环境引起的不公平，而由个人因素引起的不公平是可以接受的。Cohen(1989)则认为无法完全区分是个人引发的不公平还是环境导致的，如果父辈的资源对子辈性格、教育、能力有影响，那这种个人因素引起的不公平也应解决。

基于此，Roemer(1998)将机会平等的概念引入经济学分析，提出了“环境—努力”的理论框架。他将影响个人经济成果的因素分为“努力”和“环境”两大类。其中，“努力”是个人可控的因素，如个人在工作和学习上投入的精力；而“环境”则是出生便无法改变的因素，如性别、家庭背景、户籍等，我们需要重点解决这类不平等，这一框架更多地被政策制定者所关注。

自“环境—努力”框架提出以来，到底是“时势造英雄”还是“天道酬勤”，学界众说纷纭，莫衷一是。环境和努力并非两个完全独立的因素，两者会相互影响、相互作用，不可观测的环境因素和努力程度均难以实现量化。(Aaberge等，2011)。如果努力因素中包含了没有考虑到的环境因素，就可能低估机会不平等的程度。反之，如果环境因素中包含了未观测到的努力因素，就可能高估机会不平等的程度。因此，Heckman(2006)把努力纳入能力范畴，在传统人力资本理论框架的基础上，提出了新人力资本理论，把能力分为认知能力和非认知能力。随后，Björklund(2012)把认知能力加入到“环境—努力”框架中，进一步厘清两者间的关系。

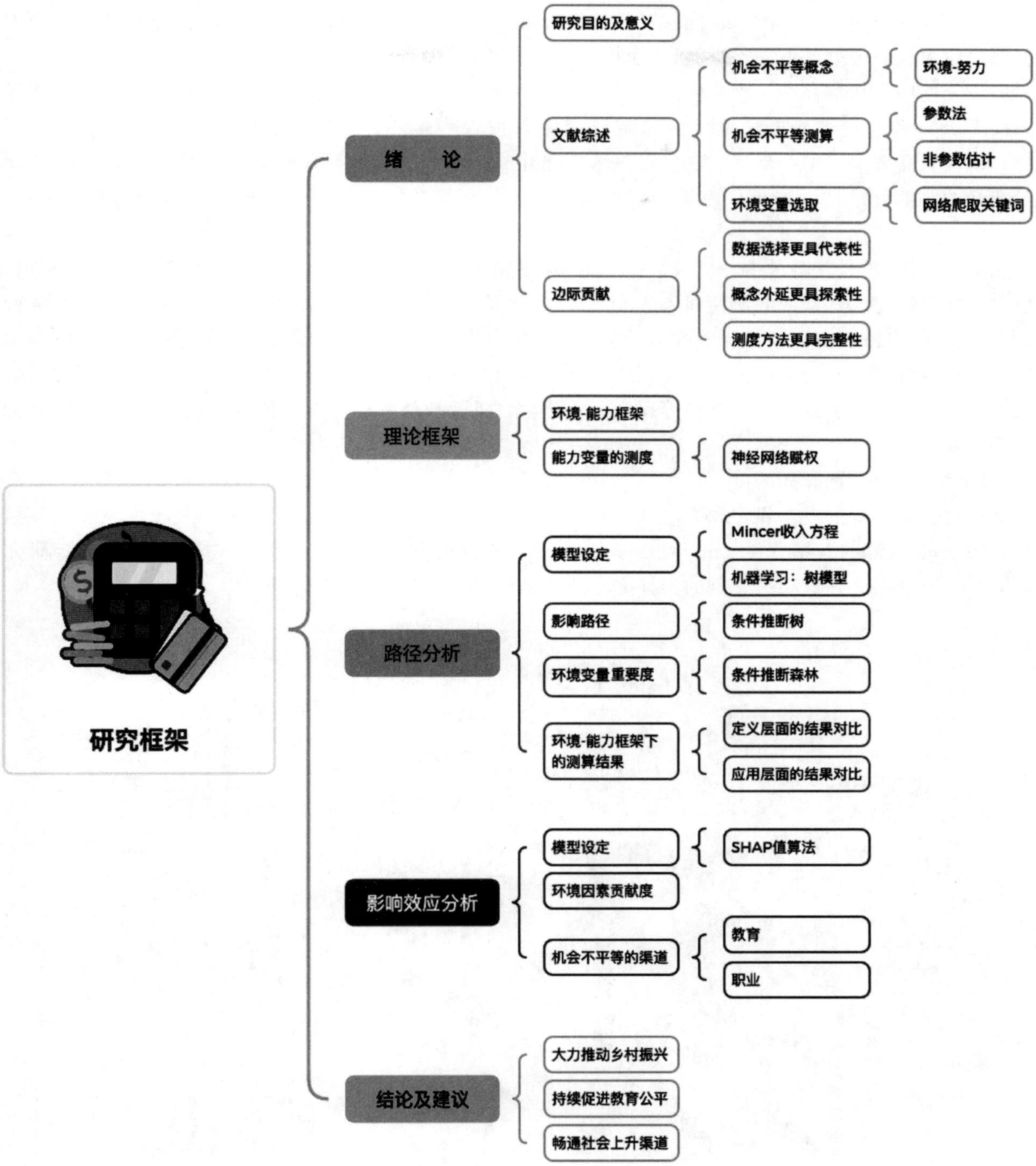

图 1　课题研究思路流程图

目前,认知能力的测量方法已经成熟,通常包括识字能力、计算能力和推理能力(孟亦佳,2014)。在实证研究中,往往以字词识读、数学能力来衡量个体的认知能力(Almlud et al,2011)。非认知能力则涉及个人喜好、性格和人品等非智力因素,大五人格量表(Big Five)是衡量非认知能力的常用工具(Costa,McCrae,1992;Goldberg,1993),具体包括尽责性、外向性、宜人性、开放性和情绪稳定性(郑加梅,卿石松,2016)。大五人格的五个维度以问卷调查的方式、以得分的形式展现。得分越高,表示对应维度所反映的性格特征越好。环境在认知和非认知能力的培养中都起着主导作用(Mani 等,2013;Storrs,2017)。因此,本文认为从"环境—能力"的关系切入,是研究机会不平等的新视角。

2. 机会不平等的测度

目前的测度方法主要可以归纳为参数化和非参数化。具体实施时,可以采用直接测量法、间接测量法、基准比较法等不同的策略。直接测量法的目的在于直接评估机会不平等的程度,通过构建一个理论上不包含个人努力因素的收入分配模型,来确定机会不平等的水平,通常涉及事前或事后的分析(Lefranc 等,2009;Ferreira 和 Gignoux,2011)。间接测量法会先假设一个完全均等的收入分配模型,然后从实际的收入不平等中减去这一模型的不平等程度,从而得出机会不平等的估计值。

但以上这些方法都存在一个共同的问题,即它们对变量的选择和模型的设定非常敏感,而这些选择往往取决于研究者的主观判断。这可能导致研究结果被人为操纵,增加了结果偏差的风险(Brunori 等,2018),研究者需要决定哪些环境因素应被纳入模型中。由于可观测的环境因素仅是影响个体结果的众多外生变量的一部分,因此,如果仅考虑部分变量,可能会导致对机会不平等的低估(Ferreira 和 Gignoux,2011)。

从本质上讲,收入差距是由环境因素引起的,还是由能力因素引起的,其实与机器学习中的预测很像。虽然对于"环境—努力"框架的研究尚未达成一致,但学者普遍是将按照环境因素的类别把个体样本进行分类,通过回归等方法来研究群体间的收入差距,以此来计算机会不平等的程度。这种方式类似于机器学习中的树模型,即按照一定标准把个体样本分为不同的组别,通过不断迭代计算出组内和组间的收入差异,以此来衡量环境因素所引致的机会不平等程度。因此,本文认为,使用机器学习的方式进行测算,是研究机会不平等的新思路。

3."环境"变量的选择和测度

基于机会不平等的概念界定和方法,需要进一步分析如何选择"环境因素"。使用规模文献文本数据爬虫系统(Large Scale Literature Crawler System,LSLCS)爬取国内外关于机会不平等、收入差距等研究文本,共计 10 万余条。提取相关文献的指标文本的关键词,构建词云图,如图 2 所示。

图 2　环境因素选取关键词频率词云图

在对环境因素进行细分时,通常将其分为个人、家庭和社会三个主要方面。具体内容见附录 1。

(四)边际贡献

1. 概念外延更具探索性

当前关于共同富裕的研究多以结果导向为主,即测算收入差距的程度及趋势为主,鲜有研究聚焦过程民主,即进一步分析实现共同富裕过程中导致收入差距的作用机制。本文引入"机会不平等",更加深入研究如何"分好蛋糕",更好准确把握共同富裕的实现途径。同时,当前普遍的度量机会不平等的方法都是基于“环境－努力”这一分析模型。然而，个人的努力程度往往受到其成长环境的影响，并非完全出于个人选择，这意味着努力并不是在完全独立于环境的条件下发生的（Roemer 等，2016）。因此，如果环境与努力之间存在一定的因果关系，那么基于“环境－努力”框架的测算结果就有可能低估环境差异对收入差距的贡献。因此，本文以能力为中介，将努力纳入非认知能力的一部分，提出“环境－能力”框架，为测度机会不平等提供一种新的思路。

2. 数据选择更具代表性

本文使用住户收支调查微观数据作为研究基础，同时开展辅助问卷调查（使用问卷调查的方式，对样本户的字词能力、数字能力和非认知能力进行测度）。相比 CGSS 数据，住户调查数据具有样本量大、更新频率快、指标设置充分等特点。北京每年共有 10000 户家庭接受住户调查，均匀分布在城乡区域以及全市 16 区。而 CGSS 调研以全国性研究为主，当样本细化到省份时，其代表性有所下降。因此，本文使用住户调查数据以研究北京居民收入情况，具有良好的数据基础，其测算结果可能更接近于真实情况。

3. 测度方法更具完整性

首先，本文基于自行设计的 LSLCS 爬虫系统，系统梳理了国内外对于机会不平等的指标设置情况，通过文本抓取的方式，进一步明确环境变量的选取标准，为本文的指标选取提供有益参考。其次，在衡量“能力”变量时，借助大五人格模型和 CFPS 测试方法，对全部样本户进行问卷调研，随后采用神经网络方法对“能力”变量进行量化，这有助于减少人为主观判断可能引入的偏差，更准确地捕捉指标之间存在的随机性和非线性等复杂关系。再者，目前国内在测量机会不平等时主要依赖于参数估计方法。为了克服现有方法的局限性，本文在参数估计的基础上引入了先进的机器学习模型，并不断探索和拓展相关技术，以期更科学地评估北京居民收入中的机会不平等。此外，本研究还应用了 SHAP 值分解理论来进一步分析环境因素对机会不平等的贡献度。通过这种方法，能够揭示一些新的发现，并为实证分析提供新的视角和解释。

二、机会不平等再测度的理论框架

（一）构建“环境－能力”理论框架

本文将环境因素对收入的影响分为两种，一是直接影响，即个人当期的环境可以直接决定收入的高低；二是间接影响，即引入能力作为中介变量，个人早期的环境会先作用于能力的高低，进而对于收入的高低产生间接作用。因此，本文从“环境－能力”的角度，测算了居民收入中的机会不平等情况，具体路径如图 3 所示。

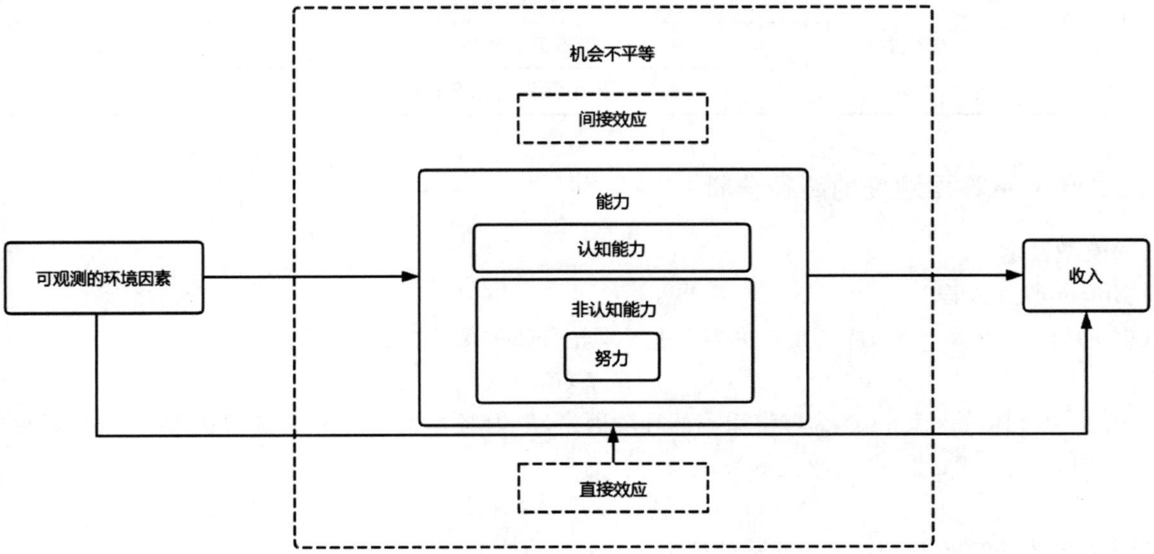

图 3　测算机会不平等的新思路

（二）基于神经网络识别“能力”变量的权重

认知能力和非认知能力是本文关注的核心指标，本文基于神经网络模型对其进行赋权测算。

根据第一章文献综述理论，基于 CFPS 测试方法，对所选中的样本进行了字词和数学能力的问卷调查，并将调查结果的得分为基础对认知能力进行赋值,即1—20分为1;21—40分为2;41—60分为3;61—80分为4;81—100分为5。

在非认知能力上,当前的测量主要采用"大五人格"模型(Big Five Model),本文采用李涛和张文韬(2015)的指标体系测度非认知能力,并采用神经网络对各维度和指标进行赋权,具体过程详见附录2,最终各项指标赋权如表1所示。

表1 "大五"人格模型中的变量与权重

一级指标	二级指标	具体指标	权重
尽责性	条理性	受访者的衣着整洁程度	0.0408
		家庭内部的整洁程度	0.0472
	事业心	有成就感的重要程度	0.0498
		多大程度上赞同"努力工作能得到回报"	0.0448
	审慎性	受访者对调查的疑虑	0.0471
外向性	热情性	受访者的待人接物水平	0.0379
		自己的人缘关系有多好	0.0357
	乐群性	不孤单的重要程度	0.0423
	正向情绪	生活有乐趣的重要程度	0.0394
宜人性	信任	对陌生人的信任程度	0.1685
	利他性	不被人讨厌的重要程度	0.0442
	顺从性	在与人相处方面能打几分	0.0348
		受访者对调查的配合程度	0.0353
开放性	行动	受访者对调查的兴趣	0.0471
	价值	传宗接代的重要程度	0.0959
情绪稳定性	焦虑	感到精神紧张的频率	0.0323
		难以安静的频率	0.0311
	抑郁	感到情绪沮丧或郁闷的频率	0.0367
	脆弱性	感到未来没有希望的频率	0.0277
		做任何事都感到困难的频率	0.0348
		认为生活没有意义的频率	0.0269

三、机会不平等再测度的路径分析

(一)模型设定

1. Mincer收入方程

根据Roemer"环境—努力"二元的机会不平等理论分析框架,收入决定函数为:

$$Y = f[C, E(C, v), u] \tag{1}$$

其中,Y为个体收入水平,C为能够看到的环境因素,E为努力变量,u、v为随机扰动项。根据第二章的理论框架,引入"能力"变量,收入决定函数改写为:

$$Y = f[C, CA(C, v), NCA(C, \zeta), u] \tag{2}$$

其中,CA为认知能力,NCA为非认知能力。

为确保收入预测值为非负数,采用对数收入模型,可得到:

$$ln(Y_i) = \alpha_0 + \alpha_1 C_i + \alpha_2 CA_i + \alpha_3 NCA_i + u_i \tag{3}$$

本文使用平均对数偏差(Mean Logarithmic Deviation)来衡量机会不平等的程度,具体见附录3。

2. 机器学习方法—树模型

树模型(Decision Tree)的推导过程详见附录4。

但回归树模型容易出现的过度拟合等问题，为此Hothorn等(2006)提出了条件推断树(Conditional Inference Trees)，即变量和分割的选取是基于显著性检验的，而不是纯净度或同质性一类的度量。具体步骤如下：

(1)检验所有输入特征X与结果Y的相关性，即H_0，如果不能拒绝原假设则停止树的生成。

$$H_0=\bigcap_{j=1}^{m} H_o^j=0 \tag{4}$$

其中，m为特征变量个数。采用与数据类型无关的置换检验逐一评估X与Y的相关性，判断是否拒绝H_0：

$$H_o^j:D(Y \mid X_j)=D(Y) \tag{5}$$

此时涉及多重假设检验(Multiple Hypothesis Test)问题，基于Bonferroni Correction进行p值调整：

$$p_{adj}^{x^j}=1-(1-p^{x^j})^m \tag{6}$$

如果所有特征变量的显著性$p_{adj}^{x^j}>1-\alpha$，那么将接受H_0，停止切分。

(2)当拒绝H_0时，选择与Y相关性最强即最小$p_{adj}^{x^j}$的特征X_{j*}作为切分变量。

(3)根据X_{j*}备选切分点s进行节点样本二切分，检验两组切分样本Y的差异性，选择能够产生最小p值的切分点。

(4)重复直至所有分割都不显著或已到达最小节点为止。

回归树、条件推断树均能够通过一种非任意的方式选择环境因素并切分样本。但由于一棵树的模型结果并不稳定，就需要借助随机森林算法，提高预测的准确性。通常来说，随机森林以传统回归树为基准，若把元学习器设为条件推断树，此时模型可以变为条件推断森林。

(二)数据来源及变量设定

1. 数据来源

本文所用数据来源于2019—2023年北京住户收支调查微观数据。通过对基础数据进行处理，按人汇总计算其收入。在具体建模时选取了18岁以上、个人收入大于1(方便对数运算)，且具有父母辈教育与收入信息的常住居民个体样本，最终五年累计得到有效样本10644个。同时，为了对样本“能力”进行量化，对筛选的样本进行了字词、数学和大五人格的问卷调查追踪，主要涉及到认知能力和非认知能力的指标量化。

2. 变量设置

依据文献综述理论，结合数据的可获得性，选择变量如表2所示：

表2　变量的选择与定义

维度	变量	度量	符号
收入变量	收入	家庭年平均收入	Income
个人特征	性别	男为1；女为2	sex
	年龄	调查年份减去出生年份	age
	民族	汉族为1；少数民族为2	nation
地域城乡	城乡	城镇为1；农村为2	hukou
	行政区域	城六区为1；其他为2	zone
家庭背景	父母最高受教育程度	未上学为1；小学为2； 初中、高中为3；大学专科、本科为4；研究生为5	fedu
	父母职业类型	企业为1；机关事业单位为2；其他为3	fwork
认知能力	字词能力	识字能力	word
	数学能力	运算能力	math
非认知能力	大五指标得分	基于神经网络对指标赋权，得到非认知能力得分	nca

(三)基于树模型对个人收入预测结果

采用回归树、随机森林、条件推断树和条件推断森林对个人的对数收入进行预测，图 4—7 展示了不同模型预测结果和原始收入的密度图，其中实线为原始收入，虚线为预测收入。结果如下：

密度图 4 和图 5 显示，回归树和随机森林模型的预测密度曲线与原始收入高度重合，意味着个人收入绝大部分取决于环境因素，这显然与现实状况存在偏差。这主要是因为传统回归树和随机森林模型采用均方误差最小化作为模型生成准则，导致为了降低训练样本的拟合误差而出现过度拟合。

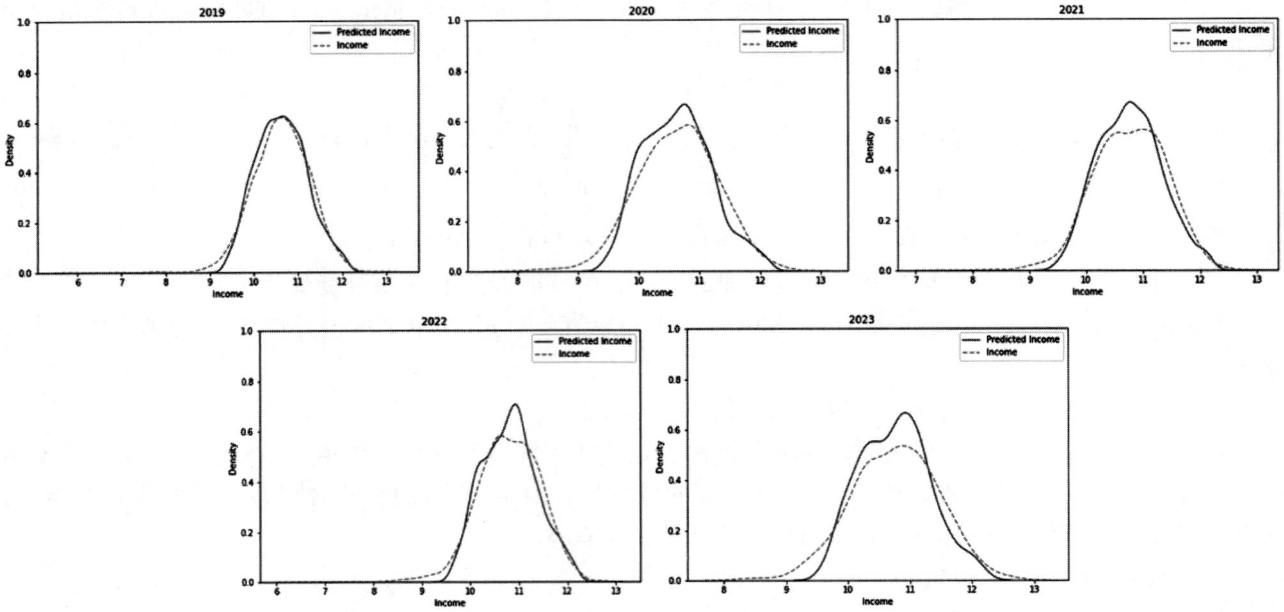

图 4　基于回归树模型的收入预测密度图

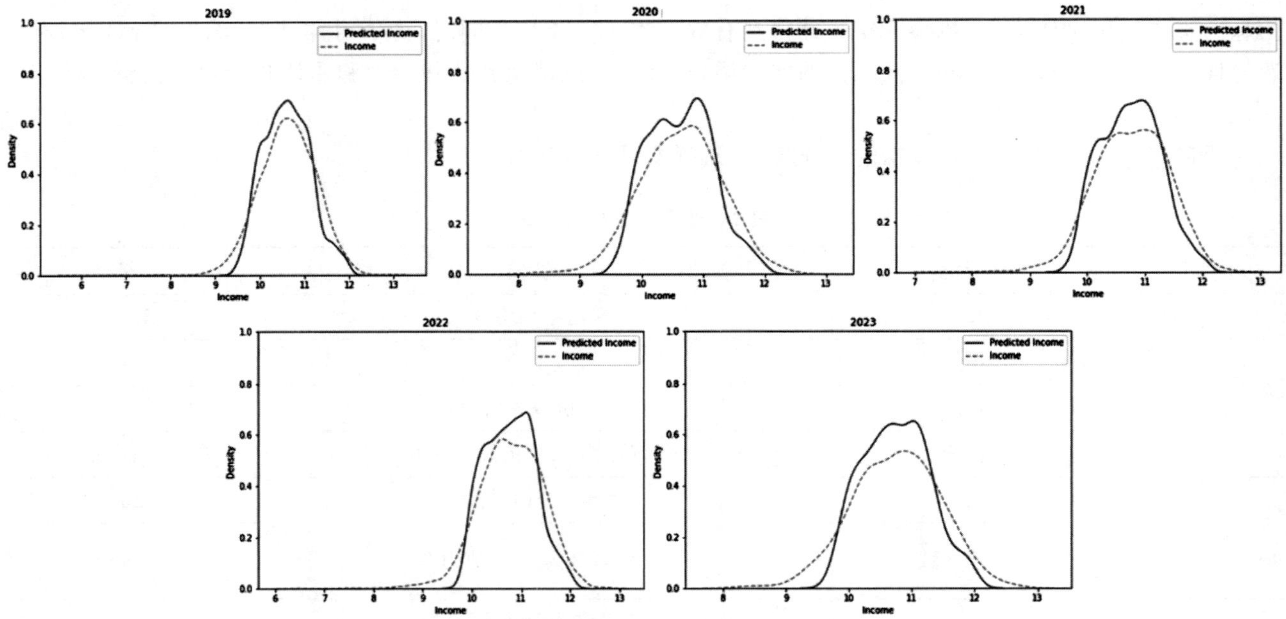

图 5　基于随机森林模型的收入预测密度图

密度图 6 和 7 显示，条件推断树和条件推断森林模型的预测曲线与原始收入具有一定差异，为其他因素解释居民收入差距预留了空间。这主要是因为条件推断树和条件推断森林根据统计检验的显著性选择变量和切分点，有效避免了过度拟合问题。因此，本文选择条件推断树和条件推断森林进行下一步研究。

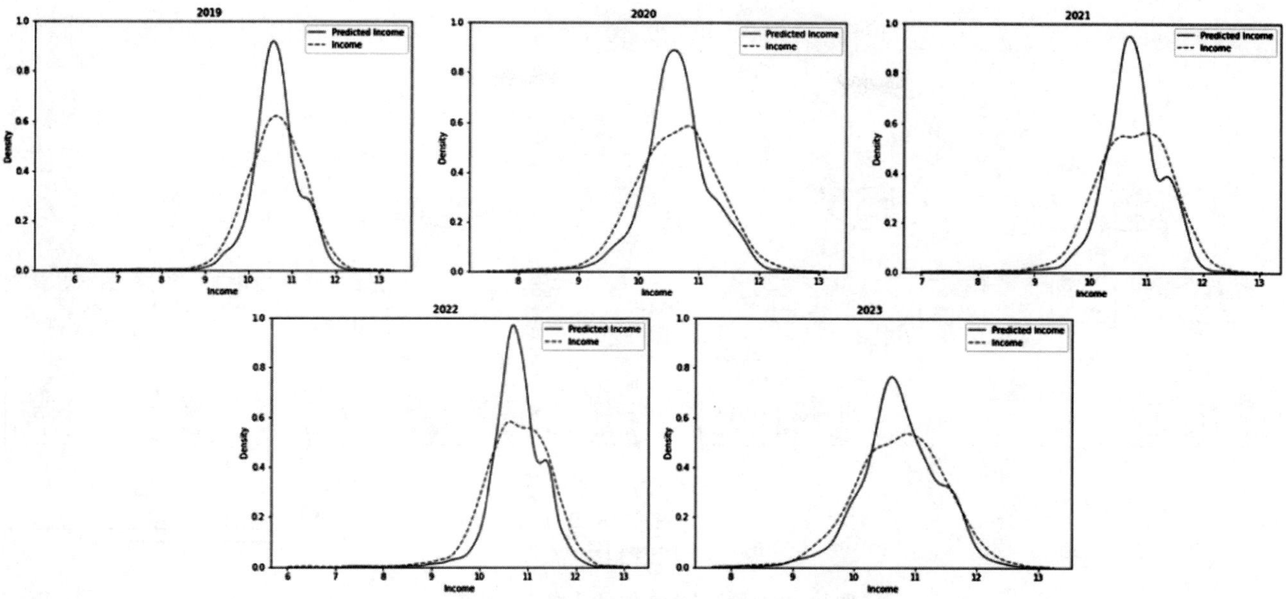

图 6　基于条件推断树模型的收入预测密度图

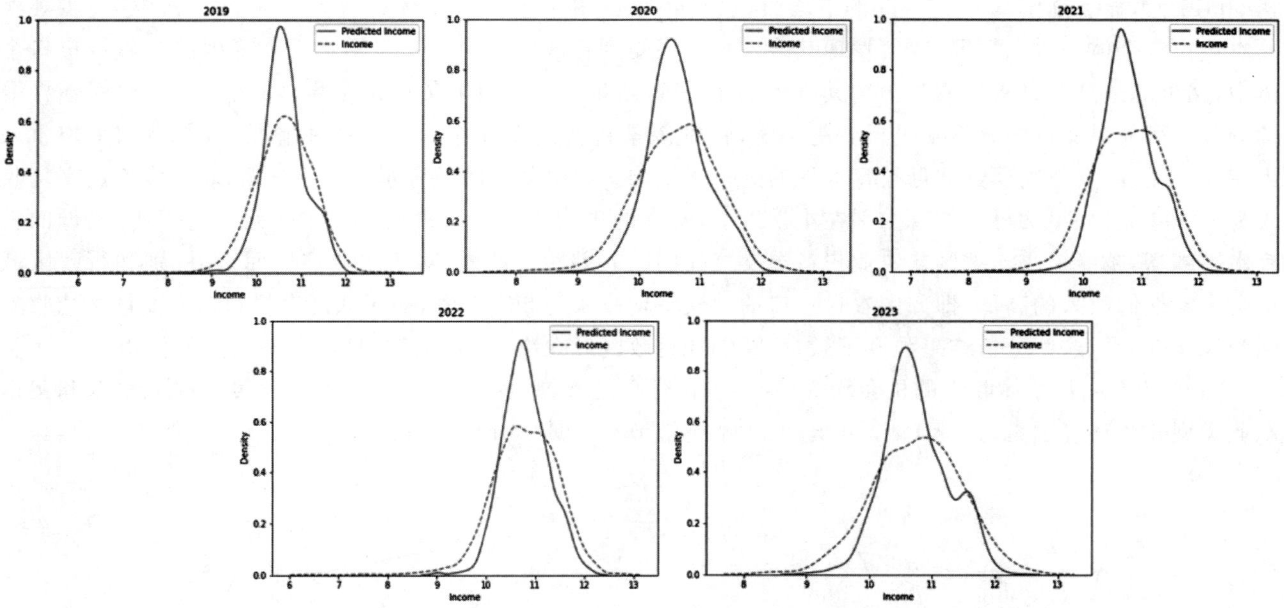

图 7　基于条件推断森林模型的收入预测密度图

(四)条件推断树识别机会不平等的影响路径

条件推断树可以从微观层面,准确识别出各类环境因素如何导致个人收入产生差距的。树的每一个根节点表示能够影响个体收入高低的环境因素,最先分裂的节点表示影响程度最大的因素,随着算法的不断循环,准确识别出各类环境变量的作用机制,直至遍历结束。条件推断树的节点越多,说明受环境因素的影响就越为复杂。

为了提高预测的准确性,本文采用了五年内的全部样本数据,按照出生年代进行划分,得到 5 类条件推断树结构图。由于“50 后”和“90 后”的样本量少,其树结构简单,需进一步增加样本量,其结果才能更接近现实。同时,“70 后”和“80 后”的环境因素的分支相对一致。故下文着重对“60 后”和“80 后”的个体展开分析,其余年龄段的条件推断树结构图详见附录 5。

图 8 为“60 后”个体收入的机会均等情况,包含城乡、行政区域、父母最高受教育程度、性别 4 个环境因素,共计 14 个分支和 15 个终端节点。具体分析如下:

城乡差异是最先显现出对个体收入影响的关键环境因素,这表明户口类型是决定个体收入不平等的首

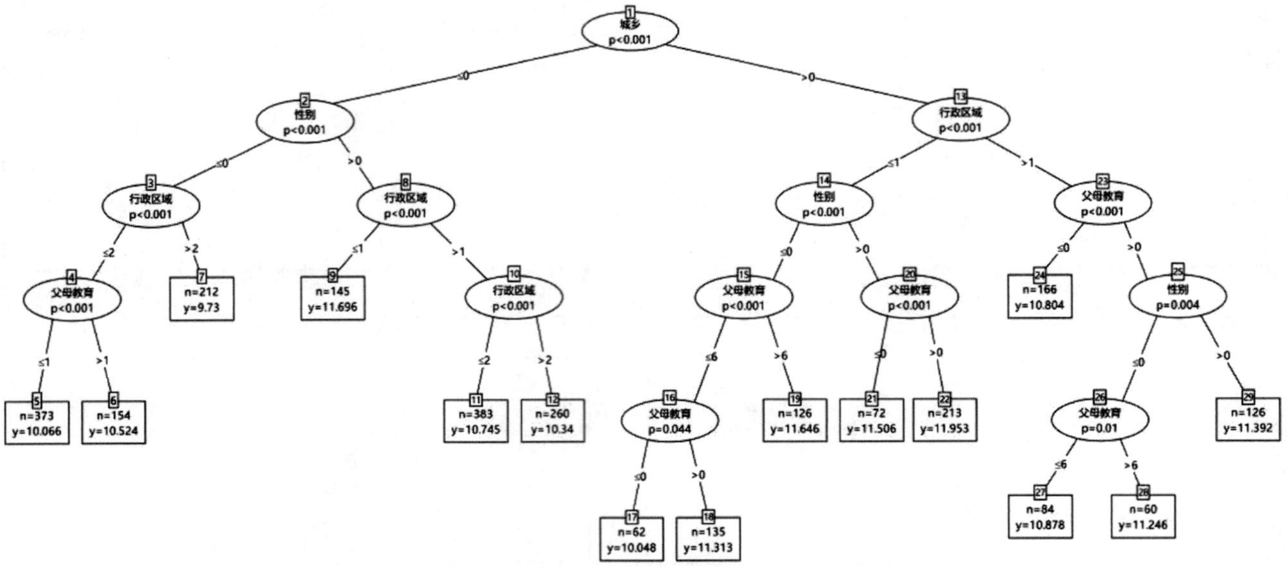

图 8 “60 后”出生个体条件推断树结构图

要因素。具体来说,非农业户口的个体在样本中占比约 40%,但他们的收入占比却超过了 60%,平均收入高达 60514 元,显著高于“60 后”群体的平均收入(48605 元)和农业户口个体的收入(29004 元)。进一步观察非农业户口个体的收入情况,我们发现其收入水平还受到行政区域的进一步影响。在郊区的非农业户口个体中,父母的最高教育水平成为影响其收入的下一个关键因素。如果父母是文盲,那么这一分支就不再继续分裂。而如果父母的教育水平至少是小学,性别因素将再次发挥作用。在这种情况下,男性的平均收入为 52597 元,而女性则受到父母教育水平的进一步影响。如果父母的教育水平在小学及以下,女性的平均收入为 39496 元;如果父母的教育水平在小学以上,女性的平均收入可以再增加 28169 元。这表明,父母的教育水平越高,越能缩小与城区非农业户口男女之间的收入差距。此外,对于农业户口而言,性别和行政区域也会决定他们收入的高低,即郊区农村户口的女性平均收入为 26185 元,而城六区农村户口的女性平均收入则为 48940 元。这些分析结果强调了教育、性别和行政区域在决定“60 后”个体收入中的重要作用。

图 9 为“80 后”个体收入的机会均等情况,包含行政区域、城乡、父母最高受教育程度、性别、民族和父母职业类型 6 个环境因素,共计 13 个分支和 14 个终端节点。具体分析如下:

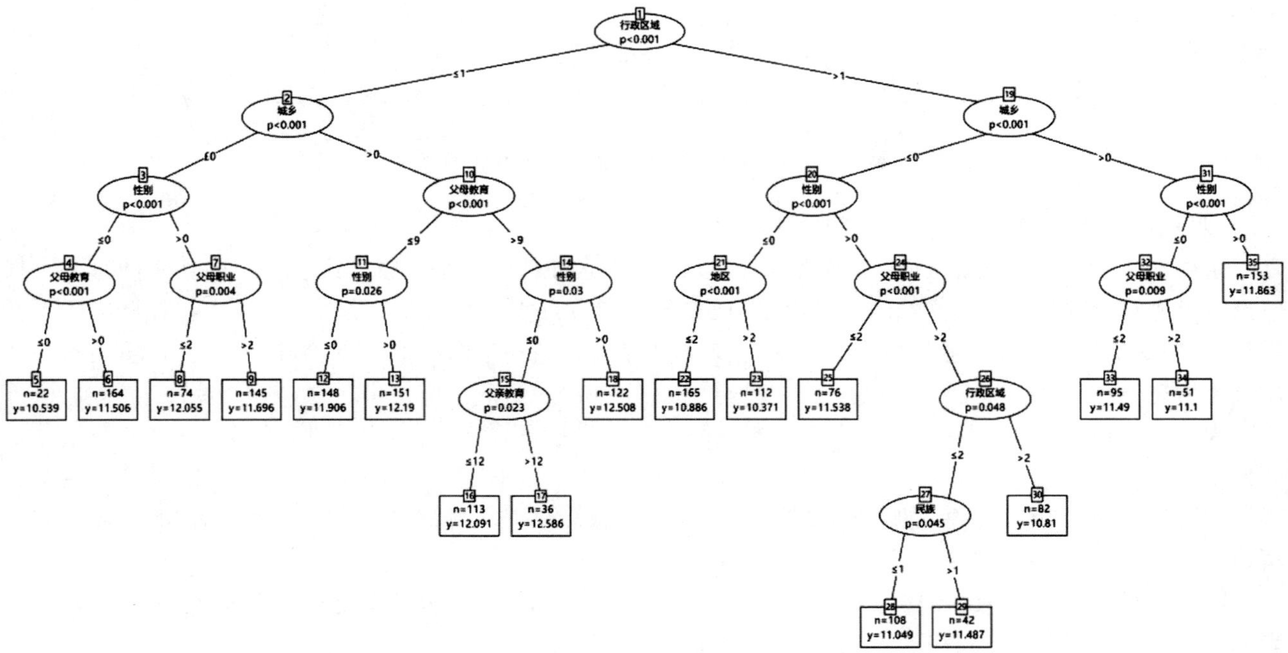

图 9 “80 后”出生个体条件推断树结构图

对于“80后”个体而言,行政区域是最先显现出对个体收入影响的关键环境因素,其次是城乡变量。具体来看,对于郊区的农业户口个体而言,男性会受父母职业的影响,即父母从事机关事业单位或企业的男性郊区农户的收入明显大于父母打零工或为农民的群体;而女性会受父母教育程度的影响。对于城六区的城镇户口个体而言,他们的收入明显大于城六区的农业户口。同时,女性还会受父母职业的影响。

(五)条件推断森林估计环境因素的重要程度

从第四小节可以看出,受限于样本量大小,“50后”和“90后”的结构图并不完整。为进一步了解各类环境因素对于个体收入的作用机制,继续使用条件推断森林,对所有环境因素进行遍历计算,结果如图10所示。

城乡差异对于“50后”和“60后”人群的个体收入影响最为显著,而对于“70后”“80后”和“90后”来说,行政区域的影响则更为关键。尽管城乡差异的重要性有所减弱,但地域和城乡环境因素依然是决定个体收入的最重要单一因素。性别因素对个体收入的影响随着年代的推移而逐渐减弱。与此同时,随着时间推移,家庭背景,特别是父母的教育水平,对后代收入水平的影响越来越明显。

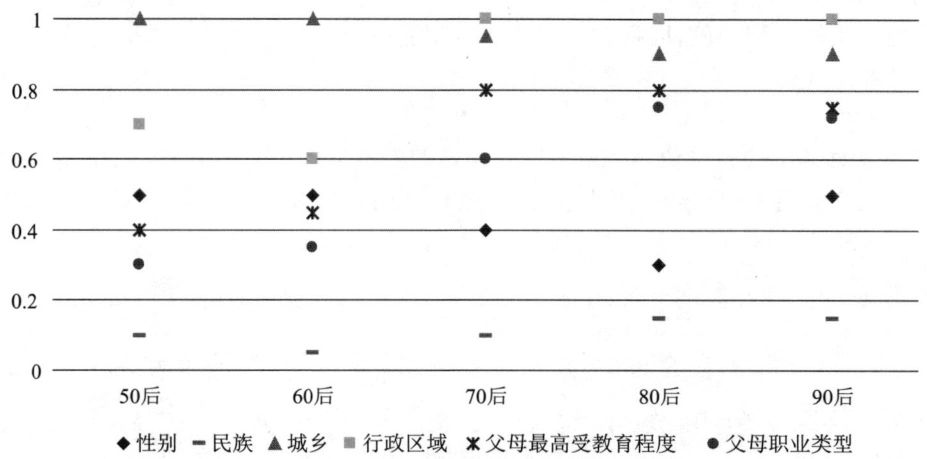

图10 不同年代环境因素重要性结果

(六)“环境—能力”框架下机会不平等测算结果

接下来使用条件推断森林测算出机会不平等绝对值(IOA)和机会不平等相对值(IOR),以反映不同环境背景下个体之间的收入差异情况。结果如图11所示:

从时间序列来看,IOA由2019年的0.242降低至2023年的0.133,IOR则由40.6%降低至30.8%,整体来看有缩小趋势。这表明机会因素引起的收入不平等在逐年改善。从五年平均数看,IOA为0.172,IOR为36.8%。我们仍然可以看到当前导致北京居民收入差距中有36.8%由环境因素差异导致的。

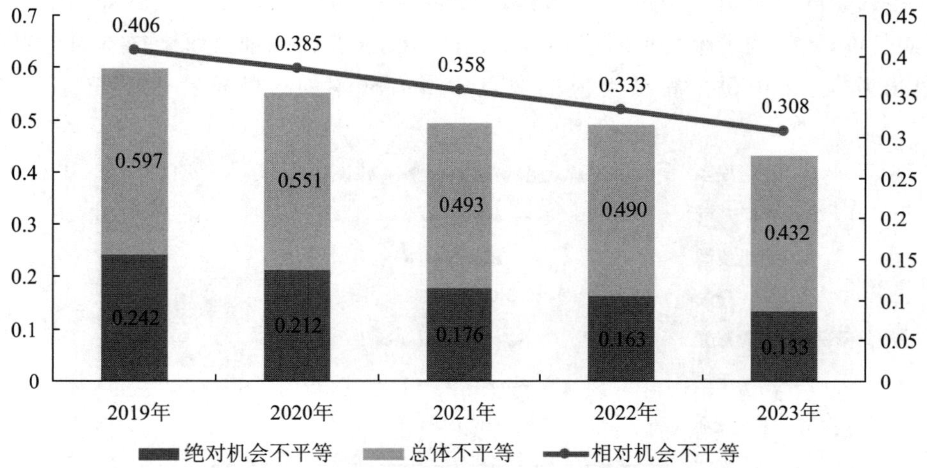

图11 全样本收入机会不平等测算结果

同时,为了对比本文与传统测度的结果差距,从定义和应用两个层面,对机会不平等进行了测度,结果显示传统方式低估了机会不平等的程度,具体见附录 6。

四、机会不平等对收入差距的影响效应研究

本章节将基于 SHAP 值算法,进一步对环境因素所导致的机会不平等对收入差距的贡献度量化。

(一)模型设定

本文在 Shapley 分解的基础上,引入 SHAP 值算法,更为精准的测算各个变量的贡献度。Shapley 分解及效应函数见附录 7。

为了理解愈来愈复杂的机器学习算法,可解释机器学习成为一个重要的研究领域,SHAP(Shapley Additive Explanations)方法基于 Shapley 值用于评估因素预测贡献度。不难发现,经济学中所使用的基于线性回归模型的 Shapley 分解严重依赖于模型形式,简单的线性模型显然不能满足准确计算 Shapley 值所依赖的预测能力,因素贡献度的评估结果无法排除模型预测能力缺陷带来的影响。非线性机器学习算法通过放松模型形式约束,极大弥补了线性回归模型的弱势,其与 Shapley 值的结合是当下解释机器学习预测结果最受欢迎的评估方法。以树模型为例,因素对于结果变量预测效果的贡献度可用式(7)表示:

$$f(x_i)=c_{i,full}+\sum_{k=1}^{K}contrib(x_i,k) \tag{7}$$

其中,$f(x_i)$表示样本 i 的预测值,$c_{i,full}$ 为结果变量的样本均值,$contrib(x_i,k)$度量了因素 k 对于结果变量预测结果的贡献度。借鉴 Shapley 值所依据的思想,采用剔除和未剔除因素 k 下的结果变量预测差异度量贡献度:

$$contrib(x_i,k)=\sum_{S\subseteq F\setminus\{k\}}\frac{|S|!(|F|-|S|-1)!}{|F|!}(f(S\cup\{k\})-f(S)) \tag{8}$$

其中,F 为全部因素构成的集合,S 表示不包括因素 k 的所有子集,$|\cdot|$ 为因素数量。$\frac{|S|!(|F|-|S|-1)!}{|F|!}$ 为固定不包括因素 k 子集规模下的组合数量,$\sum_{S\subseteq F\setminus\{k\}}\frac{|S|!(|F|-|S|-1)!}{|F|!}$ 为所有不包括因素 k 子集下的组合数量。$f(S\cup\{k\})-f(S)$ 度量了包含和未包含因素 k 时结果变量预测的差异。显然,上式与 Shapley 值的计算公式完全一样,区别在于需要使用机器学习算法对 $f(x)$进行估计。

(二)基于 SHAP 值算法测算环境因素贡献度

在前文机会不平等的测度的基础上,进一步使用 SHAP 值算法对环境因素的贡献度进行量化。

SHAP 方法是 Shapley 分解在机器学习领域的一个应用,它利用了 Shapley 值的概念来解释模型的预测,提供了一种评估和量化每个特征对模型输出贡献的方法。

本文首先对各因素的贡献值大小进行了测算,得到结果绘制成 beeswarm 图,如图 12 所示。图中左侧纵轴为特征/因素名称,横轴为每个特征对应样本的 SHAP 值,右侧纵轴为每个样本对应特征值的大小,颜色越趋于深黑色值越大;图中每个特征对应的散点为所有样本的该特征在 SHAP 值上的分布;散点的

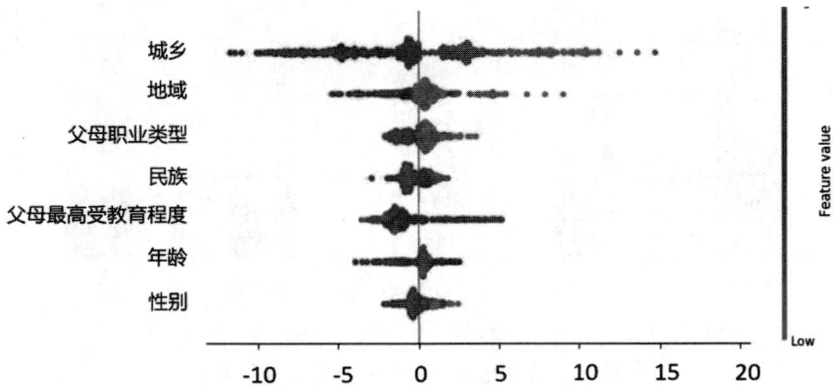

图 12　居民收入主要影响因素 beeswarm 图

SHAP 值大于 0 代表在该特征/因素对当前样本参与需求响应起到促进作用,反之则为抑制作用。

由结果可知,影响居民收入不平等的因素中,城乡指标占据最为重要的地位,城乡特征对居民收入呈现负向影响,城镇地区居民收入高的概率明显高于农村地区居民。重要性排第二位的因素为地域,同样是呈现负向影响,城六区居民收入高的概率高于郊区,但负向影响程度低于城乡特征。家庭背景方面,父母职业类型因素具有相似的作用效果,而父母最高受教育程度具有正向影响作用,即受教育程度越高,收入高的概率越大。个人特征因素方面,三项特征对居民收入的影响相对较低。由以上分析可知,居民收入的主要影响因素较为广泛。城乡、区域、父母最高受教育程度、父母职业类型等各方面均发挥着重要作用。并且,大部分影响因素并非简单的线性关系,需要进一步挖掘其蕴含的丰富的异质性。

从影响因素看,地域城乡是造成机会不平等的最主要因素,贡献程度超过六成。从五年平均数看,地域城乡差异对收入差距的贡献度为 63.1%。其中,城乡差异的贡献度为 39.6%,明显高于其他变量。这说明户籍因素很可能是产生机会差异的重要原因,分别对农村和城镇样本进行测算发现,农村机会不平等的 IOA 值为 0.101,明显高于城镇的 0.071。同时,在剔除户籍因素后,行政区域的影响被强化了,其对于农村居民收入差距的贡献度高达 59.6%,明显高于城镇的 30.8%,在一定程度上可以说明区域性的扶持政策对于缩小城乡居民收入差距作用很大。

家庭背景是造成机会不平等的第二大因素,城乡表现略不一样。从五年平均数看,家庭背景差异对收入差距的贡献度为 19.1%。其中,父母职业类型差异的贡献度为 10.6%,父母最高受教育程度差异的贡献度为 8.5%。分城乡看,城镇居民家庭背景所引起的收入差距程度明显高于农村居民,代际传递问题需要重视。

个体特征也是造成机会不平等的重要因素,贡献程度有所减弱。从五年平均数看,个人特征差异对收入差距的贡献度为 17.8%。其中,年龄差异的贡献度为 8.5%,性别差异的贡献度为 8.2%,民族差异的贡献度为 1.1%。

表 3 收入分布的机会不平等因素分解

环境因素		全样本	农村	城镇
总系数		0.172	0.101	0.071
个人特征	性别	8.2%	15.1%	10.2%
	年龄	8.5%	21.8%	25.8%
	民族	1.1%	0.3%	1.5%
地域城乡	城乡	39.6%	—	—
	行政区域	23.5%	59.6%	30.8%
家庭背景	父母最高受教育程度	8.5%	2.1%	12.3%
	父母职业类型	10.6%	1.1%	19.4%

从效应分解来看,环境因素的间接效应明显高于直接效应,也就是说环境因素确实会先作用于认知能力和非认知能力,然后对收入产生间接影响。根据环境因素的总效应降序排列,依次为城乡(26.4%)、父母最高受教育程度(17.3%)、行政区域(15.6%)、性别(15.4%)、年龄(15.1%)、民族(14.0%)和父母职业类型(13.6%)。因此,需要重点关注城乡差异、代际差异和地区差异对能力培养的影响情况。

(三)机会不平等的渠道分析

从上文可知,环境因素对个人收入的间接影响主要通过认知和非认知能力实现,而这种影响如何作用于机会不平等? 接下来,本文从教育和职业两个维度,进一步探讨这些因素如何间接影响机会不平等和收入差距。

从个体发展的角度出发,教育资源对个人能力发展具有显著作用,而这种能力在劳动力市场上的表现也是其价值的体现。因此,在本文中,教育被视为一个前置的中介变量。在分析过程中,我们首先考虑教育变量,然后再引入职业变量,以便在控制教育因素的基础上,进一步评估职业路径的影响。具体来说,个体的教育水平包括未受教育、小学、初中、高中、大专、本科和研究生等级别;而职业选择则按照与父母职业相

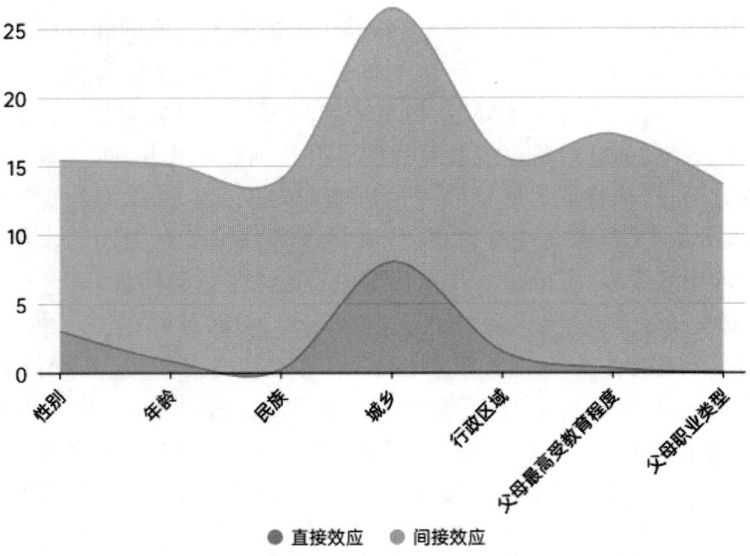

图13 收入分布的机会不平等效应分解

同的分类进行,分为企业、机关事业单位和其他类别。

在当前0.172的机会不平等中,42.3%的影响是教育渠道产生的。也就是说机会因素的差异影响了个体是否能够接受高中教育,导致了个体能力的差异,进而产生收入差距。同时,有16.6%的影响是职业渠道产生的。由此可见,机会因素一定程度上(36.8%)导致收入差距,这主要是因为机会差异性影响了个体的教育机会(特别是能否接受高中教育)和职业选择,最终影响了他们的收入水平。具体而言,15.6%(36.8%×42.3%)的影响通过教育渠道产生,6.1%(36.8%×16.6%)的影响通过职业渠道产生。

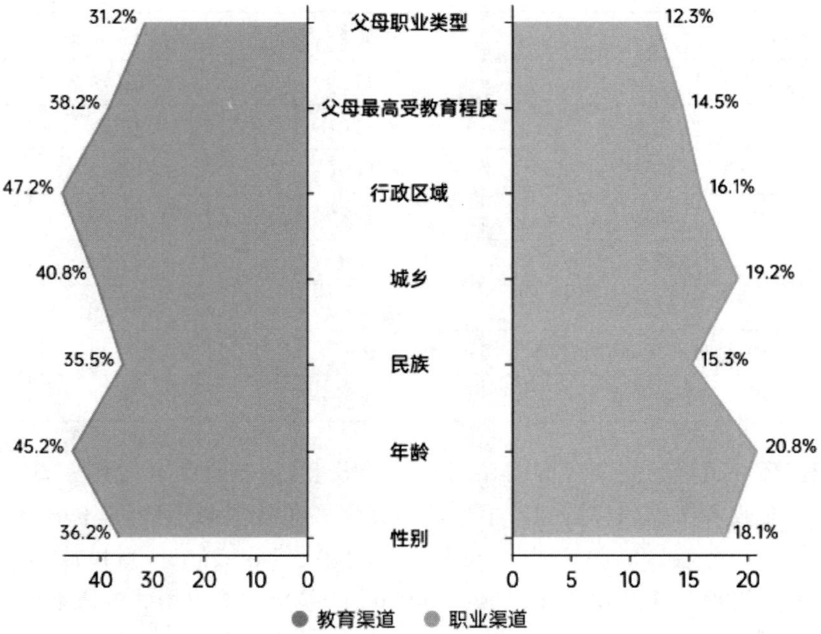

图14 机会不平等的间接影响渠道:教育和职业

五、相关结论及建议

(一)结论

从微观层面来看,减少环境因素对个体收入差距的影响,是实现共同富裕的有效抓手,也是推动中国特色社会主义现代化进程中不可或缺的治理策略。本文尝试突破传统"环境—努力"模型和参数估计方法的局限,引入"能力"作为中介变量,使用2019—2023年北京住户收支调查数据,采用树模型,识别环境因素对不同年代出生人群收入不平等的影响情况；进一步构建条件推断森林模型，量化北京居民收入机会不平等的程度；并运用 SHAP 值算法，进一步计算各环境因素的量值及贡献率。总结如下：

1. 对于“50 后”和“60 后”个体来说，城乡是最重要的影响因素，而对于“70 后”“80 后”和“90 后”个体，行政区域是最重要的影响因素。虽然城乡差异的影响力不断减弱，但仍是决定的关键因素。性别的影响随着年代的增长而减少，但家庭背景因素，尤其是父母的教育水平，对收入的影响则随着年代增长而上升。

2. 基于“环境－能力”框架，使用条件推断森林模型进行测算，结果显示，2019－2023 年，可观测的环境因素代表的机会不平等对收入不平等的总贡献达到了 36.8%，说明超过 30%的收入差距是与相对弱势的机会因素有关。从发展趋势看，机会因素引起的北京居民收入不平等的状态逐年改善，机会不平等绝对值由 2019 年的 0.0191 降低至 2023 年的 0.0043，机会不平等相对值由 40.6%降低至 30.8%，整体呈现缩小趋势。

3. 通过与传统测算方式对比发现，本文的测算结果比使用机器学习的“环境－努力”框架的贡献度高 10.1%，比使用参数估计的“环境－能力”框架的贡献度高 8.9%。由此可见，不管是“环境－努力”框架还是单一的线性参数估计都会在一定程度上低估收入差距中的机会不平等。

4. 通过对环境因素进行因素分解，结果显示，地域城乡是造成机会不平等的最主要因素，贡献程度超过六成。从五年平均数看，地域城乡差异对收入差距的贡献度为 63.1%。其中，城乡差异的贡献度为 49.6%，明显高于其他变量。这说明户籍因素很可能是产生机会差异的重要原因。同时，家庭背景是造成机会不平等的第二大因素，城乡表现略不一样。从五年平均数看，家庭背景差异对收入差距的贡献度为 19.1%，代际传递问题需要重视。

5. 通过对环境因素进行效应分解，结果显示，环境因素通过认知能力和非认知能力对收入的间接影响高于直接影响。其中，城乡(26.4%)、父母最高受教育程度(17.3%)、行政区域(15.6%)居前三位，需要重点关注他们对于收入差距的负面作用。

6. 引入教育和职业变量，进一步对机会不平等对收入差距间接影响的作用机制，结果显示，21.7%的间接差距是由于受教育程度以及就业所带来的，即 15.6%(36.8%×42.3%)的影响通过教育影响能力差异产生，6.1%(36.8%×16.6%)的影响通过职业影响能力差异产生。

(二)相关建议

我们在推动共同富裕的过程中，要更加注重机会均等化，不断弱化环境因素导致的个体收入差距，真正实现不仅蛋糕“做的大”，更要“分的好”。为了“十四五”时期北京扎实推进创建国家共同富裕示范区相关工作，从以下几个方面有针对性地解决居民收入的机会不平等问题。

1. 推进乡村振兴与城乡机会均等化。研究表明，地域和城乡差异是造成机会不平等的主要因素。因此，健全基本公共服务体系，增强公共服务均衡性和可及性，优化城乡收入差距监测体系，是实现共同富裕的重要任务。建议采取公平正义原则，持续提升农村公共服务水平，缩小城乡公共服务差距，同时优化城乡收入差距的监测方法，确保更全面地反映实际情况。

2. 发挥教育在促进共同富裕中的基础作用。教育是促进社会公平和共同富裕的关键。北京应继续加强农村教育基础设施建设，通过教师轮岗、对口帮扶等方式推动城乡教育一体化。同时，政府应加大对义务教育的投入，优化教育经费分配，鼓励家庭、学校和社会三方协同，提高教育质量和效率。

3. 关注代际传递，拓宽社会上升渠道。社会上升渠道的畅通是共同富裕的重要标志。建议完善就业优先政策，关注家庭背景较弱的群体，消除就业歧视，提高最低生活保障水平，确保民生底线。此外，推动慈善事业的高质量发展，利用数字化手段，形成首都慈善特色品牌，为共同富裕贡献力量。

【参考文献】

[1] 刘波，王修华，彭建刚. 我国居民收入差距中的机会不平等——基于 CGSS 数据的实证研究[J]. 上海经济研究，2015(8)：77－88.

[2] 刘波，胡宗义，龚志民. 中国收入差距中的机会不平等再测度[J]. 南开经济研究，2020(4)：107－126.

[3] 吕光明，徐曼，李彬. 收入分配机会不平等问题研究进展[J]. 经济学动态，2014(8)：137－147.

[4] 李晓曼，曾湘泉. 新人力资本理论——基于能力的人力资本理论研究动态[J]. 经济学动态，2012(11)：

120－126.

[5] 雷欣,贾亚丽,龚锋.机会不平等的衡量:参数测度法的应用与改进[J].统计研究,2018(4):73－85.

[6] 李莹,吕光明.中国机会不平等的生成源泉与作用渠道研究[J].中国工业经济,2019(9):60－7.

[7] 李莹,吕光明.机会不平等在多大程度上引致了我国城镇收入不平等[J].统计研究,2016,33(8):63－72.

[8] 李莹莹.机会不平等对收入不平等的影响研究.安徽大学硕士论文,2022.

[9] 阮敬,詹倩.亲贫困增长分析中的Shapley分解规则[J].统计研究,2010,27(5):58－66.

[10] 史新杰,李实,陈天之,方师乐.机会公平视角的共同富裕——来自低收入群体的实证研究[J].经济研究,2022,57(9):99～115.

[11] 史新杰,卫龙宝,方师乐,高叙文.中国收入分配中的机会不平等[J].管理世界,2018(3):27－37.

[12] 万相昱,张晨,唐亮.中国居民收入机会不平等再测算——来自机器学习的新发现[J].数量经济技术经济研究,2024,41(01):192－212.

[13] 姚鹏,李金泽.以水定城:资源节约型评比达标赛如何"去"资本错配[J].世界经济,2023,46(3):233～256.

[14] Athey S. ,Imbens G. W. ,2019,Machine Learning Methods That Economists Should Know About [J],Annual Review of Economics,11(1),685～725.

[15] Bj 813 68 B32rklund A. ,J 8 1308 A34nti M. ,Roemer J. E. Equality of Opportunity and the Distri-bution of Long-run Income in Sweden[J]. Social Choice and Welfare,2012,39(2－3):675－96.

[16] Barry B. Why Social Justice Matters[M]. Cambridge:Polity,2005.

[17] Cunha F. ,Heckman J. J. ,Schennach S. Estimating the Technology of Cognitive and Noncognitive Skill Formation[J]. Econometrica,2010,78(3):883－931.

[18] Ferreira F. H. ,Gignoux J. The Measurement of Inequality of Opportunity:T-heory and an Application to Latin America[J]. Review of Income and Wea-lth,2011,57(4):622－57.

[19] Heckman J. J. ,Rubinstein Y. The Importance of Noncognitive Skills:Lessons from the GED Testing Program[J]. American Economic Review,2001,91(2):145－49.

[20] Jusot F. ,Tubeuf S. ,Trannoy A. Circumstances and Efforts:How Important Is Their Correlation for the Measurement of Inequality of Opportunity in Health? [J]. Health Economics,2013,22(12):1470－95.

[21] Lefranc A. ,Pistolesi N. ,Trannoy A. Equality of Opportunity and Luck:Definitions and Testable Conditions,with an Application to Income in France[J]. Journal of Public Economics,2009,93(11):1189－207.

[22] Mani A. ,Mullainathan S. ,Shafir E. ,Zhao J. Poverty Impedes Cognitive Function[J]. Science,2013,341(6149):976－80.

[23] Ramos X. ,Van de Gaer D. Approaches to Inequality of Opportunity:Princip-les,Measures and Evidence[J]. Journal of Economic Surveys,2016,30(5):855－83.

[24] Roemer J. E. A Pragmatic Theory of Responsibility for the Egalitarian Planner[J]. Philosophy & Public Affairs,1993,22(2):146－66.

[25] Roemer J. E. Equality of Opportunity[M]. Cambridge:Harvard University Press,1998.

[26] Roemer J. E. ,Trannoy A. Equality of Opportunity:Theory and Measurement[J]. Journal of Econom-ic Literature,2016,54(4):1288－332.

[27] Storrs C. How Poverty Affects the Brain[J]. Nature,2017,547(7662):150－52.

[28] Turkheimer E. ,Haley A. ,Waldron M. ,et al. Socioeconomic Status Modifies Heritability of IQ in Young Children[J]. Psychological Science,2003,14(6):623.

附录

1. 环境因素选择的文献综述

首先,个人层面的因素包括性别和年龄等不可选择的属性,这些因素会对个人的收入产生影响,进而影响收入机会的平等性。如李实等(2014)利用中国居民收入调查数据,对城镇居民中男性和女性的收入进行比较分析。结果显示性别差异导致的收入不平等有所增加,特别是年轻、教育程度较低、职业和行业较差的女性工人面临更大的机会不平等。二是家庭环境因素。家庭成员之间的关系和家庭结构,也在多个方面影响着个人的收入机会。如李春玲(2014)研究了父母的教育程度和职业类型对于子女教育的影响。结果显示,父母的受教育年限每增加一年,子女考入大学的概率会增加 22 个百分点。同时,企事业单位的子女考上大学的概率也远远大于农民子弟。三是社会环境因素。包括地域、气候等自然条件以及政策和社会制度等,也对个人的收入机会产生影响。宏观政策往往通过影响个体的生活环境来间接作用于其收入机会。如吴晓刚和张卓妮(2014)深入探究了农民工收入低的原因。结果显示,城乡之间的户籍壁垒是造成城乡居民收入差距的主要原因,这表明社会政策和制度在形成收入不平等中扮演了重要角色。

2. 基于神经网络识别"能力"变量的权重

如图 13 所示,神经网络包含两种权重:一是从输入层到隐含层,二是从隐含层到输出层。本文首先梳理计算输入层数据,并通过迭代计算使输出层数据的误差最小化,以此来对大五人格模型中的各项指标进行赋权,具体公式如下:

$$r_{ij}=\sum_{k=1}^{p}\frac{w_{ki}(1-e^{-w_{jk}})}{1+e^{-w_{jk}}} \tag{9}$$

$$R_{ij}=\left|\frac{1-e^{-r_{ij}}}{1+e^{-r_{ij}}}\right| \tag{10}$$

$$S_{ij}=\frac{R_{ij}}{\sum_{i=1}^{m}R_{ij}} \tag{11}$$

其中,r_{ij} 为相关显著性系数,R_{ij} 为相关系数,S_{ij} 为各项指标的最终权重,i 为输入节点数,j 为输出节点数,k 为隐含节点数;w_{ki} 为输入层 i 和隐含层 k 之间的权重,w_{jk} 为输出层 j 和隐含层 k 之间的权重。

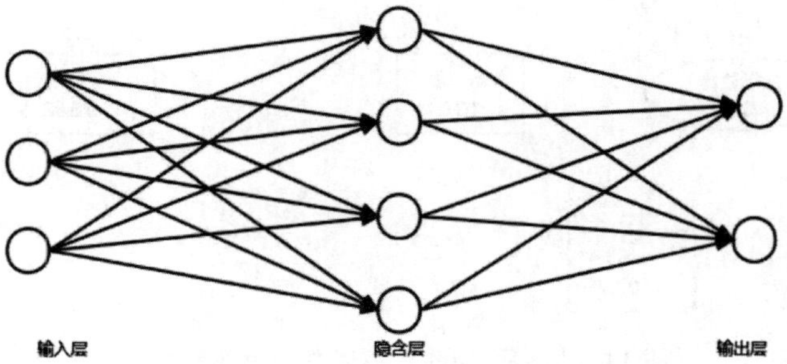

图 13 神经网络示意图

输入层节点的个数为"大五"人格模型中共计 21 项指标 21,故输入节点数(i)为 21,隐含节点数(k)为 40,输出节点数(j)为 1。最大迭代次数设为 2000,MSE 设为 1×10^{-6}。

3. 平均对数偏差

熵(Entropy)在概率论与数理统计中用来描述随机现象的不确定性。广义熵指数的公式:

$$\mathrm{GE}(\alpha)=\frac{1}{\alpha^{2}-\alpha}\left[\frac{1}{n}\sum_{i=1}^{n}(\frac{y_i}{\bar{y}})^{\alpha}-1\right] \tag{12}$$

其中,n 表示样本中个体的数量,y_i 表示个体 i 的收入,参数 a 表示不同收入组权重大小。

本文使用平均对数偏差(Mean Logarithmic Deviation)来衡量机会不平等的程度。MLD 是当 α 趋近于 0 时的熵指数,表达式为:

$$MLD=\lim_{\alpha\to0}\frac{1}{\alpha^{2}-\alpha}\left[\frac{1}{n}\sum_{i=1}^{n}\left(\frac{y_i}{\bar{y}}\right)^{\alpha}-1\right]=\frac{1}{n}\sum\nolimits_{i=1}^{n}ln\,\frac{\bar{y}}{y_i} \tag{13}$$

4. 树模型公式推导

树模型最大的特点是通过树状结构来表示决策过程或数据的层次关系，具有可读性、分类速度快等优点。回归树方法是其中一种用于处理连续数据的树模型，即假设 X 和 Y 分别为输入和输出变量，并且 Y 为连续变量，给定训练数据集：

$$D=[(x_1,y_1),(x_2,y_2),\cdots,(x_n,y_n)] \tag{14}$$

一个回归树对应着输入空间的划分以及在划分单元上的输出值。假设已将输入空间划分为 M 个单元，并且在每个单元 R_m 上有一个固定的输出值 C_m，于是回归树模型可以表示为：

$$f(x)=\sum_{m=1}^{M}c_m I(x \in R_m) \tag{15}$$

当输入空间的划分确定时，可以使用均方误差 $\frac{1}{N}\sum_{x_i \in R_m}[y_i-f(x_i)]^2$ 来表示回归树对于训练数据上的预测误差，使用均方误差最小准则求解每个单元上的最优输出值。单元 R_m 上 C_m 的最优值是所有输入样本 x_i 对应输出 y_i 的均值。预测结果如下：

$$E(Income \mid Circumstances = R_m)=\hat{c}_m = avg(y_i \mid x_i \cdot R_m) \tag{16}$$

单元 R_m 即为环境因素，回归树采用单元训练样本的平均收入进行预测。因此，同一个节点代表着该类群体的环境因素是一样的，不同的节点代表着不同的环境因素，因此各个节点的差异就代表了环境因素所引发的机会不平等程度。

5. 三个年代出生群体的条件推断树结构图

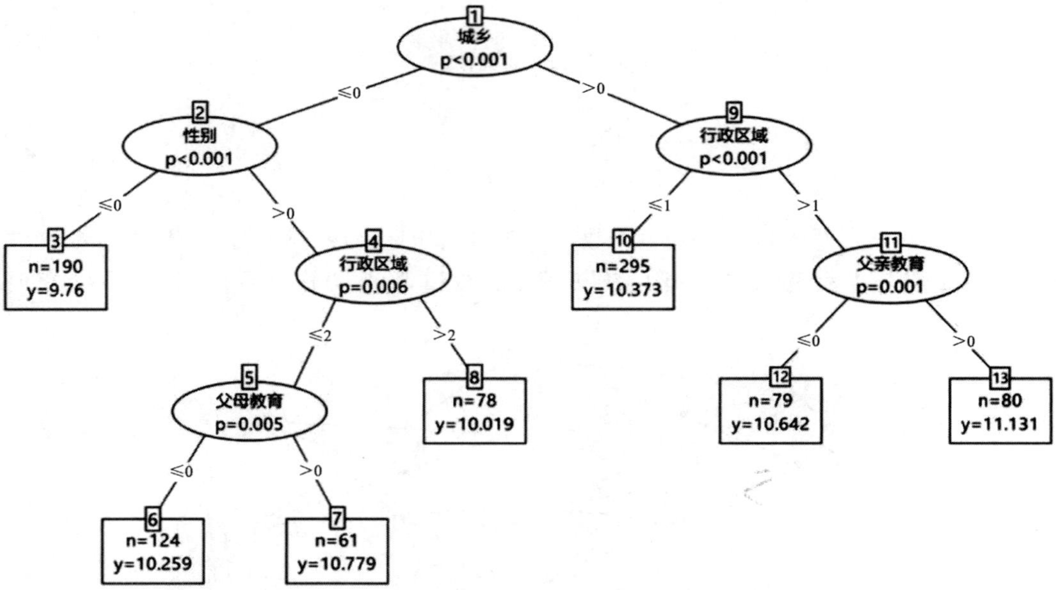

图 14 "50后"出生个体条件推断树结构图

6. 本文测算结果与传统测算方法的对比

(1)定义层面的结果对比。

使用机器学习对"环境—努力"框架进行了测算。结果显示，环境因素引起的不平等占比为 26.7%，比本文低 10.1 个百分点。因此，Reomer 的传统理论框架确实会低估环境因素收入差距的影响程度，原因在于这些环境因素对收入的高低有明显的间接影响，比如父母的受教育程度越高，其子女能力水平越高的可能性就更大，进而他们更有机会获得更高的收入水平。

(2)应用层面的结果对比。

使用参数估计对"环境—能力"框架进行了测算。结果显示，环境因素引起的不平等占比为 27.9%，比本文低 8.9 个百分点。因此，传统的参数估计算法亦会低估收入差距中机会不平等所占的份额，原因在于函数形式简化容易低估机会不平等(Ferreira 和 Gignoux，2011)。换言之，如果模型中未能包含大量的交互项和高阶项，单一的参数估计无法把所有的环境因素考虑在内。比如父母的职业情况对子女的影响是无法通

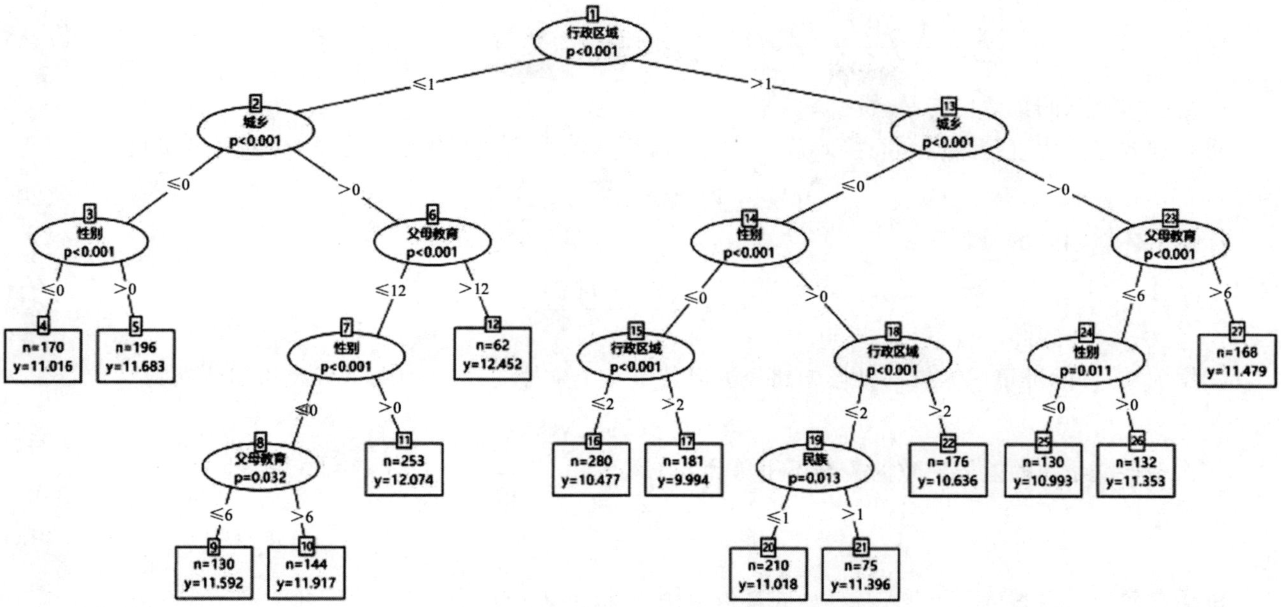

图 15 “70 后”出生个体条件推断树结构图

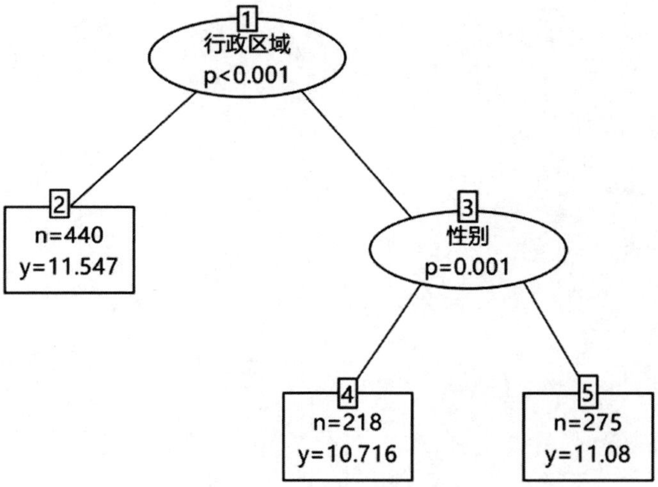

图 16 “90 后”出生个体条件推断树结构图

过简单的线性回归能反映出来的，这样就会低估机会不平等的程度。

7. Shapley 分解及效应函数公式推导

(1)Shapley 分解。

劳动经济学经常使用 Shapley 分解研究因素(例如：经济增长)对于社会福利(例如：不平等与贫困)的贡献度。基本思想是利用线性回归模型通过分析“控制”和“未控制”特定因素对社会福利指标的变动明确其影响程度。以研究因素 X_m 对收入不平等的贡献度为例，构建如下线性回归模型：

$$Y=\sum_{m=1}^{M}\beta_m X_m+\varepsilon \tag{17}$$

此处对于 X_m 的控制不再是剔除，而是采用样本均值替代。考虑 X_m 被控制的顺序，第 J 次被控制的组合数量为$\frac{1}{C_{M-1}^{J-1}}$。因为有 M 个因素，所以 J 的总数为 M，那么用于计算 X_m 贡献的组合总计为$\frac{1}{MC_{M-1}^{J-1}}$。

单次情形 X_m 的贡献度为：

$$\mathrm{MLD}(Y \mid X_m)-\mathrm{MLD}(Y \mid \bar{X}_m) \tag{18}$$

MLD(·)为基于收入 Y 所计算的不平等指标，上式度量了因素 X_m 对于收入不平等的贡献度。至此，基于线性回归的 Shapley 分解公式如下：

$$\sum_{J=1}^{M}\frac{(M-J)!\ (J-1)!}{M!}\sum_{J}MLD(Y\mid X_m)-MLD(Y\mid\bar{X}_m) \tag{19}$$

(2)直接效应、间接效应与总效应。

将影响效应分为直接效应和间接效益。采用环境因素的平均值替代原始变量，得到反事实收入：

$$\ln Y_i=f_i\,[\bar{C}_i,\overline{CA_i},\overline{NCA_i}] \tag{20}$$

计算出环境因素的贡献度：

$$\theta_i=\frac{I(Y)-I(\bar{Y})}{I(\bar{Y})} \tag{21}$$

根据前文可知，环境因素有两种影响路径。以其中一个条件变量 c 为例，假设反事实收入为：

$$\widetilde{Y}_i^{\,c}=f_i(C_i,CA_i,NCA_i) \tag{22}$$

那么条件变量 c 的差异导致的机会不平等为：

$$\theta_d=\frac{I(Y)-I(\widetilde{Y})}{I(Y)} \tag{23}$$

由于总效应＝直接效应＋间接效应，间接效应则为 $\theta_{id}=\theta_i-\theta_d$

劳动力要素对推进新质生产力形成的统计测度研究

国家统计局天津调查总队　张旭红　路　鑫　殷子桐

摘　要

习近平总书记创造性地提出了新质生产力理论，劳动者是生产力中最活跃的因素，是科技创新和现代化产业体系建设的主体，在劳动资料、劳动对象及其优化组合中发挥着主导作用，随着科技的不断进步和产业的不断升级，新质生产力的发展将更加依赖于劳动力的支撑。劳动力要素是新质生产力的内涵部分，为研究劳动力要素对新质生产力的影响作用、影响路径以及分地区差异，本文从高科技、高效能、高质量的角度，构建新质生产力指标体系，测算新质生产力指数，分别利用空间杜宾模型、空间变系数回归和半参数—空间滞后模型，深入分析研究劳动力规模、劳动力就业结构、劳动力质量对新质生产力的空间影响机制以及不同时期不同地区劳动力要素对新质生产力的影响差异和变化特点，并对劳动力要素在推进新质生产力形成过程中的非线性效应进行了研究。研究发现，劳动力规模提高、就业结构优化和劳动力质量提升能有效促进新质生产力水平的提升，同时，新质生产力水平对周边地区存在正向的空间溢出作用；区域发展和人才集聚度不均衡下，不同地区劳动力要素在推进新质生产力形成中的作用有明显差异；劳动力要素对新质生产力的影响作用是变化的，随着劳动力规模提升、就业结构优化、劳动力质量提升，对新质生产力的促进作用在达到一定峰值后会有所减弱。本文在研究的思路和内容上具有一定创新性。

关键词：劳动力；新质生产力；空间杜宾模型；空间变系数回归；半参数回归

一、引言

(一)研究背景

随着中国特色社会主义事业进入新阶段，高质量发展成为全面建设社会主义现代化的首要任务，面对第四次技术革命的热潮，习近平总书记创造性地提出了新质生产力理论，把我们党对马克思主义生产力理论的认识提升到新的高度，以新质生产力推动高质量发展，将有力带动我国现代化事业进入新实践局面。

新质生产力“以劳动者、劳动资料、劳动对象及其优化组合的跃升”为基本内涵，以全要素生产率大幅提升为核心标志，特点是创新，关键在质优，本质是先进生产力。新质生产力是生产力发展和科技进步的产物，是人类改造自然能力的革命性提升，这种提升是整体性的、根本性的，作为其构成要素的劳动者、劳动资料、劳动对象必然也有新的内涵。就劳动者而言，劳动者是生产力中最活跃的因素，是科技创新和现代化产业体系建设的主体，在劳动资料、劳动对象及其优化组合中发挥着主导作用。随着科技的不断进步和产业的不断升级，新质生产力的发展将更加依赖于高质量劳动力的支撑。例如在新能源领域，需要具备专业知识和创新精神的科技人才，通过研发新技术、推广新产品，推动新能源产业的快速发展；在智能制造领域，需要掌握先进制造技术的工人，通过优化生产流程、提高生产效率，为企业创造巨大的经济效益。因此，从对劳动力的规模、质量等角度深入分析探讨新质生产力的形成机制和路径，对于释放人才队伍潜能、推动新质生产力不断发展有重要作用。

(二)文献综述

与本文研究内容相关的文献，分为两大类，第一类是新质生产力领域相关文献，第二类是劳动力与新质生产力关系方面的相关文献。

新质生产力内涵和测度方面文献综述：胡洪彬(2023)对新质生产力的内涵和理论渊源进行阐述，指出从“生产力”到“新质生产力”，旨在通过对生产要素的优化调整和生产关系的创新变革不断释放发展动能，以解决新时代生产力发展中的结构性和系统性问题，以“技术之新”“领域之新”解释新质生产力的“新”，以

"发展质量"和"生活品质"解释新质生产力的"质";孙丽伟、郭俊华(2024)从科技创新、产业升级和发展条件的角度构建新质生产力指标体系,对2007—2021年的30个省份的新质生产力水平进行测度和差异性分析;王珏、王荣基(2024)基于劳动者、劳动对象和劳动资料三大新质生产力构成要件,构建新质生产力综合评价指标体系,熵值法测算新质生产力水平并对时序演进和地区差异进行分析;卢江、郭子昂、王煜萍(2024)从科技生产力、绿色生产力和数字生产力的角度构建新质生产力指标体系,用改进的熵权法测算新质生产力发展水平和区域差异。

劳动力与新质生产力关系方面文献综述:周绍东、胡华杰(2023)认为是劳动者技能水平和综合素质的提高是推进新质生产力水平提高的关键要素;路鸣(2022)通过预测未来劳动力供需趋势,得出劳动力供给规模在未来30年将继续下降,劳动力供需结构性矛盾将更为突出的结论;何志芳、赵洪进(2019)指出东部地区流入人口过多而中西部城市人才流失严重将严重制约我国产业结构高级化的进程;樊成(2023)以国家高新区为研究样本,对国际人才集聚对技术创新效率的影响进行研究,得到了国际人才集聚促进了技术创新效率但存在显著异质性的结论;任栋、崔雁冰(2023)通过构建面板模型和空间计量模型,得出了高素质劳动力集聚对地区产业结构升级具有显著的正向促进作用,但对流出地区产生负向的外部空间效应的结论。

综合现有研究的主要成果可以发现,劳动者是推进新质生产力水平提高的关键要素,其规模、质量和就业结构对地区的产业结构、技术创新产生较大影响,会直接影响新质生产力的形成。当前,劳动力市场中面临着少子化老龄化加剧和人口规模下降的压力,各地纷纷出台"人才新政"吸引人才,地区间"人才竞争"日益激烈,不同地区劳动力规模、质量的差异对地区间新质生产力形成差异,且会相互影响。此外,已经有研究表明,技术进步对就业形成一定冲击,劳动力要素对新质生产力的作用也势必会在经济社会不断发展过程中发生变化。基于上述内容,本文提出以下四个假设:

假设1:劳动力要素是新质生产力的内涵部分,劳动力规模、高质量就业和劳动力质量提升对新质生产力水平的提升具有显著的促进作用。

假设2:考虑到区域发展和人才集聚度不均衡,不同地区劳动力要素在推进新质生产力形成中的作用有明显差异。

假设3:劳动力要素对新质生产力的影响作用不是固定不变的,即劳动力要素对新质生产力的影响是非线性的,随着劳动力规模提升、就业结构优化、劳动力质量提升,对新质生产力的促进作用在达到一定峰值后会有所减弱。

假设4:本地新质生产力水平提高,能够促进周边地区的新质生产力水平的提高,即新质生产力对周边地区存在正向的空间溢出作用。

(三)创新之处

总体看来,现有文献对劳动力与新质生产力的相关研究,主要将"劳动者"作为新质生产力内涵的一部分进行论述或构建指标体系,大多集中在理论层面,实证分析较少,关于劳动力要素促进新质生产力发展的路径与机制的研究需要进一步深化。本文的创新之处在于:一是基于对新质生产力理论内涵学习掌握的基础上,从新质生产力的特点"高科技、高效能、高质量"角度出发,构建了新质生产力指标体系;二是以劳动力要素(劳动力规模、就业结构和质量)为主要研究内容,通过构建劳动力要素对新质生产力的空间杜宾模型、空间变系数模型和半参数—空间滞后回归模型,深入研究劳动力要素对新质生产力的影响机制、特点和空间差异性,尤其是在半参数模型中引入空间滞后项,用以研究新质生产力空间溢出作用的变化特点。

(四)研究框架

本文第一部分为引言,论述研究的背景和意义,对相关研究文献进行综述,结合文献研究成果,提出六方面研究假设。第二部分为变量选取与模型设定,选定新质生产力指数为被解释变量,劳动力规模、劳动力就业结构、劳动力质量为解释变量,对外开放程度为控制变量,对30个省份(含直辖市)2018—2022年的数据进行搜集整理和插值处理。第三部分为实证分析,以习近平总书记对新质生产力的科学理论阐述为基础,构建新质生产力指标体系,测算新质生产力指数;通过空间模型相关检验,构建空间杜宾模型进行回归,分析劳动力要素对新质生产力的空间影响作用;利用GTWR方法构建空间变系数回归模型,研究劳动力要素与新质生产力水平之间的时空关系,解释不同时期不同地区劳动力要素对新质生产力的影响差异和变化特点;构建半参数—空间滞后模型,将空间滞后变量加入回归模型,测算劳动力要素在推进新质生产力形成过程中的非线性效应，分析不同阶段下劳动力要素对新质生产力的影响的差异和特点。第四部分为结论和建议，阐述模型主要结论，并针对模型得到的结论提出在劳动力方面，加速推进新质生产力形成的政策建议。

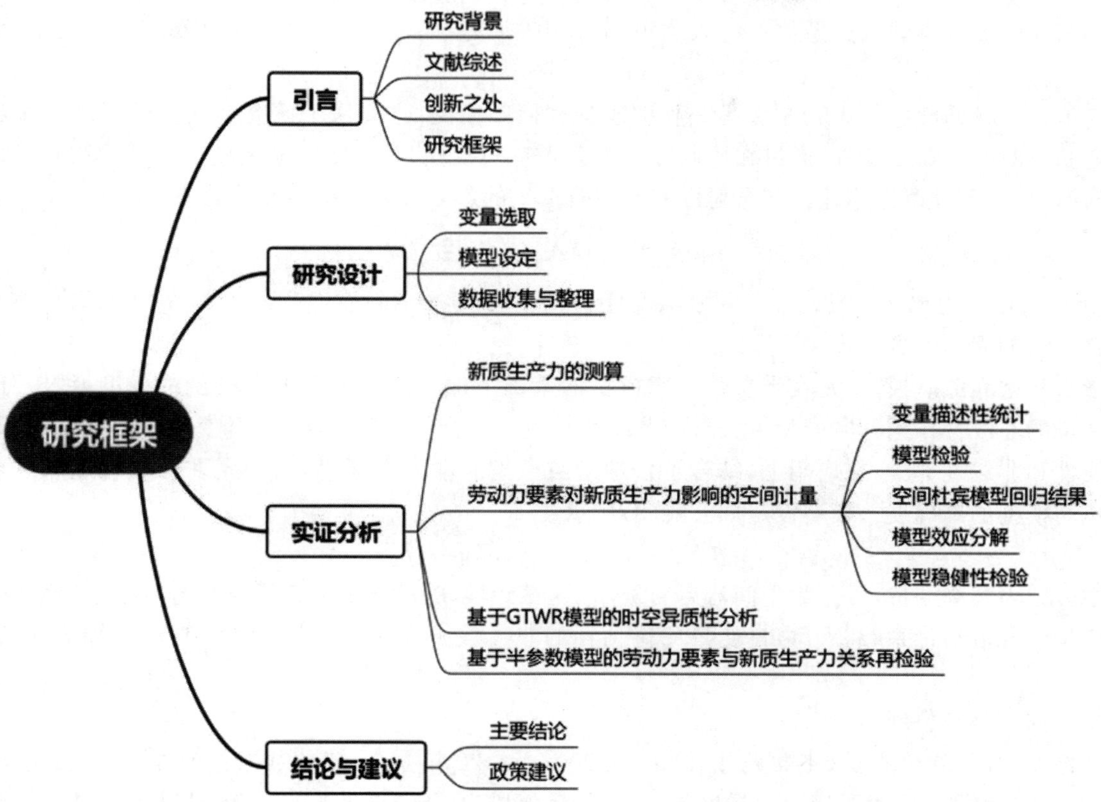

图 1　研究框架图

二、研究设计

(一)变量选取

选取新质生产力水平作为被解释变量，选取劳动力规模、劳动力就业结构和劳动力质量为解释变量，由于新质生产力的产业系统以技术和知识密集型产业为主体，考虑到行业的关联性和数据的可获取性，劳动力就业结构采取以信息传输、软件和信息技术服务业、科学研究和技术服务业、制造业为代表的高质量行业从业人数占比表示，劳动力规模采取 15－64 岁常住人口数量表示，劳动力质量采用就业人员中高中以上文化程度占比表示(见表 1)。

表 1　变量选取与符号

变量类别	变量名称	衡量指标	符号
被解释变量	新质生产力	新质生产力指数	xzscl
解释变量	劳动力规模	15－64 岁常住人口数量	ldlgm
	劳动力就业结构	高质量行业从业人数占比	ldljg
	劳动力质量	高中以上文化程度就业人员占比	ldlzl
控制变量	对外开放程度	货物进出口总额/GDP	control

(二)模型设定

空间杜宾模型(Spatial Durbin Model，SDM)是空间计量研究中较为常用的模型之一，用于研究被解释变量不仅受到本地解释变量的影响，还受到空间上其他地区解释变量和被解释变量影响的情形，分析变量在空间上的相关关系。模型设定公式(1)所示。

$$xzscl=\beta_1 ldlgm+\beta_2 ldljg+\beta_3 ldlzl+\theta_1 wldlgm+\theta_2 wldljg+\theta_3 wldlzl+\rho wxzscl+\mu_i+\varphi_t+\varepsilon_{it} \tag{1}$$

其中,β_i 为自变量的回归系数;w 为空间权重矩阵;θ_i 为自变量对相邻地区因变量的回归系数;ρ 为因变量对相邻地区因变量的回归系数;ε_{it} 表示空间自相关误差项;φ_t 表示时间固定效应;μ_i 表示个体固定效应。

时空地理加权回归(GTWR)模型是一种地理加权回归模型,主要用于研究空间异质性和非平稳性,同时考虑空间和时间的非平稳性,通过在回归方程中引入空间权重,对不同的地区赋予不同的权重,进行空间变系数回归,可以更准确地描述自变量对因变量在时空上的影响关系。模型设定如公式(2)所示。

$$y_i=\beta_0(\mu_i,\nu_i,t_i)+\sum_j \beta_j(\mu_i,\nu_i,t_i)X_{ij}+\varepsilon_i \tag{2}$$

其中,(μ_i,ν_i) 为地区 i 的经纬度坐标,t_i 是年份,y_i 为地区 i 的新质生产力水平,β_0 为常数项系数,β_j 为第 j 个自变量的回归系数。

半参数—空间滞后模型,是在半参数回归模型的基础上加入空间滞后变量得到的模型,用于分析自变量对因变量的非线性作用及空间相关关系的非线性特点。在半参数模型中,将自变量对因变量的影响作用分为了线性和非线性部分,在应用上,结合了线性参数模型和非参数模型,避免了非参数模型维数的困扰,又可以提高模型的准确度。模型设定如公式(3)所示。

$$y_i=\beta_0+\beta_i X_i+f_1(X_i)+\rho wy+f_2(wy)+\varepsilon_i \tag{3}$$

其中,X_i 为解释变量,wy_i 为空间滞后变量,β_0 为截距项,β_i 为第 i 个解释变量的参数估计系数,ρ 为空间滞后变量的参数估计系数,f_1 为自变量的待估计的非参数函数,f_2 为空间滞后变量的待估计的非参数函数。

(三)数据搜集与整理

本文选取我国30个省份(不含西藏、港澳台)2008—2022年共15年的数据作为样本,共搜集基础数据10350条。相关数据来源为国家统计局网站、各省统计年鉴、高技术产业统计年鉴、中国劳动统计年鉴、城市建设统计年鉴等。在数据整理过程中,对缺失值占比低于10%的数据进行了插值处理,对缺失值较多的指标进行了删减或调整,对劳动力规模进行了取对数处理。

三、实证分析

(一)新质生产力的测算

习近平总书记创新性地提出新质生产力的概念并对新质生产力的丰富内涵进行了论述,总书记指出"新质生产力是创新起主导作用,摆脱传统经济增长方式、生产力发展路径,具有高科技、高效能、高质量特征,符合新发展理念的先进生产力质态。它由技术革命性突破、生产要素创新性配置、产业深度转型升级而催生,以劳动者、劳动资料、劳动对象及其优化组合的跃升为基本内涵,以全要素生产率大幅提升为核心标志,特点是创新,关键在质优,本质是先进生产力。"本文基于习近平总书记对于新质生产力特征的阐述,结合现有文献成果,从"高科技、高效能、高质量"的维度构建新质生产力的指标体系,计算新质生产力指数。

高科技方面,以习近平同志为核心的党中央高度重视科技创新,党的十八大报告提出:"科技创新是提高社会生产力和综合国力的战略支撑,必须摆在国家发展全局的核心位置。"随着科技创新对经济发展的贡献日益凸显,在推动经济发展中的关键性、主导性、支撑性作用更加明显,"高科技"是新质生产力的重要特征。对高科技的评价主要从科技经费、人员投入和高技术产业营业收入等方面来衡量。

高效能方面,是指通过对生产要素的创新性配置,推动各类生产要素实现高效的协同互动,提高要素配置效率,提升全要素生产率,释放更高水平的经济效能。考虑到生产要素包括土地、劳动力、资本、技术、数据,对高效能的评价主要从土地生产率、劳动生产率、资本配置效率、科技成果转化率和数据要素配置效率五方面来衡量。

高质量方面,随着我国经济由高速增长阶段转向高质量发展阶段,实现高质量发展,必须把握好"质"和"量"的辩证统一关系,实现通过质的有效提升引领量的合理增长,通过量的合理增长支撑质的有效提升。高质量的评价主要从五个方面来衡量,一是经济结构的优化,二是产业转型升级,三是经济发展的可持续性提升,四是城乡区域协调发展,五是人民生活质量提升。

基于以上分析论述，本文构建新质生产力指标体系如表 2 所示。

表 2　新质生产力测算指标体系

一级指标	二级指标	三级指标	具体衡量指标	单位	属性
新质生产力	高科技	研发人员投入	规上工业企业 RD 人员全时当量	小时	+
		研发经费投入	规上工业企业研发经费投入/工业增加值	%	+
		创新成果	授权专利数	个	+
		高技术产业收入	高技术产业营业收入	万元	+
	高效能	土地产出率	工业增加值/工业用地面积	亿元/平方公里	+
		劳动生产率	全员劳动生产率	%	+
		投资效率	固定资产投资占 GDP 比重	%	−
		科技成果转化率	新产品销售额/新产品经费	—	+
		数字产业水平	互联网宽带接入端口	万个	+
	高质量	经济结构	社会消费品零售总额/GDP	%	+
		产业结构	第三产业增加值/第二产业增加值	—	+
		可持续性	能源消费量/GDP	万吨标煤/亿元	−
		区域协调性	泰尔指数	—	−
		生活质量	人均可支配收入	元	+

指标体系构建完成后，通过为指标体系赋权，测算得到各省新质生产力水平。综合多种客观权重法对比，结合评价体系中指标内涵及相关程度，采用 critic 权重测算方法为指标体系赋权。步骤如下：

第一步，指标标准化处理，消除指标量纲，并将负向指标调整为正向指标。

第二步，计算指标变异性（标准差）S，指标变异程度越高，表明指标包含的信息越多，被赋予的权重就越大。

$$S_j = \sqrt{\frac{\sum_{i=1}^{m}(x_{ij} - \bar{x}_j)^2}{n-1}} \tag{4}$$

其中，$\bar{x}_j$ 为每个指标（列）数据均值。

第三步，计算指标冲突性 A，指标相关性越高，表明指标间冲突性越小，被赋予的权重也越小。

$$R = \frac{\sum_{j,k=1}^{n}(x_{ij} - \bar{x}_j)(x_{ik} - \bar{x}_k)}{\sqrt{\sum_{j=1}^{n}(x_{ij} - \bar{x}_j)^2 \sum_{k=1}^{n}(x_{ik} - \bar{x}_k)^2}} \tag{5}$$

$$A_j = \sum_{i=1}^{n}(1 - r_{ij}) \tag{6}$$

其中，r_{ij} 表示第 i 个指标与第 j 个指标的相关系数。

第四步，综合指标变异性和冲突性，计算信息量指标 C 的值。

$$C_j = S_j \times A_j \tag{7}$$

第五步，计算权重 W_j。

$$W_j = \frac{C_j}{\sum_{i=1}^{n} C_j} \tag{8}$$

依据新质生产力指数计算结果，为了直观展示新质生产力水平、省市间极化趋势以及 2008－2022 年的分布演化，本文绘制了新质生产力水平的三维动态 Kernal 核密度图（图 2）。一方面，核密度图的分布中心随时间的推移逐渐向右平移，表明新质生产力水平逐步提升，从数据来看，2008－2022 年，研究的 30 个省份的新质生产力指数平均指数由22.51逐步上升至37.43，呈现出明显递增的趋势；另一方面，2010年以前，核密度图呈现“单峰”状，2010年以后，呈现出“单峰”向“双峰”转变的特点，表明在新质生产力水平在各省市之间存在分化的趋势，从数据看，2008年省级新质生产力水平方差为33.95，2022年为121.20，离散程度明显扩大。

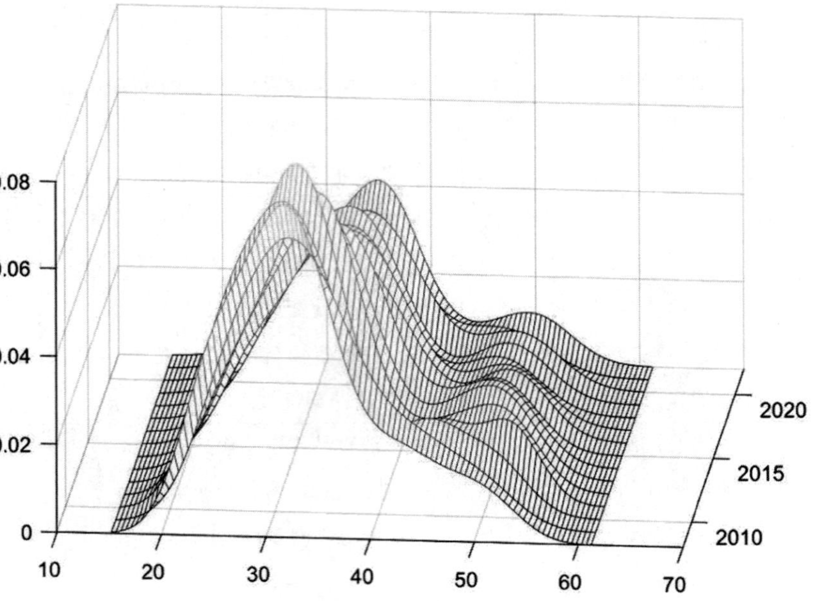

图2　新质生产力指数核密度图

根据计算得到的各省(含直辖市)2008年、2013年、2018年和2022年新质生产力水分级分布情况及表3中2022年各省市新质生产力指数测算结果，2022年各省市新质生产力水平可分为三个梯队，位于第一梯队的多处于东部地区，其中，上海、广东、江苏、北京、浙江、福建和山东新质生产力指数在40以上，处于明显优势地位；第二梯队的省份新质生产力在30—40区间，包括河南、湖北、湖南、山西、安徽、天津、重庆、河北、辽宁、四川、内蒙古、江西、陕西、海南和云南15个省市，较为集中且多分布在中部地区；第三梯队主要是西部和东北地区，新质生产力指数在20—30之间，包括宁夏、广西、黑龙江、吉林、贵州、青海、新疆和甘肃8个省份。从各省市新质生产力变化分级情况来看，新质生产力水平提升最快的是江苏省，2008—2022年新质生产力指数提高30.58，其次是广东，提高26.86，上海、浙江、福建的新质生产力指数也均提高了超20个指数。

表3　2022年各省市新质生产力指数测算结果

排名	地区	新质生产力指数	排名	地区	新质生产力指数	排名	地区	新质生产力指数
1	上海	61.23	11	山西	37.96	21	海南	32.15
2	广东	59.46	12	安徽	37.52	22	云南	32.11
3	江苏	59.06	13	天津	37.21	23	宁夏	28.49
4	北京	54.49	14	重庆	37.17	24	广西	27.56
5	浙江	53.28	15	河北	37.16	25	黑龙江	27.12
6	福建	46.33	16	辽宁	36.96	26	吉林	25.34
7	山东	43.96	17	四川	35.90	27	贵州	25.33
8	河南	39.13	18	内蒙古	35.77	28	青海	24.37
9	湖北	38.89	19	江西	34.32	29	新疆	23.30
10	湖南	38.21	20	陕西	32.59	30	甘肃	20.58

(二)劳动力要素对新质生产力影响的空间计量

1. 变量描述性统计

本文变量的描述性统计如表4所示：

表 4　变量的描述性统计

变量名称	符号	观测值	均值	标准差	最大值	最小值
新质生产力指数	xzscl	450	29.85	9.49	61.23	15.20
劳动力规模	ldlgm	450	7.88	0.73	9.15	5.98
劳动力就业结构	ldljg	450	26.28	9.36	55.06	11.15
劳动力质量	ldlzl	450	34.79	13.21	80.50	9.10
对外开放程度	control	450	0.26	0.31	1.70	0.00

2. 模型检验

(1)变量相关性检验。

变量间的相关性检验如表 5 所示，由表可知，劳动力规模、劳动力结构、劳动力质量与新质生产力的相关系数分别为 0.3329、0.5849 和 0.7553，均在 5%的置信水平下显著，表明选取的自变量与因变量之间有显著的正相关关系。

表 5　相关系数表

变量	xzscl	ldlgm	ldljg	ldlzl	control
xzscl	1.0000				
ldlgm	0.3329	1.0000			
	0.0000				
ldljg	0.5849	0.4085	1.0000		
	0.0000	0.0000			
ldlzl	0.7553	−0.1531	0.2825	1.0000	
	0.0000	0.0011	0.0000		
control	0.7969	0.0930	0.5674	0.7303	1.0000
	0.0000	0.0487	0.0000	0.0000	

(2)空间相关性检验。

空间权重矩阵用以度量观测对象在空间上的相互依赖关系，空间权重越大，表明空间依赖性越强，随着空间距离增加，空间相互依赖性下降，本文构建了基于距离的邻接权重矩阵 W。为研究新质生产力在空间上是否具有相关性，利用空间权重矩阵和上文得到的新质生产力指数计算莫兰指数 I(Moran′s I)，公式(9)所示：

$$I=\frac{\sum_{i=1}^{n}\sum_{j=1}^{n}w_{ij}(x_i-\bar{x})(x_j-\bar{x})}{S^2\sum_{i=1}^{n}\sum_{j=1}^{n}w_{ij}} \tag{9}$$

计算结果如表 6 所示。可知，新质生产力在空间上具有一定的自相关性，因此选用空间计量模型分析劳动力对新质生产力的影响。

(3)LM 检验、Hausman 检验和 LR 检验。

确定空间计量模型后，本文进行了 LM 检验，确定模型存在一定的空间自相关性，为进一步确定使用固定效应或随机效应模型以及空间杜宾模型 SDM 模型是否会退化为 SAR 或 SEM 模型，还进行了 Hausman 检验和 LR 检验，依据检验结果，选择双固定效应的空间杜宾模型对变量进行回归分析。

表6 新质生产力莫兰指数

Variables	邻接权重矩阵		
	莫兰指数	z	p—value*
Y_2022	0.202	4.036	0.000
Y_2021	0.208	4.124	0.000
Y_2020	0.206	4.08	0.000
Y_2019	0.169	3.467	0.000
Y_2018	0.169	3.467	0.000
Y_2017	0.177	3.592	0.000
Y_2016	0.177	3.594	0.000
Y_2015	0.175	3.565	0.000
Y_2014	0.182	3.667	0.000
Y_2013	0.172	3.501	0.000
Y_2012	0.132	2.826	0.002
Y_2011	0.147	3.09	0.001
Y_2010	0.154	3.204	0.001
Y_2009	0.147	3.092	0.001
Y_2008	0.129	2.788	0.003

3. 空间杜宾模型回归结果

表7回归结果显示，模型拟合度为73.84%，表明模型设定的解释变量对新质生产力指数有较强的解释程度。从自变量的系数来看，ldlgm、ldljg、ldlzl的回归系数分别是8.7036、0.0246和0.1457，表明劳动力规模、高质量行业从业人数占比和劳动力质量对新质生产力水平有正向的影响作用，验证了假设1的成立，其中，劳动力规模和劳动力质量在5%的置信水平下显著；wldlgm、wldljg、wldlzl的回归系数分别是20.0780、—0.3930和0.1440，表明本地劳动力规模和劳动力质量对其他地区新质生产力水平有正向的影响作用，高质量行业从业人数占比对其他地区新质生产力有负向的影响作用，三个系数均在5%的置信水平下显著；rho系数为0.5604，表明新质生产力对周边地区存在正向的空间溢出作用，验证了假设4的成立。

表7 对新质生产力回归结果表

变量	Coef.	P>z
ldlgm	8.7036**	0.0010
ldljg	0.0246	0.5080
ldlzl	0.1457**	0.0000
control	7.1703**	0.0000
wldlgm	20.0780**	0.0000
wldljg	—0.3930**	0.0090
wldlzl	0.1440**	0.0320
wcontrol	10.2980**	0.0000
rho	0.5604**	0.0000
R^2	0.7384	

注：*表示在10%的置信水平下显著，**表示在5%的置信水平下显著。

4. 模型效应分解

表8为对新质生产力的模型效应分解，结果显示，ldlgm直接效应和间接效应的系数分别是11.2131和

54.3121,均在5%的水平下显著,表明本地区劳动力规模对新质生产力水平有显著的正向影响作用,其他地区的劳动力规模对新质生产力同样有显著的正向影响;ldljg间接效应的系数是−0.8276,在5%的水平下显著,表明其他地区的高质量行业从业人数占比提高会降低本地新质生产力水平,即地区间在高质量人才方面存在一定竞争关系;ldlzl直接效应和间接效应系数分别为0.1715和0.4959,均在5%的水平下显著,表明本地区劳动力质量对新质生产力水平有显著的正向影响作用,其他地区的劳动力质量对本地新质生产力也有正向影响。

表8　模型效应分解表

xzscl	直接效应	间接效应
ldlgm	11.2131**	54.3121**
	0.0000	0.0000
ldljg	−0.0139	−0.8276**
	0.7540	0.0240
ldlzl	0.1715**	0.4959**
	0.0000	0.0020
control	8.5361**	31.1285**
	0.0000	0.0000

注:* 表示在10%的置信水平下显著,** 表示在5%的置信水平下显著。

5. 模型稳健性检验

为验证模型的稳健性,本文计算了第二种空间权重矩阵,为一阶反距离权重矩阵,基于一阶反距离权重矩阵计算莫兰指数和相关检验,并进行空间杜宾模型回归。结论显示,利用一阶反距离权重矩阵进行空间回归的模型依然是显著的。

(三)基于GTWR模型的时空异质性分析

考虑到时间、空间上的非平稳关系,为研究不同时期不同地区劳动力要素对新质生产力的影响,更准确地描述时空数据的变化规律,本文利用GTWR模型进行回归分析。模型回归系数主要指标如下表所示,模型拟合优度为0.9702,调整后的拟合优度为0.9699。

表9　GTWR模型回归系数描述

变量系数	均值	标准差	最大值	最小值
Intercept	−20.5131	17.6274	47.9772	−86.3635
c_ldlgm	3.9124	2.4286	12.1006	−4.2654
c_ldljg	0.2492	0.2025	1.3577	−0.1598
c_ldlzl	0.3125	0.0962	0.5056	−0.1654
c_control	9.0637	4.8936	30.4234	−18.2084

注:R^2=0.9702, R^2Adjusted=0.9699

从系数的均值来看,三个自变量对新质生产力均有正向的影响;从系数的离散程度来看,劳动力质量和就业结构的系数标准差较小,劳动力规模的系数标准差较大,表明劳动力质量和就业结构对新质生产力的影响系数在省市间离散程度较小,劳动力规模对新质生产力的影响系数在省市间差别较大;从系数的最大最小值来看,劳动力质量的系数极差最小,其次是劳动力就业结构,再次是劳动力规模,且三个因素对新质生产力的影响有正有负。以上表明,不同地区的劳动力要素对新质生产力的影响作用存在差异,且与劳动力质量和就业结构相比,不同省市间劳动力规模对新质生产力的影响系数差异最大,影响作用也最强。

空间劳动力规模系数计算结果表明,大部分地区劳动力规模对新质生产力有正向影响,且影响作用呈现由西向东逐渐升高的特点,表明劳动力规模提高对各省市新质生产力水平的提高具有促进作用且促进作用由西向东逐步增强;分时期来看,劳动力规模对新质生产力的影响作用在2013—2018年期间有明显的提升,而2018—2022年,大部分地区劳动力规模对新质生产力的影响作用总体保持稳定。

空间劳动力就业结构系数计算结果表明,劳动力就业结构对新质生产力同样存在正向的影响作用,且西部地区影响系数明显高于其他地区,表明劳动力就业结构的优化对西部地区新质生产力的促进作用大于其他地区;分时期来看,同样地,西部地区劳动力就业结构对新质生产力的影响系数在2008—2022年有明显的提高,2018—2022年,海南、广东、广西、福建、江西、湖北、四川、贵州等省份劳动力就业结构对新质生产力的影响作用明显提高。

空间劳动力质量系数计算结果表明,首先,大部分地区影响系数为正,表明劳动力质量提高对各省市新质生产力水平的提高具有促进作用;其次,2008—2022年,不同省份劳动力质量对新质生产力的影响系数有增有降,其中,西部和南部地区劳动力质量对新质生产力的影响系数明显提高,山河四省(山东、山西、河南、河北)及周边省市以及辽宁、吉林等地区劳动力质量对新质生产力的影响系数有所下降,表明提升劳动力质量对西部、南部地区的新质生产力水平的促进作用大于其他地区。

以上内容,验证了假设2的成立。

(四)基于半参数模型的劳动力要素与新质生产力关系再检验

为研究劳动力要素对新质生产力的回归系数是否随观测值的变化而变化,本文引入了半参数估计方法,并将空间滞后变量纳入回归模型,以劳动力规模、劳动力结构、劳动力质量、新质生产力空间滞后项为半参数变量的模型,分析不同劳动力要素对新质生产力的影响作用中的特点。模型结果如表10所示,图3为模型的半参数变量非参数部分的影响效应图。

表10　半参数回归估计结果

参数	系数估计值	标准误	t值	P值
(Intercept)	−16.124	2.49699	−6.457	2.93E−10***
control	12.536	0.90672	13.826	<2e-16***
ldlgm	2.929	0.28584	10.247	<2e-16***
ldljg	0.054	0.02675	2.026	4.34E−02*
ldlzl	0.259	0.02479	10.465	<2e-16***
wy	0.308	0.02241	13.746	<2e-16***
平滑效应项	有效自由度	参考自由度	F值	P值
s(ldlgm)	6.679	8	12.414	<2e-16***
s(ldljg)	4.952	8	1.164	0.0714.
s(ldlzl)	6.042	8	5.101	3.56E−07***
s(wy)	3.084	8	12.221	<2e-16***

注:*** 表示在0.1%的置信水平下显著,** 表示在1%的置信水平下显著,* 表示在5%的置信水平下显著,. 表示在10%的置信水平下显著。

模型估计结果显示,所有的半参数变量的估计结果都在90%的置信水平内显著,即劳动力规模、就业结构、劳动力质量及新质生产力空间滞后变量与新质生产力的关系均表现为非线性关系,模型的拟合优度为94.9%。

劳动力规模的参数部分估计系数为2.929,非参数部分的影响效应图显示,随着劳动力规模的增加,劳动力规模对新质生产力的影响呈现一定的波动性(下降—上升—下降—上升—下降),先后出现两个峰值,且第二个峰值明显高于第一个峰值,劳动力规模达到一定水平后,对新质生产力的作用呈现下降的特点。劳动力就业结构的参数部分估计值为0.054,非参数部分的影响效应图显示,就业结构对新质生产力的影响呈现"缓慢波动—上升—下降"的特点,高质量行业从业人数占比在较低水平(10—30区间)时,对新质生产力的影响波动较小;高质量行业从业人数占比在30—40区间时,高质量行业从业人数占比的增加对新质生产力的影响作用逐渐增强;随着高质量行业从业人数占比的进一步增加,对新质生产力的影响达到一定峰值后逐渐下降。劳动力质量的参数部分估计值为 0.256，非参数部分的影响效应图显示，劳动力质量在较低水平时，对新质生产力的作用呈现“加速上升－缓慢上升－快速上升”的特点，劳动力质量达到一定水平后，劳动力质量的提升对新质生产力的作用逐步下降。上述内容验证了假设 3 的成立。

新质生产力空间滞后变量的参数部分估计值为 0.308，表明新质生产力有正向的空间溢出效应，非参数部分的影响效应图显示，随着周边地区新质生产力水平的提升，对本地新质生产力的影响呈现“先下降后上升”的特点。新质生产力指数低于 30 时，随着新质生产力水平的提升，空间溢出作用逐渐减弱，当新质生产力水平高于 30 后，随着新质生产力水平的提升，地区间的空间溢出作用逐渐增强，表现为地区间的加速协同提升。

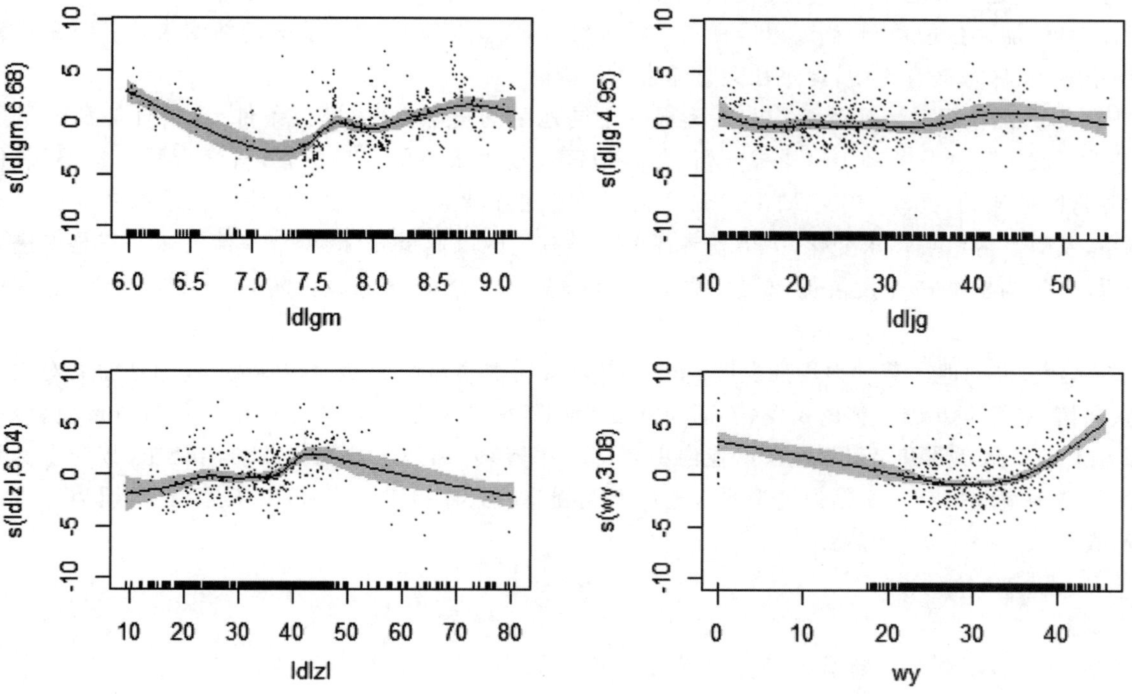

图 3　非参数变量对新质生产力的影响效应图

四、结论与建议

(一)主要结论

一是劳动力要素对新质生产力有显著的正向影响，即劳动力规模增加、就业结构优化和劳动力质量提升能有效促进新质生产力水平的提升。同时，新质生产力水平对周边地区存在正向的空间溢出作用。

二是高质量行业从业人数占比对周边地区的新质生产力水平存在负向影响，即本地区的高质量行业从业人数占比增加会降低周边地区的新质生产力水平，表明在推进新质生产力形成过程中，在不同地区的高质量人才之间存在竞争关系。

三是分地区看，由于东部地区经济发展水平较高，吸纳就业人员能力较强，人才加速聚集，东部地区劳动力规模提高对新质生产力的促进作用明显高于西部地区；模型结果还表明，劳动力就业结构的优化对西部地区新质生产力的促进作用大于其他地区，劳动力质量的提升对西部、南部地区的新质生产力水平的促进作用大于其他地区，进一步反映了区域人才失衡明显以及提升西部等欠发达地区的教育和高质量人才促进人才均衡发展的重要意义。

四是劳动力要素对新质生产力的影响作用是变化的，随着劳动力规模提升、就业结构优化、劳动力质量提升，对新质生产力的促进作用在达到一定峰值后会有所减弱。表明随着科技的进步和数字经济、AI 智能的飞速发展，面对人口老龄化进程加快、就业结构性矛盾突出等新形势，必须通过加速劳动力市场的变革，激发新的动能以推动新质生产力的发展。

(二)政策建议

1. 稳基础，保障充足劳动力供给。面对老龄化和低生育率导致未来劳动力供给缩减的社会趋势，首先，应进一步完善生育政策,加大育儿津贴和税收优惠的力度,切实减轻家庭生育养育教育负担,激发适龄家庭的生育意愿。其次,大力发展托育服务,增加公共托育机构的数量和质量,鼓励社会资本参与,为家庭提供多元化、高品质的托育选择,解除家庭的后顾之忧。再者,优化养老保障体系,提高养老保障水平,鼓励身体条件允许的老年人继续参与社会劳动,合理延长劳动力的有效供给时间。此外,在合法合规的前提下,适度放宽外籍劳动力入境工作的限制,精准吸引高素质的国际劳动力,以补充国内特定领域的劳动力需求。同时,打破户籍制度壁垒,消除劳动力流动的障碍,促进劳动力在城乡、地区之间的自由有序流动。

2. 重培育,加强劳动力素质培养。为提升劳动力素质,应重视劳动者培育。一是加大教育投入,按照国家政策指引,增加对基础教育、高等教育和职业教育的资金支持,改善教育设施,加强师资队伍建设,为培养高素质劳动力奠定坚实基础。二是优化教育课程,紧密结合新质生产力发展的需求和国家教育改革方向,调整课程设置,加强数理基础、创新思维和跨学科教育,培养适应新时代需求的创新型人才。三是推动教育公平,缩小城乡、区域教育差距,促进社会整体素质的提升。

3. 优结构,优化劳动力就业结构。一是根据不同地区的资源禀赋、区位条件、比较优势和经济发展水平,统筹兼顾城市发展与劳动力素质提升,优化各地区劳动力市场的合理配置,科学调整工资报酬,促进劳动力资源跨区域流动,推动大中小城市协调发展。二是加强就业监测与预测,建立精准高效的劳动力市场监测体系,及时掌握市场需求变化,为劳动者提供科学有效的就业指导,减少结构性失业。三是促进产教融合,引导教育机构根据产业发展需求灵活调整专业设置和人才培养方案,提高人才培养与市场需求的匹配度。

4. 促均衡,推动地区劳动力均衡发展。采取有力措施推动地区劳动力均衡发展,一是加大对中西部地区交通、通信、能源等基础设施的投资,贯彻国家区域协调发展战略,改善中西部地区的投资环境,吸引企业投资和人才流入。二是引导东部地区产业向中西部有序转移,加强区域间产业协同合作,带动中西部地区经济发展,增加就业机会。三是为到中西部地区就业创业的人才提供住房补贴、安家费、科研启动资金等优惠政策,吸引人才向中西部流动。

【参考文献】

[1] 杜传忠,疏爽,李泽浩. 新质生产力促进经济高质量发展的机制分析与实现路径[J]. 经济纵横,2023,(12):20—28.

[2] 樊成. 国际人才集聚对技术创新效率的影响及提升策略研究[D]. 南京信息工程大学,2023.

[3] 龚言. 高质量发展需要高素质的劳动者[J]. 中国工运,2021,(03):24.

[4] 郭振纲. 培育高素质劳动者队伍,夯实发展新质生产力人才基础[N]. 工人日报,2024—03—07(005).

[5] 韩喜平,马丽娟. 发展新质生产力与推动高质量发展[J]. 思想理论教育,2024,(04):4—11.

[6] 何志芳,赵洪进. 我国劳动力流动对产业结构高级化的影响研究[J]. 中国物价,2019,(09):36—38.

[7] 胡洪彬. 习近平总书记关于新质生产力重要论述的理论逻辑与实践进路[J]. 经济学家,2023,(12):16—25.

[8] 贾若祥,王继源,窦红涛. 以新质生产力推动区域高质量发展[J]. 改革,2024,(03):38—47.

[9] 姜永新. 高质量就业背景下提升劳动者技能的重要性[J]. 中国工运,2019,(07):30—32.

[10] 赖娅莉. 数字经济对高质量就业的影响研究[D]. 西南财经大学,2022.

[11] 令小雄,谢何源,妥亮,金喆威. 新质生产力的三重向度:时空向度、结构向度、科技向度[J]. 新疆师范大学学报(哲学社会科学版),2024,45(01):67—76.

[12] 刘鑫. 以高质量就业提升劳动者生活品质的思考[J]. 中国工运,2021,(04):35—37.

[13] 卢江,郭子昂,王煜萍. 新质生产力发展水平、区域差异与提升路径[J]. 重庆大学学报(社会科学版),1—16.

[14] 路鸣. 新技术革命下劳动力供需趋势研究——以辽宁省为例[J]. 统计与管理,2022,37(11):106—112.

[15] 任栋,崔雁冰. 高素质劳动力集聚对产业结构升级的影响效应[J]. 公共财政研究,2016,(02):52—59.

[16] 任栋. 劳动力流动视角下经济集聚与产业结构升级关系研究[D]. 山东大学,2015.

[17] 盛朝迅. 新质生产力的形成条件与培育路径[J]. 经济纵横,2024,(02):31—40.
[18] 石建勋,徐玲. 加快形成新质生产力的重大战略意义及实现路径研究[J]. 财经问题研究,2024,(01):3—12.
[19] 孙丽伟,郭俊华. 新质生产力评价指标体系构建与实证测度[J]. 统计与决策,2024,40(09):5—11.
[20] 孙莹,宋大鹏. 多措并举促进劳动者高质量充分就业[N]. 四平日报,2023—12—01(001).
[21] 王珏,王荣基. 新质生产力:指标构建与时空演进[J]. 西安财经大学学报,2024,37(01):31—47.
[22] 肖祎平. 中国就业质量的影响因素研究[D]. 武汉大学,2019.
[23] 徐政,张姣玉. 新质生产力中的劳动者变革问题[J]. 理论探索,2024,(02):94—100.
[24] 杨伟国,袁可. 推动实现大龄劳动者高质量充分就业路径研究[J]. 新视野,2024,(02):42—51.
[25] 姚树洁,张小倩. 新质生产力的时代内涵、战略价值与实现路径[J]. 重庆大学学报(社会科学版),2024,30(01):112—128.
[26] 张夏恒,刘彩霞. 数据要素推进新质生产力实现的内在机制与路径研究[J]. 产业经济评论,1—21.
[27] 周绍东,胡华杰. 成熟的国内大市场和高质量劳动力是新质生产力的量变基础和关键要素[J]. 海派经济学,2023,21(04):243—244.
[28] 周文,何雨晴. 新质生产力:中国式现代化的新动能与新路径[J]. 财经问题研究,2024,(04):3—15.

基于多模态数据的粮食单产估算方法研究

国家统计局江苏调查总队　李　仕　石荣杰　任志远

摘　要

粮食安全是国家经济社会稳定与发展的基石。小麦作为我国主要粮食作物,其产量的精确估算对于保障国家粮食安全、指导农业生产和优化种植结构具有重要意义。江苏是我国小麦主产省,准确估算江苏小麦产量对于把握全国粮食生产形势具有重要意义。从粮食统计调查现状看,当前的调查方法还存在周期长、工作量大、易受干扰等不足,迫切需要更高效精准的单产估算方法。

本研究创新提出一种基于多模态数据融合的小麦产量估算方法,该方法充分发挥多模态数据在单产估算中的融合作用,综合实测产量数据、遥感影像数据及气象要素数据,构建地块因子、遥感因子及气象因子指标集,以全面考量地理环境、作物长势、气象条件等因素对产量的影响。在模型构建上,采用先进的机器学习算法,进行特征子集选取与优化,并构建融合多种机器学习模型的集成机器学习方案,实现对小麦产量的高精度估算。研究表明,通过多模态数据的深度融合与全方面筛选特征值,利用随机森林模型及其进一步集成算法,小麦单产估算相对误差仅为6.5%。估算精度与现行粮食产量抽样调查方法相媲美,相较于现行的实地人工测产方式,减少了大量人力财力支出,在全域覆盖和精准估算方面有一定的优势,为政府统计中粮食产量调查及数据质量优化提供了新方案。

基于多模态数据,本研究数据质量显著提升,为后续构建实时数据监测与反馈机制提供了强大支撑。此外,通过提升面向小域范围的产量估计能力,区域农业管理将更加精准高效,助力优化农业布局及资源调配。随着多模态数据源的进一步丰富、处理技术迭代升级,本研究成果有望在更广泛的粮食生产场景中得到应用,为粮食安全的保障及农业生产的可持续发展贡献重要力量。

关键词:产量估计;多模态数据;集成学习;随机森林

一、引言

(一)研究背景

"民以食为天,国以粮为本"。粮食作为一项特殊商品,不仅具有经济属性,也具有很强的政治属性、社会属性。从微观层面看,粮食生产是农民收入的重要来源,从宏观层面看,粮食安全关系国家经济发展、社会稳定大局,是关系国计民生的重大战略性问题之一。小麦作为我国的主要粮食作物,准确的产量估算对于维护国家粮食安全和农业生产决策具有重要意义。江苏是我国十三个粮食主产省之一,小麦播种面积占全国10%以上,准确估算江苏小麦产量对于把握全国粮食生产形势具有重要意义。

从粮食统计调查现状看,粮食作物单产依然主要依靠抽样调查与实地测产来获取,难以满足新形势下统计工作要求。突出表现在:一是现场调查流程多、调查周期长、时效性不高;二是实地调查工作量大,需要耗费大量人力物力;三是容易受到人为因素干扰,且缺乏行之有效的监督手段;四是评估确定各地粮食单产水平时缺乏更宏观全面的数据依据。如何运用新理论、新技术、新方法实现快速准确的粮食单产估计,是当前及今后一个时期内粮食统计面临的重大课题,也是推进农业统计现代化改革的必然方向。

随着遥感技术的快速发展,遥感传感器、信号传输、数据处理算法等不断更新,遥感应用领域不断扩大,并在常态化的粮食面积统计中发挥了重要作用,也为开展粮食单产水平监测提供了全新视角。当前,依托遥感影像数据以及光谱分析等技术开展作物长势监测已得到较为普遍应用,也为开展产量估算提供了重要技术支撑。因此,本研究旨在基于大量的实地测产数据基础上,充分利用卫星遥感影像数据、气象要素数据、对地调查矢量数据等多模态数据,结合机器学习模型,以江苏为研究区开展小麦单产估计模型的研究探索，为实现粮食作物单产快速准确估算提供方法依据，也为推动统计方法制度改革提供经验参考。

(二)文献综述

1. 基于遥感信息对作物长势监测的研究

遥感技术作为一种非接触式、大范围、快速获取地表信息的技术手段，在农业领域应用广泛。其通过卫星、无人机等平台搭载的光学、热红外、微波等多种传感器，能够实时监测作物的生长状况、土壤湿度、植被覆盖等信息，为作物长势监测提供强有力的支持。宋晓宇等(2009)通过卫星遥感数据获取大范围地块谱信息，结合 Quickbird 卫星遥感影像数据，利用冬小麦在不同施肥处理时的光谱差异，研究小麦长势及品质的变异情况。Chen 等(2024)利用卫星、无人机等数据，通过建立支持向量回归、BP 神经网络、多元线性回归等模型，开展稻纵卷叶螟危害下水稻长势遥感监测，可实现对受灾水稻的大范围、高精度监测。Sharabian 等(2013)通过研究多光谱反射率，选择正确的波长和带宽，利用植被指数对冬小麦早期生理变化评估有一定作用。钱永兰等(2012)通过 SPOT-VGT 数据计算多年旬平均归一化植被指数和增强型植被指数，估计了印度水稻与美国玉米长势和单产趋势，得到的长势状况与实际基本一致。张莎等(2021)利用时序植指数数据反映冬小麦生长的光谱特征。安秦等(2018)基于玉米不同生长期的 RVI 植被指数与实际产量进行优化组合，建立了基于遥感 RVI 的玉米估产模型。李艳等(2019)结合 S-G 滤波和 Logistic 函数拟合提出了一种改进的最大值合成法，重构了研究区域的夏玉米生长曲线，对夏玉米物候期的遥感监测进行了研究。王鹏新等(2022)利用光合有效辐射吸收比率和叶面积指数等生物物理参数用于作物长势及产量估测。吴妍潼(2022)研究建立了统一于贝叶斯概率框架下的不同分辨率的区域冬小麦单产估测技术流程。Ma 等(2023)基于无人机多光谱影像等数据，对夏玉米综合长势进行建模预测分析，基于 SSA－KELM 构建模型对于玉米长势监测有较好效果。

2. 机器学习在产量数据估算中的研究

机器学习技术以其强大的数据处理能力和模型构建能力著称，能有效提高遥感影像的处理效率和产量预测的精度，在作物产量预测中展现出了巨大的潜力。倪子凡(2023)通过采用主成分分析算法和基于粒子群优化算法的长短期记忆循环神经网络构建水稻产量预测模型，证明神经网络可以很好地处理水稻产量数据预测。邬粒等(2023)使用非线性模型拟合粮食产量与相关指标间函数关系，通高斯过程回归模型进行组合预测，模型具有良好的拟合效果和泛化能力。陈上等(2017)结合作物模型、遥感植被指数、干旱指数、气象等多源数据，构建基于机器学习算法的玉米动态产量预测。刘峻明等(2019)通过随机森林算法，结合地面观测气象数据与冬小麦单产数据，得出空间特征在随机森林产量预测模型中有重要作用。费帅鹏等(2021)基于 Stacking 算法的集成学习模型构建的冬小麦单产估算模型，估算河南省新乡基地的冬小麦单产取得较高预测精度。孙少杰等(2022)从县级产量预测角度出发，结合卷积神经网络和反向传播神经网络技术提出了冬小麦县级产量预测方法，可以实现县级尺度冬小麦产量预测。Wang 等(2018)使用深度学习方法对巴西的大豆进行估产，发现深度学习方法在遥感数据分析中具有极大的应用潜力。Chlingaryan(2018)和 Elavarasan(2018)利用随机森林模型开展农作物产量估算，估算效果均优于支持向量机、反向传播神经网络等算法。

综上所述，随着遥感技术的不断进步和机器学习算法的日益成熟，多模态数据与机器学习在产量预测中的应用日益广泛。学者们探索了多模态数据融合技术在产量预测中的应用，通过结合多模态数据的优势，提高了产量估算的精度和可靠性。但当前研究仍存在一些不足。例如，普遍难以获得大量对小麦实测的微观数据，限制了模型的训练和优化；集成学习、图学习器等新技术在农业领域的应用还稍显不足，有待进一步探索和应用。针对上述不足，本研究旨在进一步推进多模态数据在小麦单产估算中的应用，并结合新一代机器学习技术，提高估算精度和可靠性。本文将基于多模态数据，包括遥感影像、气象数据、土壤数据等，融合多种机器学习算法，构建小麦产量估算模型。结合国家统计局对地调查样本点的小麦产量实测数据，对模型进行训练和验证，确保模型的准确性和可靠性。

(三)研究亮点及技术路线

1. 研究亮点

第一，多模态数据融合。本研究创新性地将卫星遥感影像数据、地面实测产量数据、气象要素数据、对地调查矢量数据等多模态数据源进行有效融合，构建了全面反映小麦生长环境、气象条件以及小麦长势的综合指标体系。这种数据融合方法不仅提高了数据的丰富性和准确性,还为后续的单产估算提供了更为全面、深入的信息基础。

第二,先进机器学习算法应用。采用随机森林、XGBoost 等先进的集成学习算法进行特征优化与选择,构建了高效、准确的小麦单产估算模型,并使用图学习器对多种方法进行集成。这些算法在处理复杂数据关系、提高估算精度和稳定性方面表现出色,为精准农业的发展提供了有力的技术支持。

第三,高精度估算结果。通过实验验证,本研究提出的方法在小麦单产估算上取得了显著成果,估算精度显著提升。为农业生产提供了更为可靠、及时的决策支持,有助于优化资源配置、提高农业生产效率。

2. 技术路线(见图 1)

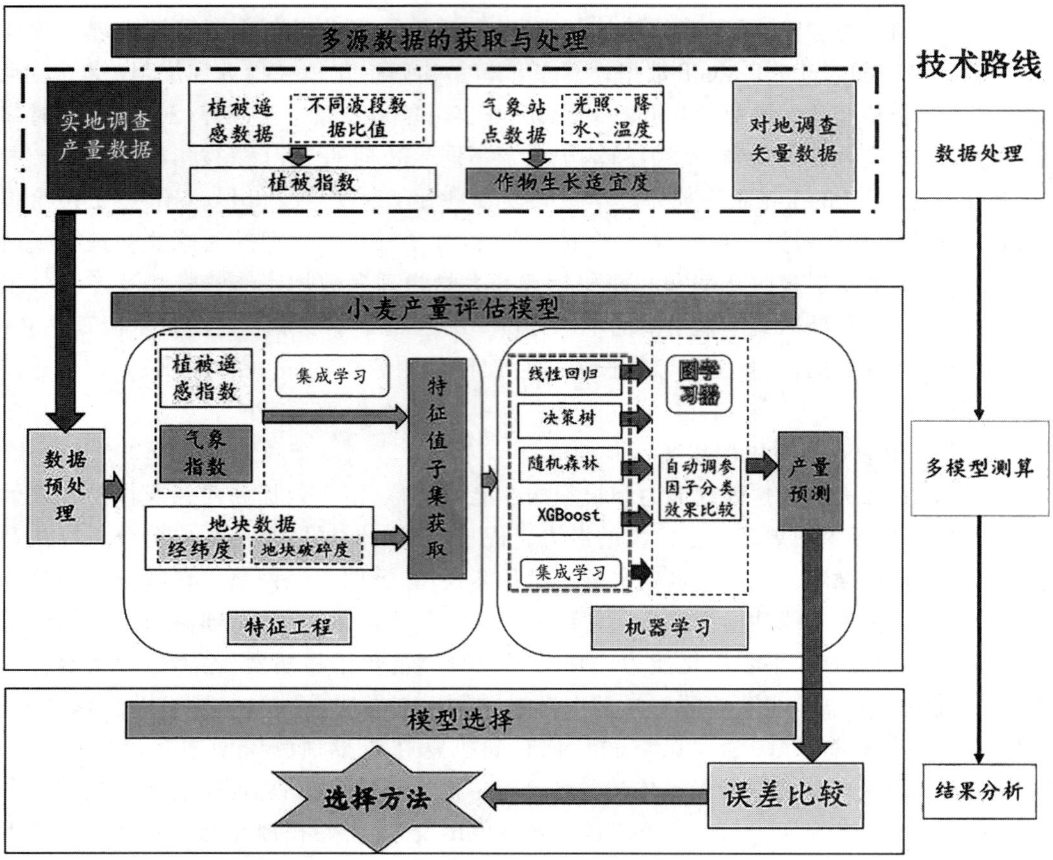

图 1　小麦单产估算方法研究技术路线

第一步,数据收集与预处理。本研究收集了涵盖实测产量数据、对地调查矢量数据、卫星遥感影像数据以及气象要素数据等多模态数据,经过预处理,构建地块因子、气象因子及遥感因子指标集。

第二步,进行目标变量分析与特征选择。运用多种机器学习模型识别特征值的重要度,选取对小麦单产具有显著影响的特征变量。剔除冗余和噪声数据,优化特征集,提升估算模型的精度和效率。

第三步,模型构建与训练。选取多种具有代表性的机器学习模型作为基准,包括广义线性模型、决策树模型和随机森林模型。利用图学习器的集成优势,构建了基于随机森林和 XGBoost 的"二集成学习模型",以及融合四种基准模型的"四集成复合机器学习模型",经交叉验证和模型调优,确定最优模型参数和特征组合。

第四步,结果验证与分析。通过对比多种模型配置下的估算结果误差,发现在"四集成机器学习算法"框架下,使用全部特征指标的多模态数据,获得最好估算结果。

二、多模态数据获取与处理

(一)多模态数据获取

作物单产主要受土壤地力条件、气象条件、作物品种等多种因素影响。据此,本研究主要收集了传统统计数据中的江苏省实测产量数据、对地调查矢量数据、遥感影像数据、气象要素数据等多模态数据。对地调查矢量数据主要用于获取地块经纬度及地块破碎度，间接反映土壤空间差异性及土地耕作条件。气象数据主要用于反映小麦生长周期内的气象条件适宜程度。遥感影像数据主要用于计算不同生长期作物光谱指数，反映在不同时点作物长势，也在一定程度上体现种子、管理水平等对作物单产影响。

1. 对地调查矢量数据

根据国家统计局相关制度要求，江苏按照以县为总体的原则，采用满足多主题调查需要的两阶段不等概率系统抽样方式，全省抽选 1280 个遥感对地调查样本村，每个村随机抽取 3 个调查样方（200 米 * 200 米）。基于亚米级遥感影像底图完成调查样方地块勾画，然后开展现场野外调查，确定每个地块作物属性。本研究获取了 2023 年江苏省遥感对地调查矢量数据，提取每个地块的经纬度坐标位置、作物属性及其面积。

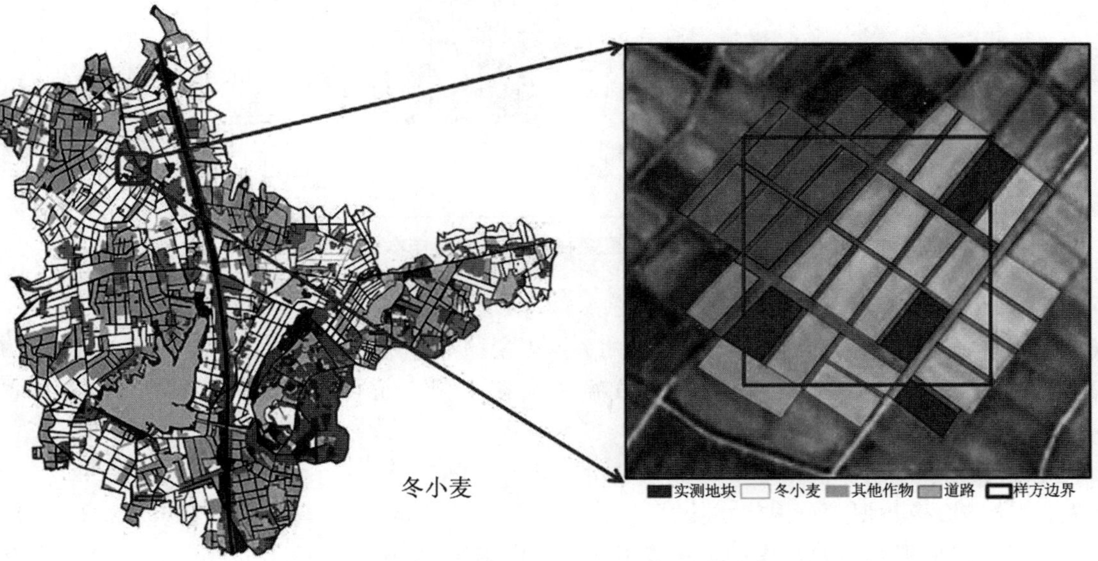

图 2　江苏省南京市乌石社区对地调查地块分布图

根据样方内小麦地块面积及数量计算地块破碎度，具体计算方法：

$$Fn = \frac{(N-1)\, a_{\min}}{A} \tag{1}$$

其中，Fn 为地块破碎度，其值介于 0 到 1 之间，0 代表完全没有破碎，而 1 代表完全破碎。$a_{\min}$ 是样方内小麦地块最小面积，A 是样方内小麦总面积，N 是样方内小麦地块数。

2. 实测产量数据

在 1280 个遥感对地调查样本村中，按照小麦摸底产量排序，扩展面积累计，随机起点，等距抽样的方法，抽选了 767 个小麦测产村。小麦收获时，在测产村 3 个样方中，开展踏田估产，然后按估产水平降序排队，在播种面积累计的基础上，采用随机起点等距抽取 5 个自然地块。每个地块采用梅花放样方法放置 5 个小样本，每个小样本面积 10 平方市尺。地块内 5 个小样本收割后，经过脱粒、晾晒、测水分等过程，最终计算得到该地块单产。

本研究获取了江苏省 2023 年小麦实测产量数据，为保持与遥感数据尺度上匹配，将同一样方内的地块单产均值作为该样方平均单产，共计 1661 个样方单产数据。实测产量数据在地域分布上平衡性较好，苏南实测数据占 18.4%，苏中占 23.8%，苏北占 57.8%，与江苏种植结构一致。

3. 遥感影像数据

为了确保全省农田的全覆盖，综合卫星空间分辨率和重返周期，本文采用 MODIS 卫星的 MOD13Q1 数据集作为数据源。该数据集是采用 Sinusoidal 投影方式的 3 级网格数据产品，包含 12 个波段，空间分辨率 250 米，每 16 天提供一次。该数据集采用 Walthal BRDF 模型进行了处理，自带质量评价波段。本研究获取了自 2022 年 11 月 1 日至 2023 年 5 月 26 日共计 13 期数据 MOD13Q1 数据集，覆盖小麦生长的全部生育期。

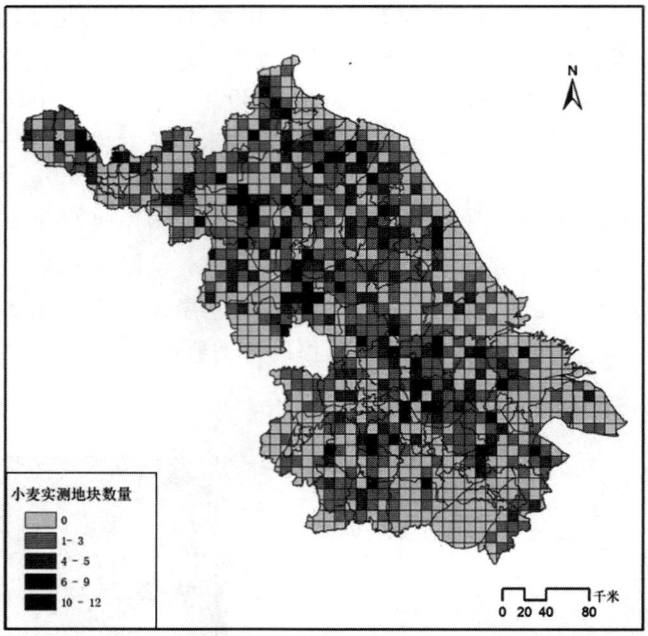

图3　10 * 10公里网格内小麦实测样本分布密度图

4. 气象要素数据

气象条件是影响作物生长发育和产量形成的关键因素。本研究收集了自2022年11月1日至2023年5月31日江苏省69个基本气象观测站点逐日平均气温、平均降水、平均光照时长数据,资料来自于江苏省气象局。

(二)多模态数据处理

1. 遥感植被指数计算

首先,对遥感影像数据进行图像拼接、重投影、重采样、波段运算等操作,得到研究区时间序列植被指数数据。植被指数优先提取与光合作用及环境因素相关的指数,主要包括由不同波段的反射率计算得到的归一化植被指数(NDVI)、增强植被指数(EVI)、土壤调整植被指数(SAVI)、差值植被指数(DVI)、比值植被指数(RVI)。其中,NDVI、EVI直接从MOD13Q1数据集提取,DVI、RVI、SAVI指数分别利用MOD13Q1数据的红色(R)、蓝色(B)、近红外(N)波段值进行计算。具体植被指数计算方法如表1所示。

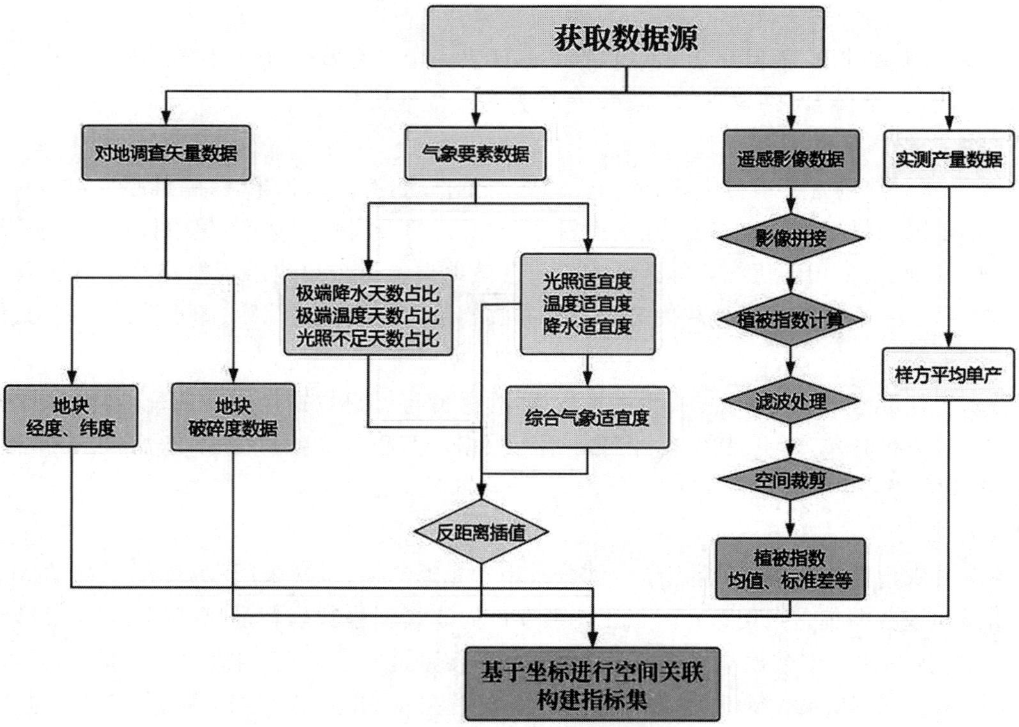

图4　多模态数据处理流程图

表 1　遥感植被指数计算方法

植被指数	计算公式	选择依据
归一化植被指数 NDVI	(N－R)/(N＋R)	反映植被健康情况及长势。
增强植被指数 EVI	2.5(N－R)/(N＋6R－7.5B＋1)	有较强的抗大气干扰能力。
土壤调整植被指数 SAVI	1.5(N－R)/(N＋R＋0.5)	消除土壤背景的影响。
差值植被指数 DVI	N－R	土壤背景变化比较敏感，随生物量的增加而迅速增大。
比值植被指数 RVI	N/R	绿色植物的灵敏指示参数。

为消除云、雨、大气对数据的影响，采用 Savitzky-Golay 滤波器逐像素重建研究区的植被指数时间序列数。滤波使用的二项式拟合次数为 2，拟合滑动半窗口为 5，滤波后得到的植被指数变化平稳，显著改善了原始数据的质量问题。对多期植被指数进行空间裁剪，获得小麦种植区全过程遥感植被指数，并计算各植被指数均值、最大值、标准差、变化率、最大值时间等作为特征数据。

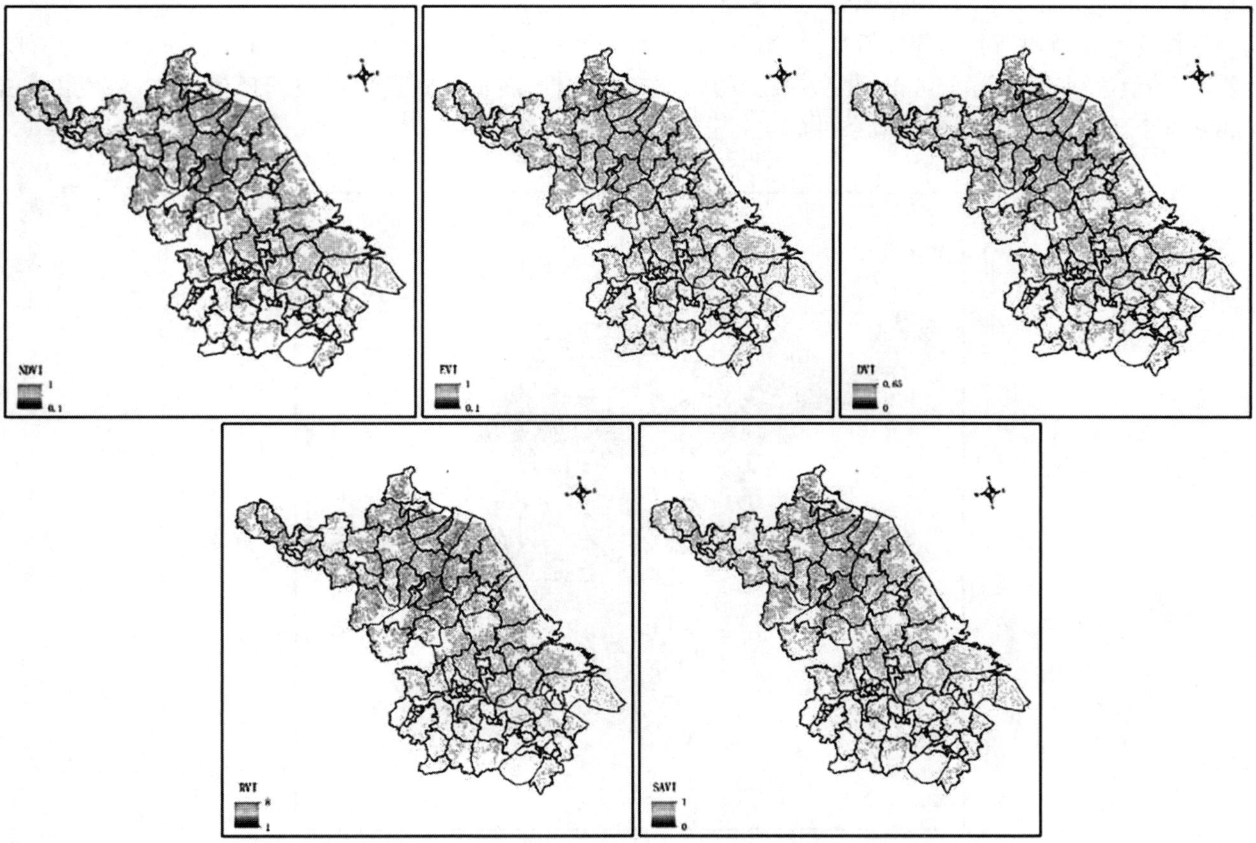

图 5　NDVI、EVI、DVI、SAVI、RVI 指数示意图(2023 年 4 月 7 日—2023 年 4 月 22 日)

2. 气象适宜度计算

首先，为确保数据的完整性，本文对气象数据进行清洗筛选，对缺失数据进行邻近区域值代替。同时计算不同时期极端温度、极端降水、光照不足天数占比。

其次，利用小麦生育期内气温、日照时数、降水量，从江苏省小麦生长发育的上限温度、最适温度、下限温度、需水量、需光性等生物学特性出发，计算不同生育阶段的温度适宜度、降水适宜度、日照适宜度。

温度适宜度计算方法：

$$s_t = [(T - T_1)(T_2 - T)^B] / [(T_0 - T_1)(T_2 - T_0)^B] \tag{2}$$

$$B = (T_2 - T_0) / (T_0 - T_1) \tag{3}$$

其中，s_t 表示温度为 T 时适宜度，T_0 是生长发育的最适宜温度，T_1、T_2 分别为作物发育的生理下限温度和上限温度。

日照适宜度计算方法：

$$s_s = \begin{cases} e^{-\left[\frac{s-s_0}{b}\right]^2}, & s < s_0 \\ 1, & s \geqslant s_0 \end{cases} \tag{4}$$

其中，s_s 表示日照时数适宜度，s 为实际日照时数，s_0 为日照百分率为70%的日照时数；b 为经验常数，随发育期变化而变化。

降水适宜度计算方法：

$$s_p = \begin{cases} p/p_0, & p < p_0 \\ p_0/p, & p > p_0 \end{cases} \tag{5}$$

其中，s_p 表示降水适宜度，p_0 为作物生理需水量，p 为降水量。

随后，将三者进行综合，得到综合气象适宜度。综合气象适宜度的计算方法：

$$s = \sqrt[3]{s_t \cdot s_p \cdot s_s} \tag{6}$$

其中，S 为综合气象适宜度，s_t、s_p、s_s 分别为温度适宜度、降水适宜度和日照适宜度。图6展示了江苏2023年4月7日至22日的气象综合适宜度。

将作物生长周期划分为前中后期，计算各期内温度适宜度、降水适宜度、日照适宜度、综合适宜度的最大值、最小值、均值等指标。考虑到气象数据的时空变化特性，我们通过反距离空间插值方法，将气象数据扩展到整个研究区域，以反映气象条件的空间分布特征。

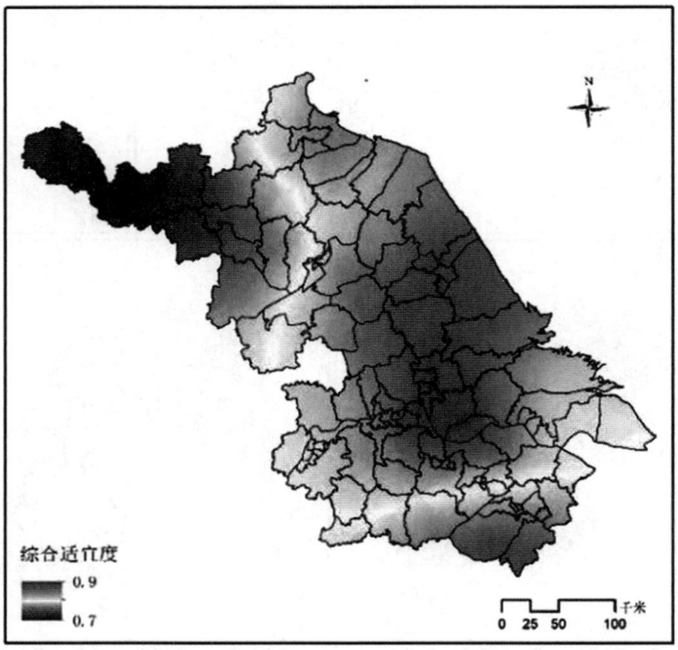

图6 气象综合适宜度(2023年4月7日—2023年4月22日)

三、单产评估模型构建与实证

(一)特征值工程

经过大量多模态数据的预处理，构建了覆盖小麦生长全过程的指标集，涵盖地块因子、气象条件、遥感监测三大指标类型的59个具体特征值。具体来看，气象因子指标集，它包含了小麦作物生长前期、中期、后期的气温、降水、光照的适宜度、不适宜天数的占比等；而遥感因子指标集中，包含了多项作物生长指数的均值、最大值、变化率等数据；地块因子指标集中，主要包括地块破碎度、经度、纬度。

表 2 主要特征值指标的基础指标

指标类型	特征值名称	频次
目标变量	实测产量	—
地块因子	地块破碎度、地块经度、纬度	—
遥感因子	NDVI、EVI、DVI、SAVI、RVI 及各植被指数均值、最大值、标准差、变化率、最大值时间等	1 次/16 日
气象因子	温度适宜度、降水适宜度、光照适宜度、综合适宜度、不适宜气象天数占比	1 次/日

对所有特征值的相关性分析发现，在初始特征值中，部分特征值之间存在强相关关系。为避免冗余信息干扰估算模型的准确性，通过特征值工程筛选出最具代表性、相互独立的特征子集，提升模型的学习效率与估算精度，优化模型性能，增强模型的可解释性(见图 7)。

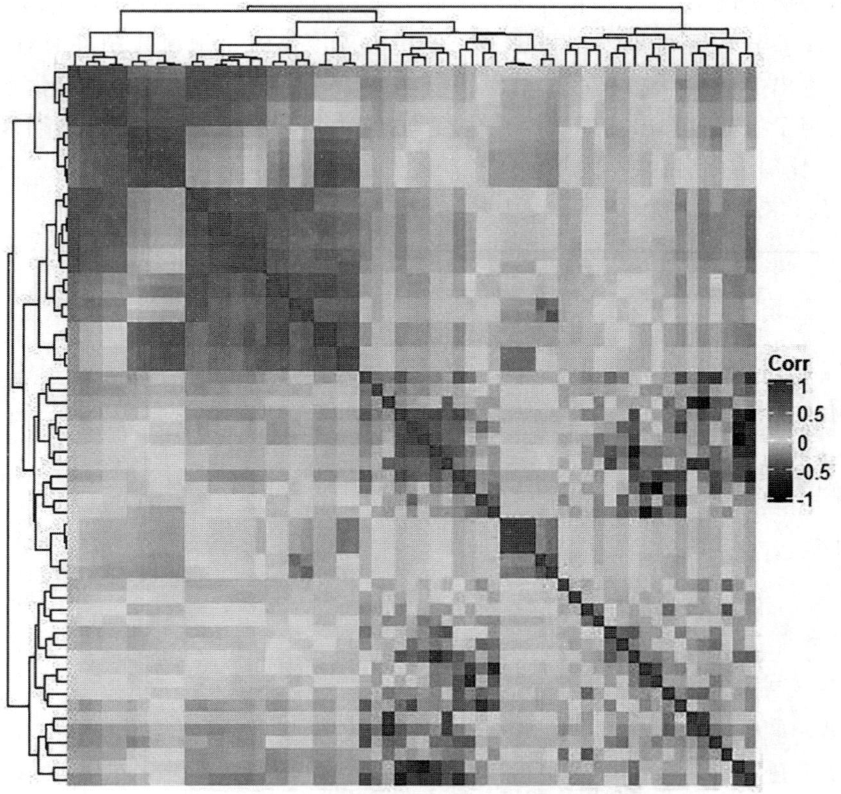

图 7 主要特征指标的相关情况分布聚类热力图

为了充分整合多模态数据并提升小麦产量估算的精确性，利用集成学习的强大能力，通过决策树、随机森林、XGBoost 等多种算法，对气象因子和遥感因子分别进行特征值选取。从每个模态中筛选出最具代表性的特征，为后续的全因子建模奠定坚实基础。地块因子由于包含的主要指标较少，全部作为特征值。将上述因子特征进行合并，构建包含全面信息的全因子数据集(见表 3)。

表 3 遥感因子特征指标重要度(经归一化)情况表

序号	随机森林		XGBoost	
	变量	重要度	变量	重要度
1	EVI 最大值	1.000	DVI 最大值	1.000
2	DVI 最大值	0.842	DVI 均值	0.742
3	RVI 均值	0.735	NDVI 变化率	0.598
4	NDVI 标准差	0.522	DVI 标准差	0.536
5	RVI 最大值	0.522	NDVI 标准差	0.534
…	…	…	…	…

表4 气象因子特征指标重要度(经归一化)情况表

序号	随机森林		XGBoost	
	变量	重要度	变量	重要度
1	中期整体适宜度	1.000	后期极端降水天数占比	1.000
2	前期温度适宜度	0.998	中期光照不足天数占比	0.649
3	中期光照适宜度	0.830	中期光照适宜度	0.189
4	前期极端温度天数占比	0.787	早期极端温度天数占比	0.166
5	中期极端降水天数占比	0.725	早期温度适宜度	0.162
…	…	…	…	…

经过特征工程,我们选取了15个指标作为特征值。第一,地块因子指标。经度、纬度代表地块的地理位置,间接反映土壤空间差异性等对小麦产量影响。地块破碎度反映土地耕作条件对种植管理的影响。第二,遥感因子指标。选出DVI最大值、DVI均值、DVI方差、NDVI标准差、NVDI变化率,用于反映植被生长情况。第三,气象因子指标。选出初期气温适宜度均值、中期光照适宜度均值、中期极端降水天数占比、前期极端温度天数占比等指标,反映小麦不同生长阶段气象条件影响程度(见表5)。

表5 特征值分布情况表

指标名称	指标类型	均值	标准差	最小值	最大值
经度	地块因子	119.39	0.98	116.41	121.78
纬度		33.15	0.99	30.91	34.98
地块破碎度		0.22	0.17	0.00	0.86
DVI最大值	遥感因子	0.59	0.12	0.21	1.00
DVI均值		0.37	0.08	0.12	0.61
NVDI变化率		4.25	1.11	1.21	9.95
DVI标准差		0.15	0.05	0.04	0.32
NDVI标准差		0.16	0.05	0.05	0.34
中期综合适宜度均值	气象因子	0.71	0.05	0.55	0.84
初期气温适宜度均值		0.81	0.05	0.67	0.89
中期光照适宜度均值		0.66	0.07	0.38	0.78
后期降水适宜度		0.87	0.12	0.24	0.99
中期极端降水天数占比		0.31	0.07	0.15	0.59
前期极端温度天数占比		0.11	0.05	0.03	0.27

(二)单产估算模型

1. 广义线性回归模型

线性回归是指利用回归方程定量的解释因变量与自变量之间的线性依存关系,其模型的基本形式:

$$\hat{y}=ATX+b \tag{7}$$

其中,$\hat{y}$ 是小麦单产估算值,X 为描述维度的空间向量,A 为所求系数的行向量,b 为截距,T 代表数据集中目标变量的行向量。

2. 决策树回归

决策树回归就是通过寻找样本中最佳的特征以及特征值作为最佳分割点,构建一棵二叉树。对训练样本的区间分割,最终区域的样本均值即为估算值。在估算的时候,将会根据提供的样本特征,来遍历二叉树,匹配到最优叶子节点的值,获取小麦单产的估算值。

3. 随机森林模型

随机森林通过构建多个决策树并将它们的估算结果进行汇总来提高模型的准确性和稳定性。随机森林在训练过程中会随机选择部分样本和特征子集来构建每一棵决策树，以此减少模型的方差，并增强其泛化能力。随机森林通过计算所有决策树估算结果的平均值来得到小麦单产的估算值。其数学表达式如下：

$$\hat{y}=\frac{1}{M}\sum_{m=1}^{M}f_m(x) \tag{8}$$

其中，是 $\hat{y}$ 是小麦单产估算值，M 是决策树的总数，$f_m(x)$ 是第 m 棵决策树对 x 的估算结果。

4. XGBoost 模型

XGBoost 是一种优化的梯度提升框架，它通过迭代地添加弱学习器来优化目标函数，提升模型的估算性能。XGBoost 在目标函数中引入了正则化项以控制模型的复杂度，防止过拟合，它采用了二阶泰勒展开来近似损失函数，使得优化过程更加高效。XGBoost 的目标函数可以表示为：

$$\hat{y}=\sum_{t=1}^{n}l(y_i,\hat{y}_i^{(t)})+\sum_{k=1}^{t}\Omega(f_k) \tag{9}$$

其中，$\hat{y}$ 是小麦单产估算值，$l(y_i,\hat{y}_i^{(t)})$ 是第 i 个样本在第 t 轮迭代的损失函数，$\Omega(f_k)$ 是第 k 棵树的正则化项。正则化项通常包括叶子节点的数量和叶子节点权重的 L2 范数，具体形式为：

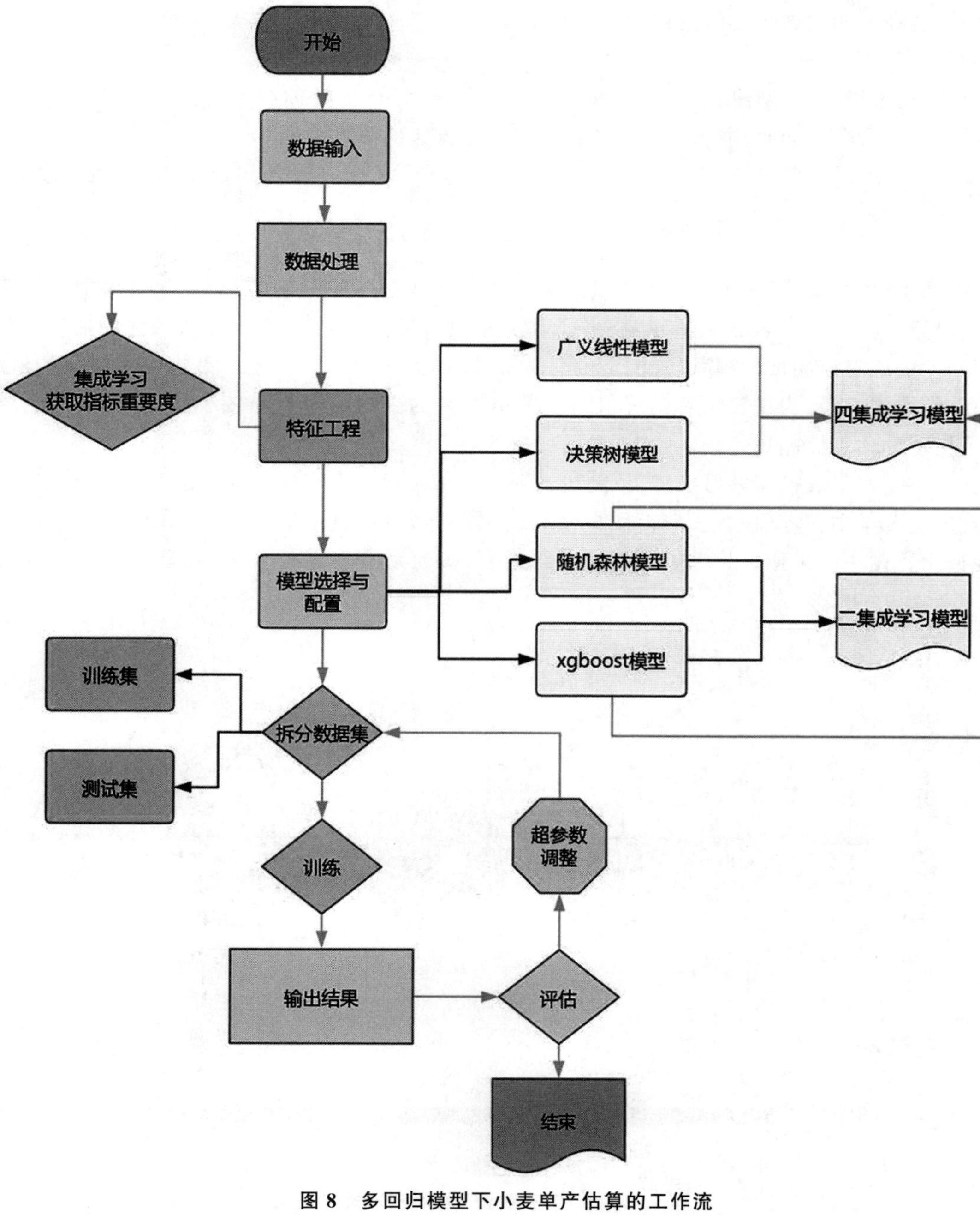

图 8　多回归模型下小麦单产估算的工作流

$$\Omega(f) = \gamma T + \frac{1}{2}\lambda \sum_{j=1}^{T} w_j^2 \tag{10}$$

其中,T 是叶子节点的数量,w_j 是第 j 个叶子节点的权重,γ 和 λ 是正则化项的系数。

(三)单产估算实证与分析

1. 单产估算方法

(1)构建工作流。采用工作流的模式,结合图论与机器学习的优势,通过构建数据间的图结构来捕捉复杂关系。每个节点代表数据处理、特征工程、学习器选择或数据操作的一个步骤,实现从数据输入到估算输出的无缝集成,简化数据处理流程,优化提高模型的估算精度和泛化能力。

(2)集成学习方法。利用图学习器开展了多种方法的估算研究。首先,选择广义线性模型、决策树模型、随机森林模型和 XGBoost 作为基准模型,代表不同的学习策略和假设空间。随后,使用集成学习的方法,构建了基于随机森林和 XGBoost 的"二集成学习"模型,以及综合四种基准模型的"四集成学习"模型,通过模型的多样性和互补性来提升估算的准确性和稳定性。

(3)超参数调整。在模型训练过程中,对机器学习的关键参数进行超参数调整。尝试使用自动超参数调优对结果进行校正。通过实施严格的评估策略,采用外层 4 折交叉验证结合内层 5 次循环的超参数调优方式,以确保模型在不同数据集上的泛化能力和稳定性。

2. 估算性能评价

本研究将平均绝对误差(Mean Absolute Error, MAE)作为评价指标和十折交叉验证(10-Fold Cross-Validation)作为评估方法,全面、准确地评价各种机器学习方法的估算性能。

MAE 能够直接反映估算值与实际值之间的平均绝对差异,MAE 平均绝对误差的计算公式为式(11):

$$MAE = \frac{1}{n}\sum_{i=1}^{n} |(y_i - \hat{y}_i)| \tag{11}$$

其中,y_i 表示第 i 个观测点的实际小麦单产值。$\hat{y}_i$ 表示第 i 个观测点通过机器学习模型估算的小麦单产值。n 表示观测点的总数。$y_i - \hat{y}_i$ 表示第 i 个观测点的估算残差,即实际值与估算值之间的差。将所有观测点的预测残差的绝对值相加,并除以观测点的总数 n,以得到平均绝对误差。平均绝对误差的值越小,表示模型的估算性能越好,因为这意味着估算值与实际值之间的平均绝对差异较小。相反,平均绝对误差的值越大,表示模型的估算性能越差。

图 9 展示了在"四集成机器学习模型"下随机选取一次结果的小麦产量估算结果残差分布情况。从图中可以发现,残差主要集中在零值附近,残差图中没有明显的异常值,且估算值与实际值之间的一致性较高,能够较好地捕捉数据中的规律。从散点图的拟合线来看,拟合线基本保持水平,残差散点随机分布在零值

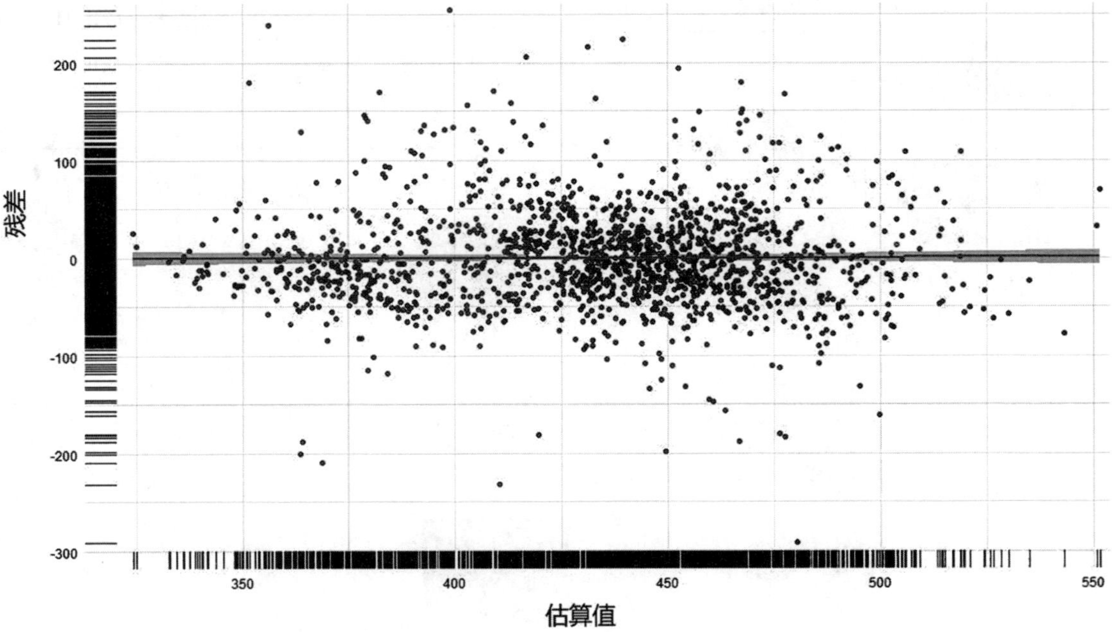

图 9 小麦产量估算结果残差分布情况

线周围，模型的估算是均匀的，没有受到估算预测值大小的影响。

为了进一步提升评估的准确性，本文采用了十折交叉验证的方法。十折交叉验证将数据集分成十份，每次选择其中九份作为训练集，剩余的一份作为测试集，进行十次训练和测试，并计算十次测试的平均性能指标，以减少因数据划分方式不同而引入的偏差，提高评估结果的稳定性和可靠性。

3. 结果分析

(1)随机森林模型可较好的实现产量估算。从图 10 可以看出，随机森林模型在多个迭代中均表现出了良好的估算能力，估算相对误差保持在相对较低的水平，约为 6.5%，高于广义线性模型(8.5%)、决策树模型(7.6%)，略高于 XGBoost 模型(7.1%)。由于随机森林具有处理复杂非线性关系、防止过拟合等优势，基于多重模型堆叠法构成的新集成学习器的效果与随机森林模型基本一致。

(2)特征工程在降低模型平均相对误差中发挥了重要的作用。从图 10 中可以发现，除“广义线性回归模型”外，特征工程对于其他所有机器学习的效果都有提升作用，相对误差分别下降 0.1 至 1.4 个百分点不等，尤其是针对“四集成学习”，其提升效果最为显著。同时特征工程可以提升程序的执行效率，减少计算资源的占用。

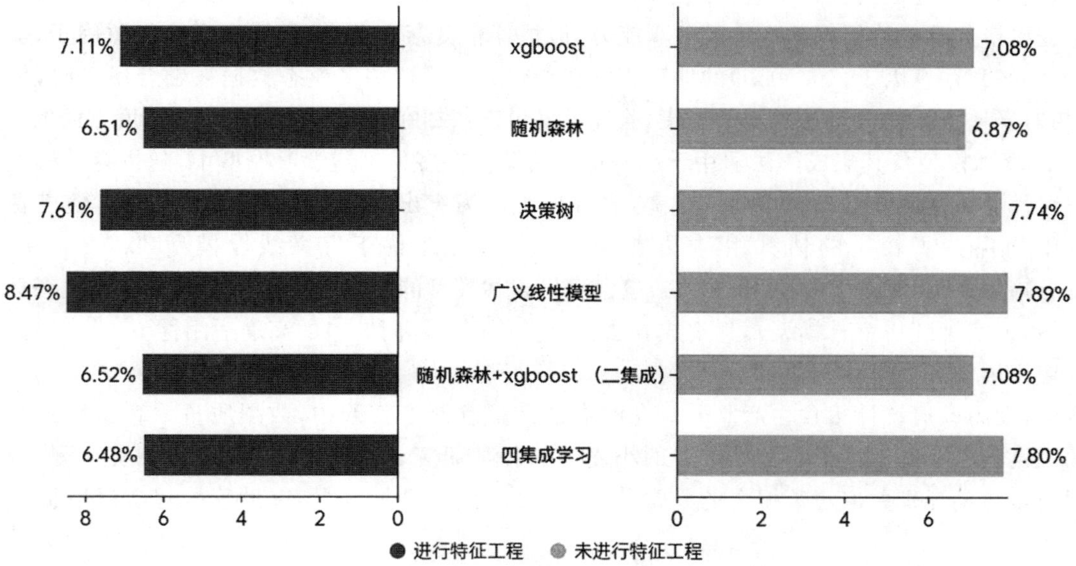

图 10　不同算法小麦单产平均相对误差情况

(3)多模态数据有效提升了估算精度。通过因子集之间的交叉验证结果显示(见图 11)，多模态数据的使用，有效地提升了单产估算的精度。在“四集成机器学习算法”下，使用全部因子的“多模态数据”，估算相对误差为 6.48%，远小于单遥感因子(10.50%)、单气象因子(6.71%)、单地块因子(9.26%)。多模态数据

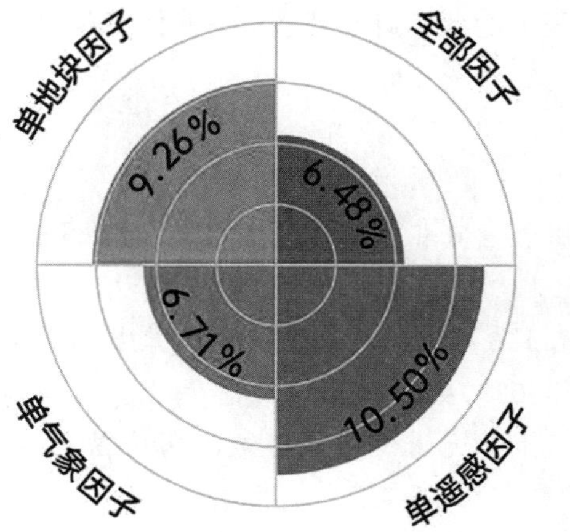

图 11　不同因子集的估算误差情况(四集成学习)

融合了来自不同来源、不同维度的信息,如土地自然要素(地块因子)、气象要素(气象因子)和田间管理要素(遥感因子)。这些信息在单独使用时只能反映小麦生长环境的某一方面,而整合多模态数据则能够更全面、更细致地刻画小麦生长的全过程,可提供更多对估算有用的信息。

四、结论与展望

(一)研究结论

1. 多模态数据与机器学习在小麦单产估算中效果较好。本研究成功验证了基于实地测产、对地调查矢量数据、卫星遥感影像数据及气象要素数据的多模态数据源,结合先进的集成学习算法(包括随机森林、广义线性回归、决策树及 XGBoost),能够实现对小麦产量的高精度估算。其中,集成模型的估算效果最优,相对误差仅为 6.48%,这一精度与当前政府统计中采用的抽样设计精度相当。这一结果表明,利用多模态数据结合机器学习的方法为粮食单产调查提供了一种新颖且有效的技术路径,具备全域覆盖和精准估算的潜力。

2. 多模态数据对小麦单产估算精度有提升作用。通过对矢量地块数据、气象要素数据及遥感影像的深度处理与整合,本研究成功构建了包含地块因子、气象因子及遥感因子的多维度数据集。其中,各单一因子数据在小麦单产估算中均展现出一定的估算能力,但估算精度存在差异,具体表现为气象因子(6.71%)、地块因子(9.26%)、遥感因子(10.50%)的估算相对误差较大。当这些多模态数据被融合使用时,估算精度显著提升,相对误差低于任何单一因子数据集,验证了多模态数据在提升小麦单产估算精度方面的积极作用。

3. 随机森林模型及其集成算法适用于小麦单产估算。在多种机器学习模型中,随机森林模型因其在处理复杂非线性关系及防止过拟合方面的优势,表现出了尤为突出的估算性能。具体而言,随机森林模型在多次迭代中均保持了较小的估算相对误差(约 6.5%),显著优于广义线性模型(8.5%)、决策树模型(7.6%),且略优于 XGBoost 模型(7.1%)。包含随机森林模型的集成学习器估算效果与随机森林模型基本相当,进一步证实了随机森林模型及其集成算法在小麦单产估算问题中的高度适用性。

(二)应用展望

一方面,助力政府统计粮食生产监测。在政府统计粮食测产实践中,数据质量一直是制约其准确性和可靠性的关键因素。基于多模态数据融合的小麦产量评估研究,能够验证并校准传统实地测产数据,利用机器学习技术自动甄别并修正数据中的异常值,从而显著提升数据质量,有助于构建实时数据监测与反馈机制。

另一方面,服务区域农业生产管理。多模态数据驱动的粮食单产评估模型,可对所有粮食种植地块单产进行逐一估算,提升面向小域范围的产量估计能力,使得区域农业管理更加精准高效,优化农业布局及资源调配。

此外,尽管估算结果理想,但还应在数据融合、模型泛化等方面持续改进。一是需不断探索新技术以降低多模态数据获取与处理的成本,提高数据更新的实时性,确保研究成果的及时性与可推广性。二是加强模型在不同地理区域、作物类型及气候条件下的验证,提升其泛化能力,以适应更广泛的农业生产需求。三是持续深入研究粮食作物生长过程中的各类环境因素,完善估算模型,提高其在复杂多变环境中的适应性与准确性。

【参考文献】

[1] 安秦,陈圣波,孙士超,等.基于多时相 MODIS-RVI 的玉米遥感估产研究[J].地理空间信息,2018,16(3):3.

[2] 陈上,窦子荷,蒋腾聪,等.基于聚类法筛选历史相似气象数据的玉米产量 DSSAT-CERES-Maize 预测[J].农业工程学报,2017,033(019):147—155.

[3] 费帅鹏,禹小龙,兰铭,等.基于高光谱遥感和集成学习方法的冬小麦产量估测研究[J].中国农业科学,2021,54(16):3417—3427.

[4] 刘峻明,和晓彤,王鹏新等.长时间序列气象数据结合随机森林法早期预测冬小麦产量[J].农业工程学报,2019,35(06):158—166.

[5] 李艳，张成才，罗蔚然，等.基于改进最大值法合成 NDVI 的夏玉米物候期遥感监测[J].农业工程学报，2019，35(14):7.

[6] 倪子凡.基于机器学习的水稻产量预测模型研究[D].浙江理工大学，2023.

[7] 钱永兰，侯英雨，延昊，等.基于遥感的国外作物长势监测与产量趋势估计[J].农业工程学报，2012，28(13):166—171.

[8] 宋晓宇，王纪华，黄文江，等.变量施肥条件下冬小麦长势及品质变异遥感监测[J].农业工程学报，2009(9):155—162.

[9] 孙少杰，吴门新，庄立伟，等.基于 CNN 卷积神经网络和 BP 神经网络的冬小麦县级产量预测[J].农业工程学报，2022，38(11):10.

[10] 王鹏新，王婕，田惠仁，等.基于遥感多参数和门控循环单元网络的冬小麦单产估测[J].农业机械学报，2022，53(9):207—216.

[11] 邬粒，邹黎敏，周科.基于机器学习的重庆市粮食产量预测及影响因素分析[J].中国农机化学报，2023，44(10):185—193.

[12] 吴妍潼.基于贝叶斯后验集合数据同化的区域冬小麦产量估测研究[D].电子科技大学，2022.

[13] 张莎，白雲，刘琦，等.遥感植被指数和 CASA 模型估算山东省冬小麦单产[J].光谱学与光谱分析，2021，41(1):257—264.

[14] Chen C, Bao Y, Zhu F, Yang R. Remote sensing monitoring of rice growth under Cnaphalocrocis medinalis (Guenée) damage by integrating satellite and UAV remote sensing data. International Journal of Remote Sensing. 2024 Feb 1; 45(3):772—790.

[15] Chlingaryan S W B. Machine learning approaches for crop yield prediction and nitrogen status estimation in precision agriculture: A review[J]. Computers and Electronics in Agriculture, 2018, 151.

[16] Elavarasan D , Vincent D R , Sharma V ,et al. Forecasting Yield by Integrating Agrarian Factors and Machine Learning Models: A Survey[J]. Computers and Electronics in Agriculture, 2018, 155.

[17] Luan W, Shen X, Fu Y, Li W, Liu Q, Wang T, Ma D. Research on Maize Acreage Extraction and Growth Monitoring Based on a Machine Learning Algorithm and Multi-Source Remote Sensing Data. Sustainability. 2023 Nov 27; 15(23):16343.

[18] Ma H, Li X, Ji J, Cui H, Shi Y, Li N, Yang C. Monitoring Indicators for Comprehensive Growth of Summer Maize Based on UAV Remote Sensing. Agronomy. 2023 Nov 24; 13(12):2888.

[19] Sharabian VR, Noguchi N, Ishi K. Optimal vegetation indices for winter wheat growth status based on multi-spectral reflectance. Environmental Control in Biology. 2013; 51(3):105—112.

[20] Wang A X , Tran C , Desai N ,et al. Deep Transfer Learning for Crop Yield Prediction with Remote Sensing Data[J]. ACM, 2018.

高分影像下大豆玉米带状复合种植自动识别系统研究

国家统计局安徽调查总队　赵亚鹏　桑琇璇　幸歆雨

摘　要

为深入贯彻落实党的二十大精神，国家统计局不断深化统计重点领域改革。《农业农村统计现代化改革总体方案》提出数据生产体系的现代化是实现统计现代化的关键，要加强大数据、云计算、空间地理信息技术等新技术在统计工作中的应用，进一步丰富和完善"全面统计＋抽样调查＋遥感监测"方式，以科技创新为支撑，实现以图定数、以图审数的目标，推动统计生产方式变革。

2023年，我们运用卫星遥感数据分析了安徽省土地利用的区域差异变化和粮食生产力变化过程，在省域粮食产能提升方面取得了一定成果。然而，现行农业调查监测中，遥感影像识别主要依赖人工目视解译，难以在短期内有效获取大范围的作物空间分布信息。2024年，我们利用卷积神经网络高分遥感影像进行处理，建立自动识别模型，实现对大豆玉米带状复合种植空间分布信息的快速、准确识别，并利用Python开发大豆玉米带状复合种植自动识别系统。为解决当前农业全面统计调查面临的人力投入大、数据精度不够高等问题提供新思路，并尝试填补复合种植这一细分领域的遥感自动监测应用空白。

本文选取安徽省2023年8月的高分卫星遥感影像数据和实地调查数据，运用卷积神经网络方法进行分类识别，采用目标检测算法YOLO v8构建模型，进行大豆玉米带状复合种植自动识别实验。通过分析不同分辨率的遥感影像对识别大豆玉米带状复合种植的可行性构建目标作物图像数据集，利用YOLO v8模型对数据集进行训练，以实现对目标作物的快速、准确识别，在实验中对比不同分辨率下模型的性能指标，判断模型对于大豆玉米带状复合种植识别的可靠性，进而实现大豆玉米带状复合种植自动识别系统的开发与应用。

研究结果表明：在安徽省GF1与GF7可见光影像测试中，两个模型均能较好提取出大豆玉米复合种植区域，并能形成互补，GF7遥感影像上的查全率、预测能力和稳健性更优。结合图像识别模型所开发的自动识别系统进行的作物识别准确率达91.72%，面积精度为93.94%，可以为农作物的监测提供更精准、实时、高效的技术支持。系统开发得到国家统计局农村司认可与支持，具有很大的应用推广价值。

关键词：大豆玉米带状复合种植；遥感影像；CNN目标作物识别；YOLO v8模型；系统开发

一、绪论

(一)研究背景与意义

为深入贯彻落实党的二十大精神，国家统计局不断深化统计重点领域改革，《农业农村统计现代化改革总体方案》提出数据生产体系的现代化是实现统计现代化的关键，要加强大数据、云计算、空间地理信息技术等新技术在统计工作中的应用，推动统计生产方式变革。以大豆玉米带状复合种植调查为例，现行全面统计调查方法以村为单位逐级汇总上报，存在人力投入大、效率偏低、数据精度不够高等问题，抽样核查限制条件多、工作量大，迫切需要行之有效的监测手段。

2023年，我们运用卫星遥感数据分析了安徽省土地利用的区域差异变化和粮食生产力变化过程，在省域粮食产能提升路径方面取得了一定研究成果。然而，现行农业调查监测中，遥感影像识别主要依赖人工目视解译，难以在短期内有效获取大范围的作物空间分布信息。为此，2024年我们利用卷积神经网络进行高分遥感影像处理，建立自动识别模型，实现对大豆玉米带状复合种植空间分布信息的快速、准确识别。

该模型立足卫星遥感、地理信息系统、AI等，旨在提高调查效率和数据质量，提升农业调查工作数字化、智慧化水平。依此开发的自动识别系统，显著提升了数据收集效率，减少了人力需求，缩短了调查周期，实现了高精度识别和面积测量，展现出很强的可复制性和可推广性，有潜力被广泛应用，有利于在全国范围内提升统计调查监测手段和管理水平，促进"全面统计＋抽样调查＋遥感监测"一体化新调查模式发展。

（二）文献综述

1. 遥感技术在农业中的应用研究

20 世纪 70 年代，遥感技术进入高速发展阶段，并广泛应用于农业生产监测，在作物识别、面积估算、长势监测等方面均取得较大成绩。丁娅萍等(2014)利用最小距离法，证实了雷达遥感数据在旱地作物提取的适用性。刘大伟等(2016)提出随着空间分辨率提高，种植区域内部作物生长差异显著，单纯依靠光谱特征进行作物提取存在限制，需要更多考虑纹理特征，以描述局部模式和规则，增强特征区分能力。刘国栋等(2015)选择农作物识别关键期遥感数据进行多时相农作物种植面积的中分辨率遥感提取，根据 MPPS 抽样方法进行总体农作物种植面积的推断，可基本实现县域农作物种植面积提取。

2. 人工智能技术赋能农业遥感目标监测的研究

人工智能领域的技术进步给地理空间领域研究的智能化发展和融合创新带来了新机遇和新挑战。Zhang 等(2018)使用 Landsat8 数据的分块方法训练卷积神经网络，提取水稻空间分布信息。冯齐心等(2020)通过应用卷积神经网络对农作物进行基于时间序列多光谱数据的研究，实现了遥感农作物的自动提取，克服了传统手动特征提取的局限性。乌兰吐雅等(2021)综合考虑遥感地理特征曲线，用 CART 决策树分类方法对 5 种农作物种植面积进行提取，相对精度超 77%。

3. 研究述评

综上可见，随着遥感应用需求增加、地理信息技术发展，以及人工智能技术的日益成熟，发展自动化、智能化的农业遥感影像解译技术势在必行。但是，国内外现阶段大多通过目视解译等方法开展遥感信息识别，使用人工智能提取遥感影像的研究仍在起步阶段，由于大豆玉米带状复合种植模式推广时间较短，2023 年纳入常规调查，尚未发现基于人工智能技术开展相关调查的研究。因此，探索将人工智能技术引入高分辨率遥感影像，开展大豆玉米带状复合种植的自动识别，对进一步推进农业调查现代化改革具有一定的参考价值和实践意义（见图 1）。

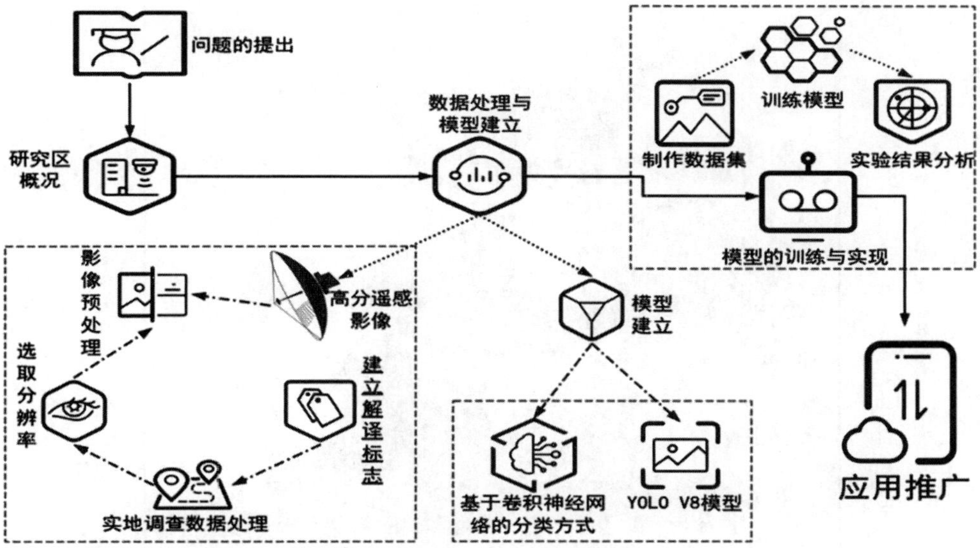

图 1　研究思路图

（三）研究思路

（四）研究创新

1. 视角创新

当前关于大豆玉米带状复合种植的研究多聚焦于农业生产技术提升，缺少科学准确的统计监测方式、统计建模等方面的研究。卷积神经网络技术虽较为成熟，但尚未应用于大豆玉米带状复合种植目标识别。本文创新研究视角，尝试将卷积神经网络与大豆玉米带状复合种植调查相结合开展探索。

2. 方法创新

当前大豆玉米带状复合种植调查以全面统计为主，抽样核查为辅，主要依靠人工。本文将探索运用高分卫星遥感影像开展复合种植作物自动识别，改变了皮尺、测亩宝等传统测量方式，提升了调查精度和准确度，补齐了全面统计数据精准性不高的短板，弥补了抽样调查核查率较低的不足。

3. 应用创新

本文通过分析卷积神经网络对高分遥感影像自动识别与人工调查的精度对比，探索自动识别在大豆玉米带状复合种植调查中的可行性，建立起可复制、可推广的数据处理系统，填补复合种植这一细分领域的遥感自动监测应用空白。

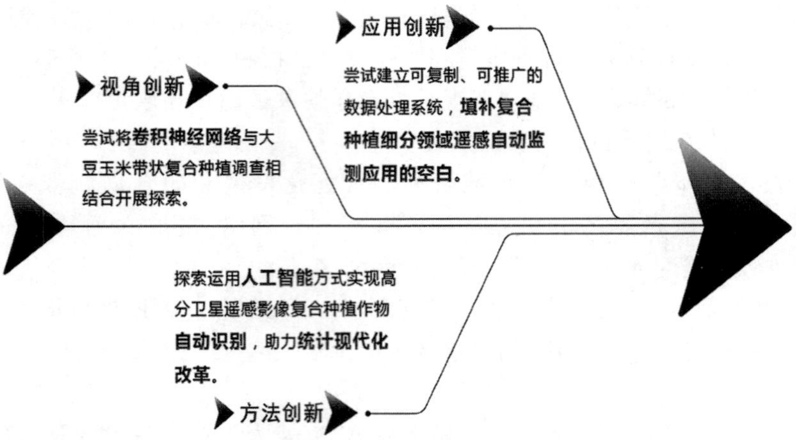

图 2　研究创新点

二、研究区域与影像特点

(一)研究区概况

安徽省是我国大豆、玉米主产区之一，“十四五”期间，安徽省积极贯彻中央一号文件精神，统筹当前与

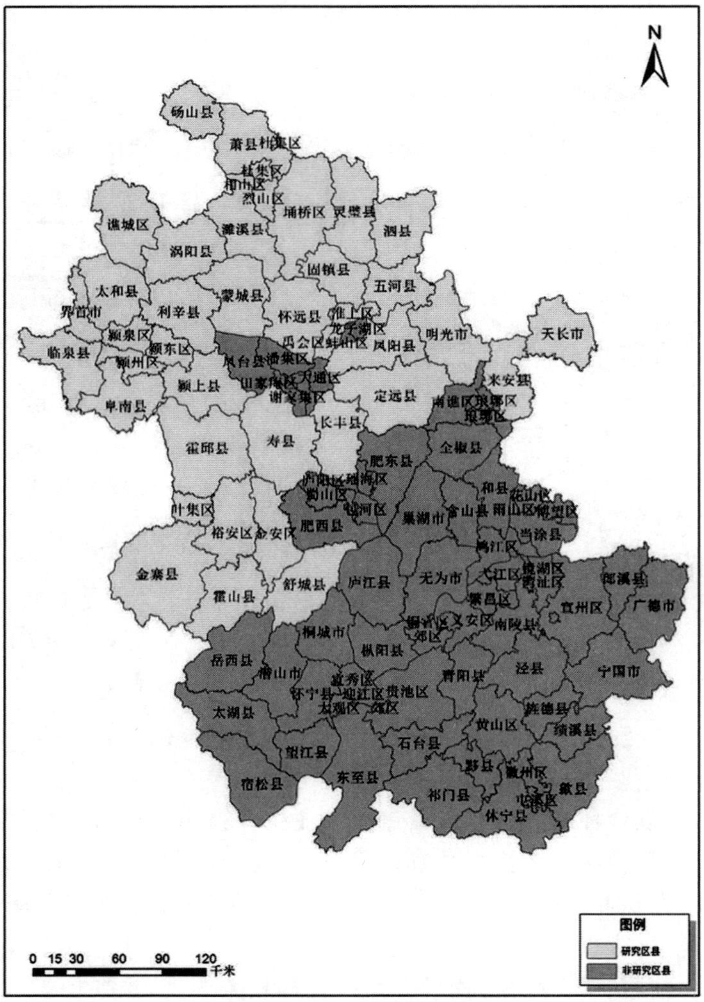

图 3　安徽省大豆玉米带状复合种植区域位置图

长远、协调生产与生态、兼顾用地与养地，大力推广大豆玉米带状复合种植。主要在大豆玉米主产区，传统种植玉米的地块，推广大豆玉米带状复合种植，扩大大豆种植面积，力争实现“玉米基本不减产，多增收一季大豆”的目标。

按照《安徽省农业农村厅关于印发2023年安徽省耕地轮作、油菜扩种、大豆玉米带状复合种植工作实施方案的通知》(皖农农函〔2023〕358号)要求，结合安徽省实际情况，优先采用大豆带6行、玉米带4行的模式，2023年全省大豆玉米带状复合种植分布在40个县，约110万亩。

(二)大豆玉米带状复合种植影像特点

大豆玉米带状复合种植的遥感影像特点主要体现在以下几个方面：

(1)纹理特征：大豆和玉米的植株高度、叶形和叶色存在差异，遥感影像中会呈现出不同的纹理特征。例如，玉米通常较高，叶面积大，在影像中通常显示出较为密集的纹理；而大豆通常表现出较为细腻的纹理。

(2)光谱特征：大豆和玉米的生物物理特性和叶绿素含量不同，在可见光、近红外和短波红外波段的光谱反射率不同，这些差异可以通过多光谱或高光谱数据在遥感影像中识别出来。

(3)时空特征：大豆和玉米的生长周期不同，在遥感影像中的表现随时间变化。在生长初期，两种作物的光谱特征比较相似，成熟期则表现出较大的差异。

(4)种植结构特征：遥感影像可以反映出大豆和玉米的种植结构，如行距、带宽和种植方向。这些结构特征在影像中一般表现为特定的模式或纹理。

当前大豆玉米带状复合种植调查中图像识别存在的三个难题。一是图像需要处理的数据量太大。图片由像素构成，每个像素又由颜色(R、G、B三个数值)构成，以720p手机摄像头拍照片为例，单张照片所含参数就达到276.48万个参数，计算量无疑是巨大的。二是图片内容多变，导致准确率不高。如果对同一物体做翻转、位置变换等处理，使物体以不同的姿态显示在图片中，虽然物体本身并没有太大变化，却大幅提升了图片识别的难度。三是在带状复合种植模式下，大豆和玉米会在遥感影像的像元中混合显示，形成一个像元内包含多种作物的情况，增加遥感分类难度。

使用卷积神经网络对图像进行识别，可以大幅减少参数数量，降低复杂度，并使用类似视觉处理的方式保留图像特征，有助于更精准、高效地利用遥感技术监测大豆玉米带状复合种植情况，完成农业调查任务。

(三)现行监测方法的局限

1. 全面统计数据质量不够高

根据方案要求，各县(市、区)采取全面统计方法，分村统计上报，建立大豆玉米带状复合种植台账。同时以村为单位对所有复合种植地块建档立卡，采集所在县、乡(镇)、村、经营主体、复合种植模式、复合种植面积、大豆面积占比、玉米面积占比等相关信息，完成大豆玉米带状复合种植面积全面统计。受调查时间紧、任务重、人员力量不足、调查地块复杂等因素影响，上报数据精度有待提高。

虽然通过建立核查制度、落实审核责任、完善随机抽查等方式，在规范性层面对统计质量进行管理能在一定程度上提高调查数据质量，但对以村起报的全面统计数据真实性、准确性缺乏行之有效的现代化监测手段。

2. 抽样调查快速核查难度大

县级统计部门按种植类型，兼顾经营主体、种植面积规模等重点指标，抽选10%的村实地核验播种面积。面积核查通常使用皮尺等对长方形、正方形、三角形、梯形等规则地块进行面积测量；使用测亩宝等测量仪器测量不规则土地的边界，进而计算地块的面积。以上各种方法限制条件多、操作复杂、工作量大，不利于快速核查工作。

三、数据来源与处理

(一)数据来源

大豆播种期为6月上中旬，9月下旬至10月上旬收获；玉米播种期为6月上旬至下旬，9月下旬至10月上中旬收获。而大豆玉米复合种植时，根据技术条件一般为大豆玉米同时播种期，也可以选择分开播种。根据物候信息分析，8月大豆玉米已生长出且有明显植被特征的影像，可以作为大豆玉米生长情况的分析影像及自动识别时的参考影像。

本文选取安徽省2023年8月遥感调查数据和实地调查数据进行分析。遥感影像主要使用高分二号、高分七号和北京二号亚米级卫星遥感影像,对于不能覆盖的区域,补充高分一号、高分六号米级数据。采集并处理了127景米级和亚米级影像,其中2米影像44景,数据源为高分一号和高分六号;0.8米影像83景,数据源为高分二号、高分七号和北京二号。高分系列影像由国家统计局提供数据下载链接,北京二号为自行补充。实地调查数据为2023年安徽省大豆玉米带状复合种植调查现场核查数据。

(二)高分遥感影像选取

1. 影像数据预处理

下载的数据为原始影像数据,需要完成辐射定标、大气校正、正射校正、影像裁剪等预处理工作,以满足影像处理要求(见图4)。

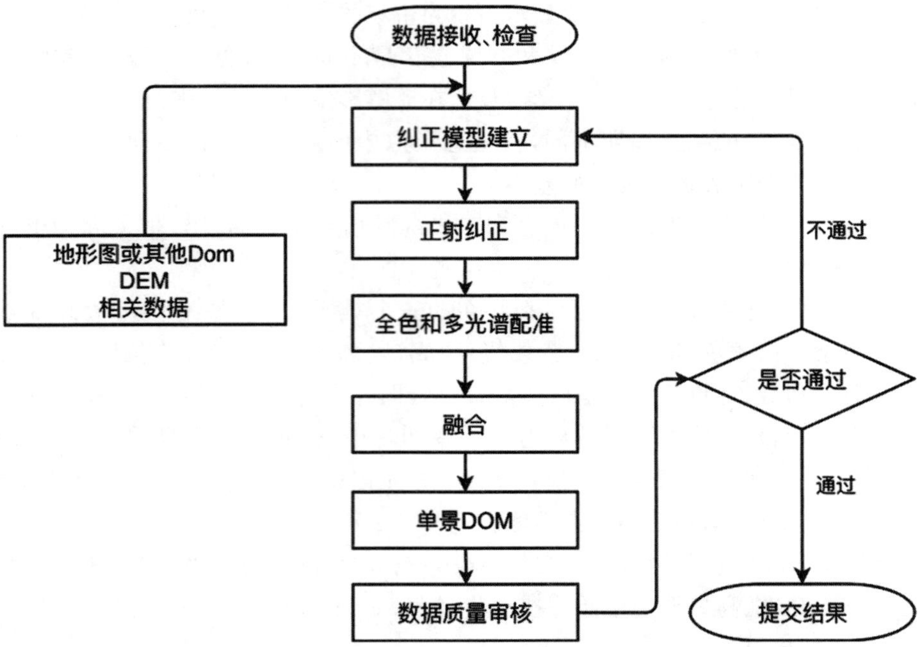

图4 遥感影像预处理流程

(1)辐射定标。

辐射定标是确保遥感数据质量的关键步骤,将遥感图像的亮度值转换为绝对的辐射亮度或光谱反射率,消除传感器本身的误差,提高数据的科学性和应用价值,确保多时相、多传感器数据的一致性和标准化。

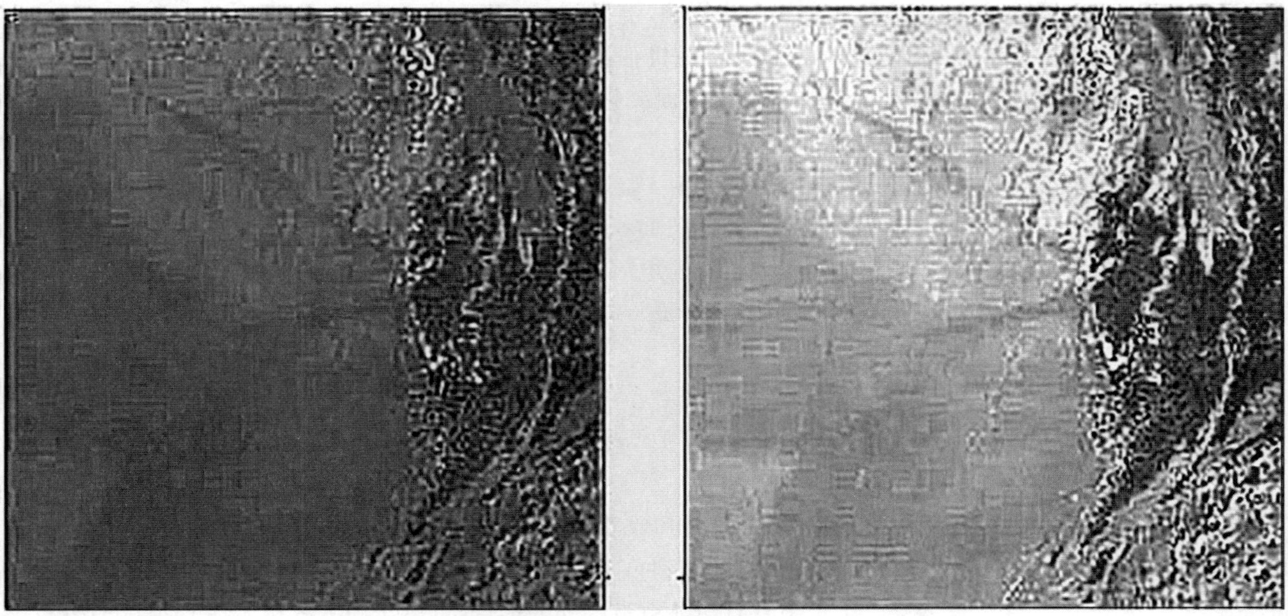

图5 辐射定标对比

(2)大气校正。

大气校正的主要目的是消除大气和光照等因素对地物反射的影响,从而获得地物真实的地表反射率。考虑到大气分子、气溶胶散射以及气体吸收都会对传感器接收到的信号产生影响,本研究采用 FLAASH 等方法进行大气校正,准确反映地物光谱信息(见图 6)。

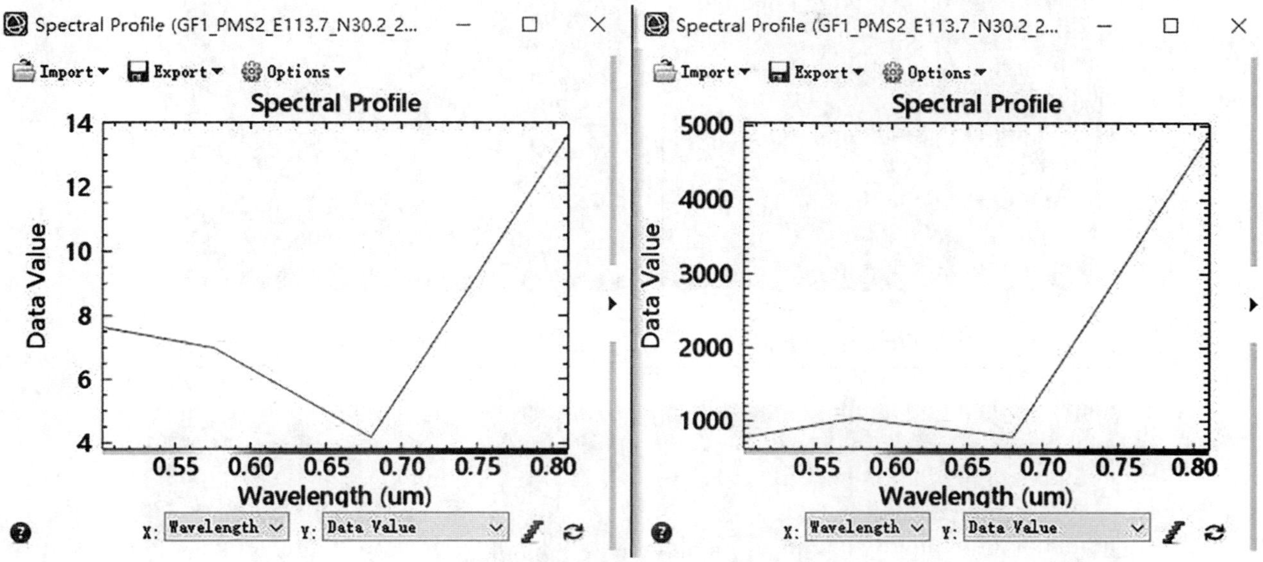

图 6　大气校正前后同一位置光谱曲线对比

(3)正射校正。

正射校正是几何校正的一种,是对图像空间和几何畸变进行校正生成多中心投影平面正射图像的处理过程,通过直接法计算像元在输出图像中的坐标,消除几何变形,保持地图坐标一致性,维持图像视觉连续性和一致性(见图 7)。

涡阳县　　　　利辛县

图 7　处理后遥感影像示例图

2. 分辨率选取

选取 2023 年大豆玉米带状复合种植生长关键时期 16 米、10 米、2 米和 0.8 米不同分辨率的遥感影像,叠加外业数据对比发现,16 米、10 米分辨率的卫星遥感影像完全无法区分大豆玉米带状复合种植地块;2 米分辨率的卫星遥感影像对于种植大豆玉米地垄间隔较大(主要为 6 行大豆+4 行玉米模式)的地块可以监测,但对于地垄间隔较小(其他种植模式)的区域难以监测;0.8 米分辨率的遥感影像较容易监测大豆玉米带状复合种植地块。综合比较分析,选择 2 米和 0.8 米高分辨率遥感影像数据用于实验(见图 8)。

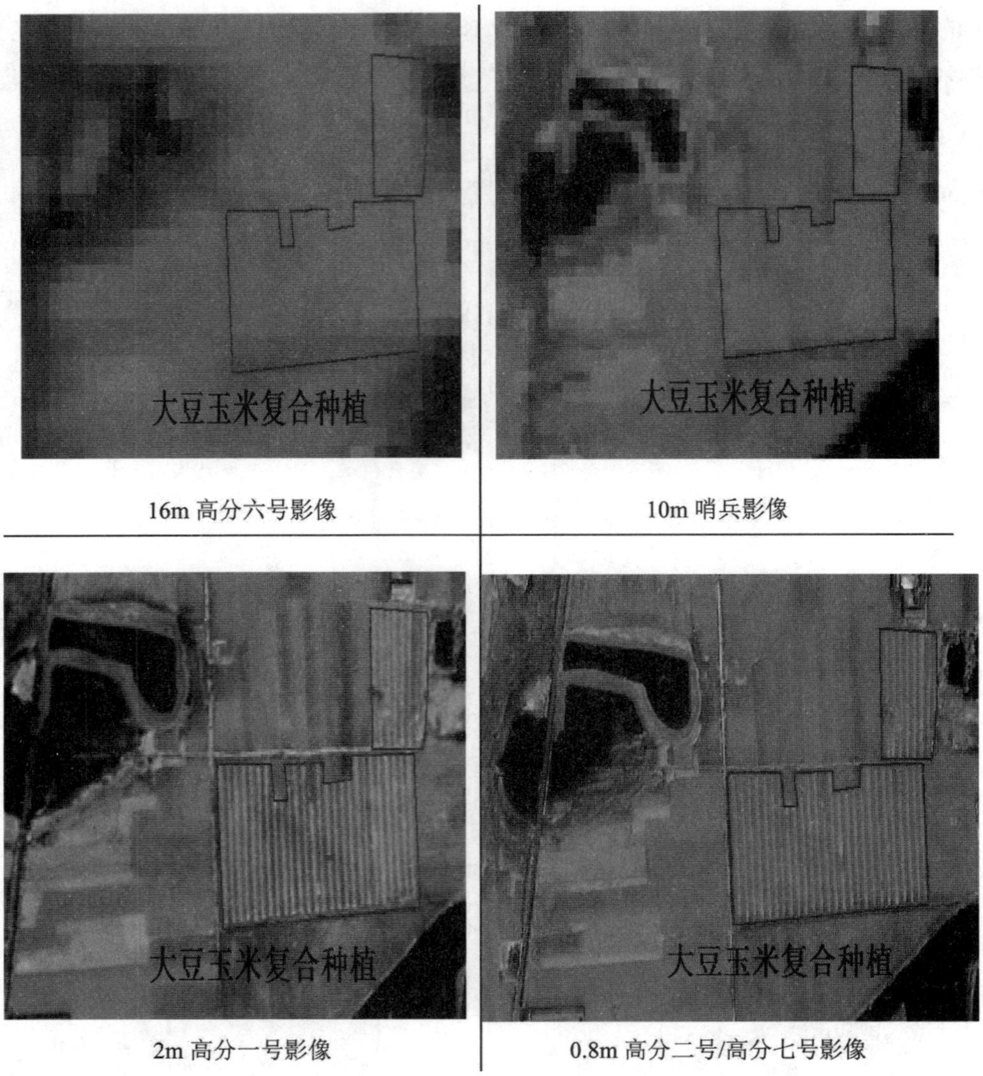

图 8　不同分辨率作物特征

（大豆玉米复合种植影像 2、4、3 波段组合，影像时间 2023 年 8 月 4 日）

(三)实地调查数据处理

使用 2023 年安徽省大豆玉米带状复合种植实地核查照片中的坐标点（每个地块在不同位置拍摄 4 张左右照片并获取四至坐标点），获取地块信息（见表 1）。

由于坐标点采集由人工完成，可能存在无效或者不规范坐标，故需要对坐标点信息进行数据清洗，保留正确坐标点。

表 1　大豆玉米复合种植地块坐标统计表（部分）

序号	市名称	区县名称	区县代码	乡镇名称	村名称	村代码	A点经度	A点纬度	B点经度	B点纬度	C点经度	C点纬度	D点经度	D点纬度
1	滁州市	凤阳县	341126	板桥镇	濠光村	341126110208	117°39′7″	32°53′50″	117°39′4″	32°53′53″	117°39′2″	32°53′49″	117°39′5″	32°53′46″
2	滁州市	凤阳县	341126	板桥镇	濠光村	341126110208	117°39′13″	32°53′39″	117°39′12″	32°53′34″	117°39′19″	32°53′35″	117°39′29″	32°53′52″
3	滁州市	凤阳县	341126	板桥镇	濠光村	341126110208	117°38′54″	32°54′10″	117°38′55″	32°54′7″	117°38′50″	32°54′11″	117°38′50″	32°54′9″

图 9　大豆玉米带状复合种植地块照片示例

进行坐标整理，将获取的经纬度坐标由度分秒格式，转换成矢量需要的十进制坐标点格式(见表 2)。

表 2　坐标点转换示例

经纬度六十进制坐标点		经纬度十进制坐标点	
经度	纬度	经度	纬度
116°22′18″	33°23′4″	116.3716667	33.38444444
116°28′52″	33°12′30″	116.4811111	33.20833333
116°16′14″	33°21′12″	116.2705556	33.35333333
116°16′16″	33°21′40″	116.2711111	33.36111111

将整理后的坐标表保存为 CSV 格式，加载到 Arc GIS 中，通过 Display XY Data，X 设置为经度，Y 设置为纬度；并设置为 84 坐标。

在 Arc GIS 中生成点矢量，并将实地上报的地块所在乡镇、村、经营主体、复合种植模式、复合种植面积、大豆面积占比、玉米面积占比等相关信息挂接到点矢量中，形成带有综合信息的点矢量。

(四)建立解译标志

根据大豆玉米带状复合种植的物候信息和实地采集的种植位置坐标，选取大豆玉米带状复合种植关键生长期时间段的典型光谱纹理特征，并搜集主要种植区的种植特点及规模。为了提高监测对象识别的准确性，获取其他农作物种植情况，以便区分主要干扰信息。

通过对实地调查结果和影像数据对比，分析大豆玉米复合种植及大豆、玉米单独种植的光谱特征，为数据分类建立解译标志。

0.8 米分辨率 2、4、3 波段组合的高分遥感影像上，纯大豆和纯玉米地块，纹理平滑，大豆光谱亮绿色，玉

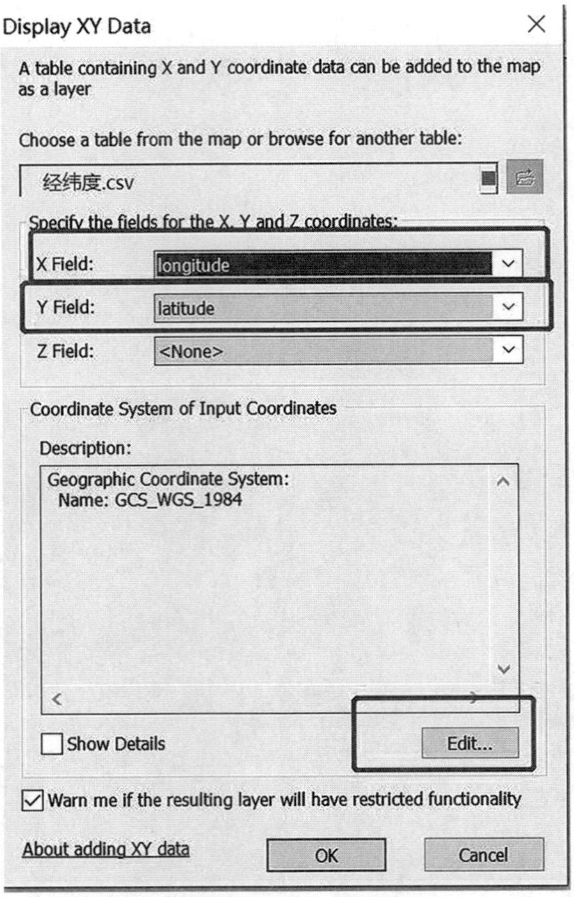

图 10　Display XY Data 坐标设置示例图

米光谱暗绿色；而大豆玉米复合种植地块，纹理呈垄状，光谱亮绿和暗绿相间（见图 11）。

图 11　大豆玉米复合种植关键期解译标志

四、大豆玉米带状复合种植识别模型建立

（一）农作物分类方法

基于高分辨率卫星遥感影像的农作物分类是根据不同农作物的影像特征差异，将影像上的每一个像素映射到它代表的真实地物类别。根据计算原理的不同，现有的分类方法可以分为三类：基于遥感指数像元分类方法、面向对象分类方法和基于卷积神经网络的分类方法。三种方法优缺点各异，综合考虑数据的可获得性和分类精度，本文选择基于卷积神经网络的分类方法（见图12）。

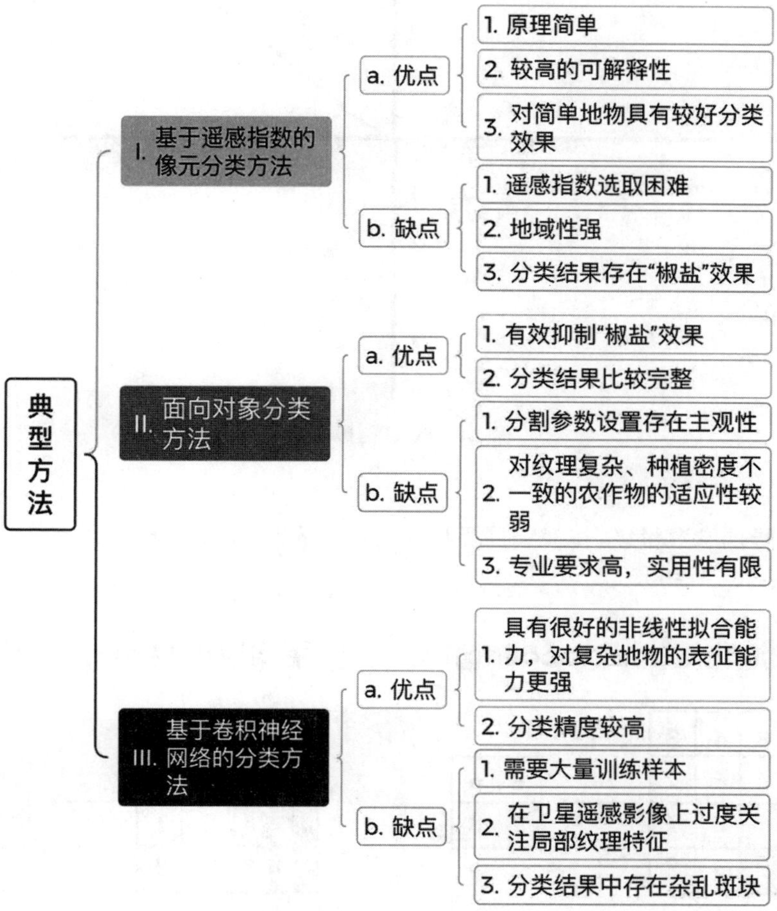

图12　农作物分类方法

卷积神经网络由众多的卷积层、池化层、全连接层等组成，使用卷积层自动和层层递进地提取图像中的局部特征。卷积层负责提取图像中的局部特征（见图13）。

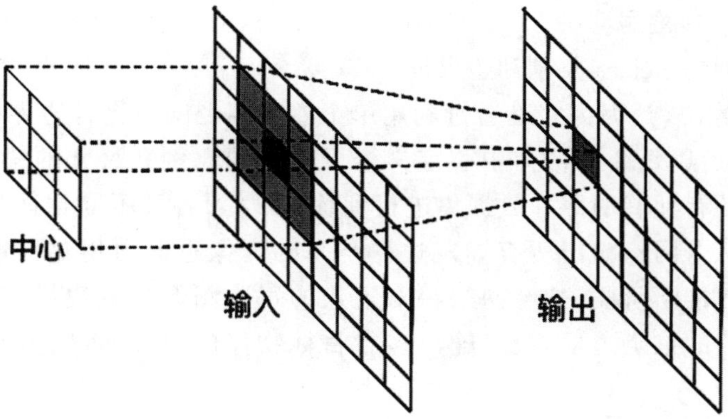

图13　卷积层示意图

SiLU函数作为激发函数,能够有效地对神经网络的输入进行非线性变换。SiLU函数在整个定义域内都可以微调,使得反向传播过程中的梯度计算更加稳定,同时SiLU函数不是单调递增的,而是在 x≈−1.28时达到全局最小值−0.28,这可以起到一个隐式正则化的作用,抑制过大的权重(见图14)。

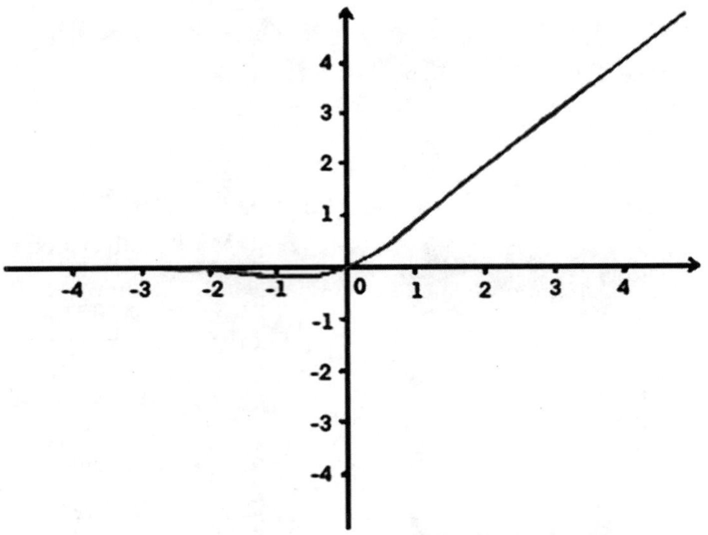

图14　SiLU函数示意图

池化层负责大幅降低参数量级,在保留重要特征信息的同时,降低计算复杂度(见图15)。

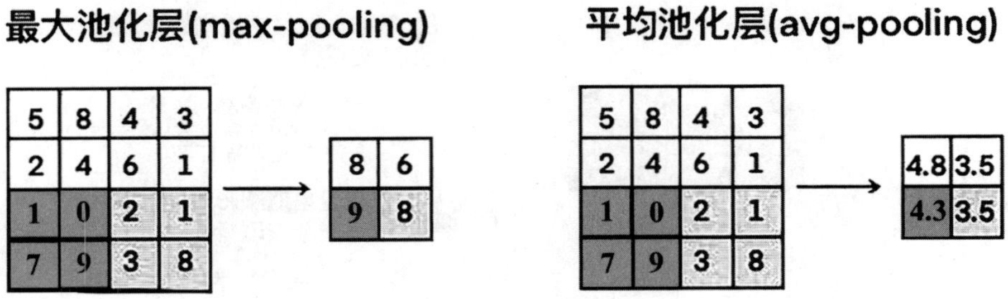

图15　池化运算示例

(二)模型选择

由于大豆玉米带状复合种植模式识别过程中涉及多物体的识别,且高分遥感影像数据量庞大、呈现的情况复杂,本文选择使用目标检测算法YOLO(You Only Look Once)构建网络模型,以期实现仅需“看”一次就可以识别出图片中物体的class类别和边界框。

之所以选择YOLO算法,是因为它是通过利用单个卷积神经网络进行边界框和类别概率的预测。将输入图像划分为网格,然后以每个网格为中心定义若干个不同比例和尺寸的锚定边框,作为卷积神经网络的输入。通过大规模带有标签的照片数据集进行训练,以学习各种不同物体相关的模式和特征。在卷积神经网络的输出端对每个网格输出所有锚定边框与基础真像边框的相对位置和尺寸参数以及对应边框中不同类别的概率。在推断阶段,神经网络将对输入的每张图像生成边界框和类别概率的预测,只考虑信心系数大于一定阈值的锚定边框,最终输出包含目标物体的边框,否则会被认为边框所对应的是背景(见图16)。

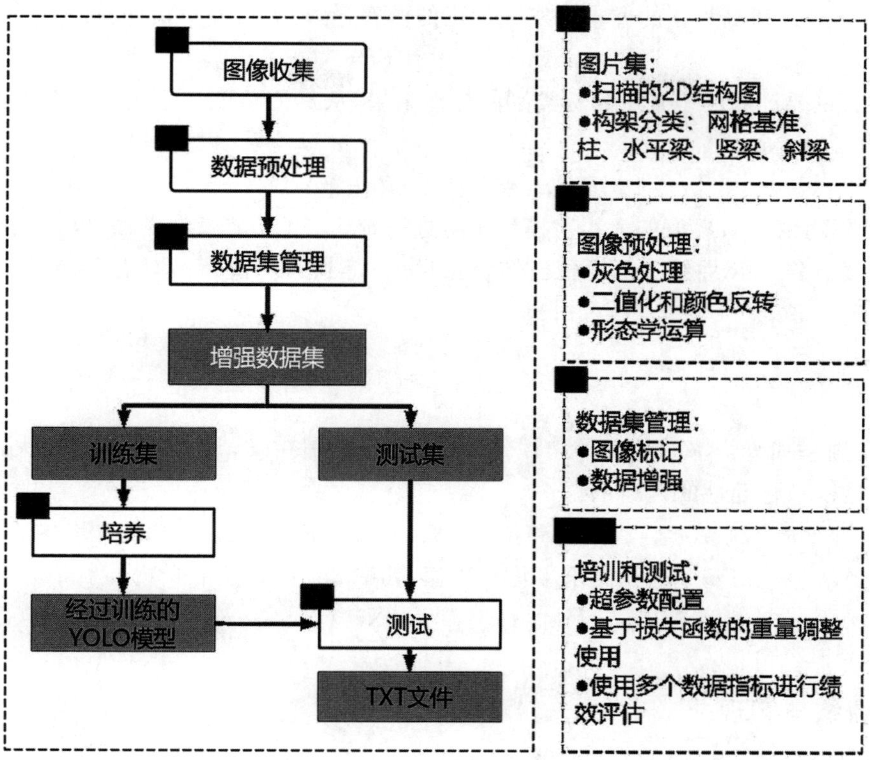

图 16　YOLO 算法工作流程图

(三)评价标准

在深度学习领域,模型学习效果的优劣往往需要各种指标进行评定。当一个目标检测分类模型构建完毕,则可以使用数据集对其分类效果进行验证。在目标检测识别分类领域,需要从精度、查全率、F1 Score、P-R 曲线等指标进行评定,通常分为三个级别(见图 17)。

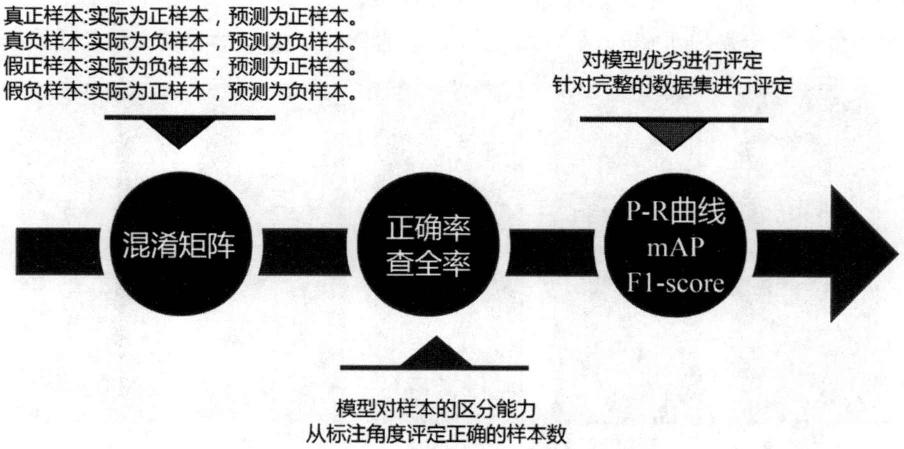

图 17　模型评价体系

混淆矩阵是评定模型优劣的指标,二分类的不同结果,可以将真实类别和预测类别的不同情况分为以下四种(见表 3)。

表 3　混淆矩阵定义

预测结果	真值	
	正值	负值
正值	TP(真正)	FP(假正)
负值	FN(假负)	TN(真负)

正确率(Precision)是预测为正的样本中实际为正的概率,体现了模型对负样本的区分能力。

$$Precision = TP/(TP + FP) \tag{1}$$

查全率(Recall)主要针对的是某个目标类别的标注结果,从标注角度评定正确的样本数,体现了模型对正样本的区分能力。

$$Recall = TP/(TP + FN) \tag{2}$$

P-R 曲线通过平均精度 AP 值的大小对模型优劣进行评定,以查全率为横轴,以正确率为纵轴,得到二维曲线,即 P-R 曲线。将 P-R 曲线下的面积当作衡量尺度,得到 AP 值。一般而言,平均精度越高,说明该模型检测精度越好。

$$AP = \int_0^1 P(r) \tag{3}$$

F1_score 是正确率和查全率的调和平均评价指标,取值范围在[0,1]之间,数值越大,表示模型的识别分类效果更稳健,是模型稳健性的判断依据。

$$F1\_Score = (2 \times Precision \times Recall)/(Precision + Recall) \tag{4}$$

mAP 即平均 AP 值是对多个验证集求平均 AP 值,其中 Q_R 指验证集个数。

$$mAP = 1/|Q_R| * \sum_{q \in Q_R} AP(q) \tag{5}$$

五、模型的训练与实现

(一)数据集的制作

本文通过对安徽地区 2023 年 7 月到 8 月下旬 2 米和 0.8 米空间分辨率的 GF1、GF7 可见光遥感影像为例进行样本制作,按 512 * 512 像素大小进行样本裁切,构建了一个全面而详细的大豆玉米带状复合种植识别数据集,用以训练和评估基于 YOLO v8 的大豆玉米带状复合种植识别系统。

数据集包括影像信息、标签及影像切片样本共 1776 张,其中 GF1 样本 992 张,GF7 样本 784 张。对 GF1 样本集按 8∶2 划分为训练集、验证集,各类型样本分别有 794 张、198 张;对 GF7 样本集按 8∶2 划分为训练集、验证集,各类型样本分别有 627 张、157 张。训练集用于训练模型,验证集用于验证模型性能。这样的划分旨在确保模型能够在未见过的数据上做出准确预测,同时提供足够的训练数据以学习复杂的特征(见图 18)。

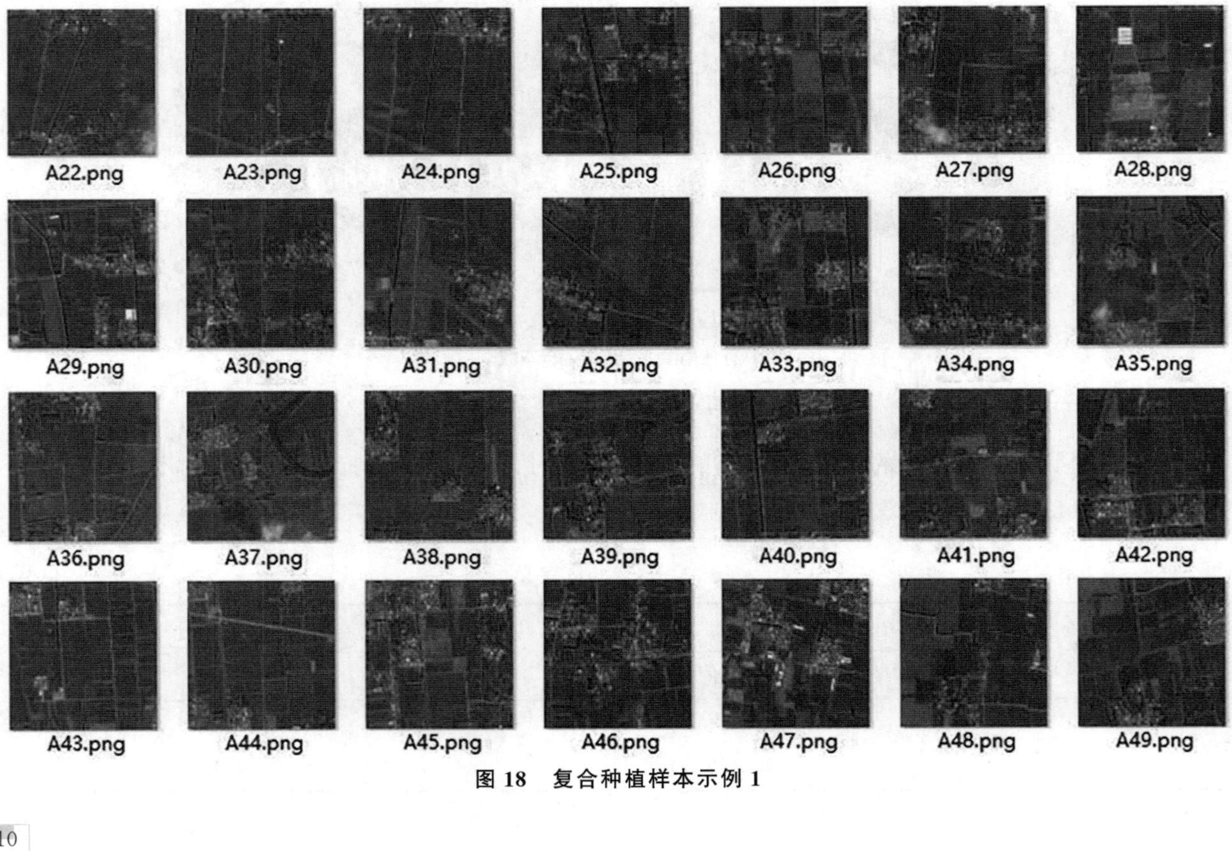

图 18　复合种植样本示例 1

为保证模型能够泛化到新的、未见过的图像，对数据集中的图像进行预处理和增强处理，包括大小调整、标准化亮度和对比度，以及旋转和翻转，以增加模型训练过程中的数据多样性。最终，基于遥感影像裁切制作的复合种植农作物样本，保留红、绿、蓝三个波段，影像样本位深为 8bit，各波段取值范围为 0－255(见图 19)。

图 19　复合种植样本示例 2

使用 labels 和 labels_correlogram 对数据集进行分析(见图 20)。labels 是训练集中各个类别数量的直

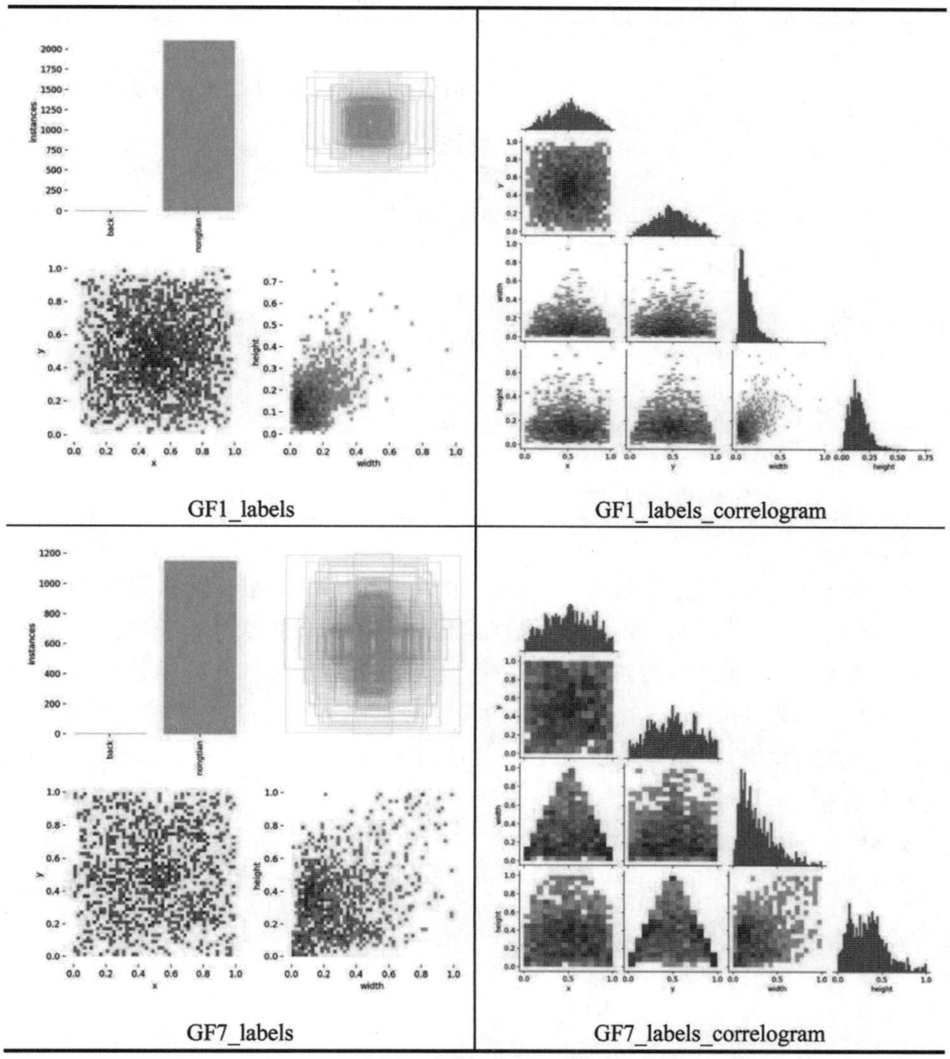

图 20　数据集分析示意图

方图,通过可视化的方式,展示数据集中不同类别的分布情况。labels_correlogram 则是一种更深入的可视化工具,用于展示训练集数据不同标签之间的线性或非线性相关关系。

通过分析数据集可以观察到几个关键特征。一是类别分布表明数据集包含大豆玉米带状复合种植品种。二是进一步分析数据集的边界框分布,可见大多数标记对象的边界框集中在图像中心。三是边界框的宽高比分析揭示了大豆玉米带状复合种植倾向于更宽的边界框。

对比上图可见,在数据集的制作中,GF7 相比较 GF1 的数据空间分布更均匀,并且数据标签之间的相关性更强,数据集质量更优。

(二)模型的训练

本文 YOLO v8 模型在 PyTorch 框架下实现,编程语言为 Python,使用的操作系统为 Linux Ubuntu 20.04,CPU 配置是 inter i9－7920X,GPU 配置为 NVIDIA RTX2080TI＊4(见表 4)。

表 4　模型环境搭建表

环境	名称
操作系统	Linux Ubuntu 20.04
CPU	inter i9－7920X
GPU	NVIDIA RTX2080TI＊4
编程语言	Python
深度学习框架	Pytorch-1.12.1 框架
依赖项	Numpy,PIL,Adam W,Poly

为提高模型精度,本文采用 YOLO v8 进行复合种植农作物分割训练,样本分为 GF1 和 GF7 两种,分别训练出两个模型(见表 5)。

表 5　训练超参数

超参数名称	参数值
Batch size	1
迭代次数	1000
Adam W 优化器学习率	0.00006
beta 值	(0.9,0.999)
权重衰减系数	0.01

利用训练集进行复合种植农作物分割模型训练。采用交叉熵损失函数衡量预测值与真实标签之间的差异,Adam W 优化器进行迭代优化。每一个训练样本保持原始的像素大小,Batch size 大小设置为 1 以保证训练过程中 GPU 使用效率最大化,训练过程中小批量样本从训练数据随机选取。迭代次数是整个模型训练的次数,本文将迭代次数设置为 1000。超参数的设置都是经过交叉验证得到。其中学习策略采用“Poly”方法,Adam W 优化器学习率设置为 0.00006,beta 值设置为(0.9,0.999),权重衰减设置为 0.01。

(三)实验结果与分析

1. 样本提取效果

利用安徽省 2023 年 8 月 GF1 和 GF7 可见光影像进行复合种植农作物分割,读取影像红、绿、蓝三个波段,提取效果如图 21 所示。

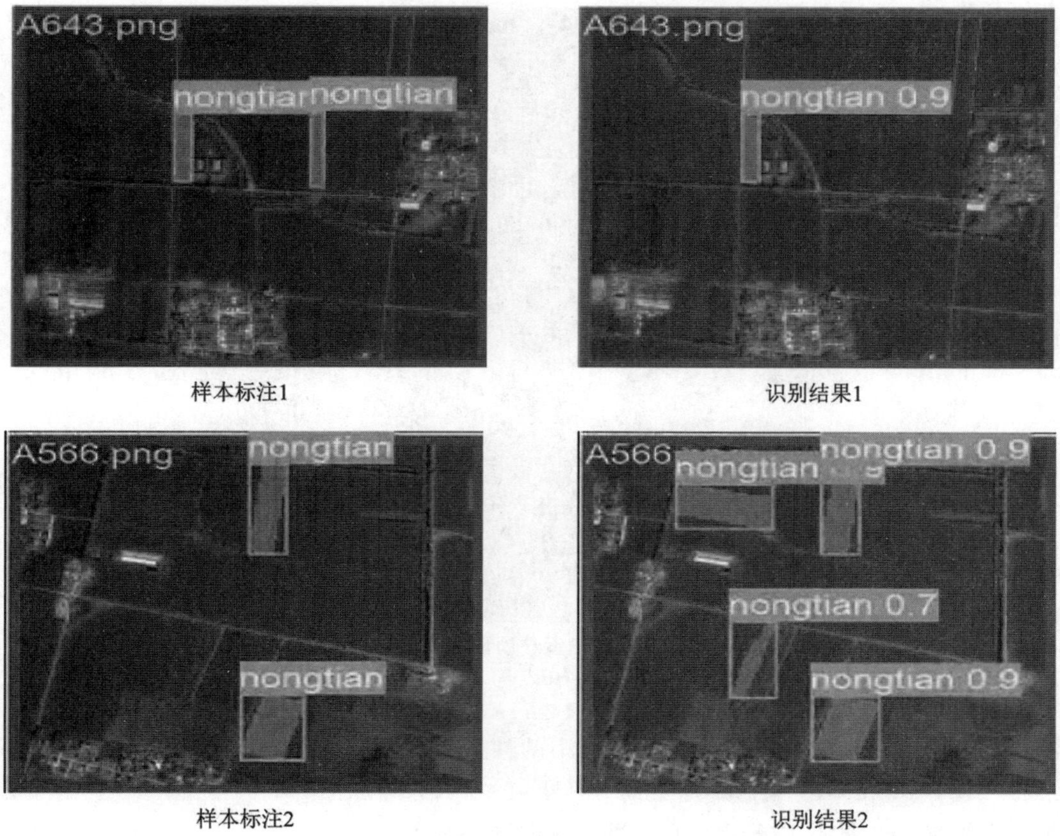

图 21　GF1 样本标注与识别结果

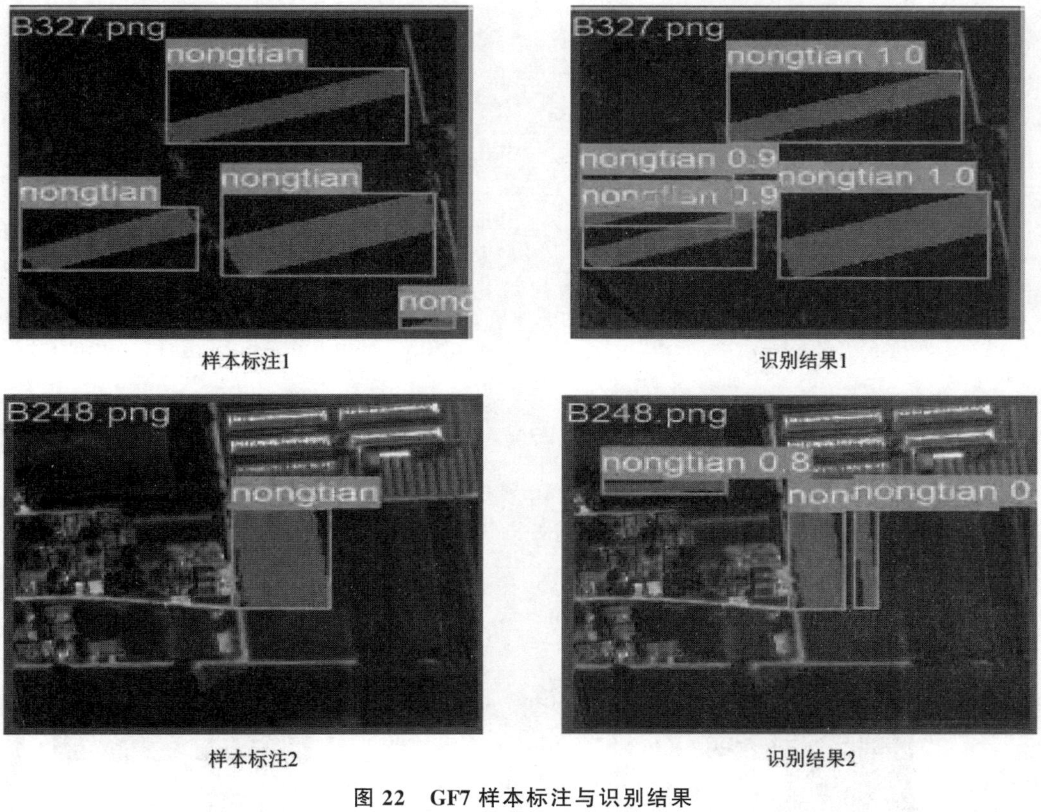

图 22　GF7 样本标注与识别结果

在模型训练过程中，通过交叉验证确定最优超参数配置，用于 GF1 和 GF7 可见光遥感影像的复合种植农作物样本集训练。训练过程中，依靠交叉熵损失函数和迭代优化，确保了模型训练的高效和稳定。通过多次迭代训练，模型的精度指标逐渐提升并趋于稳定，最终达到了理想的训练效果，可以完成大豆玉米带状复合种植自动识别(见图 23)。

GF1
自动
识别
结果

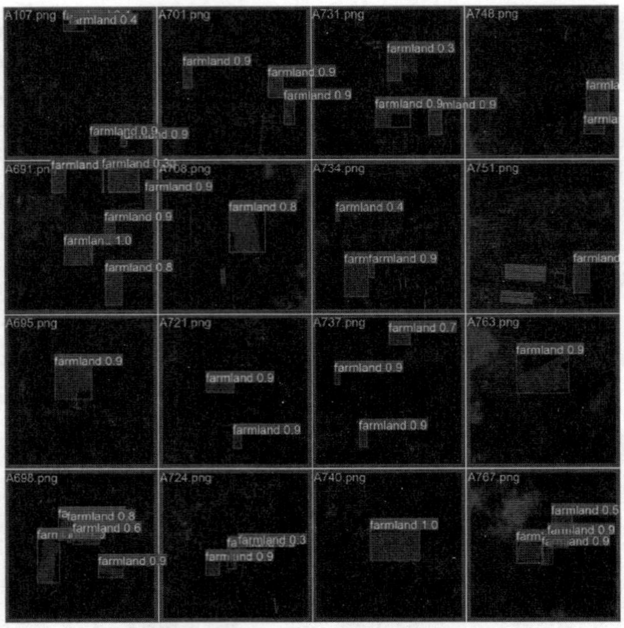

图 23　模型自动识别结果

2. 混淆矩阵检验

使用混淆矩阵评估机器学习模型在分类任务中的性能，以矩阵的形式展示模型预测的正确与错误数量。对比来看，识别模型在 GF7 遥感影像上的分类更好一些，分析原因为 GF7 遥感影像本身清晰度更高，训练数据集制作的质量也更优一些，因此在识别结果中效果更好(见图 24)。

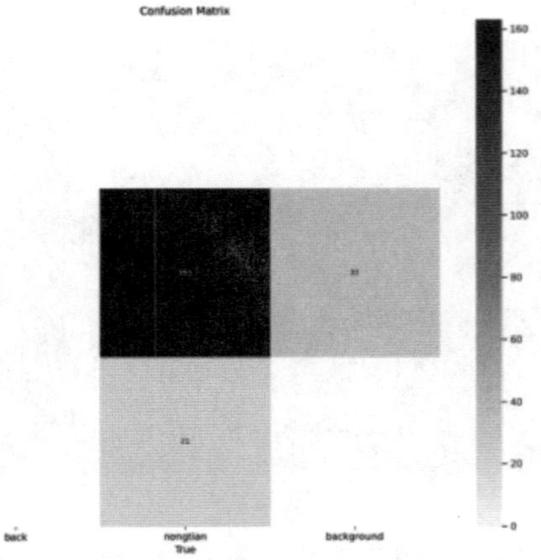

GF7_confusion_matrix

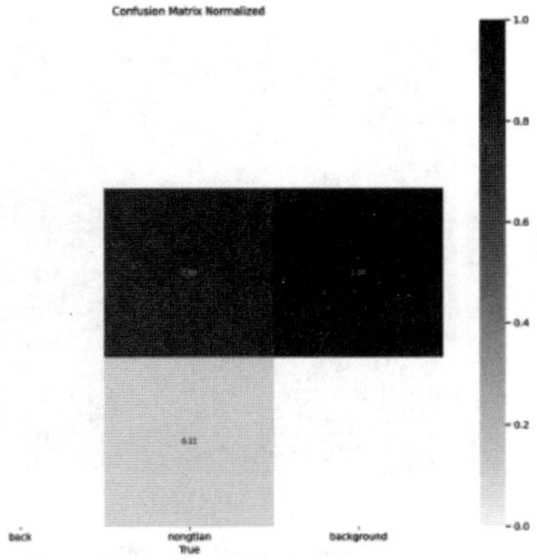

GF7_confusion_matrix_normalized

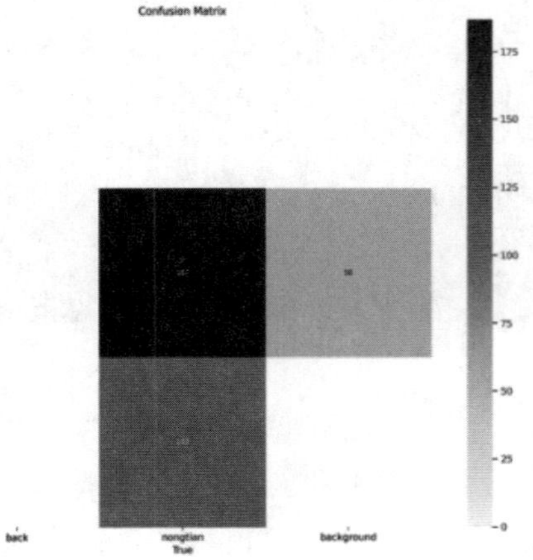

GF1_confusion_matrix

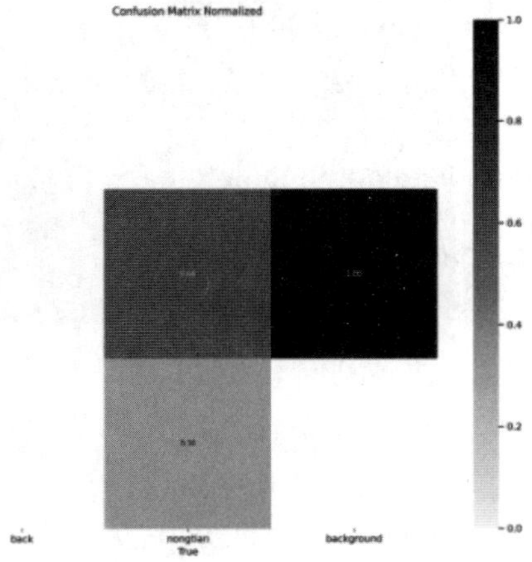

GF1_confusion_matrix_normalized

图 24　遥感影像分类效果示意图

3. 精度对比

(1)正确率和查全率(见图 25)。

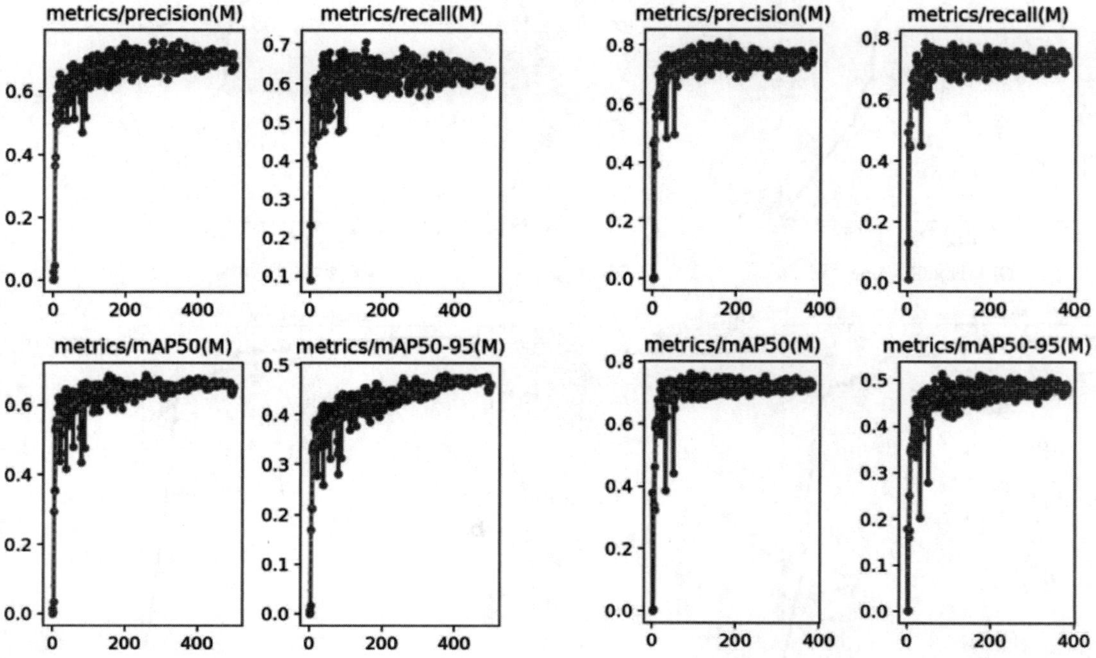

GF1　　　　GF7

图 25　模型训练结果

基于 GF1 和 GF7 样本的复合种植农作物分割模型训练完成最大迭代次数为 1000 次,在第 400 次时,精度指标表现最优,大豆玉米带状复合种植农作物分割样本的训练集精度如表 6 所示。

表 6　训练结果对比

指标	GF1 训练结果	GF7 训练结果
正确率	0.70	0.92
查全率	0.65	0.89
mAP50	0.70	0.89
mAP50－95	0.50	0.69

对比来看,在 YOLOv8 识别模型中,GF1 与 GF7 遥感影像上识别的精度差异性较大。GF7 影像的正确率、查全率远高于 GF1 影像。初步分析原因,主要为原始数据的分辨率差异性,其次为 GF7 的亮度、纹理均优于 GF1,更利于机器学习。

(2)P-R 曲线和 F1-score。

P-R 曲线下方面积占比越大,代表模型的预测能力更强。对比来看,识别模型在识别 GF7 影像时精度比 GF1 影像更高。在 F1 曲线中,置信度阈值在 0.2－0.8 区间时,识别模型在 GF7 影像的 F1 分数远高于 GF1 影像,可见模型在 GF7 上的效果会更好一些。

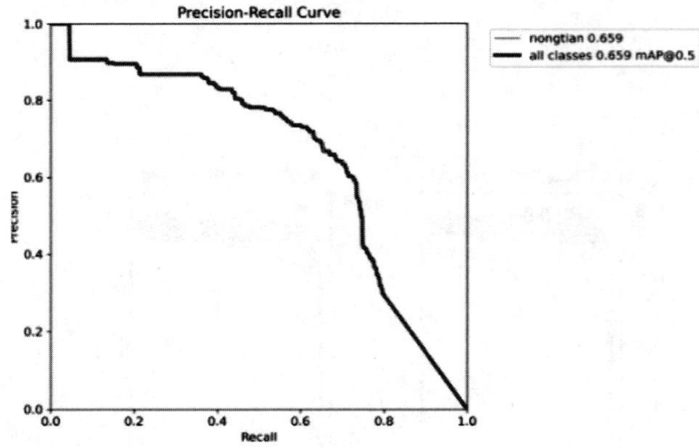

GF1_boxPR_curve

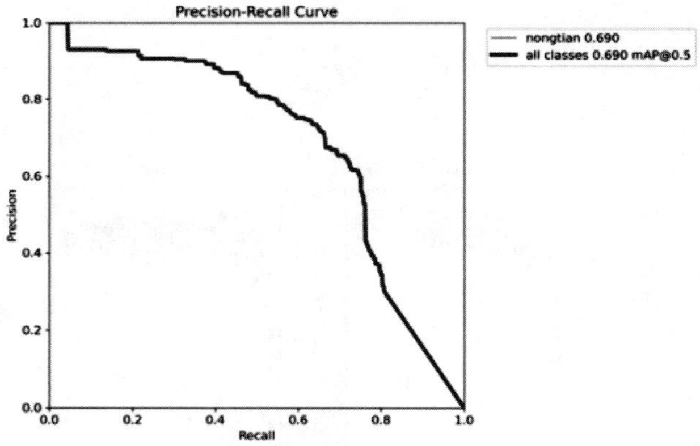

GF1_MaskPR_curve

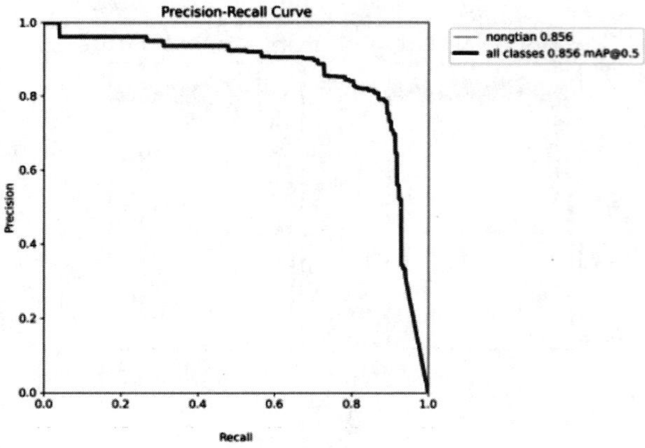

GF7_boxPR_curve

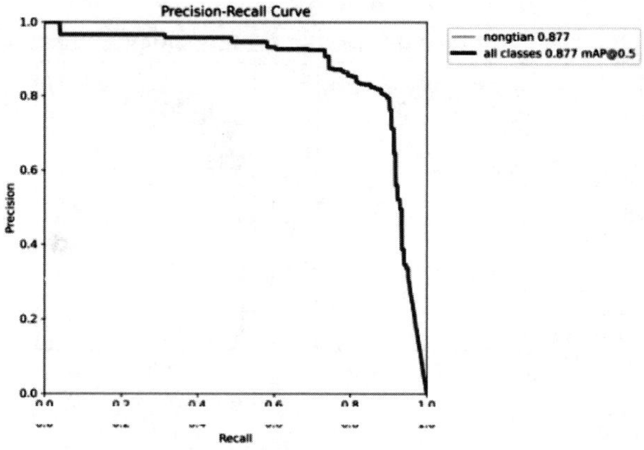

GF7_MaskPR_curve

图 26　PR 曲线对比

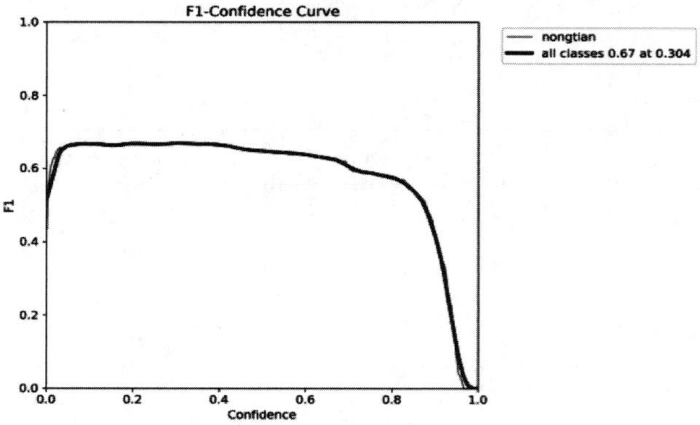

GF1_boxF1_curve

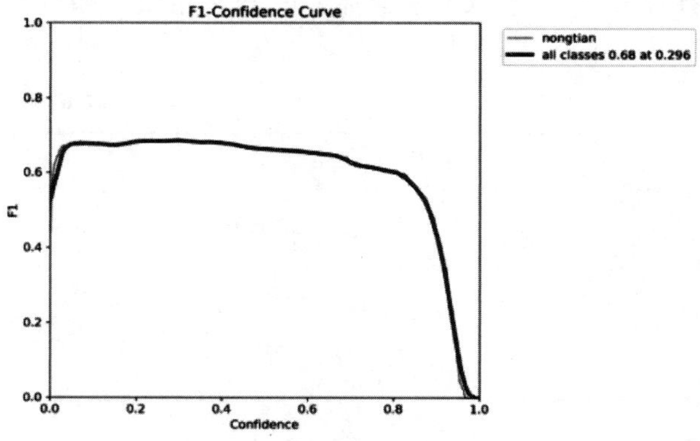

GF1_MaskF1_curve

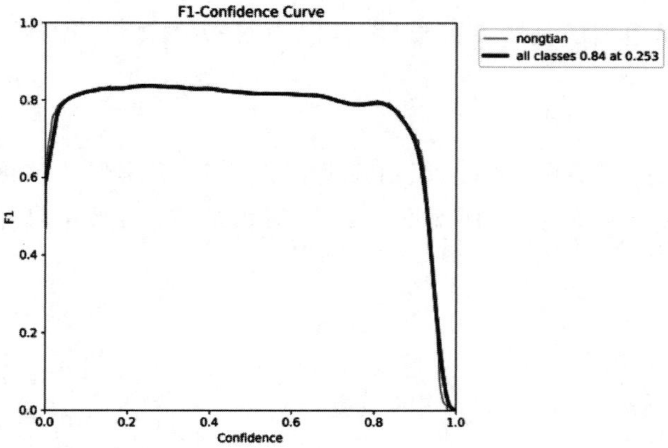

GF7_boxF1_curve

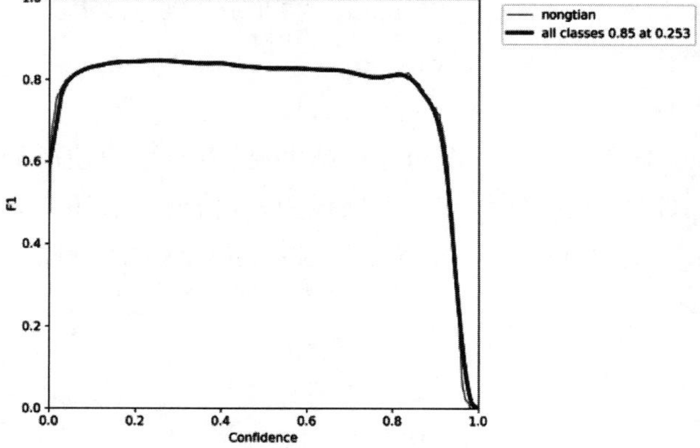

GF7_MaskF1_curve

图 27　F1 分数对比

(四)模型精度验证

为进一步验证正确率,我们在GF1影像监测范围内,对比2506个人工勾画地块结果和自动识别地块结果显示,人工勾画地块面积4577.8万平方米,自动提取的地块面积4173.8万平方米,精度为91.17%。在GF7影像监测范围内,对比1130个人工勾画地块结果和自动识别地块结果显示,人工勾画地块面积为1704.9万平方米,自动提取的地块面积为1554.2万平方米,精度为91.16%。

为进一步验证查全率,在GF1影像监测范围内,自动提取地块11683个,随机抽选2799个大豆玉米带状复合种植地块进行人工勾画,空间位置相交的地块2506个,293个地块未被自动提取出来,查全率为89.53%,遗漏率为10.47%。在GF7影像监测范围内,自动提取地块6514个,随机抽选1319个大豆玉米带状复合种植地块进行人工勾画,空间位置相交的地块1271个,48个地块未被自动提取出来,查全率为96.36%,遗漏率3.64%。

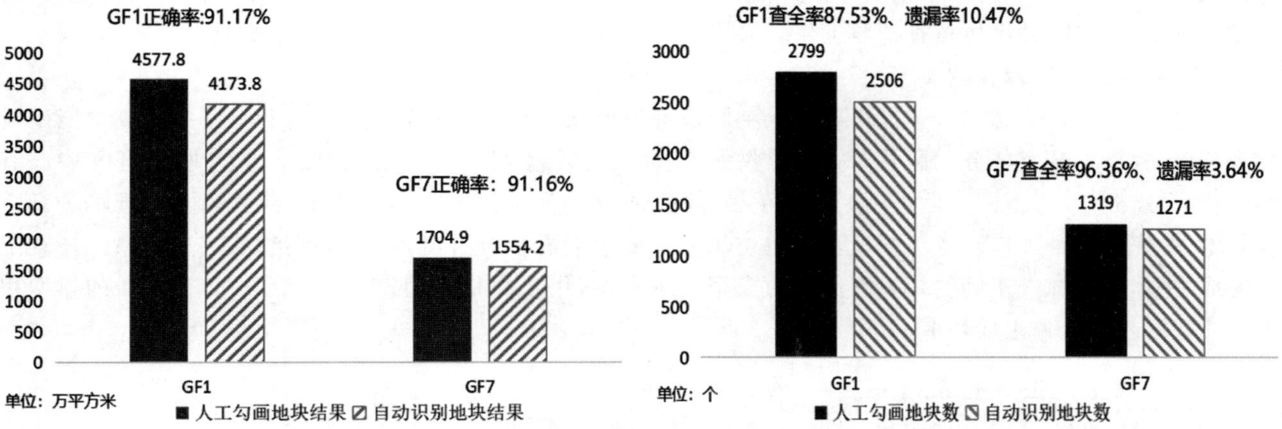

图28　模型精度检验

六、自动识别系统介绍

为发挥大豆玉米带状复合种植自动识别模型的实用性,通过Python程序开发了安徽复合种植面积核查管理系统。该系统拥有数据展示、任务管理、数据管理、模型管理等功能,电脑端和手机端均可操作。能够实时、高效地处理大量遥感影像并与现场调查数据进行对比,通过自动识别系统实现调查资源优化。

(一)系统功能介绍

1. WEB端

(1)数据展示功能。

按照展示层级分为省—市—县—镇—村5个级别进行展示,用户可在展示界面选择需要查看的地块,展示地图自动跳转到地块所在位置,并展示地块当前核查的情况,对已经完成核查的地块,会同步展示现场核查图片。

(2)任务管理功能。

任务生成功能。管理员选择需要进行识别的影像数据和行政区划矢量数据,按区县为最小单位自动生成识别结果。

任务下发功能。管理员可以选择单独给某一个区县下发核查任务,也可以批量下发核查任务。对自动识别的地块核查工作,可以随机按比例筛选一定数量的地块进行核查,也可以全部进行核查。

(3)数据管理功能。

数据管理功能会对当前数据分类进行统计,主要统计内容包括需要核查的总面积和总地块数、已完成核查的总面积和地块数、未完成核查的总面积和地块数、已完成核查任务的用户、未完成核查任务的用户、自动识别正确的总面积和地块数、自动识别正确率。

影像管理用于管理每年用于自动识别的卫星影像,修改影像存放路径。矢量管理由于区域行政级别或行政代码可能会变动,方便对行政区划进行删除或上传。行政区划数据主要是用于数据分发,将自动识别结果进行区分,按区县生成核查任务。报告管理对于完成了核查任务的单位,可以生成核查报告,报告包含核查的面积、地块数量、识别结果正确率。

(4)模型管理功能。

为不断提升模型的识别准确率,在每年完成核查任务之后,针对识别正确的块进行标记,生成学习样本,用于后续模型训练。提供样本编辑功能,可对明显标记错误的样本手动删除,利用重新标记的样本进行模型训练,提升模型的精确度,进一步提升核查任务的效率。

2. 移动端

(1)地图展示功能。

县级用户在收到核查任务后,登录APP软件,在软件界面上会显示需要核查的地块,按照层级县一镇一村三级可查看已完成核查、未完成核查的地块。

(2)地块核查功能。

APP提供导航功能,对不熟悉地方可导航到地块。现场填报地块是否属于复合种植,并拍摄1—3张照片,核查拍照限制在地块10米范围内,超出范围不可拍照。对于实地有地块,但未自动识别出来的地块,可手动新增添加地块,并完成核查拍照工作。

(二)系统运行流程介绍

管理员在登录账号之后,选择正确的卫星影像和行政区划数据,通过任务管理中的任务生成功能生成核查任务,并下发核查任务。区县调查人员收到核查任务,通过APP进行实地核查。对于核查任务中已有的地块,导航到10米范围内后可判断核查正确,并提供拍照。对于识别遗漏,实地存在的地块,现场进行手动新增,并完成核查工作。各级管理员和单位用户可随时查看核查进度,在web端查看核查信息。核查工作完成之后,利用核查正确的结果制作新的模型训练样本,用于优化模型,提升模型识别精度,新的模型用于下一次的核查任务生成环节。

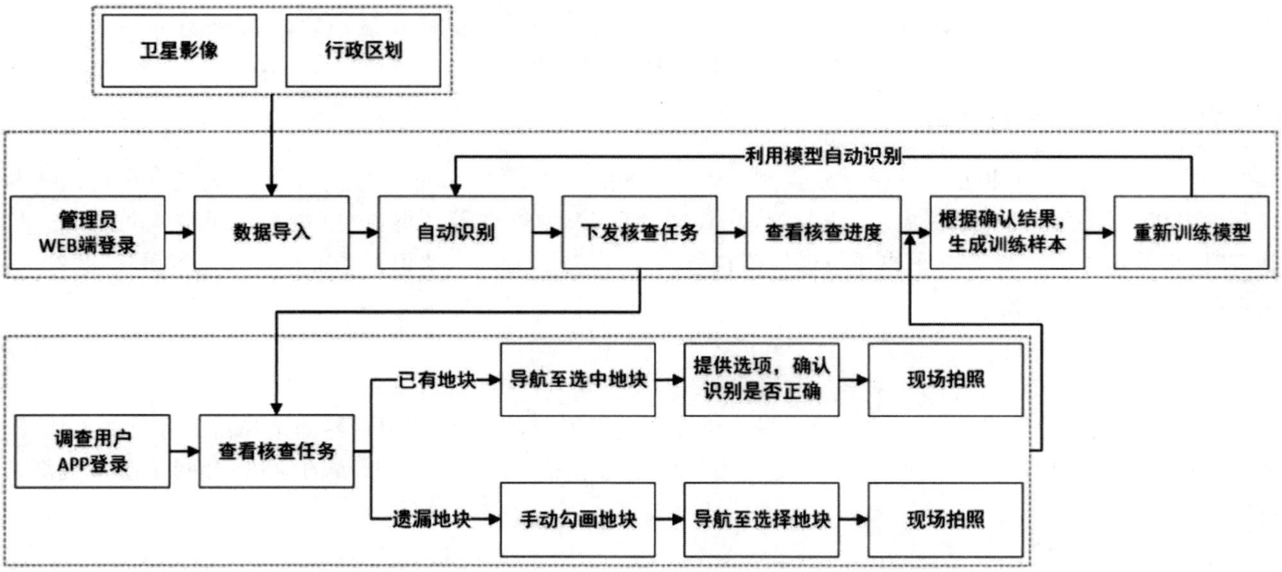

图29　系统运行流程图

(三)系统自动识别精度

为分析系统遥感影像的整体自动识别效果,随机人工勾画地块4118个,总面积达到6687.7万平方米。系统成功提取了18197个地块,在这些数据中,有3777个地块的空间位置与人工勾画地块位置相交,覆盖面积为6282.7万平方米。根据这些数据,系统自动识别准确率达91.72%,面积精度达93.94%。

(四)系统整体优势

1. 高效性。自动识别模型能够快速处理大量的遥感影像数据,显著提升作物面积提取的效率。在数据量合格的情况下,提取安徽40个县复合种植地块仅需要8个小时,地块覆盖率优于90%以上,效率远高于传统人工方法。

2. 实时性。调查员利用平台软件进行核查,在现场即时记录调查数据,包括地理位置、图片等,并实时上传至数据管理平台,实现数据的即时同步和共享,管理人员能随时登录查看核查进度。

3. 资源优化。在进行大范围区域作物面积提取时,凭借自动识别模型能够在较短时间内处理海量的数据,从而极大程度地降低人力、物力以及时间成本。与此同时,还能够缩减核查人员在户外高温环境下的工作时长,确保人员安全。相较而言,自动识别系统能够削减70%的常规调查成本。

七、结论与展望

(一)研究结论

本次研究基于深度学习技术,构建并训练了一个针对大豆玉米带状复合种植体系的图像分割模型,同时结合图像识别模型开发自动识别系统。模型在安徽省2023年8月采集的GF1与GF7可见光遥感影像测试中展现出了不同的性能。具体而言,两者精确率相差无几,但GF7遥感影像上的查全率、预测能力和稳健性更优一些。这一结果不仅证明了模型的可靠性,也展示了其对大豆玉米带状复合种植区域的准确识别能力。该自动识别系统准确率达到91.72%,面积精度达到93.94%。这些成果不仅体现了深度学习技术在农业遥感领域的应用潜力,也为未来农作物的监测提供了强有力的技术支持。

(二)应用前景展望

一是高效性与精准性大幅提高。在当前安徽农业遥感监测核查中,大豆玉米带状复合种植面积核查主要依赖人工目视解译,其效率难以取得实质性突破。本研究实现了基于卷积神经网络的大豆玉米带状复合种植自动识别,显著提升了数据收集效率,减少了人力需求,缩短了调查周期,实现了高精度识别,降低了误差率。随着卷积神经网络和其他人工智能技术应用的日益成熟和推广,未来农业监测可以依靠自动化系统,实现更精准、实时、高效的数据支持,从而减少人工干预,提高数据质量。

二是统计建模推动统计调查方式改革。本研究不仅应用了YOLO v8算法,还深入分析了其性能,包括对精确度、查全率等关键性能指标的评估。既为进一步优化和应用模型积累了经验,也为高效开展大豆玉米带状复合种植调查提供了新技术方案,有利于促进"全面统计+抽样调查+遥感监测"一体化新调查模式应用,推动现代科技与传统调查的深度融合,为统计改革向纵深发展提供新的思路,加速智慧统计的发展。

三是可复制与可推广的系统开发。依托于本次建模训练的成果,我们成功探索并开发了一套遥感数据处理与实地核查系统。该系统经过一系列严格的测试,凭借其模块化设计、良好的用户体验、高效的数据处理和算法优化等优势展现出很强的可复制性和可推广性,有潜力被广泛应用,有利于在全国范围内提升统计调查监测手段和管理水平。系统开发得到国家统计局农村司认可与支持,具有很大的应用推广价值。

【参考文献】

[1] 陈昊明. 基于深度学习的遥感图像目标检测模型综述[J]. 电脑编程技巧与维护,2020,(10):134－136.

[2] 常亮,邓小明,周明全,武仲科,袁野,杨硕,王宏安. 图像理解中的卷积神经网络[J]. 自动化学报,2016,42(09):1300－1312.

[3] 陈永波,王秋红,张修宝. 大豆玉米带状复合种植发展现状及对策建议——以贵阳市为例[J]. 耕作与栽培,2023,43(02):148－150.

[4] 陈伟. 轻量卷积神经网络遥感影像目标检测方法[J]. 北京测绘,2022,36(02):178－183.

[5] 丁华锋. 科技创新推动产业创新加快形成新质生产力[J]. 中国科技产业,2024,(03):24－25.

[6] 丁娅萍,陈仲新. 基于最小距离法的RADARSAT-2遥感数据旱地作物识别[J]. 中国农业资源与区划,2014(06):79－84.

[7] 冯齐心,杨辽,王伟胜,陈桃,黄双燕. 基于时序光谱重构的卷积神经网络遥感农作物分类[J]. 中国科学院大学学报,2020,37(05):619－628.

[8] 黄郁毅. 发展大豆玉米带状复合种植实现"一地三收"——记贵港市平南县三联种植专业合作社[J]. 中国农民合作社,2023,(12):28.

[9] 蒋睿,杨靖欣,桂承熙. 深度学习在遥感图像处理中的应用[J]. 无线互联科技,2022,19(05):89－92.

[10] 蒋正锋,何韬,施艳玲等. 融合卷积注意力机制与深度残差网络的遥感图像分类[J]. 激光杂志,2022,43(04):76－81.

[11] 刘大伟,韩玲,韩晓勇. 基于深度学习的高分辨率遥感影像分类研究[J]. 光学学报,2016,36(04):306

—314.
[12] 刘国栋,邬明权,牛铮,等.基于GF-1卫星数据的农作物种植面积遥感抽样调查方法[J].农业工程学报,2015,31(05):160—166.
[13] 刘倩,陈时雨,蔡杨等.顾及空间信息与全卷积神经网络的高分辨率遥感影像分类方法[J].测绘地理信息,2020,45(04):93—99.
[14] 陆文,陆英燕,吕群星.大豆玉米带状复合种植模式及效益比较[J].耕作与栽培,2023,43(03):153—154.
[15] 雷忠腾,宋杰.基于卷积神经网络模型Faster R-CNN的遥感影像目标识别研究[J].测绘与空间地理信息,2021,44(01):149—151+155.
[16] 母少东,赵勤学,邓小华等.黔北地区大豆—玉米带状复合种植效益分析[J].安徽农业科学,2024,52(03):19—23.
[17] 乔枫,李党辉,谢敏.基于GF-1影像的珍宝岛自然保护区土地覆盖变化分析[J].地理空间信息,2019,17(07):22—26+9.
[18] 苏在东.大豆玉米带状复合种植模式的尝试与探索[J].河北农业,2024,(02):40—41.
[19] 唐杰,罗彦波,李翔宇等.基于近红外光谱数据的一维卷积神经网络模型研究[J].光谱学与光谱分析,2024,44(03):731—736.
[20] 王飞龙,董寿银,万术海等.基于高分辨率遥感影像的建筑物提取方法研究[J].测绘技术装备,2023,25(04):29—33.
[21] 王敏,徐旭,侯晓晓."双碳"战略下河南省二手车客户满意度影响因素分析[J].专用汽车,2023,(03):4—7.
[22] 徐文娜.基于高分辨率全卷积网络的遥感影像耕地提取方法研究[D].中国科学院大学(中国科学院深圳先进技术研究院),2020.[23] 杨少敏,张戬,高雅.基于深度学习的高分辨率遥感影像解译技术研究[J].江苏科技信息,2020,37(04):37—41.
[24] 袁晓婷,汤松,罗凯等.大豆玉米带状复合种植产量与效益分析——基于全国16个示范省(市、区)的调查数据[J].四川农业大学学报,2023,41(05):834—841+872.
[25] Chen L C,Papandreou G,Schroff F,et al. R
[26] Le Cun Y,Bottou L,Bengio Y,et al. Gradient-based learning applied to document recognition[J]. Proceedings of the IEEE,1998,86(11):2278—2324.
[27] Moya L,Zakeri H,Yamazaki F. 3D gray level co-occurrence matrix and its application to identifying collapsed buildings[J]. ISPRS Journal of Photogrammetry and Remote Sensing,2019,149(MAR.):14—28.

企业数字化转型的劳动就业效应研究
——基于A股上市公司数据的经验研究

国家统计局福建调查总队　范春霞　张筱莉　黄　莹

摘　要

近年来，数字化转型在实现技术创新、推动高质量发展过程中发挥重要作用，在催生大量就业方式和就业岗位的同时，也可能引起劳动力技能、创新效应等需求变化，进而打破企业劳动就业原有的供求平衡。因此，本文基于2010—2020年中国A股上市公司数据，围绕数字化转型与企业劳动就业之间的关系展开研究。研究发现：第一，企业数字化转型显著促进了劳动就业规模的扩大；第二，企业数字化转型显著改善了劳动就业结构；第三，企业数字化转型通过提高企业生产效率及企业规模作用路径影响劳动就业规模和就业结构；第四，不同所有制、行业、地域、基础设施水平、经济区域的企业数字化转型的劳动就业效应存在异质性。

关键词：数字化转型；就业规模；就业结构；效应

一、引言

在经济发展新常态下，大数据、人工智能等数字化技术与实体经济的深度融合问题备受关注。2024年《政府工作报告》指出："实施制造业数字化转型行动，加快工业互联网规模化应用，推进服务业数字化，建设智慧城市、数字乡村。深入开展中小企业数字化赋能专项行动。支持平台企业在促进创新、增加就业、国际竞争中大显身手（李强，2024）。"但是，数字化应用与转型在实现技术创新、推动企业发展的同时，势必改变企业原有的生产经营方式和关系，引起企业关于劳动力技能、创新效应等结构的需求变化，进而对劳动就业产生适应性变革（肖土盛等，2022）。

20世纪初，Keynes J M（2010）预测未来90年里世界将经历一场"技术型失业"。数字化技术的广泛应用和数字化转型的深入推进，引发人们对就业问题的担忧。那么，企业作为劳动力聘用的主体，其数字化转型是否引致失业？现有文献未达成一致结论，但数字化转型为劳动力市场带来新的机遇和挑战，其在催生新的就业方式和就业岗位的同时，也为就业增加了不稳定因素，可能出现"优质劳动力短缺"与"一般劳动力过剩"的矛盾现象。可见，企业数字化转型对劳动就业的影响具有多维性和复杂性。因此，深入探索企业数字化转型对劳动就业的影响效应，有助于了解企业在稳定岗位、保障就业和实现高质量发展战略目标中发挥的作用，为实现高质量就业提供重要抓手。

二、文献述评

目前，学术界关于数字化转型与劳动就业的研究主要涉及对劳动就业的总体影响、规模影响和结构影响等层面。

（一）数字化转型对劳动就业的总体影响

数字化转型推进数字经济与实体经济的融合进程，也对劳动就业产生深远影响。从要素重组升级视角看，在数字要素重组升级的过程中，劳动生产要素会逐渐流入服务业部门，引起其在GDP中所占的比重上升，即"鲍莫尔病"效应（Baumol，1967）。从数字化治理角度看，数字化治理方式降低交易成本，改善制度环境，也相应增加对数字化治理所需人才的投入（赵云辉等，2019）。另外，在数字经济背景下，掌握关键核心技术的人才决定企业的发展命运（陈德球等，2022）。从劳动力流动性视角看，数字技术应用推动线上交易、共享经济的发展,不仅创造出新的工作岗位(莫怡青等,2022),而且可根据劳动者技能水平高低进行有效的社会分工,即促进农村地区低技能劳动力向非农行业流动,高技能劳动力则可借助工业互联网的发展流动到数字化、高技能的非农行业,推动劳动力的行业流动(田鸽等,2022)。

(二)数字化转型对就业规模的影响

数字化转型对就业规模的影响研究主要有以下三种观点。第一,替代效应学说认为,技术进步对就业造成一定程度的破坏,导致"技术性失业",进而实现劳动力就业质量的整体提升(郑美华等,2024)。从用工需求看,企业数字化与智能化易产生"就业极化"现象,即增加高教育程度劳动力的需求,减少低教育程度劳动力的需求(孙早等,2019)。第二,创造效应学说认为,技术进步有助于创造新就业岗位,进而促进就业水平的提升。一方面,信息通信技术的广泛应用和互联网行业的蓬勃发展创造了大量的就业岗位(戚聿东等,2020)。另一方面,数字化转型不仅通过规模效应扩大企业就业规模,而且企业高学历、高技能型人才占比可有效提高(赵宸宇,2023)。第三,替代效应和创造效应并存。分层级看,智能化对高技能劳动者的就业量有创造效应,对中技能劳动者的就业量有替代效应,对低技能劳动力的就业量没有显著影响(陈晓等,2020)。分行业看,智能化对制造业的就业量有替代效应,对服务业的就业量有创造效应,对劳动者就业总量没有影响(王文,2020)。

(三)数字化转型对劳动结构的影响

数字化转型对就业结构的影响研究主要涉及以下两个方面:一是数字化转型对不同技能劳动者产生就业影响,二是数字化转型对不同产业劳动者产生就业影响。从不同技能劳动就业视角看,部分学者认为:数字化转型有助于企业员工聘用结构的升级和优化(谭伟杰等,2023),主要认为数字技术通过改善劳动关系和企业人力资源管理结构实现高质量就业(丁守海等,2018)。李舒沁等(2021)提出:人工智能技术对劳动力的就业需求存在显著的两极化现象,智能化有助于提高高技能劳动者的就业份额,降低低技能劳动者的就业份额,而对中技能劳动者就业份额的影响未达成共识。从不同产业劳动就业视角看,数字化转型在与传统产业深度融合的过程中必然促进劳动力在不同产业间的流动,最终导致不同产业间的就业差异。第一,农业生产部门的就业替代受人工智能的影响较小(Frey et al.,2017),制造业部门的劳动力就业更容易受人工智能替代效应的影响(Yin et al.,2017),服务业劳动者受人工智能替代效应的影响也比较小(Deming et al.,2017)。第二,数字化转型发展先抑制再提升制造业就业水平,对传统产业的就业呈正"U"型变化趋势,同时促进第三产业就业增加(杨骁等,2022;叶胥等,2021)。

梳理文献发现,仍存一些问题待研究:第一,多数研究从宏观层面研究人工智能等数字技术对就业和劳动市场的影响,而微观企业层面的分析较为有限。第二,数字化转型对就业的影响仍未达成共识。第三,现有研究未能很好地揭示数字化技术应用影响企业就业规模、就业结构的具体内在渠道,以及对于不同类型企业、行业和地区的影响差异性的研究仍然不足。

三、理论分析与研究假说

(一)理论基础

1. 熊彼特技术创新理论

熊彼特(2000)首次提出了"技术创新理论",并以此为基础发展了经济周期理论,对经济周期中出现的失业危机进行了解释。他认为,技术创新是资本主义经济增长的主要动力,而创新的动力是源于"资本主义企业创造的新的消费品、新生产方法或运输方法、新市场、新产业组织形式"。此外,熊彼特(2016)首次阐述了"创新的本质就是创造性破坏"的思想,即创新是"不断地从内部使这个经济结构革命化,不断地破坏旧结构,不断地创造新结构" 的过程。他强调,产业的创造性破坏伴随着劳动力就业市场的创造性破坏,其对就业的直接影响是指,当技术进步速度加快时,新创造的工作岗位寿命变短,技术进步对就业的破坏速度增强。

2."技术一经济范式"理论

范式是指在某一专业领域为各学派所广泛接受的概念方法和实践规范(库恩,2023)。以 Freeman (1988)和 Perez(1983)为代表的技术创新经济学派(又称为新熊彼特学派)将技术创新纳入经济理论的分析框架中,重新对技术进步的作用进行研究,提出"技术一经济范式"理论并阐述其对就业影响的作用机理,从而修正并发展了熊彼特有关技术进步就业效应的研究。每一次技术革命必然伴随着一系列相互联系的技术、制度和管理变革的组合，这意味着与技术浪潮密切相关的经济行为、劳动组织、社会制度等都经历了深刻的变化，并对资本积累、劳动就业和收入分配产生影响。但是受制于旧社会制度的限制，新兴产业中的投资对就业的创造效应还不足以弥补成本节约所带来的就业损失，从而导致较高程度的失业持续存在。

总的来看，企业数字化转型是指企业通过数字技术的使用实现其生产方式、业务流程的重组与革新，进而达到降低经营成本、提高经济效率目的的转型升级过程。这一过程不仅是企业内部技术的变革与创新，也是企业人员规模、结构和组织架构优化的过程。基于以上理论，革命性的技术进步，会引起经济社会体系的重大变动，从而形成与该技术变革相适应且相对稳定的新经济发展范式（perez，1983）。企业数字化转型与劳动就业的变动是“技术一经济”范式的重要一环，在数字经济范式中，由企业引领的数字化转型推动了劳动力在就业规模、就业结构等方面的质变和量变（谭伟杰等 2023）。

（二）理论框架与研究假说

企业数字化转型注重数字技术在企业生产经营过程中的应用，主要用于改进企业生产经营系统、核心业务流程、商业模式等（Wu et al.，2019）。因此，本文构建 CES 生产函数，并借鉴 Freeman（1988）等的做法，引入数字化转型技术特征，从理论上分析企业数字化转型对劳动就业的影响及其作用机理。

1．劳动就业的规模模型

本文假设企业在完全竞争性劳动力市场中，使用技术、资本、劳动等要素投入进行生产，将生产函数设定为以下形式：

$$Y_t = A_t K_t^{\alpha} L_t^{1-\alpha} \tag{1}$$

Y_t、A_t、K_t 和 L_t 分别表示企业 t 时的总产出、数字化转型技术特征、资本和劳动力数量。α 和 $1-\alpha$ 分别表示资本和劳动的投入比例。数字化转型在实际生产中对资本、劳动力的影响可能是有偏的，表现为技能偏向型技术进步。因此，由式（1）分别对 K、L 求偏导，分别得到以下表达式：

$$\frac{\partial Y_t}{\partial K_t} = \alpha A_t K_t^{\alpha-1} L_t^{1-\alpha} = r = \frac{\alpha Y_t}{K_t} \tag{2}$$

$$\frac{\partial Y_t}{\partial L_t} = (1-\alpha) A_t K_t^{\alpha} L_t^{-\alpha} = w \tag{3}$$

联立（2）和（3）可得式（4）：

$$L_t = (1-\alpha)^{\frac{1}{\alpha}} A_t^{\frac{1}{\alpha}} w^{-\frac{1}{\alpha}} \frac{\alpha Y_t}{r} \tag{4}$$

其中，w 为工资水平，r 为利润。通过式（4）可知，劳动力数量受要素投入比例、数字技术应用、工资水平、利润、总产出等因素影响。

2．劳动就业的结构模型

继续拓展式（1），假设企业在完全竞争性劳动力市场中，使用高技能劳动者和低技能劳动者两类投入要素进行生产，为简化分析，忽略资本投入要素，并将生产函数重新设定为以下形式：

$$Y_t = [\mu (A^{\delta^h} h_t)^{\sigma} + (1-\mu)(A^{\delta^l} l_t)^{\sigma}]^{\frac{1}{\sigma}} \tag{5}$$

其中，Y_t、h_t 和 l_t 分别表示企业 t 时的产出、高技能劳动力和低技能劳动力；参数 μ 和 $1-\mu$ 表示高技能劳动力和低技能劳动力的投入需求比例，σ 表示两种技能劳动力之间的替代弹性，令 $\sigma=(e-1)/e$，$e>0$；A 表示数字化转型技术特征；δ^h 和 δ^l 分别表示数字化转型对高技能劳动力和低技能劳动力的影响程度。数字化转型作为新兴技术，在实际生产经营过程中对不同技能劳动力的影响可能是有偏的，表现为技能偏向型技术进步。假设数字化转型在实际生产中与高技能劳动力的结合更紧密，对高技能劳动力的边际产量影响程度更大，即 $\delta^h > \delta^l$（陈贵富等 2022；陈东等，2024）。

由（5）可得高技能劳动力与低技能劳动力的技能劳动结构，即劳动就业结构，形式如（6）所示：

$$\frac{h_t}{l_t} = \left(\frac{1-\mu}{\mu}\right)^{e} A^{(e-1)(\delta^h - \delta^l)} \left(\frac{w_h}{w_l}\right)^{-e} \tag{6}$$

其中 w_h 和 w_l 分别为高技能劳动力的工资和低技能劳动力的工资。通过式（6）可知，劳动就业结构主要不同技能劳动力投入需求比例、替代弹性、数字技术、工资等因素影响。

3. 影响机制分析

(1)企业数字化转型对劳动就业规模的影响机制分析。

企业数字化转型对劳动就业规模存在创造效应和替代效应。企业在数字化转型过程中,通过引入高智能化机器、系统等方式,在短期内减少对劳动力的使用,提高生产经营效率(刘志成等,2014)。然而,从长期来看,企业生产经营效率的提高能够有效降低生产成本,促进订单销售的增长和企业规模的扩大,从而促使企业增加劳动力的投入。此外,企业数字化转型能够拓展生产经营活动的边界、平台和方式,进而增加企业的岗位和劳动力的需求。综上所述,企业数字化转型对劳动就业规模的影响可概括为图1所示。

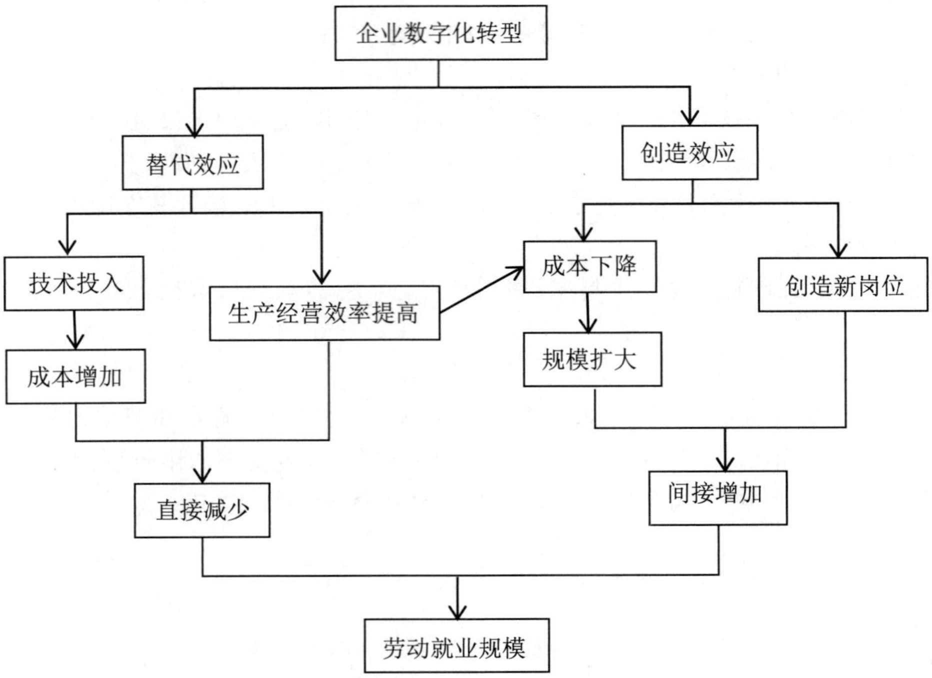

图1　企业数字化转型影响劳动就业规模的逻辑图

鉴于此,提出研究假说1:

假说1:当企业数字化转型的劳动就业替代效应占优时,企业数字化转型会降低企业劳动力就业规模;当企业数字化转型的劳动就业创造效应占优时,企业数字化转型会提升企业劳动力就业规模。

假说1中需要说明的是,企业数字化转型对简单重复劳动产生替代效应的同时,还促进企业增加创新研发,而创新研发活动需要有高素养的劳动者为支撑,促进企业增加对高技能劳动者的需求,进而创造更多就业岗位。

(2)企业数字化转型对劳动就业结构的影响机制分析。

数字化过程是人工智能、大数据、云计算、区块链等多技术协同作用的过程,继承以往技术进步的特征,表现出显著的技能偏向特征,即对高学历、技术型劳动者需求的增加(黄吉婷等,2023)。因此,数字化转型加速了"知识经济"的形成,在劳动就业结构上表现出对岗位属性和知识的偏好,即企业在进行数字化转型的过程中会推动数字技术的创新与进步,因此企业更愿意雇佣较多的高技能数字型人才。详见图2。

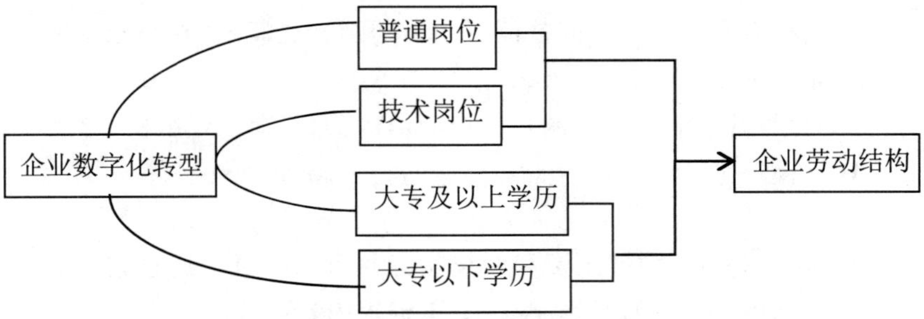

图2　企业数字化转型影响劳动就业结构的逻辑图

据此，本文提出假说2。

假说2：数字化转型将增加企业对高技能、高学历劳动者的相对需求，相对降低企业对低技能、低学历劳动者的雇用需求。

四、数据与研究设计

（一）数据来源

考虑到我国的数字经济政策演进过程大致是从2010年以后开始，结合数据可得性，本文采用2010—2020年全部A股上市公司为分析样本，首先对原始企业数据进行了如下处理：剔除终止上市、暂停上市、退市整理期的上市公司样本；剔除关键变量缺失的样本；为减少数据异常值对于实证结果的干扰，对连续型变量进行了1%的双倍缩尾处理，最终得到3559家上市公司，共计26555个年度非平衡面板观测值。本文使用的宏观数据来源于国家统计局各年度的《中国统计年鉴》，企业数据来源于CSMAR数据库。运用Stata18对样本数据进行实证分析。

（二）模型构建

双向固定效应模型（Two-way Fixed Effects Model）通过在回归模型中同时控制个体固定效应和时间固定效应来估计因果关系，以此减少由于遗漏变量偏差和不可观测的个体特质或时间趋势带来的估计偏误，便于更准确地估计变量间的因果关系。

因此，为检验企业数字化转型对劳动就业效应的影响，本文建构如下双向固定效应模型：

$$Employee_{i,t}=\alpha_0+\alpha_1 Digital_{i,t}+\alpha_2 X_{i,t}+Year_t+Firm_i+\mu_{i,t} \tag{7}$$

$$Employment_{i,t}=\beta_0+\beta_1 Digital_{i,t}+\beta_2 X_{i,t}+Year_t+Firm_i+\varepsilon_{i,t} \tag{8}$$

其中，下角标i代表企业，t代表年份；$Employee_{i,t}$表示企业劳动就业规模，$Employment_{i,t}$表示企业劳动就业结构，$Digital_{i,t}$表示企业数字化转型水平，$X_{i,t}$表示控制变量，$Year_t$表示年份固定效应，$Firm_i$表示企业个体固定效应，$\mu_{i,t}$、$\varepsilon_{i,t}$为随机扰动项。在实证分析中，为了降低不可观测因素的影响，同时控制了时间和企业固定效应，所有变量均采用经企业层面Cluster聚类稳健标准误调整的t统计量。

（三）关键变量选取与设定

1. 被解释变量

企业劳动就业规模（Employee），用企业年末员工人数的自然对数来表示。

企业劳动就业结构（Employment），依据受教育程度不同，将拥有大专及以上学历员工认定为高技能劳动者，将拥有大专以下学历员工认定为低技能劳动者，就业结构变量使用占比的形式表示，并进行对数化处理。

2. 核心解释变量

本文的核心解释变量是企业数字化转型程度（Digital），考虑到数字化转型指标通常在企业财务指标中难以显示，本文参考陈东等（2024）、黄吉婷等（2023）的做法，先构建数字化转型关键词，再使用文本分析法统计数字化转型关键词在企业年报中出现的词频，最终构建各上市公司的数字化程度指标，具体步骤如下。

第一，从人工智能技术、云计算技术、区块链技术、大数据技术和数字技术应用五个方面整理出数字化转型特征词库（陈东等，2024）。第二，由于年报中涉及企业所处行业或相关公司的描述，可能出现不属于描述企业数字化转型的关键词，容易导致词频统计结果偏高，因此本文采用文本分析法，对年报中的管理层讨论与分析（Management Discussion and Analysis，MD&A）部分进行分析，统计数字化转型关键词出现的频次。第三，为避免年报MD&A的篇幅差异对数字化转型关键词频数的影响，本文采用数字化转型相关词汇频数总和除以MD&A语段长度乘以100衡量企业数字化转型程度（Digital），详见表1。此外，在稳健性检验中，本文还采用数字化无形资产、数字化词汇总和、数字化技术创新、数字化宏微观结合等方式构建新的数字化转型指标进行检验，以增强本文结论的可信性。

表1　企业数字化转型关键词名称

数字化领域		关键词
数字化底层技术转型	人工智能技术	人工智能、商业智能、图像理解、投资决策辅助系统、智能数据分析、智能机器人、机器学习、深度学习、语义搜索、生物识别技术、人脸识别、语音识别、身份验证、自动驾驶、自然语言处理
	区块链技术	数字货币、智能合约、分布式计算、去中心化、比特币、联盟链、差分隐私技术、共识机制
	云计算技术	内存计算、云计算、流计算、图计算、物联网、多方安全计算、类脑计算、绿色计算、认知计算、融合架构、亿级并发、EB级存储、信息物理系统
	大数据技术	大数据、数据挖掘、文本挖掘、数据可视化、异构数据、征信、增强现实、混合现实、虚拟现实
数字化实践应用转型	数字技术应用	移动互联网、工业互联网、移动互联、互联网医疗、电子商务、移动支付、第三方支付、NFC支付、B2B、B2C、C2B、C2C、O2O、网联、智能穿戴、智慧农业、智能交通、智能医疗、智能客服、智能家居、智能投顾、智能文旅、智能环保、智能电网、智能能源、智能营销、数字营销、无人零售、互联网金融、数字金融、Fintech、金融科技、量化金融、开放银行

3. 控制变量

参照陈东和郭文光(2024)等代表性文献,本文选取企业、行业和地区层面的控制变量,详见表2。其中,企业层面的控制变量包括企业年龄(Age)、资产负债率(Debt)、盈利能力(ROA)、资本劳动比(KL)、贸易开放度(Trade);地区层面的控制变量选取地区人均产值(PGDP);行业层面的控制变量选取行业市场化指数(Market),以《中国分省份市场化指数报告(2021)》的省级市场化指数为基础,根据各行业产值在各省总产值占比为权重进行计算。

表2　控制变量设定及说明

符号	变量名称	变量定义
Age	企业年龄	当期年份－成立年份＋1
Debt	资产负债率	企业总负债除以企业总资产
ROA	盈利能力	企业利润总额除以主营业务收入
KL	资本劳动比	企业固定资产净额除以企业员工总数取对数
Trade	贸易开放度	企业外贸交易额与主营业务收入之比
PGDP	人均地区产值	以企业所在省份人均GDP取对数
Market	市场化指数	以《中国分省份市场化指数报告(2021)》的省级市场化指数为基础,根据各行业产值在各省总产值占比为权重进行计算

4. 描述性统计及分析

表3报告了本文主要变量的描述性统计分析结果。可以看出,上市企业员工人数均值和标准差分别为5509.7人和18630.71人,说明不同企业的员工人数差异较大。模型中企业劳动就业规模(Employee),用企业年末员工人数的自然对数来表示,均值和标准差分别为7.61和1.30。企业数字化转型程度的均值和中位数分别为0.05和0.006,呈现出明显的右偏趋势,说明上市企业数字化转型程度总体偏低,仍有上升空

表3　主要变量的描述性统计结果

变量	符号	观测数	均值	标准差	最小值	最大值
企业劳动就业规模	Employee	26555	7.61	1.30	1.61	13.22
企业劳动就业结构	Employment	26555	0.35	0.18	0.03	0.69
企业年龄	Age	26555	17.98	5.68	5.00	33.00
数字化转型程度	Digital	26555	0.05	0.11	0.00	0.62
资产负债率	Debt	26555	0.42	0.21	0.05	0.96
盈利能力	ROA	26555	0.11	0.15	−0.64	0.65
资本劳动比	lnKL	26555	13.99	1.19	10.61	17.22
贸易开放度	Trade	26555	0.11	0.19	0.00	0.87
人均地区产值	PGDP	26555	11.11	0.46	9.48	12.01
市场化指数	Market	26555	0.24	0.24	0.00	2.15

间。值得注意的是，在所选取的样本企业中，出现数字化转型程度水平为零的上市企业，这些企业主要集中在化学原料和化学制品制造业、医药制造业、专用设备制造业、房地产业等。

从图 3 可以看出，2010—2020 年，上市企业高技能劳动力占比、数字化转型程度的平均水平呈现上升的趋势，就业规模在 2015—2019 年期间有所波动，但在 2020 年又回到较高水平。图 3 初步表明企业数字化转型程度与就业规模和就业结构存在相关关系，本文将在下文的实证检验中进行更加系统全面的分析。

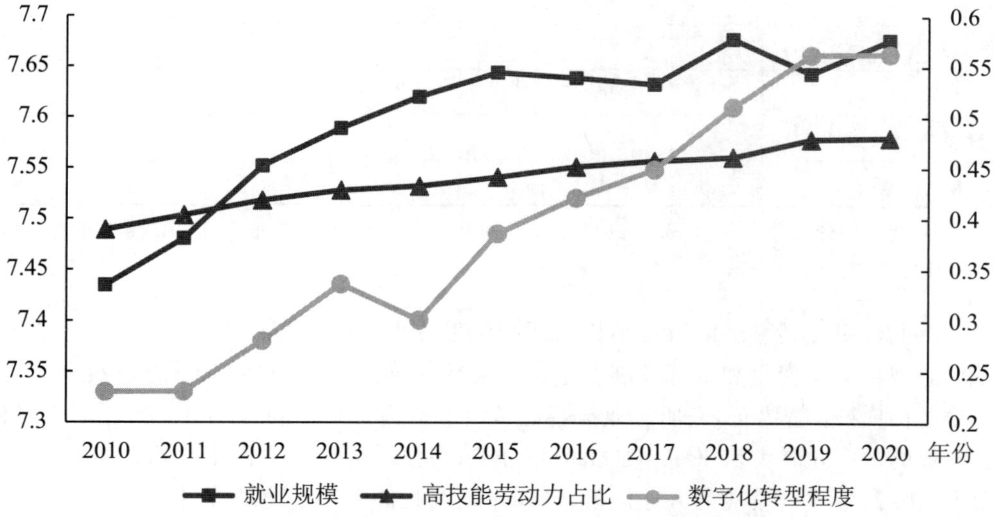

图 3　就业规模、就业结构与数字化转型程度变动趋势图

五、实证分析

(一)基准回归结果

表 4 报告了企业数字化转型影响就业规模的回归结果，第(1)列和第(2)列依次加入企业固定效应和年份固定效应，第(3)列将解释变量和全部控制变量进行滞后一期处理。估计结果显示，企业数字化转型程度 Digital 的估计系数均在 1%的水平上显著为正，这表明企业数字化转型能够促进就业规模的有效提升。在经济意义上，以第(3)列为例，企业的数字化转型水平每增加 1 个百分点，就业规模平均增加 0.4%。这可能是企业数字化转型会创造出新的就业岗位，从而有利于就业水平的提升。同时，观察表 4 可以发现，资产负债率、盈利能力、人均地区生产总值与企业就业规模显著正相关，说明盈利能力越强的企业员工人数越多，企业所在地经济越发达，越有利于就业，企业吸纳的就业人数越多。

表 4　企业数字化转型与就业规模

变量	就业规模		
	(1)	(2)	(3)
数字化转型程度	0.48*** (0.04)	0.43*** (0.04)	0.40*** (0.04)
资产负债率	1.11*** (0.03)	1.12*** (0.03)	0.75*** (0.03)
资本劳动比	−0.20*** (0.01)	−0.20*** (0.01)	−0.10*** (0.01)
盈利能力	0.17*** (0.03)	0.18*** (0.03)	0.39*** (0.03)
企业年龄	0.06*** (0.00)	−0.01 (0.01)	−0.01 (0.02)
市场化指数	0.04* (0.02)	0.02 (0.02)	0.04 (0.03)
贸易开放度	−0.02 (0.03)	−0.04 (0.03)	−0.08*** (0.03)

续表

变量	就业规模		
	(1)	(2)	(3)
人均地区产值	0.22*** (0.03)	0.09*** (0.04)	0.09** (0.04)
企业固定效应	是	是	是
年份固定效应	否	是	是
L. CVs	否	否	是
样本量	26377	26377	22613
$\bar{R}^2$	0.88	0.88	0.89

注:*、**、*** 分别代表估计系数在10%、5%、1%的水平上显著,括号内为稳健标准误。L. CVs表示将解释变量和全部控制变量进行滞后一期处理。

表5报告了企业数字化转型影响就业结构的回归结果,第(1)列和第(2)列依次加入企业固定效应和年份固定效应,第(3)列将解释变量和全部控制变量进行滞后一期处理。结果显示,企业数字化转型程度的估计系数均在1%的水平上显著为正,表明企业数字化转型能够提升高技能劳动力的占比。在经济意义上,以第(3)列为例,企业的数字化转型水平每增加1个百分点,高技能劳动力占比平均增加0.04%。这可能是企业数字化转型更需要高素质高技能的人才队伍,从而带动高技能人才占比的提升。

表5　企业数字化转型与就业结构

变量	就业结构		
	(1)	(2)	(3)
数字化转型程度	0.05*** (0.01)	0.05*** (0.01)	0.04*** (0.01)
资产负债率	−0.02*** (0.01)	−0.02*** (0.01)	−0.03*** (0.01)
资本劳动比	0.01*** (0.00)	0.01*** (0.00)	0.00 (0.00)
盈利能力	0.06*** (0.01)	0.06*** (0.01)	0.04*** (0.01)
企业年龄	0.003*** (0.00)	−0.00 (0.00)	0.00 (0.00)
市场化指数	0.01 (0.00)	0.01 (0.00)	0.01 (0.01)
贸易开放度	−0.01*** (0.01)	−0.01*** (0.01)	−0.01** (0.01)
人均地区产值	0.02*** (0.01)	0.02** (0.01)	0.01 (0.01)
企业固定效应	是	是	是
年份固定效应	否	是	是
L. CVs	否	否	是
样本量	26377	26377	22613
$\bar{R}^2$	0.76	0.76	0.77

注:*、**、*** 分别代表估计系数在10%、5%、1%的水平上显著,括号内为稳健标准误。L. CV_s 表示将解释变量和全部控制变量进行滞后一期处理。

(二)内生性讨论

考虑到数字化转型与劳动就业规模、就业结构之间可能存在逆向因果关系,即劳动就业规模越低或就业结构水平越低的企业,越倾向于通过提高数字化转型程度进行劳动就业规模、就业规模的升级。为了克服逆向因果带来的内生性问题,本文选用以下两个工具变量,利用两阶段最小二乘法(2SLS)进行检验。第一,参考 Kugler 等(2020)的做法,采用除本企业之外的同行业平均数字化转型程度构建工具变量(IV_1)。选取原因:由于存在社会网络示范效应,企业的数字化转型程度极易受到同行业数字化水平的影响,但同行业数字化水平并不会直接影响该企业的劳动就业情况,因此满足工具变量外生性要求。第二,借鉴陈中飞等(2022)的做法,采用公司高管数字化意识①为企业数字化转型工具变量(IV_2)。选取原因:公司高管较强的数字化认知和意识将助推企业进行数字化资产投资和企业数字化转型的实现,但高管数字化意识并不会直接作用于企业劳动就业的规模和结构,从而一定程度上满足工具变量外生性要求。

从表 6(1)列第一阶段的结果可以看出,所选工具变量的估计系数均在 1% 水平上显著为正,均满足工具变量的相关性检验;同时,Wald F 统计量数值均大于 10% 水平下的临界值(16.38),拒绝了弱工具变量的原假设,证实了所选工具变量的有效性;第(2)、(3)列第二阶段的结果显示,数字化转型程度对劳动就业规模和就业结构的估计系数均显著为正,与基准结果保持一致。以上结果表明,在使用工具变量克服逆向因果可能造成的内生性问题后,本文结论依然成立。

表 6　工具变量回归结果

变量	(1)	(2)	(3)
	数字化转型程度	企业劳动就业规模	企业劳动就业结构
数字化转型程度		0.785***	0.990***
		(0.0885)	(0.186)
除本企业之外的同行业平均数字化转型程度	0.599***		
	(0.0121)		
公司高管数字化意识	0.00197***		
	(0.0000)		
WaldF 统计量		2417.069	2074.286
样本量	24611	24611	24333

注:*、**、*** 分别表示在 10%、5%、1% 的水平上显著,括号内为稳健标准误。

(三)稳健性检验

为了进一步检验回归结果的稳健性,本文更换解释变量和被解释变量的衡量方式,进行了相关的稳健性检验。

1. 更换数字化转型指标衡量方式

一是采用企业年报中数字化转型相关词汇频数总和的绝对值法构造企业数字化转型指标;二是采用企业年末无形资产中与数字化相关的无形资产除以年末总资产衡量企业数字化转型水平;三是以企业申请的数字技术创新专利数量取自然对数衡量企业数字化转型水平;四是尝试结合宏观层面与微观企业层面指标,运用主成分分析法,从企业数字化技术与战略、数字化管理、数字化投资和数字产业化四个大方向出发,构建新的数字化转型指标进行检验。其中,数字化宏微观结合法的具体指标见表 7。

表 8 报告了以数字化无形资产、数字化词汇总和、数字化技术创新、数字化宏微观结合四种方式更换企业数字化转型程度衡量方法的回归结果,结果显示,无论采用何种方式测度企业数字化转型水平,数字化转型对就业规模和就业结构的估计系数均显著为正,表明基准回归结果并不依赖于核心解释变量的构造方式,基本验证了基准结果的稳健性。

① 该指标采用国泰安数据库中管理层数字职务设立、管理层数字创新意识和管理层数字创新程度指标以熵权法构成。

表7 数字化宏微观结合法指标

一级指标	二级指标
数字化技术与战略	人工智能技术词频、区块链技术词频、云计算技术词频、大数据技术词频和数字技术应用词频
数字化投资	数字资本投入量、数字人力投入量、数字基础设施建设情况和科技创新基地建设情况
数字化管理	技术创新程度、流程创新程度和业务创新程度
数字产业化	行业发明专利数量、所在行业R&D活动情况、行业新产品开发及销售情况、行业数字化技术强度、行业数字资本投入强度、行业人力资本投入强度、城市光缆密度、城市移动交换机容量和城市互联网宽带接入用户规模以及城市移动互联网用户规模

表8 更换解释变量衡量方式的稳健性检验

变量	数字化无形资产		数字化词汇总和		数字化技术创新		数字化宏微观结合	
	就业规模	就业结构	就业规模	就业结构	就业规模	就业结构	就业规模	就业结构
	(1)	(2)	(3)	(4)	(5)	(6)	(7)	(8)
数字化转型程度	0.04*** (0.01)	0.01*** (0.00)	0.01*** (0.00)	0.0003*** (0.00)	0.06*** (0.01)	0.002*** (0.001)	0.17*** (0.01)	0.002 (0.002)
企业固定效应	是	是	是	是	是	是	是	是
年份固定效应	是	是	是	是	是	是	是	是
样本量	20565	20565	26377	26377	26377	26377	24714	24714
$\bar{R}^2$	0.89	0.78	0.88	0.76	0.88	0.76	0.89	0.77

2. 更换被解释变量衡量方式

对企业劳动就业结构(Employment)按照工作类型重新进行测度,将技术研发、管理、营销和财务等员工认定为高技能劳动者,将一般性生产人员、行政辅助性职员以及后勤人员等难以归类的其他员工认定为低技能劳动者,就业结构变量使用占比的形式表示,并进行对数化处理。

表9报告了以工作类型重新测度企业劳动就业结构的回归结果,结果显示,数字化转型对就业结构的估计系数依然显著为正,表明基准回归结果并不依赖于被解释变量的构造方式,基本验证了基准结果的稳健性。

表9 更换被解释变量衡量方式的稳健性检验

变量	高技能劳动力占比		
	(1)	(2)	(3)
数字化转型程度	0.06*** (0.01)	0.08*** (0.01)	0.08*** (0.01)
企业固定效应	是	是	是
年份固定效应	否	是	是
L. CVs	否	否	是
样本量	26377	26377	22613
$\bar{R}^2$	0.76	0.76	0.78

注:*、**、***分别代表估计系数在10%、5%、1%的水平上显著,括号内为稳健标准误。L. CVs表示将解释变量和全部控制变量进行滞后一期处理。

(四)作用机制检验

前文结果表明,数字化转型能够提升劳动就业规模,改善劳动就业结构,而这一提升改善背后的作用机制有待实证考察。企业数字化转型的关键在于将数字技术引入到企业生产方式与组织结构中,通过与企业各方面要素深度融合，构建出以数据为中心的价值创造系统，进而完成企业商业模式的变革和转型（Wu et al.，2019）。而不同的企业全要素生产率在数字化转型的劳动就业效应中发挥作用，同时不同的企业规模在数字技术的作用下，驱动着企业劳动就业的不断提升和改善。因此，本文借鉴黄勃等（2023）、石玉堂等（2023）、温忠麟等（2014）的方法，从企业全要素生产率（TFP）和企业规模（Size）两个路径入手，构建以下模型（9）（10）（11），考察数字化转型提升劳动就业的作用机制以及厘清机制渠道之间存在的联系。

$$M_{i,t}=\theta_0+\theta_1 Digital_{i,t}+\theta_2 X_{i,t}+\theta_3 X_{i,t}+Year_t+Firm_i+\delta_{i,t} \tag{9}$$

$$Employee_{i,t}=\lambda_0+\lambda_1 Digital_{i,t}+\lambda_2 X_{i,t}+\lambda_3 X_{i,t}+Year_t+Firm_i+\mu_{i,t} \tag{10}$$

$$Employment_{i,t}=\zeta_0+\zeta_1 Digital_{i,t}+\zeta_2 X_{i,t}+\zeta_3 X_{i,t}+Year_t+Firm_i+\varepsilon_{i,t} \tag{11}$$

其中，$M_{i,t}$ 分别指企业全要素生产率、企业规模。本文利用 LP 法测算得到的企业全要素生产率（TFP）。采用企业总资产的对数来衡量企业规模。其余变量均与基准回归保持一致。

表 10、表 11 报告了作用机制检验回归结果。其中，表 10 的第（1）列显示，Digital 对就业规模的估计系数在 1%显著性水平下显著为正，即企业数字化转型对就业规模的总效应为正。第（2）、（4）列表明，Digital 对 TFP、Size 的估计系数均在 1%显著性水平下为正，表明企业数字化转型促进了全要素生产率和企业规模的提升。第（3）、（5）列的结果显示，TFP 和 Size 对就业规模的估计系数在 1%显著性水平下显著为正，且数字化转型对就业规模的系数变小。因此可发现，数字化转型能够通过提升企业全要素生产率和企业规模来扩大就业规模。

表 10　机制检验回归结果 1

变量	(1)	(2)	(3)	(4)	(5)
	企业劳动就业规模	全要素生产率	企业劳动就业规模	企业规模	企业劳动就业规模
数字化转型程度	0.3501***	0.3802***	0.1580***	1.1706***	0.1904***
	(0.0379)	(0.0426)	(0.0390)	(0.1159)	(0.0406)
全要素生产率			0.2204***		
			(0.0070)		
企业规模					0.1006***
					(0.0028)
控制变量	是	是	是	是	是
企业固定效应	是	是	是	是	是
年份固定效应	是	是	是	是	是
_cons	9.0194***	9.3633***	8.5430***	10.5263***	8.4791***
	(0.4356)	(0.4944)	(0.4738)	(1.3129)	(0.4768)
N	24256	21926	21265	19561	19080
$\bar{R}^2$	0.8952	0.8753	0.9036	0.7805	0.9066

注：*、**、*** 分别代表估计系数在 10%、5%、1%的水平上显著，括号内为稳健标准误。

表 11 的第（1）列显示，Digital 对就业结构的估计系数在 1%显著性水平下显著为正，即企业数字化转型对就业结构的总效应为正。第（2）、（4）列表明，Digital 对 TFP、Size 的估计系数均在 1%显著性水平下为正，表明企业数字化转型促进了全要素生产率和企业规模的提升。第（3）、（5）列的结果显示，TFP 和 size 对就业结构的估计系数在 1%显著性水平下显著为正，且数字化转型对就业结构的系数变小。因此可发现，企业数字化转型通过提高全要素生产率及扩大企业规模，进而影响劳动就业规模和就业结构的正向路径是存在且畅通的。

表11　机制检验回归结果2

变量	(1) 企业劳动就业结构	(2) 全要素生产率	(3) 企业劳动就业结构	(4) 企业规模	(5) 企业劳动就业结构
数字化转型程度	0.3285***	0.3802***	0.3195***	1.1706***	0.2434***
	(0.0798)	(0.0426)	(0.0847)	(0.1159)	(0.0905)
全要素生产率			0.1184***		
			(0.0144)		
企业规模					0.0113*
					(0.0061)
控制变量	是	是	是	是	是
企业固定效应	是	是	是	是	是
年份固定效应	是	是	是	是	是
_cons	−2.8429***	9.3633***	−4.0452***	10.5263***	−3.3785***
	(0.8788)	(0.4944)	(0.9808)	(1.3129)	(1.0197)
N	23979	21926	21036	19561	18802
$\bar{R}^2$	0.7377	0.8753	0.7370	0.7805	0.7443

注：*、**、***分别代表估计系数在10%、5%、1%的水平上显著，括号内为稳健标准误。

(五)异质性分析

1. 按照企业所有制分类

企业数字化转型对就业规模和就业结构的影响可能在国有企业、民营企业和外资企业等不同所有制企业中存在差异。表12第(1)、(2)、(3)列的回归结果显示，国有企业、民营企业、外资企业的数字化转型都能够显著提升就业规模，其中外资企业的这种影响最为明显，外资企业的数字化转型水平每增加1个百分点，就业规模平均增加0.81%。表13第(1)、(2)、(3)列的回归结果显示，国有企业、民营企业、外资企业的数字化转型对就业结构均有显著影响，其中民营企业的数字化转型水平每增加1个百分点，高技能劳动力占比平均增加0.07%。

2. 按照制造业与非制造业分类

企业数字化转型对就业规模和就业结构的影响可能在制造业和非制造业企业中存在差异。表12第(4)、(5)列的回归结果显示，制造业和非制造业企业的数字化转型都能够显著提升就业规模，其中非制造业企业的这种影响更为明显，非制造业企业的数字化转型水平每增加1个百分点，就业规模平均增加0.44%。表13第(4)、(5)列的回归结果显示，制造业和非制造业企业的数字化转型都能够显著改善就业结构，其中制造业企业数字化转型水平每增加1个百分点，高技能劳动力占比平均增加0.05%。

3. 按照是否直辖市分类

企业数字化转型对就业规模和就业结构的影响可能在直辖市和非直辖市企业中存在差异。表12第(6)、(7)列的回归结果显示，直辖市企业和非直辖市企业的数字化转型都能够显著提升就业规模，其中直辖市企业的这种影响更为明显，其数字化转型水平每增加1个百分点，就业规模平均增加0.45%。表13第(6)、(7)列的回归结果显示，非直辖市企业数字化转型能够显著提升高技能劳动力的占比，企业数字化转型水平每增加1个百分点，高技能劳动力占比平均增加0.06%。

4. 按照地区数字基础设施水平分类

企业数字化转型有赖于地区的数字基础设施环境与政策支持(石玉堂等，2023)，地区数字基础设施差异也可能影响到数字化转型对就业规模和就业结构的提升作用。本文借鉴(石玉堂等，2023)的做法，根据企业所在地区互联网接入端口数量与居民人数比值的年度中位数，将地区数字基础设施发展水平区分为高和低两组，考察不同数字基础设施发展水平下数字化转型对就业规模和就业结构所产生的差异性影响。表

12 第(8)、(9)列的回归结果显示，数字基础设施水平低、高地区的企业数字化转型都能够显著提升就业规模，其中数字基础设施水平低地区的企业这种影响更为明显，其数字化转型水平每增加 1 个百分点，就业规模平均增加 0.44%。表 13 第(8)、(9)列的回归结果显示，数字基础设施水平低、高地区的企业数字化转型都能够显著改善就业结构，其中数字基础设施水平高地区的企业更为明显，数字化转型水平每增加 1 个百分点，高技能劳动力占比平均增加 0.07%。

5. 按照经济区域分类

企业数字化转型对就业规模和就业结构的影响可能在东部、中部、西部和东北等不同地区企业中存在差异。表 12 第(10)—(13)列的回归结果显示，东部地区和西部地区企业的数字化转型均能显著提升就业规模，其中东部地区企业的这种影响更为明显，东部地区企业的数字化转型水平每增加 1 个百分点，就业规模平均增加 0.44%。表 13 第(10)—(13)列的回归结果显示，东部、西部、东北地区企业的数字化转型都能够显著改善就业结构，其中西部地区企业更为明显，企业数字化转型水平每增加 1 个百分点，高技能劳动力占比平均增加 0.11%。

表 12　就业规模的异质性分析

变量	企业所有制			是否制造业	
	国有企业	民营企业	外资企业	制造业	非制造业
	(1)	(2)	(3)	(4)	(5)
数字化转型程度	0.23*** (0.09)	0.26*** (0.05)	0.81*** (0.17)	0.27*** (0.06)	0.44*** (0.07)
企业固定效应	是	是	是	是	是
年份固定效应	是	是	是	是	是
样本量	9620	15057	834	17197	9114
$\bar{R}^2$	0.91	0.87	0.94	0.90	0.90

变量	是否直辖市		地区数字基础设施	
	直辖市	非直辖市	低水平	高水平
	(6)	(7)	(8)	(9)
数字化转型程度	0.45*** (0.09)	0.40*** (0.05)	0.44*** (0.06)	0.35*** (0.07)
企业固定效应	是	是	是	是
年份固定效应	是	是	是	是
样本量	5217	21148	13635	12540
$\bar{R}^2$	0.92	0.87	0.91	0.88

变量	经济区域			
	东部	中部	西部	东北
数字化转型程度	0.(44)**	(0.12)3	0.(42)**	−(0.3)01
企业固定效应	是	是	是	是
年份固定效应	是	是	是	是
样本量	17949	3694	3570	1153
$\bar{R}^2$	0.89	0.88	0.87	0.83

注：*、**、*** 分别代表估计系数在 10%、5%、1% 的水平上显著，括号内为稳健标准误。

表13　就业结构的异质性分析

变量	企业所有制			是否制造业	
	国有企业	民营企业	外资企业	制造业	非制造业
	(1)	(2)	(3)	(4)	(5)
数字化转型程度	0.03 * (0.02)	0.07 *** (0.01)	−0.11 ** (0.04)	0.05 *** (0.01)	0.03 *** (0.01)
企业固定效应	是	是	是	是	是
年份固定效应	是	是	是	是	是
样本量	9620	15057	834	17197	9114
R^2	0.73	0.79	0.79	0.75	0.79

变量	是否直辖市		地区数字基础设施	
	直辖市	非直辖市	低水平	高水平
	(6)	(7)	(8)	(9)
数字化转型程度	0.02 (0.02)	0.06 *** (0.01)	0.03 *** (0.01)	0.07 *** (0.01)
企业固定效应	是	是	是	是
年份固定效应	是	是	是	是
样本量	5217	21148	13635	12540
R^2	0.77	0.75	0.78	0.76

变量	经济区域			
	东部	中部	西部	东北
	(10)	(11)	(12)	(13)
数字化转型程度	0.05 ***	0.02	0.11 ***	0.10 **
企业固定效应	是	是	是	是
年份固定效应	是	是	是	是
样本量	17949	3694	3570	1153
$\bar{R}^2$	0.77	0.74	0.73	0.73

注：*、**、*** 分别代表估计系数在10%、5%、1%的水平上显著，括号内为稳健标准误。

六、结论与建议

(一)创新与结论

创新方面。第一，以熊彼特技术创新理论、“技术—经济范式”理论为基础，构建了数字化转型影响劳动就业的理论分析框架。第二，分维度、分区域考察了数字化转型对劳动就业的影响并探究其作用机制。

结论方面。第一，企业数字化转型显著促进了劳动就业规模的扩大和劳动就业结构的改善，这一结论在经过内生性检验、替换核心变量、更换估计方法等一系列稳健性检验后，依然成立。第二，企业数字化转型通过提高企业生产效率及企业规模作用路径影响劳动就业规模和就业结构；第三，不同所有制、行业、地域、基础设施水平、经济区域的企业数字化转型的劳动就业效应存在异质性。就业规模方面，企业数字化转型的促进作用在外资企业、非制造业企业、直辖市企业、数字基础设施水平低地区的企业、东部地区的企业更为明显；就业结构方面，企业数字化转型的促进作用在民营企业、制造业企业、非直辖市企业、数字基础设施水平高地区的企业、西部地区的企业更为突出。

(二)政策建议

本文研究结论对如何应对企业数字化转型所带来的劳动就业冲击具有重要的政策启示。

第一，应高度关注和重视企业数字化转型给劳动者带来的就业风险，注重引导劳动者与数字化设备相互配合。实证结果显示，企业数字化转型虽然对劳动就业规模的扩大和就业结构的优化均显著改善，但对某些行业和地区企业的创造效应还较弱，因此，应持续强化校企合作，多渠道加强人才培养。一方面，鼓励企业与高等院校合作，通过共同设计课程和实习项目加大人才培养，持续输送更多中高端技术人才，夯实企业数字化转型的科研基础。另一方面，深化职业技术教育体制改革，充分发挥职业院校和社会培训机构职能，面向企业中低技能劳动者开设数字化转型相关课程，助其尽快适应职业需求。特别地，东部地区应侧重于对中高技能劳动者就业技能的培养，西部地区则应侧重于对中低技能劳动者就业技能的培养。这两个地区的企业都应立足内部岗位结构，综合考虑企业的技术条件和发展需要，合理配置劳动者与数字化技术，及时向劳动者提供技术培训，从而能更好地为劳动者分配合适的岗位，弱化企业数字化转型进程对中低技能劳动者的就业替代效应。同时，应及时跟进国内外新兴技术与前沿数据资讯，积极组织交流活动，加速数据要素类人才流动和转移，规避劳动力区域错配可能给区域发展、行业发展带来的风险。探索建立国际人才流通机制，简化跨境流动手续，鼓励数字化人才自由流动和合理配置，提升人才要素的就业效率。

第二，地方政府应加快新型数字基础设施投资建设，进一步引导企业进行数字化转型，促进数字化与企业融合发展，以发挥数字化转型对企业可持续发展的长远价值。本文研究发现，不同的数字化基础设施在企业数字化转型对就业规模和就业结构的影响上存在较大差异。因此，一方面，政府应加大工业互联网、城市智能化等数字基础设施投资力度，完善企业数字化公共服务体系，降低数字化转型的技术门槛，指导企业开展数字化转型活动，持续提升企业数字化水平，加强数字化与企业的深度融合。制造业方面，企业数字化转型是制造业智能升级之路，是中国制造业高端化的重要路径。各级政府应充分发挥政府在统筹全局、整体规划方面的优势，结合现有条件合理布局工业智能的主要环节，加快制造业的数字化转型，促进制造业数字化与制造业的深度融合，以数字化转型促进制造业的就业结构升级。非制造业方面，各级政府应为当地开展数字化转型的非制造业企业创造良好的外部环境，鼓励企业实现数字技术由点的突破到线和面的推广，有效促进就业规模。另一方面，各级政府应为企业数字化发展与数字技术创新制定科学有效的税收优惠、政府补助等经济激励政策，引导数字化转型与企业顶层发展战略有机融合，激发企业数字技术研发创新的积极性，推动企业数字化技术与实践应用的同步转型，进一步实现数字化与实体企业发展相融合。此外，企业也应充分利用现有的数字基础设施条件，把握好企业转型升级的发展机遇，利用企业数字化资本与人力资本之间的互补优势，提升企业生产效率。

第三，强化政策扶持，积极应对转型期失业风险。研究结果表明，企业数字化转型不可避免会产生低技能劳动力的失业问题。因此，一方面，引导企业加强劳动力保障制度建设，保障劳动者的合法权益，鼓励企业建立内部数字化人才培养机制，全面提升劳动者对数字化转型的适应力与创造力，自主推进劳动力结构的转换与优化，并针对低技能劳动力开展人工智能应用等新兴技能培训，提高其适应数字技术环境的能力。另一方面，各级政府应制定更具针对性的就业扶持政策，充分利用财政税收、社保救济等政策，加强对在数字化转型中可能面临失业风险的低技能就业人群的保护。通过建立失业预警和调控体系，搭建就业信息监测平台，实时监测受企业数字化转型发展影响较大的地区、行业和就业岗位的变化，及时提供就业预警预测，积极应对转型期失业风险。同时，在市场效率、公平分配原则的基础上，还需根据企业数字化转型对各地区不同技能劳动者的就业效应，完善二次分配，甚至三次分配政策，缓解企业数字化转型对低、中技能劳动者就业的冲击以及随之而来的收入减少问题。

【参考文献】

[1] 陈德球，胡晴．数字经济时代下的公司治理研究：范式创新与实践前沿[J]．管理世界，2022，38(06)：213－240.

[2] 陈东，郭文光．数字化转型如何影响劳动技能溢价——基于A股上市公司数据的经验研究[J]．数量经济技术经济研究，2024，41(03)：173－192.

[3] 陈贵富，韩静，韩恺明．城市数字经济发展、技能偏向型技术进步与劳动力不充分就业[J]．中国工业经济，2022(08)：118－136.

[4] 陈晓，郑玉璐，姚笛．工业智能化，劳动力就业结构与经济增长质量——基于中介效应模型的实证检验[J]．华东经济管理，2020(10)：56－64.

[5] 陈中飞,江康奇,殷明美.数字化转型能缓解企业"融资贵"吗[J].经济学动态,2022(8):79—97.
[6] 丁守海,丁洋,吴迪.中国就业矛盾从数量型向质量型转化研究[J].经济学家,2018(12):57—63.
[7] 黄勃,李海彤,刘俊岐.数字技术创新与中国企业高质量发展——来自企业数字专利的证据[J].经济研究,2023,58(03):97—115.
[8] 黄吉婷,郭可歆,齐佳音.企业数字化转型对就业规模及结构影响的实证研究[J].智能科学与技术学报,2023,(5)3:352—365.
[9] 李舒沁,王灏晨.人工智能对老龄化背景下制造业劳动力的影响——来自中国的证据[J].科学学与科学技术管理,2021,42(7):3—17.
[10] 刘志成,刘斌.贸易自由化、全要素生产率与就业——基于2003—2007年中国工业企业数据的研究[J].南开经济研究,2014(1):101—117.
[11] 莫怡青,李力行.零工经济对创业的影响——以外卖平台的兴起为例[J].管理世界,2022,38(02):31—45,3.
[12] 戚聿东,刘翠花,丁述磊.数字经济发展、就业结构优化与就业质量提升[J].经济学动态,2020(11):17—35.
[13] 石玉堂,王晓丹.企业数字化转型对劳动力就业的影响研究——基于就业规模、就业结构的双重视角[J].经济学家,2023(10):109—118.
[14] 孙早,侯玉琳.工业智能化如何重塑劳动力就业结构[J].中国工业经济,2019(05):61—79.
[15] 谭伟杰,庞钰标.企业数字化转型的稳就业效应[J].南方金融,2023(11):19—34.
[16] 田鸽,张勋.数字经济、非农就业与社会分工[J].管理世界,2022,38(05):72—84.
[17] 托马斯·库恩著.科学革命的结构[M].金吾伦译,北京大学出版社,2023:9.
[18] 王文.数字经济时代下工业智能化促进了高质量就业吗[J].经济学家,2020(4):89—98.
[19] 温忠麟,叶宝娟.中介效应分析:方法和模型发展[J].心理科学进展,2014,22(5):731—745.
[20] 肖土盛,孙瑞琦,袁淳,孙健.企业数字化转型、人力资本结构调整与劳动收入份额[J].管理世界,2022(12):220—237.
[21] 杨骁,刘益志,郭玉.数字经济对我国就业结构的影响——基于机理与实证分析[J].软科学,2020,34(10):25—29.
[22] 叶胥,杜云晗,何文军.数字经济发展的就业结构效应[J].财贸研究,2021(4):1—13.
[23] 约瑟夫·熊彼特.经济发展理论[M].北京:商务印书馆,2000:8.
[24] 约瑟夫·熊彼特.资本主义、社会主义与民主[M].吴良健译.北京:商务印书馆,2016:146—147.
[25] 赵宸宇.数字化转型对企业劳动力就业的影响研究[J].科学学研究,2023,41(02):241—252.
[26] 赵云辉,张哲,冯泰文,陶克涛.大数据发展、制度环境与政府治理效率[J].管理世界,2019,35(11):119—132.
[27] 郑美华,孔的漩.企业数字化转型对劳动力就业质量影响的实证究[J/OL].兰州财经大学学报.https://link.cnki.net/urlid/62.1213.f.20240316.1316.002.
[28] Acemoglu D.,Restrepo P. Robots and Jobs:Evidence from US Labor Markets[J]. Journal of Political Economy,2020,128(6),2188—2244.
[29] Baumol,W. "Macroeconomics of Unbalanced Growth:The Anatomy of the Urban Crises",[J]. American Economic Review,1967,57:415—426.
[30] Deming D J. The Growing Importance of Social Skills in the Labor Market[J]. The Quarterly Journal of Economics. 2017,132(4):1593—1640.
[31] Freeman C,Perez C. Structural Crises of Adjustment:Business Cycles and Investment Behaviour[M]. Technical Change and Economic. London and New York:Pinter Publishers,1988.
[32] Frey C B.,Osborne M A.,The Future of Employment:How Susceptible are Jobs to Computerization[J]. Technological Forecasting and Social Change. 2017(114):254—280.
[33] Keynes J M. Economic possibilities for our grandchildren[M]. Essays in persuasion. London:Palgrave

Macmillan UK,2010:321—332.

[34] Kugler A. ,Kugler M. ,Ripani L. ,Rodrigo R. ,Us Robots and Their Impacts in the Tropics:Evidence from Colombian Labor Markets [R]. NBER Working Papers,2020,No. 28034.

[35] Perez,Carlota. Structural Change and Assimilation of New Technologies in the Economic and Social Systems[J]. Futures,1983,15(5):357—375.

[36] Wu L,Lou B,Hitt L. Data Analytics Supports Decentralized Innovation [J]. Management Science, 2019,65(10):4863—4877.

[37] Yin Y. ,Stecke K. E. ,Li D. . The Evolution of Production Systems from Industry 2. 0 Through Industry 4. 0[J]. International Journal of Production Research. 2017(56):848—861.

农业新质生产力水平的统计测度及提升路径研究
——以江西省为例

国家统计局江西调查总队1队　刘　巍　袁圣弘　谢艺璇

摘　要

农业新质生产力体现着农业生产要素在农业生产过程和农业产业链上的技术应用、产业业态、发展模式和价值创造的创新性转化。本文深入剖析了农业新质生产力的理论内涵,构建涵盖生产能力、生产领域和生产效率的多维度指标体系,通过VHSD-EM模型测度江西省农业新质生产力水平,分析了农业新质生产力的时空动态演变特征。在此基础上,使用障碍度模型诊断主要制约因子,明确当前影响农业新质生产力水平的关键因素。基于系统动力学模型,对农业新质生产力的提升路径进行了深入的因果关系、存量流量和敏感性分析。建立现状延续型、经济政策型、创新驱动型和多元融合型等路径模型,通过仿真研究发现,创新驱动路径和多元融合型路径在提升农业新质生产力方面效果显著。进一步地,本文从农业创新的宏观和微观两个层面,探索了提升农业新质生产力的可能路径。宏观层面上,本文采用了Word2vec、Scrapy爬虫和TF-IDF技术处理了大量文本数据,包括新闻资讯、搜索指数、政府政策和政府工作报告,从成效度、认知度、关注度三个维度综合测算了农业创新水平。在微观层面,基于2018—2022年的5000户住户调查数据,从人口素质、就业质量、创新投入和创新参与四个维度,运用INFO算法优化的寻影投踪模型,测算了居民创新力水平。基于固定效应模型、因果中介效应、双重机器学习模型,实证分析了农业创新水平对农业新质生产力的影响效应和作用机制。

研究发现,江西省农业新质生产力水平虽总体上升,但区域间差异显著。创新驱动路径和多元融合型路径对农业新质生产力的提升效果更为显著。农业创新水平通过发展数字普惠金融、数字物流和产业结构升级,显著促进了农业新质生产力的提升。

基于这些发现,本文提出政策建议:构建区域差异化政策,优化科技和教育资源分布,避免同质化竞争;深化农业与其他产业的融合,提升全产业链竞争力;加强科技和制度创新,应用数字化技术,提高生产效率;创新金融产品,拓宽融资渠道,推动普惠金融发展;构建智能化物流信息系统和数据共享平台,加强信息流通和人才培养。

关键词:农业新质生产力;统计测度;提升路径;农业创新水

一、引言

(一)研究背景及意义

随着科技的不断进步和全球市场竞争的加剧,传统的农业生产方式已难以满足现代社会的需求。当前我国农业的全要素生产率多处于较低水平,制约农业高质量发展的因素依然存在。农业新质生产力作为农业生产的新动力,融合了科技创新、绿色发展和数字技术,能够通过提高农业生产效率和改善农产品的质量与安全性,为农业发展带来深刻的变革。2024年全国两会的政府工作报告中强调了发展新质生产力的重要性,为推动高质量发展指明了方向。农业作为我国的传统产业和基础产业,也是发展新质生产力的关键领域。中共中央政治局第十一次集体学习报告指出,"高质量发展需要新的生产力理论来指导,而新质生产力已经在实践中形成并展示出对高质量发展的强劲推动力、支撑力,需要我们从理论上进行总结、概括,用以指导新的发展实践"。新质生产力的核心在于通过数字技术创新引领经济发展,摒弃传统增长模式,以科技突破为契机优化生产要素配置,实现产业转型升级(罗建文,2024;杨广越,2024)。因此,发展农业新质生产力对推动农业高质量发展至关重要。那么,农业新质生产力如何测度?农业新质生产力的提升路径是什么?农业创新是否能够通过不同的作用机制显著提升农业新质生产力?这些问题值得深入探讨和关注。

(二)文献综述

新质生产力是2023年9月习近平总书记在黑龙江调研时首次提出,明确其本质是先进生产力,拓展至农业领域的生产力革新,是应对农村人口的结构转换和建设农业强国的重要路径。现有关于农业新质生产力的研究主要体现在以下四个方面。

1. 农业新质生产力的理论内涵

农业新质生产力以高质量发展为目标,创新为基础,科技、绿色和数字化为核心,通过科技创新推动农业变革,打破传统路径依赖,促进产业结构升级(高原,2024;张彰,2024;魏后凯等,2024),并有助于缓解人地矛盾、改善生态环境和解决劳动力流失问题(周洁,2024;朱迪,2024;罗必良,2024)。农业新质生产力被视为新质生产力在农业领域的具体体现,是以建设农业现代化强国为目标,基于农业产业链的发展特征,通过科技化、绿色化和数字化互动,达到生产力要素的高品质组合和先进状态(姜长云,2024;李勇斌等,2024)。

2. 农业新质生产力的测度

较多学者基于马克思生产力理论从农业劳动者、农业劳动资料、农业劳动对象三个维度构建农业新质生产力指标体系并测度(杨军鸽等,2024;罗光强等,2024;朱迪等,2024;李盛竹等,2024)。杨向玥(2024)在生产力三要素的基础上新增收入与消费为第四个维度以更好地体现民生水平。也有学者分解农业新质生产力的标志性表征,从科技生产力、生态生产力和数字生产力三个维度进行测度(宋振江等,2024;王亚红等,2024;姜彦坤,2024)。

3. 农业新质生产力的提升路径

农业新质生产力的提升路径涉及科技创新、产业升级、人才培养、体制改革、市场与政府作用及区域协调发展,需强化科技创新,通过人工智能和大数据等技术赋能农业,促进多学科交叉融合(孔祥智等,2024)。通过构建新型生产关系,推进农业经营体系改革,深化农村改革,消除体制障碍,正确处理人与土地、技术、产业及村庄的关系(罗必良等,2024;高强等,2024)。结合市场机制与政府作用,推动农业龙头企业发展,促进区域农村新质生产力平衡发展(卢江等,2024)。

4. 创新与农业新质生产力的关系及其测度

从经济增长理论看,创新是推动经济长期增长的关键因素。熊彼特提出,创新通过优化产业结构和提高工人熟练程度推动经济增长。有学者认为,科技创新是农业新质生产力的核心驱动力,包括信息技术、生物技术和智能农业设备(罗必良,2024;李怀等,2024);创新还促进农业生产要素的优化组合,培养高素质人才和开发高技术生产资料(孔祥智,2024);并推动农业产业的深度转型,实现从要素驱动型向创新驱动型发展(贾康,2024)。在农业创新水平的测度方面,焦贝贝(2020)、孙长东(2020)和尹君锋(2022)等通过不同维度和不同的模型测度了农村创新能力和农业科技创新能力,构建了评估体系。

综上所述,关于农业新质生产力的测度及特征的研究已经相当广泛,但对其内涵的深入分析相对较少,主要从生产力的三个基本要素劳动者、劳动对象和劳动资料构建新质生产力的指标体系,缺乏深层次和多维度的挖掘,尤其是提升路径仅停留在理论层面。本文采用面板、文本挖掘及微观调查数据,构建了农业新质生产力的测度指标体系,测算农业新质生产力水平,分析时间演化特征和提升路径,进一步探讨创新水平对农业新质生产力的影响机制,为推动农业高质量发展提供建议。

(三)研究思路

本文的研究思路集中于三个主要领域:一是测度农业新质生产力水平,使用VHSD-EM模型分析2010—2022年江西11个市的面板数据,测度农业新质生产力水平,并使用LISA时间路径、空间Markov链等工具分析其时空演化特征。二是探索提升农业新质生产力的路径,通过系统动力学模型仿真现状延续型、经济政策型、创新驱动型和多元融合型路径,探讨提升机制。三是研究农业创新提升农业新质生产力的作用机制,基于创新驱动路径,进一步从宏观和微观两个视角,分析农业创新水平,采用Word2vec、Scrapy爬虫和TF-IDF处理2010—2022年各类文本数据,从宏观层面测算农业创新水平;基于2018—2022年5000户住户调查微观数据,使用INFO算法优化的寻影投踪模型测算居民创新力水平。采用固定效应模型、因果中介效应模型以及双重机器学习模型,实证分析农业创新水平对农业新质生产力的影响效应和作用机制。基于这些分析,提出相关政策建议。

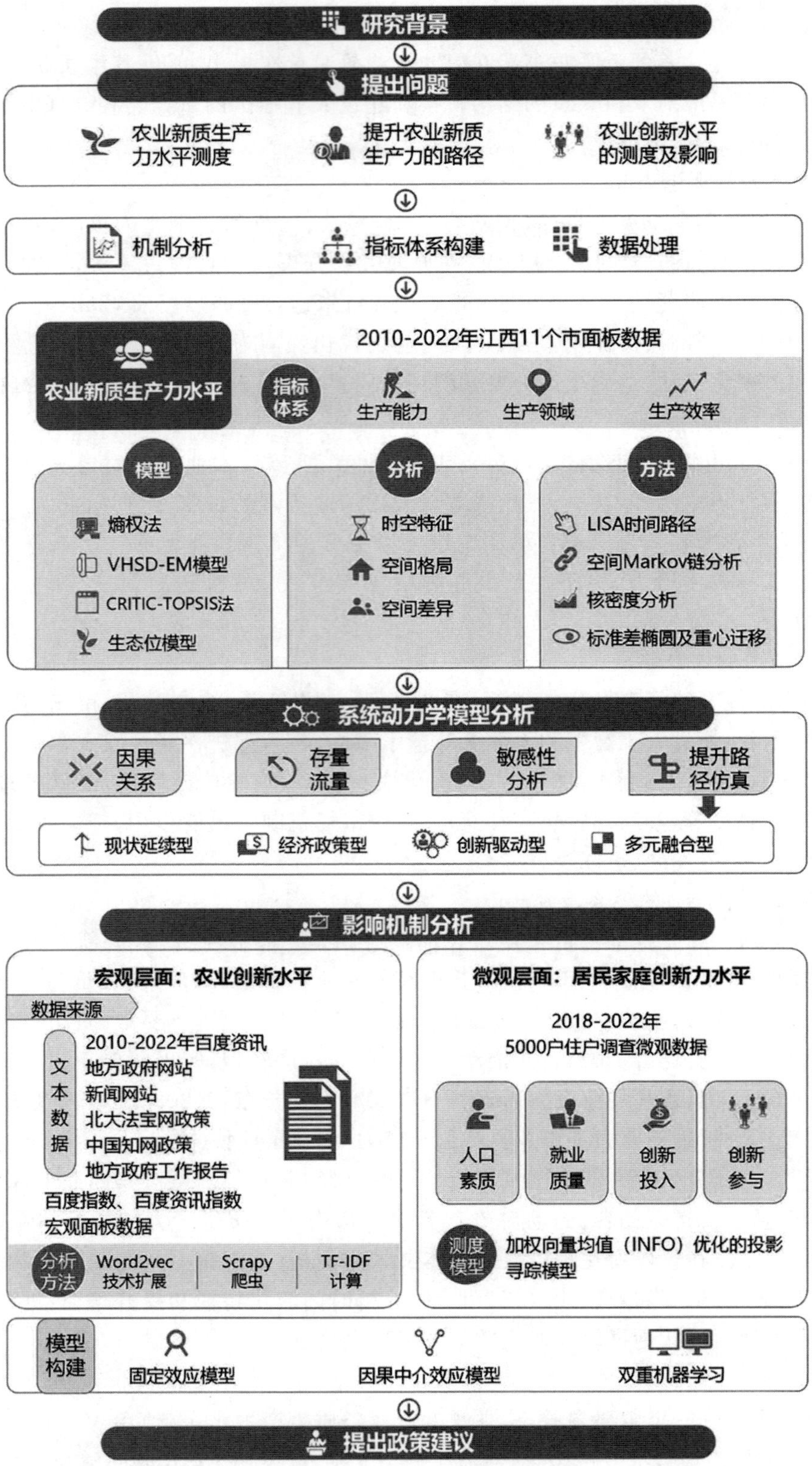

图 1　本文研究思路图

(四)创新之处

1. 构建农业新质生产力的理论研究框架

以农业现代化目标为方向,构建了江西省农业新质生产力的理论研究框架,重点分析了农业新质生产力在现代农业发展中的角色和地位,提供了理解其内涵和发展趋势的理论基础。

2. 测度方法的创新

从生产能力、生产领域和生产效率三个维度对农业新质生产力进行分析。相较于传统的生产力测度，拓宽了研究范围，将生产领域和生产效率纳入生产力的表现形式。该测度方法涵盖农业生产的关键环节，适用于不同区域农业结构的差异性，且可通过调整指标权重等方式进行适应性调整，具有推广价值。

3. 采用系统仿真技术探索农业新质生产力的提升路径

结合系统动力学模型，对农业新质生产力的提升路径进行了模拟仿真。通过不同路径的效果验证，提出了有效的提升策略，揭示了动态变化过程中的关键驱动因素，为农业政策制定提供了科学依据。

4. 宏微观双重视角考察影响机制

基于宏观和微观两个层面，测度农业创新水平，探讨其通过不同机制对农业新质生产力的影响。利用因果模型分析创新对农业新质生产力的效应及机制，为政策制定提供数据支持。

二、江西省农业新质生产力的统计测度

(一)农业新质生产力的内涵界定

农业新质生产力是在数字经济和科技创新背景下，通过整合先进科技资源推动农业向高质量发展转型的新型动力。它是新质生产力的重要组成部分，代表了农业生产力的革新和未来发展方向，强调通过引进最新技术和创新驱动提升农业生产效能和质量(毛世平等，2024)。农业新质生产力的内涵可以从以下三个角度进行分析：

生产能力。生产能力是各生产要素通过特定的组织形式和社会关联方式相互结合与作用，形成现实生产力，反映了农业发展的基础和潜力。其中，劳动者、劳动对象和劳动资料是关键要素。劳动者以智慧与技能为主导，劳动资料作为物质基础，而劳动对象则是生产中具体指向的目标。从蒸汽时代到电气化时代再到互联网时代，农业生产工具的变革加速了劳动生产率的提升，创新因子是核心驱动力(罗必良，2024；马晓河，2024)。农业新质生产力的本质在于通过技术进步提升生产力水平，创新是推动全要素生产率上升的关键。农业技术进步是农业增长的重要来源(全炯振，2009；Gong，2018)。

生产领域。农业新质生产力涵盖了农业产业结构的优化与拓展。2023 年中央“一号文件”指出，农业强国应具备科技装备强、产业韧性强等特征。通过科技创新和体制改革，农业新质生产力需要扩大生产边界，推动与其他产业的深度融合，形成新的发展模式(毛世平等，2024)。产业融合度可以较好地反映农业新质生产力在生产领域的发展水平与产业结构状况。综合考虑产业融合度，本文选取农业多功能性发挥的程度与农业服务业融合发展的程度作为衡量指标。

生产效率。农业新质生产力注重提升要素配置效率，通过优化农业劳动者、劳动资料和劳动对象的组合，实现配置效率的提升(Adamopoulos 等，2022；胡江峰等，2023)。优化要素配置能够提高农业生产效率，推动农业增长。农业新质生产力的效率不仅体现在农业效益上，还反映在居民生活质量上。具体而言，农业效率直接体现农业生产能力，也是衡量农业技术水平的重要指标。农业新质生产力发展的最终目标是提高居民收入和生活质量，因此居民生活水平是生产效率的关键指标之一。

(二)农业新质生产力(ANQPL)的指标构建

基于农业新质生产力的内涵界定，本文采用 2010—2022 年江西各地市面板数据，以生产能力、生产领域和生产效率等为准则构建 6 个一级指标，其中生产能力的构建基于马克思生产力三要素理论，从农业劳动者、农业劳动资料、农业劳动对象三个方面构建农业新质生产力的生产能力指标(杨军鸽等，2024)；生产领域从农业产业融合度方面构建，主要考察其与其他产业互动和协同发展的能力；生产效率从农业效益、居民生活水平等方面构建，主要分析农业的新质生产力是否能对居民生活水平有所提高。其中，本文构建的一级指标下有 14 个二级指标，23 个三级指标。

当前研究中，评价新质生产力的方法主要集中在确定指标权重，常用的静态评价方法如均等权重赋值法、主成分赋权法和熵权 Topsis 法无法进行动态比较。郭亚军等提出的“纵横向”拉开档次法虽然整合了时间因素，但仍有局限。为克服单一方法的局限，结合“纵横向”拉开档次法与熵值赋权法构建的“VHSD-EM”模型，提高了评价的可信度。

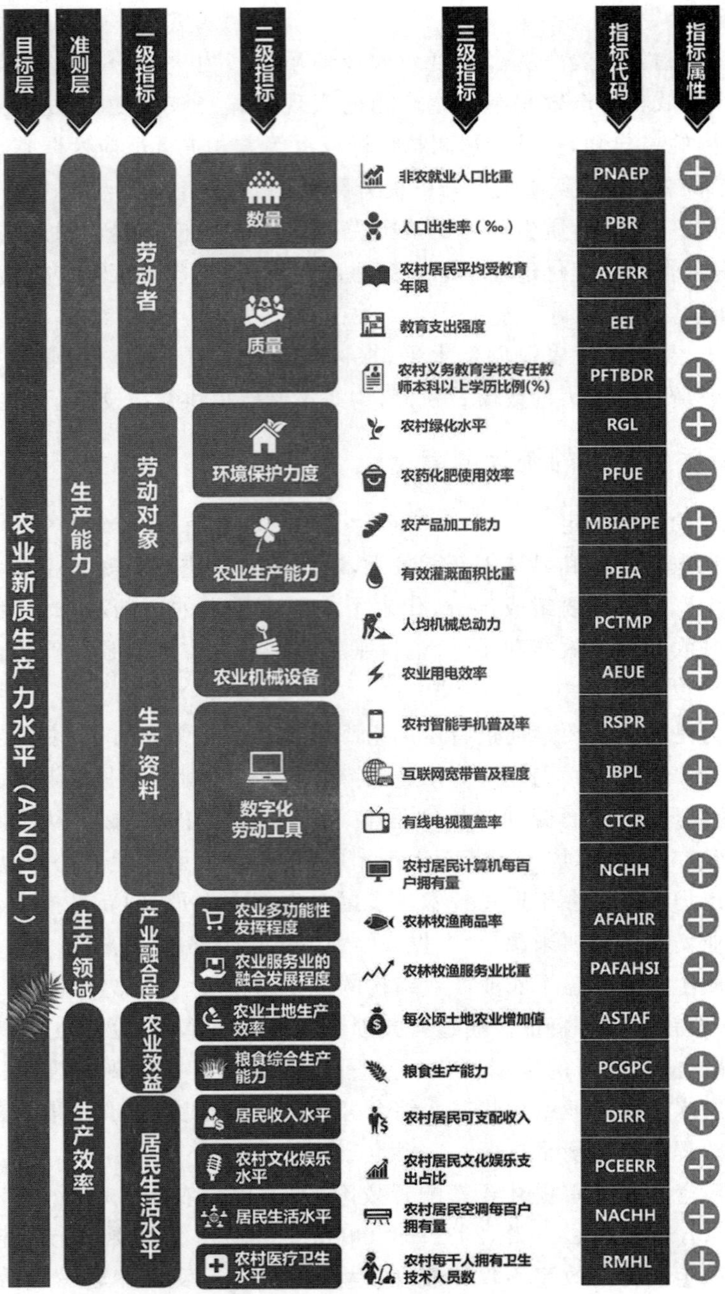

图 2　江西省农业新质生产力指标体系

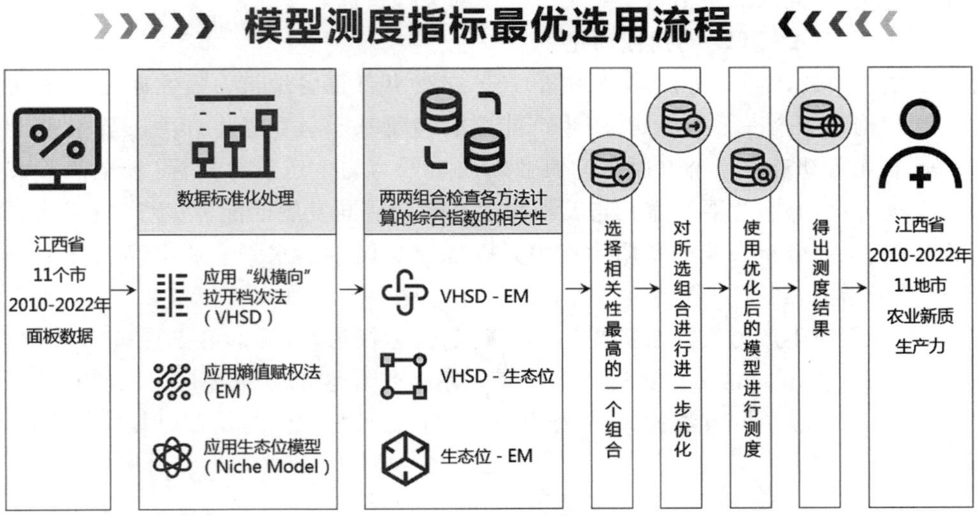

图 3　农业新质生产力最优测度模型选用流程

杜栋等(2015)指出,只有当各单一评价方法的结果一致时,才能进行组合。为了验证不同方法的有效性,参照唐晓彬等(2020)的方法,采用了包括“纵横向”拉开档次法(VHSD)、熵值赋权法(EM)和生态位模型(Niche Model)在内的多种评价方法对数据进行综合分析。结果显示,VHSD 方法和熵值赋权法在大多数年份中相关性较高,最终选择使用 VHSD 方法和熵值赋权法的组合评价方法进行分析,提供更为稳健的综合评价结果。

表 1　不同组合模型斯皮尔曼等级相关性检验结果

年份	VHSD-EM 相关系数	VHSD-生态位模型相关系数	EM-生态位模型相关系数
2010	0.9818***	0.7182*	0.7091*
2011	0.9909***	0.9545***	0.9364***
2012	0.9545***	0.8909***	0.9364***
2013	0.9545***	0.8909***	0.8636***
2014	0.9909***	0.5818	0.5636
2015	0.9909***	0.8636***	0.8545***
2016	0.9521**	0.8909***	0.7273*
2017	0.9636***	0.7909**	0.7545*
2018	0.9912***	0.8727***	0.8837***
2019	0.9818***	0.7818**	0.7545*
2020	0.9818***	0.8545***	0.8182**
2021	0.9909***	0.7909**	0.8182**
2022	0.9911***	0.7909**	0.7999**

注:*、** 和 *** 分别表示在 10%、5%和 1%的水平上显著。下同。

(四)农业新质生产力水平的测度结果

测度结果显示,2010 年至 2022 年,江西省农业新质生产力水平经历了两个显著阶段(见图 4)。自 2013 年起,农业新质生产力显著提升;2016 年后,各市呈现波动上升的趋势。从 2016 年开始,景德镇和新余的农业新质生产力水平相较于其他城市提升尤为明显(图 5)。然而,在 2019 至 2020 年,农业新质生产力增速有所放缓甚至出现下降,疫情带来的经济不确定性抑制了增长。但随着经济逐步复苏,各市水平明显回升。总体而言,2010 年至 2022 年,全省农业新质生产力呈现波动上升的趋势。

图 4　江西省各市农业新质生产力水平变化热力图

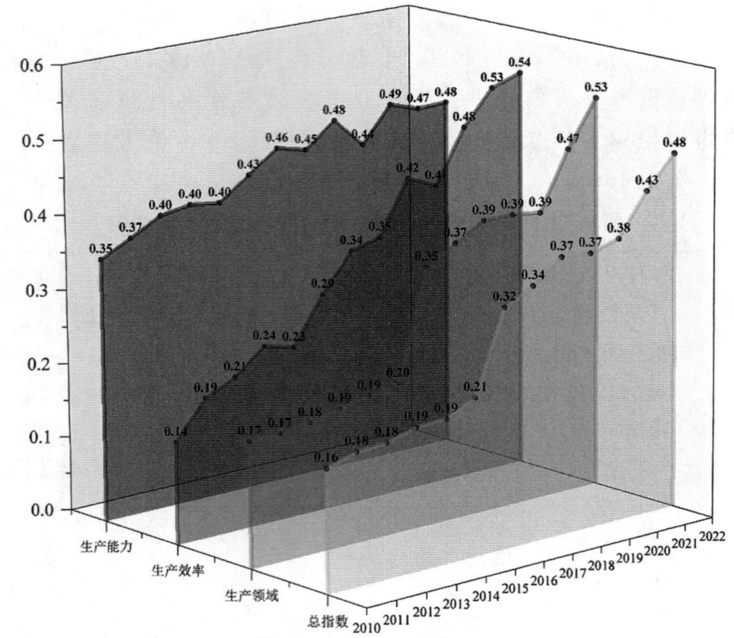

图 5　江西省农业新质生产力分指数的水平

从分指数看(图 5),生产能力、生产领域和生产效率各分指数在 2016 年后均显著提升,基础设施和政策支持在推动农业新质生产力方面发挥了关键作用。

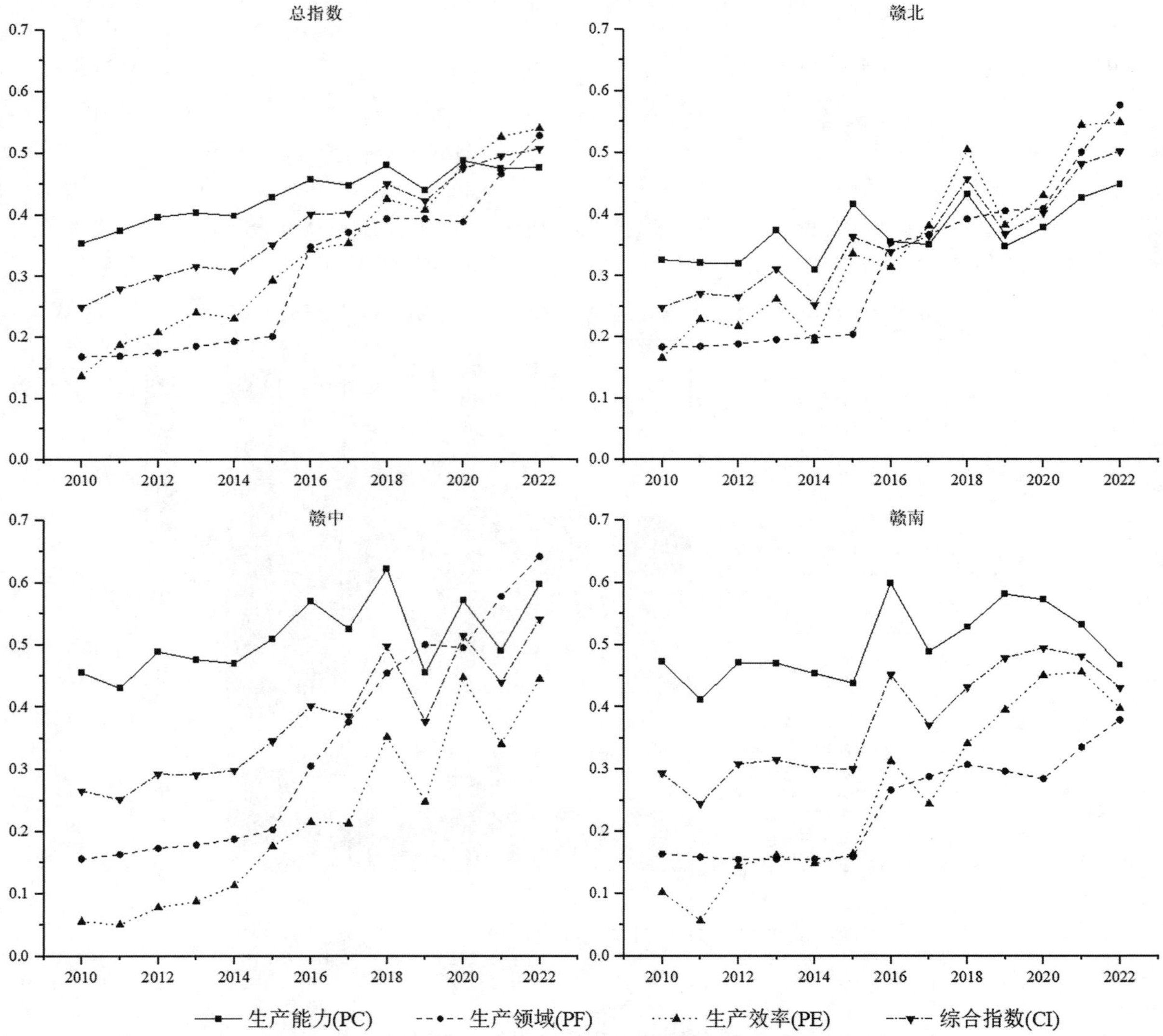

图 6　江西省农业新质生产力分指数分区域水平

分区域来看(图 6),赣北、赣中和赣南地区的农业新质生产力水平存在显著差异。赣北地区凭借其地理位置和资源禀赋的优势,农业新质生产力水平明显高于其他地区。赣中地区处于中间水平,而赣南地区相对落后,但自 2020 年以来,通过创新和政策支持,其增长显著。各区域根据自身特点和资源条件,因地制宜地发展了不同的农业产业和模式。自 2016 年起,所有地区的农业新质生产力水平均有显著提升。

三、江西省农业新质生产力水平的时空演化分析

(一)空间分布特征

根据 Kernel 核密度估计结果(见图 7),2010 年的农业新质生产力水平较低,2014 年、2018 年和 2022 年的波峰逐步向右移动,表明生产力水平逐渐上升。到 2022 年,水平分布更加集中,显示整体水平较高。通过核密度图可以看出,在空间分布特征上,2010 年至 2022 年间,江西省农业新质生产力的核密度峰值明显向右移动,整体水平呈现出波动上升的态势。

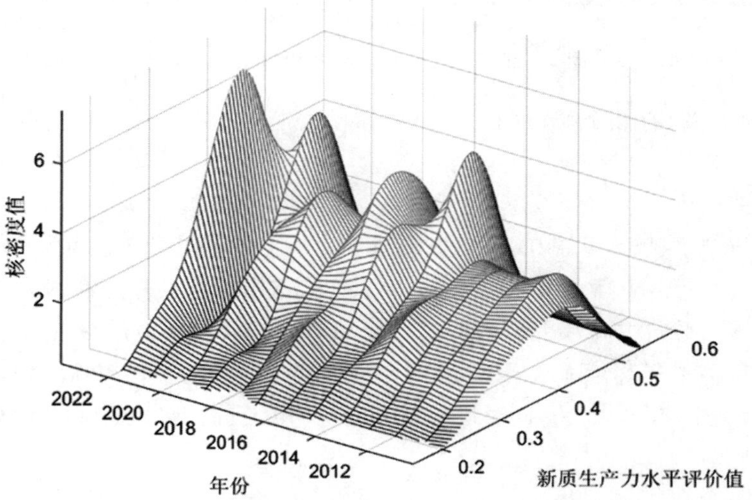

图 7 江西省农业新质生产力水平的核密度图

(二)空间关联特征

从 2010 年到 2022 年,江西省农业新质生产力的基尼系数在 0.1501 到 0.2343 之间波动,显示出不平等程度的变化。2016 年达到最高点后逐渐下降,尤其是 2018 年、2019 年,这与 2016 年《江西省发展规划纲要》的实施有关,表明区域发展不平衡状态有所改善(见表 2)。

表 2 农业新质生产力 Dagum 基尼系数及分解

年份	总体G	贡献			贡献率		
		Gw	Gnb	Gt	Gw	Gnb	Gt
2010	0.1501	0.09632	0.03229	0.02149	64.17%	21.51%	14.32%
2011	0.17249	0.10844	0.04822	0.01584	62.87%	27.95%	9.18%
2012	0.16487	0.10801	0.02906	0.0278	65.51%	17.63%	16.86%
2013	0.17947	0.11395	0.04631	0.01921	63.49%	25.81%	10.70%
2014	0.18704	0.11917	0.04744	0.02043	63.71%	25.37%	10.92%
2015	0.20213	0.12642	0.05922	0.01649	62.54%	29.30%	8.16%
2016	0.23428	0.14826	0.05686	0.02916	63.28%	24.27%	12.45%
2017	0.231	0.14799	0.04478	0.03822	64.07%	19.39%	16.55%
2018	0.2108	0.13356	0.02927	0.04797	63.36%	13.89%	22.76%
2019	0.21843	0.13692	0.02229	0.05923	62.68%	10.20%	27.11%
2020	0.19915	0.12143	0.02746	0.05025	60.98%	13.79%	25.23%
2021	0.19901	0.12126	0.02932	0.04843	60.93%	14.73%	24.33%
2022	0.18289	0.11006	0.03181	0.04102	60.18%	17.40%	22.43%

LISA 时间路径数据显示,有 5 个城市的相对长度大于 1,占 45.5%,显示全省农业新质生产力的空间结构相对稳定。高值区主要集中在中部区域,如南昌、吉安和宜春,显示出较强的动态性。弯曲度分析显示,赣州、宜春和抚州等城市具有较高的弯曲度,在空间依赖性和波动性方面较强,而九江和景德镇等城市受空

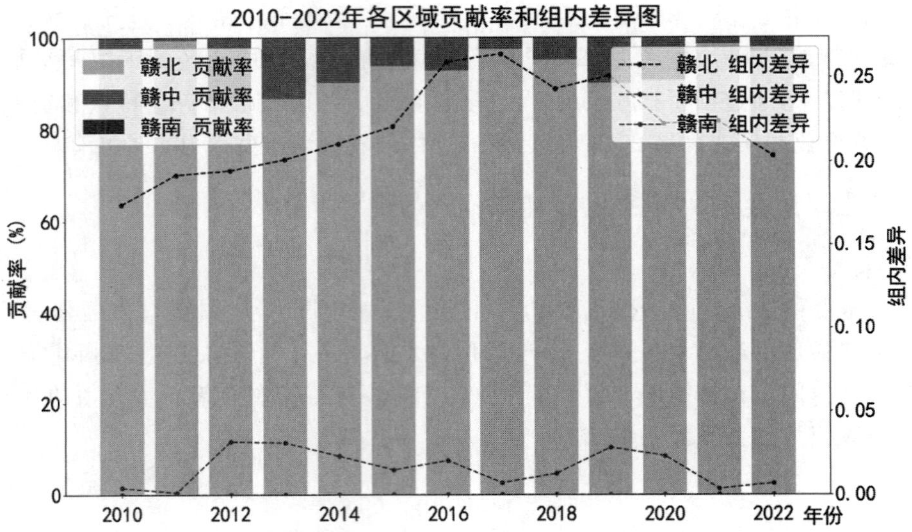

图 8　江西省农业新质生产力的组内差异

间影响较小。移动方向上看，有 3 个城市的时间路径移动方向在 180—270 度之间，占比 27.3%，协同发展水平较弱(如图 8 所示)。

(三)空间趋势特征

传统 Markov 链分析结果显示(见图 9)，农业新质生产力水平在不同层级之间保持较高的稳定性。高水平地区保持不变的概率为 89.7%，中高水平地区为 65.6%，而低水平地区的稳定性则为 75.0%。各层级之间的转移概率较低，除了中低水平向中高水平的转移概率较高，为 0.3429，其他层级的水平基本保持稳定。空间 Markov 链引入了空间滞后项，转移矩阵结果(见图 12)显示，四个不同的转移矩阵均呈现出保持原有状态的趋势，原有状态的维持概率均在 50%以上。同时也发现，随着水平的提高，向其他层级转移的趋势更为明显。

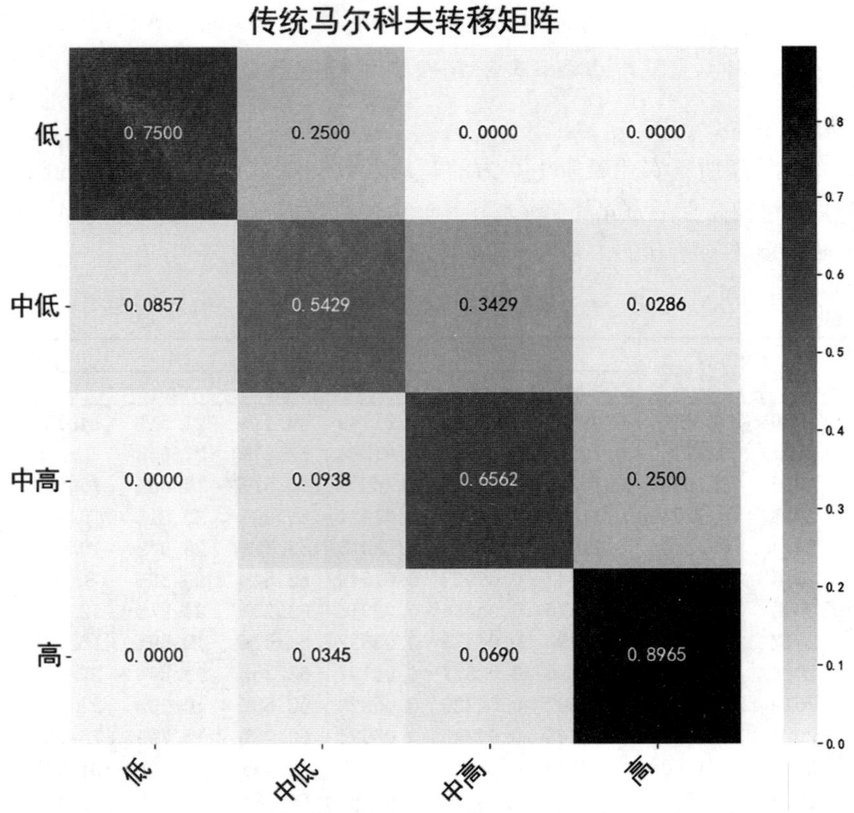

图 9　传统马尔科夫转移矩阵

全局趋势面分析显示(图 10)，东—西方向上呈“倒 U”型分布，南—北方向上呈“U”型分布。这表明东部和南部的农业新质生产力水平较高，空间分异规律从 2010 年至 2022 年基本保持不变，说明东部和南部的农业新质生产力发展水平较高。

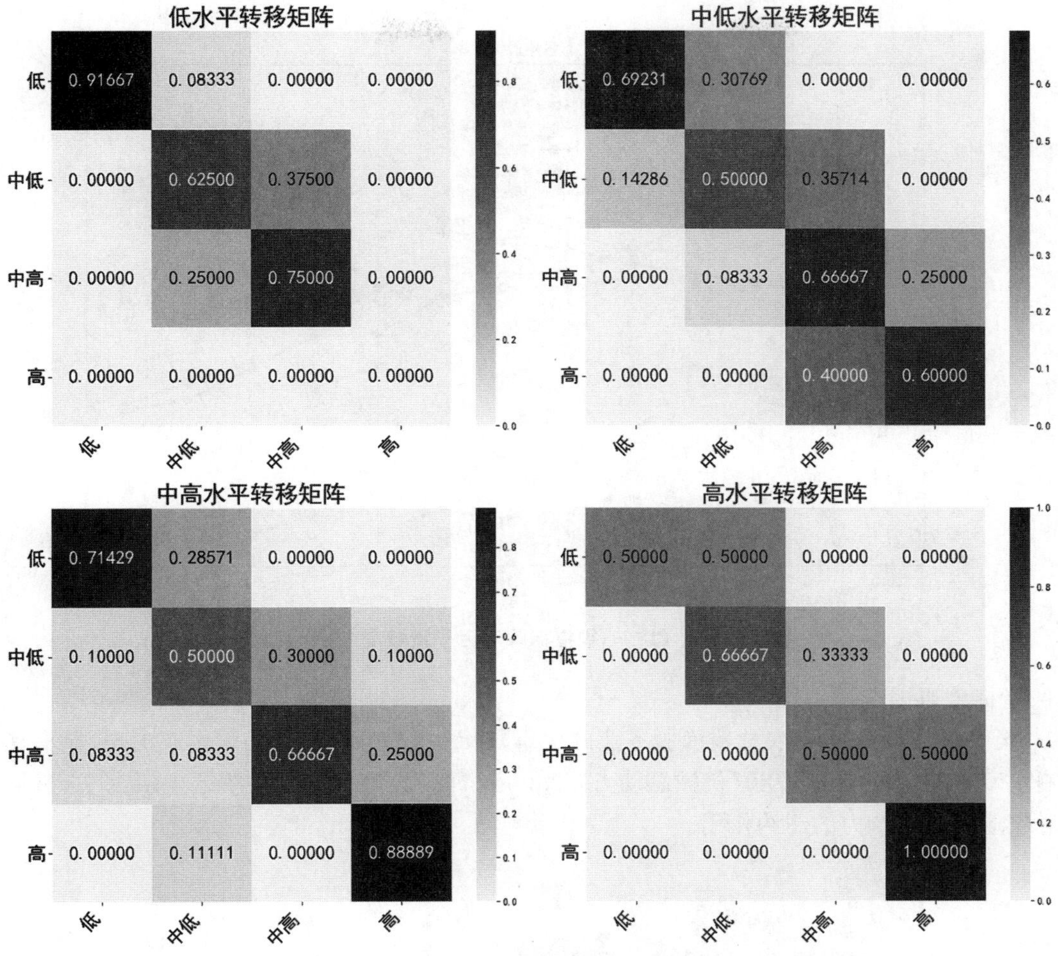

图 10　空间马尔科夫转移矩阵

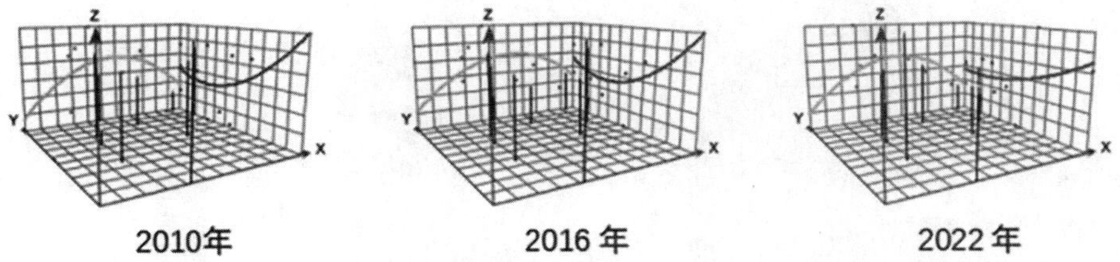

图 11　2010—2022 年江西农业新质生产力空间趋势特征

(四)空间变迁特征

通过标准差椭圆分析,全省农业新质生产力的重心位于宜春市丰城市,显示出向西北和东北方向的移动趋势,总迁移 63.73 千米。椭圆形状变化表明,东北方向增长幅度大于西南方向,空间分布方向更加明确,显示出生产力水平的空间分布和趋势特征更加明显。

四、江西省农业新质生产力障碍因子识别及提升路径分析

(一)障碍度分析

通过对江西省农业新质生产力的分析,使用障碍度模型诊断主要的制约因子,明确当前影响农业新质生产力水平的关键因素。

1. 一级指标障碍因子分析

从 2010 年至 2022 年,各因素对农业新质生产力的贡献度变化如图 12 所示。其中,产业融合度和农业效益的贡献率相对平稳波动,且相比其他指标处于较低水平。而生产资料和劳动者的贡献率较高,且随着

时间的推移呈现出波动上升的趋势。尤其是自2019年起,劳动者的贡献率跃居首位。因此,劳动者将成为未来制约农业新质生产力提升的关键因素。

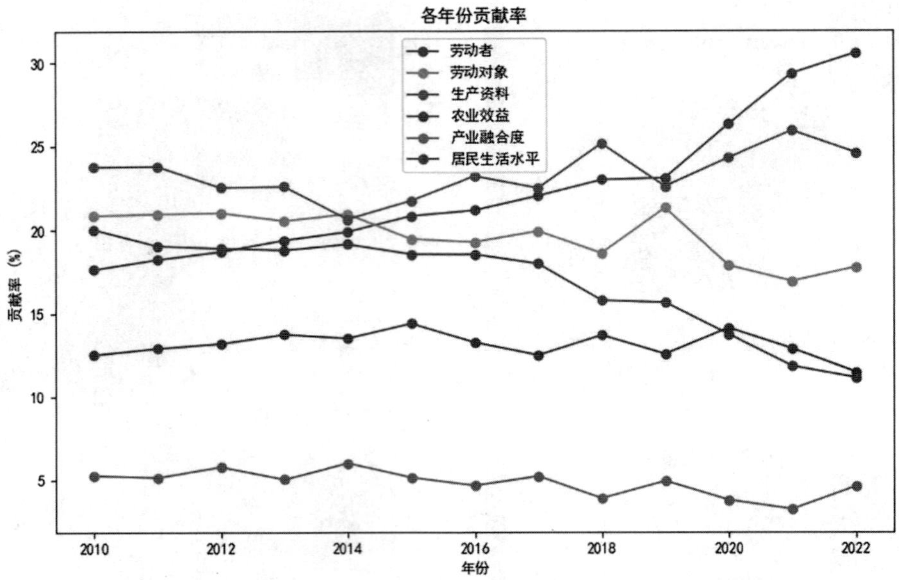

图12　一级指标障碍因子贡献度

2. 三级指标障碍因子识别

在2010至2022年间,X14(农林牧渔服务业的比重)、X10(农业用电效率)均多次出现,显示其对障碍度有显著影响。X18(空调拥有量)、X9(机械总动力)、X8(灌溉面积)等指标也表明了生活水平、机械化水平和基础设施对农业新质生产力的制约作用。

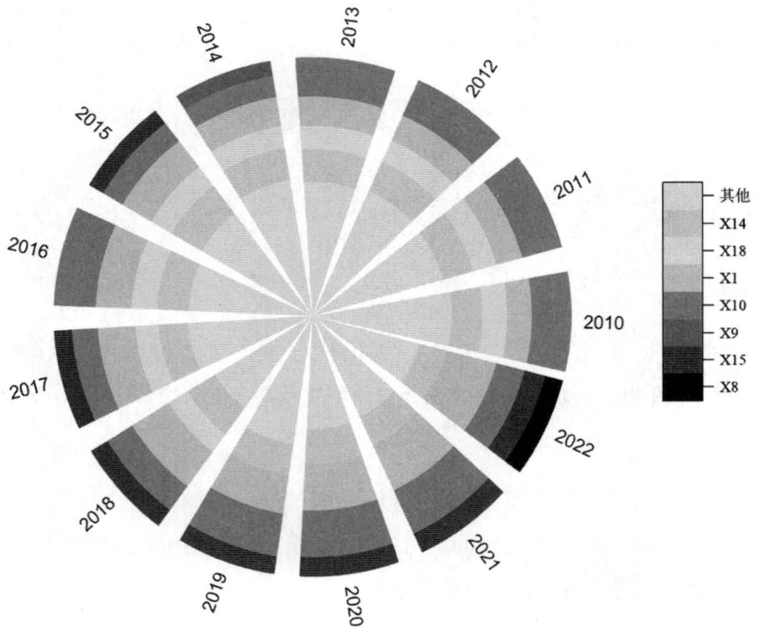

图13　三级指标障碍因子贡献度

(二)基于系统动力学模型的提升路径分析

基于系统动力学模型,本文进一步探讨未来可能推动农业新质生产力提升的关键驱动因素,模拟不同路径对农业新质生产力的影响。

1. 模型设计

系统动力学模型设计包括确定系统边界和核心变量,构建因果关系图,建立动态仿真模型,并通过路径仿真和敏感性分析验证模型的可靠性和稳健性(李志平等,2017;张璇等,2022;凌峰等,2024)。

农业新质生产力是系统的核心变量，由多个因素共同作用，根据前文指标体系构建情况，模型的核心要素包括生产效率、生产能力、生产领域等方面。农业新质生产力由各核心要素共同作用提升，通过高效生产方式、产业融合、农业效益的正反馈机制，以及科技普及和环境保护等因素，实现农业的高效和可持续发展。

2. 因果关系及存量流量分析

本文构建的系统中，除了农药化肥的使用效率为负因果链，其余皆为正因果链。通过 Vensim－PLE9.3.5 软件构建的因果关系图，展示了各变量间的相互关系和反馈机制，其中大部分变量之间的关系为正向反馈。正反馈回路如农业效益提升带动生产效率提升，负反馈回路如农药化肥过度使用对生产力造成损害，显示出农业新质生产力的提升是多因素共同作用的结果（见图 14）。

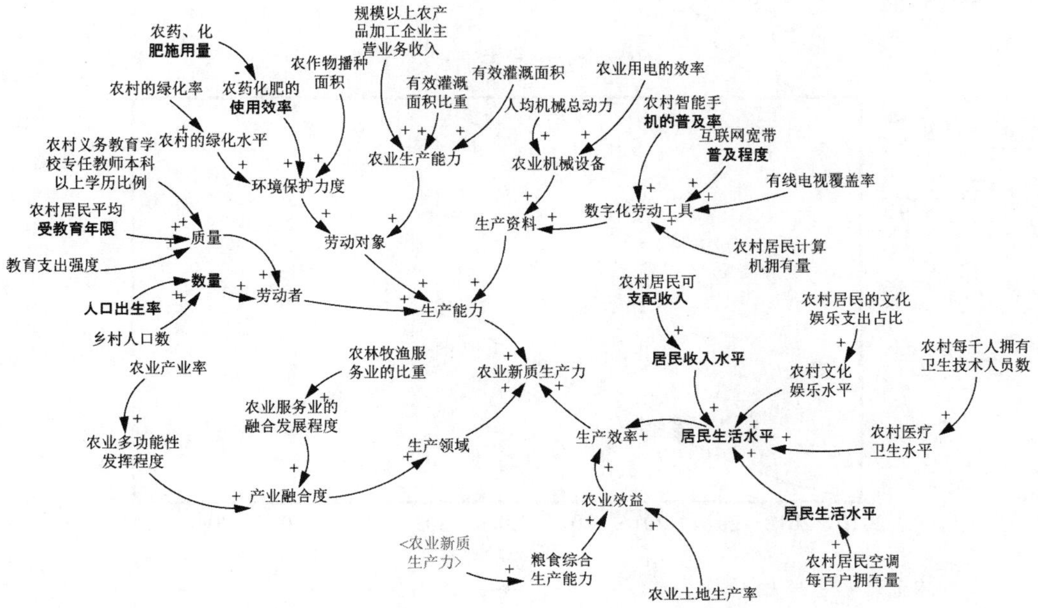

图 14　农业新质生产力影响因素因果关系

基于因果关系图，将农业新质生产力系统划分为三个子系统：生产效率、生产能力和生产领域。每个子系统在模型中设为状态变量，其变化量为速率变量，其他影响因素则定义为辅助变量或常量。引入了 Time 影子变量，以反映系统随时间变化的特征。图 15 展示了各变量流入和流出关系的存量流量图。

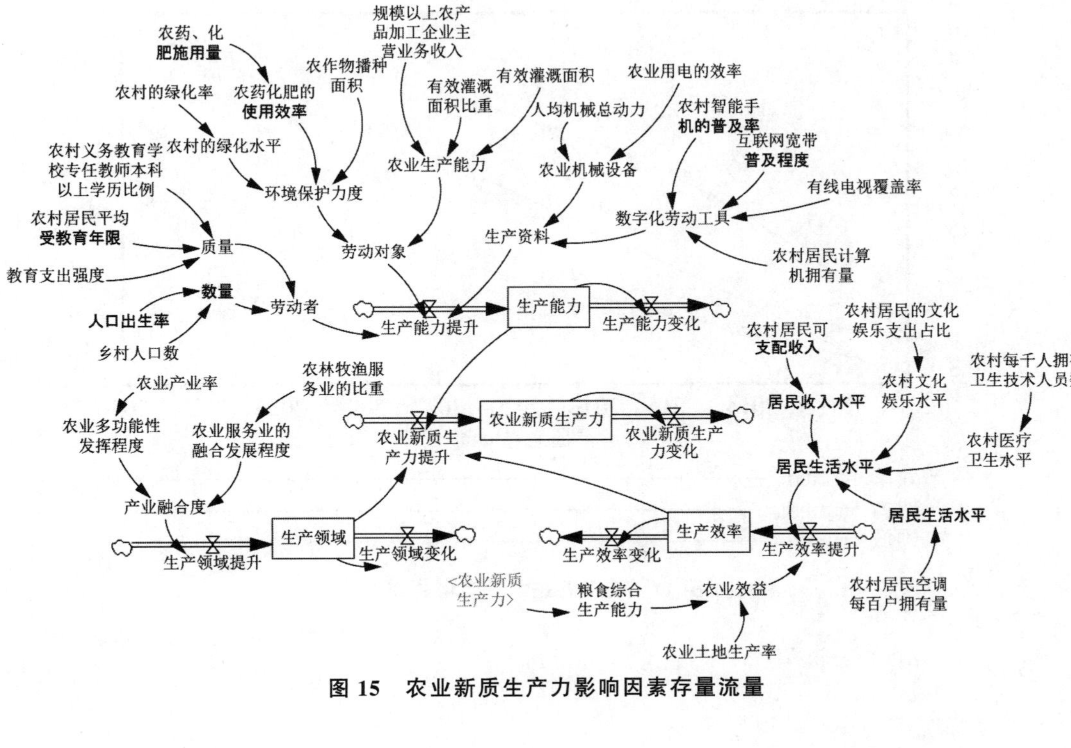

图 15　农业新质生产力影响因素存量流量

在因果图中,可以识别出多条正负反馈回路,以正反馈回路为例:

农业效益提升→生产效率提升→农业新质生产力提升→农业效益进一步提升

生产能力提升→农业新质生产力提升→农业效益提升→生产能力进一步提升

3. 模型检验与测试

农业新质生产力的演化过程中,要素之间为相互作用的关系,不存在绝对的数量关系。根据前文测度的农业新质生产力水平,单位统一设置为 Dmnl。对模型进行了动态仿真,设置步长为 1 年,仿真时长为 20 年。结果显示,在初期阶段,农业新质生产力增长缓慢,反映了变革初期的渐进性。中期阶段随着机械设备投入增加,生产力显著增长,后期阶段增长速度趋于稳定,进入稳定增长期。仿真测试结果显示,模型能有效反映农业新质生产力的动态变化,符合实际农业发展的趋势。

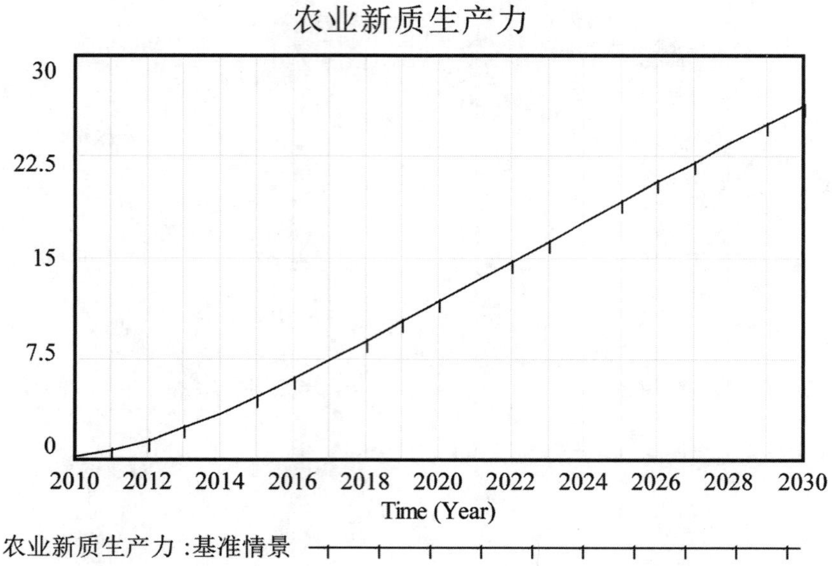

图 16　农业新质生产力仿真测试结果

从三个子系统的演化趋势来看,生产效率在初期提升较快,但趋于平缓。生产能力在整个仿真期间增长最快,显示出农业机械设备和生产资料投入的效果。生产领域在后期显著加速,反映了农业与其他产业的融合发展逐渐显现累积效应。

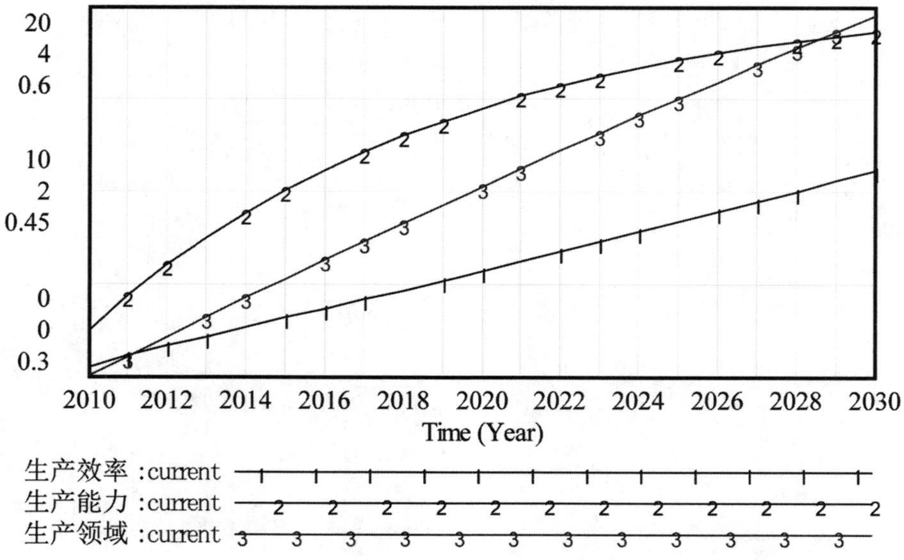

图 17　各子系统水平变化曲线

4. 敏感性分析

通过调整关键参数进行敏感性分析，在第三年末，农业新质生产力数值为 2.3，变动所有因素后进行对比，具体增长幅度如图 18 所示。识别出人均农业机械总动力、农村居民可支配收入、计算机拥有量、农村绿化水平等对农业新质生产力有显著影响。这些变量是未来推动生产力提升的重要驱动因素。

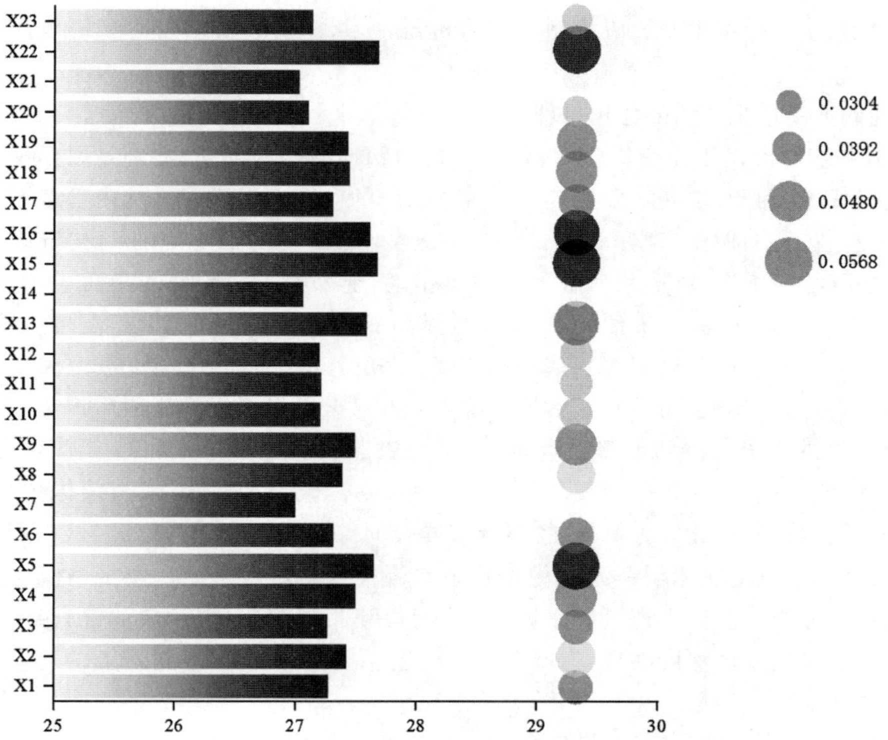

图 18　影响因素敏感性比对分析

5. 仿真结果分析

根据敏感性分析，本文选取了影响因最高的 8 个指标，模拟四种路径的演进情况。现状延续型路径增长速度最慢，表明在不做调整的情况下，生产力提升有限。经济政策型路径通过增加经济投入和优化政策措施，实现较快增长，显示经济政策在短期内促进发展的能力。创新驱动型路径通过科技创新和现代化管理手段显著提升生产力，是推动农业发展的重要引擎。多元融合型路径增长最快，通过农业与其他产业的融合发展，实现最大幅度提升，表明多元融合带来更大的经济效益和社会效益。

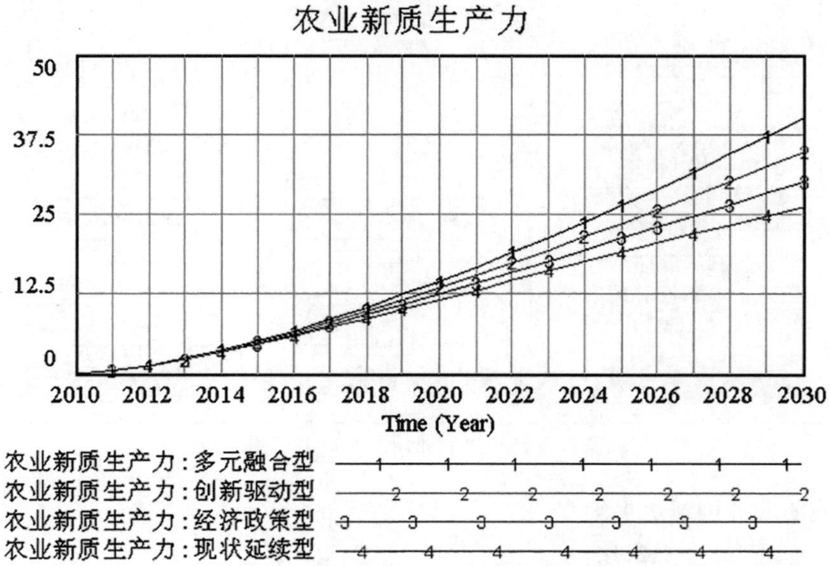

图 19　农业新质生产力提升方案仿真结果

五、进一步分析:农业创新提升农业新质生产力的作用机制

根据系统动力学模型,尽管多元融合型显示显著增长,创新驱动在可控性、实现难度、投入成本、政策支持和短期效益方面更具优势,因此,研究其对农业新质生产力的影响机制更具实际操作性。本文利用文本挖掘的面板数据和住户调查微观数据,从宏观和微观角度分析农业创新水平对农业新质生产力的发展。采用多重固定效应模型,结合因果中介效应模型和双重机器学习,分析农业创新对新质生产力的影响及政策效应。

(一)创新赋能农业新质生产力的作用机理

2023年底召开的中央经济工作会议强调,要以科技创新推动产业创新,特别是以颠覆性技术和前沿技术催生新产业、新模式、新动能,发展新质生产力。科技驱动的生产力促进了系统内部各要素及结构的合理化,从而推动了新质生产力的形成(李怀等,2024)。一是农业创新通过促进产业结构升级来提升新质生产力。农业创新加强了生产、加工、流通和消费环节的协作,实现了人、物、数据的全面连接,不仅推动农业生产的纵向一体化(夏显力等,2019;唐文浩,2022),而且提高了产业链效率和资源匹配度。同时,农业创新推动了智慧农业、定制农业和农产品电商等新业态的发展,提升了农产品的市场竞争力和产业结构的转型升级(刘志彪等,2023;高帆,2023)。二是农业创新通过数字普惠金融发展提升新质生产力。数字普惠金融可以减少信息不对称、提供信贷支持和创新融资模式,推动农业企业规模扩张和高素质劳动力的培养(李国龙,2023;刘海波,2022)。同时,优化劳动资料配置,提高农业机械化水平,引入高效作物和技术,提高土地生产率,并促进农业要素的科学流转。此外,还引导资本投向绿色低碳领域(温涛,2024;靳乐山,2024;王建华,2024;高国生,2024)。三是农业创新通过优化数字物流提升新质生产力。数字物流减少了运输时间和成本,提高了流通效率。支持农业生产资料采购、产品销售和品牌塑造,推动产业链升级(宋丹,2024)。同时,数字物流促进了城乡资源的深度融合,为城乡融合创造了条件,提高了乡村产业的生产效率(张宝生等,2024;朱佩芬等,2024)。

基于理论分析及本文提出的创新驱动路径,进一步提出以下三个假设:

假设一:农业创新通过促进产业结构升级提升农业新质生产力。

假设二:农业创新通过数字普惠金融发展提升农业新质生产力。

假设三:农业创新通过优化数字物流提升农业新质生产力。

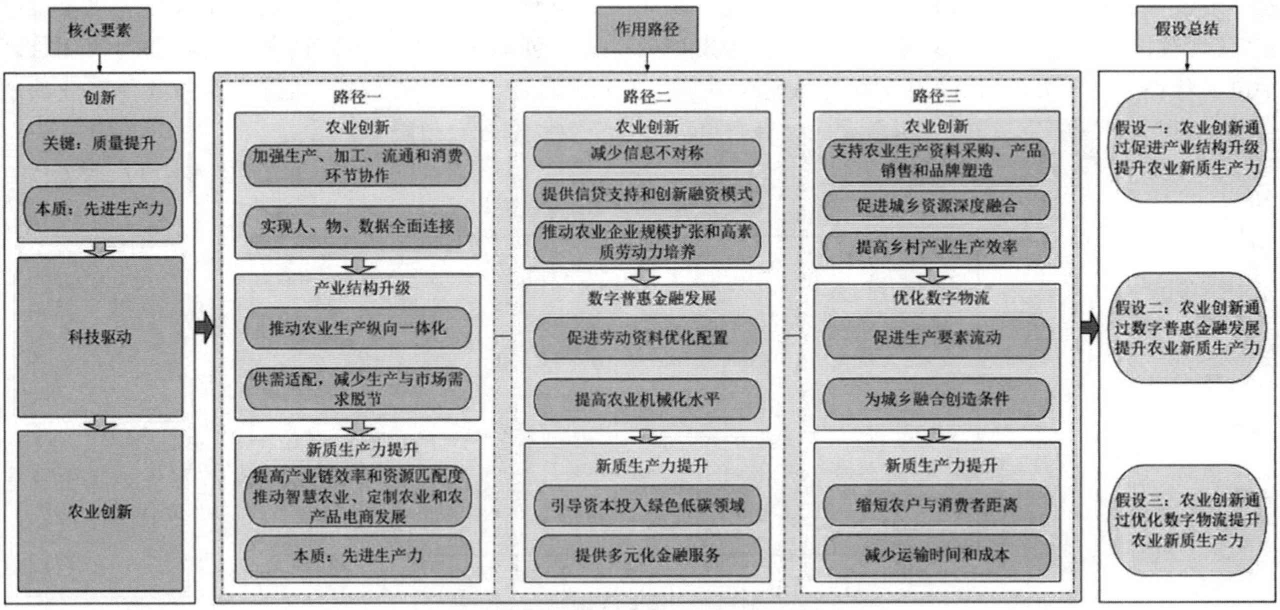

图20　农业创新对农业新质生产力的影响机制

(二)宏微观层面的农业创新水平测度

1. 宏观层面:农业创新水平(RDIL)

学术界通常将科技创新水平作为解释变量来评估创新水平,常用的指标包括专利数量、R&D经费投

入、政府科技支出及R&D人员全时当量等。本文创新性地通过网络搜索和文本分析方法来评估农业科技创新水平，并使用传统方法进行稳健性检验。从农业创新成效度、关注度和认知度三个方面测算农业创新水平(RDIL)。

一是农业创新成效度(ADIED)。首先是确定关键词文本来源，参照陈庆庆(2024)和宋龙(2022)的研究，文本来源包括《中国涉农企业创新报告(2023)》，以及农业农村部和地方政府网站的官方文件。使用Python中的PDFMiner模块提取文本，并将其写入TXT文档。

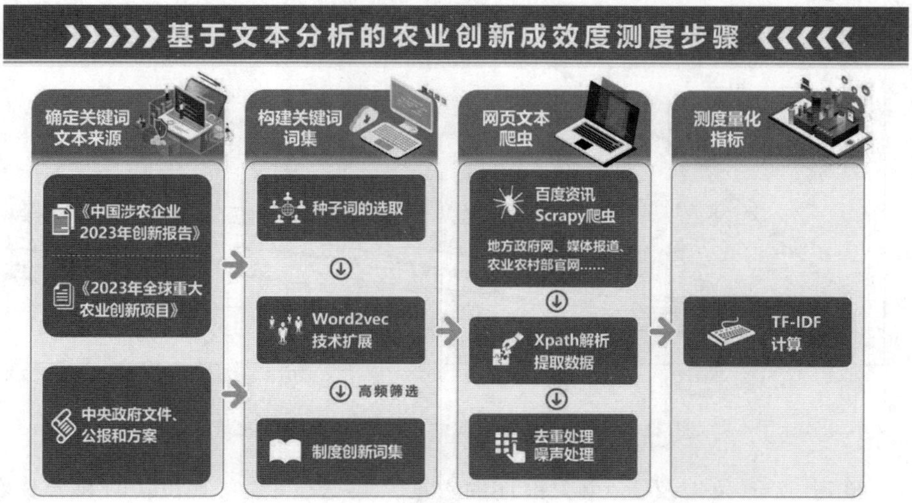

图21 基于文本分析的农业创新测度步骤

接着构建关键词词集，使用Python的NLTK和Gensim模块处理文本，剔除停用词和无关词，得到长度为3—8字符的初始词语。通过“种子词＋Word2vec(Skip-gram)相似词”方法，并辅以人工判断，最终形成包含近200个高频词汇的词集。

表3 农业创新关键词示例

维度	关键词
农业技术	农业科技、基因改造、精准农业、智慧农业、农业物联网、农业互联网、数字农业、农业无人机、农业机器人、农业大数据、农业遥感
农业生产与管理	可持续农业、有机农业、垂直农业、城市农业、水培、鱼菜共生、再生农业、气候智能、碳农耕、土壤健康、农业水管理
农业经济与政策	农业价值链、粮食安全、农业供应链、农业电子商务、农业营销、农业高质量发展、农业现代化
农业环境与社会	绿色兴农、农民培训、农业可持续、和美乡村、宜居宜业、数字乡村、新农人

然后进行网页文本爬虫，建立Scrapy爬虫框架，设定2010—2022年间的查询词为“农业创新＋关键词”，提取前10页的网页文本。在北大法宝网站和中国知网政策库中检索农业创新相关的政策文本。通过Xpath解析数据，去重后形成32156个文本文件，作为文本分析对象。为了确保关键词提取的准确性与代表性，通过数据清洗剔除无关内容和异常数据，采用TF-IDF算法与置信度阈值筛选关键词，并结合Word2vec语义分析与人工校验以进一步减少噪声。

最后测度量化指标，使用TF-IDF算法将词集中的每个词汇与爬取的文本进行匹配，并通过时间维度处理，归一化各年度关键词的频次，剔除不同年份中波动较大的噪声词。最终生成的成效度指标越高，表明农业创新的成效越好。

二是农业创新政府关注度(gov_att)。参考陈诗一等(2018)，基于2010年至2022年间143份地方政府工作报告中与“农业创新”相关词汇的频率，统计并标准化处理，共1519个词频，计算各地市的政府创新关注度指数。

三是农业创新认知度(bd_idx)。借鉴胡希凡(2018)和冯永琦(2024)，利用百度指数衡量社会对创新的关注度。选取智慧农业、数字农业等关键词，计算2010至2022年间的百度指数算术平均值，并取对数作为

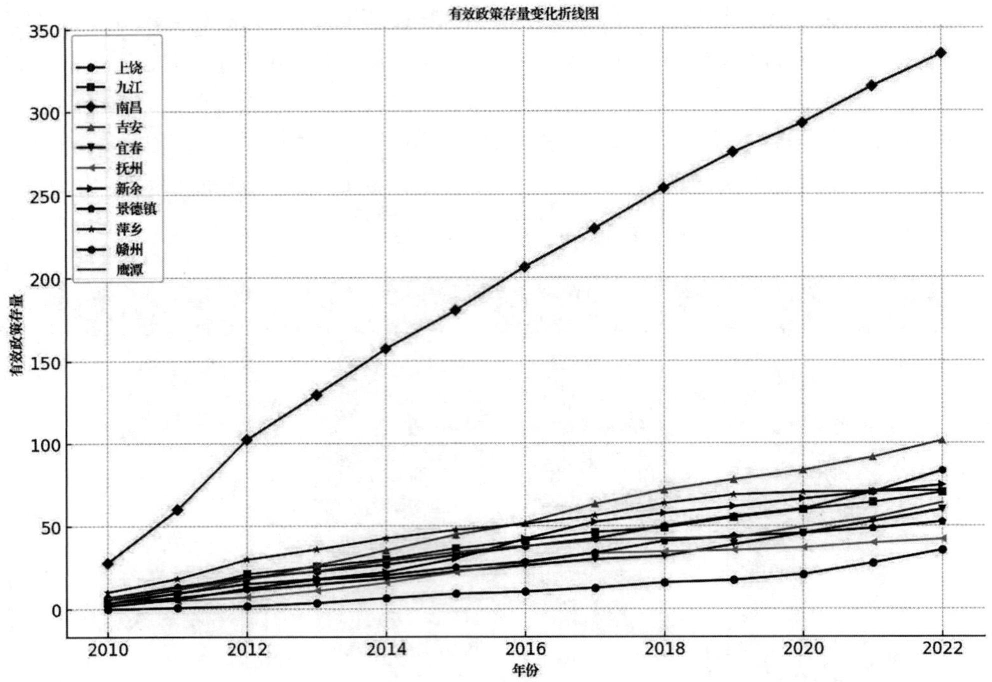

图 22　基于北大法宝网站的农业创新相关政策

认知度指数。手工整理22万条涉及15个关键词的数据。数据显示,农业物联网和智慧农业等认知度自2010年以来大幅增加。

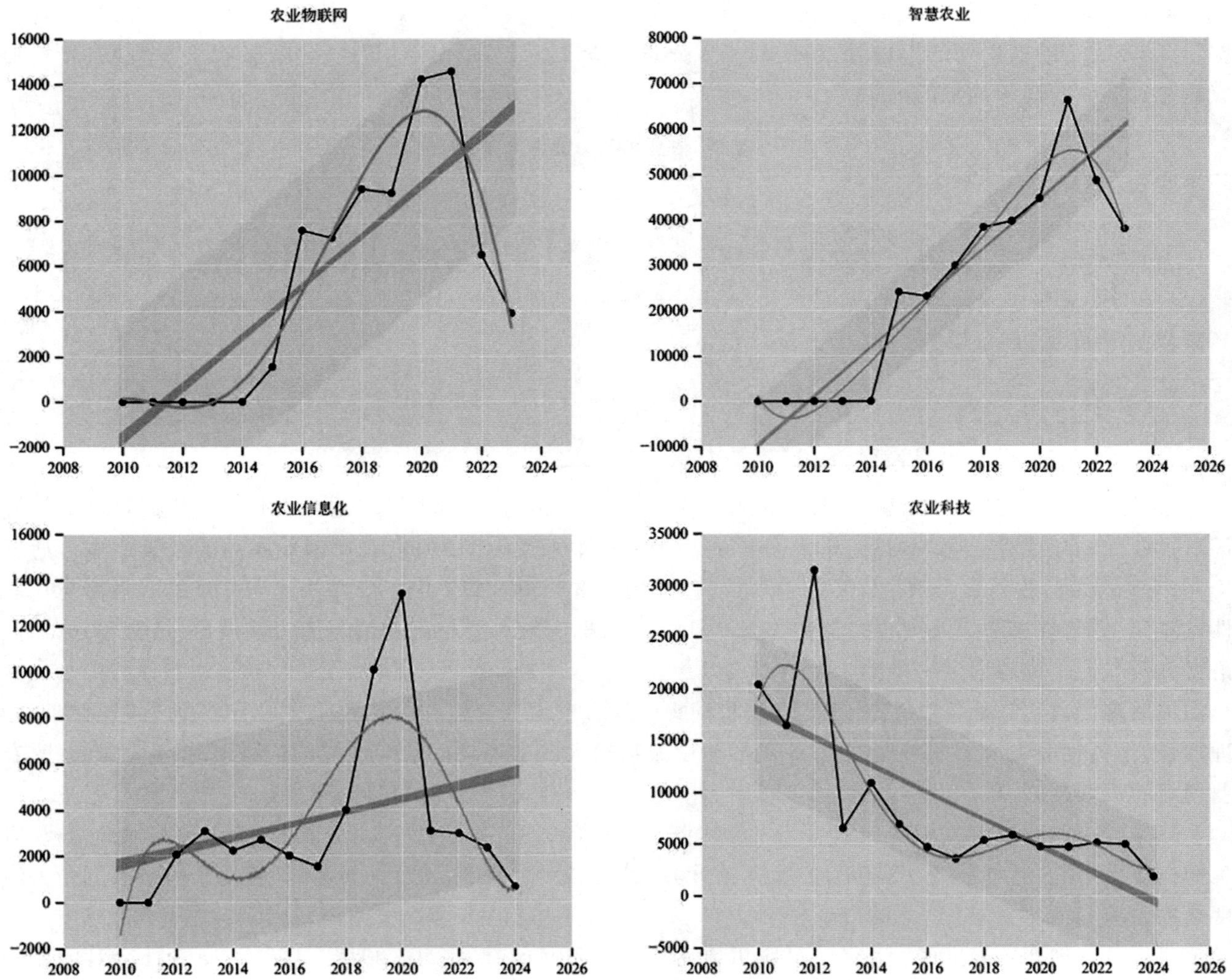

图 23　部分关键词趋势变化情况

2. 微观层面:农村居民家庭创新力水平(RHIl)

基于江西省2018—2022年住户调查农村居民家庭微观数据,涉及5000余户家庭,对问卷和账页的共计10万余条记录分析,结合彭熙灿(2022)等学者关于居民生活质量、非农创业等方面研究,构建涵盖人口素质、就业结构、创新投入、创新参与4个一级指标10个二级指标25个三级指标信息的居民家庭创新力(Innovation Level of Rural Household,RHIl)水平。通过测度农村家庭在创新能力方面的表现,能够反映"新农人"具备的新理念、新技术和现代经营方式等特征,也为识别和支持这一群体发展提供了依据。

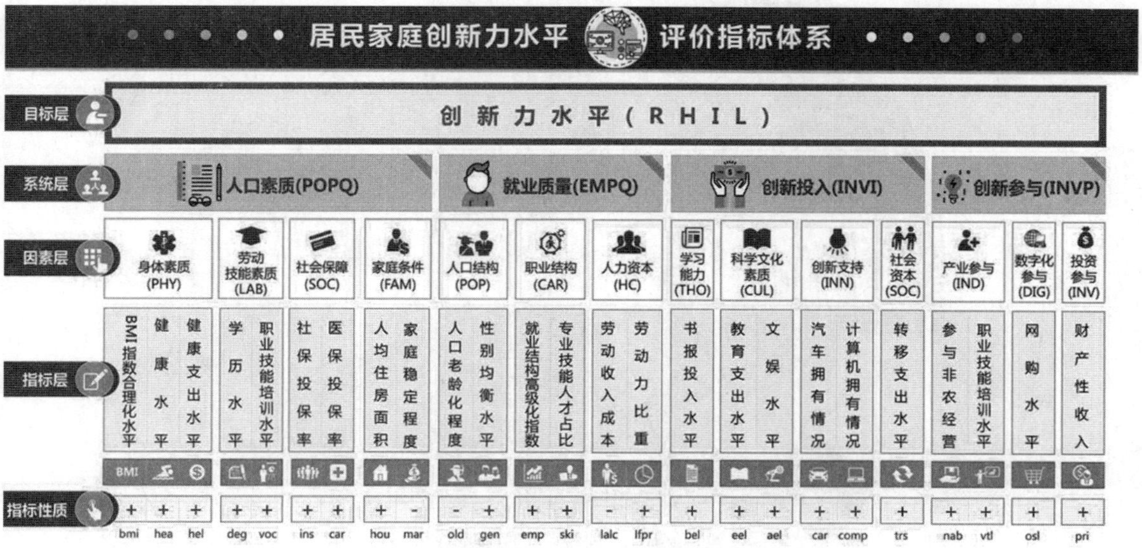

图24 农村居民家庭创新力指标体系

使用Matlab软件,通过INFO算法优化的寻影投踪模型测算相关指数。INFO算法通过初始化随机向量集合,利用加权均值生成新向量,并结合向量组合和局部搜索提升种群多样性和搜索能力,有效解决复杂优化问题。优化后的模型用于计算各指标的最佳投影方向,并计算出各居民家庭的创新力综合投影值。

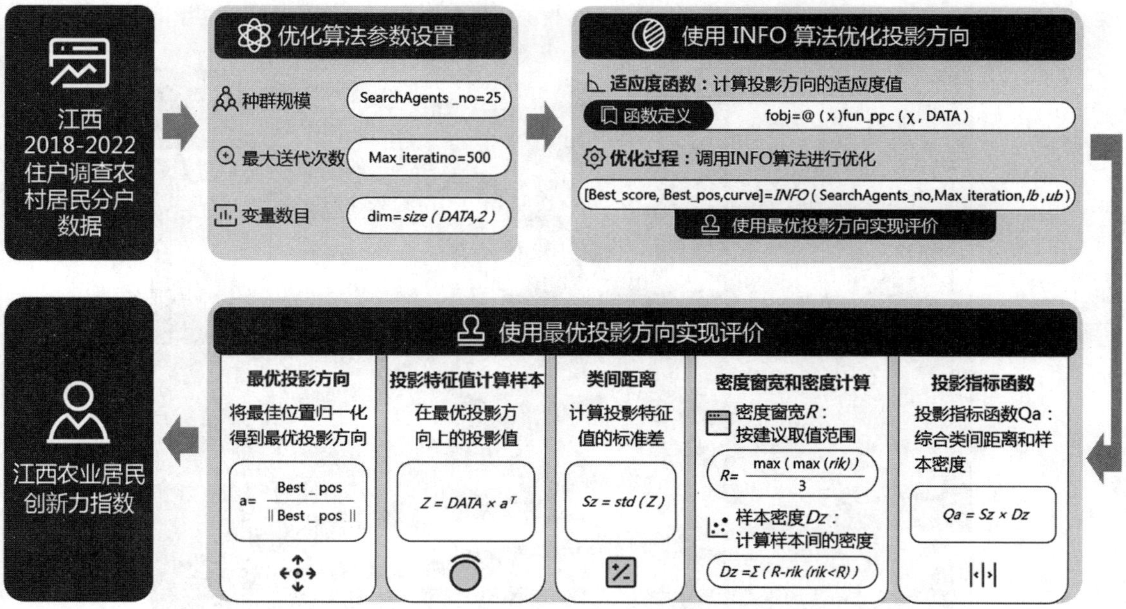

图25 基于INFO算法的投影寻踪模型构建流程

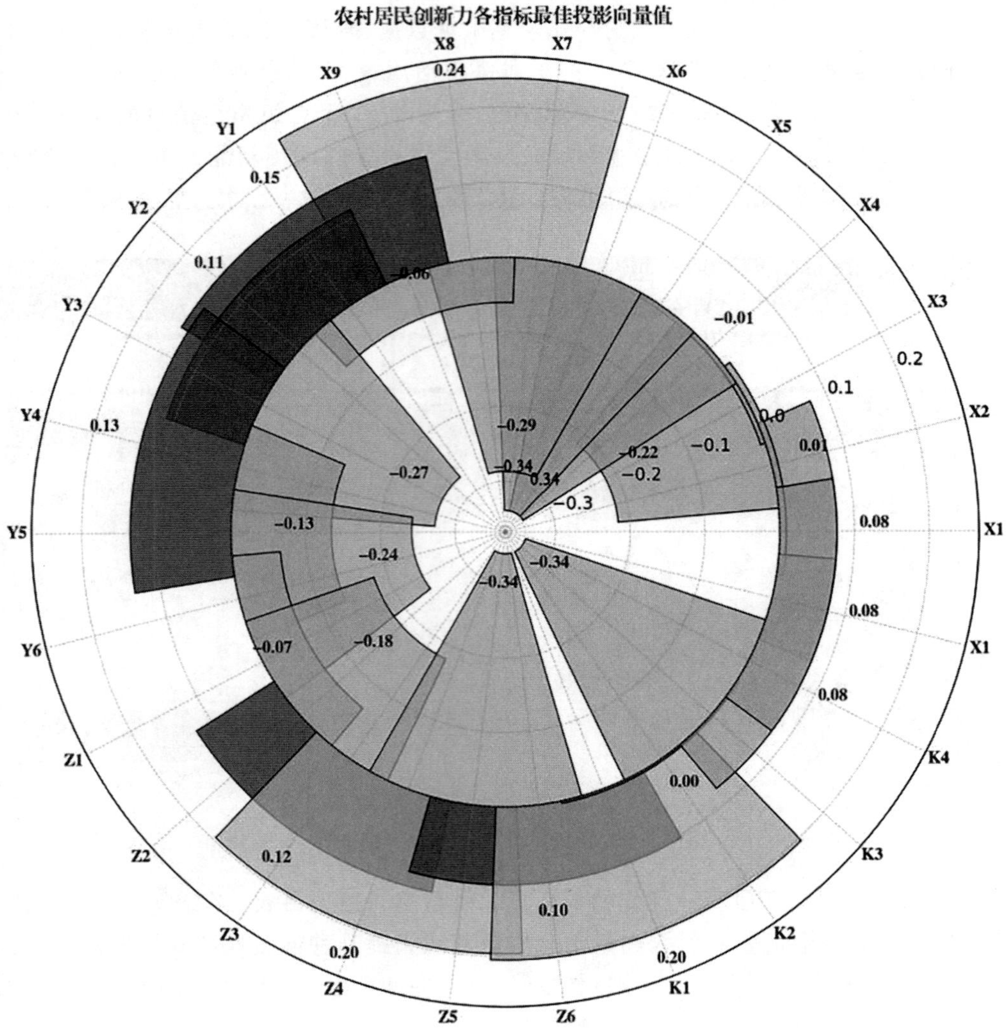

图 26　RHIL 各指标的投影方向

图 27　2018—2022 年江西 RHIL 水平桑基图

(三)农业创新提升农业新质生产力的实证检验

本文采用了混合效应模型(OLS)、随机效应模型(RE)、固定效应模型(FE)和双重机器学习模型四种方法。根据前三种模型的 Hausman 检验结果,P 值小于 0.05,显著拒绝了原假设。固定效应模型的拟合优度高于其他模型,因此选取这一模型进行后续分析。

1. 回归结果

(1)基于农业创新水平(RDIL)的回归结果。

根据模型(3),RDIL 的回归系数为显著为正,显示农村创新水平显著提升了农业新质生产力。模型(4)加入控制变量后,RDIL 的效应虽有所下降,但仍是关键促进因素。人均 GDP、政府在农业和水利方面的支出、城镇化率均对农业新质生产力有显著正向影响。进出口总额和金融机构存贷款余额占 GDP 的比重虽为正,但未显著,可能因农业产品贸易占比较小及财政支出效率低(见表 4)。

表 4 农业创新水平与农业新质生产力回归结果

变量	混合效应模型(OLS)	随机效应模型(RE)	固定效应模型(FE)	
	模型(1)	模型(2)	模型(3)	模型(4)
RDIL	0.0002** (2.301)	0.0001** (2.301)	0.0003*** (6.118)	0.0002** (2.301)
Gdp_cap	0.0251*** (3.587)	0.0251*** (3.587)		0.0251*** (3.587)
Loc_ag_fisc	0.1274*** (2.871)	0.1274*** (2.871)		0.1274*** (2.871)
Urb_rt	0.0452*** (3.700)	0.0452*** (3.700)		0.0452*** (3.700)
Trd_gdp_rt	0.0003 (1.100)	0.0003 (1.100)		0.0003 (1.100)
Fin_gdp_rt	0.0002 (0.706)	0.0002 (0.706)		0.0002 (0.706)
截距	0.3924*** (3.781)	0.3984*** (18.272)	0.3447*** (21.362)	0.3924*** (3.781)
F 值	7.625		14.48	15.26
R^2	0.542		0.528	0.75
观测值	143	143	143	143
年份固定效应	是	是	是	是
城市固定效应	是	是	是	是

(2)基于居民家庭创新力水平(RHIl)的回归结果。

结果显示,农村居民家庭创新力水平(RHIl)对农业新质生产力有显著影响,尤其是总指数(RHIl)和人口素质(POPQ)对生产力的正向作用显著。创新参与(INVP)影响不显著,可能因短期内创新成本高,参与方式不科学导致。

表 5 农村居民家庭创新力水平与农业新质生产力回归结果

变量	RHIl	popQ	empQ	invI	invP
截距	0.6439 (0.027) ***	0.7517 (0.044) ***	0.8027 (0.043) ***	0.9277 (0.039) ***	0.9232 (0.041) ***
F 值	24.150 ***	16.925 ***	18.765 ***	23.746 ***	22.318 ***
R^2	0.642	0.575	0.423	0.541	0.353
年份固定效应	是	是	是	是	是
ANQPL	0.4732 (0.039) ***	0.2006 (0.057) ***	0.1383 (0.062) **	−0.1227 (0.055) **	−0.1088 (0.160)

借鉴边志强(2024)、贾康(2024)的方法,对 RDIL 进行滞后检验,并使用 1997 年各市互联网普及率与前

一年的全省互联网用户总数作为工具变量进行内生性处理,并替换核心解释变量,采用科技创新相关指标和熵值法—TOPSIS测算科技创新指数。结果显示,各回归结果系数依然显著为正,与基准回归保持一致。RDIL对农业新质生产力三个维度的提升作用显著,在赣南地区和粮食主产区的提升更为显著。

2. 影响机制分析

由于传统中介效应检验的内生性偏误颇受质疑,本文首先参照江艇(2022)的研究,直接检验农业创新水平对机制变量的影响,结果表明正向影响均显著(附录)。为了进一步消除内生性偏误,参照Sule Alan et al.(2018)、刘楔等(2022)的研究,构建了因果中介效应模型,通过引入非参数化的Bootstrap抽样方法,在反事实框架下直接估计处理变量对结果变量的间接效应(ACME)和直接效应(ADE),从而更加精准地解析处理变量的作用机制。结果显示,农业创新水平对城市产业结构水平(INDUS)、数字普惠金融指数(DIF)和数字物流指数(DLIL)三个中介变量都有显著的正向影响,表明农业创新水平通过改善数字普惠金融、物流基础设施和产业结构进一步增强了农业生产力,验证了本文提出的3个假设。

表6 农业创新与农业新质生产力的影响机制检验

变量	DIF	DLIL	Indus
ACME (间接效应)	0.00864*** (0.00356, 0.01)	0.00329* (0.00705, 0.00)	0.00645* (0.00108, 0.01)
ADE (直接效应)	0.02251*** (0.00979, 0.03)	0.02251*** (0.01069, 0.03)	0.02076** (0.00763, 0.03)
Total Effect (总效应)	0.03115*** (0.02093, 0.04)	0.01921** (0.00658, 0.03)	0.02721*** (0.01547, 0.04)
Prop. Mediated (中介效应占比)	0.27736*** (0.11080, 0.54)	0.17140* (0.70003, 0.03)	0.23710* (0.04314, 0.59)
常数项	−0.0811 (0.0571)	0.1775*** (0.0188)	0.3232*** (0.0367)
R^2	0.6169	0.5675	0.5957

3. 政策效应分析

参照吴文生等(2024)、边志强等(2024)的做法,为了评估智慧城市、"宽带中国"、创新型城市和数字乡村等创新政策的外生冲击对农业新质生产力的影响,本文采用了双重机器学习模型。使用随机森林(Random Forest)模型估计预测值,线性回归模型(OLS)估计政策冲击的处理效应。结果表明,宽带中国和创新型城市政策对农业新质生产力有显著正向影响,而智慧城市和数字乡村政策未显示显著影响,可能因智慧城市政策主要影响城镇地区,而数字乡村建设尚处于初期阶段。

表7 不同政策对农业新质生产力的效应

变量	效应估计值
智慧城市(sm_city)	0.01(0.005453)
宽带中国(bb_cn)	0.015** (0.005393)
创新型城市(inv_city)	0.01** (0.005)
数字乡村(dig_vill)	0.0 (0.005462)

六、结论、建议与展望

(一)主要结论

1. 江西省农业新质生产力总体提升,存在区域异质性

2010至2022年间,江西省农业新质生产力经历了上升、下降再至回升的动态演变。其中基础设施建设、政策扶持与市场机制影响显著。江西省内不同区域的农业新质生产力水平存在差异。赣中地区长期处

于领先，赣南地区起点较低但增长潜力巨大，赣北地区波动较大，具备较高的发展潜力。

2. 创新驱动和产业融合是提升农业新质生产力水平的最佳路径

生产资料、劳动者素质、农业效益、产业融合度和居民生活水平构成影响农业新质生产力的核心要素。系统动力学模型仿真分析显示，创新驱动和多元融合路径是促进农业新质生产力持续增长的最佳路径。

3. 农业创新推动农业新质生产力发展

农业创新水平通过数字普惠金融、数字物流和产业结构升级促进了农业新质生产力的提升。

(二)政策建议

1. 构建协调发展新格局

推动江西农业新质生产力协调发展。统筹传统产业、新兴产业和未来产业发展，构建农业产业协作共同体，提升区域经济一体化水平。根据各地区的资源禀赋和产业基础，制定区域差异化发展政策，避免同质化竞争。同时，优化科技与教育资源等空间分布，向落后地区适度倾斜。

2. 深化产业融合新模式

农业与其他产业融合发展的多元融合型路径增长最快。一是发展农业产业化经营。创建农村产业融合发展示范园，形成风险共担、利益共享的机制。培育多元化的经营主体，支持社会资本投入，推动不同产业间的资源共享和链条共建，提升农业全产业链的竞争力。二是发展农业新业态。促进农业与旅游、教育、文化等产业的交叉融合，发展休闲农业、农旅结合等新业态。搭建公共服务平台，提供电子商务、乡村旅游、农业物联网等服务，促进农业与现代服务业的深度融合。

3. 强化创新驱动新动能

科技创新是提升农业新质生产力的核心。一是强化科技创新和制度创新双轮驱动。构建支持农业创新的政策体系，包括财政补贴、税收优惠、信贷支持等，加大对农业科技的资金投入，应用数字化、智能化技术改进农业生产流程；优化农业经营体系、生产体系及产业结构，提高劳动生产率和资源利用率。二是创新金融产品和服务，拓宽融资渠道，降低融资成本，提高农业金融服务的可得性和便利性，推动数字化普惠金融服务。三是构建农业智能化物流信息系统，实现货物追踪、仓储管理和运输调度的自动化。建立开放的农业物流数据共享平台，促进农业数字信息流通和资源整合，加强数字物流人才培养。

(三)下一步研究思路

1. 开展跨区域比较研究

迁移研究方法至其他省份或地区，比如长三角经济带，比较不同地区在农业新质生产力提升路径上的差异性和共性。

2. 构建动态监测与评估体系

建立农业新质生产力的动态监测与评估体系，跟踪不同政策措施对生产力的长期影响，为农业发展策略的及时调整和优化提供科学依据。

3. 拓展研究视角

探索从企业角度测度农业创新水平，考察不同视角下创新活动如何直接影响新质生产力。

【参考文献】

[1] 边志强. 数字基础设施建设对城市土地绿色利用效率的影响——基于“宽带中国”示范城市建设的准自然实验[J]. 西部论坛，2024，34(02)：22－39.

[2] 陈庆庆. 高水平制度型开放如何影响新质生产力发展？——基于自贸试验区制度创新的视角[J/OL]. 新疆社会科学，1－18[2024－08－02].

[3] 杜栋，庞庆华，吴炎. 现代综合评价方法与案例精选(第3版)[M]. 北京：清华大学出版社，2015.

[4] 高帆. “新质生产力”的提出逻辑、多维内涵及时代意义[J]. 政治经济学评论，2023，14(6)：127－145.

[5] 高原，马九杰. 农业新质生产力：一个政治经济学的视角[J]. 农业经济问题，2024(4)：81－94.

[6] 龚斌磊，袁菱苒. 新质生产力视角下的农业全要素生产率：理论、测度与实证[J]. 农业经济问题，2024(4)：68－80.

[7] 郭晗，侯雪花.新质生产力推动现代化产业体系构建的理论逻辑与路径选择[J].西安财经大学学报，2024，37(1):21—30.
[8] 韩杨.中国粮食安全战略的理论逻辑、历史逻辑与实践逻辑[J].改革，2022(1):43—56.
[9] 贾康，郭起瑞.数字普惠金融对农业新质生产力的影响研究[J].华中师范大学学报(人文社会科学版)，2024,63(04).
[10] 贾康.新质生产力的概念、内涵与体系:以“创新”促“质变”[J].东北财经大学学报，2024(4):19—26.
[11] 江艇.因果推断经验研究中的中介效应与调节效应[J].中国工业经济，2022,(05).
[12] 姜长云.农业新质生产力:内涵特征、发展重点、面临制约和政策建议[J].南京农业大学学报(社会科学版)，2024,24(03):1—17.
[13] 孔祥智，谢东东.农业新质生产力的理论内涵、主要特征与培育路径[J/OL].中国农业大学学报(社会科学版)，1—12[2024—07—31].
[14] 李怀，张越.农业新质生产力:理论内涵与实现路径[J].新视野，2024(4):65—74.
[15] 李盛竹，薛枫，姜金贵.农业数字化对中国粮食新质生产力的影响效应研究[J].农林经济管理学报，2024，23(4):435—445.
[16] 李志平.“送猪崽”与“折现金”:我国产业精准扶贫的路径分析与政策模拟研究[J].财经研究，2017,43(04):68—81.
[17] 凌峰，陈雨馨，陈世桥，等.科技资源配置驱动广西工业高质量发展——基于系统动力学模型的分析[J].科技管理研究，2024,44(15):86—95.
[18] 刘楪，李雪，蒋攀.环境保护税对企业绿色技术创新的影响——基于环保投资的因果中介效应分析[J].河海大学学报(哲学社会科学版)，2022,24(03):50—59+114—115.
[19] 刘志彪，凌永辉，孙瑞东.新质生产力下产业发展方向与战略——以江苏为例[J].南京社会科学，2023(11):59—66.
[20] 罗必良，耿鹏鹏.农业新质生产力:理论脉络、基本内核与提升路径[J].农业经济问题，2024(4):13—26.
[21] 罗建文.新质生产力是马克思主义生产力理论的新发展[J].学术交流，2024(4):5—20.
[22] 孟晓，田明华，杜磊，等.中国农业农村现代化发展水平测度及其协调性研究[J].干旱区地理，2024，47(1):137—146.
[23] 彭熙灿.农村居民生活质量评价体系构建与测度[J].统计与决策，2022,38(17):22—25.
[24] 戚聿东，杜博，温馨.国有企业数字化战略变革:使命嵌入与模式选择——基于3家中央企业数字化典型实践的案例研究[J].管理世界，2021，37(11):137—158+10.
[25] 钱加荣，赵芝俊，毛世平.中国农业科技进步贡献率结构演变及提升路径[J].农业经济问题，2023(2):132—144.
[26] 秦晓楠，卢小丽.绿色增长策略系统动力学模型构建及评价研究[J].科研管理，2016,37(11):167—176. DOI:10.19571/j.cnki.1000—2995.2016.11.020.
[27] 盛亦男，曾雪婷.京津冀协同发展政策对人口增长态势的影响——基于系统动力学模型的研究[J].西北人口，2024，45(2):64—77.
[28] 苏艺.发展农业新质生产力的逻辑基点、内涵阐释与着力重点[J].农村经济，2024(5):1—14.
[29] 唐文浩.数字技术驱动农业农村高质量发展:理论阐释与实践路径[J].南京农业大学学报(社会科学版)，2022，22(2):1—9.
[30] 唐晓彬，王亚男，唐孝文.中国省域经济高质量发展评价研究[J].科研管理，2020，41(11):44—55.
[31] 王静华，刘人境.乡村振兴的新质生产力驱动逻辑及路径[J].深圳大学学报(人文社会科学版)，2024，41(2):16—24.
[32] 王琴梅，杨军鸽.数字新质生产力与我国农业的高质量发展研究[J].陕西师范大学学报(哲学社会科学版)，2023，52(6):61—72.
[33] 王欣亮，李想.数智赋能农业新质生产力培育的逻辑与进路——基于马克思主义生产力理论分析[J/

OL]. 西北大学学报(哲学社会科学版)，1—11[2024—07—31].

[34] 魏后凯，吴广昊. 以新质生产力引领现代化大农业发展[J]. 改革，2024(5):1—11.

[35] 吴建国，王思雨，巩倩，等. 太阳能利用工程对生态系统、生物多样性及环境的影响与应对[J]. 环境科学研究，2024，37(5):1055—1070.

[36] 吴孔明，毛世平，谢玲红，等. 新阶段农业产业竞争力提升战略研究:基于产业安全视角[J]. 中国工程科学，2022，24(1):83—92.

[37] 吴文生，荣义，吴华清. 数字经济赋能新质生产力发展——基于长三角城市群的研究[J]. 金融与经济，2024,(04):15—27.

[38] 夏显力，陈哲，张慧利，等. 农业高质量发展:数字赋能与实现路径[J]. 中国农村经济，2019(12):2—15.

[39] 徐翔，厉克奥博，田晓轩. 数据生产要素研究进展[J]. 经济学动态，2021(4):142—158.

[40] 徐宣国，尹春凤. 中国种业企业科技创新分析[J]. 应用生态学报，2022，33(5):1331—1339.

[41] 许秀川，王浩力. 数智化推动形成农业新质生产力:科学内涵、理论逻辑和实现路径[J]. 当代金融研究，2024，7(6):1—14.

[42] 杨广越. 新质生产力的研究现状与展望[J]. 经济问题，2024(5):7—17.

[43] 尹君锋，石培基，张韦萍，等. 乡村振兴背景下县域农业农村创新发展评价及空间格局——以甘肃省为例[J]. 自然资源学报，2022，37(02):291—306.

[44] 张凤兵，王会宗. 中国农业新质生产力:水平测度、时空分异与收敛性[J]. 经济论坛，2024(7):80—97.

[45] 张辽，姚蕾. 数字技术创新对城市经济韧性的影响研究——来自中国278个地级及以上城市的经验证据[J]. 管理学刊，2023，36(5):38—59.

[46] 张璇，张梅青，唐云锋. 地方政府债务风险与金融风险的动态交互影响研究——基于系统动力学模型的政策情景仿真[J]. 经济与管理研究，2022,43(07):3—15.

[47] 张一飞. 生产关系视域下的现代化道路比较及其启示[J]. 江苏社会科学，2024(2):19—27.

[48] 周洁. 以新质生产力保障粮食安全:内在逻辑、机遇挑战与对策建议[J]. 经济纵横，2024(3):31—40.

[49] 周振. 数字技术赋能农业新质生产力:作用机理、问题障碍与应对策略[J/OL]. 中国农业大学学报(社会科学版)，1—16[2024—07—31].

[50] 朱迪，叶林祥. 中国农业新质生产力:水平测度与动态演变[J/OL]. 改革，2024(4):19—30.

[51] 朱群芳，闵佳迪，郭沛瑶. 数字经济、产业韧性与乡村产业高质量发展[J/OL]. 中国农业资源与区划，1—15[2024—07—31].

[52] 左其亭，秦西，马军霞. 水利新质生产力:内涵解读、理论框架与实施路径[J]. 华北水利水电大学学报(自然科学版)，2024，45(3):1—8.

[53] Ahmadianfar, Iman, et al. An efficient optimization algorithm based on weighted mean of vectors, 2022.

[54] Costanza R, Voinov A. Modeling Ecological and Economic Systems with STELLA: Part III [J]. Ecological Modelling, 1998(1):1—7.

[55] Li H, Long R, Chen H. Economic Transition Policies in Chinese Resource-Based Cities: An Overview of Government Efforts [J]. Energy Policy, 2013(4):251—260.

[56] LIU H, XING L, WANG C, et al. Sustainability assessment of coupled human and natural systems from the perspective of the supply and demand of ecosystem services[J].

[57] SONG Z, LI Y. Quantifying ecological performance of giant panda conservation: evidence from Sichuan province[J]. Forests, 2021, 12(12):1701.

[58] Sule Alan, Seda Ertac, Ipek Mumcu. Gender Stereotypes in the Classroom and Effects on Achievement. The Review of Economics and Statistics 2018; 100 (5):876—890.

中国数字经济安全风险测度、预警与防范策略研究

国家统计局江西调查总队2队　涂利兰　胡冠午　蔡建松

摘　要

随着新一轮技术创新的不断推进,以数字技术为核心的第四次工业革命正对人类社会产生深远影响,伴随着数字经济爆发式增长的信息泄露、数据损毁、平台垄断等数字经济安全问题日益凸显,如何认清数字经济安全风险水平,开展数字经济安全风险预警与防范是推动我国数字经济健康发展,维护国家安全和社会稳定的重要议题。

本文基于数字经济安全风险的内涵,从内生性风险和衍生性风险两个维度,构建涵盖产业安全风险、数据安全风险、技术安全风险、经济安全风险、社会公平安全风险、可持续发展安全风险的数字经济安全风险测度指标体系,以及熵权—TOPSIS方法对我国31个省份数字经济安全风险进行测度,采用核密度估计和社会网络分析方法分析其时空演化情况,进一步采用机器学习方法构建数字经济安全风险预警模型与防范策略研究。

研究发现:"十三五"时期以来,我国数字经济安全风险水平伴随着经济发展水平缓慢上升,但各省份数字经济安全风险水平关联并不均衡,总体呈现出由以中部地区为关键节点、由沿海向内陆辐射带动数字经济安全风险协同发展的空间关联趋势;从分区域视角来看,整体上东部地区由于数字企业聚集、数字经济体量庞大数字经济安全风险较高。从数据安全风险预警模型上看,东部沿海和西部部分省份数字经济安全风险较高,需在经济发展程度和地缘关系等方面着重关注。着眼于数字经济安全风险研究结论和防范需要,对内生性和衍生性的风险,采取多种防范机制,包括培育安全可控的产业生态、建立健全数据安全管理体系、推进技术安全研究与创新、加强数字经济宏观调控、加强数字基础设施建设、推进数字经济绿色生态转型等,协同合作,多行并举。为加强我国数字经济安全防范,政府应在完善数据安全治理机制建设、建立数字安全系统性风险预防机制、加大数字安全相关领域支持力度等方面着力。

关键词:数字经济安全风险;统计测度;风险预警;防范策略

一、引言

(一)研究背景与意义

随着新一轮技术创新的不断推进,以数字技术为核心的第四次工业革命正对人类社会产生深远影响,各国纷纷将其视为国家战略重点。党的十八大以来,党中央高度重视数字经济发展,先后出台了一系列政策和战略规划,在"十四五"规划和2035年远景5纲要中提出,"打造数字经济新优势,加快数字社会建设,提高数字政府建设水平,营造良好数字生态。"2024年政府工作报告进一步指出,"坚持以高质量发展促进高水平安全,以高水平安全保障高质量发展,稳妥有序处治风险隐患,加强重点领域安全能力建设。"

数字经济虽然是经济增长的新引擎,但也引发了全新的风险挑战。首先,数字经济涉及的产业广泛,各产业间领域交错叠加,使数字经济面临的安全问题呈现"普遍化"。其次,随着数字经济与实体经济融合场景不断拓展,导致面临风险点日益增多,使得数字经济发展面临的安全问题呈现"多元化"。最后,作为新质生产力代表的"战略性新兴产业"和"未来产业"对数字技术依存度日益增长,涉及科技创新和产业创新的各个环节,使得数字经济发展面临的安全问题呈现"复杂化"。2024年是习近平总书记提出总体国家安全观十周年,探究数字经济安全风险统计测度及其治理路径,有助于提升数字经济安全水平,增强抗击风险能力,进一步促进各地区经济高质量发展。

(二)国内外研究现状

关于数字经济,泰普斯科特最早在《数据时代的经济学》一书中提到数字经济时代,2016 年 G20 杭州峰会对数字经济作出的定义受到国内广泛认可。近几年国内学界认为数字经济正成为我国创新发展的主要方向和供给侧结构性改革的重要驱动(赵西三,2017),主要以数据为关键生产要素(胡贝贝、王胜光,2017),以互联网等平台为主要载体,以数字技术为创新驱动力,以新经济模式、新产业业态为表现形式(陈晓红、李杨扬等,2022)。综上所述,学界认为数字经济包含产业、数据、技术等构成要素。

关于数字经济安全风险内涵,目前学界对数字经济安全的研究总体相对较少,并且大多数研究仅从单一风险角度探讨数字经济安全问题,暂未有文献对数字经济安全风险的内涵作出明确界定。

关于数字经济安全风险的测度,有学者在解读政策、剖析文献的基础上选取基础设施建设、要素流通环境、经济发展韧性、绿色低碳发展和风险监测水平等五个维度构建数字经济安全指标体系(姚树俊、许俊宝,2024)。有学者通过持续迭代和反复提炼形成五类数字经济安全,包括数字安全、关键核心数字技术安全、数字产业安全、产业数字安全、数字经济生态环境(范柏乃等,2024)。然而,目前学界对数字经济安全风险测度的量化研究仍较罕见。

关于数字经济安全风险的成因,有学者认为由于数字技术突破、政府激励政策等引起的市场投资热潮,加剧了人才、技术、资本等在数字经济市场的竞争,不同程度地打破了原有的市场秩序,造成社会资源浪费,不利于稳定的经济环境(唐晓彬、何桂烨等,2024)。数据在流通中会引起数据滥用、数据泄露、数据污染为代表的数据安全风险(张鸿等,2019;蔡莉妍,2024)。技术进步常常伴随着理论上的不成熟或技术自身的安全漏洞,这些问题可能孕育出新的安全风险,因此必须实施与技术发展同步的监管措施为数字经济安全发展提供安全保障(郎平等,2023)。数字经济易引发企业"脱实向虚"的风险,部分投资者出于投机增殖的心理将原本的生产性资本转为虚拟资本(赵崔莉,2022)。不同省份间数字鸿沟快速扩大时,城乡收入差距阶段性上升(郑国楠、李长治,2022),数字经济更有利于高学历劳动力就业,低学历劳动力容易被信息、数据等新要素替代(郭东杰、周立宏等,2022)。数字经济与可持续发展的关系符合环境库兹涅茨曲线,对可持续发展的影响与其所处阶段紧密相关。(杨水根,何松涛,2023)。数据要素作为生产要素之一,有助于优化资源配置和推动要素供给结构调整,为"碳减排"提供强有力支持,在提升数字经济安全生态领域发展方面发挥关键作用(曹薇,2023)。

关于数字经济安全风险预警和防范,有学者提出,要凸显政府主体作用,强化对数据安全监管准则的制定(刘娟,2024)。提升对数字科技的资金投入与政策扶持,提升关键核心技术的自主研发能力(姚树俊、许俊宝,2024)。加速推动政府服务流程标准化与规范化,完善数据互通共享机制(韩艳翠、王冉,2024)。要建立健全一个全面系统、深度融合、反应灵敏的数字经济风险预警系统,通过打造全面监管体系来有效避免系

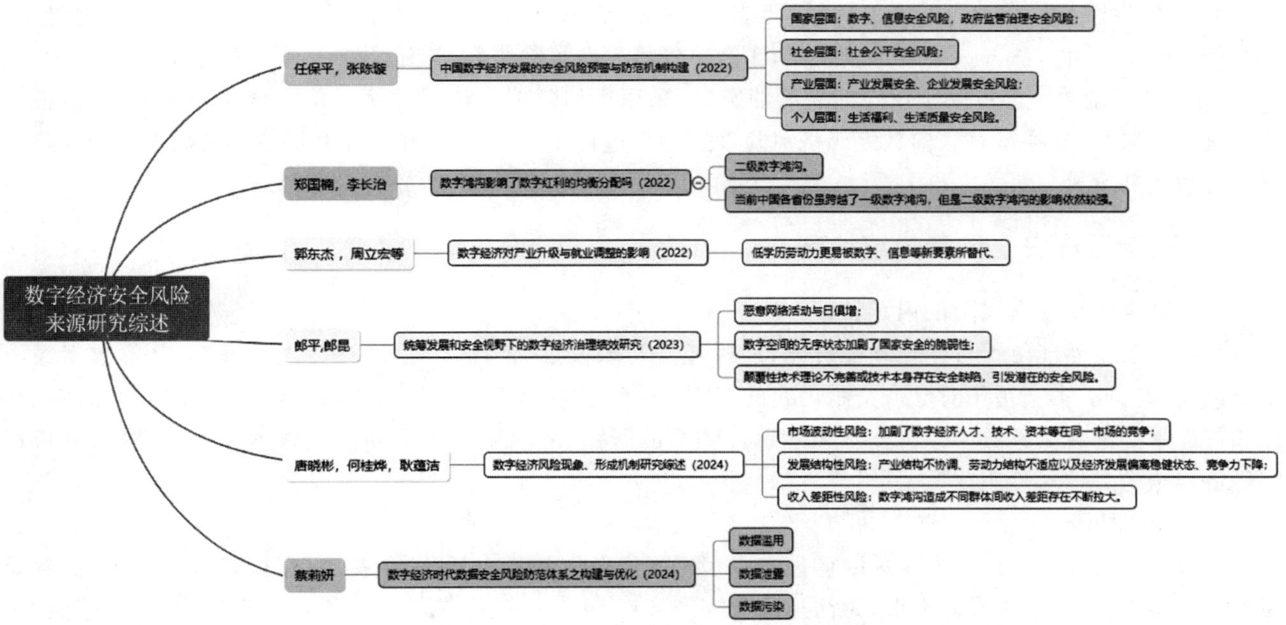

图 1　关于数字经济安全风险来源研究综述

统性风险的产生(谢鹏远、何志红,2024)。

综合上述研究,可以看出当前数字经济安全风险的研究着力于定性分析,量化研究成果较少,少量的量化研究主要集中于技术风险,对经济风险尤其是度量方面的研究不足。尚无定论的理论内涵和模糊的外延界定使得研究维度差异较大且不具有可比性,尤其是新质生产力发展目标下省域层面如何进行数字经济安全风险预警与防范,应用领域不够广泛,政策指向仍需进一步明确。

(三)研究思路和框架

本文遵循"理论框架→成因分析→统计测度→动态预警→防范策略"的思路展开研究。首先,根据数字经济安全风险的内涵界定构建测度框架,据此构建数字经济安全风险指标体系开展统计测度;然后,基于实证测度结果探究其时空演进特征;最后,依托实证情况建立动态预警模型,提出安全风险防范策略。具体如图 2 所示。

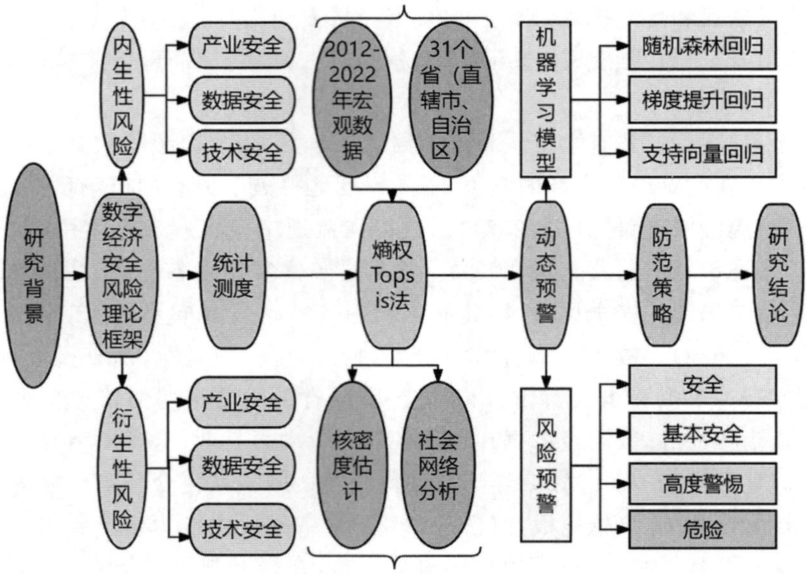

图 2　研究思路图

(四)本文创新之处

1. 构建探究数字经济安全风险的理论框架。根据数字经济安全风险的内涵界定,从产业安全风险、数据安全风险、技术安全风险、经济安全风险、社会公平安全风险、可持续发展安全风险六个维度构建了数字经济安全风险测度的研究框架。

2. 从内生性与外生性合并视角阐释了数字经济安全风险的成因,并通过熵权－TOPSIS 法、引力模型、社会网络分析法等方法开展统计测度,分析了数字经济安全风险维度,构建了数字经济安全风险指标体系。

3. 综合考量数字经济安全风险的滞后期影响,采用机器学习方法对数字经济安全风险进行预警,根据预测效果选取 SVR 模型对当前数字经济风险发展趋势进行模拟,并对未来三年我国各省份数据安全风险状况进行预测并示警。

二、数字经济安全风险的统计测度

(一)数字经济安全风险的内涵特征

数字经济虽然能够促进新旧动能转化,加速经济转型发展,但随之而来的是日益严峻复杂的数字经济安全风险。为此,本文基于对已有文献内容的梳理,参考王军、赵涛等学者关于数字经济测度指标体系的研究和任保平等学者关于数字经济安全风险评价体系的研究,从内生性风险和衍生性风险两个维度,分析数字经济安全的具体风险表现。

1. 内生性风险

(1)产业安全风险:产业安全风险体现在数字经济产业链的各个环节,包括硬件设施、软件技术、服务应用等。风险表现有:硬件设施老旧,无法适应数字经济产业需求;关键核心技术依赖外部供应,受制于人;服务应用系统脆弱,容易受到网络攻击;盲目性投资数字经济产业,加剧人才、技术、资本等的竞争,容易导致经济波动。

(2)数据安全风险:数据安全风险主要表现在数据泄露、数据滥用、数据丢失等方面。风险表现有:数据在存储、传输和处理过程中被窃取、篡改或泄露;大数据和云计算等技术使得数据规模庞大,数据安全管理难度增加;数据安全防护技术跟不上数据发展的速度,导致安全风险。

(3)技术安全风险:技术安全风险主要指数字技术在应用过程中可能引发的安全问题。风险表现有:人工智能、区块链等可能受到网络攻击、诈骗等恶意行为;技术的不当使用可能导致安全事故,如自动驾驶系统出现故障导致的交通事故;技术更新换代速度快,可能导致旧技术淘汰过程中的安全隐患。

2. 衍生性风险

(1)经济安全风险:数字经济的快速发展可能对传统产业造成冲击,导致就业结构变化和经济增长模式的转变。风险表现有:自动化和人工智能技术的应用可能导致部分劳动力市场需求的减少;数字经济下的市场竞争加剧,可能导致企业盈利能力下降,从而影响整个经济的稳定;全球范围内的产业链重构可能导致我国经济面临安全风险。

(2)社会公平安全风险:数字技术的广泛应用可能加剧社会贫富分化。一方面,数字技术的发展带动了高技能人才的收入增长;另一方面,低技能劳动者可能因为技术进步而面临失业的风险。风险表现有:数字鸿沟的存在,使得信息技术资源和服务更加集中在城市和富裕人群;网络空间中的信息不对称,可能导致公众对社会的认知出现偏差。

(3)可持续发展安全风险:数字经济在发展过程中可能对环境和资源造成负面影响。风险表现有:数据中心的建设和运营需要大量能源,可能导致能源消耗和碳排放的增加;数字技术的广泛应用也可能加剧资源浪费,如电子垃圾等问题;可持续发展政策滞后,可能导致环境恶化和社会问题。

(二)数字经济安全风险测度指标体系构建

1. 数据来源与说明

样本数据主要来源于国家统计局官网、中国信息通信研究院以及工业和信息化相关研究报告和公布数据、各省市历年统计年鉴等。在综合考虑指标体系完整性以及数据获取可能性后,选择了 2012 年—2022 年数据作为研究时段,31 个省份作为研究对象。对于数据处理,首先,我们运用插值法或类推法来填补缺失的数据;其次,在对原始指标进行分析的基础上,对部分指标进行了比例计算。通过这一系列数据的收集与处理,最终成功构建了所需省份面板数据。

2. 指标体系构建

本文就以上对数字经济安全风险的分析,全方位搭建数字经济指标体系(见图 3)。

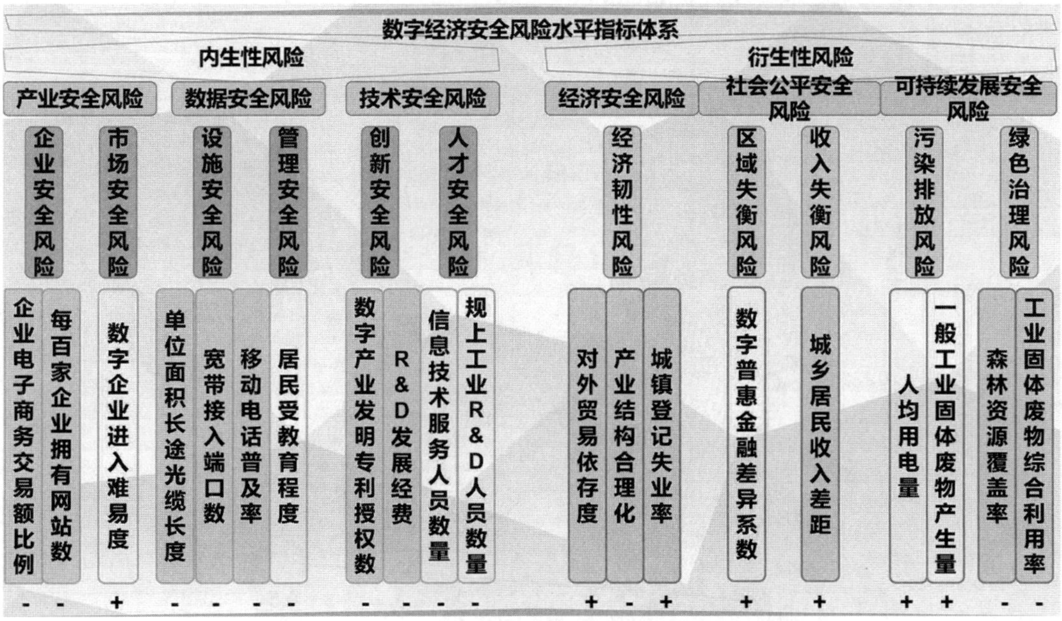

图 3 数字经济安全风险水平指标体系

具体而言,一级指标着眼于数字经济本身面临的风险和其对经济社会和居民生活产生的重大影响,将数字经济安全风险分为内生性风险和衍生性风险两个维度。内生性风险主要基于数字经济的定义,包含行业、数据、技术三个维度,涵盖企业、市场、基础设施、管理、创新和人才六要素。衍生性风险主要基于数字经济对宏观社会和人民生活的影响,包含经济、社会公平公正、可持续发展三个维度,涵盖宏观经济韧性、就业、区域发展、收入分配、污染排放和绿色治理六要素,共选取20个指标。

(三)数字经济安全风险的实证测度

鉴于主观赋权法可能受到主观判断的影响,导致在指标权重的分配上与实际情况有所偏差,进而无法准确反映指标的综合指数。综合多种因素后,本文选择了熵权－TOPSIS法测度。

由结果可知(如图4),全国数字经济安全风险水平在2014年达到最高水平,在2015年出现明显回落,后缓慢上升。

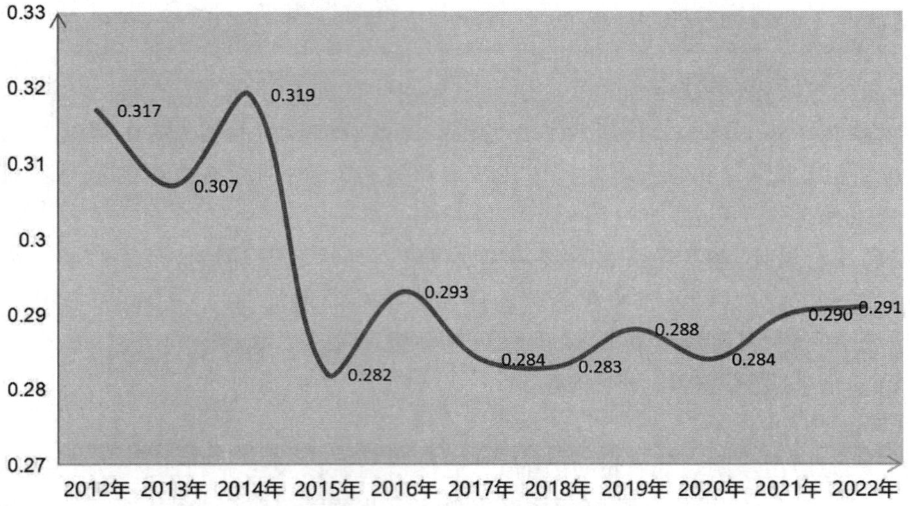

图4　基于熵权－TOPSIS法构建的全国数字经济安全风险水平

三、数字经济安全风险的时空演进特征

(一)数字经济安全风险水平的核密度演进趋势

为了直观展示我国数字经济安全风险水平的时空分布情况,本文通过核密度估计,基于国家先后提出的东部率先崛起、中部崛起、西部大开发、东北振兴等一系列的政策举措,分别对我国及各地区的数字经济安全风险情况进行分析。

1. 全国层面

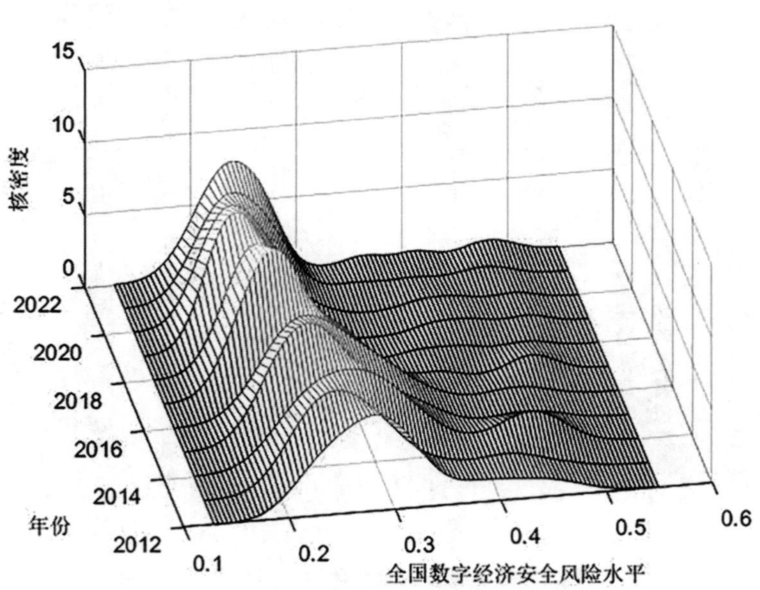

图5　全国数字经济安全风险水平

由结果可知，就全国层面而言，样本期间数字经济安全风险水平核密度曲线的中心到 2015 年趋于稳定后缓慢向右偏移，说明我国数字经济安全风险水平整体上趋于稳定后缓慢上升，且地区间差距存在先降后升的现象，总体较为平稳（见图 5）。

2. 地区层面

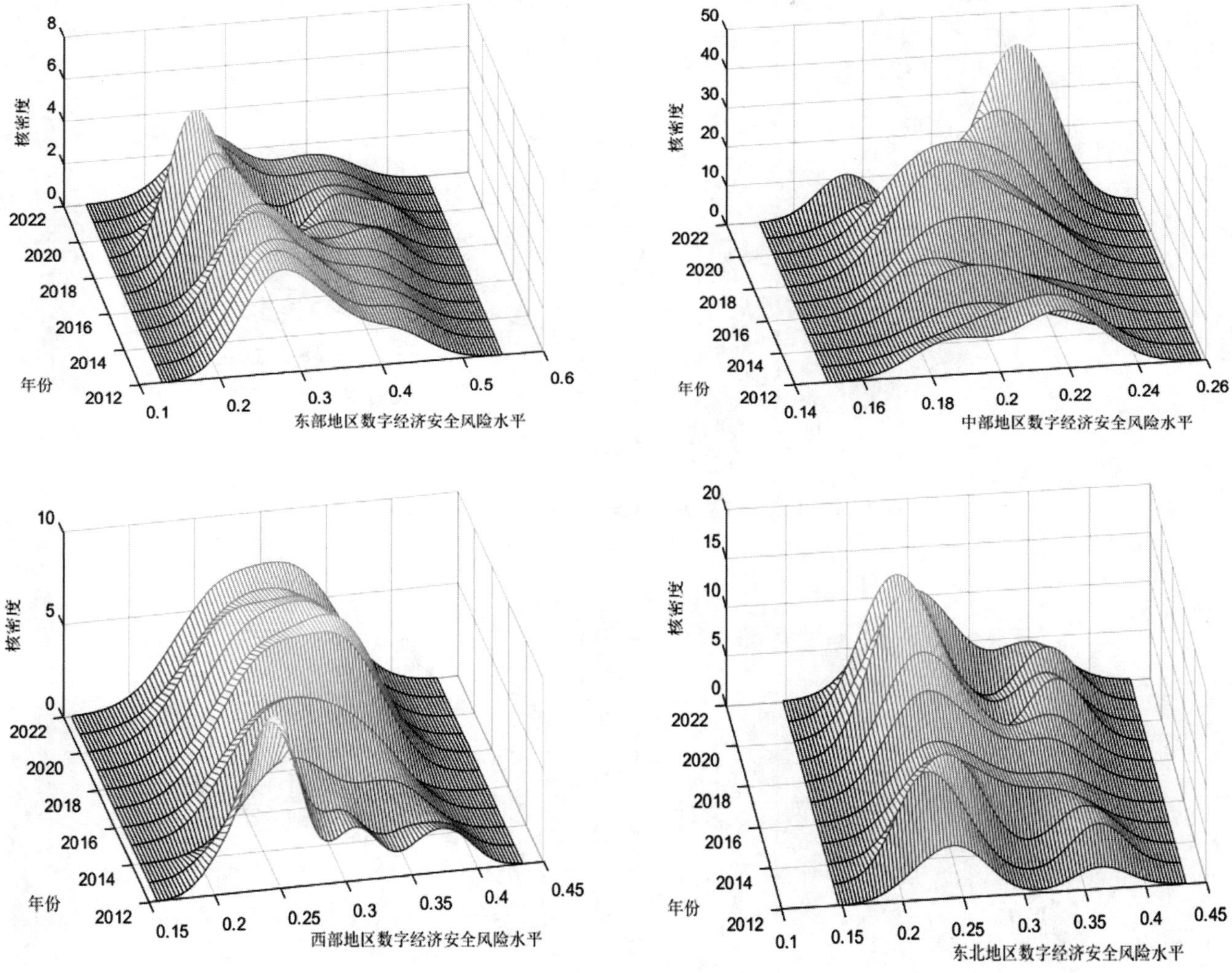

图 6　各地区数字经济安全风险水平

东部地区数字经济安全风险水平核密度曲线的中心变化不大，和全国趋势类似，但有逐步向双峰发展的趋势。说明东部地区数字经济安全风险水平到 2015 年趋于稳定后缓慢上升，且地区间差距在扩大。

中部地区数字经济安全风险水平核密度曲线的中心经历了明显左移后逐渐右移，峰度变大，并由双峰逐渐发展成单峰，说明数字经济安全风险水平呈现先下降再逐渐上升趋势，且地区间差距在逐渐缩小。

西部地区数字经济安全风险水平核密度曲线的中心经历了明显右移后保持稳定并呈现轻微向左态势，峰度变宽，说明数字经济安全风险水平在到达顶峰后逐渐趋于稳定，并有轻微下降趋势，且地区差异在逐渐缩小。

东北地区数字经济安全风险水平核密度曲线的中心和全国趋势类似，且逐渐从双峰到单峰，又发展为多峰，说明数字经济安全风险水平近年呈现出稳定趋势（见图 6）。

（二）数字经济安全风险水平的空间关联网络结构特征分析

为深入探究我国数字经济安全风险在空间上的相互关系，本文参照王晓平等学者关于引力模型的研究，以数字经济安全风险代表城市质量构建引力矩阵，对我国各省份数字经济安全风险水平的空间相关性特征进行分析。

1. 空间关联网络的整体性分析

为了更加清晰直观展示我国省域数字经济安全风险水平的空间关联网络特征，本研究基于 UCINET 程序绘制空间关联网络图。

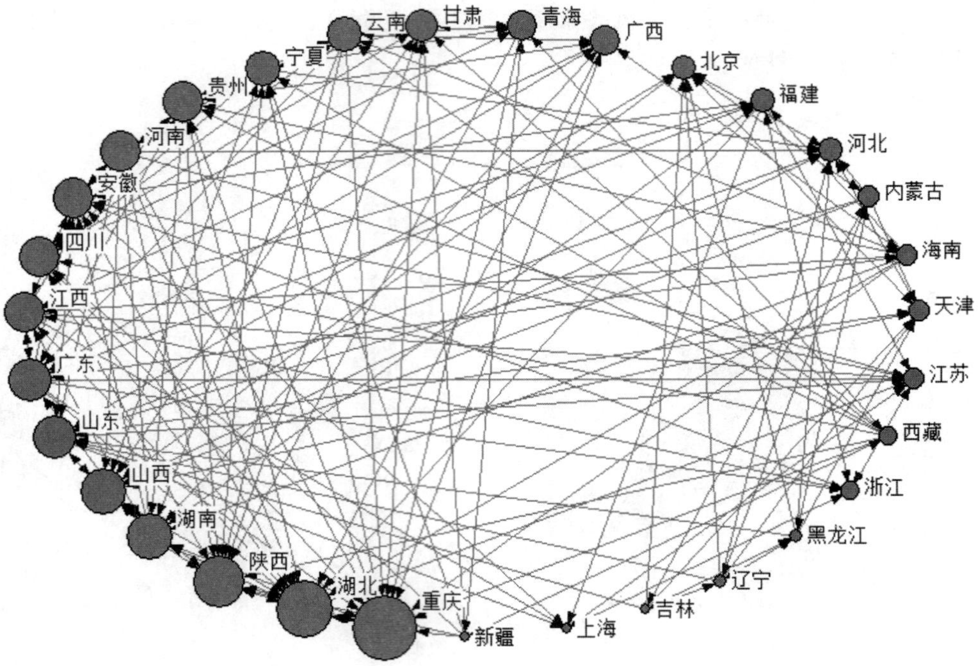

图7 2012年各省数字经济安全风险水平空间关联网络图

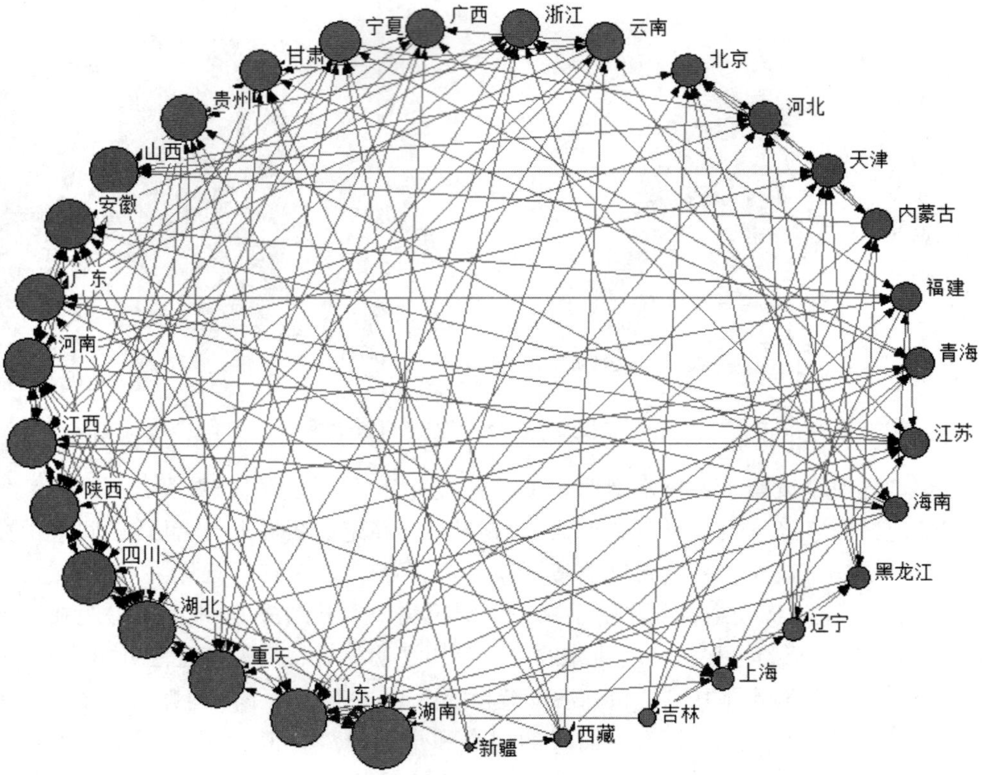

图8 2016年各省数字经济安全风险水平空间关联网络图

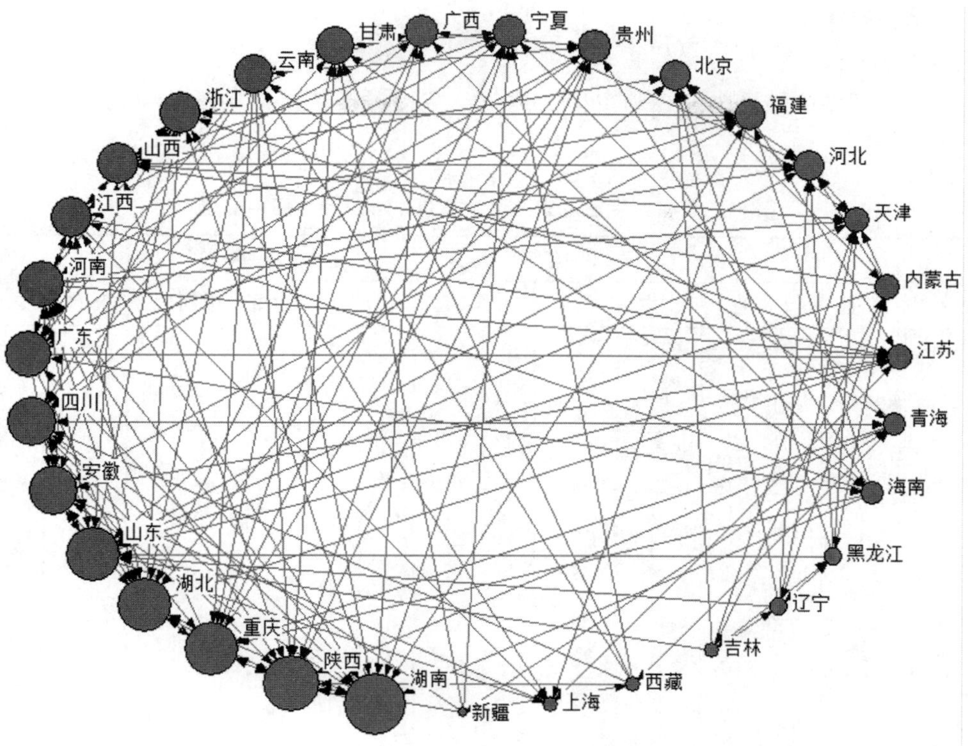

图 9　2019 年各省数字经济安全风险水平空间关联网络图

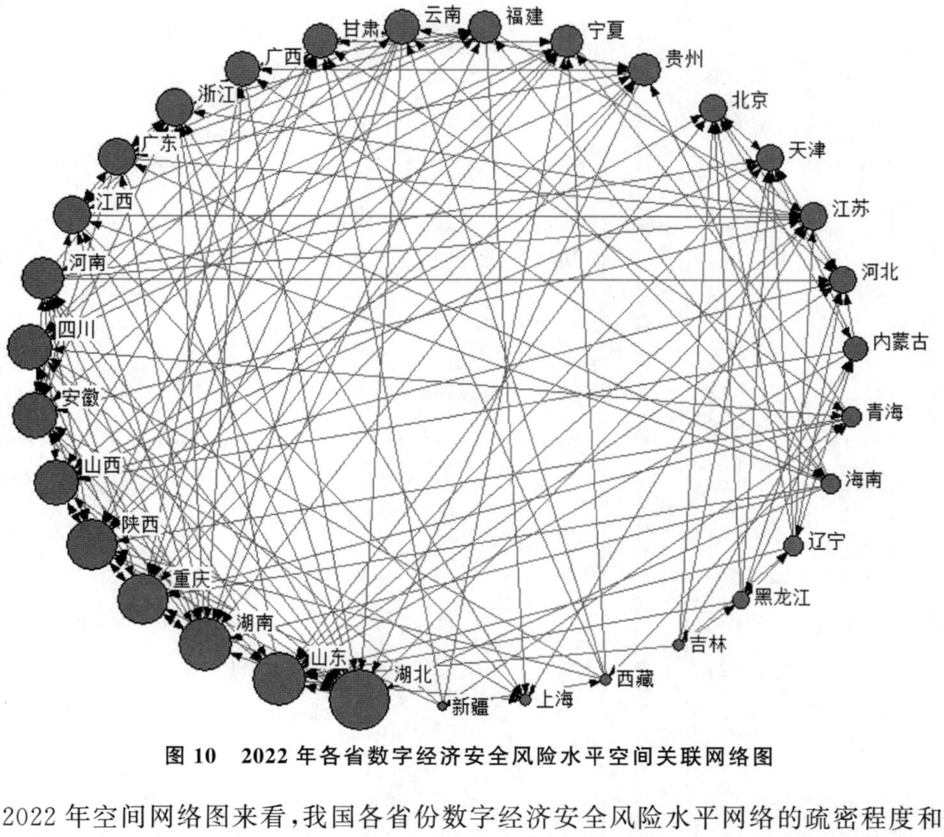

图 10　2022 年各省数字经济安全风险水平空间关联网络图

从 2012—2022 年空间网络图来看，我国各省份数字经济安全风险水平网络的疏密程度和圆点大小均有差异，数字经济安全风险水平的关联程度并不均衡。2012 年，重庆、湖北、陕西、湖南、山西等地数字经济安全风险水平关联程度较高，新疆、上海、吉林、辽宁、黑龙江等地关联程度较低；2016 年，湖南、山东、重庆、湖北、四川等地数字经济安全风险水平关联程度较高，新疆、西藏、吉林、上海、辽宁等地关联程度较低；2019 年，湖南、陕西、重庆、湖北、山东等地数字经济安全风险水平关联程度较高，新疆、上海、西藏、吉林、辽宁等地关联程度较低；2022 年，湖北、山东、湖南、重庆、陕西等地数字经济安全风险水平关联程度较高，新疆、上海、西藏、吉林、黑龙江等地关联程度较低。整体而言，我国数字经济安全风险关联程度呈现出边缘地带向中部地区靠拢的网络空间结构。

2. 节点关联分析

节点中心度反映了网络结果中各行动主体的地位。结构洞指数可以判断节点占据结构洞的重要程度(见表1)。

表1　各省数字经济安全风险节点中心度和中间中心度

省份	2012年			2016年			2019年			2022年		
	出度	入度	中间度	出度	入度	中间度	出度	入度	中间度	出度	入度	中间度
北京	5	8	110.893	5	8	110.498	5	8	115.496	5	8	111.403
天津	4	8	6.893	4	9	12.573	3	9	4.808	4	9	10.042
河北	4	9	19.725	4	9	21.894	4	9	23.427	4	9	16.735
山西	9	10	199.370	8	9	154.301	8	8	146.526	9	9	151.905
内蒙古	8	4	87.893	8	4	87.498	8	4	89.296	8	4	88.403
辽宁	7	3	0.167	7	3	0.167	7	3	0.167	8	3	1.667
吉林	6	3	0.000	6	3	0.000	6	3	0.000	6	3	0.000
黑龙江	7	3	0.167	7	3	0.167	7	3	0.167	7	3	0.167
上海	3	6	4.489	3	7	0.000	3	6	0.000	3	6	0.000
江苏	3	9	10.217	3	9	2.010	3	9	2.114	3	10	6.646
浙江	5	6	13.742	5	9	35.769	6	10	57.870	6	10	47.283
安徽	7	10	102.159	7	10	104.832	8	10	105.469	8	10	89.110
福建	8	5	11.403	7	5	14.083	7	6	9.712	7	7	9.032
江西	9	8	40.537	9	8	42.125	8	8	15.946	8	8	12.889
山东	8	10	117.717	9	10	140.723	9	10	154.886	9	11	146.759
河南	8	9	73.017	8	9	93.603	9	8	84.527	9	8	63.113
湖北	9	13	124.984	9	10	78.638	8	11	60.479	9	13	113.876
湖南	10	9	35.549	10	10	53.961	11	10	62.787	10	10	56.294
广东	11	7	34.006	10	7	32.023	9	8	48.543	8	8	35.221
广西	8	6	16.418	8	6	12.743	8	6	14.751	9	6	36.479
海南	9	3	3.492	8	3	4.291	8	3	7.94	9	2	0.932
重庆	9	15	78.266	9	10	68.541	9	10	63.738	9	10	67.031
四川	8	9	29.403	9	9	68.503	9	9	73.392	9	9	73.811
贵州	8	9	29.299	8	8	28.581	8	6	11.28	8	6	12.684
云南	10	6	33.076	9	5	21.565	10	5	22.888	10	5	23.517
西藏	9	2	1.491	7	2	3.72	7	2	2.351	7	2	2.351
陕西	7	13	50.492	7	10	67.047	7	13	85.951	7	12	65.974
甘肃	6	9	44.399	6	9	61.307	6	9	79.526	6	9	75.206
青海	8	6	62.301	7	5	57.468	7	4	56.575	7	4	56.575
宁夏	8	8	57.435	7	8	65.371	6	8	35.388	6	8	32.897
新疆	7	2	0.000	5	2	0.000	6	2	0.000	6	2	0.000

从中心度来看,中部地区和西部地区在出度和入度上整体略微好于东部地区,说明东部地区数字经济高速发展的同时,其数字经济安全风险与其他省份关联密切。山西、山东、北京、安徽和湖北的中心度指数较高,说明这些省份在我国数字经济安全风险网络关联中发挥了桥梁作用。

表 2　位于前 10 省份的结构洞指数(1)

指标	2012 年	指数	2016 年	指数	2019 年	指数	2022 年	指数
有效规模	山东	8.827	山东	8.357	山东	8.381	湖北	10.167
	湖北	8.458	河南	7.737	湖南	7.978	山东	9.000
	山西	7.600	湖南	7.386	河南	7.737	河南	7.526
	重庆	7.045	湖北	6.952	陕西	7.682	湖南	7.205
	河南	6.553	重庆	6.714	湖北	7.571	陕西	6.929
	陕西	6.375	广东	6.658	重庆	6.690	重庆	6.714
	云南	6.190	四川	6.025	四川	5.975	四川	6.050
	安徽	6.095	江西	5.737	云南	5.882	云南	5.941
	广东	5.972	宁夏	5.529	广东	5.737	山西	5.900
	江西	5.842	陕西	5.316	宁夏	5.469	广东	5.583

表 3　位于前 10 省份的结构洞指数(2)

指标	2012 年	指数	2016 年	指数	2019 年	指数	2022 年	指数
限制度	上海	0.518	新疆	0.578	上海	0.519	上海	0.519
	吉林	0.506	吉林	0.506	吉林	0.506	吉林	0.506
	浙江	0.489	上海	0.462	新疆	0.505	新疆	0.505
	新疆	0.452	西藏	0.452	西藏	0.452	西藏	0.452
	辽宁	0.451	辽宁	0.451	辽宁	0.451	黑龙江	0.451
	黑龙江	0.451	黑龙江	0.451	黑龙江	0.451	青海	0.443
	天津	0.409	青海	0.441	青海	0.443	辽宁	0.410
	北京	0.403	海南	0.412	海南	0.412	北京	0.403
	内蒙古	0.402	福建	0.412	福建	0.411	内蒙古	0.402
	广西	0.399	北京	0.403	内蒙古	0.403	河北	0.382

从结构洞来看，山东、湖北、河南、湖南 4 个省份有较大规模数值，且存在较低的限制值，表明这些省份对其他省份的数字经济安全风险控制能力较强，基本上占据结构洞位置。

3. 凝聚子群分析

本文将最大分割深度设置为 2，将我国各省份数字经济安全风险水平划分成以下几个凝聚子群(如图 11)：

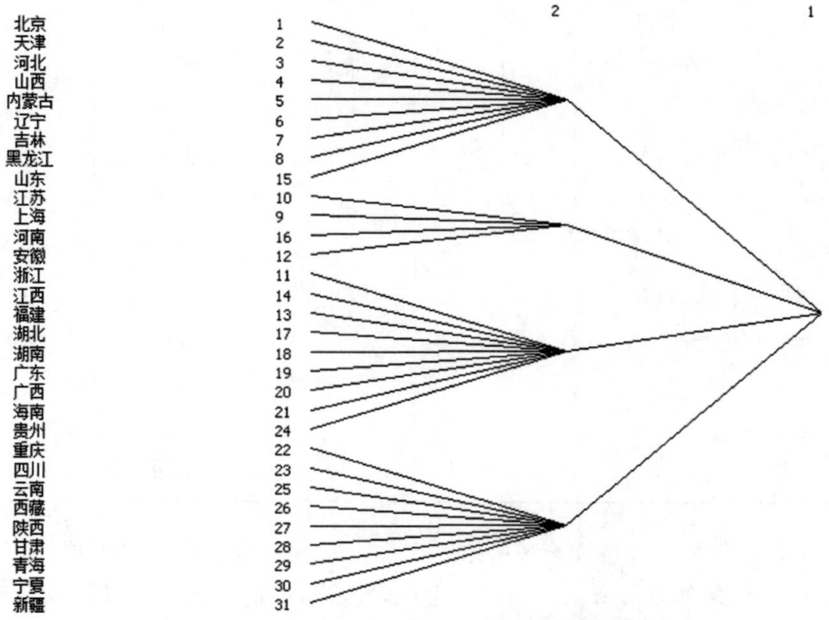

图 11　2012 年数字经济安全风险水平凝聚子群分布图

由结果可知,2012—2022 年之间,我国各省份数字经济安全风险网络凝聚子群划分大致按照地区划分,且逐步由分散向集中发展,说明我国数字经济安全风险关联程度呈现明显的地区集聚现象,各地区内部联系紧密,在信息分享和合作方面交往频繁(如图 12)。

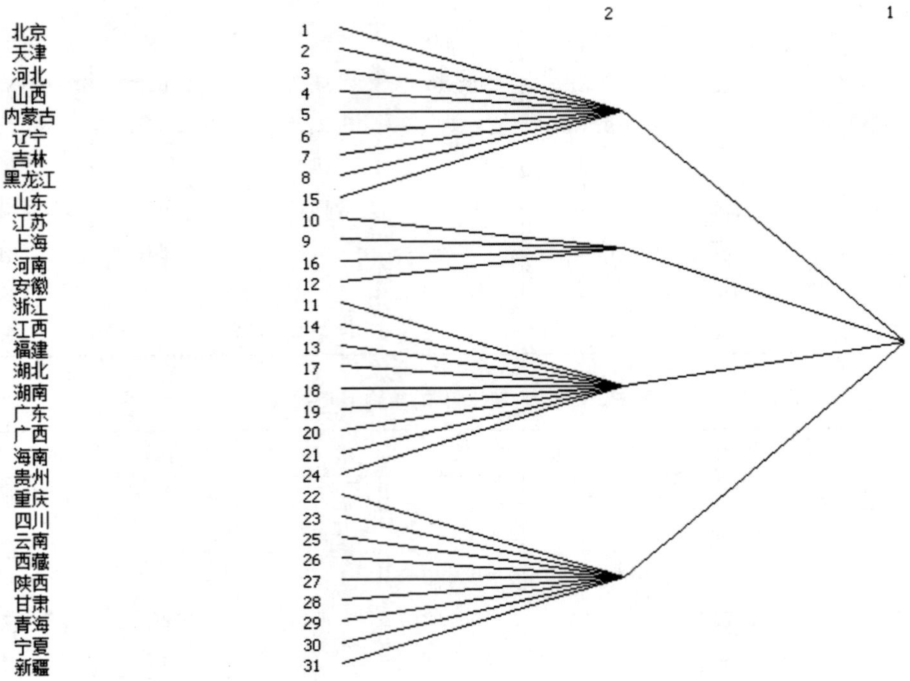

图 12　2022 年数字经济安全风险水平凝聚子群分布图

4. 冷热点分析

为了进一步分析我国各省份数字经济安全风险水平空间关联凝聚子群与风险程度高低之前的异同,本文基于 ArcGis 程序对数字经济安全风险水平进行冷热点分析(见表 4)。

表 4　冷热点分布情况

2012 年冷热点分布情况				2022 年冷热点分布情况			
冷点区域	次冷区域	次热区域	热点区域	冷点区域	次冷区域	次热区域	热点区域
吉林	黑龙江	内蒙古	新疆	黑龙江	辽宁	上海	山东
北京	辽宁	甘肃	西藏	吉林	北京	安徽	江苏
天津	河北	宁夏	青海	重庆	河北	福建	浙江
福建	山西	山西	重庆	贵州	天津	新疆	广东
湖南	河南	山东	江苏	广西	山西	西藏	
江西	安徽	浙江	广东	海南	陕西	青海	
海南	湖北	贵州			四川	甘肃	
	四川	云南			云南	宁夏	
	广西	上海			湖南	内蒙古	
					湖北		
					江西		
					河南		

由结果可知,我国各省份数字经济安全风险水平总体上呈现由分散向集聚发展,东西高、中部低趋势明显。2012 年,西部地区和东部部分沿海地区数字安全风险较高,中部地区数字经济风险较低;到 2022 年,东部地区数字经济安全风险进一步升高,西部地区风险以一定下降。

与凝聚子群结果对比可知，与风险水平本身相比，我国各省份数字经济安全风险的空间关联程度和地区协调发展水平更加紧密，其次中部地区作为风险缓冲地带的结论得到进一步验证。

四、数字经济安全风险预警模型的实证研究

传统的风险预测方法主要依赖于定性分析和定量分析的结合，而随着数据量和计算能力的提升，机器学习方法逐渐成为风险预测研究的热点。本文使用机器学习方法进行了研究，以预测数字经济安全风险发展趋势。

(一)模型设定

1. 风险类别划分

本文参照曾昭法等学者关于金融风险预警的类别划分准则，为了避免人为划分阈值所带来的主观负面影响，结合 K－means 聚类方法，将数字经安全风险水平划分为四大类，取每一类中的最大值与最小值以及不同类最大值与最小值的平均数作为区间临界值，将数字经济安全风险水平划分为四个风险类别。这些类别分别为“安全”“基本安全”“高度警惕”和“危险”。每个类别代表了不同的风险水平，具体划分标准如下：

安全：数字经济安全风险水平小于 0.30，此类别表示该地区的数字经济风险较低，处于安全状态。

基本安全：数字经济安全风险水平在 0.30 到 0.32 之间，此类别表示该地区的数字经济风险略有增加，但总体仍然处于较为安全的状态。

高度警惕：数字经济安全风险水平在 0.32 到 0.34 之间，此类别表示该地区的数字经济风险较高，需要高度警惕和关注。

危险：预测值大于 0.34，此类别表示该地区的数字经济风险非常高，处于危险状态，需要立即采取措施进行风险控制和管理。

2. 风险预警模型选取

本文采用机器学习方法，运用随机森林回归、梯度提升回归、支持向量回归和多层感知器神经网络回归对数据进行模型训练和测试。

(二)实证分析

为了便于模型训练，本文将数据按照二八比例划分为测试集合训练集。

1. 滞后期设置

为了提高预测的准确性，本文进一步考虑数据的滞后性对预测结果的影响。首先定义一个函数来创建滞后特征，并计算在不同的滞后期下模型的均绝对误差(MAE)和均方根误差(RMSE)，最终选择表现最佳的滞后期进行建模。

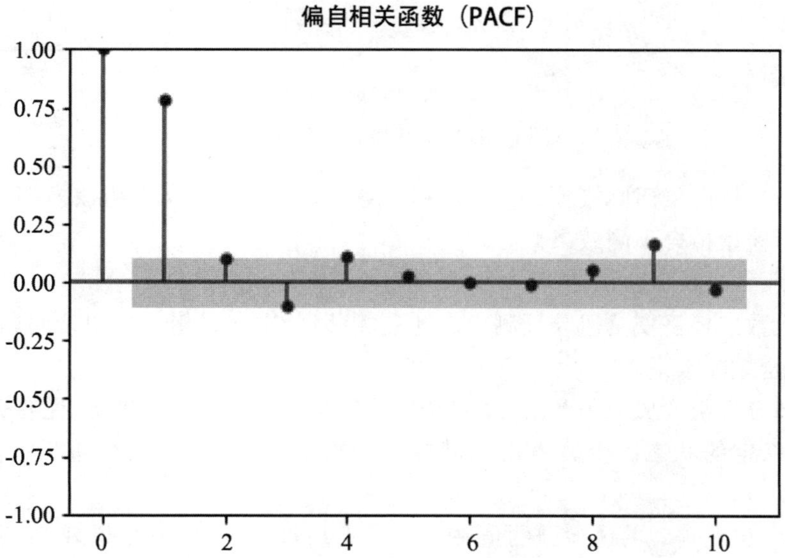

图 13　偏自相关函数图

偏自相关函数(PACF)图显示了滞后变量与当前变量之间的相关性。由结果可知,在滞后期1(即图13中第一个点)上,可以看到一个明显高于其他滞后期的峰值,这表示滞后1期的数据对当前数据有显著的影响。滞后1期的系数接近1,说明当年的数字经济安全风险和前一年的数字经济安全风险高度相关。

在滞后期2及之后,PACF值逐渐减小,并在滞后期2达到一个较高值后迅速降低。这表明滞后2期的数据对当前数据仍有一定的影响,但显著性较低。

从滞后期3开始,PACF值大多数都接近零,表明这些滞后期对当年的数字经济风险影响不大或无显著影响。

由于滞后期1的影响最为显著,并且滞后期2也有一定的影响。因此为进一步提高预测的准确性,更好地捕捉历史数据对当前风险的影响,本文考虑选择滞后2期来构建模型。

2. 模型预测效果评价

本文对多种机器学习模型进行了训练和测试,并比较了它们的预测性能。模型拟合效果如表5所示:

表5　不同模型误差

模型	MAE	RMSE
随机森林回归	0.0113	0.0177
梯度提升回归	0.0095	0.0162
支持向量回归	0.0087	0.0145
多层感知器回归	0.0418	0.0578

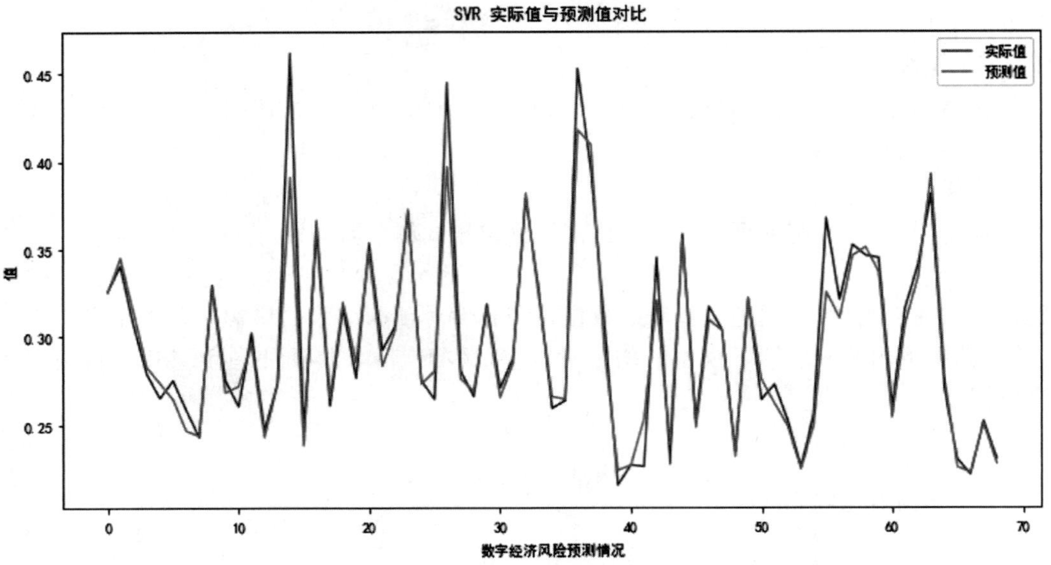

图14　SVR实际值和预测值对比

从结果可以看出,支持向量回归模型的MAE和RMSE均为最低,这表明该模型在本次数字经济安全风险预测中表现最优,模型拟合预测效果最好。

(三)外推预测

由于SVR在本次数字经济安全风险预测中表现最优,因此本文采用支持向量回归模型,预测未来三年我国各省数字经济安全风险水平。

从整体上看,大部分省份的风险预测值在“安全”到“基本安全”范围内波动,说明这些地区的数字经济风险较低,处于较为稳定的状态。少数省份在某些年份内预测值高于0.34,进入“危险”类别,需要特别关注。

从个体来看,云南、宁夏等地的风险预测值在三年内有所波动,但波动范围较小,表明这些地区的风险变化相对稳定;北京、四川等地的风险预测值逐年上升,需要及时关注;山东、山西等地的风险预测值,逐渐下降,数字经济安全风险隐患较低。

表6 数据安全风险预测

省份	2023年预测值	2024年预测值	2025年预测值	2023年风险类别	2024年风险类别	2025年风险类别
上海	0.3436	0.3196	0.3474	危险	基本安全	危险
云南	0.2788	0.3195	0.2855	安全	基本安全	安全
内蒙古	0.2818	0.3101	0.3003	安全	基本安全	基本安全
北京	0.2686	0.2836	0.306	安全	安全	基本安全
吉林	0.309	0.3307	0.3172	基本安全	高度警惕	基本安全
四川	0.2729	0.3049	0.3073	安全	基本安全	基本安全
天津	0.2822	0.2971	0.3128	安全	安全	基本安全
宁夏	0.2777	0.3117	0.2883	安全	基本安全	安全
安徽	0.2915	0.3021	0.2729	安全	基本安全	安全
山东	0.3133	0.2989	0.2777	基本安全	安全	安全
山西	0.3092	0.2918	0.2582	基本安全	安全	安全
广东	0.3272	0.2919	0.3489	高度警惕	安全	危险
广西	0.3148	0.3042	0.2968	基本安全	基本安全	安全
新疆	0.2993	0.344	0.3073	安全	危险	基本安全
江苏	0.3042	0.2999	0.3282	基本安全	安全	高度警惕
江西	0.2886	0.3181	0.3001	安全	基本安全	基本安全
河北	0.3274	0.3125	0.3532	高度警惕	基本安全	危险
河南	0.3205	0.298	0.3074	高度警惕	安全	基本安全
浙江	0.3097	0.3134	0.3191	基本安全	基本安全	基本安全
海南	0.3011	0.3182	0.298	基本安全	基本安全	安全
湖北	0.2878	0.3348	0.2837	安全	高度警惕	安全
湖南	0.2854	0.2792	0.2977	安全	安全	安全
甘肃	0.3035	0.286	0.2817	基本安全	安全	安全
福建	0.3131	0.3133	0.3426	基本安全	基本安全	危险
西藏	0.2988	0.3237	0.3367	安全	高度警惕	高度警惕
贵州	0.3322	0.3055	0.3177	高度警惕	基本安全	基本安全
辽宁	0.3118	0.3214	0.2894	基本安全	高度警惕	安全
重庆	0.3051	0.2892	0.2971	基本安全	安全	安全
陕西	0.2854	0.314	0.2789	安全	基本安全	安全
青海	0.3068	0.3144	0.2899	基本安全	基本安全	安全
黑龙江	0.2839	0.2934	0.3129	安全	安全	基本安全

上海、广东、河北、新疆、福建和西藏等地预测值显示出较高的波动和风险，需要特别关注并采取相应措施进行风险管理和控制。上海、广东、福建等沿海发达省份可能由于数字经济快速发展带来相应的风险上升，河北可能由于受到北京地缘的影响导致风险波动，新疆、西藏等地可能由于地缘政治、基础薄弱等导致风险较高。

五、数字经济安全风险的防范策略

前文从内生性风险和衍生性风险两方面对数字经济安全风险分析了数字经济安全具体风险表现，因此本文从以下两方面给出防范策略：

(一)基于内生性风险的防范策略

1. 从产业安全视角出发,培育安全可控的产业生态。通过加强产业链上下游企业间合作与协调,建立风险共担、利益共享的产业安全机制。鼓励企业研发具有自主知识产权的关键技术和产品,提高产业整体安全水平。同时,加强与国际产业链合作,积极参与国际标准制定,提高我国数字经济产业链的国际竞争力。

2. 从数字安全视角出发,建立健全数据安全管理体系。完善数据安全法律法规,明确数据安全的基本要求、监管责任和处罚措施。进一步完善数据安全管理体系,包括数据分类与标识、数据质量保障、元数据管理等方面。加强数据加密、访问控制、数据脱敏等技术的研究与创新,提高数据安全技术水平。

3. 从技术安全视角出发,推进技术安全研究与创新。加强网络安全技术研发,提高攻击防御、入侵检测、漏洞修复等技术能力。加强网络安全意识和防护意识的培训,提高全社会网络安全防护能力。加强人工智能与区块链等技术的安全研究,如算法安全性等,提高技术安全水平。鼓励企业等开展安全技术创新。

(二)基于衍生性风险的防范策略

1. 从经济安全视角出发,保障数字经济稳定发展。加强数字经济宏观调控,引导数字经济发展与传统经济相融合,实现经济结构的优化升级。打击数字经济领域的违法违规行为,维护数字经济市场秩序。同时,加强数字经济领域人才培养和科技创新,提高数字经济自主发展能力。

2. 从社会公平安全视角出发,加强数字基础设施建设。加大对数字教育的投入,提高全民数字素养,缩小数字鸿沟。优化数字基础设施布局,提高互联网普及率和服务水平,保障农村和偏远地区数字基础设施建设,缩小地区间发展差距。

3. 从可持续发展安全视角出发,推进绿色数字经济发展。推动数字经济与传统产业深度融合,促进传统产业转型升级,以政策和标准引导企业绿色节能生产。同时,加强绿色数字经济领域的科技创新,提高资源利用效率。

六、研究结论及政策建议

(一)研究结论

本文采用文献分析法、熵权－TOPSIS法、社会网络分析以及机器学习等多种研究手段,在梳理数字经济及数字经济安全风险相关概念的基础上,对数字经济安全风险的维度进行了分析。据此构建了一个数字经济安全风险指标体系,并进行了风险测度和预测分析。主要得出以下结论:

1. 数字经济安全风险评价体系。区别以往研究,本文从内生性和衍生性两个维度着眼于数字经济本身面临的风险和其对经济社会和居民生活产生的重大影响,构建涵盖企业、市场、基础设施、管理、创新和人才六要素以及包含宏观经济韧性、就业、区域发展、收入分配、污染排放和绿色治理六要素的指标体系,并基于科学性、层次性和数据的可获得性原则,通过熵权－TOPSIS法对数字经济安全风险进行测度。

2. 数字经济安全风险时空趋势。整体上,“十三五”时期以来,我国数字经济安全风险水平伴随着经济发展水平缓慢上升;地区上,东部地区数字经济安全风险较高;空间关联上,各省份数字经济安全风险水平网络疏密程度不同,数字经济安全风险水平关联并不均衡,总体呈现边缘地带向中部地区靠拢的社会网络空间结构;空间聚集上,总体呈现出明显的地区集聚现象,各地区内部联系紧密,在信息分享和合作方面交往频繁。

3. 数字经济安全风险预测预警。风险预测较高的省份,主要集中在数字经济发达、国际化程度较高的部分东南沿海省份和数字经济基础较为薄弱、地缘关系较为复杂的少数西北省份,需在经济政策、市场环境、安全教育和地缘关系等方面着重关注。

(二)政策建议

数字经济极大地促进了经济增长,伴随而来的安全风险也需进一步重视。因此,建议从以下方面来保障数字经济的高质量发展。

1. 建立数字经济安全风险监测及协同治理体系。构建包含全国各地区数字经济安全风险水平的监测体系,定期收集和更新相关数据,实时了解数字经济安全风险变化。针对我国数字经济安全呈现出明显的地区集聚现象,各地区内部联系紧密,鼓励各地区间在数字经济安全风险防控方面开展合作,共享防控经验和技术。提升中西部地区的信息基础设施建设水平，缩小地区间数字鸿沟，促进数字经济安全风险的协同治理。

2. 密切关注风险较高省份数字经济安全。针对数字经济发展带来相应较高风险的部分东南沿海省份，加大信息安全投入，进一步支持数字经济安全技术的研发力度，加大在关键技术领域的科研投入与人才储备，鼓励数字安全产业化发展。针对数字经济基础较为薄弱、地缘关系复杂的少数西北省份，加大数字经济基础设施建设，增强民众安全意识，加强网络安全监管，加强与周边国家网络安全合作。

(三)研究展望

1. 目前关于数字经济安全风险的研究多集中在理论探讨，且数量有限，未来可以尝试对数字经济安全风险的概念内涵、外延和边界等进行深入系统的探讨，进一步结合专家学者的意见，再次修订、优化指标体系和测度方法。引入数字企业安全风险数据进行微观研究，从宏微观角度对指标体系和实证结果进行相互论证，从更多元化的角度对数字经济安全风险进行深入阐释。

2. 在引力矩阵构建中进一步考虑各地区经济发展水平、人口规模与数字经济安全风险水平相结合，对引力模型进行修正，在综合考量经济发展水平、人口规模与数字经济安全风险的影响下进行社会网络分析。

3. 引入其他宏观数据，探讨外界因素对数字经济安全风险的影响。将数据进行分区，对不同地区数字经济安全风险的情况进行分析，进一步优化数字经济安全预警模型并进行防范策略研究。

【参考文献】

[1] 蔡莉妍. 数字经济时代数据安全风险防范体系之构建与优化[J]. 大连理工大学学报(社会科学版)，2024，45(03)：107－114. DOI：10.19525/j.issn1008－407x.2024.03.012.

[2] 陈晓红，李杨扬，宋丽洁，汪阳洁. 数字经济理论体系与研究展望[J]. 管理世界，2022，(2)：208－224.

[3] 范柏乃，盛中华. 数字经济安全的维度识别、特征提取及分层模型——基于LDA主题分析与扎根理论编码的混合研究[J]. 浙江大学学报(人文社会科学版)，2024，54(02)：5－29.

[4] 郭东杰，周立宏，陈林. 数字经济对产业升级与就业调整的影响[J]. 中国人口科学，2022，(03)：99－110＋128.

[5] 胡贝贝，王胜光. 互联网时代的新生产函数，科学学研究 2017 年第 9 期.

[6] 韩艳翠，王冉. 我国数字经济发展现状、挑战及对策[J]. 对外经贸，2024，(03)：52－55.

[7] 刘娟，桑元. 数字经济时代的数据安全风险与治理探索[J]. 数字经济，2024，(03)：16－21. DOI：10.19609/j.cnki.cn10－1255/f.2024.03.004.

[8] 郎平，郎昆. 统筹发展和安全视野下的数字经济治理绩效研究[J]. 世界经济与政治，2023(8)：87－108＋166－167.

[9] 任保平，张陈璇. 中国数字经济发展的安全风险预警与防范机制构建.《贵州财经大学学报》2022 年第 2 期总第 217 期.

[10] 唐晓彬，何桂烨，耿蕴洁. 数字经济风险现象、形成机制研究综述[J]. 调研世界，2024，(01)：89－96. DOI：10.13778/j.cnki.11－3705/c.2024.01.008.

[11] 王晓平，冯庆，宋金昭. 成渝城市群碳排放空间关联结构演化及影响因素[J]. 中国环境科学，2020，40(9)：12. DOI：CNKI：SUN：ZGHJ.0.2020－09－051.

[12] 向鹏成，高天，段旭，等. 基于机器学习的"一带一路"投资国别风险预测研究[J]. 工业技术经济，2024，43(07)：150－160.

[13] 谢鹏远，何志红. 数字经济市场风险的结构展开、成因分析与法治应对[J]. 云南民族大学学报(哲学社会科学版)，2024，41(02)：108－114. DOI：10.13727/j.cnki.53－1191/c.20240305.007.

[14] 杨水根，何松涛. 数字经济对可持续发展的影响及其耦合关系——基于长江中游城市群的实证分析. 华东经济管理，2023.05. DOI：10.19629/j.cnki.34－1014/f.221015006.

[15] 姚树俊，许俊宝. 中国数字经济安全测度及空间演变特征[J/OL]. 广西师范大学学报(哲学社会科学版)，1－21[2024－08－02].

[16] 韩艳翠，王冉. 我国数字经济发展现状、挑战及对策[J]. 对外经贸，2024，(03)：52－55.

[17] 郑国楠,李长治.数字鸿沟影响了数字红利的均衡分配吗——基于中国省级城乡收入差距的实证检验[J].宏观经济研究,2022,(09):33－50.DOI:10.16304/j.cnki.11－3952/f.2022.09.010.
[18] 赵西三.数字经济驱动中国制造转型升级研究[J].中州学刊,2017(12).
[19] 曾昭法,游悦.基于神经网络分位数回归的金融风险预警[J].统计与决策,2020(14):4.DOI:10.13546/j.cnki.tjyjc.2020.14.030.

农业绿色全要素生产率时空分异与多元驱动路径研究
——来自农户微观调查的经验证据

国家统计局山东调查总队　李洪选　沈昊宇　岳梓坤

摘　要

党的二十大报告提出加快建设农业强国战略，习近平总书记进一步强调，“建设农业强国，要立足人与自然和谐共生的时代要求”。绿色发展是中国式现代化的重要内涵，是发展农业新质生产力、推动农业转型升级、建设农业强国的必然要求。传统农业发展方式面临资源短缺、环境污染、供需不对称等诸多挑战，破解这些难题的关键是要加快农业绿色转型升级。农户作为农业生产的直接主体，把握当前农户农业绿色全要素生产率(AGTFP)影响因素和提升路径，对实现小农户和现代农业有机衔接、推动农业绿色转型、建设农业强国具有重要意义。

本文从微观家庭层面视角出发，使用2018—2023年山东住户收支与生活状况调查数据，结合超效率SBM模型设计农户AGTFP测算指标体系，运用核密度估计、莫兰指数、泰尔指数的方法，探讨农户AGTFP的时空演化特征。然后，基于农业区位理论、资源优势理论和农业产业集聚理论等，利用GIS融合微观调查数据、POI数据、遥感数据等多源数据，探索构建了基于地理空间视角的农户AGTFP影响因素分析框架，运用空间计量模型分析农户AGTFP的影响因素及空间分异格局。最后，基于组态视角，采用模糊集定性比较方法(fsQCA)，分析农户AGTFP提升的多元组态路径。

研究结果显示：一是农户AGTFP具有明显的空间异质性，农户间差异逐渐扩大。同时，农户AGTFP呈现全局和局部上的空间自相关，出现“高—高”和“低—低”集聚区；二是农业服务组织、农资供销、农业机械、农业设施、农业生产建筑、日照条件等因素与农户农业生产密切相关，对农户AGTFP具有显著的正向影响，农业金融服务、农业科研服务、集贸市场、农业企业、家庭农场、灌溉资源等对农户AGTFP的影响不明显；三是农业设施、农用生产建筑、地形条件对农户AGTFP的影响空间异质性较强，农业设施、农用生产建筑对农户AGTFP的影响程度随着地区设施农业发展规模的扩大而增强，农户AGTFP在地形上总体呈现平原区＞丘陵区＞山地区的空间特征；四是农户AGTFP的提升是多维影响因素共同协作的结果，形成农业服务组织主导型、农资销售网络主导型和农业服务组织、设施农业双元驱动型等3条提升农户AGTFP的有效路径。

关键词：农业强国；农业新质生产力；农户绿色全要素生产率；空间计量模型；组态

一、引言

(一)研究背景及意义

绿色发展是中国式现代化的重要内涵，是发展农业新质生产力、推动农业转型升级、建设农业强国的必然要求。作为国民经济的基础产业，农业生产在保障粮食安全、助农增收等方面作出了巨大的贡献。但在追求农业产量、保证粮食安全压力下，农业高质量发展也面临着化肥、农药等生产要素投入量巨大导致的资源短缺、环境污染、供需不对称等诸多挑战。党的二十大报告明确提出，加快发展方式绿色转型，农业发展更需要践行习近平总书记“绿水青山就是金山银山”的生态理念，走绿色、高效、可持续的发展道路，提升农业绿色全要素生产率(AGTFP)是农业高质量发展的重要途径。农户作为农业经营的基本单元，在农业格局中地位举足轻重。“大国小农”仍是我国的基本国情农情，小规模家庭分散经营是当前农业生产的基本面。《国民经济和社会发展第十四个五年规划和2035年远景目标纲要》明确提出，要实现小农户和现代农业有机衔接,把小农户引入现代农业发展轨道,加快推进农业现代化。因此,要加快实现农业绿色发展、建设农业强国,有必要从农户层面出发,对农户 AGTFP 影响因素和提升路径进行分析研究。

对农业绿色发展影响因素和提升路径的研究,既有研究以宏观视角居多,鲜有微观层面的研究,选取影响因素时缺少对影响机理的深入分析,提升路径研究定性分析多、定量分析少。如何从微观层面对农户 AGTFP 进行全面准确的测度?影响农户 AGTFP 提升的主要因素有哪些?如何找到适合的发展路径来提升农户 AGTFP 水平,探究并回答这些问题,对于推动农业绿色转型、加快农业现代化具有重要意义。本文以“提出问题—分析问题—解决问题”为逻辑主线,探索构建农户 AGTFP 测算指标体系,基于地理空间视角构建农户 AGTFP 影响因素分析框架,探索农户 AGTFP 提升路径,为优化农业绿色发展政策、建立健全绿色低碳循环发展经济体系提供政策启示。

(二)文献基础与理论机制

1. 文献基础

在当前绿色农业和低碳农业发展的要求下,围绕 AGTFP 的研究成果十分丰富,为本研究开展奠定了坚实基础。

(1)AGTFP 的内涵研究。

生产率是经济学上的概念,衡量的是要素投入的产出绩效,可以分为单要素生产率(SFP)和全要素生产率(TFP),分别用来衡量单一投入要素和所有投入要素的产出效率。随着环境作为重要的自然资本获到一致认可(Weitzman,1976),学者们开始将环境因素纳入 TFP 框架,把考虑环境约束的 TFP 称作绿色全要素生产率(GTFP)。有关 AGTFP 的测度方法集中在定性和定量分析两个方面。定性分析主要通过对典型案例研究,分析农业绿色发展的重要模式(邓心安等,2016)。定量分析主要有两种方法,以随机前沿生产函数方法(SFA)为代表的参数法和以数据包络分析方法(DEA)为代表的非参数法两种。对环境约束因素的选取主要有两种,一是农业面源污染(李谷成,2014;沈能,2015;崔晓,2018),二是农业碳排放(田伟,2014;高鸣,2015;吴贤荣等,2015)。从研究对象来看,主要基于区域的宏观视角,对全国、省域或者区域等农业绿色发展情况进行研究。

本文对农户 AGTFP 作如下界定:农户在农业生产过程中,有效整合生态和环境保护,以提高资源的使用效率和减少对环境的负面影响,同时实现经济效益提升的一种综合生产效率。在设计 AGTFP 测算指标体系时,全面归纳农户农业生产过程中需要的各项投入,除劳动力、土地投入外,将农业用汽油、柴油、电等投入作为能源投入,将种子、农药、农膜、化肥、农业机械、排灌费、承包耕地使用权费用及借贷款利息等农业生产总费用作为资本投入指标。在期望产出中选取农户农业经营收入和常被忽视的农业碳汇,将农业面源污染和碳排放均纳入非期望产出,更全面、合理、准确地测度农户 AGTFP。

(2)AGTFP 影响因素研究。

现有文献大多根据研究对象特点、生产率相关决定理论及前人研究成果来确定 AGTFP 的影响因素。农业生产对自然资源依赖性较强,地理因素对 AGTFP 有显著的影响,区域间有显著的空间正相关关系(潘丹,2012)。劳动力素质是提升 AGTFP 的关键,城市化过程中劳动力转移就业,农业从业劳动力素质下降导致 AGTFP 下降(梁俊等,2015)。生态资产资本化是协调生态环境保护与经济发展的有效手段,生态资本投资对 AGTFP 有显著的促进作用(尚杰等,2020)。农业科技进步显著影响农业碳排放,从而影响 AGTFP(张颂心等,2021)。还有研究发现农业要素市场、社会化服务等对 AGTFP 也有不同程度的影响。在影响因素的指标选取上,现有研究主要基于数据的可得性和主观性,缺乏对影响机理的深入分析。农业生产依赖当地区位条件,本文基于农业区位理论、资源优势理论和农业产业集聚理论等,从地理空间视角对影响农户 AGTFP 的因素和作用机理进行深入分析。

(3)AGTFP 提升路径研究。

对 AGTFP 增长路径研究的文献数量较少,且主要关注单一要素与 AGTFP 之间线性关系。有基于典型案例的定性研究,循环可持续的生态农业模式是农业绿色发展的重要途径,基于此,有学者提出发展种养结合的现代循环农业(叶倩,2017),也有学者主张生态推进型、科技引导型等多种农业绿色发展路径(沈国际,2021)。此外,还有基于宏观或微观数据的定量分析,技术进步是提升 AGTFP 关键动力,可采用技术创新、提高秸秆综合利用率等途径提升 AGTFP(刘天宇等,2018);教育发展能够提升农户综合素质,通过技术创新、提高投入要素效率等改变传统农业生产方式，克服资源瓶颈和环境约束（李晓玲，2022）。在当前数字经济背景下，可以通过提升农户信息素养增强农户绿色转型的内生动力，推动农业绿色可持续发展（王力田等，2023）。本文基于组态视角，研究促进农业绿色发展的条件组态路径，分析提升农业绿色生产水平的最优政策组合。

2. 理论机制分析

农业生产依赖地形、日照等自然禀赋，而且同一区域在政策、市场、技术、交通等经济社会条件趋同，相邻区域的农户由于相似的农业区位条件，往往在农业生产品种和种植历史等方面趋于一致。从整体来看，农业生产存在明显的区域性。从区域视角看，随着基础设施的不断完善，地区间交流更加便利，促进了区域间资源要素有序流动和优化配置，这也会导致农业绿色生产产生较大的空间外溢性。因此，提出如下假说：

假说 1：由于不同区域资源禀赋的差异，农户 AGTFP 具有明显的区域异质性。同时，农户的 AGTFP 会受到邻近区域的影响，也具有空间相关性。

农业区位理论从农业土地利用角度阐明了对农业生产的区位选择问题，在考虑自然条件的基础上，需要考虑市场需求、交通运输条件、劳动力等因素。基于农业区位理论和资源优势理论发展而来的农业产业集聚理论受到广泛关注，不同地区发挥农业区位条件优势，形成具有特色优势的产业集聚区或粮食主产区，通过基础设施共享、中间产品与社会化服务共享、技术溢出形成外部规模经济和范围经济，促进本地农业产业化、专业化及社会化服务发展，从而提高了本地区农户 AGTFP，这也被看作是农户对接现代农业的重要方式和途径（张哲晰，2018）。农业产业集聚促进农业产业化发展，具有区域规模经济优势，可以实现小农经济与规模经济的结合（杨丽，2005）。农业专业化可以通过分工经济实现效率提升、降本增效，通过直接影响农业生产要素的投入和农业产出，间接影响到资源消耗，进而影响到农业绿色发展（宋博，2016）。农业社会化服务被认为是小农户和现代农业有机衔接的核心，农业社会化服务通过专业化、标准化、集约化的规模服务，影响农户的生产要素投入结构和质量来实现增加正产出、减少负产出，实现 AGTFP 的提升（程永生，2022）。据此，提出如下假说：

假说 2：区域的农业资源禀赋和农业产业化、专业化以及社会服务化等相关因素影响本地区农户 AGTFP。

农户 AGTFP 的影响因素构成复杂，单独某个因素难以决定 AGTFP 的水平高低，需要立足整体性分析众多因素的协同联动作用。多重因素联动匹配的共同作用下，才能有效提升 AGTFP，进而促进农业实现绿色高质量发展。存在多种同一导向的增长路径选择的等效性因果链，AGTFP 增长是组合了多种因素的组态效应（郭海红，2019）。绿色发展不仅是农业发展方式的转变，而且已经成为农业发展的一种驱动力，这种驱动力来源于多种因素的协同联动（时悦，2024）。据此，提出如下假说：

假说 3：农户 AGTFP 增长需要多个因素的组态作用，构建多因素共同作用于 AGTFP 的理论框架（图 1），农业绿色发展存在多元等效适配路径。

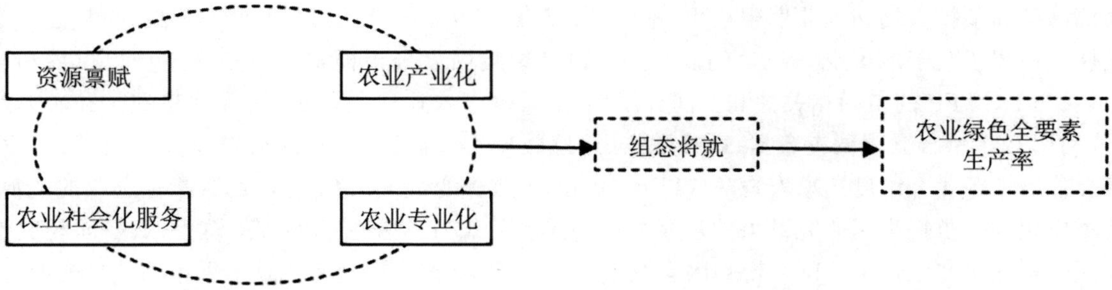

图 1　理论框架

(三)研究思路

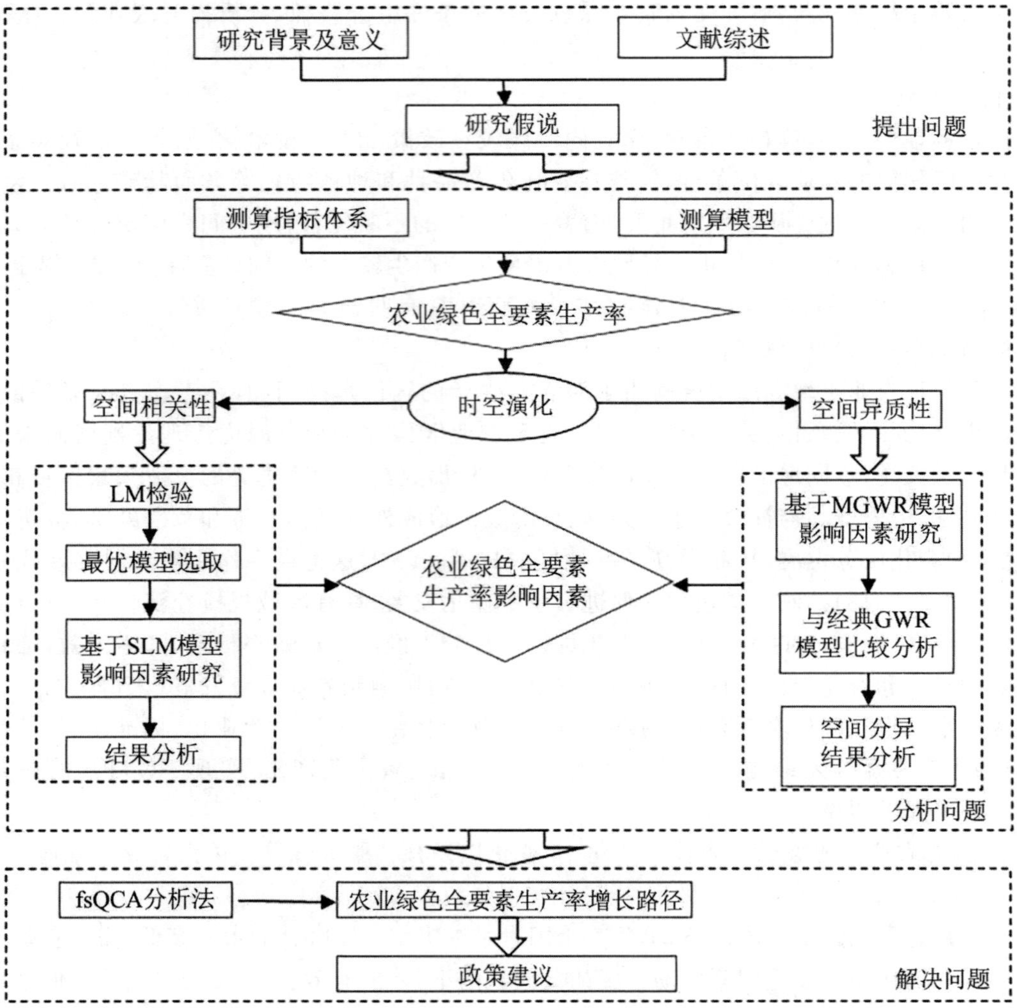

图2 研究思路图

(四)边际贡献

一是探索设计了微观层面农户AGTFP测算指标体系。既有的研究主要基于区域的宏观视角,缺乏家庭微观视角的研究,注重整体变化但不能刻画个体特征。本文基于住户收支与生活状况调查翔实的农户农业经营微观数据,全面归纳农户农业生产过程中需要的各项投入,在期望产出中纳入常被忽视的农业碳汇,将农业面源污染和碳排放均纳入非期望产出,重构AGTFP测算指标体系,以期使测度结果更接近真实值。

二是探索构建了基于地理空间视角的农户AGTFP影响因素分析框架。一是通过莫兰指数和插值分析,验证了农户AGTFP的空间相关性和空间异质性;二是基于农业区位理论、资源优势理论和农业产业集聚理论等,利用GIS融合微观调查数据、POI数据、遥感数据等多源数据,从区域农业资源禀赋、产业化、专业化和社会化服务等4个维度选取农户AGTFP影响因素指标变量,避免了影响因素指标选取的主观性,同时多源数据应用进一步提高了研究结果的可靠性;三是运用SLM模型和MGWR模型,从空间相关性和空间异质性两个角度研究农户AGTFP影响因素及空间分异格局,相比较现有文献多采用的计量模型,为方法研究提供了有力补充。

三是基于组态视角研究了多重因素对农户AGTFP提升的协同效应和路径。既有的研究忽视了AGTFP影响因素之间的协同联动作用,缺乏基于整体视角的多重影响因素相互依赖的耦合效应研究。本文结合模糊集定性比较方法(fsQCA)研究多重因素的组态效应,明晰多元增长路径,为探索农户AGTFP提升的差异化适配路径提供了经验证据,对当前促进小农户和现代农业发展有机衔接具有现实意义。

二、农业绿色全要素生产率测度及时空演化分析

(一)研究方法

AGTFP 是基于经济效益和生态效益双重视角测算农业绿色发展水平,传统的效率测算只考虑期望产出,忽略了非期望产出,无法全面衡量农业发展水平。因此,本节选用超效率 SBM 模型来测算 AGTFP,该模型解决了传统的径向的和角度的 DEA 模型无法考虑松弛变量对效率值的影响以及期望产出与非期望产出的动态变化,导致度量的效率值结果有偏的问题。

此外,采用核密度估计、莫兰指数及泰尔指数等方法,从时间和空间维度分析 2018－2023 年山东 AGTFP 的演化特征。

(二)农业绿色全要素生产率测算指标体系

1. 变量选取与说明

合理选择投入产出变量是全面准确测度 AGTFP 的基础。本文选取劳动力、土地、资本和能源作为投入变量。期望产出选取农业经营收入、农作物碳汇,非期望产出选取农业面源污染指数和碳排放。测算指标体系见表 1。

表 1　AGTFP 测算指标体系

类型	变量	变量说明
投入	劳动投入	家庭自用工折价和雇佣用工费用合计数
	土地投入	调查户农作物总播种面积
	资本投入	调查户种子、农药、农膜、化肥、农业机械、排灌费、承包耕地使用权费用及借贷款利息等农业生产总费用
	能源投入	调查户汽油、柴油、电等使用量折合标准煤总量
期望产出	农业收入	调查户农业经营收入
	农作物碳汇	农作物生长周期中的碳吸收量
非期望产出	农业面源综合污染指数	化肥流失量、农药无效利用量及农膜残留量计算到农业污染排放综合指数
	农业碳排放总量	各种农业生产要素投入碳排放量的总和

注:劳动投入使用家庭自用工折价和雇佣用工费用合计数。其中,家庭自用工折价使用调查户家庭从事农业生产的人数,参考《全国农产品成本收益资料汇编 2023》中的人工成本计算家庭用工折价,雇佣用工费使用调查户的雇佣用工的资金花费。

2. 描述性统计

本节原始数据来源于 2018－2023 年山东住户收支与生活状况调查,样本由国家统计局通过分层多阶段随机抽样方法抽取。使用从事农业经营户家庭相关数据,2023 年 AGTFP 测算指标体系的描述性统计见表 2。

表 2　2023 年 AGTFP 测算指标描述性统计

变量	样本量	均值	标准差	最小值	最大值
土地投入	1191	10.19	10.10	0.06	530.00
投入	1191	5793.60	7009.17	202.00	79294.00
本投入	1191	6941.68	8351.41	105.00	71988.89
能源投入	1191	24.17	55.01	0	473.84
收入	1191	18107.82	23332.94	0	149556.00
作物碳	1191	5534.75	5962.28	9.06	40827.75
面源污染指	1191	0.23	0.19	0.10	1.86
碳排放	1191	601.12	869.07	0	7184.54

(三)农业绿色全要素生产率时空演化分析

1. 时间演化分析

使用核密度估计分析农户 AGTFP 集聚状态和演化特征,结果见图 3。2018－2023 年的核密度曲线分

布特征呈现一致性,都具有右侧尾翼部分贴近X轴,波峰贴近于Y轴的特征。综合来看,核密度分布特征反映出现阶段农户的AGTFP普遍偏低、存在较大改善空间。分布曲线表现为主峰峰值下降、区间宽度增加,全省农户AGTFP集中度下降、离散程度扩大,农户之间的差异逐渐增大,出现两级分化趋势。

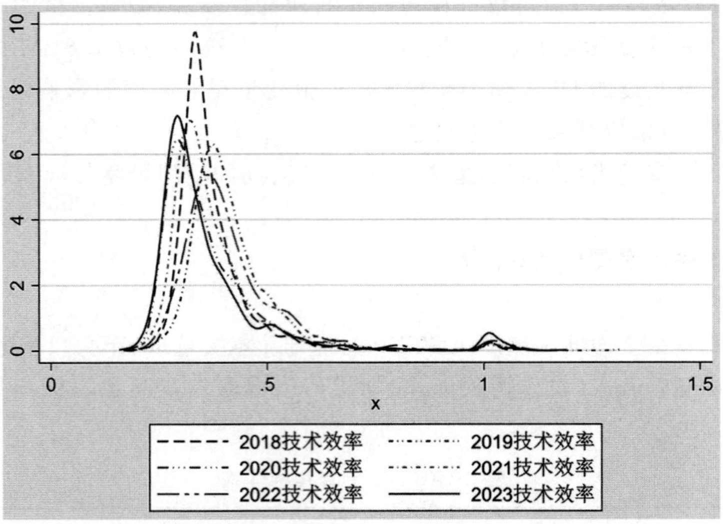

图3 2018—2023年AGTFP核密度图

2. 空间演化分析

(1)空间集聚性特征。

利用莫兰指数对农户AGTFP的空间关联度进行分析,结果见表3。空间权重矩阵下的全局Moran' I系数均大于0,且在1%的置信水平下通过显著性检验,验证了假说1中农户AGTFP存在显著的空间正相关性。

表3 空间依赖性检验

Year	Moran's I	sd	Z-value	P-value
2023	0.093	0.009	10.969	0.001

从图4局部空间自相关散点图来看,山东AGTFP集聚现象明显。

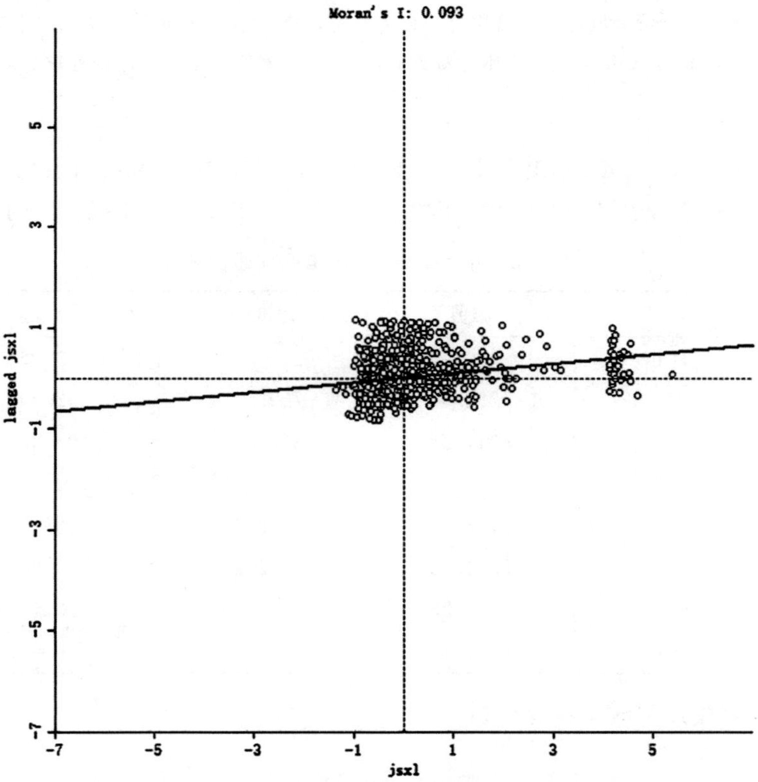

图4 AGTFP局部空间自相关散点图(2023年)

(2)空间差异性特征。

为进一步分析区域差异的来源结构特征，利用泰尔指数方法，将全省农户 AGTFP 总体差异按照 16 地级市分解，结果见表 4。从时间维度来看，2018－2023 年，山东农户 AGTFP 的区域差异总体呈现上升趋势，2023 年泰尔指数升至最大值 0.0682，说明农户 AGTFP 差异在逐步扩大，存在强者愈强、弱者愈弱的“马太效应”。从泰尔指数结果分解来看，2018－2023 年，市域内泰尔指数、市际间泰尔指数均呈现上升趋势，说明 16 地市内部和市际之间的差异均在扩大。从贡献率来看，2018－2023 年，市域内差异的贡献率均值为 87.9%，市际间差异贡献率仅为 12.1%，市域内差异对全省泰尔指数的走向起着决定作用，虽然市域内部的自然环境、农业相关政策趋同，但同样是农户小而散经营的特点，因此市域内农户 AGTFP 差异较大。

表 4　山东 16 市 AGTFP 泰尔指数及分解

年份	泰尔指数			贡献率	
	全省	市域内	市际间	市域内	市际间
2018	0.0297	0.0275	0.0022	92.68%	7.32%
2019	0.0335	0.0285	0.0050	85.09%	14.91%
2020	0.0442	0.0352	0.0090	79.60%	20.40%
2021	0.0431	0.0394	0.0037	91.41%	8.59%
2022	0.0478	0.0411	0.0068	85.81%	14.17%
2023	0.0682	0.0631	0.0051	92.59%	7.41%

三、农业绿色全要素生产率影响因素分析

(一)变量设置与数据来源

1. 变量选取

(1)被解释变量：本文第二章计算的农户 AGTFP，衡量农户绿色生产水平。

(2)解释变量：从农业社会化服务、农业产业化、农业专业化、自然资源禀赋等 4 个主要层面选取 13 个影响因素进行考察，见表 5。本部分属于探索性分析，故不设定核心解释变量和控制变量之分。

表 5　变量解释

变量类别	变量名称	变量释义	单位
农业社会化服务	农业金融服务	10km 内金融惠民服务站数量	个
	农业服务组织	10km 内农业合作社(联合社)数量	个
	农业科研服务	10km 内农业科研单位数量	个
农业产业化程度	农资供销	10km 内农资销售机构(农药、化肥、种子)数量	个
	集贸市场	10km 内集贸市场数量	个
	农业企业	10km 内龙头企业数量	个
	家庭农场	10km 内家庭农场(农家乐)数量	个
农业专业化程度	农业机械	家庭拥有农业机械原价	元
	农业设施	家庭拥有农业设施原价	元
	农业生产建筑	家庭拥有农业生产用房及建筑物原价	元
自然资源禀赋	灌溉资源	所在村水域占比	%
	地形条件	所在村地形条件(1:平原 2:丘陵 3:山区)	—
	日照条件	所在县年可照时数	h

2. 数据来源及描述性统计

本文的数据来源主要有四方面：

(1)农户农业经营数据取自山东住户收支与生活状况调查微观数据。

(2)选择农作物对地调查高空间分辨率的遥感数据,经过辐射定标、大气校正、影像拼接与裁剪等预处理方法,应用分类模型对遥感影像进行分类,将本村内的水域的面积除以村总面积,得所在村的水域占比。

(3)采用网络爬虫技术从网站自动提取了可照时数信息,并对爬取的数据进行清洗,获得所在县年可照时数等数据。

(4)采用网络爬虫技术利用高德地图提取 POI 数据,以山东省为搜索范围,得到 44424 个与农业相关的 POI 数据,包括坐标位置、名称、地址、标签等信息。经空间校准,以 1191 个农业生产经营户所在地为圆心,创建 10km 半径的缓冲区,统计每个缓冲区内符合条件的 POI 类型和数量,了解农业生产经营户 10km 范围内合作社、科研单位等资源分布情况。

各变量的描述性统计见表 6。

表 6　影响因素的描述性统计

变量	个案数	最小值	最大值	平均值	标准差
农业金融服务	1191	0	242.00	25.12	32.68
农业服务组织	1191	0	120.00	27.82	20.64
农业科研服务	1191	0	3.00	0.14	0.44
农资供销	1191	0	293.00	27.85	22.56
集贸市场	1191	0	105.00	6.74	9.13
农业企业	1191	0	6.00	0.41	0.80
家庭农场	1191	0	84.00	8.44	12.03
农业机械	1191	0	350000.00	3887.40	18450.49
农业设施	1191	0	30000.00	507.49	2704.18
农业生产建筑	1191	0	500000.00	2753.28	22378.06
灌溉资源	1191	0	0.58	0.06	0.08
地形条件	1191	1.00	3.00	1.26	0.52
日照条件	1191	3615.68	4451.30	4007.56	334.19

(二)基于空间相关性视角的影响因素分析

1. 模型选择

由前文可知,2018—2023 年农户 AGTFP 具有空间正相关性,需构建空间计量模型展开下一步研究。SLM(空间滞后模型)和 SEM(空间误差模型)是空间计量经济学中常用的两种模型,用于处理空间数据中的空间依赖性或空间自相关问题。SLM 侧重于一个地区的变量值受到邻近地区变量值的影响,而 SEM 侧重于一个地区的误差项受到邻近地区误差项的影响。SLM 和 SEM 分别如公式(1)(2)所示:

$$Y = \rho W_Y + \beta X + \varepsilon \tag{1}$$

$$Y = \beta X + \mu, \mu = \lambda W_\mu + \varepsilon \tag{2}$$

其中,Y 为 AGTFP;X 为外生的解释变量矩阵;W 为空间权重矩阵,ρ 为空间回归系数,反映了相邻样本户的观测值对本户观测值的影响方向和程度,β 为变量系数;W_Y 为空间滞后被解释变量,λ 为空间误差系数,反映了相邻样本户关于不同变量的误差冲击对本户的影响程度,ε,μ 为服从正态分布的随机误差项。

为判定应该选择哪种空间计量模型,参考 L. Anselin 提出的拉格朗日乘子检验(包括 LM-Error 和 LM-Lag)和稳健性的拉格朗日乘子检验(包括 Robust LM-Error 和 Robust LM-Lag)进行检验,如表 7 所示。

表 7　空间计量模型 LM 检验结果

TEST	MI/DF	VALUE	PROB
Lagrange Multiplierlag	1	22.69	0.00
Robust LM lag	1	0.00	0.96
Lagrange Multiplier error	1	23.13	0.00
Robust LM error	1	0.44	0.51

2. 实证结果与分析

若 LM-Error 和 LM-Lag 均不显著，选择 OLS 模型；若前者显著而后者不显著，则选择 SEM 模型，反之则选择 SLM 模型；若两者均显著，则看稳健的 LM 检验，若 Robust LM-Error 显著，则选择 SEM 模型，反之，则选择 SLM 模型。

表 7 所示为 LM 检验和稳健的 LM 检验结果。因 LM-Error 和 LM-Lag 均在 5%的水平下显著，而 Robust LM-Error 不显著，所以选择 SLM 模型进行实证检验。回归结果见表 8。

表 8　空间计量模型回归结果

变量	OLS		SEM		SLM	
	系数	P 值	系数	P 值	系数	P 值
农业金融服务	−0.104	0.068	−0.084	0.134	−0.111	0.072
农业服务组织	−0.064	0.190	−0.041	0.398	0.101	0.000
农业科研服务	0.024	0.431	0.009	0.771	0.010	0.766
农资供销	0.172	0.003	0.130	0.026	0.161	0.019
集贸市场	−0.010	0.843	−0.004	0.934	0.014	0.808
农业企业	−0.008	0.794	−0.049	0.709	−0.025	0.487
家庭农场	−0.068	0.079	−0.049	−0.049	−0.055	0.201
农业机械	0.041	0.167	0.040	0.169	0.059	0.044
农业设施	0.101	0.001	0.101	0.000	0.102	0.000
农业生产建筑	0.051	0.084	0.059	0.044	0.070	0.020
灌溉资源	0.023	0.428	0.014	0.634	0.010	0.750
地形条件	−0.149	0.000	−0.119	0.000	−0.137	0.000
日照条件	0.145	0.000	0.106	0.000	0.131	0.000
W×dep. Var			0.243	0.000	0.241	0.000

实证结果显示，SLM 模型下空间自相关系数为 0.241，在 5%的水平下显著，表明相邻农户对本户 AGTFP 生产率存在正向的影响，再次佐证农户 AGTFP 存在正向且显著的空间自相关关系及空间溢出现象。对农户 AGTFP 影响因素具体分析如下：

(1)农业服务组织、农资供销、农业机械、农业设施、农业生产建筑、日照条件对农户 AGTFP 具有显著的正向影响，验证了假说 2。一是农业合作社等农业服务组织具有贴近农户、服务农户的优势，能将先进品种、技术等现代生产要素有效导入农户生产，对提高农户绿色生产水平有积极影响；二是近距离的农资供销网点为农户购买使用农资提供便利，降低农户交易成本，还可以为农户提供相应的技术指导，实现降本增效。三是农业机械作为农业生产技术载体，机械作业提高生产效率的同时，还可以提升农业生产资料的利用率，对农户 AGTFP 提升提供技术支撑。四是农业设施、农业生产建筑等设施农业是具有高科技含量、高产出、高效益特征的现代农业生产方式，能够有效提高农户 AGTFP。五是日照时数增加有利于作物生长，增加农作物产量。

(2)地形条件对农户 AGTFP 起到显著负向作用。地形对农业发展的限制较大，丘陵或山区土壤肥力偏低,农业基础设施建设相对薄弱,克服地形劣势会增加资源、能源等农业生产要素投入,相较平原地区,农业发展绿色化方面处于劣势,容易在空间上形成农业高质量发展洼地,农户 AGTFP 总体呈现平原区＞丘陵区＞山地区的特征。

(3)农业金融服务、农业科研服务、集贸市场、农业企业、家庭农场、灌溉资源等未通过显著性检验。一是因农户担保、抵质押物不足、信息不对称等原因,农户难以从正规金融机构获得贷款。同时,受人缘、地缘、传统观念等影响,向亲友、民间金融等非正规金融组织进行借贷是当前农户重要资金来源,农业金融服务对农户农业生产影响不显著。二是农户会结合自身特征、经验及周边农户行为进行生产决策,为规避风险对新农业技术缺少使用意愿,农业科研机构缺乏有效的途径将农业新技术及时推广到农户,对农户技术提升效果不明显。三是商贩(中介)上门收购仍是农户销售农产品的主要渠道,从而导致集贸市场对农户农业生产影响不显著。四是农业企业、家庭农场等新型农业经营主体与小农户之间的利益联结并不紧密,对农户绿色生产转型的带动效果不明显。五是随着农业水利工程建设、节水灌溉方式发展,农户水资源的利用效率逐步提高,周边的水域资源对农户 AGTFP 的影响不明显。

(三)基于空间异质性视角的影响因素分析

前文从空间相关性视角探究了 AGTFP 的影响因素,但未能解释变量在空间上的异质性。在 AGTFP 的影响机制研究中,异质性尺度的影响同样至关重要。不同区位特征、资源禀赋的农业经营户,其 AGTFP 也存在较大差异。因此引入经典地理加权回归模型(GWR)和多尺度地理加权回归模型(MGWR),对不同影响因素存在不同的异质性和尺度进行探讨。

1. 模型设定

GWR 模型具体公式为:

$$Y_i = \beta_0(u_i, v_i) + \sum_{i=1}^{k} \beta_i(u_i, v_i) X_{ik} + \varepsilon_i \tag{3}$$

式中,(u_i, v_i) 为第 i 个样本点的坐标,$\beta_0(u_i, v_i)$ 为最优带宽下的截距,$\beta_i(u_i, v_i)$ 为第 i 个指标的回归系数,ε_i 为随机误差项。

GWR 模型中的带宽是所有自变量不同带宽的平均值,进而可能导致估计偏差。而 MGWR 模型作为 GWR 模型的最新改进版本,弥补了 GWR 带宽固定的设定,以识别不同变量影响的尺度效应,具体的公式为:

$$Y_i = \sum_{i=1}^{p} \beta_{bwk}(u_i, v_i) X_{ik} + \varepsilon_i \tag{4}$$

式中,$\beta_{bwk}(u_i, v_i)$ 为第 i 个变量带宽下的截距,$\beta_i(u_i, v_i)$ 为第 i 个样本点的坐标,ε_i 为随机误差项。

2. 模型对比与尺度分析

由表 9 可知,在拟合优度和残差平方和方面,MGWR 与 GWR 相差不大,但有效参数量 MGWR 明显小于 GWR,说明其使用更少的参数得到了更接近真实值的回归结果。因此,基于此分析结果发现 MGWR 模型优于 GWR 模型。

表 9　GWR 模型与 MGWR 模型指标对比

模型指标	GWR	MGWR
拟合优度 R^2	0.282	0.277
AICc	3254.879	3213.993
有效参数数量 v1	119.751	99.687
残差平方和	855.518	861.241

MGWR 能够直接反映不同变量的差异化作用尺度,而 GWR 则只能反映出各个变量作用尺度的平均值。GWR 的带宽为 278,通过 MGWR,发现不同变量的作用尺度差异很大。由表 10 可知,金融服务、科研单位、农业设施、生产建筑、水域资源、地形条件的空间作用尺度较小,说明这些变量在局部范围内影响 AGTFP 的空间异质性较强。其余变量的空间作用尺度较大,空间异质性相对较弱。

表 10 MGWR 与 GWR 带宽值

变量	MGWR 带宽	GWR 带宽
常数项	200	278
农业金融服务	132	278
农业服务组织	1190	278
农业科研服务	543	278
农资供销	1188	278
集贸市场	1188	278
农业企业	1190	278
家庭农场	1188	278
农业机械	1189	278
农业设施	130	278
农业生产建筑	817	278
灌溉资源	107	278
地形条件	543	278
日照条件	1190	278

3. 影响因素的空间异质性分析

MGWR 模型各系数估计结果见表 11。其中地形条件、可照时数、农业设施、生产建筑等变量通过显著性检验。

表 11 MGWR 系数统计描述

变量	平均值	标准差	最小值	中间值	最大值
常数项	0.070	0.176	−0.274	0.069	0.454
农业金融服务	−0.137	0.145	−0.664	−0.116	0.088
农业服务组织	−0.055	0.001	−0.057	−0.054	−0.052
农业科研服务	−0.013	0.061	−0.134	0.003	0.112
农资供销	0.163	0.003	0.158	0.162	0.174
集贸市场	0.029	0.003	0.026	0.029	0.034
农业企业	−0.051	0.005	−0.063	−0.049	−0.042
家庭农场	−0.059	0.006	−0.069	−0.058	−0.046
农业机械	0.088	0.005	0.074	0.087	0.100
农业设施	0.071	0.153	−0.303	0.051	0.835
农业生产建筑	0.081	0.144	−0.171	0.066	0.62
灌溉资源	0.227	0.491	−0.436	0.087	1.752
地形条件	−0.123	0.055	−0.218	−0.126	0.008
日照条件	0.076	0.012	0.053	0.081	0.089

地形条件的回归系数取值在−0.218～0.008之间，均值为−0.123，标准差为0.055，表明其主要呈负向影响。负向效应最强的地区主要分布鲁中地区，负向效应影响较低的地区主要分布于鲁东的丘陵地带，再次印证了农户 AGTFP 总体呈现平原区＞丘陵区＞山地区的特征。

日照条件回归系数取值在0.053～0.081之间，均值为0.076，标准差为0.012，表明可照时数对 AGTFP 呈正向影响。从数值上看，影响强度的区域差异并不明显，西部地区可照时数对于 AGTFP 的影响程度大于东部。

农业设施与农业生产建筑对农户 AGTFP 影响程度在空间上呈现相同的格局。农业设施的回归系数取值在-0.303~0.835之间,均值为0.071,标准差为0.153,农业生产建筑的回归系数取值-0.171~0.620之间,均值为0.081,标准差为0.144,说明农业设施、农业生产建筑对农户 AGTFP 均具有双向效应,以正向效应为主。正向影响高值区主要位于济南、青岛、潍坊、聊城等地区,主要原因是该地区设施农业发展到一定规模,农户之间互相学习、技术溢出,专业化水平整体较高,农户 AGTFP 较高。

四、农业绿色全要素生产率增长路径分析

(一)研究方法

定性比较分析(QCA)是1987年由美国学者 Ragin 提出,可以识别前因变量的协同效应,发现更具针对性的优化路径。该方法以组态思维和系统性为特征,整合了定性分析与定量分析的优势,既适用于小样本、中等样本的案例研究,也适用于大样本的量化分析。基于此,本节采用模糊集定性比较方法(fsQCA),研究农户 AGTFP 提升路径,得到促进农户农业绿色发展的组态路径,有助于各地匹配最优政策工具组合。

(二)指标选取与数据校准

1. 指标选取

参照 fsQCA 的一般研究框架,以农户 AGTFP 作为结果变量,选取农业社会化服务、农业产业化、农业专业化、自然资源禀赋为前因变量。结合上一章影响因素相关变量的显著性程度,具体以农业服务组织作为农业社会化服务代理变量,以农资供销作为农业产业化代理变量,以农业设施作为农业专业化代理变量,以所在村地形作为地形条件变量,所在县年可照时数作为气候条件变量。

2. 数据校准

数据校准是在 fsQCA 求解中,赋予案例集合隶属的过程。借鉴目前多数研究的方法,将各变量的90%、50%和10%分位数值设定为完全隶属点、交叉点和完全不隶属点,对于样本交叉点的值校准后正好为0.5的情况,将其调整为0.5001。

(三)必要性条件分析

在对条件组态进行分析前,需要对各前因变量进行必要性检验。以判断单个前因变量是否为结果出现的必要条件,主要通过一致性和覆盖度两个指标进行衡量,一致性水平和覆盖度情况如表12所示。各前因变量的一致性均小于0.9,说明在前因变量中不存在促进农业绿色发展的必要条件,即各前因变量需要相互间的联动匹配才能共同影响农业绿色发展。

表12　必要性检验结果

前因变量	一致性	覆盖度
农业社会化服务	0.5425	0.5199
农业产业化	0.5605	0.5431
农业专业化	0.6545	0.6029
地形条件	0.6912	0.4993
气候条件	0.5547	0.5930

(四)条件组态分析

为进一步研究各前因变量构成的组态是否为高绿色发展效率结果集合的子集,需要进行条件组态分析。参照相关学术研究,将原始一致性阈值设置为0.8,案例频数阈值设置为3,PRI 一致性阈值设置为0.7,共生成了复杂解、中间解、简约解三种结果。中间解考虑了反事实分析,纳入符合理论方向预期和经验证据的逻辑余项,得到的条件组态结果见表13。采用提高 PRI 一致性水平和改变校准阈值两种方法进行检验①,未出现与原模型的组态截然不同的实质性解释,说明研究结论较为稳健。

① PRI 一致性阈值由0.70提高到0.75;将原始数据的完全隶属点、交叉点和完全不隶属点调整为95%、50%和5%分位数重新校准。

表 13 组态分析结果

前因变量	组态路径		
	组态 1	组态 2	组态 3
农业社会化服务	●	□	●
农业产业化		●	
农业专业化		□	●
地形条件	●	●	●
气候条件	●	●	●
原始覆盖度	0.1744	0.1012	0.1385
唯一覆盖度	0.0901	0.0170	0.0542
解一致性	0.2457		
解覆盖度	0.8102		

注:●表示核心条件存在,□表示核心条件缺失,●表示边缘条件存在,空白表示该条件此路径下缺席,该条存在与否不影响结果的产生。

表 13 报告了不同组合的条件变量所形成的 3 条农户 AGTFP 提升路径,验证了假说 3。具体说明如下:

一是农业服务组织主导型(组态 1):该条路径表明,在良好的气候和地形条件下,发展农业合作社等农业服务组织可以提升农户绿色生产水平。因此,大力发展农业合作社等农业社会化服务的重要载体,有效组织和引导农户接受社会化服务,是推动农户衔接现代农业、推动绿色发展有效途径。

二是农资销售网络主导型(组态 2):该条路径表明,在良好的气候和地形条件下,农资销售网络建设能够提升农户绿色生产水平。因此,建设完善的农资销售网络,降低农户交易成本,指导合理投入生产要素,也可以有效推动农户 AGTFP。

三是农业服务组织、设施农业双元驱动型(组态 3):该条路径表明,发展设施农业以及农业服务组织可以提升当地农户绿色生产水平,而且该路径能够有效降低对气候、地形等资源禀赋的依赖。因此,大力发展以设施农业为代表的现代农业,完善配套的农业服务支持,是提升农户绿色生产水平的重要路径。

五、结论及建议

(一)主要结论

发展绿色农业是建设生态文明、转变农业发展方式的必然选择,是加快农业现代化、促进农业可持续发展的重大举措。本文从微观家庭层面视角出发,深入研究农户 AGTFP 影响因素和提升路径,得出以下结论:

1. 农业生产存在明显区域性,农户 AGTFP 具有明显的空间异质性,农户间差异逐渐扩大;地区间的交流和资源要素有序流动,使得农户 AGTFP 呈现全局和局部上的空间相关性,出现显著的“高－高”和“低－低”集聚区。

2. 农业服务组织、农资供销、农业机械、农业设施、农业生产建筑、日照条件等因素与农户农业生产密切相关,对农户 AGTFP 具有显著的正向影响;地形对农业发展的限制较大,对农户 AGTFP 起到显著负向作用;农业金融服务、农业科研服务等与农户联系不够紧密,集贸市场并非当前农户主要销售渠道,农业企业、家庭农场等新型农业经营主体对农户的引领带动作用不强,以上因素对农户 AGTFP 的影响不显著。

3. 地形条件、日照条件、农业设施、农业生产建筑对农户 AGTFP 的影响在空间上存在不同的空间分异格局,其中农业设施、农用生产建筑、地形条件的空间异质性较强,农业设施、农用生产建筑对农户 AGTFP 的影响程度随着地区设施农业发展规模的扩大而增强,地形条件上农户 AGTFP 总体呈现平原区＞丘陵区＞山地区的空间特征。

4. 农户 AGTFP 的提升是多维影响因素共同协作的结果,形成 3 条提升农户 AGTFP 的有效路径,分别是农业服务组织主导型、农资销售网络主导型和农业服务组织、设施农业双元驱动型。前 2 条路径是在良好的气候和地形条件下,分别发展农业服务组织和建设农资购销网络提升农户 AGTFP,第 3 条路径以大力发展设施农业为代表的现代农业、完善配套的农业服务组织支持为重点,能够有效降低对气候、地形等资源禀赋的依赖,是提升农户绿色生产水平的重要路径。

(二)政策建议

基于以上结论,提出如下政策建议:

1. 重视农业技术的熟人网络推广作用,广泛开展农业生产技术交流,加强农业先进生产技术、管理方法、生产经验的试点、推广和普及,大力培育新型职业农民。

2. 大力支持农民专业合作社与生产性服务组织的建设与发展,加快农资网络体系建设,支持设施农业等现代农业发展,形成优势农产品的集群布局与区域专业化。

3. 完善联农带农利益联结机制,增强新型农业经营主体联农带农利益联结机制的稳定性和可持续性,鼓励农业金融、科研机构等与农业经营主体合作,优化农户、组织载体和农业金融、科研机构的利益联结机制。

4. 加强丘陵山区农业基础设施建设,改善了农业生产条件,因地制宜推进专业化生产,完善配套的农业服务组织支持,有效增强丘陵山区农业综合生产能力。

(三)下一步研究方向

本文考察山东省2018—2023年的微观截面数据,测算和分析的静态效率,后续可以开展对时空维度的面板数据分析,对动态效率进行综合评价。此外,本文只分析了种植业的绿色生产率,将研究对象扩展至从事农林牧渔业的农户,也是后期的研究方向。

【参考文献】

[1] 程永生,张德元,汪侠.农业社会化服务的绿色发展效应:基于农户视角[J].资源科学,2022,44(9):1848—1864.

[2] 崔晓.资源与环境约束下我国农业生产效率测度及其影响因素研究[D].吉林:吉林大学,2018.

[3] 邓心安,刘江.农业形态演变与绿色转型的目标模式[J].东北农业大学学报(社会科学版),2016,14(01):1—6.

[4] 杜运周,贾良定.组态视角与定性比较分析(QCA):管理学研究的一条新道路[J].管理世界,2017,(06):155—167.

[5] 高鸣,宋洪远.中国农业碳排放绩效的空间收敛与分异——基于Malmquist—Luenberger指数与空间计量的实证分析[J].经济地理,2015,35(04):142—148+185.

[6] 葛鹏飞,王颂吉,黄秀路.中国农业绿色全要素生产率测算[J].中国人口·资源与环境,2018,28(05):66—74.

[7] 郭海红,刘新民.中国农业绿色全要素生产率时空演变.中国管理科学,2020,28(9):66—75.

[8] 郭海红.中国农业绿色全要素生产率时空分异与增长路径研究[D].青岛:中国石油大学(华东),2019.

[9] 侯冠宇,张震宇,董劭伟.新质生产力赋能东北农业高质量发展:理论逻辑、关键问题与现实路径[J].湖南社会科学,2024,(01):69—76.

[10] 李谷成.中国农业的绿色生产率革命:1978—2008年[J].经济学(季刊),2014,(2):537—558.

[11] 李晓玲.教育对农户绿色生产率的影响研究[D].武汉工程大学,2022.

[12] 李兆亮,罗小锋,薛龙飞等.中国农业绿色生产效率的区域差异及其影响因素分析[J].中国农业大学学报,2017,22(10):203—212.

[13] 梁俊,龙少波.农业绿色全要素生产率增长及其影响因素[J].华南农业大学学报(社会科学版),2015,14(03):1—12.

[14] 林馨,吕萍.基于空间杜宾模型研究京津冀城市群房价空间相关性及影响因素[J].经济问题探索,2021(1):12.

[15] 刘天宇.长江经济带农业环境全要素生产率及其影响因素实证研究[D].长江大学,2018.

[16] 潘丹,应瑞瑶.中国农业生态效率评价方法与实证——基于非期望产出的SBM模型分析[J].生态学报,2013,33(12):3837—3845.

[17] 潘丹.考虑资源环境因素的中国农业生产率研究[D].南京:南京农业大学,2012.
[18] 尚杰,吉雪强,陈玺名.中国城镇化对农业生态效率的影响——基于中国13个粮食主产区2009—2018年面板数据[J].中国生态农业学报(中英文),2020,28(08):1265—1276.
[19] 沈国际.中国农业绿色全要素生产效率研究[D].北京中央财经大学,2021.
[20] 沈能,张斌.农业增长能改善环境生产率吗?——有条件"环境库兹涅茨曲线"的实证检验[J].中国农村经济,2015(7):17—30.
[21] 时悦,刘宇薇.多因素提升黑龙江垦区农业绿色全要素生产率的路径研究[J].农业与技术,2024,44(11):150—153.
[22] 宋博,穆月英,侯玲玲.农户专业化对农业低碳化的影响研究——来自北京市蔬菜种植户的证据[J].自然资源学报,2016,31(3):468—476.
[23] 覃文忠.地理加权回归基本理论与应用研究[D].同济大学,2007.
[24] 田伟,柳思维.中国农业技术效率的地区差异及收敛性分析——基于随机前沿分析方法[J].农业经济问题,2012,33(12):11—18.
[25] 王力田,王玉,张恒,白秀广.农户信息素养对绿色生产效率的影响研究——门槛效应与作用机制[J].农业现代化研究,2023,44(6):1047—1058.
[26] 王奇,王会,陈海丹.中国农业绿色全要素生产率变化研究:1992—2010年[J].经济评论,2012(5):24—33.
[27] 文献.
[28] 吴贤荣,张俊飚,田云等.基于公平与效率双重视角的中国农业碳减排潜力分析[J].自然资源学报,2015,30(07):1172—1182.
[29] 吴玉鸣.空间计量经济模型在省域研发与创新中的应用研究[J].数量经济技术经济研究,2006,(05):74—85+130.
[30] 习近平.关于《中共中央关于制定国民经济和社会发展第十四个五年规划和二〇三五年远景目标的建议》的说明[N].人民日报,2020—11—04(002).
[31] 杨丽,王鹏生.农业产业集聚:小农经济基础上的规模经济[J].农村经济,2005,(07):53—55.
[32] 杨骞,王珏,李超,等.中国农业绿色全要素生产率的空间分异及其驱动因素[J].数量经济技术经济研究,2019,36(10):21—37.
[33] 叶婧.用创新科技助力循环农业绿色发展[J].中国科技产业,2017,(12):71.
[34] 叶璐,王济民.农业全要素生产率国内外研究综述[J].世界农业,2020(2):50.
[35] 于法稳.新时代农业绿色发展动因、核心及对策研究[J].中国农村经济,2018,(05):19—34.
[36] 张浩然,衣保中.基础设施、空间溢出与区域全要素生产率——基于中国266个城市空间面板杜宾模型的经验研究[J].经济学家,2012,(02):61—67.
[37] 张康洁,于法稳,李福夺.中国农村信息化、农业产业化与乡村生态化耦合协调发展[J].中国人口·资源与环境,2023,33(06):182—195.
[38] 张林,蒲清平.新质生产力的内涵特征、理论创新与价值意蕴[J].重庆大学学报(社会科学版),2023,29(06):137—148.
[39] 张颂心,王辉,徐如浓.科技进步、绿色全要素生产率与农业碳排放关系分析——基于泛长三角26个城市面板数据[J].科技管理研究,2021,41(02):211—218.
[40] 张哲晰,穆月英.农业产业集聚的生产效应及提升路径研究[J].经济经纬,2018,35(05):80—86.
[41] Anselin L. Computing environments for spatial data analysis[J]. Journal of Geographical Systems, 2000,2(3):201—220.
[42] Banker R D, Charnes A, Cooper W W. Some models for estimating technical and scale inefficiencies in DEA[J]. Management Science, 1984, 32:1613—1627.
[43] Brunsdon C, Fotheringham A S, Charlton M E. Geographically Weighted Regression: A Method for Exploring Spatial Nonstationarity[J]. Geographical Analysis, 2010, 28(4):281—298.

[44] CARTER A C,CHEN J,CHU B. Agricultural productivity growth in China:farm level versus aggregate measurement[J]. China Economic Review,2003,14(1):53—71.

[45] Charnes A,Cooper W W,Rhodes E. Measuring the efficiency of decision making units[J]. European Journal of Operational Research,1978,2(6):429—444.

[46] Chen Y,Hu S,Wu H. The Digital Economy,Green Technology Innovation,and Agricultural Green Total Factor Productivity[J]. Agriculture,2023,13(10).

[47] Hailu A,Veeman T S. Environmentally Sensitive Productivity Analysis of the Canadian Pulp and Paper Industry,1959—1994:An Input Distance Function Approach[J]. Journal of Environmental Economics & Management,2000,40(3):251—274.

[48] Justas S,Kamali M S. Green productivity and undesirable outputs in agriculture:a systematic review of DEA approach and policy recommendations[J]. Economic Research-Ekonomska Istraživanja,2022,35(1):819—853.

[49] Kalirajan,K. P. ,M. B. Obwona,and S. Zhao. "A Decomposition of Total Factor Productivity Growth: The Case of Chinese Agricultural Growth before and after Reforms. " American Journal of Agricultural Economics 78. 2(1996):331—338.

[50] Lin J Y. Rural Reforms and Agricultural Growth in China[J]. American Economic Review,1992,82.

[51] Mcmillan J,Whalley J,Zhu L,et al. The Impact of China's Economic Reforms on Agricultural Productivity Growth[J]. Journal of Political Economy[2024—08—01].

[52] Mendez A F O,Isoda Y. Examining the Effect of Squatter Settlements in the Evolution of Spatial Fragmentation in the Housing Market of the City of Buenos Aires by Using Geographical Weighted Regression[J]. International Journal of Geo-Information,2021,10(6).

[53] Tone K,Tsutsui M. Dynamic DEA:A slacks-based measure approach[J]. Omega,2010,38(3—4):145—156.

[54] Tone K. A slacks-based measure of super-efficiency in data envelopment analysis[J]. European Journal of Operational Research,2002,143(1):32—41.

[55] Vizuete M L,Traiffort E,Bouthenet M L,et al. Production and productivity growth in Chinese agriculture:new measurement and evidence[J]. Food Policy,1997,22(3).

[56] Wang J,Cramer G L,Wailes E J. Production Efficiency of Chinese Agriculture:Evidence from Rural Household Survey Data[J]. Agricultural Economics,1996.

[57] Yufeng C,Jiafeng M,Zhitao Z. Measuring green total factor productivity of China's agricultural sector:A three-stage SBM-DEA model with non-point source pollution and CO2 emissions[J]. Journal of Cleaner Production,2021,318.

[58] Zhihao Z,Shen C,Shida R. H. Total factor productivity change in China's grain production sector: 1980—2018[J]. Australian Journal of Agricultural and Resource Economics,2022,67(1):38—55.

基于多模态融合的耕地非粮化测度及影响因素分析——以河南为例

国家统计局河南调查总队1队　郑建鹏　石　磊　袁百城

摘　要

国家安全是民族复兴的根基，粮食安全是国家安全的重要基石，耕地非粮化是粮食安全的根本保障。党的十八大以来，以习近平同志为核心的党中央高度重视粮食安全问题。研究河南耕地非粮化测定方法，分析影响非粮化关键要素，对于保障国家粮食安全，具有重要的现实意义。本文利用多模态融合方法实现高空间和高光谱分辨率影像的像素级融合，采用深度学习自动分类方法，引入注意力机制，从而实现对农作物的精确分类，准确测算出河南各县（市、区）的种植用地面积和粮食播种面积，以此测算出河南各县（市、区）耕地非粮化率。为理清整体时空演变趋势和空间格局分异，首先，从县域层面出发，研究2018—2022年河南耕地非粮化的时空演进；其次，从社会经济、农村劳动力和自然条件三方面构建驱动因素指标体系；最后，利用地理探测器、时间固定效应、双重差分等模型，实证分析了耕地非粮化的驱动因素。研究结果显示：2018—2022年，河南耕地非粮化水平维持在32%至37%的区间，呈波动下降趋势。通过时空演变分析发现，河南耕地非粮化在空间上总体呈现出"西南热—东北冷"的聚集趋势。通过地理探测器发现，人均耕地面积是驱动河南耕地非粮化的主要因素，能够解释15.40%的耕地非粮化现象。通过时间固定效应模型发现，粮食单产、人均耕地面积等因素与耕地非粮化率呈负相关，城镇化率、种植难易程度等因素与耕地非粮化率呈正相关。通过双重差分模型发现，高标准农田政策对耕地非粮化有抑制作用。由此，河南应当完善智能化农业统计遥感测量调查体系、因地制宜压实耕地保护责任、提高土地流转、加强高标准农田建设等遏制耕地非粮化政策。

关键词：耕地非粮化；多模态融合；注意力机制；驱动因素

一、绪论

（一）研究背景及意义

粮食安全是国之大者，中共中央连续21年发布以"三农"为主题的中央一号文件，特别是2024年，将"确保国家粮食安全""严格落实耕地保护制度"放在重要位置。2023年我国人均粮食占有量达到493公斤，高于国际公认的400公斤粮食安全线，做到了谷物基本自给、口粮绝对安全，但我国粮食供求仍长期处于紧平衡状态，在当前内部极端天气、雨涝灾害多发，外部环境复杂性严峻性不确定性明显上升的背景下，我国粮食安全仍面临较大挑战。

保障国家粮食安全的基础是守住耕地红线，习近平总书记指出，"要牢牢把住粮食安全主动权，粮食生产年年要抓紧""要严防死守18亿亩耕地红线，采取'长牙齿'的硬措施，落实最严格的耕地保护制度"。但近年来受土地流转、农业结构调整、粮食种植比较收益较低等因素影响，我国耕地非粮化现象日益突出。相关研究表明，截至2020年全国耕地非粮化率达到27%以上，尤其是东部发达地区的耕地非粮化率远高于全国平均水平。

河南作为我国的农业大省与粮食主产区，粮食总产量连续7年稳定在1300亿斤以上，常年位居全国第二，为保障国家粮食安全作出了重要贡献。根据第三次全国国土调查数据显示，2019年河南耕地总面积为751.41万公顷，较第二次全国土地调查数据，十年间减少了67.79万公顷，耕地面积面临着巨大压力。研究河南耕地非粮化的状况，对于保障国家粮食安全，具有重要现实意义。

(二)研究思路

本文首先通过多模态融合的方法,实现高空间和高光谱分辨率的像素级融合,采用深度学习方法并引入注意力机制实现作物的精确分类,准确测算河南各县(市、区)非粮化率,并利用无人机影像进行精度检验。其次从县域层面出发,研究2018—2022年河南各县(市、区)非粮化的时空演进,理清时空演变趋势和空间格局分异。再次综合考虑社会经济、农村劳动力和自然条件等方面构建驱动因素指标体系,利用地理探测器、固定效应模型等方法,实证分析影响非粮化的驱动因素。最后利用双重差分模型,探究相关政策效应(见图1)。

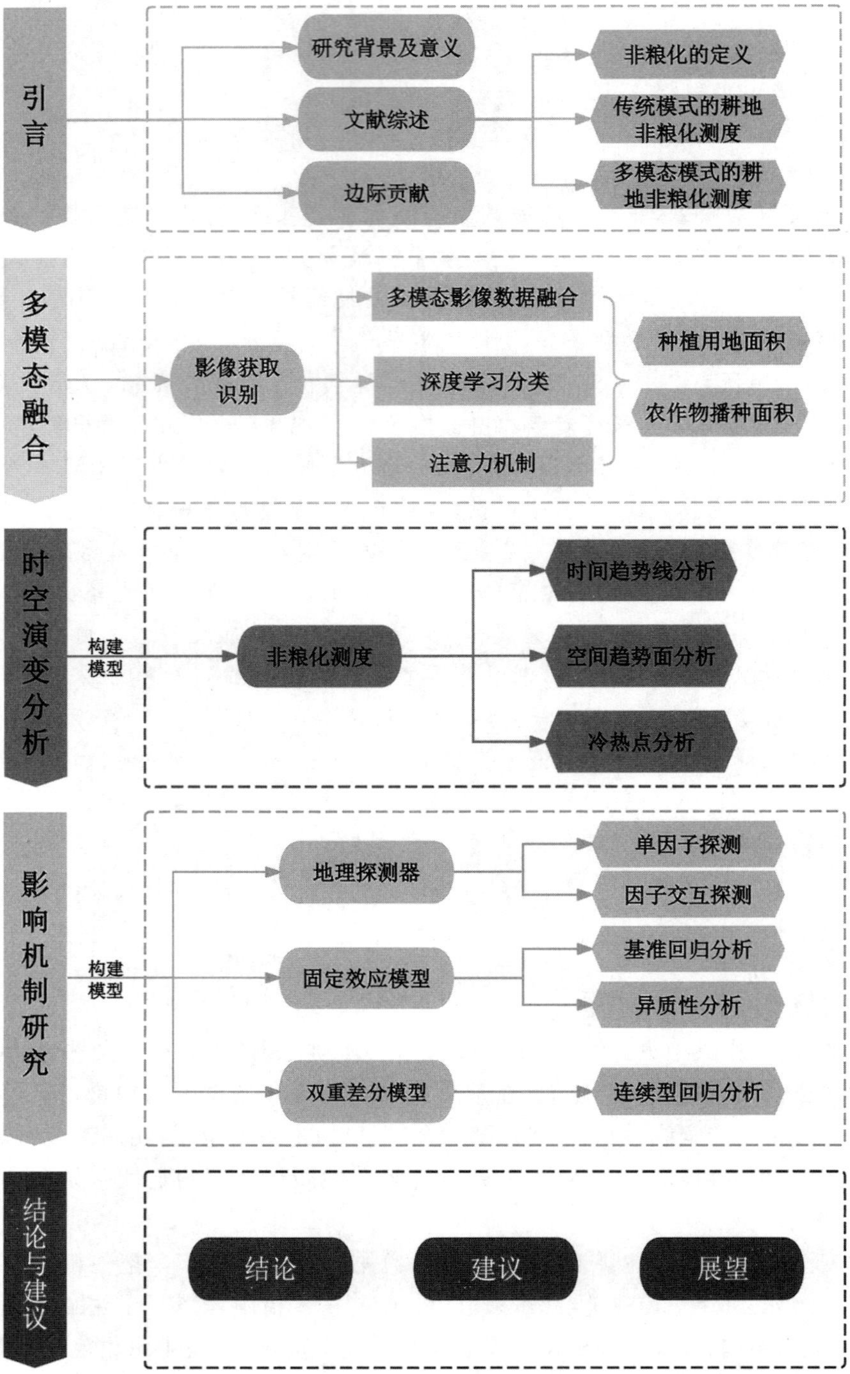

图1 研究思路图

二、耕地非粮化文献综述

(一)耕地非粮化的定义

耕地非粮化这一表述最早可追溯到20世纪90年代,2008年之后提及耕地非粮化的频率开始增加。目前，学术界认为耕地非粮化有狭义和广义之分，狭义的耕地非粮化是指在耕地上种植蔬菜、水果、花卉等经济作物的行为，广义的耕地非粮化是指在耕地上从事一切非粮化种植的行为。

本文以狭义的耕地非粮化为基准进行研究，即以非粮食作物的播种面积占农作物播种面积的比例作为量化标准对耕地非粮化进行测度。2020 年国务院办公厅出台《关于防止耕地非粮化稳定粮食生产的意见》，指出“要保障稻谷、小麦、玉米三大谷物的种植面积用于发展粮食生产”。结合河南粮食生产形势，本文把稻谷、小麦、玉米三大谷物界定为“粮食作物”，将除此之外的其他耕地作物均界定为“非粮食作物”，参考陈磊(2023)等研究，计算公式如下：

$$A_{ng} = A_{cl} \times MCI - A_{gsa} \tag{1}$$

$$MCI = A_{tca} / A_{cl} \tag{2}$$

$$R_{ng} = A_{ng} / (A_{cl} \times MCI) \tag{3}$$

式中，A_{ng} 为耕地非粮化面积，A_{cl} 为种植用地面积，A_{gsa} 为粮食播种面积，A_{tca} 为农作物播种面积，MCI 为复种指数，R_{ng} 为耕地非粮化率。

(二)耕地非粮化的研究现状

1. 基于传统模式的耕地非粮化识别与测度

耕地非粮化的测度主要涉及以下两个方面：一是利用“非粮比”对耕地非粮化进行测度，即非粮食作物的播种面积占农作物总播种面积或耕地总面积的比例(吴郁玲等，2021；韩德军等，2023；徐畅等，2024)。二是从土地利用变化的角度对耕地非粮化进行测度，朱灵伟等(2023)基于 LUCC 强度图谱分析了广东耕地流出和流入的时空演变模式；此外，罗必良等(2018)、杨慧琳等(2024)以土地流转为出发点分析了非粮耕地现状。

2. 基于多模态的耕地非粮化识别与测度

近年来，学术界对于耕地非粮化的研究更加多样化，角度也更加全面。Qiu 等(2022)通过融合植被－土壤－色素指数、光学雷达、合成孔径雷达、Sentinel－2 和 Sentinel－1 图像自动识别活跃农田，发现我国农业经历了巨大的结构变化(即非粮化导向)。Zhi 等(2023)利用 Google Earth Engine 平台和多源遥感数据，结合机器学习算法，对 2019 年安徽耕地非粮化情况进行判别。余新华(2023)使用基于 DeepLabV3＋改进的模型，利用高分辨率、多光谱光学影像的多谱段信息，提取全局数据之间的长距离特征，提高农作物识别准确率。与传统模式相比，利用多模态融合辅助非粮化测度的研究较少。

3. 耕地非粮化的研究对象和驱动因素研究

学术界对耕地非粮化研究对象可分为三个层次：一是从宏观来看，游菲芳等(2024)对 2009－2021 年 31 个省(区、市)耕地非粮化研究发现，我国耕地非粮化具有明显的空间分异特征。二是从中观来看，吴大放等(2023)对 2010－2022 年粤北山区 32 个县的耕地非粮化进行研究，发现粤北山区耕地非粮化空间分异的主要影响因素不断变化。三是从微观来看，谭淑豪等(2023)利用 2017－2019 年全国农村固定观察点 23000 个农户的面板数据，采用固定效应模型和门槛回归模型研究土地流转对农户非粮化的影响。

学术界主要是从社会经济、农户自身和耕地自然条件等方面研究耕地非粮化的驱动因素。社会经济方面，陈莉珍等(2023)发现经济发展水平较高区域更易产生耕地非粮化，非粮化率较高区域分布于珠三角中部核心城市。农户自身方面，谭淑豪等(2023)认为土地流转对不同经营规模农户的非粮化行为有差异化影响。自然条件方面，程旭东等(2023)对江西山区县研究发现，地形地貌的复杂多样会导致种植结构非粮化和农业产业结构非粮化现象的发生。

(三)研究评述

通过梳理耕地非粮化的相关研究发现，大多数研究是使用统计年鉴测算非粮化水平，而利用卫星、无人机、雷达探测等遥感影像对耕地非粮化进行测度的较少。目前利用遥感影像对耕地非粮化进行测度还存在挑战：一是农作物种植较为复杂，复种、轮作、套种等种植方式会导致遥感影像存在“同谱异物”的问题。二是在研究方法上多是基于光谱特征的机器学习方法(雷瑜等，2021)进行分类提取，对样本的数量和质量有较高要求。

(四)边际贡献

本文的边际贡献。一是相比于现行的统计遥感监测方法，利用多种融合技术，将高空间和高光谱分辨率影像进行像素级融合，使用深度学习方法并引入注意力机制实现作物的精确分类，为第四次全国农业普查先行探索。二是大规模使用无人机获取外业测量数据，充实解译样本并进行精度检验，对模型进行修正，提升农作物播种面积测量准确度。三是运用本文的研究方法，准确测算了2024年河南夏粮面积，为政府相关部门正确判断夏粮种植面积趋势提供真实可信的依据。

三、研究方法与技术

传统遥感测量作物分类大多使用单一影像，受光学传感器限制，很难同时获取高空间和高光谱分辨率的影像，因此多模态融合成为一种解决方案。河南作为一年两熟制种植区，大宗作物主要包括小麦、玉米、水稻、大豆、花生、蔬菜等，由于它们生育期和长势差异在光谱上存在“同谱异物”的现象，在遥感图像上难以区分。本文利用多时相和不同波段下的地物分离度，结合多种融合技术，实现高空间和高光谱分辨率影像的像素级融合，采用深度学习方法并引入注意力机制，实现对主要粮食作物的精确分类。

(一)技术路线

本文主要以国家统计局提供的高分(GF)卫星影像和谷歌地球引擎平台提供的哨兵(Sentinel)卫星影像为基础，结合行政区划矢量数据，使用人机交互的方法提取河南农作物种植用地范围。使用多模态遥感数据融合方法确定农作物种植用地上各个地物类型的分类解译标志，并筛选典型的训练样本，利用深度学习自动分类方法，同时引入注意力机制，对粮食作物范围进行精细化分类，提取粮食作物播种范围和面积。利用无人机外业样方调查数据，构建混淆矩阵评价分类精度，总体技术路线如图2所示。

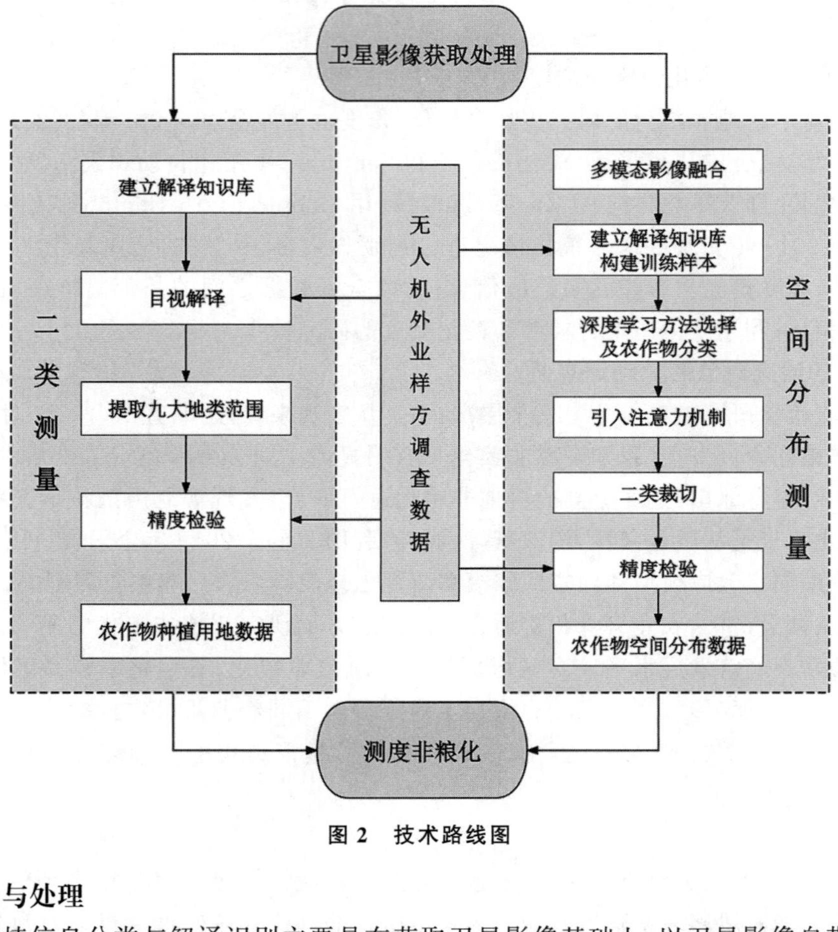

图2 技术路线图

(二)数据收集与处理

耕地和作物种植信息分类与解译识别主要是在获取卫星影像基础上，以卫星影像自带的RPC参数和已有的平面、高程控制为参考，经过影像的辐射定标、大气校正、几何纠正和配准融合等流程生成标准化卫星影像后，分别选取地物类型样本和粮食作物样本作为监督分类的训练样本，对各类型解译目标进行自动分类与解译，采用人工判读和图斑修测的方式，分别提取精确的农作物种植用地范围和粮食种植范围。同时，本文采用多种遥感数据融合方法对不同传感器、不同分辨率、不同来源的影像进行图像融合，在此基础上进行分类，以改进测量精度。

1. 农作物种植用地遥感测量

农作物种植用地遥感测量也称二类测量,即基于 2 米分辨率且时相符合主要农作物生长周期要求的遥感影像,开展河南当年农作物种植用地遥感测量,取得农作物及其周围的园艺果树、森林、草地、水域、建筑物、道路、设施农业、其他地物等九大类型地物分布地块。

在影像上主要表现为农作物种植的地块及其他类型的相关地块,根据实地调查数据、遥感影像特征以及在此基础上建立的解译知识库,结合测量指标分类进行图斑勾绘和地块类别解译分类,采用人机交互解译方法进行测量,判断各类型作物及其他地物的地类信息、位置、范围和类型。本文主要是根据国家统计局提供的高分卫星影像,按照国家统计局《农林牧渔业统计调查制度》中二类测量标准对河南全省进行地块级精细化分类,提取全省的农作物种植用地面积。

2. 主要农作物种植空间分布遥感测量

主要农作物种植空间分布遥感测量以县为单位开展,使用 10—16 米多时期、多光谱、多来源的中分辨率影像,结合无人机影像、外业调查样本以及物候数据,构建解译训练样本,采用神经网络模型进行机器学习分类。本文在此基础上使用深度学习模型并引入注意力机制,最终生成河南各主要农作物的空间分布和面积数据。

3. 多模态融合流程及验证分析

遥感领域使用单一数据源难以满足研究或生产需求,因此采取综合多元数据信息的方式变得势在必行。各种探测设备所获取的同一地貌画面在解析力、观测区域和对象属性等多个维度上有所不同,并且这些不同点彼此之间存在相辅相成的关系。融合有助于去除信息冗余,互补各数据源的优势,使遥感数据融合的目标趋向于实现更为优质的地表观测效果。

本文影像融合的设计流程:首先对 Sentinel—2 影像和 GF—6 影像进行预处理,再根据不同时相下的地物间分离度,选择出合适的影像时期,并对不同波段组合下的地物光谱特征进行分析,以确定最佳时期下的最优波段组合,最后采用像素级融合算法中常用的 Brovey、PCA、GS 和 HIS 四种融合方法分别对 Sentinel—2 和 GF—6 进行融合。融合流程见图 3:

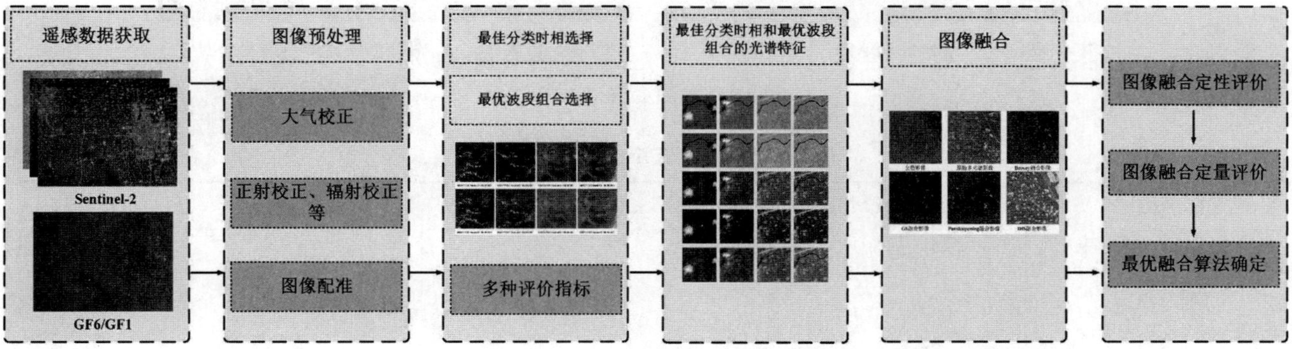

图 3　Sentinel—2 和 GF—6 融合流程

本章以驻马店驿城区为例,对融合影像和单一影像进行定性和定量评价,确定出最优的融合算法,在提高空间分辨率的同时保留多光谱影像的光谱信息,为后续的作物分类提供高质量的数据基础。融合数据主要参数见附表 1。

针对融合前后影像的光谱特征和纹理特征对 4 种融合算法结果进行局部细节观察,如图 4 所示。可以看出,PCA、GS、HIS 方法都出现了一定程度的失真,Brovey 方法失真程度较低。

使用代码运行时长、相关系数、均值、PSNR、熵、平均梯度和空间频率等评价指标对融合影像进行定量评价,结果如表 1 所示,Brovey 融合方法的相关系数、均值、PNSR、熵、平均梯度和空间频率结果优于其他融合方法。

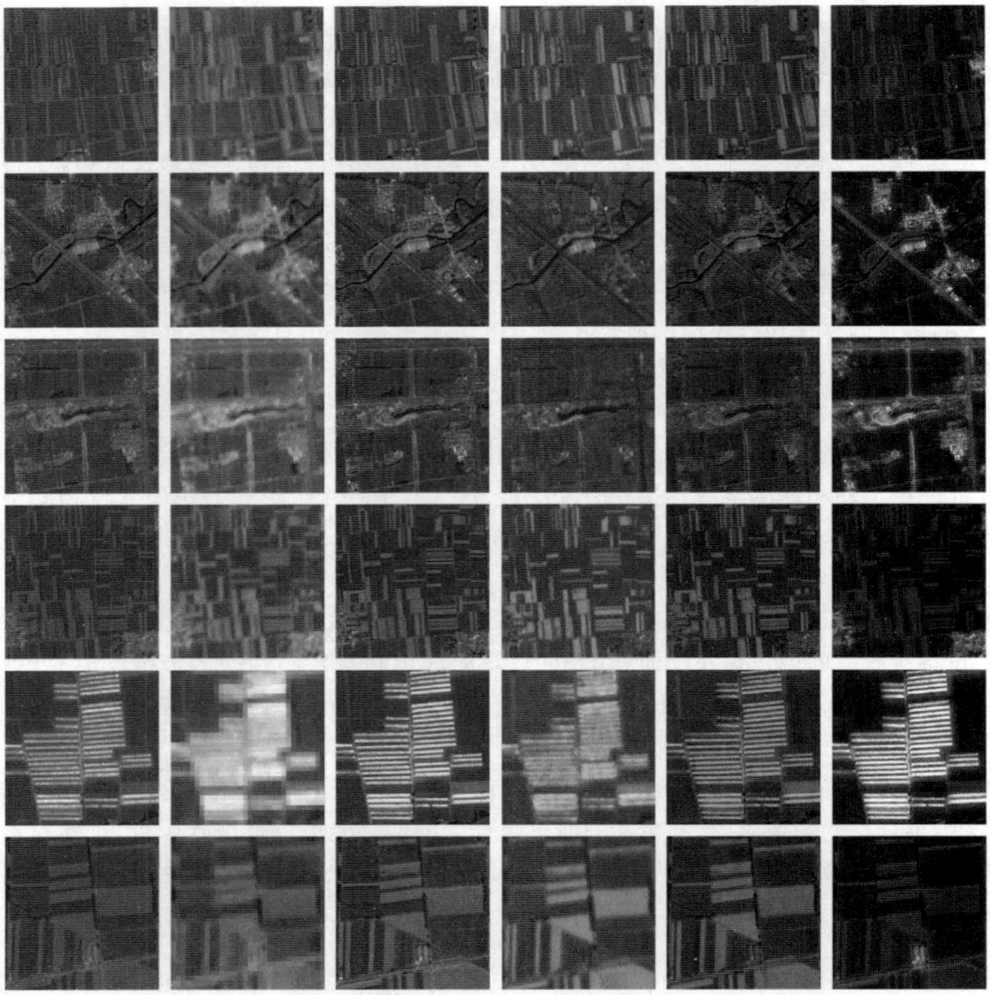

图 4　4 种融合方法的差异

表 1　不同融合方法的定量评价指标

融合方法	Sentinel－2 MSI	Brovey	PCA	GS	HIS
运行时长	0.00	123.30s	121.70s	148.68s	136.04s
相关系数	—	0.94	0.69	0.93	0.90
均值	64.63	67.63	18.08	64.36	57.64
PSNR	23.67	24.12	19.91	23.04	22.12
熵	5.27	5.83	5.24	5.47	5.71
融合方法	Sentinel－2 MSI	Brovey	PCA	GS	HIS
平均梯度	18.64	41.14	11.63	35.48	33.16
空间频率	1804.01	3060.26	952.97	2499.85	2721.48
标准差	24.47	24.79	13.38	19.73	29.46

综上所述，Brovey 融合方法代码运行耗时较短，评价指标表现最好，较大程度上保留了原多光谱影像的光谱信息，没有损失过多的空间信息，因此选择 Brovey 方法作为 GF－6 影像和 Sentinel－2 影像的最佳融合方法。

4. 数据集构建

使用 Brovey 算法作为研究区融合影像最佳融合算法。通过目视解译并结合地面样方调查样本在 ArcGIS 10.8 软件中对研究区玉米、花生、大豆、建筑、水域、其他等 6 种地物类别进行标注，图 5 为 Sentinel－2

(B8,B5,B4)、融合影像以及对应的地物类别的特征标签。

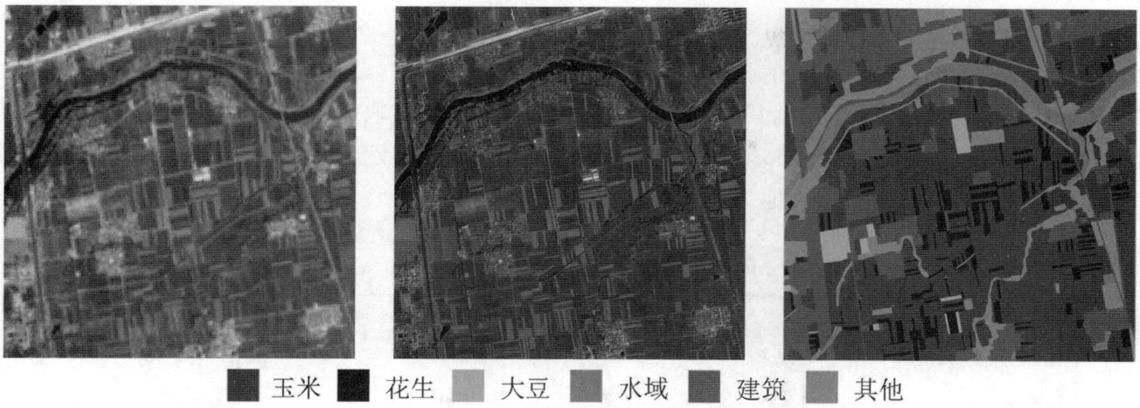

图 5 Sentinel－2(B8,B5,B4)、融合影像以及对应的地物类别的特征标签

在标注时发现大豆样本跟其他类别相比不够平衡，因此按照相同的影像融合方法，选取覆盖遂平县、泌阳县、确山县、汝南县部分地区同时期同类型影像进行影像融合，扩充数据集。标注完成后，在 Python 中使用滑动窗口以一定重叠率裁剪成 512×512 大小共 3600 张图像，并按照 8∶1∶1 的比例分别划分为训练集、验证集和测试集。训练集中玉米、花生、大豆、水域、建筑、其他 6 类地物像素占比分别为 14.77%、2.87%、1.04%、5.50%、21.89%和 53.93%。最后将图像从 tif 格式转换成 jpg 格式，标签从 tif 格式转换成 png 格式，完成数据集的构建。图 6 为标签制作过程。

图 6 标签制作

5. 最优深度学习模型

以 Brovey 最佳融合影像作为数据源。依据样方调查样本，对地物类别进行人工标注，构建出单一影像数据集和融合数据集。采用深度学习分割模型进行对比，实现对研究区作物的分类。完成分类后，结合样方调查结果进行精度验证，最终筛选出性能最优的分类模型。分类设计流程如图 7 所示。

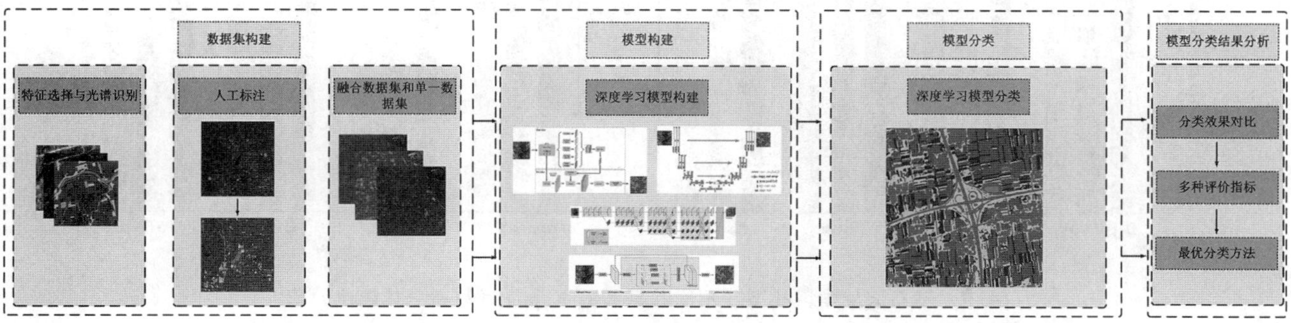

图 7 分类设计流程

构建 DeepLabV3＋、U－Net、HRNet、PSPNet 四种分割模型对 Sentinel－2 MSI 数据集、GF－6 MSI

数据集以及融合影像数据集进行训练,上述 3 个数据集均由同一区域和同一时期的影像通过相同裁剪方式得到,采用相同标签和图像块进行对应,3 个数据集均根据地面调查样本进行标注,结果可代表地面验证精度。

图 8 展示了四种深度学习模型在不同数据集上的 F1-score 对比。结果显示,融合数据集上的 F1-score 普遍高于单一数据集,表明融合数据集在精度和召回率两个方面都取得了更好的综合表现。其中,DeepLabV3+模型在花生和大豆的 F1-score 上表现最佳,Unet 在建筑类别上的 F1-score 最高,而 HRNet 在玉米和其他类别上的 F1-score 优于其他 3 种模型。

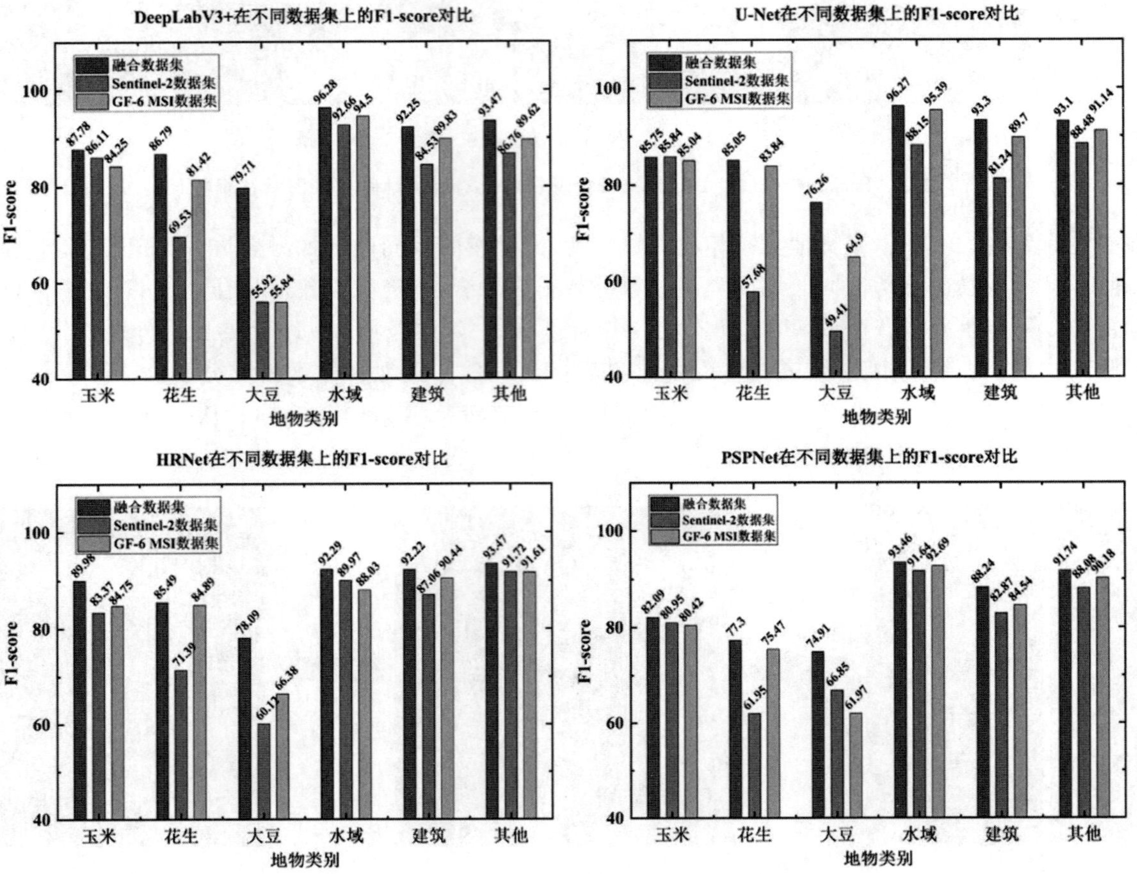

图 8　DeepLabV3+、U-Net、PSPNet、HRNet 在不同数据集的 F1-score 对比

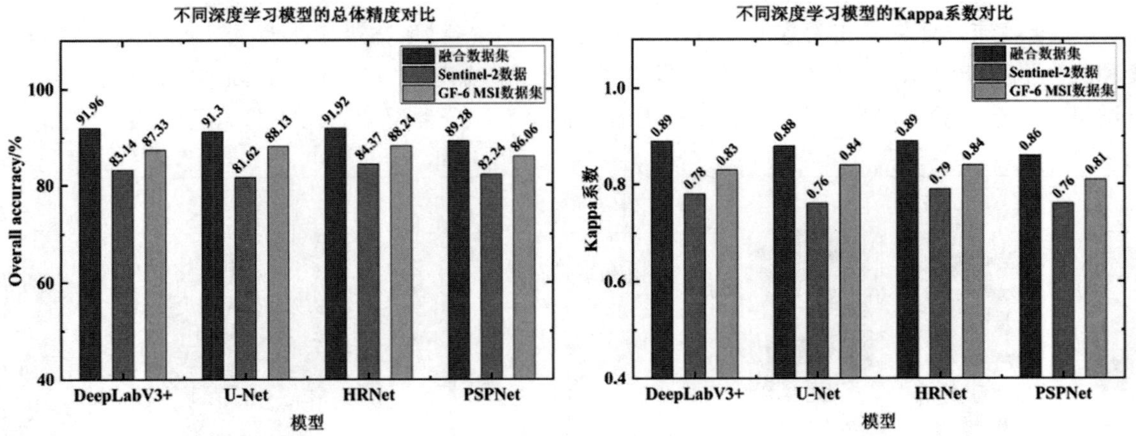

图 9　不同深度学习模型在不同数据集的 Kappa 系数和总体精度对比

图 9 展示了 4 种深度学习模型在不同数据集上的 Kappa 系数和总体精度对比情况。结果显示,这些模型在融合数据集上的表现显著优于单一数据集,整体精度和 Kappa 系数均有显著提升。其中,DeepLabV3+模型表现最为突出,其总体精度和 Kappa 系数分别高达 91.96%和 89%。

6. 基于注意力机制的模型构建

结合以上训练结果和测试集分类效果综合来看，DeepLabV3＋分类效果最好，且融合数据集的分类效果显著高于单一数据集。但是上述模型均存在对不同类别的局部特征分割不够准确的情况，为了从众多信息中提取关键特征，降低对无关特征的关注度，引入注意力机制可动态调整输入特征的权重，对关键信息进行有效提取，提高模型的性能和泛化能力。

在 DeepLabV3＋模型中，对经过 Atrous Convolution 得到的浅层特征引入注意力机制进行特征提取，再将经过主干部分得到的加强特征引入相同的注意力机制，最后将二者进行堆叠，并利用 3×3 的卷积完成特征提取，获得浅层特征和深层特征中的关键信息，进一步提升分类精度和分割效果。

本文针对 DeepLabV3＋分别加入以下三种注意力机制模块，具体改进后的 DeepLabV3＋模型如图 10 所示，其中 Attention Module 为 SENet、ECANet 和 CBAM 中任意一种注意力模块。

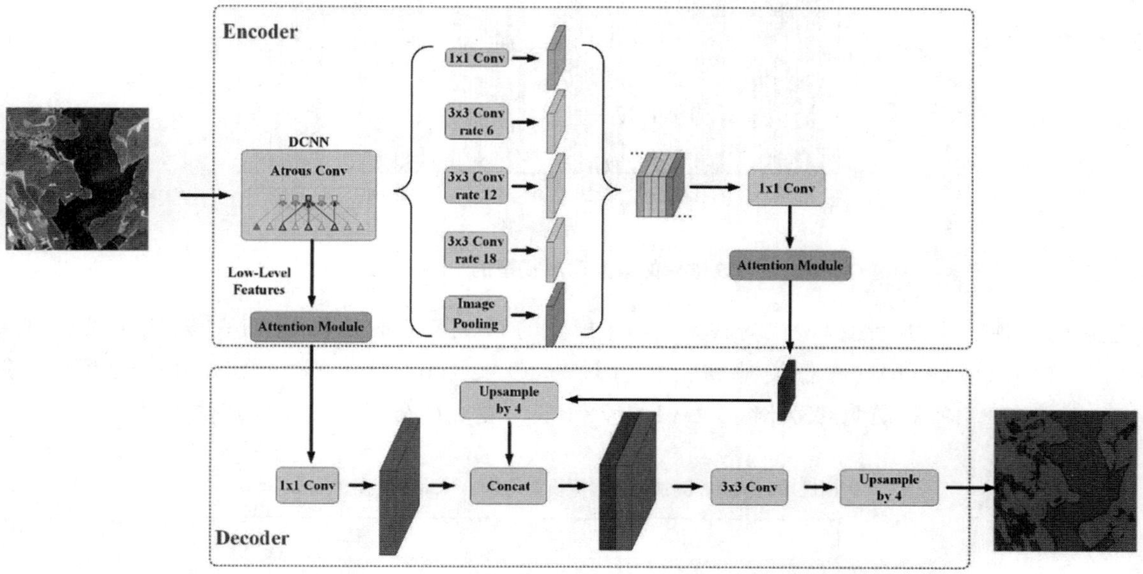

图 10　分别加入 3 种注意力机制的 DeepLabV3＋模型示意图

图 11 为加入 3 种注意力机制的 DeepLabV3＋模型同原模型在训练时 mIoU 和 Loss 值对比。可以看出，相比原 DeepLabV3＋模型，CBAM－DeepLabV3＋、SE－DeepLabV3＋和 ECA－DeepLabV3＋三种模型的 mIoU 值均有所提高，并随着迭代次数的增加，Loss 值更加稳定，均低于原 DeepLabV3＋模型。其中 CBAM－DeepLabV3＋模型的 mIoU 最高，为 85.13%；并且 Loss 最低，为 0.19，这说明 CBAM－DeepLabV3＋模型的泛化能力更强。

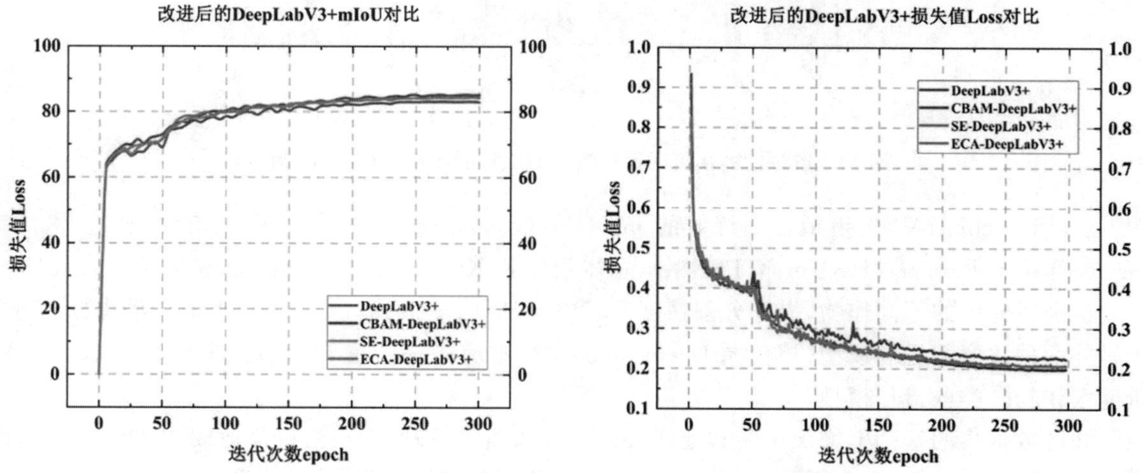

图 11　基于 3 种注意力机制的 mIoU 和 Loss 值对比

改进后的 3 种注意力机制模型在测试集上同原模型的 F1-score 对比如图 12 所示。可以看出，3 种基于注意力机制的 DeepLabV3＋模型在测试集上各项评价指标均高于其他 5 种模型。其中 CBAM－DeepLabV3＋各类地物 F1-score 最高，相比原 DeepLabV3＋模型分别提升 0.75％、1.52％、1.54％、2.15％、0.47％和 0.64％。

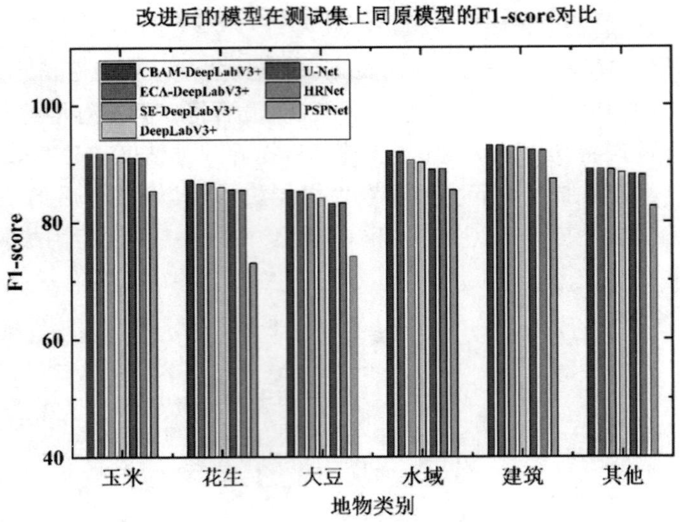

图 12　改进后的模型同原模型的 F1-score 对比

改进后的 3 种注意力机制模型在测试集上同原模型的 OA、Kappa 系数和 mIoU 对比如图 13 所示。可以看出，CBAM－DeepLabV3＋各类地物指标值最高，OA、Kappa 系数和 mIoU 相较原模型分别提升 0.58％、0.76％和 2.49％，说明 CBAM－DeepLabV3＋具有更高的分类效果和分割精度。

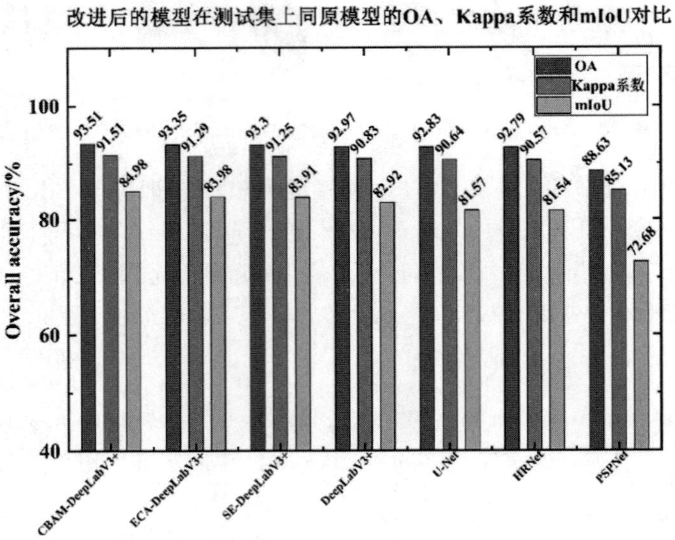

图 13　改进后的模型同原模型的 OA、Kappa 系数和 mIoU 对比

综上所述，DeepLabV3＋模型在训练时的 mIoU 值最高，Loss 值最低，且变化趋势稳定。六类地物的 F1-score 也都高于 U－Net、HRNet 和 PSPNet，总体精度和 Kappa 系数也是最优，说明 DeepLabV3＋模型能够有效识别研究区的不同作物，提高分割精度。其中，CBAM－DeepLabV3＋模型的各项指标和分类效果均高于另外两种注意力机制模型，相较原 DeepLabV3＋模型有进一步提升，因此 CBAM－DeepLabV3＋模型是研究区作物分类的最佳模型。

在驿城区数据集的基础上增加全省其他区县的融合数据集，按照滑动窗口裁剪成 26236 张 512×512 大小的像素块，选择其中 16666 张图像按照 8∶1∶1 的比例划分为训练集、验证集和测试集，并根据地面矢量文件对图像进行标注，作为标签数据。数据集中玉米、花生、大豆、水域、建筑、其他 6 类地物像素占比分别为 33.17％、8.31％、5.54％、2.66％、21.34％、28.99％，并使用 Focal Loss 损失函数平衡正负样本。将 CBAM

—DeepLabV3＋模型作为研究区最佳分类模型，并作为预训练模型在扩充数据集上继续训练，最终实现河南粮食作物种植分布提取。

7. 无人机外业样方

为提高样本标注精度、验证耕地非粮化数据提取精度，本文采用国家统计局对地调查样方进行无人机外业测量，飞行 1.9 万架次共 8 万公顷。样方以全省农作物种植用地面积为设计变量，采用以分农作物品种种植强度分层、与农作物种植用地面积规模成比例（PPS）的抽样方法抽选样本村，将选中样本村按照 200m×200m 格网大小划分为若干格网，考虑空间分布均匀性、样方内部作物均匀性等特点，随机抽取 3 个格网（样方），共抽取 1568 个样本村 4704 个样方，样方分布图见附图 1。

以无人机外业核查的样方调查成果为真值，利用样方调查成果和分类结果构建混淆矩阵，采取用户精度、生产者精度和总体精度进行精度评价。精度检验结果显示，2018－2022 年河南二类测量和主要农作物空间分布测量混淆矩阵的各类精度均在 80％以上，表明种植用地范围和主要农作物分类结果较好，精度评价结果见附表 2。

四、河南耕地非粮化的测度和时空趋势分析

（一）时间趋势线分析

2018－2022 年河南耕地非粮化水平维持在 32％至 37％的区间内，呈波动下降趋势（如图 14 所示）。结果显示：①2018－2020 年耕地非粮化水平基本稳定在 37％。②2021 年耕地非粮化水平同比显著下降，下降比例超 10％，达到研究期的谷值。该阶段受到关于防止耕地非粮化相关政策的影响，河南省委、省政府在管控耕地用途、管理流转土地等方面取得了一定的成效。③2022 年耕地非粮化水平有所反弹。

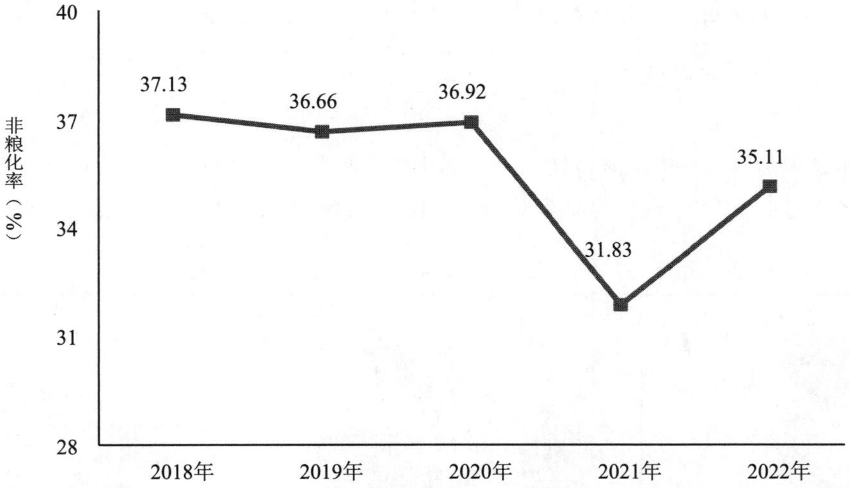

图 14　河南耕地非粮化时序图

（二）空间趋势面分析

趋势面分析是根据空间抽样数据，拟合 1 个数学曲面，用该数学曲面来反映空间分布的变化情况，揭示空间物体的总体规律。通过空间趋势面分析可以更直观地揭示耕地非粮化空间趋势性分布特征（如图 15 所示），其中 X 轴表示正东方向，Y 轴表示正北方向，Z 轴表示非粮化率，每根竖棒代表每个县（市、区）的非粮化水平和位置，通过投影点做出一条最佳拟合曲线。计算公式如下：

$$z_i(x_i, y_i) = \hat{z}_i(x_i, y_i) + \varepsilon_i (i = 1, \cdots, n) \tag{4}$$

$$s.t. \sum_{i=1}^{n} \varepsilon_i^2 = \sum_{i=1}^{n} [z_i(x_i, y_i) - \hat{z}_i(x_i, y_i)]^2 \rightarrow \min \tag{5}$$

其中，$z_i(x_i, y_i)$ 为实际观测值，$\hat{z}_i(x_i, y_i)$ 为趋势拟合值，一般在最小二乘法意义下使得趋势曲线拟合。

结果显示，2018 年、2019 年和 2020 年耕地非粮化在南北方向、东西方向的拟合趋势均有明显变化，中部地区非粮化水平明显低于其他地区。2021 年、2022 年耕地非粮化在东西方向的拟合趋势趋于平缓，表明 2021 年以来河南耕地非粮化水平的集聚性弱化；在南北方向的拟合趋势呈现明显的南高北低的趋势，长期以来，河南南部地区（淮河以南）由于气候环境与省内其他地区差异较大，农业种植差异明显。

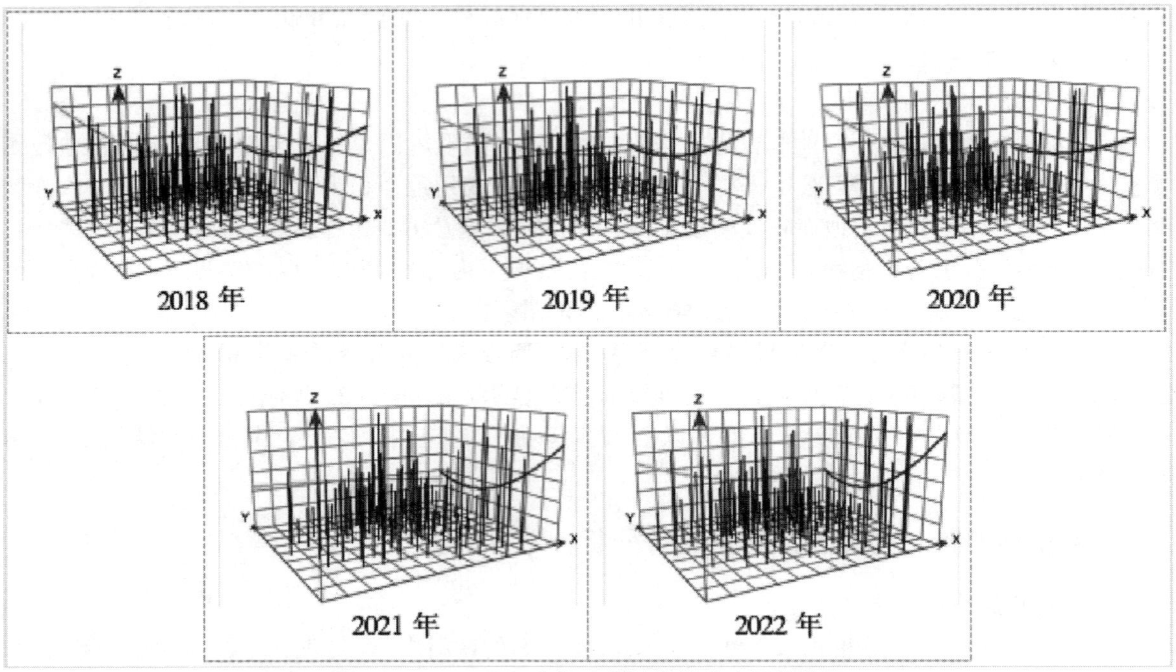

图 15　2018—2022 年河南耕地非粮化全局趋势图

(三)空间聚集分析

空间热点分析可以反映出河南各县(市、区)耕地非粮化水平在局部空间上的热点和冷点分布,用于探测河南耕地非粮化水平在空间上是否存在高值集聚区(热点)和低值集聚区(冷点)。计算公式如下:

$$G_i^* = \frac{\sum_{j=1}^{n} w_{ij} x_j}{\sum_{i=1}^{n} x_i} \tag{6}$$

其中,G_i^* 表示 Z 得分值,Z 得分越高且为正数,高值的聚类就越紧密;Z 得分越低且为负数,低值的聚类就越紧密。根据非粮化水平在空间上的集聚程度,利用自然断点法将其分为热点区、次热点区、过渡区、次冷点区和冷点区。

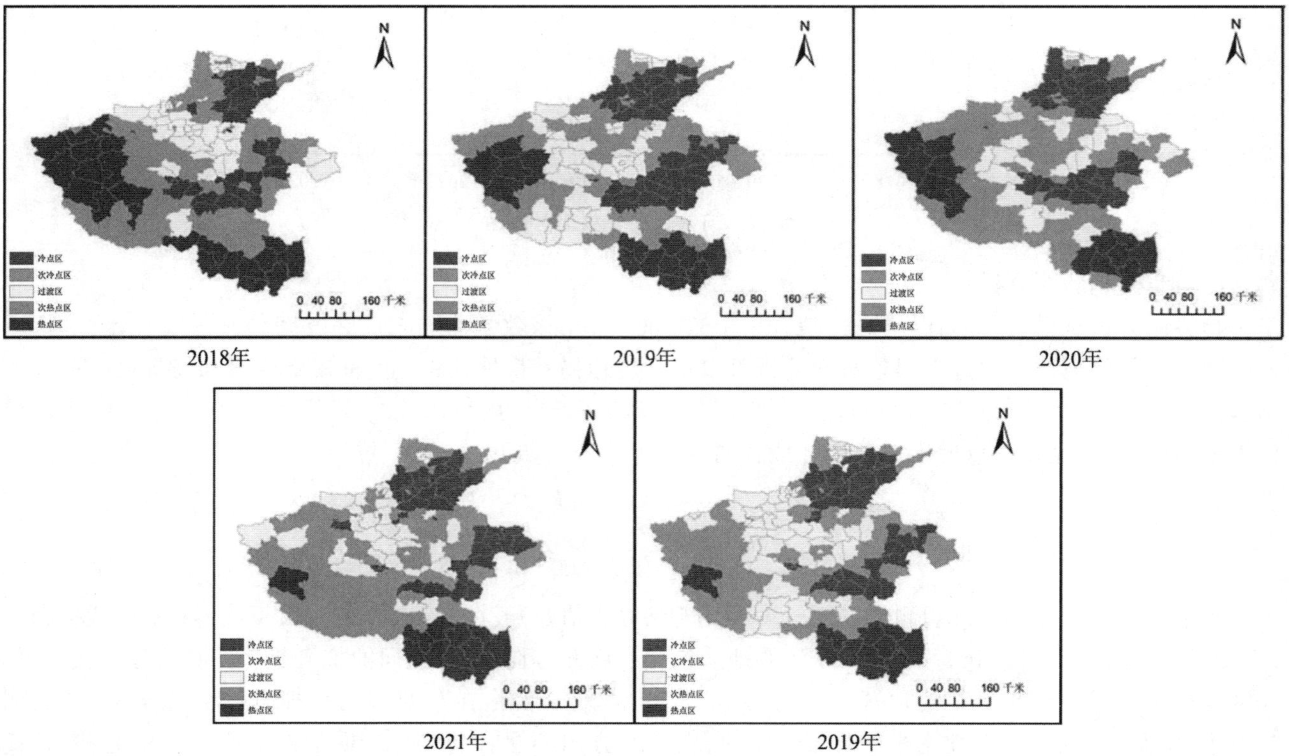

图 16　2018—2022 年河南耕地非粮化空间热点图

由图 16 可以看出，在总体空间分异上，2018－2022 年河南耕地非粮化呈现出“西南热－东北冷”的趋势，五年间河南耕地非粮化整体水平有所下降，其中，热点区域主要分布在三门峡、南阳、信阳等地，冷点区域主要分布在安阳、商丘、周口等地。从年际变化看，2018－2022 年河南耕地冷热点分布情况相对一致，但次冷点区域、过渡区域、次热点区域的变动情况较大，豫西地区的热点逐步向次热点转化、豫中地区逐步向次冷点转化的趋势。

五、河南耕地非粮化的影响机制分析

（一）耕地非粮化驱动因素指标体系

基于现有文献，按照农村劳动力、社会经济和自然条件 3 个方面分别选取 8 个指标构建指标体系，如表 2 所示。指标共线性检验和单位根检验见附表 3 和附表 4。

表 2　耕地非粮化驱动因素指标体系

一级指标	二级指标	指标解释
农村劳动力	人均耕地面积（X1）	农村居民人均占有耕地面积
	农村居民人均可支配收入（X2）	农村居民人均可支配收入
	农村常住人口（X3）	农村常住人口数量
社会经济	一产比重（X4）	第一产业增加值占地区生产总值的比重
	城镇化率（X5）	城镇常住人口在总人口中的占比
	城乡收入差距（X6）	城镇居民人均可支配收入与农村居民人均可支配收入之比
自然条件	粮食单产（X7）	单位面积耕地生产的粮食产量
	种植难易度（X8）	按照地块破碎度、种植复杂度划分为 4 个等级

（二）河南耕地非粮化驱动机制探测

本文采用地理探测器模型对各项影响因素进行单因子驱动探测和因子交互探测研究。

1. 单因子驱动探测

单因子探测，即探测某因子 X 多大程度上解释了属性 Y 的空间分异性，用 q 值度量，计算公式如下：

$$q=1-\frac{\sum_{h=1}^{L}N_h\sigma_h^2}{N\sigma^2}=1-\frac{SSW}{SST} \tag{7}$$

其中，L 为变量 Y 或因子 X 的分层；N_h 和 N 分别为层 h 和全区的单元数；σ_h^2 和 σ^2 分别是层 h 和全区的 Y 值的方差。SST 和 SSW 分别为全区总方差和层内方差之和。q 值越大表示自变量 X 对属性 Y 的解释力越强。

探测结果如表 3 所示，表明种植难易度和人均耕地面积为驱动河南耕地非粮化的主要因素，分别能解释 18.60％和 15.40％的非粮化现象，明显高于其他因素的解释能力。种植难易度成为驱动非粮化的第一大因素，是因为河南地形复杂，中东部为黄淮海冲积平原，北、西、南三面环山，种植难易度有较大区别。人均耕地面积成为驱动非粮化的第二大因素，是因为耕地占有面积和开发强度的不同会对粮食作物种植意愿产生影响。

表 3　河南耕地非粮化驱动因子 q 值

度量值	X1	X2	X3	X4	X5	X6	X7	X8
q 值	0.154	0.096	0.133	0.042	0.087	0.058	0.057	0.186
p 值	0.096	0.097	0.026	0.807	0.426	0.695	0.108	0.092

2. 因子交互探测

因子交互探测通过识别不同因子 X 之间的交互作用，评估不同因子共同作用时是否会增加或减弱对因变量 Y 的解释力，或这些因子对 Y 的影响是否相互独立。

运行结果如图 17 所示。结果表明,各项因子交互组合对耕地非粮化的驱动作用明显大于单因子驱动作用,且均为非线性增强,交互时对非粮化的解释力大于独立作用时的解释力之和。人均耕地面积与其他因子之间的交互作用最为显著,表明在人均耕地面积作为主要驱动因子的条件下,与各项因子之间的交互对非粮化有极强推动作用。人均耕地面积与城镇化率是对非粮化驱动力最强的组合,能解释 45.08%的非粮化现象。

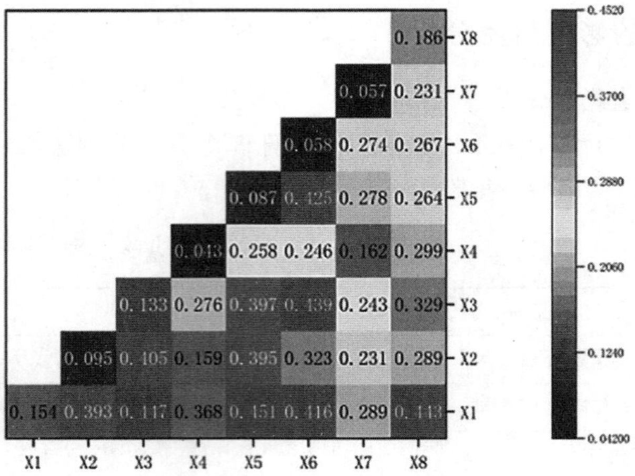

图 17　驱动因子交互影响热力图

(三)河南耕地非粮化驱动因素的回归分析

1. 模型设定

驱动机制探测结果表明,人均耕地面积为驱动耕地非粮化的主要因素,因此本文将人均耕地面积作为核心解释变量。由于指标体系为面板型数据,因此本文使用面板模型研究人均耕地面积等驱动因素对河南耕地非粮化的影响,计算公式如下:

$$Y_{it} = \alpha + \beta X_{it} + \varepsilon_{it} \quad i = 1, \cdots, N; t = 1, \cdots, T \tag{8}$$

其中,i 为个体标志序列,t 为时间序列,X_{it} 为相关变量,Y_{it} 为中等收入群体规模,α 为截距项,ε_{it} 随机扰动项。

通过对模型数据进行检验,根据 F 检验、BP 检验、Hausman 检验结果,时间固定效应模型更优(检验结果见附表 5),因此本文选取时间固定效应模型进行驱动分析研究。

2. 基准回归分析

基于 2018—2022 年河南各县(市、区)耕地非粮化率和其他年鉴相关数据,剔除 3 个无效样本后进行回归,结果如表 4 所示。

表 4　模型回归结果

变量	系数	变量	系数
人均耕地面积(X1)	−0.174*** (−3.637)	粮食单产(X7)	−0.025*** (−3.693)
农村居民人均可支配收入(X2)	0.021 (0.716)	种植难易度(X8)	0.221*** (12.091)
农村常住人口(X3)	0.007 (0.238)	常数项	0.193 (1.530)
一产比重(X4)	0.288** (2.376)	样本量	782
城镇化率(X5)	0.152** (2.519)	R^2	0.215
城乡收入差距(X6)	−0.025 (−0.750)		

注:括号内为稳健标准误,***、**、* 分别表示显著性水平为 1%、5%和 10%。

可以看出人均耕地面积、粮食单产与耕地非粮化显著负相关，人均耕地面积与耕地非粮化呈负相关，是因为人均耕地面积越大越利于规模经营，提高单位劳动生产率从而抑制非粮化；粮食单产与耕地非粮化呈负相关，是因为粮食亩产越高越能提高农民种粮意愿从而抑制非粮化。一产比重、城镇化率、种植难易度与耕地非粮化显著正相关，一产比重与耕地非粮化呈正相关，是因为种植经济作物对第一产业产值具有较强的拉动作用；城镇化率与耕地非粮化呈正相关，表明经济发展水平较高区域更易产生非粮化；种植难易度与耕地非粮化呈正相关，是因为种植难度高会降低种粮的投入产出比，降低农民种植粮食的意愿。

3. 异质性分析

基于因子交互探测的结果可知，人均耕地面积和城镇化率对非粮化的驱动力最强，因此本文从城镇化率分析人均耕地面积对非粮化的异质性。通过参考相关文献和自然断点法，按低城镇化率（城镇化率≤40％）、中城镇化率（40％＜城镇化率≤70％）、高城镇化率（城镇化率＞70％）进行划分，将人均耕地面积作为核心解释变量，其余指标作为控制变量，进行城镇化率异质性分析。

表5　城镇化率异质性分析结果

变量	低城镇化率	中城镇化率	高城镇化率
人均耕地面积(X1)	−0.144 (−0.600)	−0.369 * (−2.894)	−0.252*** (−3.718)
常数项	0.142 (0.398)	−0.254 (−1.076)	0.221 (1.079)
控制变量	YES	YES	YES
样本量	136	467	179
R^2	0.054	0.255	0.189

注：括号内为稳健标准误，***、**、*分别表示显著性水平为1％、5％和10％。

可以看出不同城镇化率下人均耕地面积与非粮化均为负相关，但显著性存在差异，在中、高城镇化率中显著，由于低城镇化率的样本量较少，导致结果不显著。

（四）高标准农田政策对河南耕地非粮化的影响

2021年9月6日，农业农村部发布《全国高标准农田建设规划》，提出了今后一个时期高标准农田建设的总体要求。考虑到耕地非粮化与耕地保护、粮食安全等政治责任联系密切，本文使用连续型双重差分模型（DID模型）研究高标准农田政策对河南耕地非粮化的影响。由于高标准农田建设及改造数量是连续型随机变量，不同于标准DID模型采用虚拟变量区分实验组和控制组，参考龚燕玲等（2023）的处理方法，采用连续变量高标准农田建设规模占耕地面积的比重来区分实验组和控制组。本文将高标准农田建设规模占比大的样本作为实验组，将高标准农田建设规模占比小的样本作为控制组。计算公式如下：

$$Structrue_{it} = \alpha + \beta Lconsolid_i \times I_t^{post} + \delta X_{it} + \mu_i + \gamma_i + \varepsilon_{it} \tag{9}$$

其中，$Structrue_{it}$ 代表第 i 市 t 时期的非粮化率；核心解释变量为政策交互项 $Lconsolid_i \times I^{post}$，$Lconsolid_i$ 表示高标准农田建设规模占比；I_t^{post} 代表政策时点虚拟变量，由于2021年新发布了《全国高标准农田建设规划》，故2021年及以后取值为1，之前取值为0；X_{it} 为控制变量。对河南18个地市（含济源）进行平行趋势检验，结果显示处理组和控制组在政策实施前差异并不显著，可进行连续型DID模型回归，结果如表6所示。可以看出政策交互项的系数显著为负，表明高标准农田政策对非粮化有明显抑制作用。

表6　连续型DID模型回归结果

	平行趋势检验	连续型DID模型回归
变量	系数	系数
政策交互项		−0.088* (0.046)
人均耕地面积(X1)		−0.658** (0.278)
农村居民人均可支配收入(X2)		−0.012 (0.124)
农村常住人口(X3)		0.000 (0.001)
一产比重(X4)		1.737** (0.791)
城镇化率(X5)		0.821*** (0.203)
城乡收入差距(X6)		−0.139 (0.166)
粮食单产(X7)		−0.069*** (0.023)
高标准农田建设规模占比×2019	0.058 (0.036)	
高标准农田建设规模占比×2020	0.036 (0.041)	
高标准农田建设规模占比×2021	0.212*** (0.078)	
高标准农田建设规模占比×2022	0.224*** (0.080)	
常数项	0.617 (0.603)	
样本量	90	90
R^2	0.734	0.702

注：括号内为稳健标准误，***、**、*分别表示显著性水平为1%、5%和10%。

六、结论与建议

(一)结论

本文通过多模态融合的方法，实现高空间和高光谱分辨率的像素级影像融合，采用深度学习方法并引入注意力机制实现作物的精确分类，得到2018—2022年河南157个县(市、区)的非粮化率。通过时空演变分析、驱动因素分析得出以下结论：

1. 在融合方法中，Brovey相比PCA、GS、HIS对GF—6影像和Sentinel—2影像的融合效果更好；在深度学习模型中，DeepLabV3＋相比U—Net、HRNet、PSPNet分类更加精准；在注意力机制中，CBAM相比SENet、ECANet增强效果更好。因此选取CBAM—DeepLabV3＋模型作为研究区作物分类的最佳模型。

2. 2018—2022年河南耕地非粮化水平呈波动下降的趋势，在空间上表现出明显的差异性，总体呈现"西南热—东北冷"的空间聚集态势，结合河南地形地貌，符合"平原低—山区高"的趋势。

3. 因子驱动结果表明，人均耕地面积为驱动河南耕地非粮化的主要因素，作为主要驱动因子时与其他因子之间的交互对非粮化影响较大。回归分析结果显示，人均耕地面积与耕地非粮化呈显著负相关，人均耕地面积越多越能实现土地的集约化经营，提高农业综合效益从而抑制非粮化。

4. 双重差分模型结果显示，高标准农田政策对非粮化有显著的抑制作用，能有效提升粮食播种面积。

(二)政策建议

1. 在现有遥感测量体系中,使用多模态遥感数据融合、深度学习和注意力机制有助于提高作物分类的精度。建议因地制宜引入机器学习、人工智能等自动化测量技术,构建多模态的非粮化监测体系,减轻基层工作负担,提升工作质效,建立起面向未来的智能化农业统计遥感测量调查体系。

2. 针对河南非粮化“平原低—山区高”的趋势,依托各地自然资源禀赋,压实耕地保护责任。在豫东等平原地区的产粮大县要充分发挥区位优势,易耕则耕,进一步降低耕地非粮化;西南的丘陵山区要通过优化种植结构等手段,遏制住耕地非粮化增量。

3. 由于人均耕地面积与非粮化负相关,创新土地流转的方式,进一步实现土地的规模化、集约化经营。同时新增补贴向粮食生产规模经营主体倾斜、提高农机具购置补贴标准,扶持粮食规模化生产。

4. 进一步发挥高标准农田提升粮食产能的重要作用,优先在粮食生产功能区、重要农产品生产保护区建设高标准农田,引导高标准农田集中用于粮食生产。对建成的高标准农田实行产能目标监测,强化用途管控,防止耕地非粮化。

(三)不足与展望

1. 由于卫星遥感测量应用于农业调查的时间较短,本文非粮化研究仅使用五年的数据,限制了研究深度。

2. 研究方法仍以人工标注为主,下一步将构建遥感AI大模型,实现遥感统计数据生产流程数智化。

【参考文献】

[1] 陈磊. 近20年四川省耕地非粮化时空变化及其对经济增长影响的区域差异[J]. 科技导报,2023,41(20):44—54.

[2] 程旭东,陈美球,赖昭豪,等. 山区县耕地“非粮化”空间分异规律及关联因素[J]. 农业工程学报,2023,39(02):203—211.

[3] 陈莉珍,刘光盛,聂嘉琦,等. 耕地“非粮化”影响因素空间效应研究——以珠三角为例[J]. 农业资源与环境学报,2024,41(03):530—538.

[4] 龚燕玲,张应良. “趋粮化”抑或“非粮化”:高标准农田建设的政策效应[J]. 江西财经大学学报,2023,(06):68—83.

[5] 韩德军,闫照,宋洋. 农地制度创新“缓解撂荒”与“加剧非粮化”双向效应研究——以西南山区“三变”改革为例[J]. 中国土地科学,2023,37(09):73—84.

[6] 黄祖宇,王桂新. 多维度视角下中国人口城镇化发展模式[J]. 中国人口·资源与环境,2024,34(01):139—149.

[7] 何阳,段邵聪,肖慧敏. 农地流转、耕地“非粮化”与粮食安全——兼论“谁来种粮”问题[J]. 西北农林科技大学学报(社会科学版),2024,24(04):74—82.

[8] 孔祥斌. 耕地“非粮化”问题、成因及对策[J]. 中国土地,2020,(11):17—19.

[9] 罗必良,江雪萍,李尚蒲,等. 农地流转会导致种植结构“非粮化”吗[J]. 江海学刊,2018,(02):94—101+238.

[10] 李志铭,赵静,兰玉彬等. 基于无人机可见光图像的作物分类研究[J]. 西北农林科技大学学报(自然科学版),2020,48(06):137—44+54.

[11] 刘祺,曹林,田澍,等. 用于遥感图像变化检测的结构感知多尺度混合网络[J]. 激光与光电子学进展,2024,61(14):323—333.

[12] 雷瑜,郑丹,曾繁如,等. 四川耕地“非粮化”监测中的智能监测方法[J]. 资源与人居环境,2021,(12):47—51.

[13] 潘志龙,王志宝,蔚丽杰. 基于中国省域数据人口城镇化率的修正[J]. 统计与决策,2024,40(01):46—51.

[14] 谭淑豪,王硕,叶卓卉,等. 土地流转会加剧耕地“非粮化”吗?——基于经营规模的异质性分析[J]. 自然资源学报,2023,38(11):2841—2855.

[15] 唐霖峰，张浩，徐涵等．基于深度学习的图像融合方法综述[J]．中国图象图形学报，2023，28(01)：3－36.
[16] 吴郁玲，张佩，于亿亿，等．粮食安全视角下中国耕地“非粮化”研究进展与展望[J]．中国土地科学，2021，35(09)：116－124.
[17] 吴大放，吴钊骏，李升发，等．粤北山区耕地非粮化演变特征及其影响因素[J]．经济地理，2023，43(08)：144－153.
[18] 徐畅，郭杰，易家林，等．江苏省耕地非粮化时空格局演变及驱动因素分析[J]．长江流域资源与环境，2024，33(02)：436－447.
[19] 杨慧琳，冯淑怡，袁凯华，等．土地流转视角下耕地“非粮化”时空格局演变及驱动因素[J]．中国人口·资源与环境，2024，34(02)：189－200.
[20] 余新华．基于光学影像和X_DeepLabv3＋的油菜遥感识别[J]．中国统计，2023，(07)：66－70.
[21] 游菲芳，雷钦华，苏时鹏．比较收益、财政支农对耕地“非粮化”的影响——基于动态空间杜宾模型和门槛效应模型[J]．农业现代化研究，2024，45(02)：221－231.
[22] 朱灵伟，陈晨，彭云飞，等．基于LUCC强度图谱的耕地时空演变模式研究[J]．中国国土资源经济，2024，(08)，1－15.
[23] Qiu B, Lin D, Chen C, et al. From cropland to cropped field: A robust algorithm for national-scale mapping by fusing time series of Sentinel-1 and Sentinel-2[J]. International Journal of Applied Earth Observation and Geoinformation, 2022, 113: 103006.
[24] Zhi J, Cao X, Liu W, et al. Remote sensing monitoring and spatial pattern analysis of non-grain production of cultivated land in Anhui province, China[J]. Land, 2023, 12(8): 1497.

附录

附表 1　融合数据主要参数

数据类型	波段	波长范围/μm	影像大小	分辨率/m	影像日期
Sentinel－2	红(B4)	0.646－0.684	7098×3624	10	2022.08.15
	近红外(B8)	0.760－0.908	7098×3624	10	2022.08.15
	红边 1(B5)	0.694－0.713	3549×1812	20	2022.08.15
GF－6 PMS	全色(PAN)	0.450－0.900	35490×18120	2	2022.08.15

附表 2　遥感测量成果精度评价表

年限	作物季节	作物品种	作物精度		总体精度
			用户精度	生产者精度	
2018	夏收	冬小麦	91.31%	90.92%	87.38%
	秋收	玉米	89.70%	94.78%	87.89%
		水稻	86.87%	86.72%	
	二类	耕地	96.47%	91.58%	89.42%
2019	夏收	冬小麦	90.41%	90.13%	86.69%
	秋收	玉米	84.94%	81.15%	87.28%
		水稻	88.36%	85.24%	
	二类	耕地	97.34%	91.99%	90.68%
2020	夏收	冬小麦	92.28%	84.90%	84.76%
	秋收	玉米	84.74%	87.62%	81.29%
		水稻	86.14%	85.16%	
	二类	耕地	97.93%	84.38%	84.19%
2021	夏收	冬小麦	89.22%	87.14%	84.09%
	秋收	玉米	86.58%	85.43%	84.88%
		水稻	87.22%	88.68%	
	二类	耕地	97.87%	88.17%	87.56%
2022	夏收	冬小麦	89.87%	90.48%	86.82%
	秋收	玉米	87.36%	87.79%	80.31%
		水稻	84.19%	82.19%	
	二类	耕地	96.80%	90.14%	88.80%

附表 3　共线性检验

指　　标	VIF 值	容忍度(Tolerance)
人均耕地面积(X1)	1.065	0.939
农村居民人均可支配收入(X2)	2.518	0.397
农村常住人口(X3)	1.020	0.981
一产比重(X4)	1.891	0.529
城镇化率(X5)	1.993	0.502
城乡收入差距(X6)	2.083	0.480
粮食单产(X7)	1.161	0.861
种植难易度(X8)	1.052	0.951

附表 4　单位根检验

指标	t	p	差分阶数
人均耕地面积(X1)	－27.810	0.000	0
农村居民人均可支配收入(X2)	－4.818	0.000	0
农村常住人口(X3)	－5.004	0.000	0
一产比重(X4)	－5.756	0.000	0
城镇化率(X5)	－4.993	0.000	0
城乡收入差距(X6)	－4.844	0.000	0
粮食单产(X7)	－6.530	0.000	0
种植难易度(X8)	－6.006	0.000	0

附表 5　模型检验结果

检验类型	检验值	检验结论
F 检验	F(156618)＝16.887，p＝0.000	FE 模型
BP 检验	$\chi^2(1)$＝753.466，p＝0.000	RE 模型
Hausman 检验	$\chi^2$6)＝13.701，p＝0.033	FE 模型

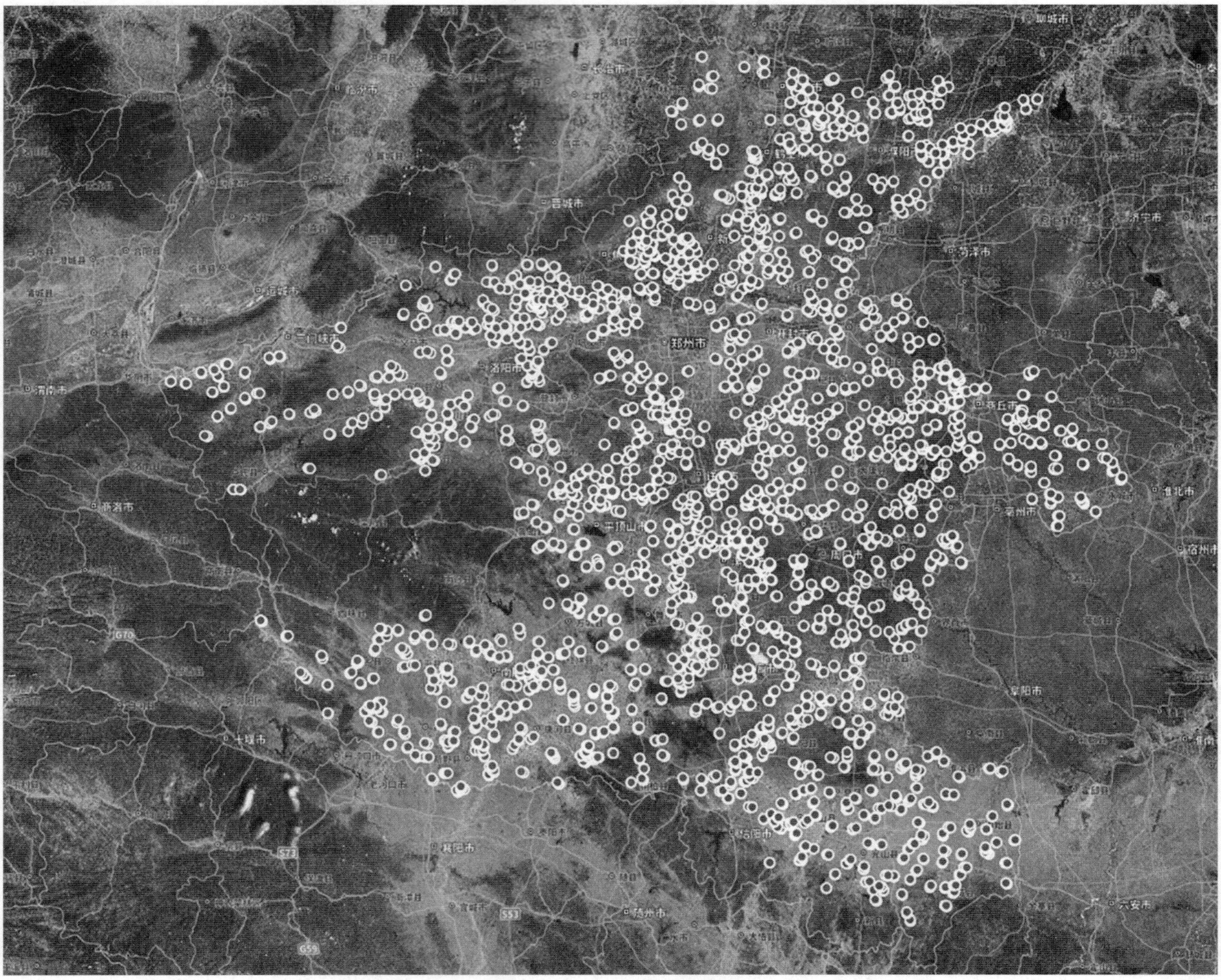

附图　无人机外业样方分布

居民消费性数据要素的统计测度及对服务业升级影响研究——以河南为例

国家统计局河南调查总队2队　徐　崇　姚崇锴　张盛龙

摘　要

2020年4月，中共中央、国务院印发的《关于构建更加完善的要素市场化配置体制机制的意见》中首次将数据作为继土地、劳动力、资本、技术之后的第五大生产要素。数据作为新型生产要素，能够深入地参与到经济社会发展的各个环节，对传统生产方式，特别对生产性服务业具有重大影响作用。数据要素可以培育、发展以数据要素为基础的新型服务业行业，推动人工智能、物联网领域蓬勃发展。居民数据作为其重要组成部分，积累、整合与分析为服务业的升级提供了关键的信息支撑。但是，如何对数据要素进行准确测度仍是难点，且现有研究大多通过宏观企业数据推算全社会或某一地区、商业主体的数据要素价值，罕有研究通过微观消费数据推算居民数据要素。

本文基于个人数据要素定义，首次提出居民消费性数据要素的概念，构建了包含“收集—存储—分析—应用”阶段的居民消费性数据要素价值链，对居民消费性数据要素的意义、内涵进行诠释。进一步，本文构建居民数据要素核算框架，利用爬虫、ChatGPT大语言模型等技术，参考OECD、BEA等机构做法，构建“消费词典”，从而对河南省居民收支调查记账数据中的消费品名进行筛选并加权计算，同时利用PIM法测算数据资产存量，进而测算出河南省各地区居民人均消费性数据要素规模，并对测算结果进行了时空描述和差异分析。最后，本文依据河南省居民人均消费性数据要素的测算结果，建立链式多重中介效应模型，考察其对服务业升级的影响作用。

研究结果表明：①河南省居民消费性数据要素呈稳步增长趋势且各地市间存在较大差异；②通过Dagum基尼系数及分解发现，河南省人均居民消费性数据要素基尼系数维持在较低水平并且呈逐年递减趋势，各区域的人均居民消费性数据要素空间分布非均衡问题逐渐缩小；③进一步研究发现，居民消费性数据要素与服务业升级存在显著正向的相关关系且存在“居民消费性数据要素—金融发展水平—数字经济指数—服务业升级”的链式多重中介效应，即居民消费性数据要素可以通过提升金融发展水平、数字经济发展水平促进服务业升级。为此，本文提出了加强数据要素区域间协调发展战略规划，优化数据要素收集与应用机制，促进金融与数字要素深度融合等建议。

关键词：居民数据要素；消费词典；服务业升级；链式多重中介效应

一、引言

（一）研究背景与意义

2022年1月，习近平总书记在《求是》杂志发表的重要文章《不断做强做优做大我国数字经济》中强调指出，“数据作为新型生产要素，对传统生产方式变革具有重大影响”。2023年12月国家数据局等十七部门联合印发《“数据要素×”三年行动计划（2024—2026年）》要求“充分发挥数据要素乘数效应，赋能经济社会发展”。在当今数字经济飞速发展的时代，数据更加深入地参与到生产、分配、交换和消费的各个环节。数据可以在公共部门参与宏观决策的制定，可以用于企业部门提升生产效率，也可以参与到居民的工作生活，使其享受更便捷、更高质量的服务和更高水平的福利。居民数据作为其重要组成部分，其积累、整合与分析为服务业的升级提供了关键的信息支撑。因此，研究居民数据要素及其核算有助于更准确地界定数据要素，建立更详细的数据要素核算框架。

(二)研究思路与创新点

本文从消费视角出发,对居民消费性数据要素进行界定,构建居民消费性数据要素核算框架。依据河南省住户收支调查专业记账数据,对河南省各地区居民消费性数据要素开展实际测算和应用分析,为建立和完善我国居民层面数据要素测算理论和方法提供参考。本文的贡献主要在于:一是本文基于个人数据要素概念,创新性提出居民消费性数据要素的概念,为完善数据要素研究进行了有益探索;二是构建居民消费性数据要素核算理论框架,为我国居民层面的数据要素核算提供思路;三是从微观视角,深度挖掘1.18亿条河南居民收支数据,首次通过居民消费数据测算居民消费性数据要素,并基于测算结果,对居民消费性数据要素推动服务业升级的影响作用进行了实证分析(见图1)。

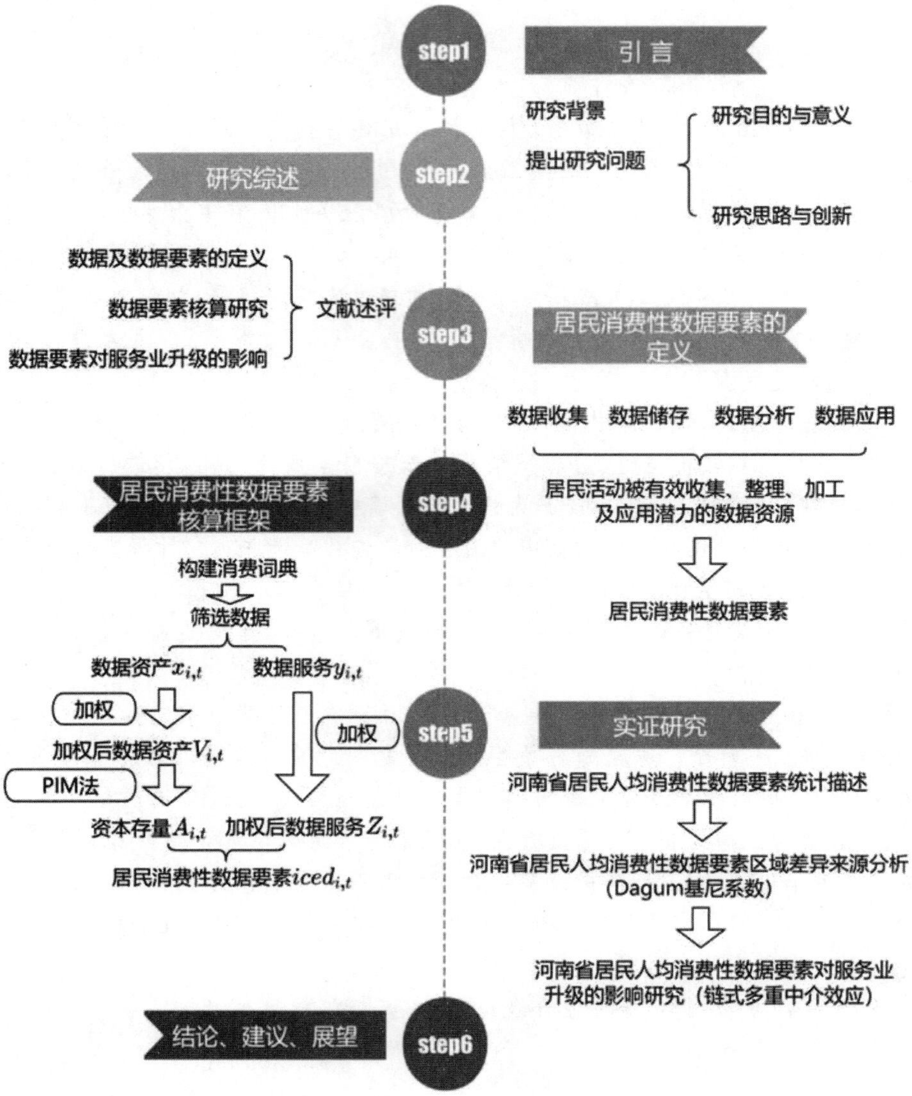

图1 研究思路与步骤

二、文献综述

2020年4月,中共中央、国务院印发的《关于构建更加完善的要素市场化配置体制机制的意见》中首次将数据作为继土地、劳动力、资本、技术之后的第五大生产要素,成为国内外学者的研究热点。现有文献对数据要素的研究主要有以下几个方向。

(一)数据及数据要素的定义

"数据"一词的概念起源于信息学领域,Akoff(1989)在文章中首先建立了Dikw等级的信息金字塔模型,将数据定义为事物、事件、活动和事务的基本记录和描述的原始数据,不需要进一步处理。Varian(2018)在Akoff的研究基础上升级了DIKW信息金字塔模型,形成了基于"数据—信息—知识—决策"框架的数据金字塔，与数据价值链集成，清楚地显示了数据如何被使用和产生价值。国内学者许宪春等（2022）认为数据是以数字形式记录的观测结果，可以存储、传输或处理，并从中获得信息和知识以支持决策。数据要素，即对数据进行清洗、加工和整理，使其成为可以被解读、利用、使用的资源。

（二）数据要素核算研究

当前对数据要素的核算研究主要集中于对数据资产的定义和核算，通过对上市公司的各类公开数据核算该商业主体的数据资产价值，鲜有人对微观视角下的数据要素进行核算，尚未有研究直接通过微观个体数据对个人数据要素进行核算。Li 等（2019）通过组织资本的价值对 Amazon 等四家互联网平台公司的数据资产价值进行了估算。许宪春等（2022）通过组织资本法和广告收入法从企业角度对个人数据资产进行了核算。李静萍（2023）对数据要素的资产属性进行了探讨，就数据资产估价给出了一些建议。刘涛雄（2023）基于数据价值链的视角，使用成本法估算价值层面的数据资本形成额与数据资本存量。

（三）数据要素对服务业升级的影响

随着数字经济、数据要素市场的发展，服务业尤其是生产性服务业的无形性、知识技术密集性等特点与数字化天然耦合，数字经济已经成为推动服务业高质量发展的重要动力之一。D. Acemoglu（2018）认为数字化能通过替代效应、协同效应和创造效应的三方作用来促进服务业扩大和结构优化。戴魁早等（2023）认为数字经济可以通过提高劳动效率、资本效率和技术效率，促进服务业结构升级，于柳箐等（2024）研究发现数据要素显著促进中国服务业生产率提升，且数据挖掘能力的提高增强了数据要素对服务业生产率提升的效应。因此，现有研究主要通过数字经济、数字产业和数字化等角度对服务业升级进行分析，直接通过数据要素对服务业升级进行研究较少。

（四）文献述评

经过对现有文献的梳理发现，当前对数据要素的研究主要集中于公共数据和企业数据，对居民个人数据的研究较少且多集中于理论层面。在测度上多从企业价值链的视角测算全社会数据资本存量，主要利用宏观经济数据或大型企业数据进行核算，鲜有通过微观数据核算居民数据要素。同时现有研究主要通过市场上生产流通销售的资产或服务进行衡量，罕有研究通过消费视角对数据要素进行测度。因此，本文基于消费视角，尝试对居民消费性数据要素进行定义，并对其核算框架进行研究，对于完善数据要素核算理论具有理论创新意义。

三、居民消费性数据要素的定义及核算框架

（一）居民数据价值链构建

通过对数据要素定义的文献梳理，数据价值链就是对原始数据要素化并最终形成数据要素的过程，因此形成居民数据要素离不开对“居民数据价值链”的构建和剖析。基于现有研究，本文参考许宪春（2022）等和中国信息通信研究院发布的《数据要素白皮书》现有研究，构建包含“收集－存储－分析－应用”四部分的居民数据价值链。

数据价值链的起始阶段是“数据收集”阶段，这一阶段居民将观察到的信息以数字化形式捕获并传输。二是“数据存储”阶段，即对收集到的数字化数据进行清洗、整合和归档处理，利用计算机技术进行安全存储，由于当前数据化手段已经足够发达，数据收集和存储两个过程可能会同时存在在同一社会行动中。三是“数据分析”阶段，在此阶段居民对标准化数据集进行深入挖掘、提炼与分析，构建知识图谱，最终将数据集转化为具有增值效应的数据产品，实现从数据形态向个人或群体知识的转化与升华。最后是“数据应用”，基于数据分析所提炼出的知识，这些数据产品被广泛应用于指导实践，实现数据价值的多元化释放与实际应用。

（二）居民消费性数据要素的定义

根据居民数据价值链产生过程，本文将“居民数据要素”定义为：城乡居民在日常生活、工作与学习过程中产生的原始数据被有效收集后，经过整理、加工及应用的各阶段数据资源。

本文将个体家庭视为个体企业，参考刘涛雄等（2023）的核算框架，将家庭消费中能够用于数字化活动的这一部分商品或服务视作企业正常运行中所产生的成本，同时考虑到数据来源等原因并未将企业、政府获取居民数据要素的成本记录在内。因此本文在居民数据要素定义的基础上，提出“居民消费性数据要素”

概念。具体来说,就是能够记录、存储在住户个人设备中,并且可以通过住户收支调查核算的居民数据要素。同时考虑数据要素的特征,本文将网购、互联网娱乐中记录在个人设备当中的数据也列入居民消费性数据要素(见图 2)。

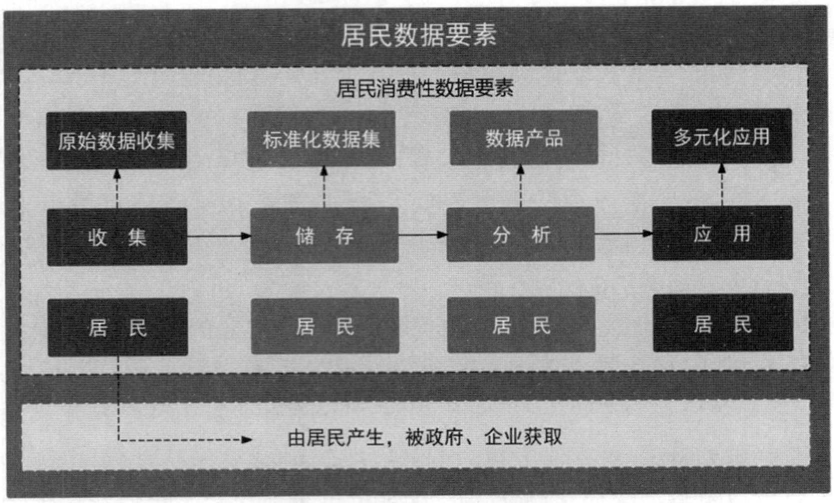

图 2 居民消费性数据要素示意图

(三)居民消费性数据要素核算框架

1. 居民消费性数据要素核算分类

本文利用成本法的核算思路,将居民日常生活中用于搜集、储存、加工,使数据要素化及释放其价值的实体商品和服务的价格衡量"居民消费性数据要素"的价值。在计算"居民消费性数据要素"价值前,应对实体商品和服务进行分类。

考虑到居民生产"居民消费性数据要素"过程中多数居民产生数据要素并未产生收益,因此本文不考虑居民个人在生产数据要素过程中产生的劳动成本。在剔除劳动成本后,本文根据商品特征将消费品分为"资产类成本"和"服务类成本"。具体来说,将"资产类成本"定义为完成数据价值链流程具有明确应用场景且在生产过程中被反复使用的实体资产或无形资产,即居民购买计算机、手机、智能手表、扫地机器人、无人机等设备。除资产类的购买服务定义为"服务类成本",如居民购买影视会员、观看数字电影等数据化活动所产生的成本。

2. 居民消费性数据要素核算步骤

(1)居民消费性数据要素词典构建。

利用国家统计局河南调查总队居民住户收支调查数据对住户消费细项进行筛选。具体来说,本文对于数据挖掘处理主要采取以下步骤:

第一步是构建"居民消费性数据要素词典"(以下简称"消费词典"),本文主要从以下四个方面进行构建:

①本文通过 Chrome 开发者工具分析页面结构,分析购物网站中包含数字化、智能化等字眼的商品信息元素。再使用 Python 爬虫技术,提取销量数据进行排名,最终选择数字化产品销量前 200 名的商品关键词纳入"消费词典"。

②借鉴陈梦根和张鑫(2022)的做法,参考《数字经济及其核心产业统计分类(2021)》中对数字经济行业的相关分类,通过 Jieba 分词将中文文本切分成词语,使用 Jieba 库提供的基于 TF-IDF 算法关键词提取方法,计算出某个词在文本中出现的频率。根据频率选出具有代表性的关键词。

③参考经济合作与发展组织(OECD)提出的数字产品分类,包括全部 ICT 产品、云计算服务、数字中介服务;同时参考美国经济分析局(BEA)2018 年发布的《定义和测度数字经济》研究报告,基于供给使用表对与数字经济相关的货物和服务进行筛选。

④借用 ChatGPT 大语言模型,明确数字消费中包含智能手机、智能家居、在线支付、数字娱乐等多个领域的关键词,同时,利用 ChatGPT 的对话能力,通过多轮交互逐步细化数字消费关键词查询结果,辅助构建"消费词典"。

通过以上四方面构建“消费词典”,并分为“资产类词典”和“服务类词典”。将与居民消费相关的数字化产品、信息技术服务、互联网平台等数字产品消费归纳为“资产类词典”,如居民购买的计算机、智能手表、无人机等设备;将居民在线购物与电子商务、在线外卖与餐饮预订、在线旅游与酒店预订、数字娱乐与内容消费、共享经济与服务等数字化服务消费归纳为“服务类词典”,如居民缴纳的网费、购买的影视会员、外卖、跑腿等服务(见图 3)。

图 3　消费词典构建流程图

第二步是进行数据预处理。本文使用 Python 中 pandas 库处理数据,并采用 Pandas 中 astype 函数实现对数据类型的转变,将数据类型进行统一处理。

第三步是匹配关键词。本文使用 Python 中 re 模块提供的函数和方法,采用正则表达式匹配经过预处理的居民账页数据中满足“资产类词典”和“服务类词典”的数据。通过 2019—2023 年居民收支调查 1.18 亿条账页数据,抓取 511 万条与居民消费性数据要素有关的消费数据。对数据进行整理,发现居民记账存在不规律性,如根据关键词筛选出的部分“笔记本”为学生用写字本,不符合筛选要求,因此考虑到筛选出的部分商品在不同的语境下有着不同的含义,我们通过居民记账数据编码以及记账金额进行再次筛选,最终得到 362 万条与居民消费性数据要素有关的消费数据(见表 1)。

表 1　消费词典示例

消费类型	词典示例
资产类词典	计算机、手机、智能电视、智能手表、蓝牙音箱、无人机、扫地机器人…
服务类词典	网费、外卖、快递、影视会员、共享、网络直播、跑腿、在线支付…

图 4　资产类成本和服务类成本词云图

(2)居民消费性数据要素测算。

本文参考国家统计局分市县住户调查计算方法，按照不同县(市、区)调查样本的小区位置和住户位置，加入 t 年份下县(市、区)设计权数：

$$Q_{s,t}=\begin{bmatrix}q_{s,t,1}\\ \vdots\\ q_{s,t,j}\end{bmatrix} \tag{1}$$

小区设计权数：

$$Q_{c,t}=\begin{bmatrix}q_{c,t,1}\\ \vdots\\ q_{c,t,j}\end{bmatrix} \tag{2}$$

住户设计权数：

$$Q_{m,t}=\begin{bmatrix}q_{m,t,1}\\ \vdots\\ q_{m,t,j}\end{bmatrix},\quad j=1,2,\cdots,n \tag{3}$$

对样本数据进行加权汇总。具体地，$x_{i,t}$ 表示第 i 户在 t 年份下资产类成本支出，$y_{i,t}$ 表示第 i 户在 t 年份下服务类成本支出，t 年份的全省居民消费性数据要素形成额矩阵：

$$A_{sz,t}=\begin{bmatrix}x_{1,t} & y_{1,t}\\ \vdots & \vdots\\ x_{j,t} & y_{j,t}\end{bmatrix} \tag{4}$$

其各年份测算公式为：

$$\begin{aligned}G_{sz}=A_{sz}\times Q_s\times Q_c\times Q_m&=\begin{bmatrix}x_1 & y_1\\ \vdots & \vdots\\ x_j & y_j\end{bmatrix}\times\begin{bmatrix}q_{s,1}\\ \vdots\\ q_{s,j}\end{bmatrix}\times\begin{bmatrix}q_{c,1}\\ \vdots\\ q_{c,j}\end{bmatrix}\times\begin{bmatrix}q_{m,1}\\ \vdots\\ q_{m,j}\end{bmatrix}\\ &=\begin{bmatrix}x_1\times q_{s,1}\times q_{c,1}\times q_{m,1} & y_1\times q_{s,1}\times q_{c,1}\times q_{m,1}\\ \vdots & \vdots\\ x_j\times q_{s,j}\times q_{c,j}\times q_{m,j} & y_j\times q_{s,j}\times q_{c,j}\times q_{m,j}\end{bmatrix}\end{aligned} \tag{5}$$

进一步的，分别计算得出各县(市、区)人均居民资产类成本 $V_{i,t}$ 和服务类成本 $Z_{i,t}$ ：

$$V_{i,t}=\frac{\sum_{m}^{n_{i,t}}x_{m,t}\times q_{m,t}\times q_{c,t}\times q_{i,t}}{N_{i,t}} \tag{6}$$

$$Z_{i,t}=\frac{\sum_{m}^{n_{i,t}}y_{m,t}\times q_{m,t}\times q_{c,t}\times q_{i,t}}{N_{i,t}} \tag{7}$$

其中，$V_{i,t}$ 表示 i 县(市、区)在 t 年份下人均居民资产类成本，$Z_{i,t}$ 表示 i 县(市、区)在 t 年份下人均居民服务类成本；$N_{i,t}$ 表示 i 县(市、区)在 i 年份下常住人口数，$n_{i,t}$ 表示 i 县(市、区)在 t 年份下住户调查样本数。

(3)居民资产类存量测算。

本文借鉴蔡跃洲和张钧南(2015)、王亚菲和王春云(2017)、陈梦根和张鑫(2022)的核算方法，利用 PIM 法计算居民资产类存量 A_t。主要思路是把不同使用年限的资本投入，结合资产退役时间、生产效率，选取相应的资产价格指数将其作为可比价格资本，再汇总得到各年的资本存量。具体测算方法如下：

$$A_t = \sum_{\tau=0}^{L-1} \theta_\tau (S_\tau I_{t-\tau}) \tag{8}$$

其中，A_t 为 t 期资本存量，τ 为资产役龄，L 为资本服务期望年限，θ_τ 为残值率，残值率是资产退役时残留价值占资产总价值的比率，S_τ 为资本退役模式，$I_{t-\tau}$ 为不变价投资时间序列，本文选取 GDP 平减指数作为价格指数。

①年限一效率模式选取。本文直接采用平均年限法刻画不同时期各类资产的折旧率，即 $\delta_k = \dfrac{1-\theta}{\tau}$，$\delta_k$ 为 k 类资产折旧率。

②退役模式。本文参考 OECD(2001)和 Jorgenson 等(2005)在测算资本服务时推荐使用的同时退役模式，基于数据的可比性需求，本文采用同时退役模式，即某类年度效率资产序列如下：

结合式(8)即可计算得到资本存量。

$$A_t = A_{t-1}(1-\delta_v) + I_t \tag{9}$$

③初始资本存量。在测算资本存量时也需要考虑时点前的资本投入情况，因此本文推算初始资本存量时采用增长率法：

$$A_0 = I_0\left[1 + \frac{1-\delta}{1+g_v} + \left(\frac{1-\delta}{1+g_v}\right)^2 + \cdots\right] = \frac{I_0(1+g_v)}{g_v+\delta} \tag{10}$$

其中，I_0 为初始资本存量，g_v 为基年数据资产形成额 I_0 到第 5 年数据资本形成额 I_4 的几何年均增长率，本文假定在经济稳态增长时，数据资产存量增长率等于数据资本形成额的增长率。

(4)用户成本。

用户成本是指资本所有者支付给自己的“使用成本”，本文参考 Jorgenson 等(2005)资本租赁价格模型。提出资本服务用户成本，具体估算方法如下：

$$P_{K,n,m,t} = (i_{m,t} - \pi_{n,m,t})P_{I,n,m,t-1} + \delta_K P_{I,n,m,t} = r_{n,m,t}P_{I,n,m,t-1} + \delta_K P_{I,n,m,t} \tag{11}$$

其中，$i_{m,t}$ 为 m 行业在 t 时期内的名义回报率，$\pi_{n,m,t}$ 为 m 行业 n 类资产在 t 时期内的资本收益，$P_{K,n,m,t}$ 为 m 行业 n 类资产在 t 时期内的用户成本，$P_{I,n,m,t}$ 为 m 行业 n 类资产在时期 t 的购买价格；$r_{n,m,t}$ 为 m 行业 n 类资产在时期 t 的资本回报率，通过内生法计算得到；δ_n 为 n 类资产的资本折旧率。

四、河南省居民消费性数据要素测算结果

(一)河南省居民消费性数据要素趋势及差异的统计描述

依据上文对居民消费性数据要素的定义和核算框架的理论研究，本文依据 2019－2023 年河南省居民收支调查账页数据，计算得出 2019－2023 年河南省及各地市居民人均消费性数据要素价值(详见附表 1)。

从图 5 来看，各地市居民人均消费性数据要素价值逐年提高。2019－2023 年，河南省居民人均消费性数据要素价值从 2019 年的 12905 元提高到 2023 年的 21040 元，年均增长率为 12.6%。从 2023 年的数据看，人均居民消费性数据要素价值中郑州、济源、洛阳位列全省前三；驻马店、周口、商丘位列倒数前三。

为研究居民人均消费性数据要素的区域差异，本文将各地市人均消费性数据要素乘以常住人口，按区域加总求和再除以该区域总人口之和作为该区域的居民人均消费性数据要素(详见附表 2)。从各区域的基本情况看，居民人均消费性数据要素存在一定的地区差距：豫中地区居民人均消费性数据要素最高，豫西地区次之，豫东地区在五大区域里最低。

(二)人均居民消费性数据要素区域差异来源

本文采用 Dagum(1998)建立的基尼系数子群分解方法学，对 2019－2023 年河南各区域各组人均居民

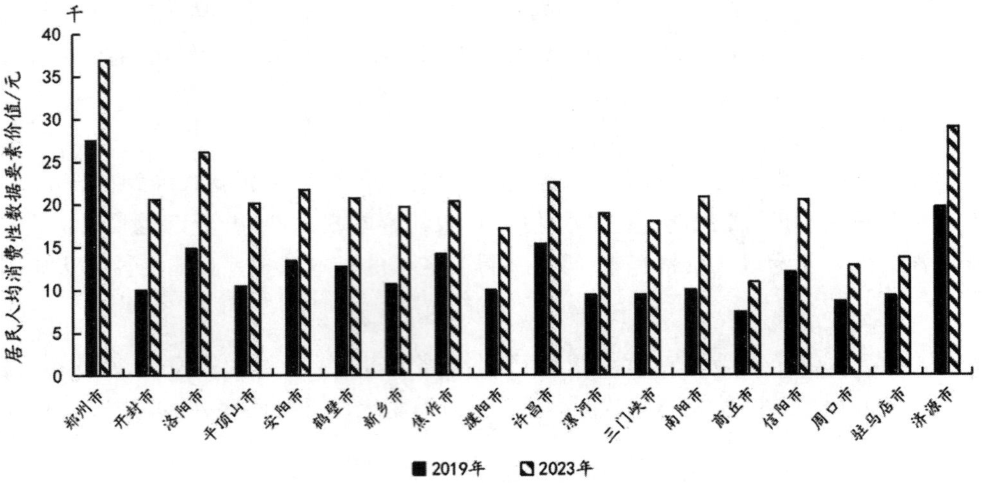

图5　2019和2023年河南省各市居民人均消费性数据要素价值

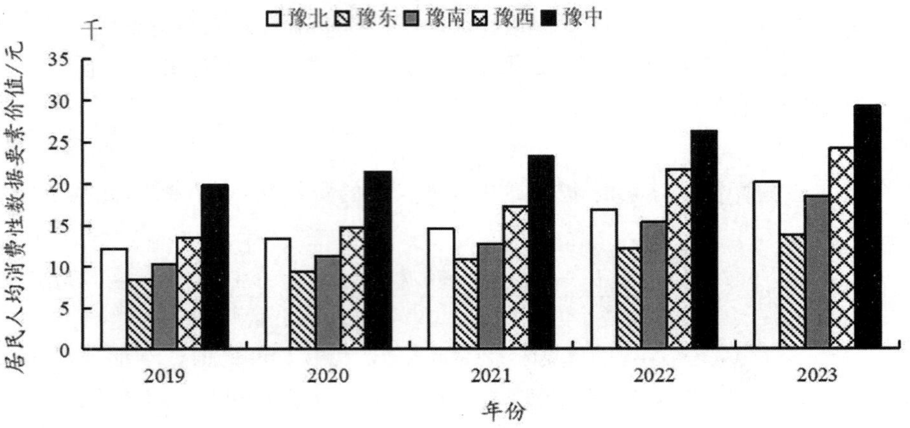

图6　2019—2023年分区域居民人均消费性数据要素价值

消费性要素的Dagum基尼系数进行测算。

整体来看,河南省人均居民消费性数据要素基尼系数维持在0.2以下并且呈逐年递减趋势,从2019年的0.181下降至2023年的0.145。这意味着各区域人均居民消费性数据要素空间分布非均衡问题逐渐缩小,各地市居民消费性数据要素禀赋差距不断缩小。从Dagum基尼系数的区域内差距、区域间差距和超变密度来看,河南省整体居民消费性数据要素区别主要来自于区域间差距,组间差异贡献率始终维持在60%左右。

表2　河南省居民人均消费性数据要素基尼系数分解结果

年份	基尼系数				贡献率(%)		
	总体	组内基尼系数	组间基尼系数	超变密度基尼系数	组内贡献率	组间贡献率	超变密度贡献率
2019	0.181	0.033	0.106	0.041	18.42%	58.70%	22.87%
2020	0.179	0.033	0.106	0.04	18.47%	59.22%	22.31%
2021	0.159	0.029	0.096	0.034	17.98%	60.28%	21.74%
2022	0.153	0.026	0.093	0.034	17.04%	60.75%	22.21%
2023	0.145	0.025	0.086	0.034	17.10%	59.68%	23.22%

从Dagum基尼系数分解结果看,本文进一步探讨居民人均消费性数据要素区域内和区域间差异的演化趋势。图7显示了五个区域居民人均消费性数据要素的基尼系数的趋势。结果表明,五个区域基尼系数存

在显著差异，2019—2023 年，五个区域基尼系数从高到低排序依次为豫中、豫东、豫北、豫西和豫南。其中豫中、豫北、豫西的基尼系数整体呈下降趋势，表明区域内部的居民人均消费性数据要素差距随时间推移逐渐减少，豫东和豫南地区在 2021—2023 年区域内基尼系数略有上升。

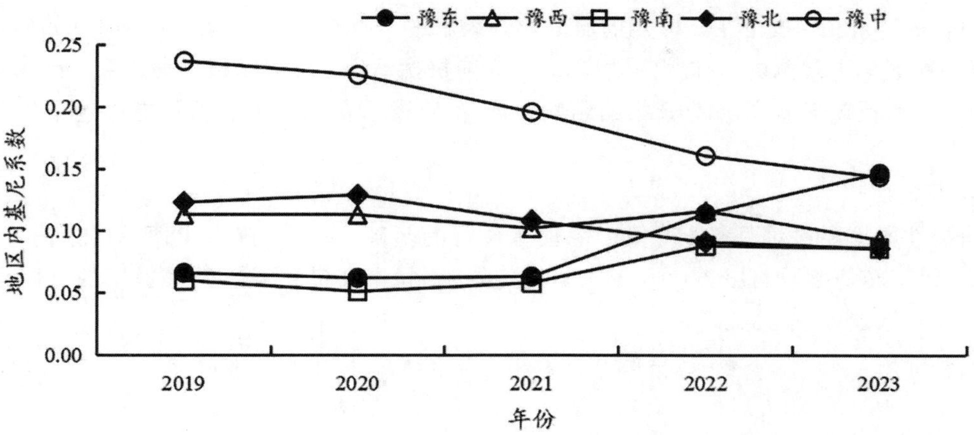

图 7　2019—2023 年分区域基尼系数

图 8 描述了区域间居民人均消费性数据要素基尼系数的演变规律，如图所示，豫中与其他地区之间基尼系数普遍较大，其均值均高于 0.2，最高的是豫中和豫东地区，2019 年其基尼系数达到了 0.296。而豫东、豫南、豫西和豫北间的基尼系数相对较小，豫东 & 豫南、豫南 & 豫北和豫西 & 豫南间在样本期内的基尼系数均值较小，分别为 0.11、0.12 和 0.13。

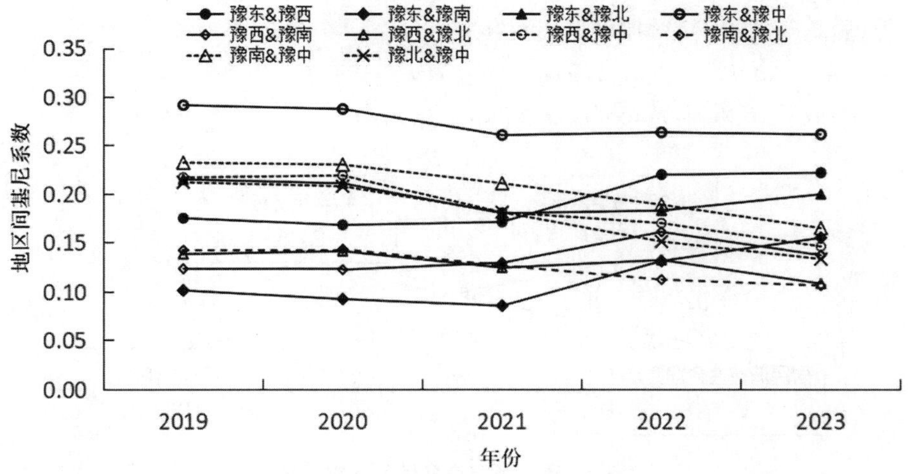

图 8　2019—2023 年区域间基尼系数

本文认为河南省居民人均消费性数据要素基尼系数较小且逐步缩小的原因在于，数据要素价值增长不同于实体经济，不易受地理、自然等原因的限制，能更直接反映地区居民的生活生产状况变化；同时居民消费性数据要素价值变化，也可以作为反映地区数字化水平变化的一类指标，这说明河南省各区域间数字发展水平日渐平衡。

五、河南省居民消费性数据要素对服务业升级的影响路径研究

(一)模型设定

居民数据要素作为数字经济时代的重要资源，其积累、整合与分析为服务业的升级提供了关键的信息支撑。在这一过程中金融发展水平和数字经济发展水平起到了至关重要的作用。金融机构利用居民数据要素进行风险评估与信用评价，为服务业企业提供融资支持、风险管理等金融服务，降低了企业升级的融资成本与风险。同时，随着居民数据要素在金融领域的广泛应用和金融发展水平的不断提升，数字经济得以快速发展并渗透到服务业的各个环节。数字经济指数的增长不仅推动了服务业的数字化、网络化与智能

化,还促进了服务业与制造业、农业等其他产业的深度融合与协同发展。基于此构建如下模型:

1. 基准模型

为探究河南省居民人均消费性数据要素对服务业升级的影响,本文首先构建如下基准检验模型:

$$ind_{i,t}=\alpha_0+\alpha_1 iced_{i,t}+\alpha_n \boldsymbol{X}_{i,t}+\lambda_i+\delta_{i,t} \tag{12}$$

式(12)中,$ind_{i,t}$ 表示i地区在t时期的服务业升级水平,$iced_{i,t}$ 表示i地区在t时期的居民消费性数据要素,λ_i 表示i地区不可观测的个体固定效应,$\delta_{i,t}$ 为随机扰动项。α_0 表示模型截距项,α_1 为居民消费性数据要素变量的系数,反映其对服务业升级的影响。向量 $\boldsymbol{X}$ 表示在地市级层面可能影响服务业升级的其他变量。

2. 独立中介效应

在居民消费性数据要素对服务业升级影响模型设定的基础上,为了进一步探析居民消费性数据要素、金融发展水平、数字经济指数与服务业升级之间的传导机制,本文借鉴温忠麟等提出的三阶段中介效应模型,基于公式(12),增加以下公式:

$$eco_{i,t}=\beta_0+\beta_1 iced_{i,t}+\beta_n \boldsymbol{X}_{i,t}+\theta_i+\varepsilon_{i,t} \tag{13}$$

$$ind_{i,t}=\gamma_0+\gamma_1 iced_{i,t}+\gamma_2 eco_{i,t}+\gamma_n \boldsymbol{X}_{i,t}+\eta_i+\sigma_{i,t} \tag{14}$$

$$dei_{i,t}=\beta_0+\beta_1 iced_{i,t}+\eta_n \boldsymbol{X}_{i,t}+\theta_i+\varepsilon_{i,t} \tag{15}$$

$$ind_{i,t}=\gamma_0+\gamma_1 iced_{i,t}+\gamma_2 dei_{i,t}+\eta_n \boldsymbol{X}_{i,t}+\theta_i+\varepsilon_{i,t} \tag{16}$$

其中,$eco_{i,t}$ 表示i地区在t时期的金融发展水平,$dei_{i,t}$ 表示i地区在t时期的数字经济指数。

3. 链式中介效应

基于前文理论分析,考虑到金融发展水平与数字经济指数的提升之间可能存在的相互作用,这种影响主要体现在金融发展水平促进数字经济指数的提升上。因此,本文采用链式多重中介效应模型来考察居民消费性数据要素影响服务业升级的中介渠道。具体的路径如图9所示。本文借鉴张少华等(2021)提出的链式多重中介效应模型,基于式(16),增加以下模型:

$$dei_{i,t}=\beta_0+\beta_1 iced_{i,t}+\beta_2 eco_{i,t}+\eta_n \boldsymbol{X}_{i,t}+\theta_i+\varepsilon_{i,t} \tag{17}$$

$$ind_{i,t}=\gamma_0+\gamma_1 iced_{i,t}+\gamma_2 eco_{i,t}+\gamma_3 dei_{i,t}+\eta_n \boldsymbol{X}_{i,t}+\theta_i+\varepsilon_{i,t} \tag{18}$$

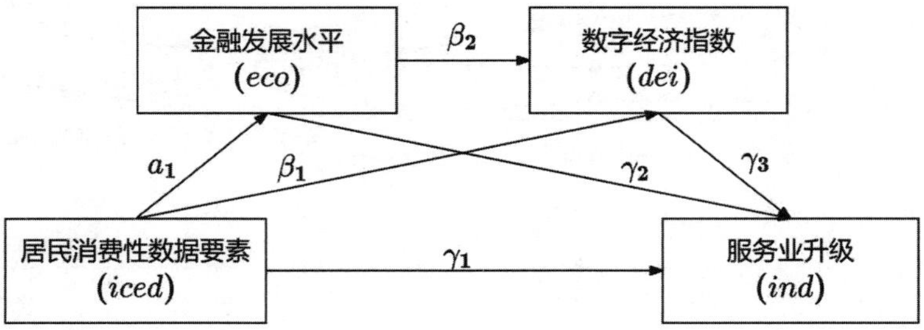

图9 链式多重中介效应模型路径

链式多重中介效应模型主要包括独立中介效应和链式中介效应两类。其中,独立中介效应表示为"居民消费性数据要素—金融发展水平—服务业升级"和"居民消费性数据要素—数字经济指数—服务业升级",其大小分别为 $\alpha_1\times\beta_2$ 和 $\beta_1\times\gamma_3$;链式中介效应表示为"居民消费性数据要素—金融发展水平—数字经济指数—服务业升级",其大小为 $\alpha_1\times\beta_2\times\gamma_3$。

(二)变量选取及数据来源

1. 被解释变量

服务业升级(ind)。生产性服务业是目前国际产业竞争的焦点,也是全球价值链中的主要增值点。生产性服务业比重的不断提高,标志着服务业结构的不断优化和升级。在此基础上,本文从生产性服务业在第三产业中所占比例考察服务业的结构升级。本文借鉴戴魁早等(2020)的做法,生产性服务包括运输、仓储和邮政服务,信息传输、计算机服务和软件,金融,租赁和商业服务,科学研究、技术服务和地质勘探。

2. 核心解释变量

居民消费性数据要素($iced$)。将前文测度的居民消费性数据要素取对数处理,作为核心解释变量。

3. 中介传导变量

(1)金融发展水平（*eco*）。根据前面理论的分析，本研究选取金融发展水平（*eco*）作为中介变量。金融发展水平运用年底金融机构贷款余额与GDP比值来表示。(2)数字经济指数（*dei*）。数字经济指数参考赵涛等(2020)研究成果计算得出。

4. 控制变量

基于现有相关文献，本文引入以下控制变量：(1)第三产业从业水平（*labor*），采用第三产业就业人数占总就业人数的比重进行衡量。(2)研发投入（*rad*），采用人均研究与试验发展(R&D)经费支出来反映。(3)科学技术水平（*dos*），采用人均技术合同成交额来反映。(4)消费水平（*trscg*），采用人均社会消费品零售总额来反映。

本文针对2019—2023年河南省18个地市展开研究，形成了18个地区5年的面板观测数据。本文研究使用的数据均来自历年《河南统计年鉴》，各省辖市统计年鉴和统计公报等(见表3)。

表3　描述性统计结果

指标	均值	标准差	最小值	最大值
iced	4.16	0.14	3.86	4.56
ind	0.23	0.01	0.21	0.25
eco	0.82	0.40	0.42	2.65
dei	0.26	0.04	0.18	0.36
labor	0.40	0.07	0.26	0.62
rad	12.73	0.84	11.07	15.08
dos	4.69	1.86	0.92	8.29
trscg	9.99	0.26	9.56	10.67

(三)实证结果与分析

1. 基准回归——居民消费性数据要素对服务业升级的影响

为研究河南省居民消费性数据要素与金融发展水平之间的关系，首先要通过相关检验进行计量模型的选择。本文基于平衡面板数据，对进入模型的各解释变量进行多重共线性检验，结果显示所有变量的vif值均不超过10，说明模型中不存在多重共线性，通过F检验和Hausman检验，最终结果表明选择固定效应模型较为科学。基于此，本文选取固定效应模型分析居民消费性数据要素对服务业升级的影响，估计结果如表4所示。从*Model*－1与*Model*－2可以看出，在加入控制变量前后，居民消费性数据要素对服务业升级均存在显著的正向影响，且系数都在1%的显著性水平下显著。由此可见，居民消费性数据要素确实是促进服务业升级的关键因素，提高居民消费性数据要素水平有利于实现地区服务业升级。

2. 独立中介效应——居民消费性数据要素通过影响金融发展水平、数字经济指来影响服务业升级

基于前文的理论分析，本文采用计量模型*Model*－2、3、4检验“居民消费性数据要素－金融发展水平－服务业升级”的中介效应，采用计量模型*Model*－2、5、6检验“居民消费性数据要素－数字经济指数－服务业升级”的中介效应，相关回归结果如表4所示。具体来看，*Model*－2检验了居民数据要素发展对服务业升级影响的总效应，估计系数在1%水平上显著，说明河南省居民消费性数据要素水平的提高能对服务业升级产生积极影响，符合经济发展现实。

基于上述研究，居民消费性数据要素提升能够显著促进服务业升级，本文进一步考察是否存在中介效应。*Model*－3为居民消费性数据要素对金融发展水平指数的影响，结果正向且显著，*Model*－4为居民消费性数据要素、金融发展水平共同对服务业升级的影响，结果表明居民消费性数据要素与金融发展水平对服务业升级影响的估计系数均为正向，且在1%水平上显著。综合模型*Model*－2、3、4，说明存在部分中介效应，即居民消费性数据要素可以通过提升金融发展水平促进服务业升级。同理，*Model*－2、5、6结果说明，居民消费性数据要素可以通过提升数字经济发展水平促进服务业升级。

表 4　基准回归和独立中介效应传导机制回归结果

变量	*Model*－1 *ind*	*Model*－2 *ind*	*Model*－3 *eco*	*Model*－4 *ind*	*Model*－5 *dei*	*Model*－6 *ind*
iced	0.012***	0.013***	0.159*	0.010***	0.050***	0.009***
eco				0.018***		
dei						0.083***
labor		－0.028***	0.743***	－0.041***	0.114**	－0.037***
rad		0.005*	0.018	0.004*	0.036***	0.002
trscg		－0.003	－0.004	－0.003	0.044	－0.006
dos		0.000	0.006	0.000	0.000	0.000
常数项	0.115***	0.093***	－1.225***	0.114***	－1.161***	0.189***
样本量	90.000	90.000	90.000	90.000	90.000	90.000
R^2	0.470	0.560	0.600	0.650	0.770	0.660
F 值	62.350	17.040	19.800	20.280	45.180	21.030

注：***、**、*分别表示 1%、5%、10%显著性水平。

3. 链式中介效应——居民消费性数据要素影响服务业升级的中介渠道

为考察居民消费性数据要素能否通过金融发展水平与数字经济指数提升两个方面促进服务业升级，本文基于链式多重中介效应模型进行检验，结果见表 5。

表 5　链式多重中介效应检验结果

变量	*Model*－7 *eco*	*Model*－8 *dei*	*Model*－9 *ind*
iced	0.159*	0.040**	0.007**
eco		0.064**	0.013***
dei			0.065***
labor	0.743***	0.066	－0.045***
rad	0.018	0.035***	0.002
trscg	－0.004	0.044	－0.006
dos	0.006	－0.000	0.000
常数项	－1.225***	－1.083***	0.185**
样本量	90.000	90.000	90.000
R^2	0.600	0.790	0.700
F 值	19.800	41.520	22.020

注：***、**、*分别表示 1%、5%、10%显著性水平。

以 *Model*－7 以金融发展水平为被解释变量，居民消费性数据要素的估计系数为正，且在 10%的水平上显著，表明居民消费性数据要素提升能够促进金融发展水平提升。*Model*－8 以数字经济指数为被解释变量，居民消费性数据要素与金融发展水平的估计系数均在 5%的水平上显著为正，表明居民消费性数据要素有利于数字经济指数提升，金融发展水平的提升能够显著提升数字经济指数。*Model*－9 以服务业升级为被解释变量，金融发展水平与数字经济指数的估计系数均在 1%的水平上显著为正，居民消费型数据要素的估计系数通过了 1%的显著性水平检验，表明居民消费性数据要素不仅可以通过促进金融发展水平与数字经济指数提升促进服务业结构升级，还存在着“金融发展水平提升－数字经济指数提升”的链式中介渠道促进服务业结构升级，即存在“居民消费性数据要素－金融发展水平提升－数字经济指数提升－服务业升级”的链式多重中介效应。

(四)区域差异性影响分析

为进一步探究居民人均消费性数据要素对服务业升级的异质性影响，本文依据河南省常用区域划分标准将全样本划分为豫东、豫西、豫南、豫北、豫中五大区域，分别以五大区域的归属地市为样本进行回归，结果见表6。

表6　居民人均消费性数据要素的异质性分析

变量	*Model*－10 豫东	*Model*－11 豫西	*Model*－12 豫南	*Model*－13 豫北	*Model*－14 豫中
iced	0.0135**	0.009	0.024*	0.026***	0.001
控制变量	YES	YES	YES	YES	YES
地市固定效应	YES	YES	YES	YES	YES
时间固定效应	YES	YES	YES	YES	YES
常数项	0.151*	0.192	0.140	0.212**	−0.104
N	15	10	15	30	20
R^2	0.87	0.95	0.70	0.81	0.79

注：***、**、* 分别表示1%、5%、10%显著性水平。

表6显示，在豫东、豫南、豫北三个分组回归中，居民人均消费性数据要素的估计系数均显著为正，表明居民人均数据要素能够显著促进各区域的服务业升级，且居民人均消费性数据要素对豫北服务业升级的促进效应最为显著，豫南次之，豫北最低，而居民消费性数据要素对豫中、豫西地区的服务业升级并无显著影响。出现这一结果的原因在于不同区域的人口结构(如年龄、教育水平)和消费习惯影响数据要素的有效性。例如，年轻且受过良好教育的消费者更倾向于使用数字平台进行消费，产生更多有价值的数据。

(五)内生性和稳健性检验

1. 内生性检验

为了检验模型是否存在内生性问题，即服务业升级有可能反向推动居民消费性数据要素的提升，产生双向因果关系。文章采用消费对经济增长贡献作为地区居民人均消费性数据要素的工具变量，进行2SLS回归分析，结果见*Model*－15。

2. 稳健性检验

表7　内生性和稳健性检验

变量	*Model*－15 工具变量	*Model*－16 产业高级化	*Model*－17 剔除郑州济源	*Model*－18 缩尾处理
iced	0.020***	0.100***	0.013***	0.013***
控制变量	YES	YES	YES	YES
地市固定效应	YES	YES	YES	YES
时间固定效应	YES	YES	YES	YES
常数项	2.358***	5.461***	0.130**	0.0928*
Kleibergen-Paap rk LM	6.32 [0.0119]			
Kleibergen-Paap rk WaldF	16.41 {16.38}			
N	90	90	80	90
R^2	0.526	0.195	0.584	0.560

注：***、**、* 分别表示1%、5%、10%显著性水平。

(1)更换被解释变量借鉴付凌晖(2010)的研究，使用三次产业向量夹角测算产业高级化，结果如*Model*－16所示。居民消费性数据要素对产业高级化的影响系数为0.100，且在1%统计水平下显著，说明前文实证结果具备较好稳健性。(2)剔除城市。用剔除郑州、济源的数据进行稳健性检验，回归结果见*Model*－17，核心解释变量与控制变量的系数符号和显著性均未发生明显变化。(3)缩尾处理。对核心解释变量进行1%水平上的缩尾处理,回归结果见 $Model-18$,核心解释变量与控制变量的系数符号和显著性均未发生明显变化。综上所述,本文的研究结论具有较好的稳健性。

六、结论建议及未来展望

(一)结论

数据作为一种新型生产要素,居民个人数据是重要的组成部分,将居民个人数据要素及核算进行单独研究,有助于完善数据要素核算框架,对生产性服务业升级具有重要意义。

一是本文从居民消费视角出发,首次提出了居民消费性数据要素定义,利用成本法思路计算了河南省居民人均消费性数据要素价值。结果表明河南省居民消费性数据要素价值呈稳步增长趋势,这说明河南省整体数字化发展水平正在平稳发展,河南省居民数字化生活水平日益提升。

二是通过 Dagum 基尼系数进一步研究发现,河南省高数据要素价值地区和低数据要素价值地区的差距并不显著,且差距逐渐缩小。但值得注意的是豫中地区与其他地区组间差距正在上升,这说明河南省中部发达地区增速仍显著高于周边较不发达地区。

三是通过实证研究发现,居民消费性数据要素与服务业升级存在显著正向的相关关系,且存在“居民消费性数据要素－金融发展水平－数字经济指数－服务业升级”的链式多重中介效应。

(二)建议

基于上述研究结论,本文提出以下政策建议:

一是优化数据要素收集与应用机制。加快推进数据要素市场化建设,建立健全居民消费性数据要素的市场化交易机制,激发数据要素释放价值。提升全民数据要素收集、整合与分析能力,构建全面、准确、实时的数据体系。鼓励数据服务企业的发展,促进数据要素的合理流动和价值释放。

二是加强区域间协调发展战略规划。加大对居民数据要素相对贫乏地区的政策扶持和资金投入,缩小与发达地区的差距。鼓励河南省各地市之间加强合作与交流,实现数据共享与利用。通过区域合作,促进数据要素在更大范围内的流动和优化配置,提高整体数据利用效率。

三是促进数据要素与金融的深度融合。优化金融资源配置,提高金融服务的普惠性和便捷性。充分利用大数据、云计算、人工智能等先进技术,推动数据要素与服务业的深度融合。同时基于链式多重中介效应结果,构建完善的政策支持和服务体系,通过政策引导和市场机制的作用,促进各环节的协同发展,形成良性循环。

(三)未来展望

本文虽然对居民消费性数据要素进行了初步核算,但由于当前国家调查制度并未对智能家电及部分智能产品进行有效区分,因此本文在核算居民消费性数据要素时并未将其考虑在内;二是部分住户进行数据服务消费时企业、政府用于收集储存的成本暂无得到有效衡量,仅能通过住户实际消费的金额进行测算居民数据要素,期待未来研究进一步完善。

【参考文献】

[1] 蔡跃洲,张钧南.信息通信技术对中国经济增长的替代效应与渗透效应[J].经济研究,2015,50(12):100－114.

[2] 蔡跃洲,牛新星.中国数字经济增加值规模测算及结构分析[J].中国社会科学,2021,(11):4－30＋204.

[3] 陈梦根,张鑫.数字经济要素投入核算框架及应用研究[J].统计研究,2022,39(08):3－20.

[4] 戴魁早,李晓莉,骆莙函.人力资本结构高级化、要素市场发展与服务业结构升级[J].财贸经济,2020,41(10):129－146.

[5] 戴魁早,黄姿,王思曼.数字经济促进了中国服务业结构升级吗?[J].数量经济技术经济研究,2023,40(02):90－112.

[6] 付凌晖.我国产业结构高级化与经济增长关系的实证研究[J].统计研究,2010,27(08):79－81.

[7] 何伟,董影,孙中原.数据要素对区域协调发展的影响研究——基于中国279个地级市面板数据的实证

分析[J].城市问题,2024,(06):35—44.
[8] 金英.数据要素市场化对城乡共同富裕的影响研究[J].统计与决策,2024,40(12):69—74.
[9] 李海舰,赵丽.数据成为生产要素:特征、机制与价值形态演进[J].上海经济研究,2021,(08):48—59.
[10] 李晓华,王怡帆.数据价值链与价值创造机制研究[J].经济纵横,2020,(11):54—62+2.
[11] 李静萍.数据资产核算研究[J].统计研究,2020,37(11):3—14.
[12] 刘涛雄,戎珂,张亚迪.数据资本估算及对中国经济增长的贡献——基于数据价值链的视角[J].中国社会科学,2023,(10):44—64+205.
[13] 聂昀秋,马晓君,郑佳宁.数据要素发展水平与经济增长:影响效应和机制分析[J].中国流通经济,2024,38(08):56—68.
[14] 王亚菲,王春云.中国行业层面信息与通信技术资本服务核算[J].统计研究,2017,34(12):24—36.
[15] 温忠麟,叶宝娟.中介效应分析:方法和模型发展[J].心理科学进展,2014,22(05):731—745.
[16] 许宪春,张钟文,胡亚茹.数据资产统计与核算问题研究[J].管理世界,2022,38(02):16—30+2.
[17] 许宪春,唐雅,张钟文.个人数据的统计与核算问题研究[J].统计研究,2022,39(02):18—32.
[18] 于柳箐,高煜.数据要素、数据挖掘与中国服务业生产率提升——来自双重机器学习的因果推断[J].商业研究,2024,(03):9—19.
[19] 张少华,陈治.数字经济与区域经济增长的机制识别与异质性研究[J].统计与信息论坛,2021,36(11):14—27.
[20] 赵涛,张智,梁上坤.数字经济、创业活跃度与高质量发展——来自中国城市的经验证据[J].管理世界,2020,36(10):65—76.
[21] 周乐欣,孔婧.数据要素市场发展赋能产业结构升级的实证检验[J].统计与决策,2024,40(11):92—97.
[22] Akoff,R. L.,"From Data to Wisdom:Presidential Address to ISGSR",Journal of Applied System Analysis,vol. 6,1989,pp. 3～9. 14.
[23] Acemoglu,Daron,and Pascual Restrepo. The race between machine and man:Implications of technology for growth, factor shares and employment. No. w22252. National Bureau of Economic Research,2016.
[24] Chen,Daniel Q.,David S. Preston,and Morgan Swink. "How the use of big data analytics affects value creation in supply chain management." Journal of management information systems 32. 4 (2015):4—39.
[25] Dagum,Camilo. A new approach to the decomposition of the Gini income inequality ratio. Physica-Verlag HD,1998.
[26] Faroukhi,Abou Zakaria,et al. "Big data monetization throughout Big Data Value Chain:a comprehensive review." Journal of Big Data 7 (2020):1—22.
[27] Jorgenson,Dale W.,Mun S. Ho,and Kevin J. Stiroh. "Information Technology and the American Productivity Resurgence." Economic Systems Research 19. 3 (2005):229—252.
[28] Li,Wendy CY,Makoto Nirei,and Kazufumi Yamana. Value of data:there's no such thing as a free lunch in the digital economy. RIETI,2019.
[29] Schreyer,Paul. The OECD Productivity Manual:A Guide to the Measurementof Industry-Level and Aggregate Productivity. Vol. 2. CIGI,2001.
[30] Varian,Hal R. Artificial intelligence,economics,and industrial organization. Vol. 24839. Cambridge,MA,USA::National Bureau of Economic Research,2018.
[31] Varian,Hal R. Artificial intelligence,economics,and industrial organization. Vol. 24839. Cambridge,MA,USA::National Bureau of Economic Research,2018.

附录

附表1　2019—2023年河南省十八个地市居民人均消费性数据要素价值

单位:元

地市名称	2019	2020	2021	2022	2023
郑州市	27467.99	28645.11	30467.71	33693.04	36970.84
开封市	9951.16	10908.49	13065.97	17029.52	20530.93
洛阳市	14798.44	16099.84	18638.42	23671.60	26056.99
平顶山市	10383.95	11354.55	13564.99	16798.22	20050.27
安阳市	13355.83	14212.10	15276.84	17230.50	21677.84
鹤壁市	12698.45	13674.06	15411.17	17569.91	20692.10
新乡市	10606.30	11500.66	13179.49	16166.77	19583.27
焦作市	14131.99	16227.15	16264.55	17009.64	20270.43
濮阳市	9967.26	10951.74	12678.35	15471.76	17117.87
许昌市	15280.03	18157.89	19053.34	20764.32	22509.02
漯河市	9350.90	10302.66	12497.52	16197.59	18881.97
三门峡市	9357.62	10146.30	12341.31	14748.29	17894.63
南阳市	9951.48	10960.20	13072.10	16857.91	20753.62
商丘市	7370.08	8224.58	9896.50	10386.55	10816.39
信阳市	12022.33	12836.19	14215.91	17587.65	20372.86
周口市	8619.64	9572.23	10546.18	11269.94	12758.72
驻马店市	9230.46	10221.00	10874.18	11499.60	13652.87
济源市	19598.21	21616.19	23234.85	26604.29	29002.13

附表2　2019—2023年河南省五大区域居民人均消费性数据要素价值

单位:元

区域名称	2019	2020	2021	2022	2023
豫北	12236.54	13385.85	14646.88	16920.96	20204.95
豫东	8463.82	9383.23	10873.92	12240.29	13769.67
豫南	10290.94	11243.39	12712.05	15425.18	18490.13
豫西	13566.35	14768.79	17229.09	21674.71	24233.08
豫中	19870.92	21364.03	23203.26	26250.01	29222.26

数字治理对湖南居民收入差距影响的统计研究
——基于多源异构数据和双重机器学习方法

国家统计局湖南调查总队 罗 琼 肖丽丽 方晏妮

摘 要

实现共同富裕是社会主义的本质要求,是中国式现代化的重要特征。数字治理对缩小收入差距、推动实现共同富裕有着重要影响。本文从数字治理评价指标相关政策和文献着手,利用宏观统计数据、网络数据、第三方研究机构数据、政策文本数据等多源异构数据,构建数字基础建设、数字资源供给、数字资源管理和数字治理绩效等四个维度的数字治理指标体系,综合评估湖南14个市州数字治理水平。基于微观视角,选取湖南省14个市州2018—2022年共14290户7716.6万条居民家庭收支调查数据,测算居民家庭层面的收入不平等Kakwani指数,综合运用ESDA空间自相关、LISA时间路径变化和重心轨迹分析等方法开展全省及各市州居民收入差距时空演化分析,并基于双重机器学习的因果推断考察数字治理对湖南居民收入差距的影响及作用机制。

研究结果显示:1. 湖南省居民收入差距呈降低趋势,各市州之间居民收入差距存在较大差异,但相对差距逐渐缩小。2. 湖南省居民收入差距整体上呈现"西高东低"空间分布格局,高收入差距区域周围倾向于聚集低收入差距区域,收入差距水平重心偏移主要集中在娄底等大湘西地区。3. 数字治理能够显著缓解居民收入不平等,主要通过提升金融包容性、缓解劳动力要素错配程度以及扩大家庭社会网络水平等机制来实现。4. 异质性分析显示,数字治理缓解居民收入不平等程度在大湘西片区、农村等经济发展程度较低的区域更显著,在受教育程度较低的居民家庭中更显著,这体现了数字治理的普惠性。

据此,本文提出缩小湖南居民收入差距的政策建议:一是优化数字治理体系,促进各地区数字治理协调发展。二是促进数字基础设施体系化发展和规模化部署,以互联网红利带动后发地区"突围"。三是充分发挥数字治理在提高金融包容性、缓解劳动力错配程度以及扩大居民家庭社会网络的作用,积极推进数字中国建设。本文为提升数字治理效能和加快推进共同富裕提供经验证据和政策支持。

关键词:数字治理;居民收入差距;双重机器学习;多源异构数据

一、引言

(一)研究背景及意义

实现共同富裕是社会主义的本质要求。党的二十大报告指出,中国式现代化是全体人民共同富裕的现代化,缩小收入差距、推动各区域协同发展,是实现共同富裕的重要内容。党的二十届三中全会强调,要完善收入分配制度……形成有效增加低收入群体收入、稳步扩大中等收入群体规模、合理调节过高收入的制度体系。据统计,中国居民家庭收入前10%阶层拥有的收入从1978年的0.28上升至2021年的0.42①。2022年中国收入基尼系数为0.47,比1995年高0.13②,高于0.4的国际警戒线。湖南作为我国中部地区的一个典型人口大省,地理环境复杂,长期形成的城乡二元经济结构加上不同地理区位、资源禀赋及政策资源等因素差异,城乡之间、区域之间、不同群体之间收入差距较大。尽管2018年以来湖南城乡居民人均可支配

---

① 数据来源:世界不平等数据库(World Inequality Database)

② 数据来源:《中国住户调查年鉴》

收入比逐年降低,从2.60下降至2022年的2.42,但依然居中部六省之首①。为此,如何缩小居民收入差距,推动实现全省人民共同富裕是当前亟待解决的问题。

实现共同富裕需要科学治理的有效抓手(万相昱等,2024)。2022年6月国务院发布《关于加强数字政府建设的指导意见》提出"从推进国家治理体系和治理能力现代化全局出发,将数字技术广泛应用于政府管理服务,充分发挥数字政府建设对数字经济、数字社会、数字生态的引领作用"。湖南省高度重视数字技术在社会治理中的重要作用,《湖南省"十四五"数字政府建设实施方案》指出,要建设"上接国家、下联市县、横向到边、纵向到底"的数字政府,为奋力建设社会主义现代化新湖南提供强力支撑。数字治理通过将数字技术与现有治理体系有效融合,可以优化收入分配机制,构建能够实现共同富裕的新经济体制(郭爱君和张小勇,2022),有效减少信息不对称,缓解就业不平等问题,缩小居民收入差距。综上,湖南为研究数字治理对居民收入差距的影响效应和作用机制提供了典型案例,可以为提升数字治理效能和推进共同富裕提供经验证据和政策支持。

(二)研究思路

具体研究思路见图1。

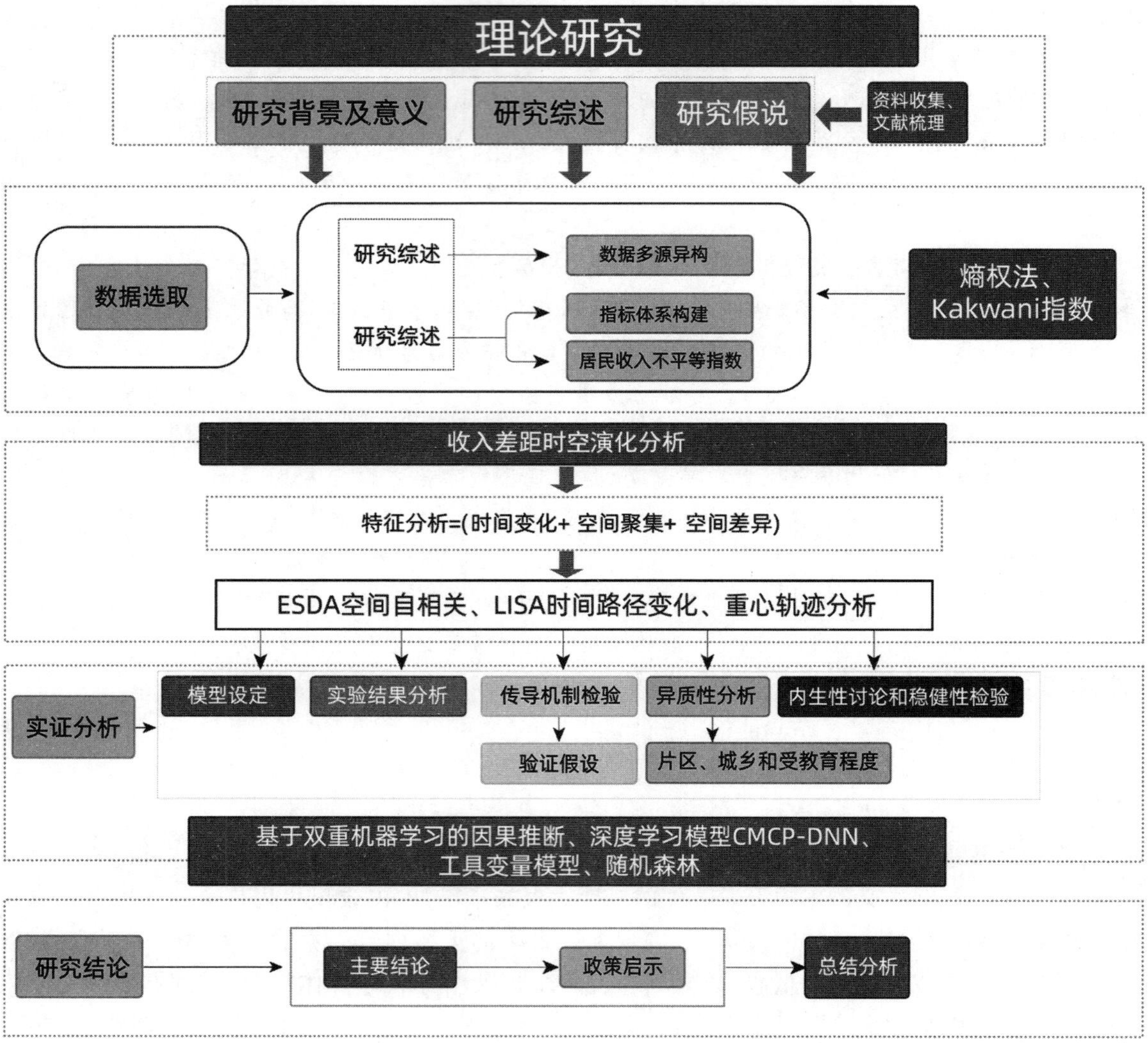

图1 研究思路图

(三)创新之处

一是研究内容创新。目前相关研究主要围绕数字经济对共同富裕的影响展开,且多聚焦于理论层面(刘诚,2022),实证方面主要围绕数字经济对城乡收入差距的影响展开(胡鞍钢等,2016;张勋等,2019),极

① 数据来源:各省统计公报

少有文献从微观收入分配角度研究数字治理对居民收入差距的影响机制，本文丰富了数字治理、收入分配与共同富裕的研究内容。同时本文从区域与居民家庭两个层面进行异质性讨论，为进一步推进数字治理战略，推动实现共同富裕提供更为精准的决策参考。

二是数据来源创新。目前构建的数字治理指标体系主要基于宏观经济数据（赵涛等，2020），多聚焦于服务能力、技术应用等单一层面数据，忽略了“政府一社会关系”广义层面数据的挖掘。同时对居民收入差距的测度多使用宏观层面的基尼系数等（Zhang，2013）。本文在宏观统计数据的基础上，运用爬虫技术抓取政策文本和政府门户网站数据、第三方研究数据等多源异构数据建立数字治理评估指标体系，数据来源丰富，指标体系更加科学。基于湖南住户调查微观数据测度居民家庭收入差距，结果更具代表性。

三是研究方法创新。目前相关研究多基于传统计量模型（张贺和白钦先，2018），通常依赖于模型的正确指定和较少的混杂变量。然而，在高维数据场景下，这些假设往往不成立。本文运用擅长处理高维数据和复杂非线性关系的双重机器学习 CMCP-DNN 模型研究数字治理对居民收入差距的影响，模型准确性和稳健性更高，可以有效避免传统计量模型面临的“维度诅咒”与模型设定偏误。

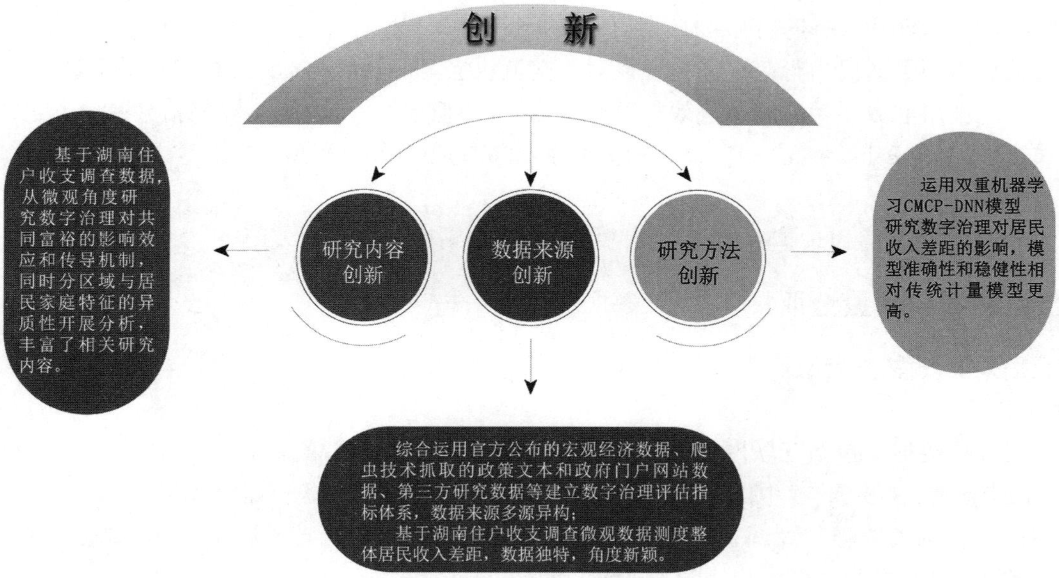

图 2　研究创新

二、文献综述与研究假说

数字治理是政府主导、多元主体共同参与、以数字化赋能治理体系的新型治理模式（黄建伟和陈玲玲，2019），涵盖数字政府治理、数字经济治理、数字社会治理和数字技术治理等多个领域。数字政府、智慧城市、智慧社区等推动了政府和社会治理创新，能显著提升居民尤其是农村低收入群体收入（Sarker 和 Wu M，2018；张勋等，2019；陈凯华等，2020）。湖南区域间发展不平衡问题较为突出，偏远山区较多，信息闭塞、要素流动困难等成为制约山区发展和居民增收的重要因素。数字治理能够提高农村地区和贫困地区的农民信息获取能力，提升其收入水平，缩小城乡收入差距，有效推进共同富裕（胡鞍钢等，2016；刘江，2022；张岳和张博，2024）。数字治理的发展有利于中低收入个体增加收入，助力共同富裕目标（Zeng 和 Reinartz，2003；牟天琦等，2021）。因此，本文提出第 1 个假说：

假说 1：数字治理能够显著缩小湖南居民收入差距。

金融包容性的概念是从金融排斥的角度提出的。金融排斥是阻碍社会贫弱群体进入金融体系的过程（Leyshon 和 Thrift，1995）。而金融包容状态下弱势群体能够以合理成本获得正规便利的金融服务（Regan 和 Paxton，2003；Rangarajan，2008；Hanning 和 Jansen，2010；韩克勇和孟维福，2021）。数字技术可以增强传统普惠金融的基础性功能和金融包容性，让收入不平等状况得以改善（Khaki，2017；张贺等，2018）。湖南经济发展水平相对落后，山区人口众多，低收入群体较为庞大。数字治理可以加强金融监管手段和风险防控，推动金融产品创新，增大偏远贫困地区家庭获得借贷和投资等金融服务的机会，促进家庭收入增加和财富累积(Philippon,2016;张勋等,2019;袁达松,2022;骆宇傲和骆宇航,2023)。因此,本文提出第2个假说:

假说2:数字治理能够通过提升金融包容性缩小湖南居民收入差距。

“要素错配”是指资源配置未达最优状态。劳动力要素错配主要是由于劳动力流动不充分,无法实现帕累托最优配置(陈永伟和胡伟民,2011)。湖南省各区域在自然资源禀赋、交通区域条件、社会制度等各方面存在较大差异,由于信息不对称和有限理性,劳动力等资源形成了“城市偏好”流动,加剧收入差距。数字治理通过数字技术手段,可以创造更多就业机会,丰富就业资源(Klenow,2019;赵涛等,2020,刘韵林,2024)。尤为重要的是,数字平台作为信息传播的桥梁,可以消除地域限制和信息孤岛,使得居民,尤其是农村偏远地区的民众有效跨越物理和信息不对称障碍,更便捷地获取就业创业资讯,增加就业创业机会(Bruton等,2015;谢绚丽,2018)。综上,本文提出第3个假说:

假说3:数字治理能够通过缓解劳动力要素错配程度缩小湖南居民收入差距。

社会网络是人与人之间通过持续互动交往与联系建立起的一种相对稳定、相互依存的关联系统,这种关系网络在传递分享信息、促进就业、增加收入等方面具有重要影响(kinnan和Townsend,2012;易行健等,2012;黄露露,2022)。社会网络能够促进农村劳动力人口流动,提高农村家庭收入,促使更多低收入农户获益(于福波和张应良,2019;王翊嘉等,2019;孙伯驰和曹景林,2020)。湖南作为一个典型的中部省份,复杂多样的地形地貌限制了居民出行范围和传统面对面交流机会,同时相对落后的经济水平不利于信息流通与资源获取。数字技术和数字生活能够有效打破时空限制,降低居民社交成本,更好搭建和维护社会网络,使得社交方式更加多元(Ellison等,2007;Steinfield等,2008;戚聿东和褚席,2021)。因此,本文提出第4个假说:

假说4:数字治理能够通过扩大居民社会网络水平缩小湖南居民收入差距。

三、数据描述和变量选取

(一)数据来源及描述性统计

1. 数据来源

一是宏观统计数据。包括互联网普及率、移动电话普及率、人均电信业务收入、计算机服务和软件业人数、GDP环比指数等,主要取自《中国城市统计年鉴》《湖南统计年鉴》和各市州统计年鉴。

二是湖南住户调查数据。该调查通过分层多阶段随机抽样法在全省抽取1429个调查小区,分布在14个市州、122个县(区),共计14290户,2018—2022年5年样本量累计达69550户。本文数据由连续5年共7716.6万条分人分月的微观数据整理得出,具备足够代表性。

三是网络数据。自行设计爬虫系统,具体流程如图3所示,抓取14个市州政府官方门户网站的《政府网站工作年度报表》《政府信息公开工作年度报告》以及政务微博、微信公众号、抖音等移动新媒体相关数据,构成数据安全、政务新媒体、网络公众参与、网络平台绩效、数字治理效果等指标。以“云服务、数据安全、决策支持系统”等60个关键词组成数字政府相关词库,爬取14个市州超5828.9万条数据,汇总后与各地常住人口相比得出人均百度搜索指数。

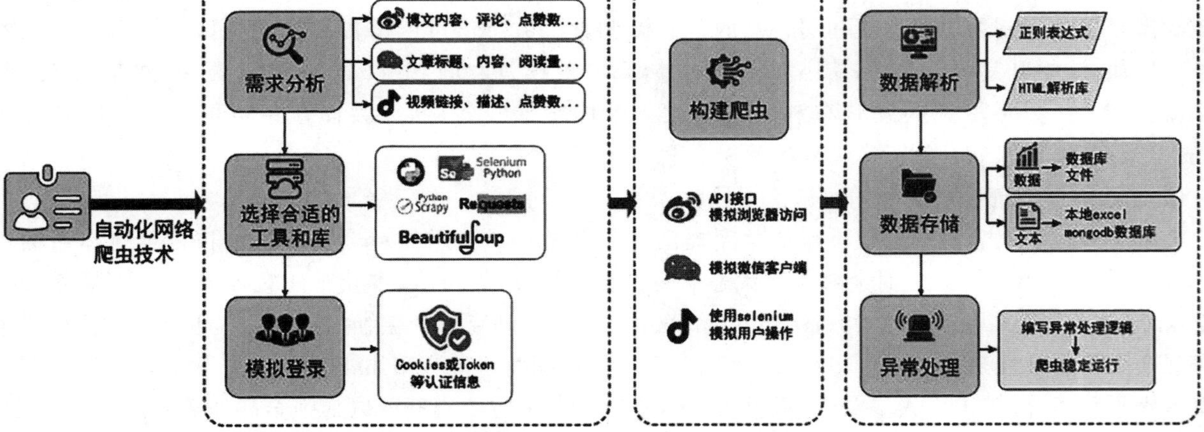

图3 自行设计的爬虫系统

四是第三方研究机构数据。包括“北京大学数字普惠金融指数”中的地市级指数、赛迪顾问和四川德阳政府联合发布的数字经济发展指数(德阳指数)。

五是政策文本数据。选取 14 个市州 70 份年度工作报告,采用内容分析法编码,提取“数字治理”“数字政府”“智慧城市”“数字生活”等 121 个数字治理政策文本信息,并制成词云图(如图 4)。

图 4　数字治理政策文本主题词云图

2. 主要变量描述性统计

本文居民家庭平衡面板数据来自 2018—2022 年湖南住户调查,共计 69550 个有效住户样本。数字治理体系指标数据来自宏观统计数据、网络数据、第三方研究数据等,运用熵权法测算出各市州数字治理水平。通过删除异常值、对缺失值进行插补、归一化处理以统一量纲等数据清洗处理后,得到本文研究数据。

(二)变量定义

1. 被解释变量:收入不平等指数(Kakwani)

现有关于收入不平等的测量方式大体有群体和个体两个方面。以往文献多从群体层面,采用收入基尼系数、泰尔指数或对数方差等方式进行测量(Garner,1993;Deaton 和 Paxson,1994;Meyer 和 Sullivan,2017)。但群体层面测算的收入不平等程度难以反映个体收入差异状况,个体层面的收入不平等多采用更为精确的收入相对剥夺指数来测度,即将个体与其所在群体中其他收入水平更高的个体进行比较,得到其相对收入地位(Fehr 和 Schmidt,1999)。一个家庭在特定群组中的收入水平越高,其遭受的相对剥夺程度就越低,从而表现为收入不平等下降。收入相对剥夺指数的衡量方式主要包括 Yitzhaki 指数(Yitzhaki,1979)、Kakwani 指数(Kakwani,1984)、Podder 指数(Podder,1996),本文将采用 Kakwani 指数作为被解释变量,Yitzhaki 指数和 Podder 指数进行稳健性分析,具体计算方法在下文第四部分体现。

2. 处置变量:数字治理水平(DG)

本文参考赵金旭等(2022)、冯朝睿和赵倩莹(2023)等,遵循系统性、科学性、可行性原则,选取数字基础建设、数字资源供给、数字资源管理和数字治理绩效四个维度,构建由 4 个一级指标,11 个二级指标和 20 个三级指标组成的数字治理评估指标体系,如图 5。

一是数字基础建设,主要强调数字硬件基础和数字通信规模两个层面的数字化技术改革。据此设置光缆密度、互联网普及率等 4 个具体指标。二是数字资源供给,从政策、资金、人才三个方面入手,体现数字公

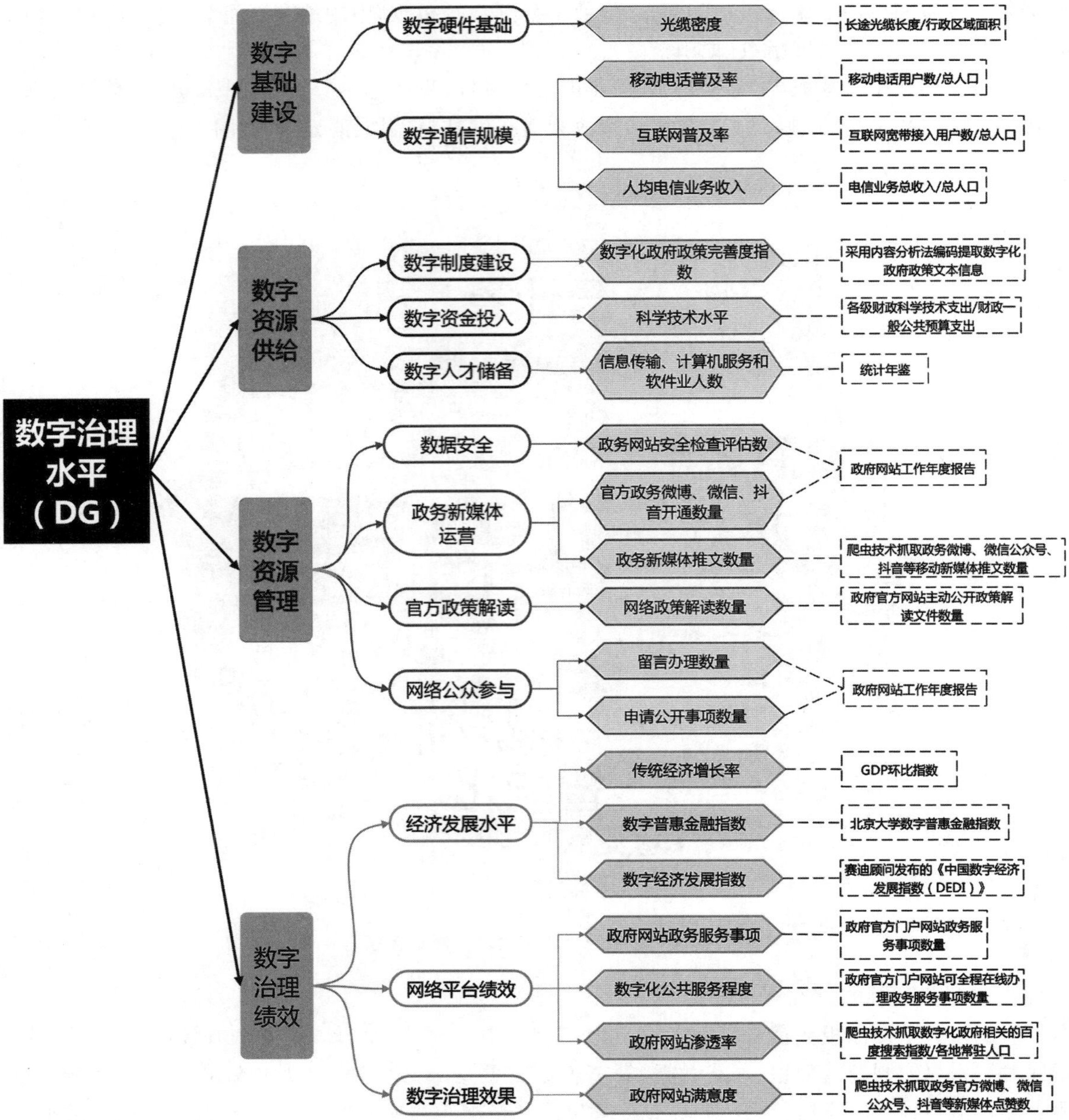

图 5　数字治理指标体系

共服务资源的易用和高效特征。据此设置数字化政府政策完善度指数等 3 个具体指标。三是数字资源管理，强调公共数据的开放共享和安全保障，破解数据壁垒问题；同时，注重与民众的沟通互动，增强政府网站正向引导力。据此设置政务网站安全检查评估数、留言办理数量等 6 个具体指标。四是数字治理绩效，从经济发展水平、网络平台绩效、数字治理效果三个方面体现数字化政府服务的成效和水平。据此设置政府网站满意度等 7 个具体指标。

3. 控制变量

双重机器学习通过正则化算法能有效处理高维数据和复杂的非线性关系等情况。为保证结果的准确性，本文参考秦小迪等(2021)、任太增和殷志高(2022)、陈明升等(2022)，设置了其他可能影响居民收入差距的控制变量，包括城乡属性(City)，户规模(Fmember)，户主受教育程度(Edu)等 30 个户特征以及本户所在社区是否通电(Ele)，是否有卫星电视信号(Tel)等 17 个社区特征；城市地区人均 GDP(PGDP)、贷款余额/GDP(LoanGDP)、夜间灯光指数(Light)等 5 个地级市层面的经济金融变量。同时，为避免城市和时间维度上的信息缺失，采取个体和年份虚拟变量的方式引入城市和时间固定效应。

4. 机制变量

本文拟从提升金融包容性、缓解劳动力要素错配程度和扩大社会网络水平三方面揭示数字治理影响居民收入不平等的机制效应。其中,采用家庭借贷性收支总和(Loan)衡量金融包容性,数据来源于湖南住户调查;参考尹庆民等(2022)构建劳动力要素错配指数来衡量劳动力要素错配程度,数据来源于14个市州统计年鉴;采用交通通讯支出及家庭婚丧嫁娶礼金支出来衡量居民社会网络水平,数据来源于湖南住户调查。

四、湖南居民收入差距时空演化分析

(一)测度理论及方法

本文选取家庭所在市州的其他个体为参照,将受访家庭居民可支配收入与其所在市州的其他家庭进行对比。具体地,假定参考群组X的观测值为n,收入均值为μ_X,群组内家庭的收入向量$x = x_1, x_2, \cdots, x_n$,并满足不等式 $x_1 \leqslant x_2 \leqslant \cdots \leqslant x_n$,定义群组中收入水平超过$x_i$的样本收入均值为$\mu^+_{x_i}$,收入对数超过$\ln x_i$的样本收入对数均值为$\mu^+_{x_i}$,收入水平超过$x_i$的观测值占总观测值的比重为$\gamma^+_{x_i}$,Kakwani指数、Yitzhaki指数和Podder指数计算公式分别为:

$$Kakwani(x, x_i) = \frac{1}{n\mu_X}\sum_{j=i+1}^{n}(X_j - X_i) = \gamma^+_{x_i}[(\mu^+_{x_i} - x_i)/\mu_X] \tag{1}$$

$$Yitzhaki(x, x_i) = \frac{1}{n}\sum_{j=i+1}^{n}(X_j - X_i) = \gamma^+_{x_i}[(\mu^+_{x_i} - x_i)] \tag{2}$$

$$Podder(x, x_i) = \frac{1}{n}\sum_{j=i+1}^{n}(\ln x_j - \ln x_i) = \gamma^+_{x_i}[(\mu^+_{\ln x_i} - \ln x_i)] \tag{3}$$

其中,Yitzhaki指数的加权平均为绝对基尼系数,但不满足正规化和无量纲化的要求;Podder指数估计的稳定性相对较高,但也不满足正规化要求(刘魏,2023),而Kakwani指数具有正规化与无量纲化的特点,能够客观反映单个个体变动的敏感程度,其加权平均为基尼系数,是收入不平等的测度(Lhila和Simon,2010,Ren和Pan,2016;黄云等,2019;田红宇和王晶,2023)。因此,本文采用Kakwani指数作为衡量居民家庭收入不平等的被解释变量。

(二)时间及区域变化特征

根据上述计算方法,如图6所示,2018—2022年,湖南14个市州的居民收入差距基本维持在0.34—0.45,将14个市州各年度居民收入不平等指数取均值后得到全省居民收入不平等指数的时间序列,基本保持在0.40以下。从全省来看,五年间的居民收入差距呈下降趋势。从市州之间比较来看,各市州居民收入差距波动较大,但整体呈下降趋势,表明各区域间居民收入存在较大差距,但差距逐渐缩小。值得注意的是,2022年全省部分市州居民收差距相对2021年有扩大趋势,原因主要是2022年湖南各市州疫情形势复杂严峻,部分城市经历了较长时间的局部区域封锁,同时,疫情影响的滞后效应逐步深化。

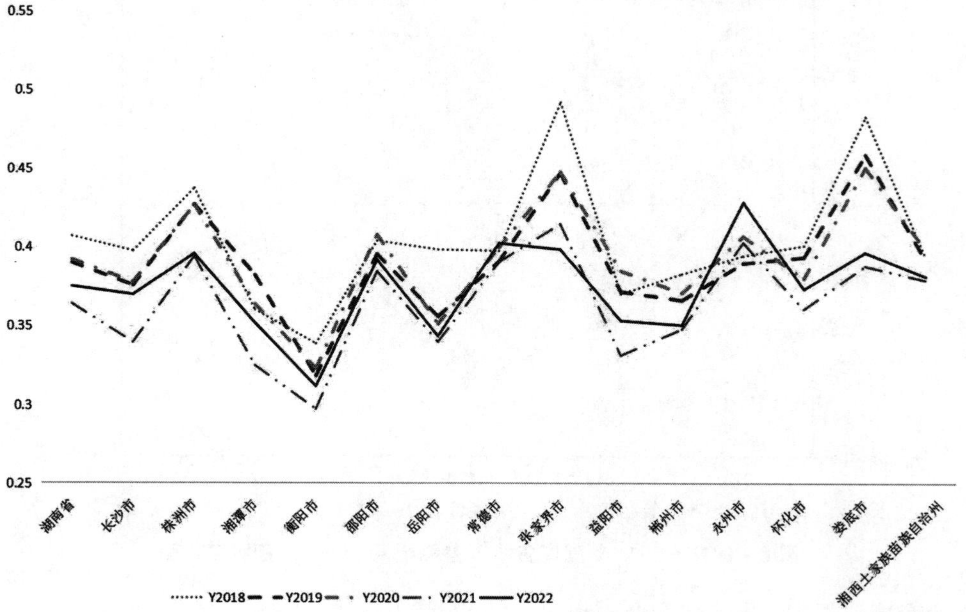

图6 2018—2022年湖南省及14个市州居民收入差距

采用自然间断法将全省居民收入不平等指数分解,分析区域差异及动态演化,结果见图 7。可以看出,湖南省居民收入区域间差距呈"西高东低"两极分化,长株潭与大湘西的差距较大,其差值在 0.027 左右,而长株潭与环洞庭湖、湘南之间的差距较小,其差值在 0.009 左右。说明经济发达地区(长株潭)与经济欠发达地区(大湘西)的居民收入差距较大,而与经济较发达地区(环洞庭湖、湘南)的居民收入差距较小。

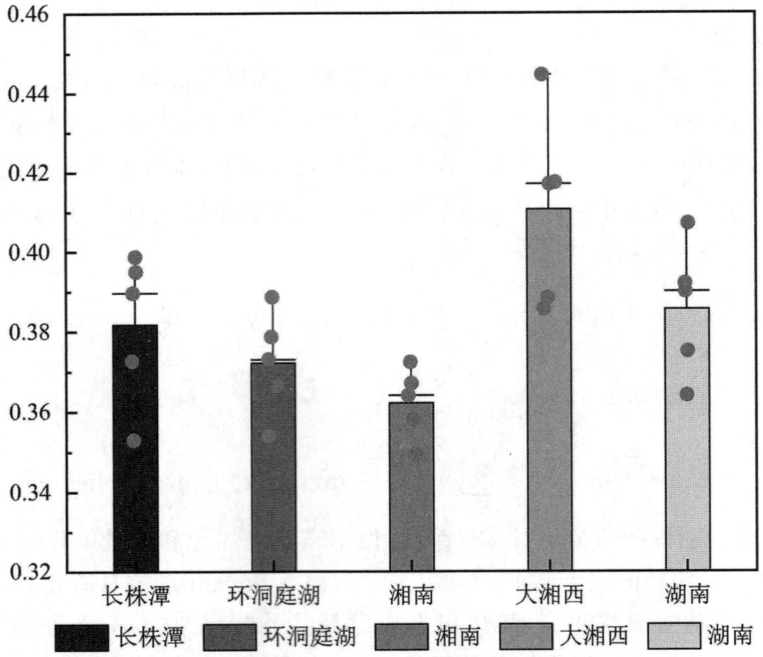

图 7　分区域居民收入差距变化图

(三)空间聚集性特征

采用全局莫兰指数(Moran's I)对各市州居民收入差距进行空间相关检验,结果如图 8。2018—2022 年湖南省居民收入差距水平的全局 Moran's I 指数均为负值,且呈波动式增大趋势,表明湖南省居民收入差距存在空间负相关性,市州之间的收入差距在空间上呈分散趋势,高收入差距区域周围倾向于聚集低收入差距区域。

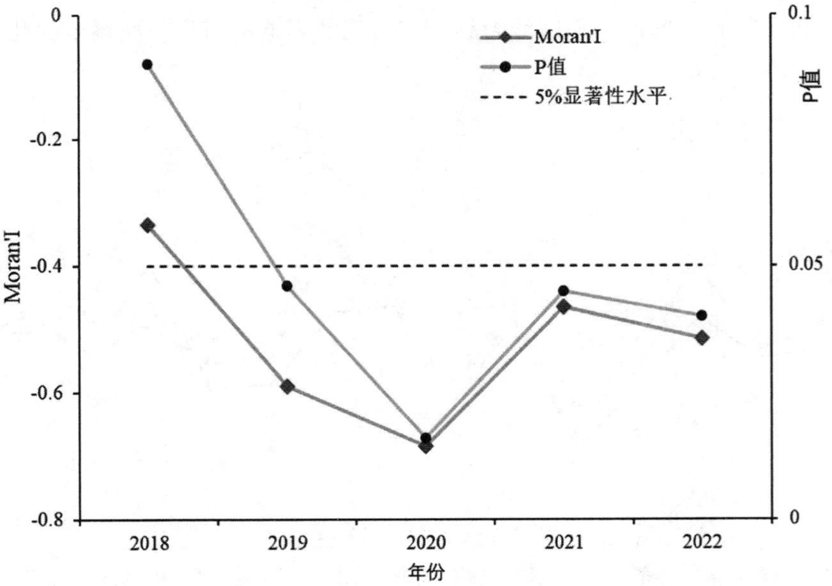

图 8　2018—2022 年湖南省收入差距全局 Moran'I 指数变化图

(四)重心演变特征

运用 ArcGIS 软件测算湖南省 2018—2022 年居民收入差距水平重心,如图 9。

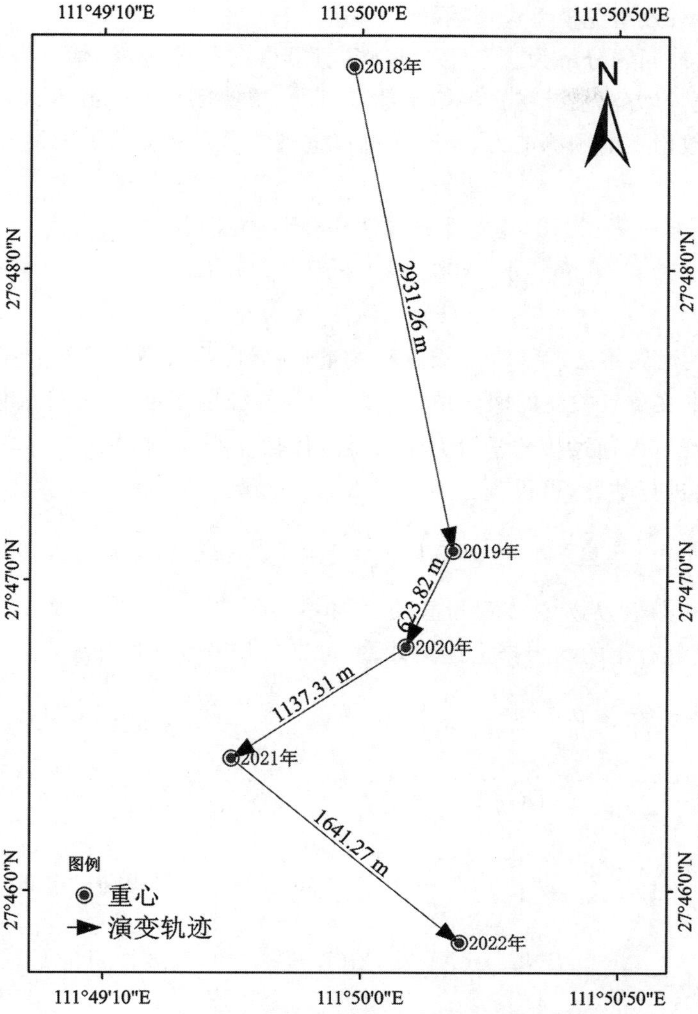

图 9　2018—2022 年湖南省收入差距重心演变

从重心位置来看，2018—2022 年间，湖南省收入差距水平重心均位于娄底，表明该城市是湖南省收入差距较大的城市。结合娄底各年份收入差距水平数值看，2018—2022 年娄底市收入差距指数呈降低趋势，这对缩小湖南省收入差距整体水平起到较大作用。从重心偏移距离看，2018—2022 年间，湖南省收入差距水平重心偏移呈先下降后上升趋势，这可能受新冠疫情影响，宏观经济增长波动对各城市居民收入差距造成一定影响，重心波动性随之增强。从重心偏移方向看，2018—2022 年，湖南省收入差距水平重心偏移分别向东南—西南—西南—东南方向移动，整体主要往娄底南部地区移动。

五、数字治理对居民收入差距影响的实证分析

（一）基于双重机器学习的因果推断

本文旨在基于多元异构数据探究数字治理对湖南居民收入差距的影响效应，当前相关研究多采用传统因果推断模型进行政策效果评估。而机器学习擅长处理高维数据和复杂的非线性关系，但其主要目标是预测而非因果推断。将机器学习方法与因果推断结合，利用机器学习的强大预测能力，可以更好地控制混杂变量，从而提高因果效应估计的准确性和稳健性。

相比传统因果推断模型，双重机器学习（Double Machine Learning，DML）基于在变量选择和模型估计上的独特优势，更适用于本文问题的研究。一方面，本文采用 Kakwani 指数衡量居民收入差距水平，受经济社会中诸多因素的影响，为保证评估的准确性，应尽可能控制其他因素对居民收入差距的干扰。但传统的因果推断方法，如回归分析，通常依赖于模型的正确指定和较少的混杂变量。在处理高维控制变量时，传统回归模型可能面临“维度诅咒”和多重共线性。双重机器学习采用诸多机器学习及其正则化算法，能有效减少偏差和提高估计的稳定性，获得更可靠的因果效应估计。另一方面，在影响效应问题研究中，变量间的非线性关系是常态，常规的线性回归可能带来模型设定上的偏误，而双重机器学习凭借在处理非线性和复杂

关系时的突出表现,能够有效避免模型设误问题。

DML将因果效应估计问题分解为三个主要步骤:机器学习模型选择,估计混杂函数和因果效应估计。其核心思想是通过机器学习方法估计潜在混杂函数,然后在这些估计的基础上进行因果效应调整。该方法利用了机器学习在高维数据下的预测能力,同时通过双重机器学习框架减少因果效应估计中的偏差。

1. 模型设定

本文参考Chernozhukov等(2018)建立部分线性模型形式如下:

$$Y_{it}=\theta_0 DG_{it}+g(X_{it})+U_{it} \tag{4}$$

$$E(U_{it}\mid DG_{it},X_{it})=0 \tag{5}$$

其中,i 代表家庭;t 代表年份;Y_{it} 表示被解释变量,为居民收入不平等指数;DG_{it} 表示处置变量,为数字治理发展水平;θ_0 为本文重点关注的回归系数。X_{it} 为高维控制变量,是通过函数 $g(X)$ 影响被解释的协变量,其具体形式是未知的,需通过机器学习方法获悉具体估计量 $\hat{g}(X_{it})$,U_{it} 为误差项,其条件均值为0。

直接对式(4)、式(5)进行估计,可得到:

$$\hat{\theta}_0=\left(\frac{1}{n}\sum_{i\in I,t\in T}DG_{it}^2\right)^{-1}\frac{1}{n}\sum_{i\in I,t\in T}DG_{it}(Y_{it}-\hat{g}(X_{it})) \tag{6}$$

其中,i 表示第 i 个观测值,I 为总体观测值,n 为样本容量。

但是,这样的估计量是有偏的。根据上述估计量,可进一步考察其估计偏误:

$$\sqrt{n}(\hat{\theta}_0-\theta_0)=\left(\frac{1}{n}\sum_{i\in I,t\in T}DG_{it}^2\right)^{-1}\frac{1}{\sqrt{n}}\sum_{i\in I,t\in T}DG_{it}U_{it}+\left(\frac{1}{n}\sum_{i\in I,t\in T}DG_{it}^2\right)^{-1}\frac{1}{\sqrt{n}}\sum_{i\in I,t\in T}DG_{it}[g(X_{iu})-\hat{g}(X_{it})] \tag{7}$$

上式中令 $a=\left(\frac{1}{n}\sum_{i\in I,t\in T}DG_{it}^2\right)^{-1}\frac{1}{n}\sum_{i\in I,t\in T}DG_{it}U_{it}$,且服从均值为0的正态分布,$b=\left(\frac{1}{n}\sum_{i\in I,t\in T}DG_{it}^2\right)^{-1}\frac{1}{\sqrt{n}}\sum_{i\in I,t\in T}DG_{it}[g(X_{iu})-\hat{g}(X_{it})]$,这里需要注意的是,由于双重机器学习采用机器学习及其正则化算法估计高维函数形式 $\hat{g}(X_{it})$,不可避免地引入“正则偏误”,虽能避免估计量的方差过大,但会导致其估计有偏,$\hat{g}(X_{it})$ 向 $\hat{g}(X_{it})$ 的收敛速度较慢,$n^{-\phi g}>n^{-1/2}$,最后,当 n 趋向于无穷大,b 也趋向于无穷大,$\hat{\theta}_0$ 难以收敛于 θ_0。

为提升小样本情况下处置系数估计量的无偏性,本文引入正交法进行修正偏误,构建辅助回归如下:

$$DG_{it}=m(X_{it})+V_{it} \tag{8}$$

$$E(V_{it}\mid X_{it})=0 \tag{9}$$

其中,$m(X_{it})$ 为处置变量对高维控制变量的回归函数,同样需要采用机器学习算法估计其具体形式 $\hat{m}(X_{it})$,V_{it} 为误差项,条件均值为0。

具体操作过程为:首先,采用机器学习算法估计辅助回归 $\hat{m}(X_{it})$,取其残差 $\hat{V}_{it}=DG_{it}-\hat{m}(X_{it})$;然后,同样采用机器学习算法估计 $\hat{g}(X_{it})$,将主回归形式改为 $Y_{it}-\hat{g}(X_{it})=\theta_0 DG_{it}+U_{it}$ 的工具变量进行回归,获得无偏的系数估计量:

$$\check{\theta}_0=\left(\frac{1}{n}\sum_{i\in I,t\in T}\hat{V}_{it}DG_{it}^2\right)^{-1}\frac{1}{n}\sum_{i\in I,t\in T}\hat{V}_{it}(Y_{it}-\hat{g}(X_{it})) \tag{10}$$

同理,式(10)可近似表示为:

$$\sqrt{n}(\hat{\theta}_0-\theta_0)=[E(V_{it}^2)]^{-1}\frac{1}{\sqrt{n}}\sum_{i\in I,t\in T}V_{it}U_{it}+[E(V_{it}^2)]^{-1}\frac{1}{\sqrt{n}}\sum_{i\in I,t\in T}[m(X_{iu})-\hat{m}(X_{it})][g(X_{iu})-\hat{g}(X_{it})] \tag{11}$$

其中,$[E(V_{it}^2)]^{-1}\frac{1}{\sqrt{n}}\sum_{i\in I,t\in T}V_{it}U_{it}$ 服从均值为0的正态分布,由于使用了两次机器学习估计,

$[E(V_{it}^2)]^{-1}\frac{1}{\sqrt{n}}\sum_{i\in I,t\in T}[m(X_{iu})-\hat{m}(X_{it})][g(X_{iu})-\hat{g}(X_{it})]$ 的整体收敛速度取决于 $\hat{m}(X_{it})$ 向 $m(X_{it})$ 以及 $\hat{g}(X_{it})$ 向 $g(X_{it})$ 的收敛速度，即 $n^{-(\phi g+\phi m)}$，相较于式(7)，$\sqrt{n}(\hat{\theta}_0-\theta_0)$ 向 0 收敛的速度更快，从而获得无偏的处置系数估计量。

2. 机器学习模型选择

常见的选择包括线性回归、Lasso 回归、随机森林和神经网络等。选择模型时应考虑数据特征、变量的数量和变量之间的关系。鉴于深度学习模型具有强大的拟合能力，以及为了充分利用本文数据量较大(样本量 69550)的优势，本文选择由王小燕、江建伟和徐龙滔(2022)提出的具有特征选择能力的深度神经网络学习模型 CMCP-DNN。

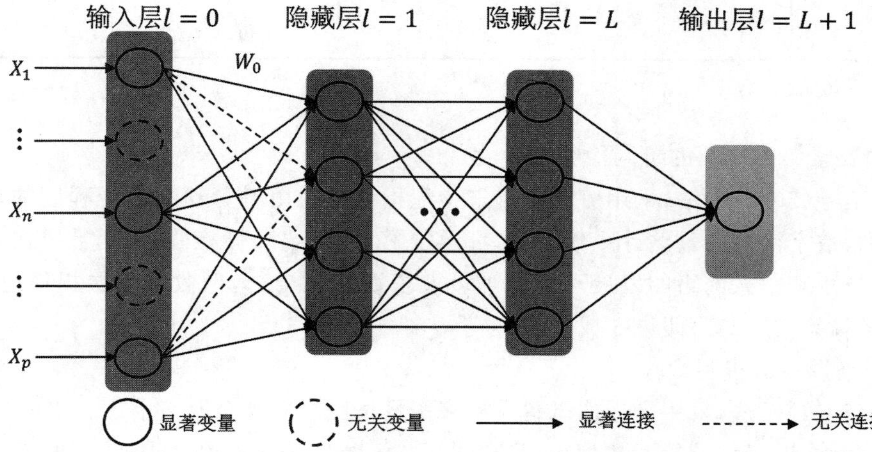

图 10　深度神经网络的结构表示

注：X_1 和 X_p 呈现权重的组内稀疏性，X_j 中整组权重都是重要的，虚线圆形节点呈现整组稀疏性。

(二)实证结果分析

本文运用双重机器学习的因果推断研究了数字治理对湖南居民收入差距的影响效应，结果见表 1。模型在引入了控制变量、城市固定效应、时间固定效应后，数字治理水平对居民收入不平等的回归系数为负，且在 5%的水平上显著，说明数字治理能够缩小居民收入差距，假说 1 得到验证。

表 1　基准回归：数字治理与居民收入不平等

变量	(2) Kakwani
DG	−0.119** (0.051)
控制变量	是
年份固定效应	是
个体固定效应	是
Observations	69,550

注：* p<0.1，** p<0.05，*** p<0.01。

(三)传导机制检验

1. 基于金融包容性视角的机制检验

借鉴张彤进等(2017)做法，用家庭借贷性收支总和衡量金融包容性，结果见表 2 第(1)列，数字治理变量估计系数为正，并在 1%水平显著，说明数字治理能够改善金融包容性。根据前文解释，金融包容性的提升能够拓宽金融服务覆盖范围，有利于更多被金融机构排斥的弱势群体进入金融市场，促进居民收入分配均衡化，缓解收入不平等问题(张贺和白钦先，2018)。假说 2 成立。

表2 传导机制检验

变量	(1)	(2)	(3)	(4)
	金融包容性	劳动力要素错配	社会网络	
	借贷性收支总和	劳动力要素错配指数	交通通讯费支出	婚丧嫁娶礼金支出
DG	2.430*** (0.898)	−0.468*** (0.143)	0.553** (0.239)	0.056* (0.033)
控制变量	是	是	是	是
年份固定效应	是	是	是	是
个体固定效应	是	是	是	是
Observations	69,550	69,550	69,550	69,550

注：* $p<0.1$，** $p<0.05$，*** $p<0.01$。

2. 基于劳动力要素错配视角的机制检验

参考尹庆民和王寻(2022)做法，采用劳动力要素错配指数作为衡量劳动力错配程度的代理变量。实证结果如表2第(2)列，数字治理变量估计系数为负，且通过了1%的显著性检验，说明数字治理能够缓解劳动力要素错配。数字技术和信息网络的发展可以增加就业资源和机会，为低收入阶层提供更多增收渠道，改善收入不平等(宋冬林等，2022)。假说3成立。

3. 基于社会网络视角的机制检验

参考杨汝岱等(2011)做法，采用交通通讯费支出来衡量居民家庭社会网络水平。实证结果如表2第(3)列，数字治理对家庭社会网络估计的系数为正，且通过了5%的显著性检验。进一步地，考虑到家庭礼金支出是社会网络中维系或增强联系所必需的投入成本，借鉴易行健等(2012)做法，将婚丧嫁娶礼金支出作为衡量家庭社会网络水平的代理指标。更换机制变量后，表2第(4)列的结果证明数字治理依然能够通过增强社会网络的连接效能，有效打破传统社交模式的时空壁垒，促进成员间更加灵活高效地转移支付与共享，丰富居民家庭经济来源，进而缩小居民收入差距(Munshi 和 Rosenweig，2009；尹志超等，2021；宋冬林等，2022)。假说4得以验证。

(四)异质性分析

1. 基于区域异质性的讨论

考虑湖南省14个市州在数字基础设施建设和数字经济发展程度等方面存在差异，导致数字治理的效用

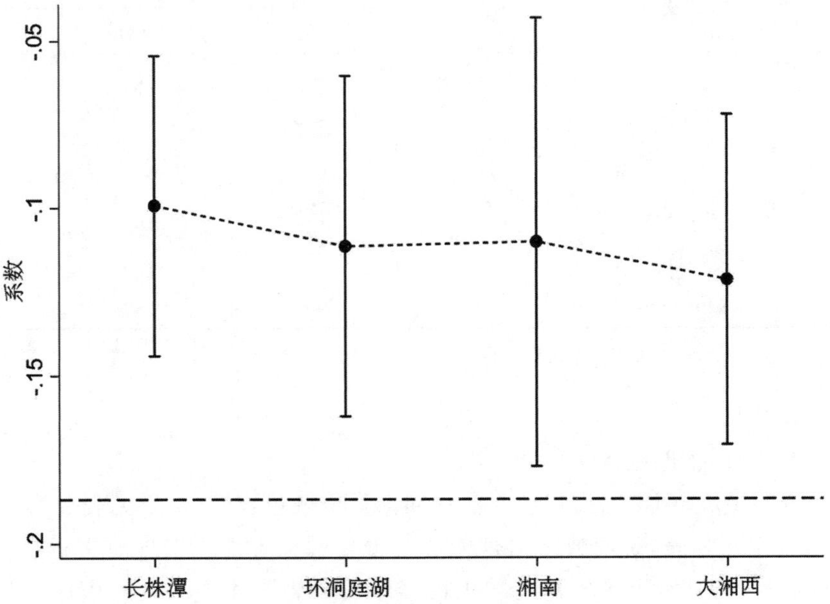

图11 分片区的异质性检验

发挥可能会有所不同。为了识别该异质性影响是否存在，本文将全省分长株潭、环洞庭湖、湘南、大湘西4个片区开展区域异质性分析，探讨不同水平数字基础设施建设和数字经济发展对数字治理效应发挥的影响。结果如图11所示，数字经济发展和基础设施水平较差的大湘西地区居民收入不平等受到数字治理的影响效应高于数字经济发展和基础设施水平较高的长株潭地区。

进一步考虑到城乡之间数字基础设施建设和数字经济发展水平亦存在显著差异和不平衡，本文按城乡属性划分为城镇和农村两个子样本后分别进行分析。结果如图12所示，数字治理对居民收入差距的缓解效应在农村地区更为明显。

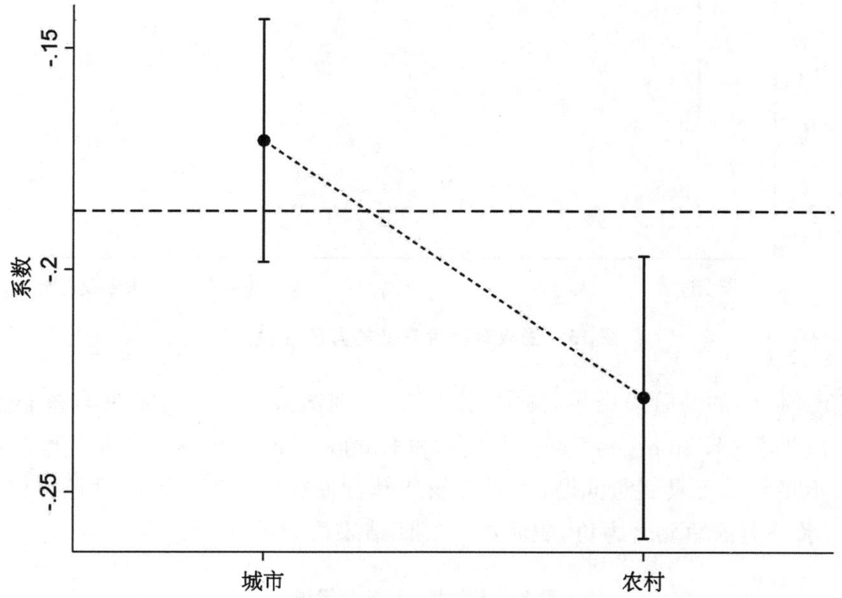

图12 分城乡的异质性检验

综上，数字治理对收入差距的影响效应受区域数字基础设施和数字经济发展水平的影响，随着区域数字基础设施的完善及数字经济发展水平的上升，该地区居民收入不平等现象将得到缓解，进而强化数字治理在推动共同富裕目标实现过程中的积极作用。

2. 基于居民家庭异质性的讨论

居民家庭成员不同受教育程度导致对数字技术使用能力和参与数字治理意愿等方面存在差异，进而影响数字治理效果。按照受教育年限，本文将户主划分为未上过学、小学、初中、高中和大专及以上五个子样本，探讨数字治理对居民收入不平等的缓解作用是否受居民家庭受教育程度的影响。如图13，随着户主受教育程度的提升，数字治理在缩小居民收入差距方面的效应反而呈现减弱趋势。这表明，数字治理在促进社会公平方面，对教育程度较低的群体有更加显著的积极影响，它能够有效打破传统教育资源壁垒，让教育程度较低的群体更便捷地通过数字平台获取学习资源和机会，缓解因“教育鸿沟”导致的收入不平等问题，进一步推动社会共享发展成果，加快实现共同富裕。

(五)内生性讨论

尽管前文尽可能多将影响因素考虑在内，但由于数据限制，依然可能存在其他遗漏变量影响模型准确性，导致内生性问题。为此，本文借鉴 Chernozhukov 等(2018)，构建双重机器学习的部分线性工具变量模型，以控制潜在的内生性问题，具体如下：

$$Y_{it}=\theta_0 DG_{it}+g(X_{it})+U_{it} \tag{12}$$

$$Instrument_{it}=m(X_{it})+V_{it} \tag{13}$$

其中，$Instrument_{it}$ 为 DG_{it} 的工具变量，此处，参考 Nathan 和 Nancy(2014)做法，采用时间和城市地形起伏度的交互项作为工具变量。一方面，地形起伏度可以反映当地地形复杂程度，进而影响数字基础设施建设，满足相关性条件。另一方面，地形起伏度作为自然因素，与其他变量不直接关联，且不随时间变化，满足外生性条件。

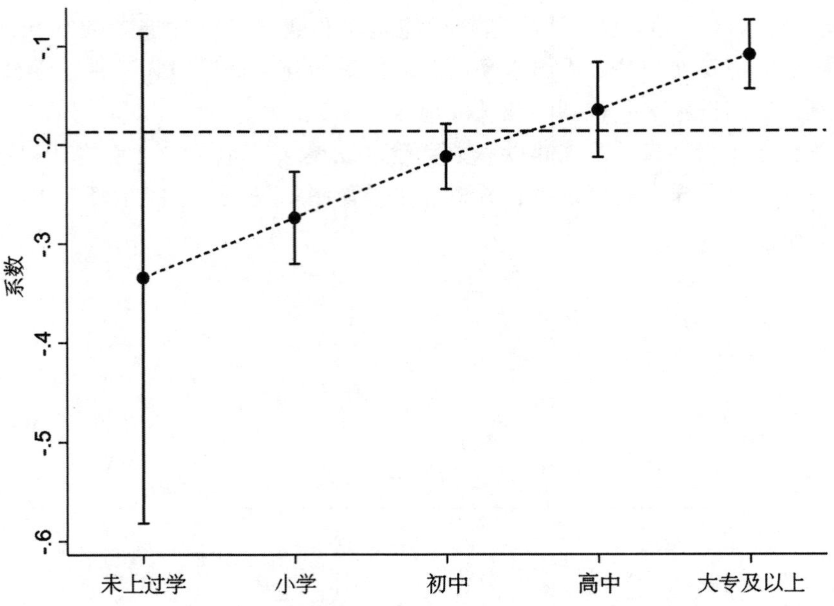

图13　受教育程度高低的异质性检验

表3显示工具变量回归的两阶段结果，其中，表3第(1)列结果显示工具变量与核心解释变量呈负相关关系，且在1%水平上显著。Kleibergen-Paap rk LM 和 Kleibergen-Paap Ward rk F 检验结果显著拒绝原假设，表明不存在识别不足和弱工具变量问题，工具变量选择合理有效。表3第(2)列回归结果中，数字治理对居民收入差距在1%水平上依然显著为负，表明本文实证结果稳健可信。

表3　内生性:工具变量法

变量	(1)	(2)
	第一阶段	第二阶段
	DG	Kakwani
DG		−0.7346*** (0.2283)
时间 * 城市地形起伏度	−0.0010*** (0.0003)	
控制变量	是	是
Kleibergen-Paap rk LM 检验	156.059 [0.000]	
Kleibergen-Paap Ward rk F 检验	156.298 [16.38]	
年份固定效应	是	是
个体固定效应	是	是
Observations	69,550	69,550

注：* $p<0.1$，** $p<0.05$，*** $p<0.01$。

(六)稳健性检验

1. 更换机器学习算法

为避免模型设定偏误，将先前用作预测的 CMCP-DNN 模型更换为随机森林算法，探究预测算法对本文结论的可能影响。结果见表4第(1)列，改变机器学习算法后，数字治理对缩小居民收入差距的影响依然显著。

表 4 稳健性检验:更换机器学习算法、剔除异常值的影响

变量	(1)	(2)
	随机森林算法	剔除异常值影响
DG	−0.1964*** (0.011)	−0.1398*** (0.009)
控制变量	是	是
年份固定效应	是	是
个体固定效应	是	是
Observations	69,550	69,550

注:* $p<0.1$,** $p<0.05$,*** $p<0.01$。

2. 剔除异常值影响

考虑到样本异常值可能带来估计结果偏误,对除处置变量外的其他变量采取了1%、99%分位点和5%、95%分位点的缩尾处理,将高于最高分位点和低于最低分位点的数值进行适当替换处理后重新进行回归。表4第(2)列结果显示,剔除异常值后模型各变量系数和显著性均未发生明显变化,保持良好稳健性。

3. 考虑片区一时间交互固定效应

鉴于同一片区内的不同市州往往在政策导向、地理特征、历史基础等方面具有一定的相似性,本文在基准模型中引入片区与时间的交互固定效应,控制不同片区随时间变动的影响。表5结果显示,数字治理对缓解居民收入不平等的影响仍在1%的水平上显著,足以说明本文结论的稳健性。

表 5 稳健性检验:考虑片区一时间交互固定效应

变量	(2)
	Kakwani
DG	−0.1841*** (0.011)
片区 * 时间	−0.0009*** (0.000)
控制变量	是
年份固定效应	是
个体固定效应	是
Observations	69,550

注:* $p<0.1$,** $p<0.05$,*** $p<0.01$。

4. 考虑被解释变量滞后性

考虑到数字治理政策及网络基础设施的效用发挥存在滞后效应,同时为避免控制变量与被解释变量的双向因果问题,本文将被解释变量滞后一期重新进行回归。由表6第(1)列可见,结论仍然稳健。

5. 更换被解释变量与处置变量

首先,为避免因变量选取的差异对回归结果造成的影响,本文参考黄云等(2019),分别用Yitzhaki指数和Podder指数替代被解释变量Kakwani指数后重新进行回归。由表6第(2)~(3)列可发现解释变量均依然显著为正。其次,考虑数字治理指标体系的多重共线性问题,本文参考赵涛等(2020),对数字治理评估指标体系进行因子分析后与被解释变量Kakwani指数、Yitzhaki指数、Podder指数重新进行回归,表6第(4)~(6)列结果表明数字治理仍能显著缩小居民收入差距。

表6　稳健性检验:考虑政策效应的滞后性、更换被解释变量与处置变量

变量	(1)	(2)	(3)	(4)	(5)	(6)
	被解释变量滞后一期	Yitzhaki	Podder	Kakwani	Yitzhaki	Podder
DG (熵权法)	−0.1404*** (0.011)	−0.2008*** (0.011)	−0.2945** (0.025)			
DG (因子分析)				−0.0909*** (0.005)	−0.0948*** (0.006)	−0.1489*** (0.012)
控制变量	是	是	是	是	是	是
年份固定效应	是	是	是	是	是	是
个体固定效应	是	是	是	是	是	是
Observations	69,550	69,550	69,550	69,550	69,550	69,550

注:* $p<0.1$,** $p<0.05$,*** $p<0.01$。

六、结论与启示

(一)主要结论

本文从微观视角测度了2018—2022年湖南居民家庭收入差距,并开展时空演化分析,同时基于双重机器学习的因果推断法研究了数字治理对居民收入差距的影响,得出以下结论:

一是湖南省居民收入差距呈降低趋势,各市州之间居民收入差距存在较大差异,但相对差距逐渐缩小,长株潭与大湘西地区的差异程度较大。

二是湖南省居民收入差距整体呈“西高东低”空间分布格局,在各市州层面上为空间负相关关系,高收入差距区域周围倾向于聚集低收入差距区域,收入差距水平重心偏移主要集中在娄底等大湘西地区。

三是数字治理能够降低居民收入差距,主要通过提高金融包容性、缓解劳动力要素错配程度以及提升家庭社会网络水平等三个机制实现。

四是数字治理对居民收入差距的抑制作用,在大湘西地区及农村等经济发展程度较低的区域以及受教育程度较低的居民家庭中更为显著,这体现了数字治理的“普惠性”。

(二)政策启示

一是优化数字治理体系,促进各地区数字治理协调发展,进一步缩小居民收入差距。加快完善数字治理相关法律法规、标准规范、组织架构和运行机制等,推动数字服务向基层延伸、向农村覆盖、向偏远地区倾斜,提升数字技术的可获取和可使用性,扩大数字治理促进效率提升和经济增长效用。

二是促进数字基础设施体系化发展和规模化部署,以互联网红利带动后发地区“突围”。数字治理缩小居民收入差距的效应在大湘西、农村等基础设施建设相对落后和数字经济发展程度较低地区更为显著,因此要加快这些地区的数字基础设施建设,优化农村和偏远地区的数字经济发展环境,推动数字资源向农村和偏远地区倾斜。此外,后发地区可以结合自身区域特点和应用迫切性,抓住数字治理发展重大机遇,优化数字基础设施布局,有效释放数字治理价值。

三是充分发挥数字治理在提高金融包容性、缓解劳动力错配程度以及扩大居民家庭社会网络等方面的作用,积极推进数字中国建设。搭建农村数字普惠金融体系,改善优化数字营商环境,利用数字技术进一步缓解融资难和融资贵问题。加快建立数据保护制度,完善数据共享机制,提升数据安全治理监管能力,推进数字经济与实体经济深度融合。鼓励低技能劳动者参与网络技能培训,多渠道搭建新型就业网络平台,全面提升国民数字素养和金融素养,助力实现智慧共享的新型数字生活,助推共同富裕目标实现。

(三)不足与展望

一是本文数字治理水平的测度是从宏观层面构建的,后续将进一步阅读文献,在宏观研究的基础上引入微观视角,比如从家庭参与数字治理的角度进行拓展讨论。

二是实证分析仅采用湖南省各市州5年的数据，对模型在更长时间段和全国范围内的适用性缺乏计量分析。后续可综合更多数据资源，进行更深层次、更广角度的挖掘和分析。

【参考文献】

[1] 陈凯华，冯泽，孙茜，(2020). 创新大数据、创新治理效能和数字化转型[J]. 研究与发展管理，32(06)：1－12.

[2] 陈永伟，胡伟明，(2011). 价格扭曲、要素错配和效率损失：理论与应用[J]. 经济学(季刊)，10(4)：1401－1422.

[3] 陈工，李琦，金玲艳，(2017). 基于深度学习的区域生态安全时空模拟与预测[J]. 地球信息科学学报，19(7)：915－923.

[4] 陈明生，郑玉璐，姚笛，(2022). 基础设施升级、劳动力流动与区域经济差距一来自高铁开通和智慧城市建设的证据[J]. 经济问题探索，(5)：109－122.

[5] 段盛华，于凤霞，关乐宁，(2020). 数据时代的政府治理创新一基于数据开放共享的视角[J]. 电子政务，(9)：74－83.

[6] 冯朝睿，赵倩莹，(2023). 中国政府数字治理能力指标体系构建与测度研究一基于熵权TOPSIS方法的实证分析[J]. 云南财经大学学报，(3)；98－110.

[7] 郭爱君，张小勇，(2022). 数字经济赋能共同富裕：现实基底、逻辑机制与实现进路[J]. 内蒙古社会科学，43(4)：115－122.

[8] 郭云南，姚洋，(2013). 宗族网络与农村劳动力流动[J]. 管理世界，(03)：75－87＋193－194.

[9] 郭永锐，张捷，卢韶婧，(2014). 中国入境旅游经济空间格局的时空动态性[J]. 地理科学，34(11)：1299－1304.

[10] 黄建伟，陈玲玲，(2019). 中国基层政府数字治理的伦理困境与优化路径[J]. 哈尔滨工业大学学报：社会科学版，21(2)：14－19.

[11] 胡鞍钢，王蔚，周绍杰，鲁钰锋，(2016). 中国开创"新经济"一从缩小"数字鸿沟"到收获"数字红利"[J]. 国家行政学院学报，(3)：4－13.

[12] 韩克勇，孟维福，(2021). 包容性金融发展、消费升级与产业结构优化[J]. 现代经济探讨，(07)：93－104.

[13] 黄云，任国强，周云波，(2019). 收入不平等对农村居民身心健康的影响——基于CGSS2015数据的实证分析[J]. 农业技术经济，(3)：25－37.

[14] 黄露露，(2022). 社会网络、风险分担与家庭储蓄率一来自中国城镇居民的证据[J]. 经济学(季刊)，22(1)：87－108.

[15] 刘洋，董久钰，魏江，(2020). 数字创新管理：理论框架与未来研究[J]. 管理世界，36(7)：198－217，219.

[16] 刘江，(2022). 区域数字鸿沟、技术主导失灵、政策在地化：城市数字治理能力的空间特征[J]. 华侨大学学报，(6)：74－86.

[17] 李天龙，姜春云，(2022). 信息素养对高素质农民乡村数字治理参与的影响机制一来自西北地区1280位高素质农民的经验证据[J]. 电子政务，(6)：86－98.

[18] 刘魏，(2023). 气候变化、收入流动与农户内部收入不平等[J]. 农业技术经济，(7)：124 8131464.D 3 3 1

[19] 骆宇傲，骆宇航，(2023). 基于湖南省实证分析数字普惠对城乡收入差距的影响因素[J]. 上海企业，(8)：30－33.

[20] 刘韵林，(2024). 湖南农村居民收入的时空分异及其影响因素研究[J]. 湖南农业科学，(1)：84－92.

[21] 牟天琦，刁璐，霍鹏，(2021). 数字经济与城乡包容性增长：基于数字技能视角[J]. 金融评论，13(4)：36－57.

[22] 戚聿东，褚席，(2021). 数字生活的就业效应：内在机制与微观证据[J]. 财贸经济，42(4)：98－114.

[23] 秦小迪，吴海涛，侯小远，(2021). 农村基础设施对包容性绿色增长的影响：促进还是抑制？[J]. 农林经济管理学报，(6)：721－729.

[24] 任太增,殷志高,(2022).数字普惠金融与中国经济的包容性增长:理论分析和经验证据[J].管理学刊,(1):23—35.

[25] 孙伯驰,曹景林,(2020).社会资本异质性与农村减贫成效差异—基于收入增长和差距缩小的双重视角分析[J].商业研究,(01):35—44.

[26] 宋冬林,田广辉,徐英东,(2022).数字金融改善了收入不平等状况吗?—基于创业的收入与就业效应研究[J].兰州大学学报(社会科学版),50(3):38—51.

[27] 田红宇,王晶,(2023).数字普惠金融能够缩小农村内部收入差距吗?——来自生计资源多元化视角的证据[J].中国农业资源与区划,(10):1 81 13.6 D 3 3 1

[28] 万相昱,张晨,唐亮,(2024).中国居民收入机会不平等再测算[J].数量经济技术经济研究,(1):192—212.

[29] 魏俊丽,王军,(2023).数字治理助推乡村共同富裕[J].社会科学动态,(11):38—42.

[30] 王春超,周先波,(2013).社会资本能影响农民工收入吗?—基于有序响应收入模型的估计和检验[J].管理世界,(9):55—68.

[31] 王翊嘉,左孝凡,黄森慰,(2019).正式网络加剧了农村居民收入不平等吗?——基于福建省、安徽省320农户的调查[J].石家庄铁道大学学报(社会科学版),13(02):15—23.

[32] 王小燕,江建伟,徐龙滔,(2022).基于CMCP和余弦间隔交叉熵的深度神经网络及其应用[J].数量经济技术经济研究,(10):170—188.

[33] 相倚天,陈经伟,张晨,周广华,袁贺荣,(2024).数字政府是否缓解了收入差距—来自跨国样本的征集[J].宏观经济研究,(3):111—127.

[34] 谢绚丽,沈艳,张皓星,郭锋,(2018).数字金融能促进就业吗?—来自中国的证据[J].经济学(季刊),17(4):1557—1580.

[35] 易行健,张波,杨汝岱,杨碧云,(2012).家庭社会网络与农户储蓄行为:基于中国农村的实证研究[J].管理世界,(5):43—51.

[36] 于福波,张应良,(2019).外出务工、社会资本与农户内部收入差距[J].经济与管理研究,40(08):90—103.

[37] 尹庆民,王寻,(2022).数字经济是否促进了中国的城乡融合—基于中介效应模型与空间杜宾模型的检验[J].技术经济,41(11):114—126.

[38] 张勋,万广华,张佳佳,何宗樾,(2019).数字经济、普惠金融与包容性增长[J].经济研究,54(8):71—86.

[39] 张岳,张博,(2024).数字治理下农民收入增长与收入分配效应[J].华南农业大学学报,23(1):63—75.

[40] 张贺,白钦先,(2018).数字普惠金融减少了城乡收入差距吗?—基于中国省级数据的面板门槛回归分析[J].经济问题探索,(10):122—129.

[41] 赵涛,张智,梁上坤,(2020).数字经济、创业活跃度与高质量发展—来自中国城市的经验证据[J].管理世界,36(10):65—76.

[42] 赵金旭,赵娟,孟天广,(2022).数字政府发展的理论框架与评估体系研究—基于31个省级行政单位和101个大中城市的实证分析[J].中国行政管理,(6):49—58.

[43] Bruton G,Khavul S, Siegel D, et al,(2015).New Financial Alternatives in seeding Entrepreneurship:Microfinance, Crowdfunding, and Peer-to-peer Innovations[J].Entrepreneurship Theory and Practice, 38(4):775—806.

[44] Chernozhukov V., Chetverikov D., Demirer M., Duflo E., Hansen C., Newey W., Robins J., (2018).Double /Debiased Machine Learning for Treatment and Structural Parameters [J], Econometrics Journal,21 (1) ,C1—C68.

[45] Deaton A, Paxson C, (1994).Intertemporal Choice and Inequality[J].Journal of Political Economy, 102(3):437—467.

[46] Ellison N B, Steinfield C, Lampe C, (2007).The benefits of Facebook "Friends":Social Capital and

College Students' Use of Online Social Network Sites[J]. Journal of Computer-Mediated Communication, 12(4):1143—1168.

[47] Fehr E, K. M. Schmidt,(1999). A theory of fairness, competition, and cooperation[J], Quarterly Journal of Economics,114(3):817—868.

[48] Garner T I, (1993). Consumer Expenditures and Inequality:An Analysis Based on Decomposition of the Gini Coefficient[J]. The Review of Economics and Statistics, 75(1):134—138.

[49] Hintong G E, Osindero S, The Y W,(2006). A fast learningalgorithm for deep belief nets[J]. Neural Computation,18(7):1527—1554.

[50] Hannig A , Jansen S,(2010). Financial Inclusion and Financial Stability:Current Policy Issues[J]. SSRN Electronic Journal,. DOI:10. 2139/ssrn. 1729122.

[51] Khaki A R, (2017). Does Access to Finance Alleviate Poverty? A Case Study of SGSY Beneficiaries in Kashmir Valley[J]. International Journal of Social Economics, 44(8):1032—1045.

[52] Kakwani N, (1984). The Relative Deprivation Curve and Its Applications[J]. Journal of Business & Economic Statistics, 2(4):384—394.

[53] Klenow H P J,(2009). Misallocation and manufacturing TFP in China and India[J]. Quarterly Journal of economics. (4):1403—1448.

[54] Kinnan C,Townsend R,(2012). Kinship and Financial Network, Formal Financial Access, and Risk Reduction[J]. American Economics Review, 102(3):289—293.

[55] Leyshon A,(1995). Thrift N. Geographies of Financial Exclusion:Financial Abandonment in Britain and the United States[J]. Transactions of the Institute of British Geographers, 20(3):312—341.

[56] Lhila, A. , K. I. Simon, (2010), Relative deprivation and child health in the USA[J]. Social Science and Medicine, 71(4):777—785.

[57] Munshi K, Rosenzweig M, (2009). Why is Mobility in India so Low? Social Insurance, Inequality, and Growth [R]. National Bureau of Economic Research.

[58] Meyer B D, Sullivan J X, (2017). Consumption and Income Inequality in the US Since the 1960s[R]. National Bureau of Economic Research.

[59] Podder N, (1996). Relative Deprivation, Envy and Economic Inequality [J]. Kyklos, 49(3): 353—376.

[60] Philippon T,(2016). The Fintech Opportunity [R]. National Bureau of Economic Research.

[61] Regan and Paxton, (2003). Beyond bank accounts:Full financial inclusion [EB/OL]. Production & design by EMPHASIS.

[62] Rangarajan Committee,(2008). Report of the Committee on Financial Inclusion[R],Government of India.

[63] Ren G, Pan X, (2016). An Individual Relative Deprivation Index and Its Curve Considering Income Scope[J]. Social Indicators Research, 126(3):935—953.

[64] Rey S J, Murray A T,(2011). Anselin L. Visualizing regional income distribution dynamics[J]. Letters in Spatial and Resource Sciences,4(1):81—90.

[65] Steinfield C, Ellison N B, Lampe C, (2008). Social Capital, Self-esteem, and Use of Online Social Network Sites:A Longitudinal Analysis[J]. Journal of Applied Developmental Psychology, 29(6): 434—445.

[66] Sarker M N I,Wu M,Hossin M A,(2018). Smart governance through big data:Digital transformation of public agencies [C]. International conference on artificial intelligence and big data (ICAIBD). IEEE, (3):62—70.

[67] Shlomo, Yitzhaki, (1979). Relative Deprivation and the Gini Coefficient[J]. Quarterly Journal of Economics, (2):321—324.

[68] Yang J, Chuang H, Kuan C,(2020). Double Machine Learning with Gradient Boosting and Its Application to the Big N Audit Quality Effect [J]. Journal of Econometrics,216 (1):268—283.
[69] Zeng M, Reinartz W,(2003). Beyond Online Search:The Road to Profitability[J]. California Management Review,45(2):107—130.

数字经济背景下供求模式重塑及风险研究
——基于消费行为视角

国家统计局广东调查总队　王克林　叶　田　徐泽洲

摘　要

习近平总书记指出“数字经济发展速度之快、辐射范围之广、影响程度之深前所未有,正在成为重组全球要素资源、重塑全球经济结构、改变全球竞争格局的关键力量”。在消费领域,数字经济正以不可阻挡之势深刻影响着供求两端,推动着传统供求模式发生形式上和本质上的重塑。网络消费是数字经济背景下供求模式的主要形式。国家统计局数据显示,我国已连续11年成为全球第一大网络零售市场,2023年网上零售额达到15.43万亿元,较2015年增长297.9%,年平均增长率为18.8%,高于社会消费品零售总额年平均增长率13.0个百分点。

数字经济背景下供求模式的重塑是全方位的。数字经济以其高创新性、强渗透性、广覆盖性为供求模式的重塑提供了强劲动力和广阔平台,促进供求两端在不断博弈中实现高水平动态平衡。与传统供求模式相比,数字经济背景下的供求模式从形式上看从线下转到线上,进而带来规模的急剧扩张。但其本质逻辑是从效率、质量、价值等维度全方位重塑。规模扩大是数字经济背景下供求模式重塑的外在表现,效率提升是数字经济背景下供求模式重塑的内在逻辑,而质量提升则是供求双方在有效信息不断被供求系统吸收、市场处于良性运转状态下供求模式向良性方向重塑的必然结果;消费价值概念的延伸是超越物质层面向精神层面升华的表现,是供求模式高水平重塑的内在要求和内涵升华。这四个方面是相互联系、层层递进、有机统一的,是供求模式一体化推进的动态展现。鉴于此,本文从规模、效率、质量和价值四个维度研究数字经济背景下供求模式的重塑。

本文为数字经济背景下供求模式重塑“量身定制”研究方法。利用Qwen-VL和TF-IDF分析相关视频数据,探究数字经济对消费场景的丰富性;使用图论、仿真模拟方法构建供求信息系统,通过python模拟主体信息网络并用Floyd方法计算各网络主体的信息传输和连通,以信息触达效率为切入点,研究数字经济背景下供求效率的提升;利用SnowNLP模型分析评价文本,利用朴素贝叶斯分类分析文本情感并确定情感极性,并通过专题调研与多层次加权构建消费质量系列指数;将时间变量引入效用函数,通过计算消费者剩余来构建数字经济消费价值测度模型,并以广东时间利用调查数据进行实证。

研究结果显示数字经济背景下供求模式得到了本质的重塑。数字经济背景下网上零售额逐年增长,居民消费场景更加丰富;供求信息系统模拟结果显示,数字经济时期信息传输路径效率大幅提升,总信息效率增长约11倍;2024年消费质量指数为83.1,比2014年(78.2)提高约4.9,十年间消费质量提升指数为114.7;2024年广东数字经济消费价值比2008年增长28.7倍,人均数字经济消费价值与人均居民消费支出之比由2008年的6.1%增长到2024年的41.2%,增长了5.7倍。

本文创新主要体现在思想和方法两个方面。数字经济背景下供求模式正发生着实实在在的改变,但关于该主题的系统性研究比较少见。本文从理论探讨到统计测度进行尝试,首次提出了相关概念、观点并运用统计模型进行实证。本文还研究了数字经济背景下供求模式重塑过程中可能出现的风险。

关键词:数字经济;供求模式重塑;供求信息系统;数字经济消费价值

一、引言

(一)研究背景与意义

习近平总书记指出"数字经济发展速度之快、辐射范围之广、影响程度之深前所未有,正在成为重组全球要素资源、重塑全球经济结构、改变全球竞争格局的关键力量"。国家统计局数据显示,我国已连续11年成为全球第一大网络零售市场,2023年网上零售额达到15.43万亿元,较2015年增长297.9%,年平均增长率为18.8%。此外,中国信通院发布的《中国数字经济发展研究报告》显示,2023年我国数字经济规模为53.9万亿元,占GDP比重为42.8%。数字经济规模不断扩大,广度和深度不断拓展,正逐渐成为推动我国经济增长的重要力量。

数字经济一方面打破了时间和空间限制,减少了交易环节,实现了消费的便利化,同时数字经济为居民提供了多元化的信息来源渠道,使其能够随时随地获取所需商品及服务的信息,信息搜寻成本得以降低,交易效率得以提升(李旭洋等,2019)。另一方面,数字技术在消费领域的快速渗透拓宽了消费的选择渠道,使消费者能够"货比三家",充分掌握消费主动权,进而倒逼商家进行产业结构转型升级,充分利用数字技术等优势优化消费品的供给质量和结构(黄漫宇和窦雪萌,2024),同时数字技术使商家能够精准了解消费者需求,为消费者创造消费价值,也让消费者拥有了更多闲暇时间,借助数字经济提供的平台,消费者能够按照自己的意愿或兴趣开发潜能,追求精神价值的实现(陈剑等,2020)。

鉴于此,本文从规模、效率、质量和价值四个维度研究数字经济背景下供求模式的重塑,并对供求模式在重塑过程中可能出现的风险进行研究,为推动我国建设全国统一大市场,实现经济高质量发展提供有益参考。

(二)文献综述

1. 数字经济研究

许多学者对数字经济特征做出了概括,表示数字经济的核心要素——数据具有高流动性、非竞争性、低成本性等特征,这些特征使得数字经济呈现高创新性、强渗透性、广覆盖性的特点(谢康,2022;欧阳日辉,2023;田秀娟,2022;钞小静等,2023)。数字经济对经济发展的各方面都产生了深远影响,蔡跃洲等(2018)认为数字技术会对经济过程中生产、分配、交换、消费各环节产生改变。陈晓红等(2022)认为数字经济可以促进生产方变革商业模式、探索经营新业态。

2. 供求模式概念研究

数字经济背景下,供求模式各方面均发生改变。整体规模方面,马德隆等(2023)指出产业链的数字化转型促进上下游整合重组,规模集群效应得到强化;交易速度方面;龚六堂(2023)发现数字经济可以降低供需双方信息收缩成本和合约成本,提升交易效率;产品质量方面,沈坤荣等(2024)认为,消费者的需求变化可以被数字技术精准捕捉,进而推动消费内容提质升级;价值内涵方面,江小涓(2019)认为数字经济突破了传统服务业"在地化"限制,供求双方可在线上开展内涵丰富的交易,供求价值承载量不断提升。

3. 数字经济对消费行为影响的相关研究

消费行为研究侧重于数字经济下居民消费结构转型、消费特征转变等两方面。消费结构转型方面,马香品(2020)认为数字经济重塑了居民消费的信息传递机制和心理需求机制,引发消费模式的结构性变革;刘媛媛(2016)认为数字经济通过促进居民就业、提升产品营销和完善商贸流通体系三方面实现居民消费结构转型升级。消费特征转变方面,周楠(2018)研究概括了数字经济环境下消费者需求扩大、动机多样和注重个性三大特征;熊颖(2022)认为数字经济提供了"娱乐"与"消费"融合的平台,产生更为丰富的消费体验,从而实现消费需求跃迁。

现有文献对供求模式及其重塑的研究相对不足,主要体现在三个方面:一是未能系统地论证数字经济发展与供求模式重塑的内在联系;二是从居民消费行为的微观角度开展供求模式重塑研究相对缺乏;三是对供求模式重塑中存在的风险研究不多。鉴于此,本文从消费行为视角入手,从规模、效率、质量和价值四个维度研究数字经济背景下供求模式的重塑,并对可能存在的风险进行研究。

(三)研究思路

本文主要研究思路如图1所示。

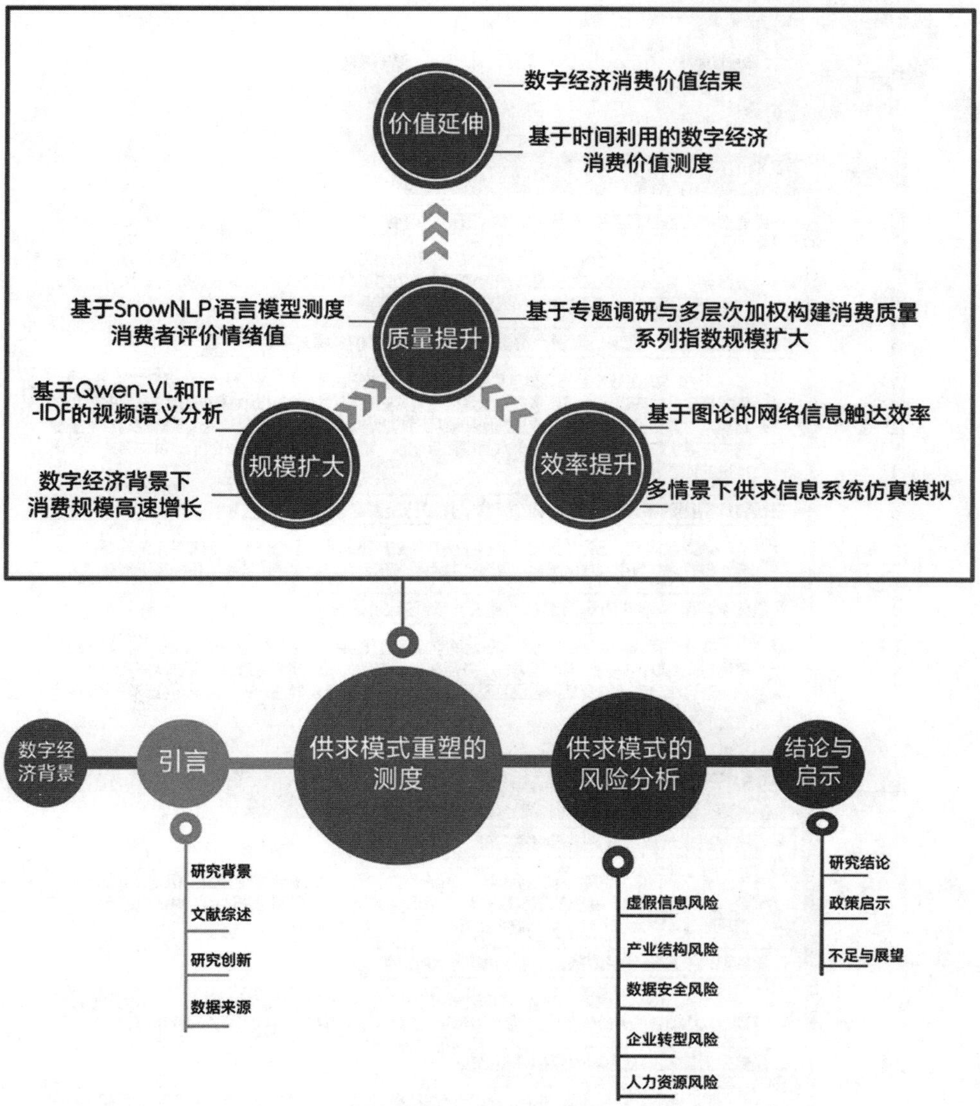

图1　研究思路图

(四)主要创新

本文从理论探讨到统计测度对数字经济背景下供求模式重塑进行了尝试,首次提出了相关概念、观点并运用统计模型进行实证,创新体现在思想和方法两个方面(见图2)。

思想创新主要体现在首次提出了相关概念、观点。一是首次提出数字经济背景下供求模式重塑的观点;二是首次从规模、效率、质量、价值四个维度论证了供求模式重塑的逻辑;三是首次提出数字经济消费价值的概念,并进行定量测度;四是首次利用时间利用调查微观数据进行比较性实证研究。

方法创新主要体现在"量身定制"研究方法。一是构建供求信息系统并进行模拟实证;二是创新性测度数字经济背景下消费者评价情绪值;三是自主开发爬虫程序爬取情绪价值数据;四是利用多种技术综合提升数据处理质量和效率。

(五)数据来源

本文研究所用数据主要包括调研数据、官方数据、模拟数据,以及网络爬虫数据,共约3000万条,如图3所示。

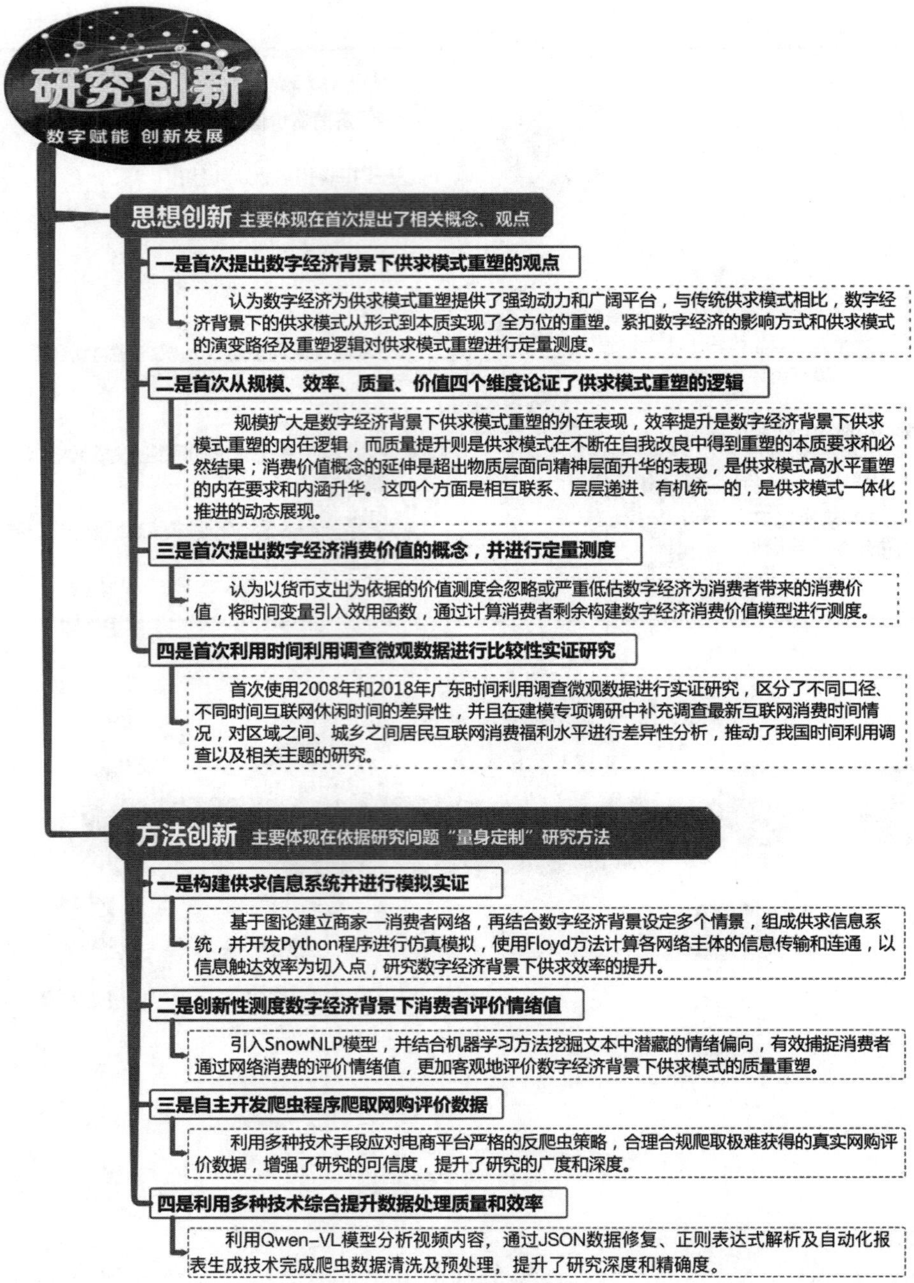

图 2　研究创新示意图

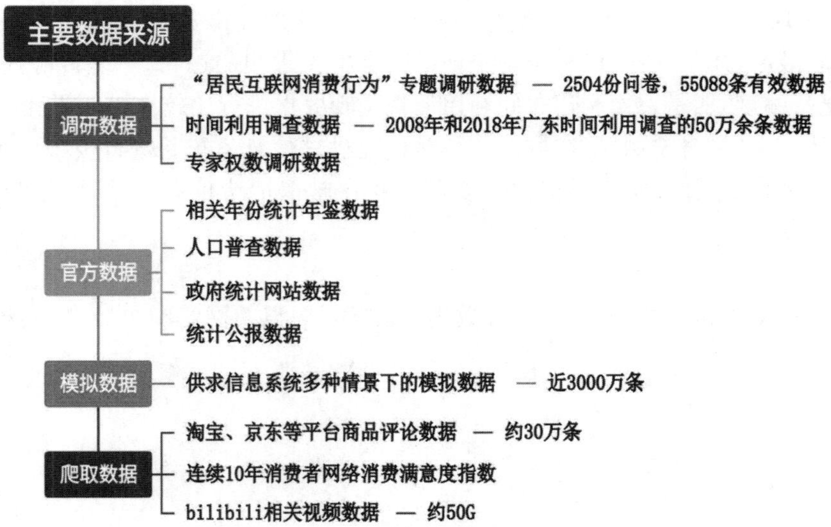

图 3　数据来源图

二、数字经济背景下供求模式重塑研究

首先基于现有文献，对数字经济和供求模式的概念进行界定；接着对数字经济背景下供求模式的重塑机理进行分析，并据此提出供求模式重塑的系列假设；最后从消费行为视角入手，通过多源数据和合理方法进行论证。

（一）供求模式重塑机理及相关假设

1. 相关概念界定

关于数字经济本文采用国家统计局定义，认为数字经济是以数据资源作为关键生产要素、以现代信息网络作为重要载体、以信息通信技术的有效使用作为效率提升和经济结构优化的重要推动力的一系列经济活动。关于供求模式本文参考相关文献，将供求模式定义为：供求模式是用于考察生产商与消费者间互动关系的一个动态系统，是商品/服务需求与供给的相互作用。

2. 重塑机理及逻辑分析

数字经济背景下传统供求模式已发生根本性改变。传统供求模式为商品由生产商到经销商、零售商再到消费者，供求链条多为单向，模式相对简单，职能相对清晰。数字经济背景下，传统单向供应链结构被颠覆，职能部门界限被打破，不同主体的职能可以相互转换，组成了错综复杂的“供应需求网”。数字经济背景下传统供求模式从外在表象到内在本质得到全方位重塑。首先，数字经济打破了时间和空间等要素限制，信息传输和商品交换变得更加高效，供给端可通过多种方式与消费者实现有效连接，基本可以随时满足消费者需求，促使供求效率更加高效、规模逐步扩大。其次，数字技术的发展使生产商能够获得更多的消费端数据，消费者也能够及时对商品/服务做出评价，从而促使商品/服务更加优质、更加贴近消费者需求，推动供求质量提升。最后，数字经济背景下，丰富的消费端数据使得生产商能够更精准地了解消费者潜在需求，创造消费价值，同时数字技术让消费者拥有了更多闲暇时间，借助数字经济提供的平台，消费者能够按照自己的意愿或兴趣开发潜能，追求精神价值的实现。本文认为，数字经济背景下供求模式的重塑可从规模、质量、效率、价值四个维度进行研究。

规模、质量、效率、价值四个维度相互联系、层层递进、有机统一，是供求模式一体化推进的动态展现。规模扩大是数字经济背景下供求模式重塑的外在表现，效率提升是供求模式重塑的内在逻辑，而质量提升则是供求双方在有效信息不断被供求信息系统吸收、市场处于良性运转状态下供求模式向良性方向重塑的必然结果；消费价值概念的延伸是超越物质层面向精神层面升华的表现，是供求模式高水平重塑的内在要求和内涵升华（见图 4）。

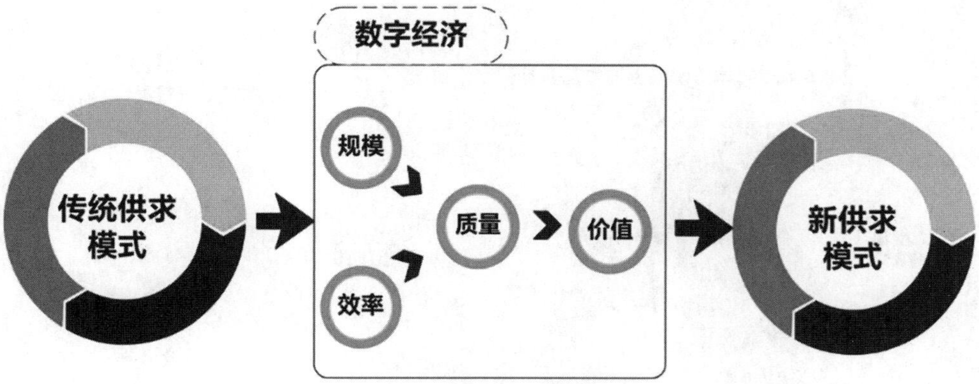

图 4　供求模式重塑逻辑图

3. 研究假设

陈剑等（2020）指出生产商的核心价值是提供商品/服务，为消费者创造价值。供给端的优化调整是为了促进消费者消费，而消费者的感知或意愿又会促使供给端发生改变，因此供求模式的变化最终会体现在消费上。故本文基于消费行为视角从规模、质量、效率和价值四个维度对数字经济下供求模式的重塑进行研究，并提出如下四个假设（如图 5 所示）。

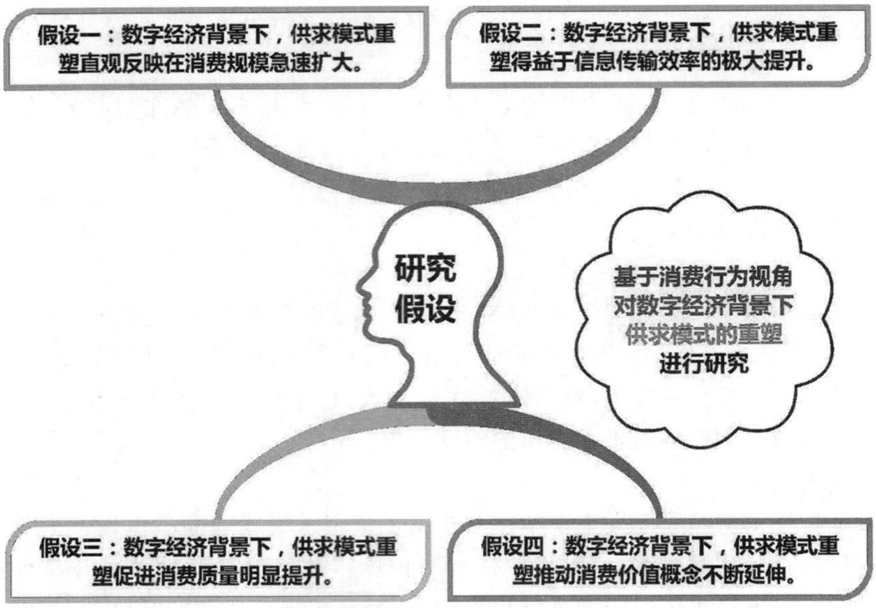

图 5　研究假设图

(二)规模扩大是供求模式重塑的外在表现

数字经济背景下，平台经济不断发展，原有的消费市场结构与供应模式被打破，供应商借助电商等平台为消费者提供商品与服务的便捷性增加，有效提高了产品供应的多样性，扩大了消费规模。本节利用网络零售额数据分析数字经济对居民消费规模的影响，并利用 Qwen-VL 视觉语言模型和 IF－IDF 算法探索数字经济对居民消费场景的丰富性。

1. 基于网上零售额的消费规模走势分析

网上零售额作为社会消费品零售总额的一部分，是数字经济的重要体现。国家统计局数据显示，2015－2023 年网上零售额实现较快增长(见图 6)，2015 年全国网上零售额累计值为 38773 亿元，2023 年全国网上零售额累计值达 154264 亿元，较 2015 年增长 297.9%，年平均增长率为 18.8%，高于社会消费品零售总额年平均增长率 13.0 个百分点，同时网上零售额占社会消费品零售总额的比重由 2015 年的 12.9%增长为 2023 年的 32.7%。数字经济在消费规模的重塑上正发挥着越来越重要的作用。同时，本文借助 S-ARIMA 模型利用 1992－2008 年社会消费品零售总额预测 2009－2023 年社会消费品零售总额，结果显示社会消费品零售总额预测值低于同期实际社会消费品零售总额，表明数字经济对消费规模增长有推动作用(详见附录 2)。

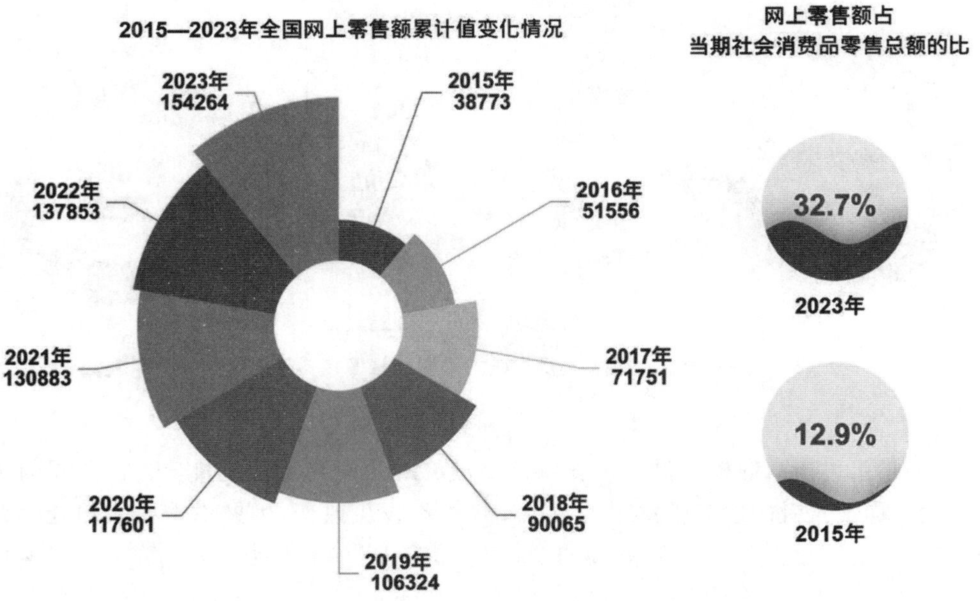

图 6　2015－2023 年网上零售额及占社会消费品零售总额比重图(单位:亿元)

2. 基于 Qwen-VL 和 TF-IDF 的视频语义分析

为反映数字经济对消费规模的影响，特别是对生活场景（包括消费商品与服务等）的丰富拓展，本节利用通义千问视觉语言模型（Qwen-VL）对相关视频数据进行分析。通义千问视觉语言模型（Qwen-VL）是阿里巴巴开源的视觉语言处理模型，其整体框架由大语言模型、视觉编码器和位置感知的视觉语言适配器三个模块构成，具有强大的视觉和语言处理能力，在视觉理解与问答、文本理解、图像相关推理等方面具有良好的效果，能够解决自然语言处理中的视觉语言理解和生成问题，为业界领先的视觉语言模型之一。

本文基于“科技”“数字经济”“居民生活”等关键词从 bilibili 网站下载相关视频，并通过 API 接口调用 Qwen-VL 视觉语言模型对视频数据进行处理分析。由于图像描述和通用视觉问答是视觉语言模型的两个常规任务，即图像描述要求模型为给定的图像生成描述，而通用视觉问答则要求模型为给定的图形一问题对生成答案，因此本节要求 Qwen-VL 视觉语言模型对输入视频进行描述，并对指定问题“请列出上述视频中出现的数据经济相关场景或提到数字技术影响生活的场景”生成答案。

在获取 Qwen-VL 视觉语言模型生成的文本后，本节利用 Python 中的 Jieba 库进行文本分词，并用 TF-IDF 算法进行主题词识别。TF-IDF（Term Frequency-Inverse Document Frequency）是一种用于评估文档中词语重要性的方法，其基本思想为如果一个词语在某一文档中频繁出现，但在其他文档中较少出现，那么该词语可以较好地反映该文档的主题信息。该方法通过计算词语在文档中出现的频率（TF）及其在所有文档中出现频率（IDF），再将两者相乘得到 TF-IDF 值，如果一个词语的 TF-IDF 值越高，表明其在文档中的重要性就越高，相关计算方法如下，

$$TF_{i,j}=n/\sum_{k}n_{k,j} \tag{1}$$

$$IDF_{i}=\log(N/n_{i}) \tag{2}$$

$$TFIDF_{i,j}=TF_{i,j}\times IDF_{i} \tag{3}$$

其中，$n_{i,j}$ 是文档 j 中词语 i 出现的次数，$\sum_{k}n_{k,j}$ 是文档 j 中所有单词出现次数的总和，N 是语料库中的文档总数，n_{i} 是包含词语 i 的文档数。

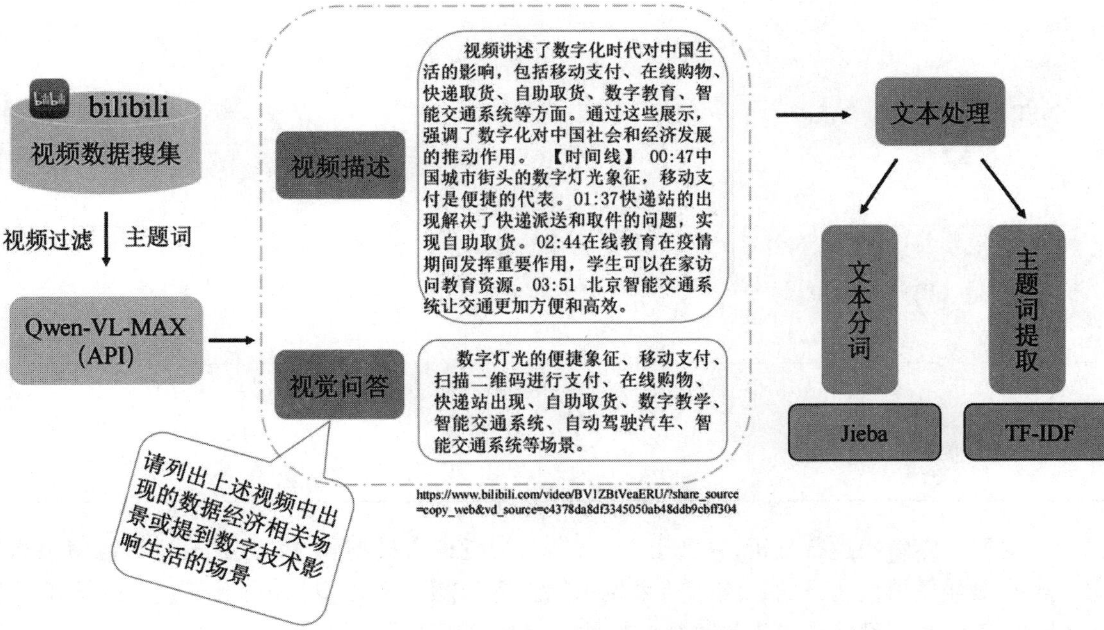

图 7　数据收集及处理流程示意图

表 1 展示了利用 Qwen-VL 模型和 TF-IDF 算法进行分析的结果，从表 1 可以看出数字经济背景下，许多新的消费场景如智能驾驶、互联网医疗、虚拟试衣间、在线博物馆等不断涌现，这些新消费场景正逐步拓展居民的生活方式，激发了越来越多的消费新热点，同时也在驱动居民消费升级。

表1 数字经济相关场景词频统计表

	主题	场景(词语)	词频
1	通讯	线上 实时 ……	0.145
2	支付	二维码 移动支付 在线购物 ……	0.078
3	健康	互联网医疗 电子病历 线上医院 ……	0.063
4	教育	网络课堂 智慧教室 数字图书馆 ……	0.061
5	购物	在线购物 虚拟试衣间 ……	0.051
6	交通	导航 地图 自动驾驶 智能停车 智能物流 电子登机牌 ……	0.048
7	文旅	在线博物馆 在线虚拟展览 ……	0.046
8	娱乐	增强现实 直播 ……	0.042

综上,本节对网上零售额进行分析,并利用 Qwen-VL 视觉语言模型和 TF-IDF 算法对视频数据进行分析,探究数字经济对居民消费场景的影响。结果显示网上零售额规模逐步扩大,数字经济影响下的居民消费场景更加丰富,表明数字经济在促进供求规模发展上逐步发挥着更大作用。

(三)效率提升是供求模式重塑的内在逻辑

数字经济背景下,消费行为从线下延伸到线上,广告营销主阵地也从传统媒介转移到互联网媒体,极大地增加了商品信息与消费者的接触面,提高了消费者获取商品信息的效率,提升了供求匹配效率。本节使用图论方法构建供求信息系统,提出测度消费者信息触达效率的指标——网络路径效率和网络信息效率,并借助仿真模拟方法测算指标,研究数字经济对供求模式效率的影响。

1. 基于图论的网络信息触达效率测度

图论是对网络中对象之间的联系、距离等进行刻画和研究的数学分支。本节基于图论构建供求信息系统,假设市场上有 m 个商家,n 个消费者,商品信息可以通过商家利用广告营销等方式直接传递给消费者,也可通过消费者之间的社交联系等间接传递,因此商家、消费者、商家与消费者的联系,消费者之间的联系构成了商家—消费者网络(简称 $M-C$ 网络,本文假定 $M-C$ 网络为单向网络,见图8)。为刻画商品信息在 $M-C$ 网络中的传输效率,本节构建网络路径效率和网络信息效率两个指标来衡量商家将商品信息传递到消费者的效率,其中,网络路径效率衡量商家将商品信息直接传递到消费者的效率,从传输路径来反映信息传输的快慢;网络信息效率衡量商家将信息传递到消费者以及消费者之间的信息传递效率(即整个 $M-C$ 网络中的信息传输总效率),从单位时间内获取的信息量来反映信息传输的快慢。

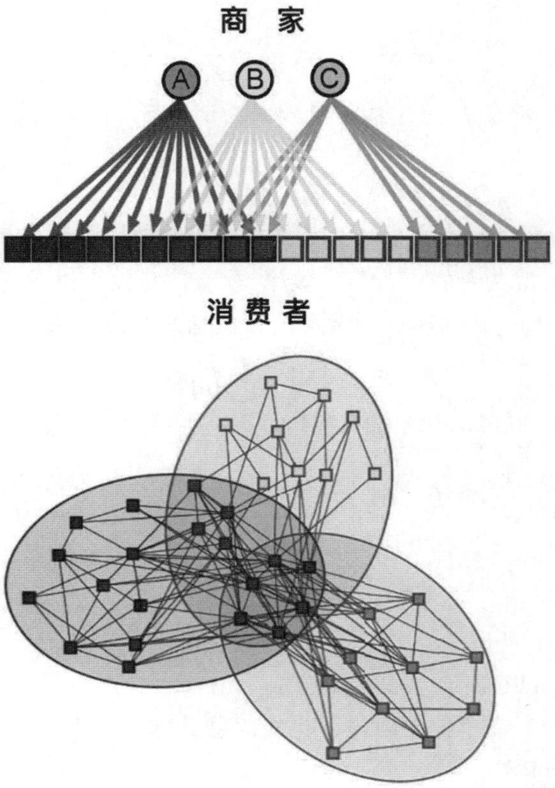

图 8　$M-C$ 网络示意图

(1)网络路径效率。

不考虑信息损耗和传输速度等因素,利用消费者在获取信息时,信息传输经过的路径来衡量信息传输效率。商品信息会在 $M-C$ 网络中从商家传递到消费者,再从消费者传导到另一个消费者,因此,对于商家 i 和消费者 j 而言,商家 i 将商品信息传递给消费者 j 可能会经过部分消费者,将经过的这部分消费者的数量定义为商家 i 到消费者 j 的距离(商家 i 也可能直接将商品信息传递给消费者 j,此时商家 i 到消费者 j 的距离为 0)。本文将网络路径效率($AVG\_\ln N$)定义 $M-C$ 网络中任意商家将信息传递到任意消费者的距离的平均值,即

$$AVG\_\ln N=\frac{1}{m\times n}\sum_{i\in[1,m],j\in[1,n]}d_{ij} \tag{4}$$

其中,d_{ij} 代表商家 i 到消费者 j 的距离。$AVG\_\ln N$ 越小,表明商家将商品信息传递到指定消费者所经过的消费者越少,信息传递效率越高。

(2)网络信息效率。

考虑信息传输过程中的速度、损耗等因素,进一步计算消费者单位时间内获得的信息量来反映信息传播效率。因为消费者接收到的信息包括商家通过发布营销广告等方式传递给消费者的商品信息,也包括消费者之间通过社交关系传递的商品信息,因此网络信息效率($AVGInf\_T$)包含两部分,即商家通过发布营

销广告等方式传递给消费者的信息(即消费者广告信息效率),以及消费者借助社交关系传递的信息(消费者社交信息效率)。

从商家发布营销广告角度来看,假设商家的信息权重为 w,r 为每次传输过程中的实际信息接收比例,且商家 i 将信息传递给消费者 j 所需的传递次数为 E_{ij},每次传输所需时间为 S。那么消费者 j 在单位时间内获得来自商家的信息总量,即消费者 j 的广告信息效率 $Inf\_M_{.j}$ 为

$$Inf\_M_{.j}=\sum_{i=1}^{m}\frac{\mathrm{w}\times r^{E_{ij}}}{S\times E_{ij}} \tag{5}$$

从消费者传播的角度看,假设单个消费者 C_j 的信息传输权重为 W_j,每次传输实际信息接收比例仍为 r,且消费者 C_i 到消费者 C_j 所需的信息传递次数为 P_{ij},S 为每次传输所需时间。那么消费者在单位时间内获得来自其他消费者的信息总量,即消费者 j 社交信息效率 $Inf\_C_{.j}$ 为

$$Inf\_C_{.j}=\sum_{i=1}^{m}\frac{W_i\times r^{P_{ij}}}{S\times P_{ij}} \tag{6}$$

因此,消费者 j 的总信息效率 $Inf\_T_{.j}$ 的信息效率为消费者 j 的广告信息效率与消费者 j 的社交信息效率之和,即

$$Inf\_T_{.j}=Inf\_M_{.j}+Inf\_C_{.j} \tag{7}$$

在得知单个消费者的广告信息效率、社交信息效率以及总信息效率后,通过 $M-C$ 网络中的消费者个数 n,即可得到 $M-C$ 网络中的消费者的广告信息效率、社交信息效率以及总信息效率。

消费者广告信息效率 AVGInf_M 为所有消费者广告信息效率的均值,即

$$\mathrm{AVGInf\_M}=\frac{\sum_{j=1}^{n}\mathrm{Inf\_M}_{.j}}{n} \tag{8}$$

消费者社交信息效率 $AVGInf\_C$ 为所有消费者社交信息效率的均值,即

$$\mathrm{AVGInf\_C}=\frac{\sum_{j=1}^{n}Inf\_\mathrm{C}_{.j}}{n} \tag{9}$$

网络信息效率 $AVGInf-T$ 为

$$AVGInf\_T=AVGInf\_M+AVGInf\_C \tag{10}$$

$AVGInf\_T$ 越大表明消费者在单位时间内获得的信息量越大,$M-C$ 网络的信息传输效率越高。

(3)基于 Floyd 算法的效率求解。

本节假设在 $M-C$ 网络中,任意两个节点间的信息传递均在这两个节点之间的最短路径上传递,为有效识别 $M-C$ 网络中任意两个节点间的最短路径,本节采用弗洛伊德算法(Floyd's algorithm),是一种用于求解任意节点对之间最短路径的动态规划算法,可以有效处理有向图的最短路径问题,该算法的时间复杂度为 $O(n^3)$。弗洛伊德算法的具体步骤为:设 $D_{i,j,k}$ 为从节点 i 到节点 j 的只以 $(1\cdots k)$ 集合中的节点为中间节点的最短路径的长度,若最短路径经过点 k,则 $D_{i,j,k}=D_{i,k,k-1}+D_{k,j,k-1}$;若最短路径不经过点 k,则 $D_{i,j,k}=D_{i,j,k-1}$。因此 $D_{i,j,k}=\min(D_{k,j,k-1},D_{i,k,k-1}+D_{k,j,k-1})$。

2. 供求信息系统仿真模拟构建与参数确定

本节基于 $M-C$ 网络,利用仿真模拟的方法分别计算非数字经济时期、数字经济时期的网络路径效率和网络信息效率,并进行对比分析。为有效体现数字经济时期和非数字经济时期网络信息效率的变化情况,本节构造数字经济时期与非数字经济时期网络信息变动率 Eff_T,即

$$Eff_T=\frac{AVGInf\_T_{digit}}{AVGInf\_T_{nondigit}}-1 \tag{11}$$

Eff_T 越大表明数字经济时期的信息传输效率越高。

一方面,广告推广发展水平和社交媒体发展水平会对系统中的信息传输效率产生影响,因此,本节在不同的广告推广发展水平和社交媒体发展水平下,对数字经济时期和非数字经济时期的信息传输效率进行模拟,将商家直接连通的消费者数量定义为 Ad,代表系统中的广告推广发展水平,将消费者直接连通的消费者数量定义为 Sc,代表系统中社交媒体发展水平。

另一方面，由于数字经济不断发展，网络平台衍生出诸如带货主播、测评博主等具有极大影响力的个体，本文将其称为 *KOL* [①]，他们持续更新文字、图片、视频等商品测评体验信息，在多个维度向消费者提供商品信息，影响着消费者决策。数字经济背景下，*KOL* 的出现深刻影响了信息传播的路径和效率，成为数字经济时期信息传播不可忽略的因素，因此本文进一步丰富模拟情景，在数字经济时期考虑存在 *KOL* 的情景下的信息传输效率。

综上，本节的模拟情景如图 9 所示，在每种模拟情景下进行多次模拟，测度数字经济时期相较于非数字经济时期网络路径效率（$AVG\_\ln N$）和网络信息变动 Eff_T，并将多次模拟的平均值作为最终的模拟结果。本节共模拟 3000 余万条数据[②]。

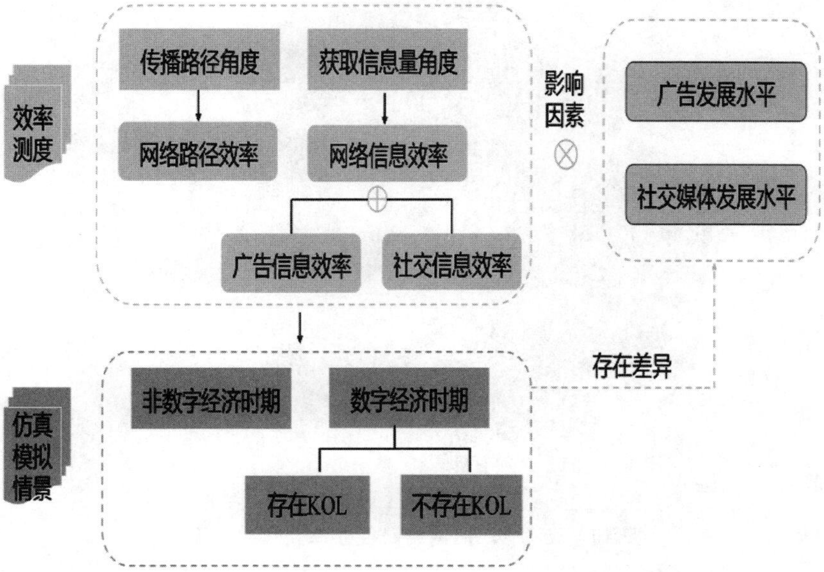

图 9　供求信息系统仿真模拟构建图

不同情景下的仿真模拟参数见表 2。

表 2　供求信息系统仿真模拟参数

供求信息系统参数	非数字经济时期	数字经济时期	
		无 *KOL*	有 *KOL*
消费者数量	1000	1000	
商家数量	20	20	
Ad	50	[50,100]	
Sc	5	[5,30]	
S	1	0.1	
KOL 占比	0%	0%	1%
KOL 信息权重	—	—	[1,e^5]
KOL 触达消费者比例	—	—	10%—30%

注：在存在 *KOL* 情景下，*KOL* 信息权重与其所能触达的消费者成正相关，并服从 $\lambda=5$ 的指数分布。

3. 多情景仿真模拟及结果展示

①情景 1：$M-C$ 网络中不存在 *KOL*。

---

① *KOL*(Key Opinion Leader)拥有大量订阅者，相较于普通消费者有着更高的信息触达面；*KOL* 在人群中占比较低，但他们对商品发表的意见更具可信度，在供求信息系统中拥有更高的信息权重。

② 见附录 1。

(1)数字经济时期路径效率大幅提高。

如图 10 所示,非数字经济时期,广告与社交媒体发展水平偏低,测算得到非数字经济时期的网络路径效率为 2.95。数字经济时期,随着数字经济不断发展,广告传播与社交媒体也在快速发展,网络路径效率明显提升。与非数字经济时期相比,当广告发展水平提升 1 倍,社交媒体发展水平提升 4 倍时,网络路径效率缩短 33.2%,数字经济时期网络路径效率大幅提高。

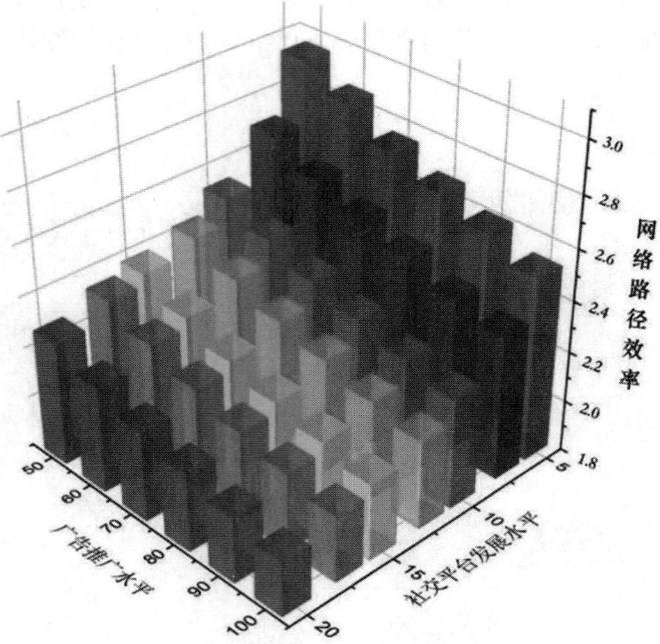

图 10　无 KOL 时网络路径效率变化趋势图

(2)数字经济时期网络信息效率增长 11 倍。

如图 11 所示,随着广告传播与社交媒体发展水平提升,数字经济时期与非数字经济时期的信息变动 Eff_T 明显增加。假定数字经济时期广告发展水平较非数字经济时期提升 1 倍(数字经济时期的广告发展水平为 100,即 $Ad=100$),社交媒体发展水平提升 3 倍(数字经济时期的社交媒体发展水平为 20,即 $Sc=20$)时,网络信息效率变动 Eff_T 为 1119.8%,表明数字经济时期网络信息效率约增长 11.2 倍。

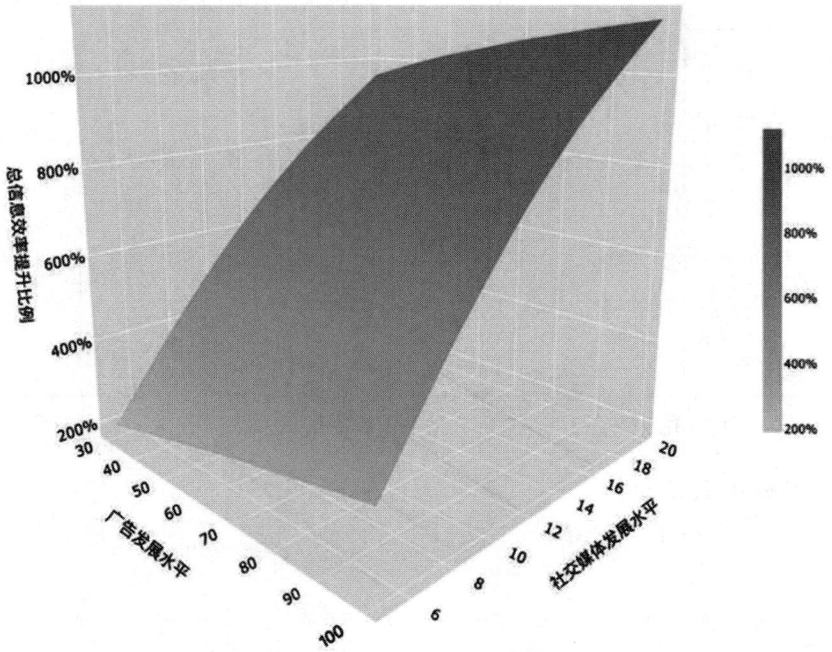

图 11　无 KOL 时网络信息效率变动图

②情景 2：$M-C$ 网络中存在 KOL

(1)存在 KOL 时路径效率提升更快。

如图 12 所示，存在 KOL 的情况下，随着广告与社交媒体发展水平提升，数字网络路径效率缩短；在广告与社交媒体发展初期，网络路径效率缩短幅度大于不存在 KOL 情景。这说明在一定发展阶段内，网络测评博主的出现加速了商家与消费者的信息传输路径效率提升。

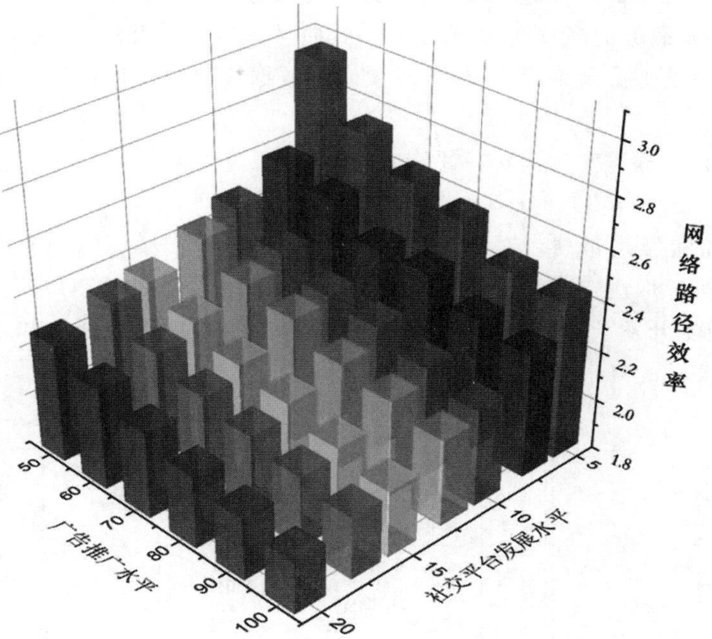

图 12　存在 KOL 时网络路径效率变化趋势图

(2)存在 KOL 时网络信息效率提升明显。

由图 13 可知，存在 KOL 时假定数字经济时期的广告发展水平较非数字经济时期提升 1 倍(数字经济时期的广告发展水平为 100，即 $Ad=100$)，社交媒体发展水平提升 3 倍(数字经济时期的社交媒体发展水平为 20，即 $Sc=20$)时，网络信息效率变动 Eff_T 为 1797.35%。与无 KOL 情景相比，商家信息效率变动基本一致，社交信息效率变动增长推动网络信息效率变动增长明显。这说明在社交媒体高速发展的背景下，KOL 测评逐渐取代商家广告成为消费者获取商品信息的主要来源。

图 13　存在 KOL 时网络信息效率变动图

本节基于图论构建供求信息系统,利用仿真模拟的方法计算主体的信息传输效率,结果显示相对于非数字经济时期,数字经济时期消费者的网络信息效率增长11倍,同时KOL代替商家成为了供求模式中新的信息传输主体,进一步提升了消费者获取商品信息的效率,数字经济时期的消费者网络信息效率相较于非数字经济时期增长17.9倍。

(四)质量提升是供求模式重塑的本质要求

数字经济通过促进产品创新、丰富市场供给、持续优化服务等方式,满足消费者日益多样化和个性化的需求,提高消费者对商品及服务的满意度,提升供求模式质量。本节利用SnowNLP语言模型对电商平台的商品评价进行文本分析及情感得分测算,并基于专项调研数据构建质量评价系列指数,来衡量数字经济时期消费质量的变化情况。

1. 基于SnowNLP语言模型测度消费者评价情感得分

①数据爬取及处理

电商平台的商品评价是了解消费者对商品、服务及消费体验真实感受的理想平台,因此本节对商品评价数据进行情感分析。为抓取淘宝、京东等电商平台上的商品内容、销量及用户评价,基于电商平台反爬虫机制等现实因素,本文自主开发了python爬虫程序,最终爬取到约30万条2024年1—7月不同品牌及型号手机的评价数据(见图14)。

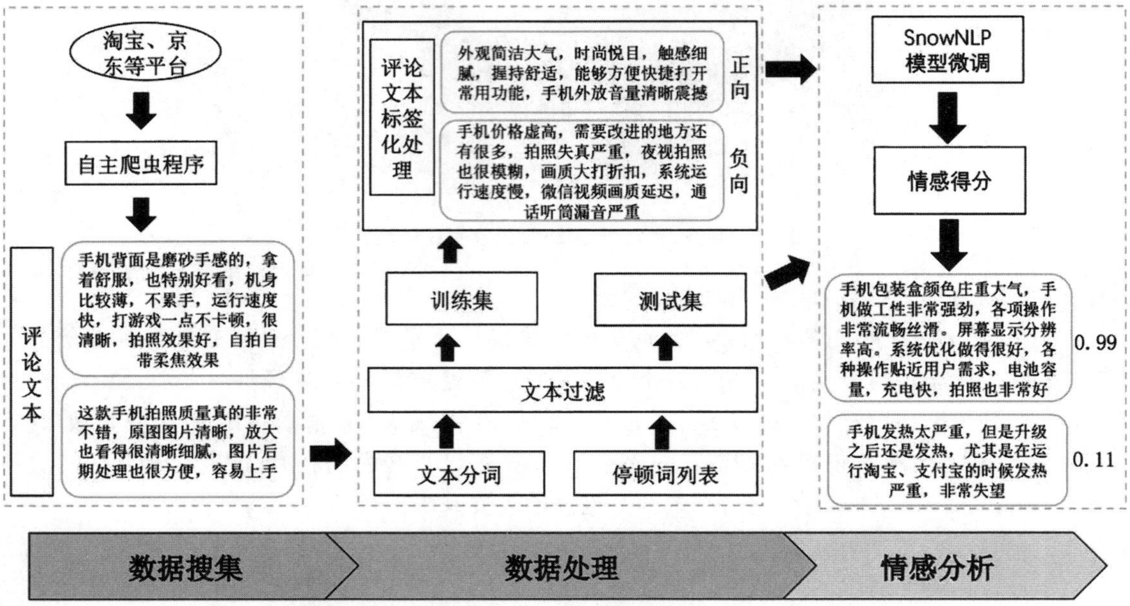

图14　数据处理流程示意图

本节首先删除评论文本数据集在保存过程中由于格式等原因产生的多余空格,采用python第三方中文分词库Jieba的精确分词模型对数据集进行分词处理,最后利用哈工大及百度停用词表构建新的停用词表,删除数据集中的英文表述、数字、表情符号以及停用词,最终词频以词频统计见图15及图16。

②消费者评价情感分析

SnowNLP情感分析方法是一种专门针对中文文本设计的自然语言处理方法,在通过模型训练后能自主判断文本的情感倾向,被广泛应用于舆情分析、文本情感分类等任务中。该方法基于朴素贝叶斯方法,首先计算数据集中文本具有积极或消极倾向的条件概率,再以此概率衡量待测文本的情感得分。情感得分值介于0—1之间,分值越接近于0,表示文本的情感情绪越消极。参考相关文献,本节将情感得分划分准则定义为,情感得分在0—0.4之间为负向情感,0.4—0.6之间为中性情感,0.6—1之间为正向情感。

SnowNLP的原始训练语料库为购物评论文本,与本节研究对象一致,模型适用性高。为进一步提高模型的精度,本文将评论文本数据集划分为训练集和测试集,并对训练集中的评价文本进行手工标记,确定为正向、中性、负向情感样本,对模型进行微调,最后利用优化后的模型分析测试集中的评价文本,计算消费者的情感得分。

图 15　电商平台评价词云图

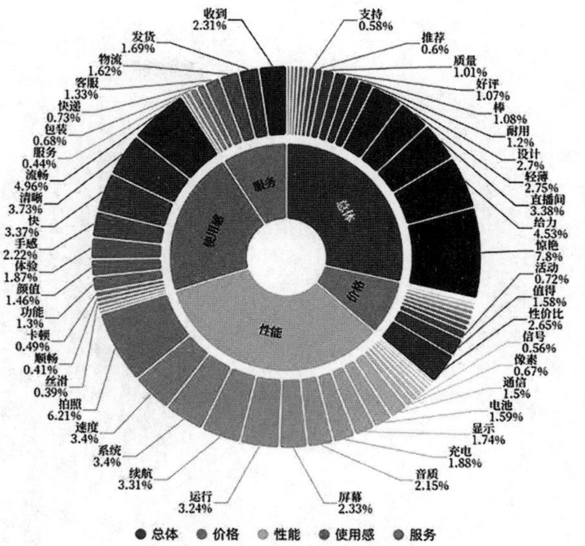

图 16　电商平台评价词频统计图

利用 SnowNLP 计算每条评论文本的情感得分，然后根据情感得分划分标准将评论文本归纳为正向、中性、负向情感文本，然后计算每个月包含的评论文本的情感倾向占比，图 17 展示了 2024 年 1—7 月评价文本的正向、中性、负向情感倾向占比。由图 17 可知，2024 年 1—7 月手机评价各类评价的情感倾向占比虽有波动，但整体上正向评价居多，说明当前数字经济背景下，消费者情感偏向正面积极，消费质量较好。

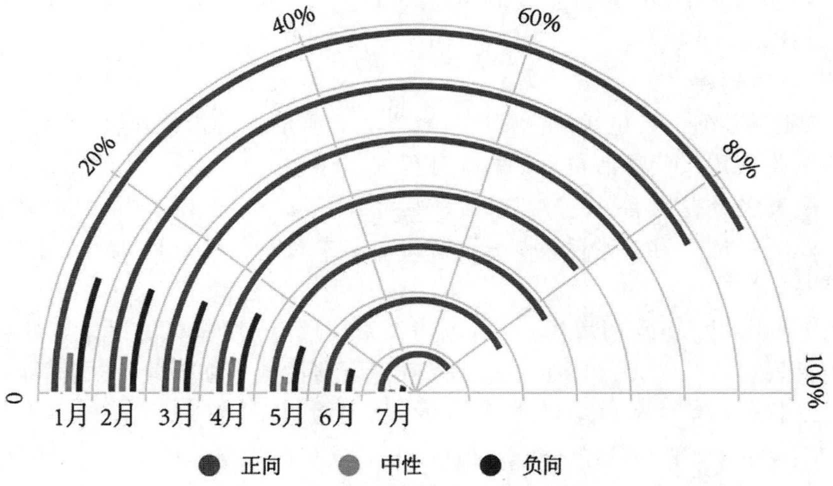

图 17　2024 年 1—7 月手机商品评价情感倾向占比

本文同时爬取中国消费者满意度指数(C—CSI)。如图 18 所示，中国消费者满意度虽有波动，但总体呈上升趋势。

2. 基于专题调研与多层次加权构建消费质量系列指数

为进一步探究消费质量演化过程，分析数字经济背景下消费质量的提升情况，本节构建消费质量系列指数，测度供求质量发展水平及其提升情况。

①数据来源及处理

本节使用居民互联网消费行为专题调研数据，构建消费质量系列指数。为全面了解居民对数字经济背景下消费质量的评价，本文课题组于 2024 年 6 月组织“居民互联网消费行为”专题调研①。该调研在广东 21 个地级以上市近百个县区的 2660 户居民家庭中开展，样本来源于常规的住户调查网络(借助于专业的辅调员队伍，有效保证了调研的回答率和准确率)，最终回收有效问卷 2504 份。

① 见附录 4。

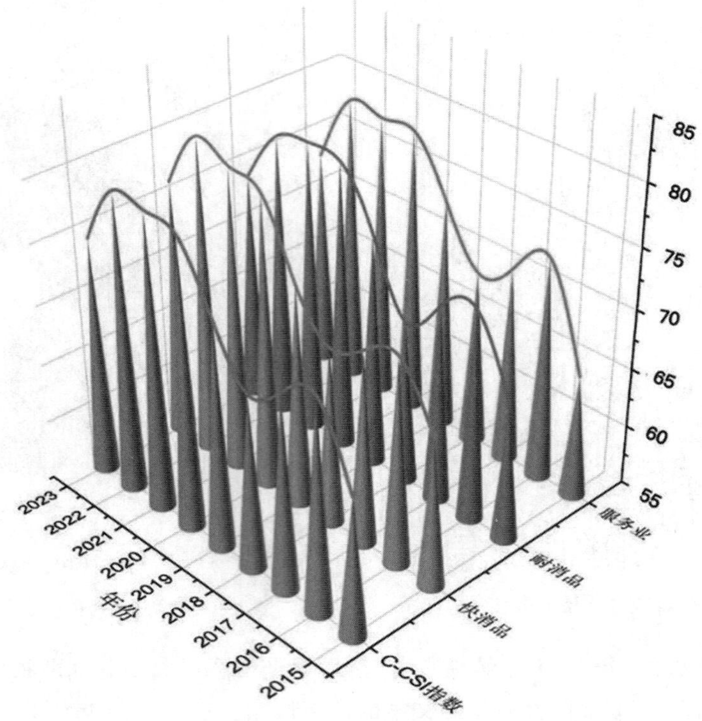

图 18　2015—2023 年中国消费者满意度指数

本文运用克朗巴赫系数检验调研问卷信度，得到相关指标的克朗巴哈系数为 0.9440，说明调研问卷信度较高；运用 *KMO* 检验与 *Bartlett* 球形检验对问卷效度进行检验，结果表明调研数据适合做因子分析，可用于指标体系权数设计。

②消费质量系列指数构建

本节构建的消费质量系列指数包括消费质量指数与消费质量提升指数，其中消费质量指数反映消费质量水平，消费质量提升指数用来反映消费质量的提升程度。

本文利用 *Likert* 五级量表收集居民对消费质量及对数字经济提升消费质量的认可程度，依据样本量相比总体差异进行加权，并由广东省 5 名省级专家及每市 2 名专家对各细分指标相对重要性进行打分确定指标权重，构建消费质量指数。

本节设定：$L_{i,j}^{t} \in [1,5]$ 表示 t 时段第 i 个样本对消费质量第 j 个指标的评分等级值，t=0,1 对应 2014 年与 2024 年两个时间段，$j=1,2,3,4,5,6$ 对应消费质量调研的 6 个细分项(详见附录 4 调研问卷的 10 题和 11 题)；$C_i \in [1,5]$ 表示第 i 个样本对提升情况的评分等级值，$L_{i,j}^{t}$ 和 C_i 的具体值可由调研问卷得到。

因调研样本在某些关键维度(如年龄、性别、地区)上的分布可能与总体不一致，为使样本的分布与已知的人口统计特征相匹配，更加准确地反映目标总体的特征，本文采用样本加权来校正偏差，确保最终的统计推断更加准确。

记 c 市城乡人口总数为 N_c、收集样本数为 n_c，g 组别样本频率为 p_1(g) 总体概率为 p_2(g)，则初始权重为

$$W_C = \frac{N_c}{n_c} \tag{12}$$

按年龄、职业、性别等进行再次校准，以性别为例

$$W_c^m = W_c \times \frac{p_1(\text{性别}=\text{男})}{p_2(\text{性别}=\text{男})} \tag{13}$$

$$W_c^f = W_c \times \frac{p_1(\text{性别}=\text{女})}{p_2(\text{性别}=\text{女})} \tag{14}$$

根据专家打分计算指标权重，每位专家对每个指标在 0－100 之间打分，计算打分均值记为 x_j，并据此计算初始权重 $\omega_j = \dfrac{x_j}{\sum x_j}$。

根据预调查结果，消费质量指标选择“1”表示认为该项指标内容“完全不符合”，以百分制量化质量分数可评估为 40 分，选择“5”表示认为该项指标内容“完全符合”，以百分制量化可评估为 100 分，其他等级等距分布。同理，将提升情况五级评价进行百分制量化，“变得很差”评估为 50 分，“变得很好”评估为 150 分，其他等级等距分布。由此构建基础相对数如下：

$$f(L_{i,j}^{t})=\begin{cases}0.40 & L_{i,j}^{t}=1\\0.55 & L_{i,j}^{t}=2\\0.70 & L_{i,j}^{t}=3\\0.85 & L_{i,j}^{t}=4\\1.00 & L_{i,j}^{t}=5\end{cases}\quad t\in[0,1] \tag{15}$$

$$\Phi(C_i)=\begin{cases}0.50 & \mathrm{C_i}=1\\0.75 & \mathrm{C_i}=2\\1.00 & \mathrm{C_i}=3\\1.25 & \mathrm{C_i}=4\\1.50 & \mathrm{C_i}=5\end{cases} \tag{16}$$

则个体问卷各指标的分数为

$$R_{i,j}^{t}=f(L_{i,j}^{t})\times 100 \tag{17}$$

个体问卷消费质量指数为

$$R_i^t=\frac{\sum_j \omega_j\times R_{i,j}^{t}}{\sum_j \omega_j},\quad j\in[1,5] \tag{18}$$

$$G_i^t=R_{i,j}^{t},j=6 \tag{19}$$

综合指数为

$$R^t=\frac{\sum_k W^k\times R_i^{t,k}}{\sum_k W^k} \tag{20}$$

$$G^t=\frac{\sum_k W^k\times G_i^{t,k}}{\sum_k W^k} \tag{21}$$

组别指数为

$$R_s^t=\frac{\sum_s W^s\times R_i^{t,s}}{\sum_s W^s} \tag{22}$$

$$G_s^t=\frac{\sum_s W^s\times G_i^{t,s}}{\sum_s W^s} \tag{23}$$

计算 R^t 与 G^t 的几何平均数作为最终消费质量指数为

$$S^t=\sqrt{R^t\times G^t} \tag{24}$$

同理，消费质量提升指数的构建方法为

$$A_i=\varphi(C_i)\times 100 \tag{25}$$

综合指数为

$$A=\frac{\sum_k W^k\times A_i^k}{\sum_k W^k} \tag{26}$$

组别指数为

$$A_s = \frac{\sum_s W^s \times A_i^s}{\sum_s W^s} \tag{27}$$

③消费质量系列指数结果分析

表3展示了2014年和2024年的消费质量指数，以及2024年相比2014年的消费质量提升指数。由表2可知，2014年消费质量指数为78.2%，2024年消费质量指数为83.1%，提高了4.9个百分点，表明随着数字经济发展消费质量有所提升。从年龄分组看，各年龄段居民普遍认为当前的消费质量相比十年前更好，其中90后对消费质量的满意水平最高；从性别分组看，女性对消费质量的满意水平更高。

表3　消费质量系列指数表

消费质量系列指数		消费质量指数		消费质量提升指数
		2014年	2024年	
综合指数值		78.2	83.1	114.7
性别	男	77.5	81.3	112.6
	女	78.0	82.9	115.4
年龄	60前	72.8	76.7	114.5
	60后	76.6	78.5	117.1
	70后	75.6	80.4	115.7
	80后	78.3	82.9	112.9
	90后	79.4	84.2	114.2
	00后	79.3	83.2	114.8

图19为广东21市居民2014年及2024年消费质量指数[①]，从图19可以看出十年来各市居民消费质量均有提升。

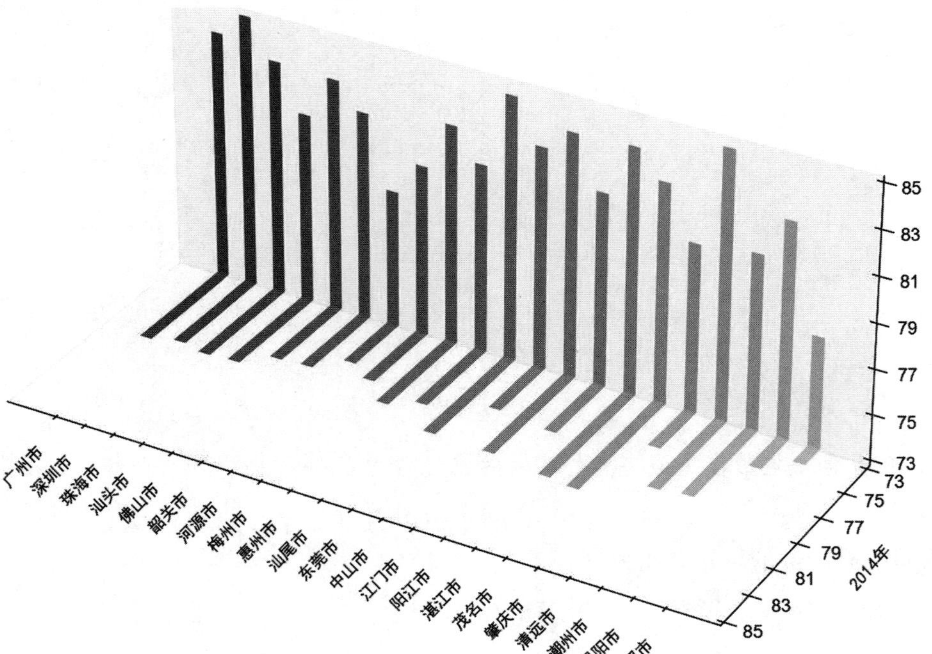

图19　2014年与2024年广东省21市消费质量指数

① 各市消费质量指数的具体值见附录3。

进一步测算广东消费质量提升指数，结果显示 2024 年广东消费质量提升指数为 114.7(以 100 为基准)，说明居民普遍认为数字经济对消费质量有提升作用，其中 60 后对提升作用最为认可。分地区看(如图 20)，广东各市均认为数字经济对消费质量有提升作用(以 100 为基准)，其中韶关、清远、江门、东莞等地消费质量提升认可度相对更高，与 2014 年至 2024 年消费质量指数变化情况一致。

图 20　广东省 21 市消费质量提升指数图

本节分析淘宝、京东等电商平台评价文本发现目前消费者评价情绪值偏向正面态度，对消费质量比较认可；通过构建消费质量系列指数对消费质量变化进行测度，发现数字经济背景下供求质量有所提升。

(五)价值延伸是供求模式重塑的内涵升华

传统经济以商品/服务一价格交换为核心，居民消费价值可通过货币支出来体现。数字经济下，商家借助数字技术为居民提供了众多免费或价格低廉的数字消费商品/服务(如微信、抖音、今日头条)，导致以货币支出为依据的价值测度方法会忽略或严重低估数字经济带来的消费价值①。虽然居民花费在数字经济消费商品/服务上的货币成本较低，但花费了大量的时间，因此本节将时间变量引入效用函数，通过计算消费者剩余来测度数字经济消费价值。

1. 基于时间利用的数字经济消费价值测度

本节将时间变量引入消费者效用函数，构造数字经济消费价值测度模型，即在一定约束条件下，最大化消费者效用函数：

$$\max:\theta(M_1^{\alpha_1}T_1^{1-\alpha_1})^{1-\frac{1}{\sigma}}+(1-\theta)(M_0^{\alpha_0}T_0^{1-\alpha_0})^{1-\frac{1}{\sigma}} \tag{28}$$

$$s.t.\ P_1M_1+P_0M_0+F_1=I(1-T_1-T_0) \tag{29}$$

其中，M_1 代表数字经济消费商品，T_1 为消费者在数字经济消费商品上花费的时间与可支配时间之比②；M_0 代表数字经济消费商品以外的其他商品(本文指传统商品)，T_0 为消费者在传统商品上花费的时间与可支配时间之比。a_1 和 a_0 分别代表两类商品的资金密集度，$1-a_1$ 和 $1-a_0$ 分别代表两类商品的时间密集度，P_0M_0 和 P_1M_1 代表两类商品的消费支出③。θ 代表数字经济消费商品对传统商品的重要程度，σ 代表数字经济消费品对传统商品的消费替代弹性。F_1 代表在一段时期内进行数字经济消费的固定支出，I 代表工资水平。

① 数字经济消费商品指依托数字技术衍生出来的商品/服务，如社交网络(微信)、在线音视频(抖音)、电子读物(今日头条)等。消费者从数字经济消费商品获得的价值为数字经济消费价值，包括满足消费者的物质价值和精神价值追求。

② 消费者在数字经济消费商品上花费的时间指，消费者利用互联网休闲娱乐的时间，不包含上网工作时间，因为上网工作主要是为了提升工作效率，已经体现在个人工资或收入中。

③ 当前付费数字经济消费商品/服务(如付费文字)不断涌现，一方面这部分支出可能会被核算到其他经济指标中(如 GDP)，另一方面消费者在付费后仍需要花费时间。因此，本文重点考虑在支付固定互联网接入费用后获得消费价值，因此 $P_1=0$。

使用混合 Cobb-Douglas 消费变量 $Y_j = M_j^{\alpha_j} T_j^{1-\alpha_j}$，对应的平均权重价格 λ_j，因此优化函数为

$$\theta Y_1^{1-\frac{1}{\sigma}} + (1-\theta) Y_0^{1-\frac{1}{\sigma}} \tag{30}$$

$$s.t.\ \lambda_1 Y_1 + \lambda_0 Y_0 + F_1 = I \tag{31}$$

求解得到 $Y_i = \dfrac{I - F_i}{\lambda_i (1+\Gamma)}$，其中 $\Gamma = \left(\dfrac{\lambda_1}{\lambda_0}\right)^{\sigma-1} \left(\dfrac{1-\theta}{\theta}\right)^{\sigma}$。

当存在数字经济消费时，支出函数为

$$e(P_o, P_I, F_1, I, U \mid Y_I > 0) = \lambda_1 (1+\Gamma)^{-\frac{1}{\sigma-1}} \left(\frac{U}{\theta}\right)^{\frac{\sigma}{\sigma-1}} + F_1 = \lambda_o \left(1 + \frac{1}{\Gamma}\right)^{-\frac{1}{\sigma-1}} \left(\frac{U}{1-\theta}\right)^{\frac{\sigma}{\sigma-1}} \tag{32}$$

当不存在数字经济消费时，支出函数为

$$e(P_O, I, U \mid Y_1 = 0) = \lambda_O \left(\frac{U}{1-\theta}\right)^{\frac{\sigma}{1-\sigma}} \tag{33}$$

由“等价变动”得到 $I + F_1 = \left(1 + \dfrac{1}{\Gamma}\right)^{-\frac{1}{\sigma-1}} (I + EV)$，由此可得到数字经济消费价值为

$$EV = (I - F_1)\left(1 + \frac{1}{\Gamma}\right)^{\frac{1}{\sigma-1}} - I \tag{34}$$

基于上式计算数字经济消费价值存在一个缺陷，即当数字经济消费趋近于 0 时，边际效用会趋于无穷大，导致高估数字经济消费价值。借鉴张钟文等(2023)方法引入线性函数估计数字经济消费价值，即

$$EV = 0.5 \times \frac{T_1}{\sigma(1 - T_1(1 - F_1/I))} \times I \tag{35}$$

其中，I 由居民人均可支配收入除以样本人均工作时长占比得到；σ 利用下式 $\ln\left(\dfrac{1-L_1}{L_1}\right) \approx \ln(A) + (\alpha_0 - \alpha_1)(\sigma-1)\ln(W) + \sigma \ln\left(\dfrac{1-\theta}{\theta}\right)$ 估计得到，其中 $A = \left[\dfrac{(P_I/\alpha_I)^{\alpha_I}(1-\alpha_O)^{1-\alpha_O}}{(P_O/\alpha_O)^{\alpha_O}(1-\alpha_I)^{1-\alpha_I}}\right]^{(\sigma-1)}$。

2. 数字经济消费价值结果分析

时间利用调查数据显示，2008 年广东居民平均每日上网时长为 24 分钟，随着互联网基础设施优化升级，互联网得到普惠式发展，2018 年广东居民平均每日上网时长为 212 分钟。2024 年数字化、智能化等技术应用范围更加广泛，应用场景更加多元，居民互联网活动更加便捷。

表 4 展示了广东数字经济消费价值及相关比较结果。2008 年广东数字经济消费价值为 115.74 亿元，2018 年广东数字经济消费价值为 1491.25 亿元，十年来广东数字经济消费价值增加了近 13 倍，年均增长率为 29.2%；2024 年，广东数字经济消费价值为 3444.11 亿元，比 2018 年增长 1.3 倍，比 2008 年增长 28.7 倍，表明广东数字经济消费价值迅猛增长。

2008 年、2018 年和 2024 年广东居民人均消费支出分别为 10119.80 元、26141.23 元和 34331.50 元，2008—2024 年人均消费支出年均增长率为 7.9%。数字经济背景下，居民免费或用较为低廉的成本即可获得数字经济消费价值，因此，将数字经济消费价值纳入居民人均消费支出，经简单加总调整后的实际人均居民消费支出应为 10737.10 元、33800.61 元、48464.02 元，2008—2024 年的实际人均消费支出年均增长率为 9.8%，比统计值(7.9%)高出 1.9 个百分点。

表 4　广东数字经济消费价值结果

年份	总数字经济消费价值（亿元）	总数字经济消费价值与GDP之比（%）	人均数字经济消费价值（元）	人均数字经济消费价值与人均总收入之比（%）	人均数字经济消费价值与人均居民消费支出之比（%）
2008年	115.74	0.3	615.56	1.3	6.1
2018年	1491.25	1.5	7650.39	6.1	29.3
2024年	3444.11	2.5	14132.52	9.7	41.2

注：2024 年的数字经济消费价值利用专项调研获取的时间数据与 2023 年的经济指标计算得到。

图 21、图 22 分别展示了广东四大区域、城乡居民人均数字经济消费价值。图 21 显示珠三角地区的人均数字经济消费价值远高于粤东、粤西、粤北地区。随着地区经济的发展与各项扶持政策的落地，2024 年四大区域间的差距有所缩小，但粤东西北地区仍与珠三角地区存在不小差距。图 22 显示广东城乡居民的人均数字经济消费价值差距虽在缩小，但差距仍然明显。

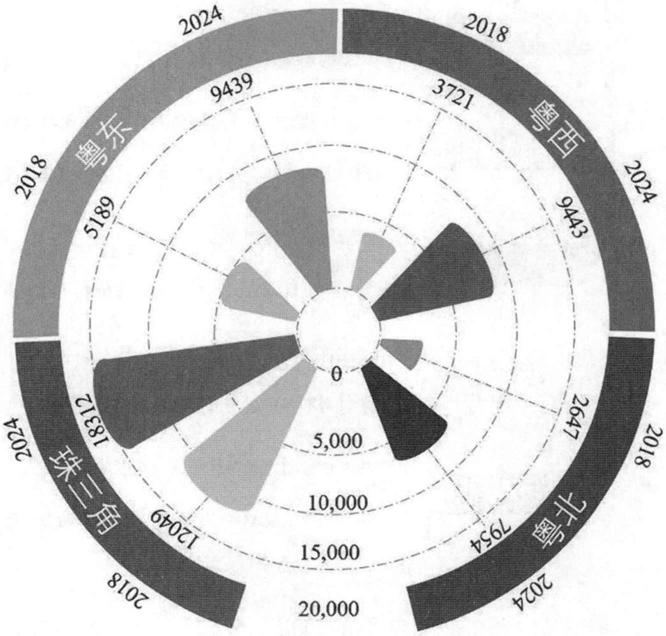

图 21　2018 年与 2024 年广东四大区域人均数字经济消费价值

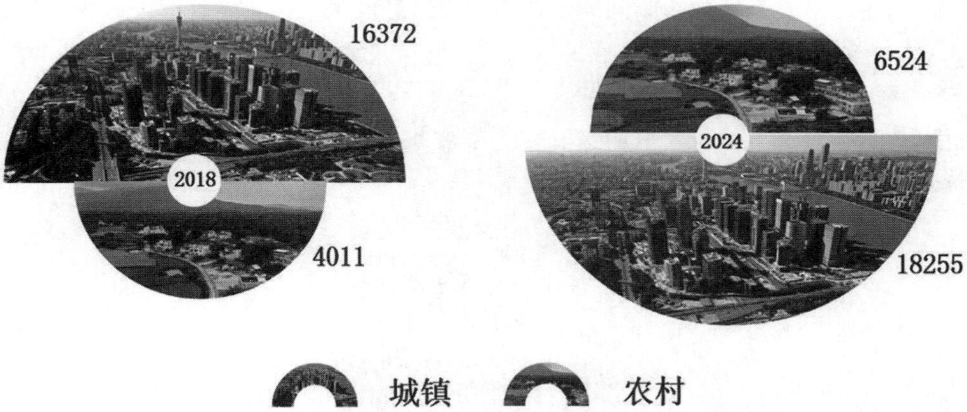

图 22　2018 年与 2024 年广东城乡居民人均数字经济消费价值

本节基于居民时间利用视角，利用消费者剩余测度数字经济消费价值。结果显示，2008 年广东居民数字经济消费价值为 115.74 亿元，2024 年广东数字经济消费价值为 3444.11 亿元，比 2008 年增长 28.7 倍；人均数字经济消费价值与人均居民消费支出之比由 2008 年的 6.1%，增长到 2024 年的 41.2%，增长了 5.7 倍。

三、供求模式重塑的风险分析

结合前文研究相关结论，认为当前数字经济背景下供求模式重塑的主要风险有两个方面：一是虚假信息传播对供求系统的损耗；二是产业结构、数据安全等其他风险（见图 23）。

（一）虚假信息风险

1. 基于供求信息系统的虚假信息风险测度

近年来，网络“爆料”“反转”等信息热点屡次挑动公众情绪，针对商品的虚假信息传播也污染了消费者

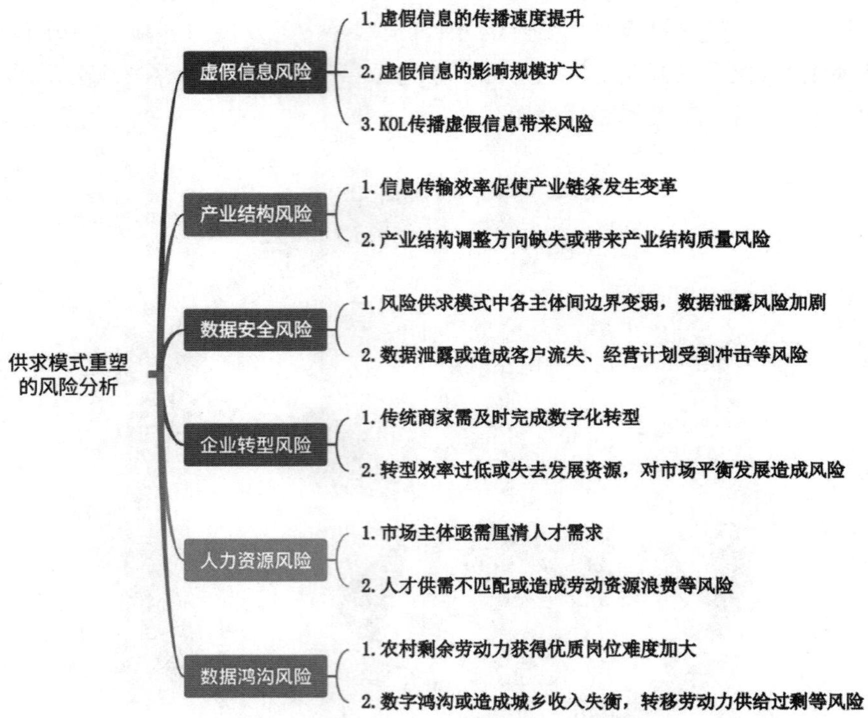

图 23　供求模式的重塑风险图

信息空间。考虑量化数字经济时代信息传输过程中的风险，本节基于前文构建的供求信息系统，通过仿真模拟探究 $M-C$ 网络中存在误导或信息传输中的疏漏而传递错误的信息(下文简称虚假信息)和恶意传播虚假信息主体(下文简称恶意用户主体)对消费者社交信息效率 $AVGInf\_C$ 的影响。

在正常情况下，用户 j 在系统中接收到的消费者社交信息效率 $Inf\_C_{.j}$ 计算公式为：

$$Inf\_C_{.j}=\sum_{i=1}^{n}\frac{W_i\times r^{P_{ij}}}{S\times P_{ij}} \tag{36}$$

但在系统中，并不是每个主体所发出的信息都是真实可靠的。部分消费者可能传播虚假信息，记这些消费者为 $Rumor$，则有

$$\mathrm{Inf\_C}_{.\,j-\mathrm{Rumor}}=\sum_{i=1}^{n}\frac{W_i\times r^{P_{ij}}}{\mathrm{S}\times P_{ij}}\times f(i) \tag{37}$$

其中：

$$f(i)=\begin{cases}1 & i\notin Rumor\\-1 & i\in Rumor\end{cases} \tag{38}$$

虚假信息影响下的社交信息效率为：

$$\mathrm{AVGInf\_C}_{.\,\mathrm{Rumor}}=\frac{\sum_{j=1}^{n}Inf\_\mathrm{C}_{.\,\mathrm{j\_Rumor}}}{n} \tag{39}$$

系统中也可能有部分恶意用户，对每条途经他们的信息都做恶意解读。记这些消费者为 $Villain$，消费者 i 到 j 的信息传输路径为 I_{ij}，则有

$$\mathrm{Inf\_C}_{.\,\mathrm{j-Villain}}=\sum_{i=1}^{n}\frac{\mathrm{w}_i\times \mathrm{r}^{P_{ij}}}{\mathrm{S}\times P_{ij}}\times \mathrm{g}(I_{ij}) \tag{40}$$

其中：

$$\mathrm{g}(I_{ij})=\begin{cases}1 & I_{ij}\notin Villain\\-1 & I_{ij}\in Villain\end{cases} \tag{41}$$

恶意用户影响下的消费者社交信息效率为：

$$\mathrm{AVGInf\_C}_{.\,\mathrm{Villain}}=\frac{\sum_{j=1}^{n} Inf\_\mathrm{C}_{.\,j-\mathrm{Villain}}}{n} \tag{42}$$

通过计算 $M-C$ 网络中受虚假信息、恶意用户影响的社交信息效率 $\mathrm{AVGInf\_C}_{.\,\mathrm{Rumor}}$、$\mathrm{AVGInf\_C}_{.\,\mathrm{Villain}}$ 与不受影响下的社交信息效率 AVGInf_C 的比值来衡量虚假信息、恶意用户对供求信息系统的影响程度。

2. KOL 发布虚假信息对消费者造成信息损耗

模拟发现，普通消费者发布虚假信息对供求信息系统的影响较小，主要因为数字经济下的供求信息系统中，与 KOL 相比，普通消费者的信息权重低，触达范围小。若 KOL 一旦参与虚假信息的发布，则会对整个信息系统产生非常明显的影响。如图 24 所示，每当信息网络中新增 1 名传播虚假信息的 KOL 时，对供求系统造成的信息损耗将增加近 10%。

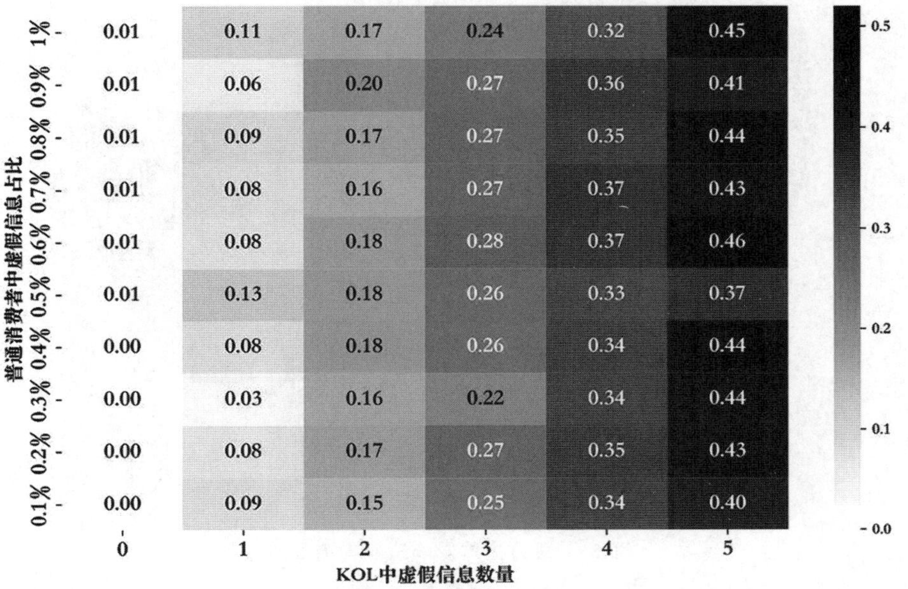

图 24　虚假信息对消费者的信息损耗图

如图 25，在极端情况下，当这些个体开始对全部经过他们的信息进行污染和负面解读，成为了恶意主体，供求系统中的各个主体受到的信息损耗程度进一步提高，较虚假信息情况增加 10%左右。

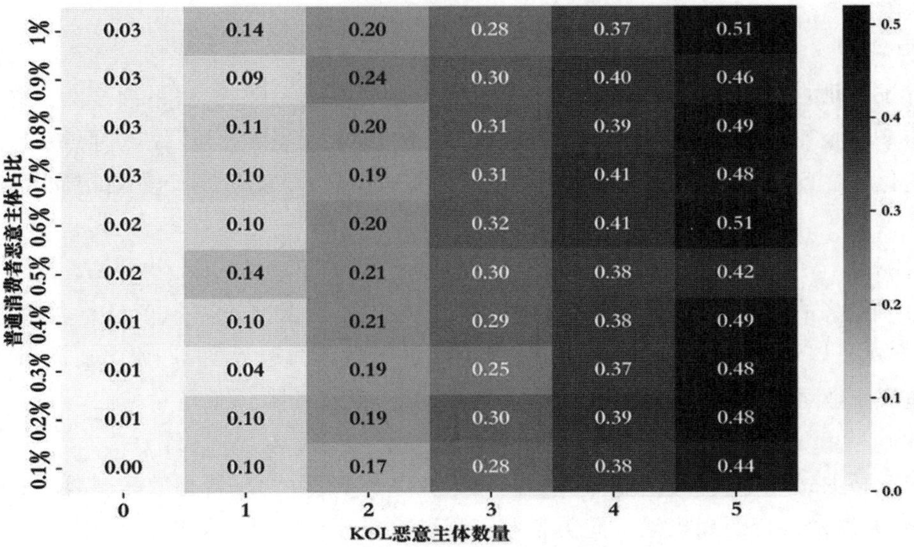

图 25　恶意主体对消费者的信息损耗图

图 26 是供求信息系统中消费者受恶意主体影响范围情况。当 KOL 中的恶意主体数量为 0 时，受影响

的普通消费者比例较低。一旦 KOL 中存在恶意主体,虚假信息将传递给绝大多数消费者。在模拟环境中,存在 2 个以上恶意 KOL 时,90%以上的消费者都会受到虚假信息的影响。

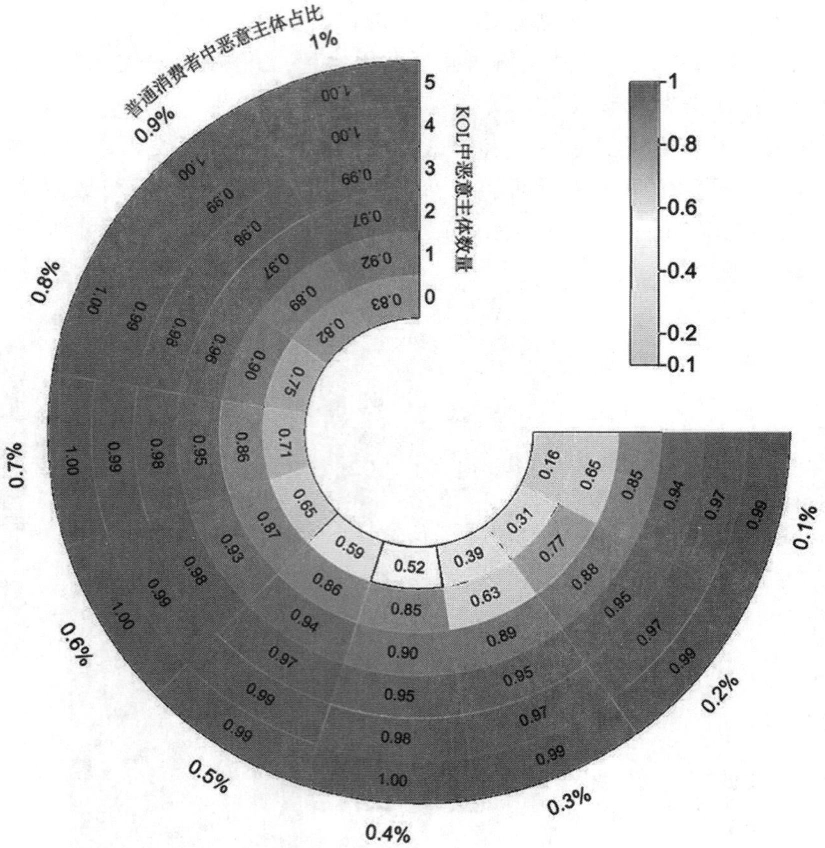

图 26　恶意主体影响消费者范围图

综上,数字经济极大加速了商品信息传输效率,但也提升了虚假信息的传播速度,扩大了虚假信息的影响规模。其中,KOL 信息权重大、触达规模广,一旦成为虚假信息传播的源头,或沦为蓄意制造动荡的恶意主体,其影响范围和影响程度都难以估量。因此需要持续对网络平台 KOL 进行监督,在发生问题时及时处置和澄清,确保网络中的信息真实可靠。

(二)其他风险

1. 产业结构风险

数字经济背景下供求模式发生根本性改变,供求链条由线性变为网状、由平面变为立体,信息传输效率的大幅提升促使下游企业以更快的节奏进行调整和响应,加速数字化转型步伐,进而带动整个产业链条乃至产业结构的变化。在此背景下,若无产业结构调整的长远规划,可能带来产业结构质量不高甚至扭曲的风险。

2. 数据安全风险

数据作为数字经济的核心要素,影响商家制定生产计划、消费者准确获取商品推荐等方面。采用云办公、数据互联等方式开展业务的企业日趋增多,供求模式中各主体间边界变弱,数据泄露风险加剧。发生数据泄露可能会造成企业客户流失,企业生产经营计划受冲击,消费者隐私泄露等风险。

3. 企业转型风险

在供求模式重塑的过程中,传统商家需要时间完成数字化转型,若是转型效率过低,可能在转型完成前被挤出市场,从而失去发展资源和机遇。此类企业转型风险对市场平稳发展造成风险。

4. 人力资源风险

数字经济时代生产自动化、办公智能化成为新趋势,企业会扩招数字技术人才来适应新趋势。企业高校等人力资源市场主体若是不能厘清人才需求,优化人才供给,会造成人才匹配失衡、劳动资源浪费等风险。

5. 数字鸿沟风险

我国企业正向数据密集型企业转型，对企业员工人力资本的要求不断提升，农村剩余劳动力的人力资本储备较低，很难在数字经济产业升级过程中得到优质的就业岗位，这种“数字鸿沟”带来了城乡收入失衡、转移劳动力供给过剩等风险。

四、结论与启示

（一）主要结论

数字经济背景下，供求规模不断扩大、效率显著提升、质量明显优化、价值持续增长，供求模式从表象上到本质上得到全方位重塑。

一是数字经济背景下供求规模不断扩大。社会消费品零售总额在数字经济推动下显著增长，2023 年网上零售额较 2015 年增长 2.9 倍，年平均增长率为 18.8％，占社会消费品零售总额的比重由 2015 年的 12.9％增长为 2023 年的 32.7％。

二是数字经济背景下供求效率快速提升。相较于非数字经济时期，数字经济时期消费者网络信息效率增长 11 倍。同时，KOL 代替商家成为了供求模式中新的信息传输主体，进一步提升了消费者获取商品信息的效率，数字经济时期的消费者网络信息效率相较于非数字经济时期增长 17.9 倍。

三是数字经济背景下供求质量明显优化。数字经济时期，消费者普遍满意当前的供求质量，满意度相比十年前显著提升，韶关、清远、江门、东莞等市提升幅度相对更高。

四是数字经济背景下供求价值持续增长。2024 年广东数字经济消费价值比 2008 年增长了 28.7 倍，与人均居民消费支出之比较 2008 年增长了 5.7 倍，表明数字经济时期供求价值迅猛增长，同时，广东数字经济消费价值存在城乡和区域差异。

五是供求模式重塑中也存在相关风险。在数字经济重塑供求模式过程中，可能存在虚假信息与恶意主体的影响风险、数据安全风险、企业转型风险、人力资源风险和数字鸿沟等风险。

（二）政策启示

根据本文研究内容，提出相应政策建议。

一是规范商品宣传。制定政策确保商家信息的真实性和可靠性，避免虚假宣传，向消费者传输更多优质有效信息。

二是强化消费者满意度监测与反馈。建立和完善消费者满意度监测体系，及时收集和分析消费者反馈，帮助企业不断提升产品和服务质量。

三是多样化挖掘数字经济价值。利用大数据、人工智能等先进技术挖掘数字经济价值，同时加强对城乡和地区之间数字经济发展不平衡问题的关注，采取措施缩小数字鸿沟。

四是构建新质供求生态系统。通过政策引导和市场机制相结合的方式，构建一个包容性更强、更加开放和高效的新质供求生态系统，促进不同行业之间的跨界融合与合作。

五是多措并举防范化解数字风险。制定和完善相关法律法规，加强对数据安全和个人隐私的保护力度，同时提供必要的技术支持和培训，帮助企业和个人提高防范能力，减少恶意信息传播和数据泄露的风险。

（三）不足与展望

数字经济背景下供求模式已发生根本性变革，理论研究亦需紧密结合实际进行探索和论证。本文围绕这一主题进行尝试，但受客观条件及能力所限，尚存待改进之处：一是从理论视角对数字经济背景下供求模式重塑内在机理的探讨需加强。二是效率重塑部分，因数据获取难度较大，采用模拟方法进行研究，所得结论仅供研究之用。

【参考文献】

[1] 钞小静，王宸威. 数字经济影响经济高质量发展研究综述与展望[J]. 电子科技大学学报（社科版），2023，25(03)：1－7＋58.

[2] 陈剑，黄朔，刘运辉. 从赋能到使能——数字化环境下的企业运营管理[J]. 管理世界，2020，36(02)：117－128＋222.

[3] 陈隽.数字经济的消费者剩余理论模型[J].国外社会科学前沿,2022,(05):58—66.
[4] 陈晓红,李杨扬,宋丽洁,等.数字经济理论体系与研究展望[J].管理世界,2022,38(02):208—224+13—16.
[5] 杜丹清.互联网助推消费升级的动力机制研究[J].经济学家,2017,(03):48—54.
[6] 江小涓,罗立彬.网络时代的服务全球化——新引擎、加速度和大国竞争力[J].中国社会科学,2019,(02):68—91+205—206.
[7] 刘荣婷.网络经济对居民消费行为的影响探究——基于消费者行为学视角[J].商业经济研究,2019,(01):44—46.
[8] 刘思远.基于情感词典的美妆领域在线评论文本情感分类研究[D].华中师范大学,2022.
[9] 刘媛媛.互联网经济发展对城镇居民消费的促进作用探讨[J].商业经济研究,2016,(20):28—30.
[10] 马香品.数字经济时代的居民消费变革:趋势、特征、机理与模式[J].财经科学,2020,(01):120—132.
[11] 戚聿东,刘翠花,丁述磊.数字经济发展、就业结构优化与就业质量提升[J].经济学动态,2020,(11):17—35.
[12] 沈坤荣,丁露.数字经济重塑经济循环模式:理论逻辑与推进路径[J].四川大学学报(哲学社会科学版),2024,(01):30—36+207—208.
[13] 宋宪萍,曹宇驰.数字经济背景下全球价值链的风险及其放大:表征透视、机理建构与防控调适[J].经济学家,2022,(05):78—86.
[14] 唐跃桓,杨其静,李秋芸,等.电子商务发展与农民增收——基于电子商务进农村综合示范政策的考察[J].中国农村经济,2020,(06):75—94.
[15] 田秀娟,李睿.数字技术赋能实体经济转型发展——基于熊彼特内生增长理论的分析框架[J].管理世界,2022,38(05):56—73.
[16] 谢康,易法敏,古飞婷.大数据驱动的农业数字化转型与创新[J].农业经济问题,2022,(05):37—48.
[17] 熊颖,张旺虎,郭守亭,等.电子商务发展缓解了城乡居民消费差距吗?[J].农业经济与管理,2022,(05):85—98.
[18] 徐延军.社会消费品零售总额模型预测实证研究[J].统计理论与实践,2024,(02):59—63.
[19] 张钟文,肖磊,黄震.互联网消费价值测度研究——基于居民时间利用的视角[J].统计研究,2023,40(07):134—147.
[20] 赵虹杰.中文情感词汇本体的扩充及应用[D].大连理工大学,2015.
[21] 周楠.互联网背景下居民消费行为特征与影响要素探析[J].商业经济研究,2018,(24):65—68.
[22] 左鹏飞,陈静.高质量发展视角下的数字经济与经济增长[J].财经问题研究,2021,(09):19—27.
[23] Alexandre Cornière,Greg Taylor. A model of biased intermediation[J]. The RAND Journal of Economics,2019.
[24] Andrei Hagiu,Bruno Jullien. Search diversion and platform competition[J]. International Journal of Industrial Organization,2014.
[25] Andre Boik;Kenneth S. Corts. The Effects of Platform Most-Favored-Nation Clauses on Competition and Entry[J]. The Journal of Law and Economics,2016.
[26] Bruno Jullien,Wilfried Sand-Zantman. The Economics of Platforms:A TheoryGuide for Competition Policy[J]. Information Economics and Policy,2020.
[27] Chan Jason;Ghose Anindya;Seamans Robert. The Internet and Racial Hate Crimes:Offline Spillovers from Online Access[J]. MIS Quarterly,2016.
[28] Dirk Bergemann,Alessandro Bonatti. Markets for Information:An Introduction[J]. Annual Review of Economics,2019.
[29] Emir Kamenica,Matthew Gentzkow. Bayesian Persuasion[J]. The American Economic Review,2011.
[30] Goolsbee A,Klenow P. Valuing Consumer Products by the Time Spent Using Them:An Application to the Internet[R]. NBER Working Paper 11995,2006.

[31] Lina M. Khan. Amazon's Antitrust Paradox[J]. The Yale Law Journal, 2017.
[32] Robots and Jobs: Evidence from US Labor Markets[J]. Daron Acemoglu; Pascual Restrepo. Journal of Political Economy, 2020.
[33] Rodrigo Montes, Wilfried Sand-Zantman, Tommaso Valletti. The Value of Personal Information in Online Markets with Endogenous Privacy[J]. Management Science, 2019.

附录

附录1:供求信息系统仿真模拟数据结果示例

编号	信息权重	KOL连接比例	消费者总信息获得	消费者商家信息获得	商家数量	商家直连消费者	消费者数量	消费者关联数量	信息传输效率	生产者信息权重	KOL比例	KOL参数K	KOL触达上限	KOL触达下限	信息传输速度
1	1	0	1198.8882	63.04	20	30	1000	5	0.4	10	0.01	5	0.3	0.1	0.1
2	1	0	884.8203	48.32	20	30	1000	5	0.4	10	0.01	5	0.3	0.1	0.1
3	1	0	627.9372	60.2667	20	30	1000	5	0.4	10	0.01	5	0.3	0.1	0.1
4	1	0	266.5082	32.1067	20	30	1000	5	0.4	10	0.01	5	0.3	0.1	0.1
5	1	0	686.7567	77.76	20	30	1000	5	0.4	10	0.01	5	0.3	0.1	0.1
6	1	0	593.0724	121.28	20	30	1000	5	0.4	10	0.01	5	0.3	0.1	0.1
7	1	0	447.0561	57.1733	20	30	1000	5	0.4	10	0.01	5	0.3	0.1	0.1
8	1	0	919.1531	70.5067	20	30	1000	5	0.4	10	0.01	5	0.3	0.1	0.1
9	1	0	786.0772	93.5467	20	30	1000	5	0.4	10	0.01	5	0.3	0.1	0.1
10	1	0	824.8119	80.32	20	30	1000	5	0.4	10	0.01	5	0.3	0.1	0.1
11	1	0	473.2766	38.08	20	30	1000	5	0.4	10	0.01	5	0.3	0.1	0.1
12	1	0	648.9193	118.2933	20	30	1000	5	0.4	10	0.01	5	0.3	0.1	0.1
13	1	0	1009.9703	81.8133	20	30	1000	5	0.4	10	0.01	5	0.3	0.1	0.1
14	1	0	860.6606	49.92	20	30	1000	5	0.4	10	0.01	5	0.3	0.1	0.1
15	1	0	777.8152	109.3333	20	30	1000	5	0.4	10	0.01	5	0.3	0.1	0.1
16	1	0	745.5778	54.2933	20	30	1000	5	0.4	10	0.01	5	0.3	0.1	0.1
17	1	0	808.0683	98.0267	20	30	1000	5	0.4	10	0.01	5	0.3	0.1	0.1
18	1	0	1028.8396	74.88	20	30	1000	5	0.4	10	0.01	5	0.3	0.1	0.1
19	1	0	694.1735	77.44	20	30	1000	5	0.4	10	0.01	5	0.3	0.1	0.1
20	1	0	354.8017	143.9659	20	30	1000	5	0.4	10	0.01	5	0.3	0.1	0.1
21	1	0	1627.4558	93.9733	20	30	1000	5	0.4	10	0.01	5	0.3	0.1	0.1
22	1	0	1089.8765	77.8667	20	30	1000	5	0.4	10	0.01	5	0.3	0.1	0.1
23	1	0	1006.085	67.52	20	30	1000	5	0.4	10	0.01	5	0.3	0.1	0.1
24	1	0	174.5879	24.7467	20	30	1000	5	0.4	10	0.01	5	0.3	0.1	0.1
25	1	0	300.5065	29.2267	20	30	1000	5	0.4	10	0.01	5	0.3	0.1	0.1
26	1	0	693.1807	39.4667	20	30	1000	5	0.4	10	0.01	5	0.3	0.1	0.1
27	1	0	437.2711	38.08	20	30	1000	5	0.4	10	0.01	5	0.3	0.1	0.1
28	1	0	255.2702	28.7915	20	30	1000	5	0.4	10	0.01	5	0.3	0.1	0.1
29	1	0	315.6157	38.08	20	30	1000	5	0.4	10	0.01	5	0.3	0.1	0.1
30	1	0	1315.0676	64.5333	20	30	1000	5	0.4	10	0.01	5	0.3	0.1	0.1
31	1	0	482.497	116.8	20	30	1000	5	0.4	10	0.01	5	0.3	0.1	0.1
32	1	0	686.0564	66.1333	20	30	1000	5	0.4	10	0.01	5	0.3	0.1	0.1
33	1	0	559.4128	112.7467	20	30	1000	5	0.4	10	0.01	5	0.3	0.1	0.1
34	1	0	885.1882	89.6	20	30	1000	5	0.4	10	0.01	5	0.3	0.1	0.1
35	10.2635223	0.113831014	788.1768	93.5467	20	30	1000	5	0.4	10	0.01	5	0.3	0.1	0.1
36	1	0	270.0861	33.2459	20	30	1000	5	0.4	10	0.01	5	0.3	0.1	0.1
37	1	0	1110.5047	111.1467	20	30	1000	5	0.4	10	0.01	5	0.3	0.1	0.1
38	1	0	1194.0878	114.24	20	30	1000	5	0.4	10	0.01	5	0.3	0.1	0.1
39	1	0	689.1017	49.92	20	30	1000	5	0.4	10	0.01	5	0.3	0.1	0.1
40	1	0	675.1572	60.16	20	30	1000	5	0.4	10	0.01	5	0.3	0.1	0.1
41	1	0	1088.8139	52.9067	20	30	1000	5	0.4	10	0.01	5	0.3	0.1	0.1
42	1	0	849.5718	89.28	20	30	1000	5	0.4	10	0.01	5	0.3	0.1	0.1
43	1	0	582.3207	117.12	20	30	1000	5	0.4	10	0.01	5	0.3	0.1	0.1
44	1	0	1173.5862	121.6	20	30	1000	5	0.4	10	0.01	5	0.3	0.1	0.1
45	1	0	329.68	45.0048	20	30	1000	5	0.4	10	0.01	5	0.3	0.1	0.1
46	1	0	1386.383	118.6133	20	30	1000	5	0.4	10	0.01	5	0.3	0.1	0.1
47	1	0	551.314	137.3867	20	30	1000	5	0.4	10	0.01	5	0.3	0.1	0.1
48	1	0	878.0593	58.6667	20	30	1000	5	0.4	10	0.01	5	0.3	0.1	0.1
49	1	0	672.6249	54.2933	20	30	1000	5	0.4	10	0.01	5	0.3	0.1	0.1
50	1	0	795.2428	51.3067	20	30	1000	5	0.4	10	0.01	5	0.3	0.1	0.1
51	1	0	554.9733	100.9067	20	30	1000	5	0.4	10	0.01	5	0.3	0.1	0.1
52	1	0	824.0265	92.0533	20	30	1000	5	0.4	10	0.01	5	0.3	0.1	0.1
53	1	0	861.2133	127.1467	20	30	1000	5	0.4	10	0.01	5	0.3	0.1	0.1
54	1	0	969.187	102.4	20	30	1000	5	0.4	10	0.01	5	0.3	0.1	0.1
55	1	0	1068.9423	71.8933	20	30	1000	5	0.4	10	0.01	5	0.3	0.1	0.1
56	1	0	484.4301	55.7867	20	30	1000	5	0.4	10	0.01	5	0.3	0.1	0.1
57	1	0	1125.6225	109.8667	20	30	1000	5	0.4	10	0.01	5	0.3	0.1	0.1
58	1	0	165.7207	12.544	20	30	1000	5	0.4	10	0.01	5	0.3	0.1	0.1
59	1	0	733.2006	75.9467	20	30	1000	5	0.4	10	0.01	5	0.3	0.1	0.1
60	1	0	401.0686	75.9467	20	30	1000	5	0.4	10	0.01	5	0.3	0.1	0.1
61	1	0	674.5655	52.8	20	30	1000	5	0.4	10	0.01	5	0.3	0.1	0.1
62	1	0	825.5785	152.1067	20	30	1000	5	0.4	10	0.01	5	0.3	0.1	0.1
63	1	0	697.8611	147.9467	20	30	1000	5	0.4	10	0.01	5	0.3	0.1	0.1
64	1	0	689.5953	44.8981	20	30	1000	5	0.4	10	0.01	5	0.3	0.1	0.1
65	1	0	1155.5546	112.7467	20	30	1000	5	0.4	10	0.01	5	0.3	0.1	0.1
66	1	0	678.6254	40.96	20	30	1000	5	0.4	10	0.01	5	0.3	0.1	0.1
67	1	0	1225.0583	88	20	30	1000	5	0.4	10	0.01	5	0.3	0.1	0.1
68	1	0	314.0845	30.6133	20	30	1000	5	0.4	10	0.01	5	0.3	0.1	0.1
69	1	0	831.3569	70.4	20	30	1000	5	0.4	10	0.01	5	0.3	0.1	0.1
70	1	0	940.7136	111.2533	20	30	1000	5	0.4	10	0.01	5	0.3	0.1	0.1
71	1	0	932.6869	89.6	20	30	1000	5	0.4	10	0.01	5	0.3	0.1	0.1
72	1	0	1027.634	96.64	20	30	1000	5	0.4	10	0.01	5	0.3	0.1	0.1
73	1	0	932.8581	58.6667	20	30	1000	5	0.4	10	0.01	5	0.3	0.1	0.1
74	1	0	834.1589	144.7467	20	30	1000	5	0.4	10	0.01	5	0.3	0.1	0.1
75	1	0	418.8074	144.64	20	30	1000	5	0.4	10	0.01	5	0.3	0.1	0.1
76	1	0	616.1794	81.92	20	30	1000	5	0.4	10	0.01	5	0.3	0.1	0.1
77	1	0	1181.5545	112.7467	20	30	1000	5	0.4	10	0.01	5	0.3	0.1	0.1
78	1	0	610.8497	98.0267	20	30	1000	5	0.4	10	0.01	5	0.3	0.1	0.1
79	1	0	819.4621	66.1333	20	30	1000	5	0.4	10	0.01	5	0.3	0.1	0.1
80	1	0	797.6365	46.9333	20	30	1000	5	0.4	10	0.01	5	0.3	0.1	0.1
81	1	0	1086.8769	111.2533	20	30	1000	5	0.4	10	0.01	5	0.3	0.1	0.1
82	1	0	630.9863	143.2533	20	30	1000	5	0.4	10	0.01	5	0.3	0.1	0.1
83	1	0	467.8777	127.04	20	30	1000	5	0.4	10	0.01	5	0.3	0.1	0.1
84	1	0	787.9117	49.92	20	30	1000	5	0.4	10	0.01	5	0.3	0.1	0.1
85	1	0	1240.0009	46.8267	20	30	1000	5	0.4	10	0.01	5	0.3	0.1	0.1
86	1	0	557.3358	69.0133	20	30	1000	5	0.4	10	0.01	5	0.3	0.1	0.1
87	1	0	302.0059	26.24	20	30	1000	5	0.4	10	0.01	5	0.3	0.1	0.1
88	1	0	494.5834	36.5867	20	30	1000	5	0.4	10	0.01	5	0.3	0.1	0.1
89	1	0	319.4017	27.1915	20	30	1000	5	0.4	10	0.01	5	0.3	0.1	0.1
90	1	0	453.4014	74.7733	20	30	1000	5	0.4	10	0.01	5	0.3	0.1	0.1
91	1	0	1211.6304	73.3867	20	30	1000	5	0.4	10	0.01	5	0.3	0.1	0.1
92	1	0	1110.0351	128.64	20	30	1000	5	0.4	10	0.01	5	0.3	0.1	0.1
93	1	0	465.8964	61.5467	20	30	1000	5	0.4	10	0.01	5	0.3	0.1	0.1
94	1	0	927.6508	81.8133	20	30	1000	5	0.4	10	0.01	5	0.3	0.1	0.1
95	1	0	690.9983	70.4	20	30	1000	5	0.4	10	0.01	5	0.3	0.1	0.1
96	1	0	417.005	42.4533	20	30	1000	5	0.4	10	0.01	5	0.3	0.1	0.1
97	1	0	875.7202	108.2667	20	30	1000	5	0.4	10	0.01	5	0.3	0.1	0.1
98	1	0	423.7998	61.6533	20	30	1000	5	0.4	10	0.01	5	0.3	0.1	0.1
99	1	0	799.6149	78.9333	20	30	1000	5	0.4	10	0.01	5	0.3	0.1	0.1
100	1	0	455.0341	81.8133	20	30	1000	5	0.4	10	0.01	5	0.3	0.1	0.1

附录2:基于S-ARIMA模型预测消费规模走势

2008年我国网购市场年交易额首次破千亿①,淘宝、京东等电商平台开始活跃并逐渐壮大。本节以2008年为分界点,通过研究1992—2008年社会消费品零售总额变化情况,侧面刻画非数字经济时期消费规模变化情况。本文参考徐延军(2024)的研究方法,使用季节性差分自回归移动平均模型(S-ARIMA)预测非数字经济背景下2009—2023年消费规模变化趋势,并与同期实际消费规模变化进行对比,以推测数字经济在推动消费规模变化中的影响。

S-ARIMA模型在ARIMA上增加了季节性参数,更适配消费额这类带有季节性周期的时间序列数据。S-ARIMA$(p,d,q)(P,D,Q,s)$共有3个非季节性参数(p,d,q),和4个季节参数(P,D,Q,s),其中:

$$p:x_t=\phi_0+\phi_1 x_{t-1}+\cdots+\phi_p x_{x-p}+\varepsilon_t$$

$$q:x_t=\theta_0+\theta_1\varepsilon_{t-1}+\theta_2\varepsilon_{t-2}+\cdots+\theta_q\varepsilon_{t-q}+\varepsilon_t$$

$$P:x_t=\alpha_0+\alpha_1 x_{t-s}+\cdots+\alpha_p x_{t-p}+\varepsilon_t$$

$$Q:x_t=\beta_0+\beta_1\varepsilon_{t-s}+\beta_2\varepsilon_{t-2s}+\cdots+\beta_q\varepsilon_{t-Q_s}+\varepsilon_t$$

定义延迟算子多项式:

$$\phi(B)=1-\phi_1 B-\cdots-\phi_p B^p \tag{1}$$

则S-ARIMA$(p,d,q)(P,D,Q,s)$为:

$$\phi_{(p)}(B)\Phi_{(P)}(B_s)(1-B)^d(1-B_s)^D y_t=\theta_{(q)}(B)\Theta_{(Q)}(B_s)\phi_t \tag{2}$$

使用S-ARIMA模型预测2009—2023年社会消费品零售总额,结果显示(见附图),社会消费品零售总额持续增长,且预测值低于同期实际社会消费品零售总额。进一步对2009—2023年社会消费品零售总额的实际值和预测值进行显著性检验,结果显示在1%的显著性水平下p值小于0.01,表明数字经济背景下的社会消费品零售总额在统计上显著高于非数字经济背景下的社会消费品零售总额,数字经济对消费规模增长有推动作用。

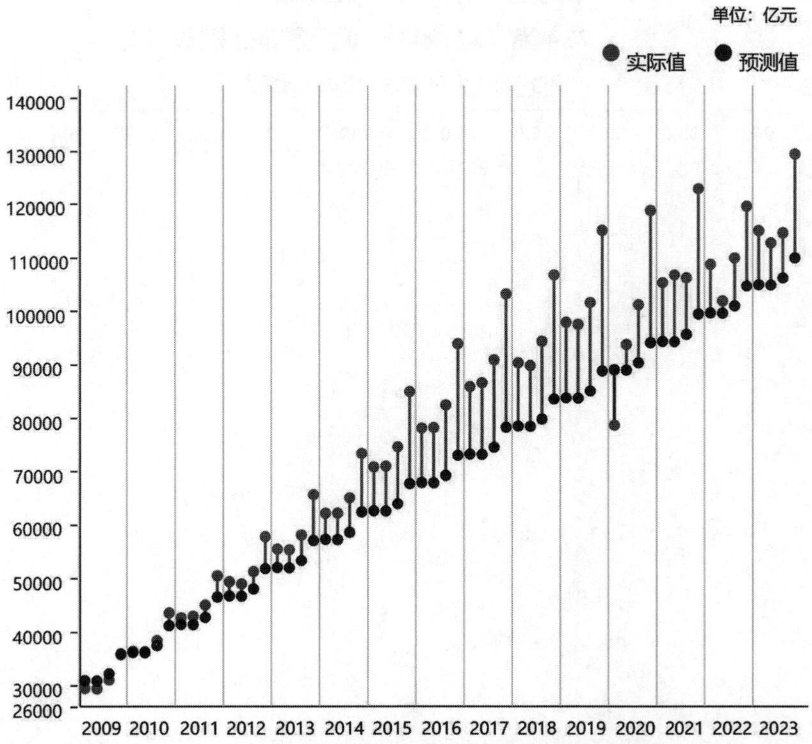

附图　2009—2023年社会消费品零售总额实际值与预测值对比图(单位:亿元)

① 数据源自财政部网站《我国网购市场交易额2008年同比增长128.5%》。

附录3:2014年与2024年广东省21市消费质量指数

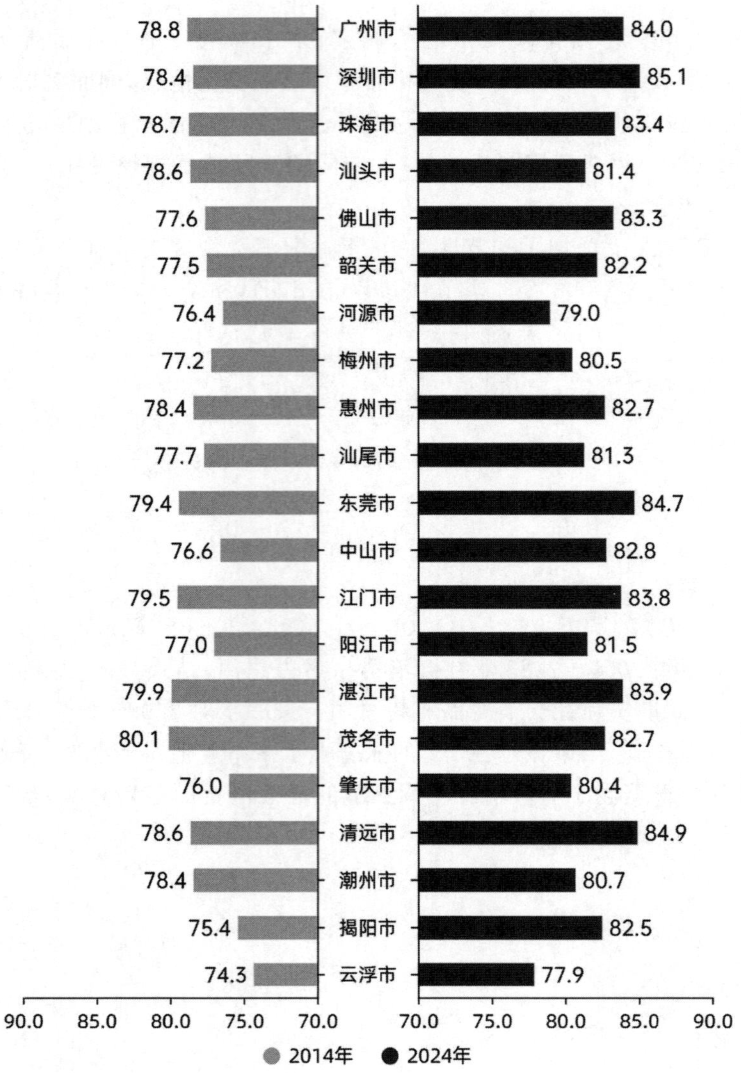

附录4:居民互联网消费行为专题调研方案与问卷

居民互联网消费行为专题调研

一、调研背景

在数字经济背景下，社交网络、搜索引擎、在线视频、在线音乐、网络文学、网络购物、移动支付等新型互联网消费融入千家万户，对居民日常消费行为产生了重要影响，也影响了居民的时间分配结构。为了解数字经济背景下，互联网消费及服务对居民消费行为、消费意愿以及时间分配产生的影响，特开展此次调研。

二、调研范围

广东21个地级以上市。

三、调研对象和方式

每个地级以上市在住户调查样本中抽选部分居民进行问卷调研，尽量选择不同居住地、不同年龄、不同收入水平的调研对象，各市调研样本量分布如下。

表1　样本量分布表

地区	全体	城镇	农村
广州市	210	154	56
韶关市	140	70	70
深圳市	210	210	0
珠海市	70	56	14
汕头市	140	98	42
佛山市	140	98	42
江门市	140	98	42
湛江市	140	70	70
茂名市	140	70	70
肇庆市	140	70	70
惠州市	140	70	70
梅州市	140	70	70
汕尾市	70	42	28
河源市	140	70	70
阳江市	140	70	70
清远市	140	70	70
东莞市	70	56	14
中山市	70	56	14
潮州市	70	42	28
揭阳市	140	70	70
云浮市	70	42	28

四、调研内容

数字经济背景下，居民日常的时间分配和消费行为的变化。

五、调研组织和时间安排

7月10日前完成调研；

7月12日前完成数据审核，不需要报送案例。

居民互联网消费行为专题调研

尊敬的先生/女士：

您好！感谢您在百忙之中抽出时间参与问卷调研。为了解数字经济背景下，居民网络消费行为及时间分配的变化，特开展此项调研。您提供的所有信息仅用于统计研究，我们将对您的信息进行严格保密，请您按照实际情况放心如实填写。感谢您的合作与支持！

1. 您的性别为：[单选题]

A. 男　B. 女

2. 您的居住地为：[单选题]

A. 城镇　B. 农村

3. 您的年龄段为：[单选题]

A. 00后(2000年及以后出生)　B. 90后(1990—1999年)　C. 80后(1980—1989年)

D. 70后(1970—1979年)　E. 60后(1960—1969年)　F. 其他(1960年以前出生)

4. 您的学历为：[单选题]

A. 初中及以下　B. 高中/中职/技工学校　C. 大学专科

D. 大学本科　E. 硕士研究生及以上

5. 您目前的职业为：[单选题]

A. 在校学生　B. 党政/事业单位人员　C. 企业(公司)中层及以上管理人员

D. 农林牧渔业生产及辅助人员　E. 企业职员　F. 个体经营户　G. 自由职业者

H. 全职在家或待业求职　I. 离退休　J. 其他

6. 您当前的月平均收入为：[单选题]

A. 暂无收入来源　B. 2000元以下　C. 2000—4000元(不含)　D. 4000—6000元(不含)

E. 6000—8000元(不含)　F. 8000—10000元(不含)　G. 10000—15000元(不含)

H. 15000—20000元(不含)　I. 20000元及以上

7. 今年以来，您每月在互联网上消费(如电商、外卖、套餐团购、共享单车、视频平台会员等)的支出占每月消费总支出的比重是：[单选题]

A. 0%—20%(不含)　B. 20%—40%(不含)　C. 40%—60%(不含)

D. 60%—80%(不含)　E. 80%—100%

8. 未来2—3年内，您预计每月在互联网上消费(如电商、外卖、套餐团购、共享单车、视频平台会员等)的支出占每月消费总支出的比重大概是：[单选题]

A. 上升　B. 持平　C. 下降　D. 不清楚

9. 您在互联网上购买商品或服务之前，会在多大程度上参考以下信息辅助购买决策？

	完全不参考(1)	……	肯定会参考(5)
商品详情			
商家/店铺背景			
网络大V测评			
商品评价			
亲朋好友推荐			

10. 十年前，您对消费质量(包括线上及线下渠道)的满意程度，并对以下项目打分(1分为最低分，5分为最高分)：

商品/服务种类丰富、易于获取	1 2 3 4 5
商品/服务质量较好、价格实惠	1 2 3 4 5
支付手段多样便捷	1 2 3 4 5
及时发货、配送速度快	1 2 3 4 5
售后服务有保障、退换货方便	1 2 3 4 5
总体的消费体验	1 2 3 4 5

11. 经过数字经济持续发展，当前，您对以下项目消费质量的满意程度如何？(1分为最低分，5分为最高分)

商品/服务种类丰富、易于获取	1 2 3 4 5
商品/服务质量较好、价格实惠	1 2 3 4 5
支付手段多样便捷	1 2 3 4 5
及时发货、配送速度快	1 2 3 4 5
售后服务有保障、退换货方便	1 2 3 4 5
总体的消费体验	1 2 3 4 5

12. 您认为数字经济使消费质量变得如何:[单选题]

A. 变得很差　B. 变得较差　C. 不变　D. 变得较好　E. 变得很好

13. 您平均每个工作日的工作时间为[单选题]

A. 暂无工作　B. 0—2(不含)个小时　C. 2—4(不含)个小时　D. 4—6(不含)个小时

E. 6—8(不含)个小时　F. 8—10(不含)个小时　G. 10—12(不含)个小时

H. 12—14(不含)个小时　I. 14—16(不含)个小时　J. 16个小时以上

14. 在工作日期间，您平均每天的睡眠时间为[单选题]

A. 暂无工作　B. 0—2(不含)个小时　C. 2—4(不含)个小时　D. 4—6(不含)个小时

E. 6—8(不含)个小时　F. 8—10(不含)个小时　G. 10—12(不含)个小时

H. 12—14(不含)个小时　I. 14—16(不含)个小时　J. 16个小时以上

15. 在休息日期间，您平均每天的睡眠时间为[单选题]

A. 0—2(不含)个小时　B. 2—4(不含)个小时　C. 4—6(不含)个小时

D. 6—8(不含)个小时　E. 8—10(不含)个小时　F. 10—12(不含)个小时

G. 12—14(不含)个小时　H. 14—16(不含)个小时　I. 16个小时以上

16. 在工作日期间，您平均每天用于上网休闲娱乐(指利用互联网听广播/音乐/有声读物、看电视、刷短视频、读书看报、玩游戏、聊天交友、网上购物/生活服务等)的时间是？[单选题]

A. 暂无工作　B. 0—2(不含)个小时　C. 2—4(不含)个小时　D. 4—6(不含)个小时

E. 6—8(不含)个小时　F. 8—10(不含)个小时　G. 10—12(不含)个小时

H. 12—14(不含)个小时　I. 14—16(不含)个小时　J. 16个小时以上

17. 在休息日期间，您平均每天用于上网休闲娱乐(指利用互联网听广播/音乐/有声读物、看电视、刷短视频、读书看报、玩游戏、聊天交友、网上购物/生活服务等)的时间是？[单选题]

A. 0—2(不含)个小时　B. 2—4(不含)个小时　C. 4—6(不含)个小时

D. 6—8(不含)个小时　E. 8—10(不含)个小时　F. 10—12(不含)个小时

G. 12—14(不含)个小时　H. 14—16(不含)个小时　I. 16个小时以上

18. 在网上进行休闲娱乐时，您的感受是[单选题]

A. 一直很愉悦　B. 比较愉悦，愉悦程度随开展活动不同而变化

C. 开始很愉悦，上网时长超过一定限度愉悦会减少

D. 一般　E. 不太愉悦　F. 很不愉悦

19. 当您结束上网休闲娱乐时，您的情绪是[单选题]

A. 懊悔，感觉完全没有收获　B. 空虚，感觉收获未达到预期

C. 平静　D. 满足，感觉收获基本符合预期

E. 惊喜，感觉收获远远超出预期　F. 其他

20. 您在互联网上为以下哪些活动花费的时间较多(可多选，最多选五项)[多选题]

A. 听广播/音乐/有声读物(如广播电台、网易云音乐、喜马拉雅等)

B. 看电视/视频(包括电视剧等长视频、抖音等短视频以及直播等)

C. 玩游戏 D. 浏览新闻、资讯等(如刷微博、看公众号、今日头条等)

E. 阅读电子书报期刊　F. 在线购物　G. 聊天交友　H. 投资理财

I. 在线学习　J. 商务/工作　K. 互联网就医　L. 其他(请说明)

21. 请问以下活动您是否更愿意在线上进行(即借助互联网达成目标)?

	非常不愿意	不愿意	一般	愿意	非常愿意
听广播/音乐/有声读物					
看电视/视频					
玩游戏					
浏览新闻、资讯等					
阅读书报期刊					
购物					
聊天交友					
投资理财					
学习培训					
商务/工作					
就医					

22. 您所在的地区为:[下拉列表题]

____

创新要素配置推动新质生产力的统计测度研究

国家统计局陕西调查总队　刘　琳　王　艳　陈燮函

摘　要

生产力是衡量一个国家和地区经济产出水平的重要指标。习近平总书记指出,新质生产力"由技术革命性突破、生产要素创新性配置、产业深度转型升级而催生",新质生产力的核心要义是"以新促质"。当前我国经济已由高速增长转入高质量发展阶段,同时面对复杂严峻的国内外形势,迫切需要摆脱对传统生产力的依赖,亟须以创新为核心,改善创新要素配置,加快推进新质生产力培育,从而实现经济高质量发展。因此,测度创新要素配置对新质生产力的作用及程度具有重要的现实意义。本文以31个省(区、市)2012—2022年相关数据为研究对象,分别构建创新要素配置水平和新质生产力水平综合评价体系,从时间、空间、网络、系统等不同视角揭示两者的总体水平、区域差异、时空演进和网络特征,探索二者之间深层次的动力路径关系,为实现高质量发展和推动中国式现代化提供有益参考。

本文主要研究内容如下:首先,对创新要素配置推动形成新质生产力进行了理论机理分析。其次,对五种不同智能算法优化下的投影寻踪模型性能进行了比较,选取性能最优的映射改进麻雀算法投影寻踪模型GSSA测度了31个省(区、市)新质生产力水平,并借助超效率SBM-ML模型对不同地区的创新要素配置水平进行测算。再次,采用全局和局部莫兰指数分析新质生产力水平和创新要素配置水平的空间分布集群特征;并借助修正引力模型,运用社会网络分析法SNA探究区域空间关联的网络特征。然后,运用基准回归、空间回归、QAP社会网络回归等不同视角测度创新要素配置水平对新质生产力的作用程度。接着,根据创新要素驱动新质生产力发展特征建立系统动力学模型,分析系统动力机制、演化路径,以关键变量作为可持续发展决策的杠杆作用点,对创新要素推动新质生产力发展进行仿真模拟分析。

研究发现,一是2012—2022年31个省(区、市)的新质生产力水平和创新要素配置总体水平均呈现增长态势,且新质生产力地区间的两极分化现象减弱。二是新质生产力和创新要素配置水平具有较大的地区差异性和空间分布不均衡性。三是地区间新质生产力和创新要素配置引力呈现出显著的地域分布特征,由大到小依次为京津冀、江浙沪皖、中部、西部地区和东北地区。四是新质生产力网络具有典型"核心—外围"特征,如江苏、浙江、北京、广东等地区具有较强的空间辐射能力。五是创新要素配置水平对本地区新质生产力水平具有促进作用,但对邻近地区起抑制作用,存在负向空间溢出效应。六是借助系统动力学仿真可知,优化研发投入、财政支出、人才投入等要素可以提高创新要素配置效率,进而促进新质生产力水平的提升。最后,基于研究结论提出优化创新要素配置推动新质生产力发展的政策建议。

创新点:一是研究视角方面。关于新质生产力与创新要素配置二者的关系目前少有相关文献,本文是积极地探索性研究,将时间演进、空间分布、网络关联、系统仿真研究置于同一理论框架,以递进式逻辑全面考察区域新质生产力和创新要素配置联系。二是数据来源方面,打破常规数据隔阂,从统计部门、网络、政策文本数据等途径获取多源数据。三是研究方法方面,水平测度方面选取映射改进麻雀算法投影寻踪模型GSSA、超效率SBM-ML模型分别测度新质生产力、创新要素配置水平;网络特征测度方面,在测度二者空间分布特征的基础上,借助修正引力模型,运用社会网络分析探究区域关联网络整体形态;影响效应测度方面,运用基准、空间、QAP社会网络回归三重视角,测度创新要素配置水平对新质生产力的作用程度;系统动态仿真方面,解构创新要素与新质生产力,搭建系统动力学模型,以不同情景仿真模拟创新要素推动新质生产力发展路径。

关键词:新质生产力;创新要素配置;水平测度;驱动效应;动态仿真

一、引言

(一)研究背景与意义

生产力是衡量一个国家和地区经济产出水平的重要指标。2023年9月,习近平总书记在黑龙江考察期间首次提出"新质生产力"概念。新质生产力是在传统生产力基础上形成,由技术革命性突破、生产要素创新性配置、产业深度转型升级催生,以劳动者、劳动资料、劳动对象及其优化组合跃升为基本内涵的先进生产力形态,核心要义是"以新促质",即通过创新驱动高质量发展,实现传统生产力跃迁与升级。当前我国经济已由高速增长转入高质量发展阶段,迫切需要摆脱对传统生产力依赖,亟须以创新为驱动,改善创新要素配置,加快新质生产力培育,实现经济高质量发展。因此,创新要素配置和新质生产力呈现特征、两者间相互关系及作用程度如何,创新要素驱动新质生产力发展作用路径如何,下一步怎样加快形成新质生产力,都是亟须解决的重要命题,本文研究具有重要意义。

(二)文献综述

新质生产力研究方面,石建勋(2024)等认为新质生产力是数智化劳动者、数字基础设施、新能源、人工智能和绿色低碳技术等创新要素紧密结合产生的生产力新形态。张哲(2024)等基于中国省域面板数据,借助熵权法测算了地区新质生产力水平,运用核密度估计、莫兰指数等分析时空演进特征。创新要素配置研究方面,一是创新要素配置内涵。有学者基于过程视角将其视为按一定机制分配、整合、重新配置创新要素,并转化为创新能力的过程。也有基于结果视角将创新要素配置视为人力、资本、技术等创新要素占比。二是实证方面,陶长琪(2021)采用熵权法测算各省创新要素配置水平,借助核密度和标准差椭圆法分析时空特征。李宜珈(2024)基于三阶段DEA方法测算我国省域创新要素配置效率。

现有文献集中于对新质生产力或创新要素配置内涵、测度及特征分析,鲜对两者关系进行研究。鉴于此,本文构建评价指标体系测度新质生产力发展和创新要素配置水平,从时间、空间、网络、系统等不同视角揭示两者总体水平、区域差异、时空演进和网络特征,探索深层次动力路径关系,为实现高质量发展和推动中国式现代化提供有益参考。

(三)研究思路及创新点

1. 研究思路

本文的整体研究框架如图1所示,在明确新质生产力与创新要素配置内涵基础上,一是构建新质生产力与创新要素配置指标体系,利用映射改进麻雀算法投影寻踪模型、超效率SBM-ML模型测算我国31个省(区、市)2012—2022年新质生产力与创新要素配置水平。二是采用莫兰指数法分析区域新质生产力发展、创新要素配置水平空间分布集群特征,运用SNA社会网络分析进一步探究区域关联网络特征。三是将创新要素配置与新质生产力发展作为两大经济系统,运用基准、空间、QAP网络回归等不同视角探究新质生产力与创新要素配置两系统关系。四是根据创新要素驱动新质生产力发展特征建立系统动力学模型,分析动力机制、演化路径,以关键变量作为可持续发展决策杠杆点,对创新要素推动新质生产力发展进行仿真模拟。五是根据结论提出政策建议。

2. 创新点

一是研究视角。关于新质生产力与创新要素配置二者的关系目前少有相关文献,本文是积极的探索性研究。文章将时间演进、空间分布、网络关联、系统仿真研究置于同一理论框架,以递进式逻辑全面考察区域新质生产力和创新要素配置联系。

二是数据来源。打破常规数据隔阂,从统计部门、部门统计、网络、政策文本等途径获取多源数据。

三是研究方法。水平测度方面,选取映射改进麻雀算法投影寻踪GSSA模型、超效率SBM-ML模型分别测度新质生产力、创新要素配置水平,其中GSSA智能优化算法具有寻优能力强、收敛快的特点,适用于高维数据投影到低维空间的投影寻踪模型。网络特征测度方面,在测度新质生产力水平和创新要素配置空间分布特征基础上,借助修正引力模型,运用社会网络分析探究区域关联网络整体形态,进一步测度各省辐射带动、独立发展、中介角色能力。影响效应测度方面,运用基准、空间、QAP社会网络回归三重视角,测度创新要素配置水平对新质生产力的作用程度。系统动态仿真方面,解构创新要素与新质生产力,搭建起人力、资本、科技、信息数据、制度创新要素五维动力子系统,与新质劳动力、新质劳动资料、新质劳动对象新质生产力三维动力子系统间的系统动力学模型，分析演化反馈路径，绘制系统流图，从而预测未来5年发展水平，并以关键变量作为政策工具杠杆作用点，以不同情景仿真模拟创新要素推动新质生产力发展路径。

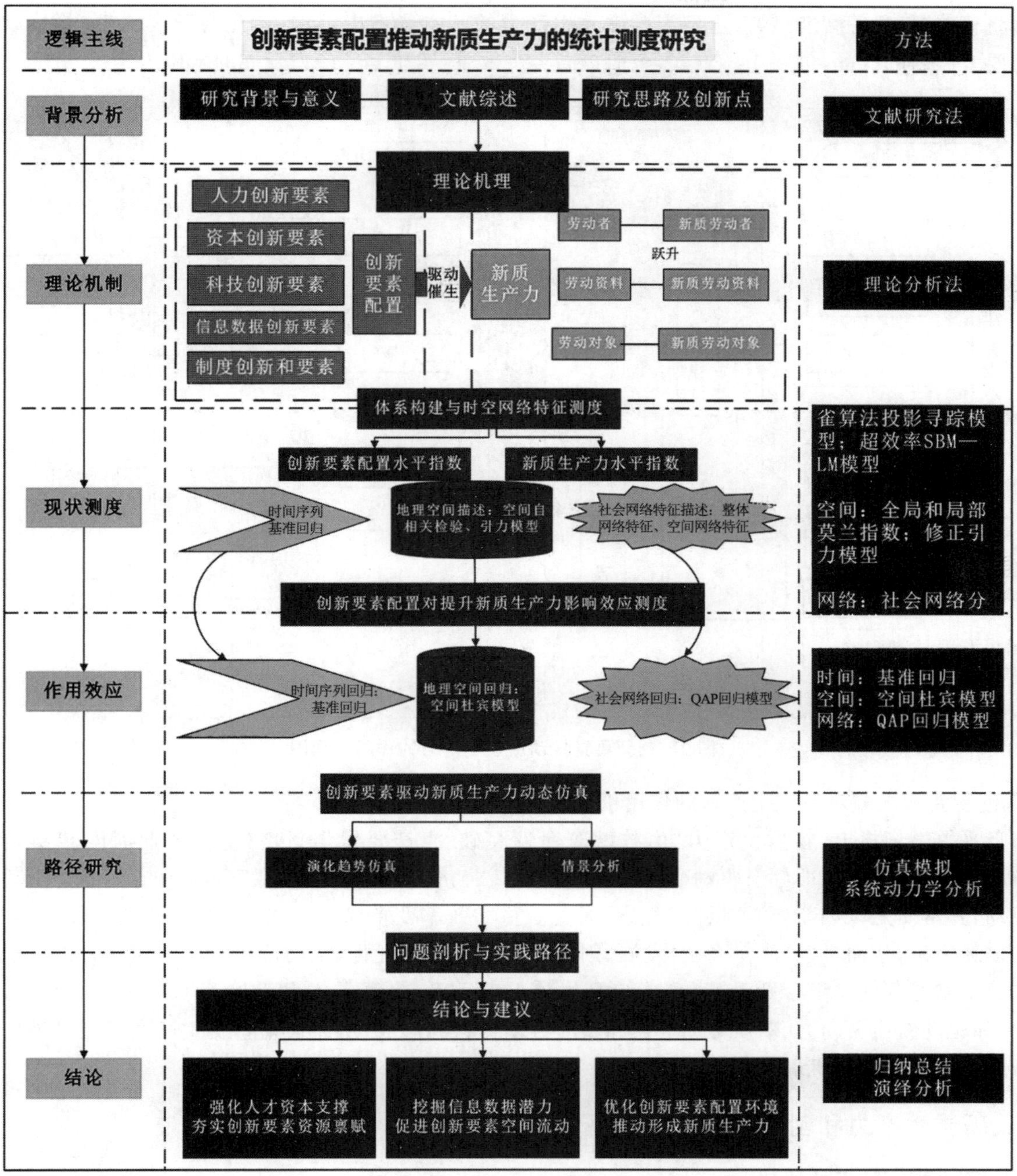

图1 技术路线图

二、创新要素配置推动新质生产力的理论机理梳理

1. 创新要素配置优化

古典经济增长理论的要素禀赋论是研究要素投入对经济增长影响的开端。创新要素的概念则源于熊彼得创新理论，创新定义为将生产要素和生产条件新组合引入生产体系的过程。当前，对创新要素的界定没有统一标准，但究其本质，创新要素主要由人力、资本、技术、信息和制度五类要素构成。创新要素配置是合理化创新要素的流动，用有限的创新要素投入创造最大化的经济效益和发展质量的途径，是通过科学地规划减少生产力浪费的过程。创新要素及其优化组合是推动和促进创新发展的必要条件，对于生产力发展具有重要影响。

2. 生产力新质化

古典经济学家威廉·配第提出“土地为财富之母，而劳动则为财富之父和能动要素”的观点，首次提出生产力概念并初步阐明了生产力的要素及其关系。马克思吸取古典经济学理论，在《资本论》中指出，生产力主要由“科学的发展水平和它在工艺上应用的程度”等情况而决定,包括“有目的的活动或劳动本身,劳动对象和劳动资料”,是“生产能力及其要素的发展。”生产力系统中,劳动者作为生产主体,运用劳动资料作用于劳动对象是其基本运动形式。新质生产力是“以劳动者、劳动资料、劳动对象及其优化组合的跃升为基本内涵”,将科技、信息等智能型、渗透型因素融入生产力的基本要素中,将其转化为现实的生产力,赋予传统生产力要素以新的内涵,创新生产方式,全面提高生产效率,实质是生产力发展的新质态。

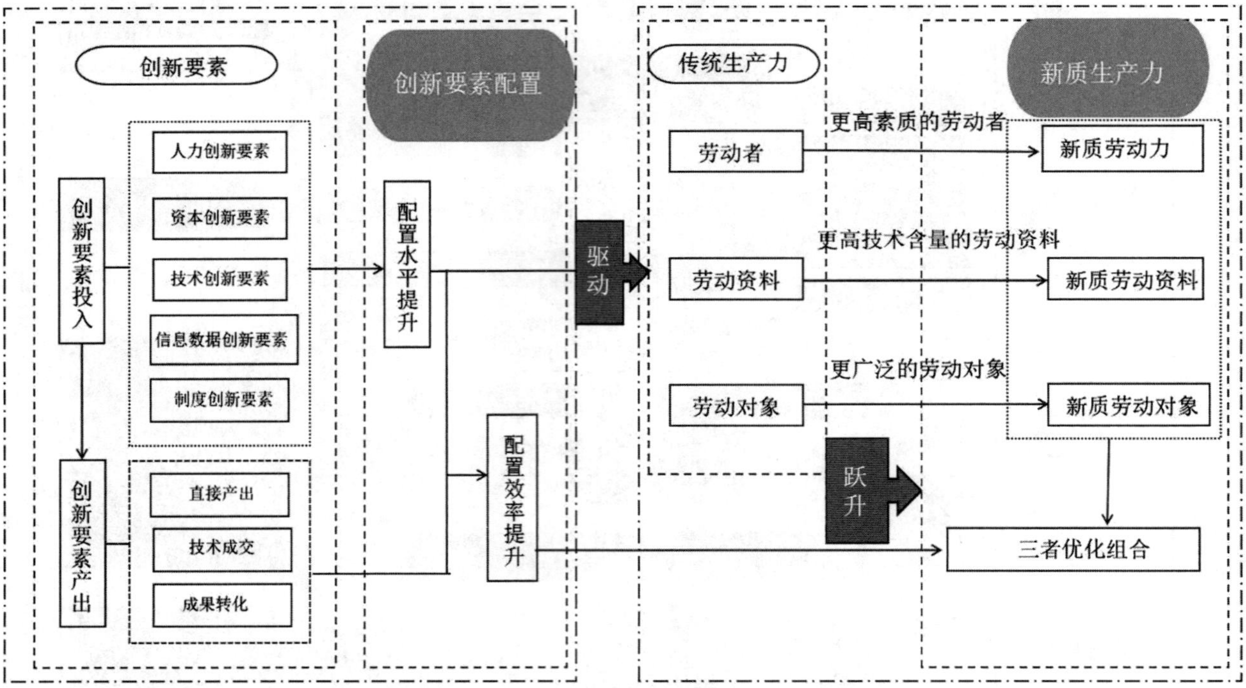

图2　创新要素推动新质生产力的作用机理图

3. 创新要素配置对新质生产力的作用机理

习近平总书记指出,新质生产力“由技术革命性突破、生产要素创新性配置、产业深度转型升级而催生”,核心是“以新促质”,即创新驱动生产力跃迁升级。经济高质量发展阶段,经济由传统要素驱动转换为创新驱动,其本质是以创新要素“量”的积累,通过质量和效率变革,即创新要素配置水平和效率提升,实现“质”的创新突破,从而带动“质量”融合发展,创新要素配置不断优化,驱动传统生产力劳动者、劳动资料、劳动对象三要素及其优化组合跃升,表现为更高素质的劳动者,更高技术含量的劳动资料、更广泛的劳动对象,催生和驱动新质劳动力、新质劳动对象和新质劳动资料的形成,从而推动新质生产力发展。创新要素配置对新质生产力的作用机理如图2所示。

三、新质生产力和创新要素配置水平的测度

(一)测度指标体系的构建

1. 新质生产力水平的测度指标体系

(1)新质生产力内涵。

新质生产力代表先进生产力的演进方向,是由技术革命性突破、生产要素创新性配置、产业深度转型升级而催生的先进生产力质态。新质生产力以劳动者、劳动资料、劳动对象及其优化组合的跃升为基本内涵,具有强大发展动能。具体而言,新质劳动者强调拥有较高劳动素养的智力工人,这类工人能够熟练运用高精尖的仪器从事生产活动,从而提高生产效率和生产质量。新质生产资料主要是依靠大数据智能、云计算为运行逻辑的“高级、精密、尖端”的设备,该类设备对生产效率和生产质量具有能级提升作用。新质劳动对象则注入了更多科技要素,能够极大地促进劳动对象的利用与转化效率。

(2)指标体系构建。

根据新质生产力的内涵界定,本文从新质劳动者、新质劳动资料、新质劳动对象三个维度构建评价指标体系。

首先,新质劳动者维度方面,与新质生产力相匹配的是智力工人,智力工人具备高素质的创新素养、知

识素养以及劳动能力，能够更好地利用和改造自然。因此选取劳动者技能、劳动者生产率 2 个二级指标和 3 个具体指标衡量。

其次，新质劳动资料维度方面，与新质生产力相匹配的是技术进步和科技创新。技术进步促进劳动生产率和生活质量的提高，如机器人以及数字化的快速发展；科技创新能够打破现有产业局限，促进国民经济更好更快发展。新质劳动资料维度选取能源消耗水平、机器人应用水平以及数字化创新水平等 3 个二级指标和 7 个具体指标衡量。

最后，新质劳动对象维度方面，既要注重以战略性新兴产业和未来产业为引领，也要注重新时代背景下与新质生产力相匹配的环保绿色发展。因此选取战略性新兴产业与未来产业、绿色环保与污染减排 2 个二级指标和 9 个具体指标衡量。

综上，共选取 3 个维度的 19 个具体指标来构建新质生产力指标体系，这些指标均是连续变量，能够客观准确对比出分省各指标的横向差异和纵向差异，保证了指标的客观性和准确性。指标选取如图 3 所示。

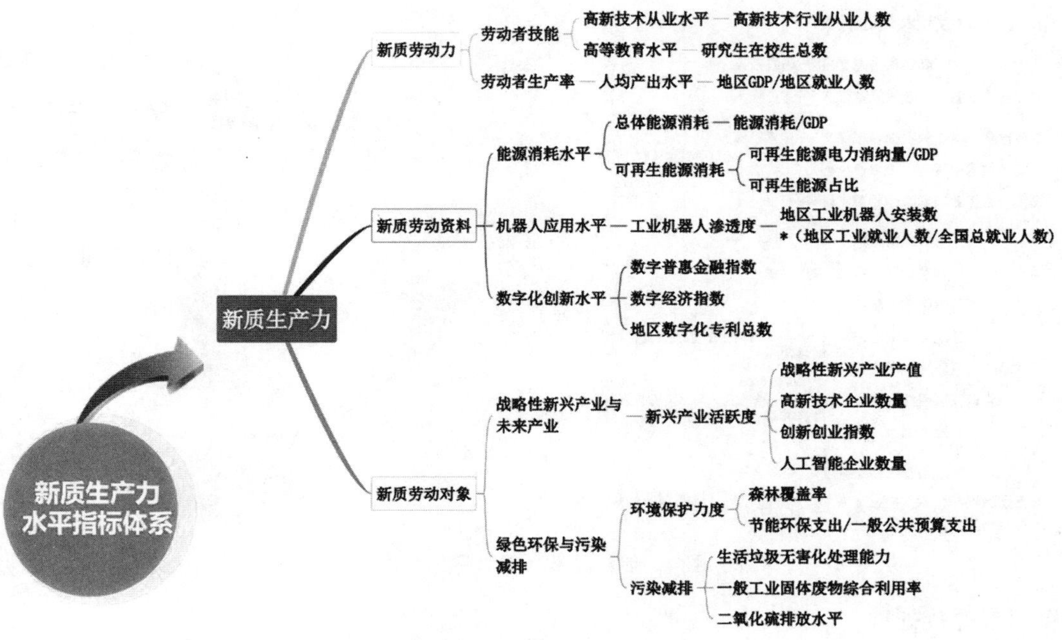

图 3　新质生产力水平指标体系

2. 创新要素配置水平的测度指标体系

(1)创新要素内涵。

创新要素是推动和促进创新发生的条件，是创新生产活动中必不可少的组成元素。随着现代通信技术及数字化技术的迅猛发展，创新要素范围扩大到人力、资本、科技、信息数据和制度五类要素。在对创新要素内涵范围界定基础上，将创新要素作为投入要素、创新产出作为衡量创新要素投入的效益，从投入产出视角分别构建创新要素配置水平指标体系。

(2)指标体系构建。

创新要素投入方面：

①人力创新要素。人力创新要素特指具有高学历、强技能或专门从事生产研发的劳动力，作为简单劳动力升级后的创新要素，其质量的提升，不仅需要持续优化人力投入效能，还需要积极推动人力组织建设。以人力投入、人力组织 2 个二级指标和 4 个三级指标来衡量人力创新要素。

②资本创新要素。资本创新要素是专门用于价值链高端环节的资金。价值链高端环节指企业或其他创新主体提高自主创新能力、产生高附加值的环节，选取研发投入、生产投入 2 个二级指标和 2 个三级指标来衡量资本创新要素。

③科技创新要素。科技创新要素指凝结于技术创新生产中的经验、技能、知识等促进技术创新的资源，在创新链中主要应用于前端及中端以促进新产品开发及创新产品的生产。选取科技资源、技术开发 2 个二级指标和 3 个三级指标来衡量资本创新要素。

④信息数据创新要素。信息数据创新要素指创新生产活动中所需要的一切具有共享性、时效性、动态性、外部性的资源，主要以信息数据资源形态存在。作为一种新型创新要素，其新动能的释放受信息数据生成、使用和共享环节的影响，主要依赖于互联网及现代通信技术，因此选取信息生成、信息使用、信息共享 3 个二级指标和 7 个三级指标来衡量信息数据创新要素。

⑤制度创新要素。制度创新要素是指以政府为主导、能为创新活动提供保障、激发创新要素潜能的政策制度及市场环境。选取创新政策支持度、财政支持度 2 个二级指标和 2 个三级指标来衡量制度创新要素。

创新要素产出方面：选取直接产出、技术成交、成果转化三个方面，分别用有效发明数专利数、技术市场成交额、新产品销售收入衡量。

综上，创新要素配置水平指标选取如图 4 所示。

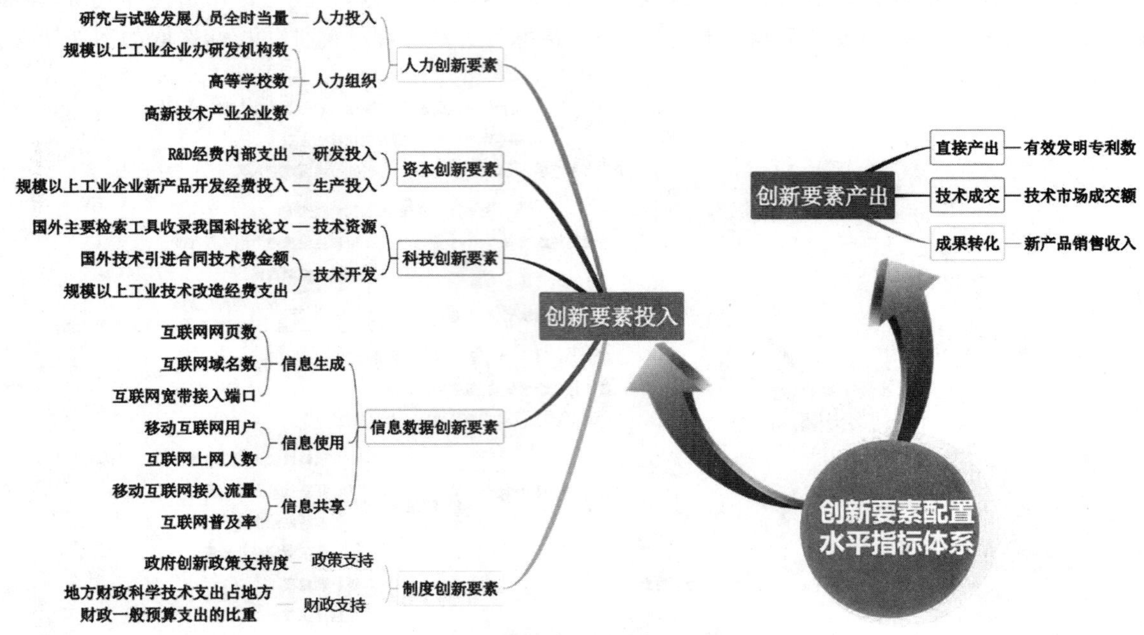

图 4　创新要素配置水平指标体系

(二)数据来源及处理

1. 鉴于数据可得性及研究可比性，选取 2012—2022 年中国 31 个省(区、市)面板数据为研究样本。数据来源于全国及各省相关统计年鉴、Wingo 财经文本数据平台、专利汇网站等，缺失数据采用线性插值法和 Arima 预测模型处理。数字化专利指标采用网络爬虫在专利汇平台获取 10.6 万条数据，并借助文本挖掘方

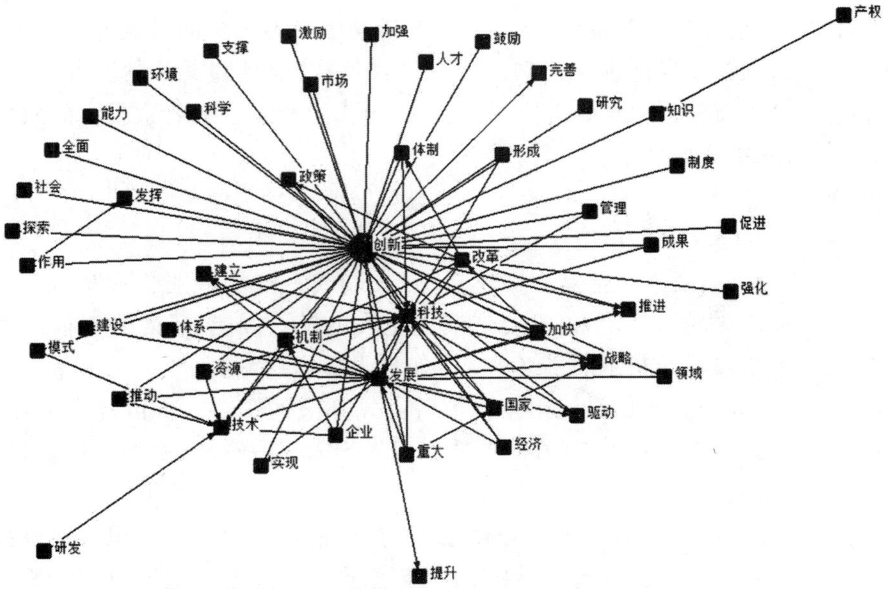

图 5　创新高频词社会网络关系图

法处理。政府创新政策支持度指标通过梳理党中央、国务院、各部委、各地方出台的关于创新的政策性文件20篇，基于TF-IDF方法提取关键词，形成创新高频词社会网络关系图（见图5），利用高频词对2012－2022年341份各省政府工作报告进行文本挖掘，将创新词频作为各省政府创新政策支持度指标。

（三）测度模型的选择及结果

1. 基于映射改进麻雀算法投影寻踪模型的新质生产力水平测度

（1）统计描述。

附表1列示了新质生产力指标体系中变量的描述性统计结果，多数变量的标准差和标准偏差较大，反映数据离散程度较大，说明不同地区间资源禀赋存在较大差异。为减小异方差的影响，后续建模中对相关变量取对数处理。

图6为指标体系中各个变量相关性热力图，从图可知变量间存在一定相关性，高新技术从业人员占比与战略性新兴产业主营业务收入、机器人安装密度与生活垃圾无害化处理能力两组变量相关性较高，其他变量相关性均在0.7以内。

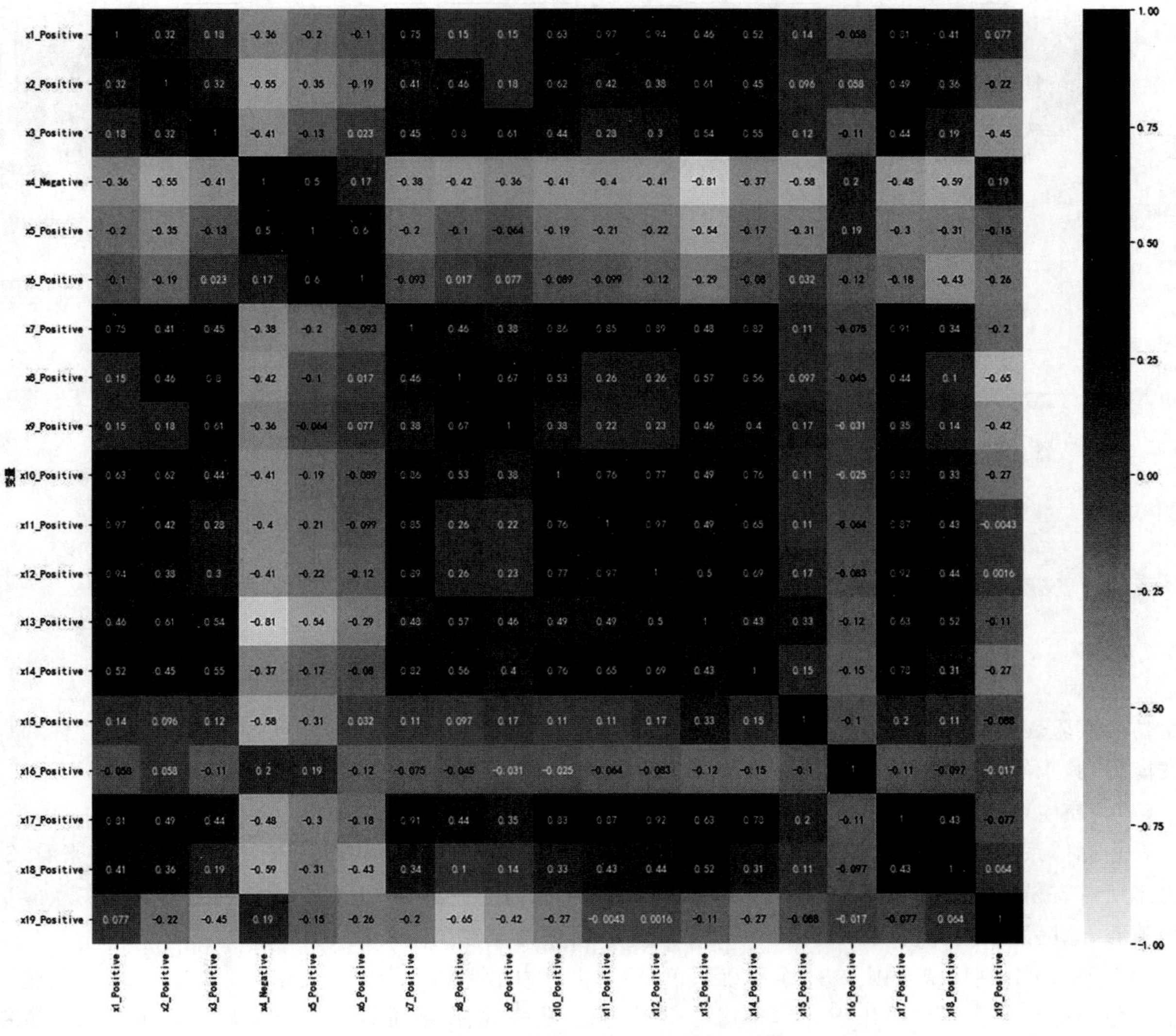

图6 新质生产力指标相关性热力图

（2）不同智能算法投影寻踪模型性能比较。

智能算法优化投影寻踪模型通过将高维数据投影到低维空间，分析投影数据特征解决多因素复杂问题。麻雀搜索算法（SSA）灵感来源于自然界中麻雀觅食行为，较其他智能算法具有更优全局探索力，拓展性强、鲁棒性强、求解效率高，本文采用映射改进麻雀搜索算法（GSSA）。

为更好说明GSSA有效性，将其在23个国际基准函数上测试，选取对比算法遗传算法（GA）、麻雀搜索算法（SSA）、模拟退火优化算法（SA）、粒子群优化算法（PSO）。设置种群数为100，迭代次数为2000次，每个算法各运行 30 次,取平均值、最优值、标准差、运行时间四个指标进行仿真实验,因篇幅原因,只列示单峰函数 F5、多峰函数 F9 和 F14(见图 7、附表 2)。

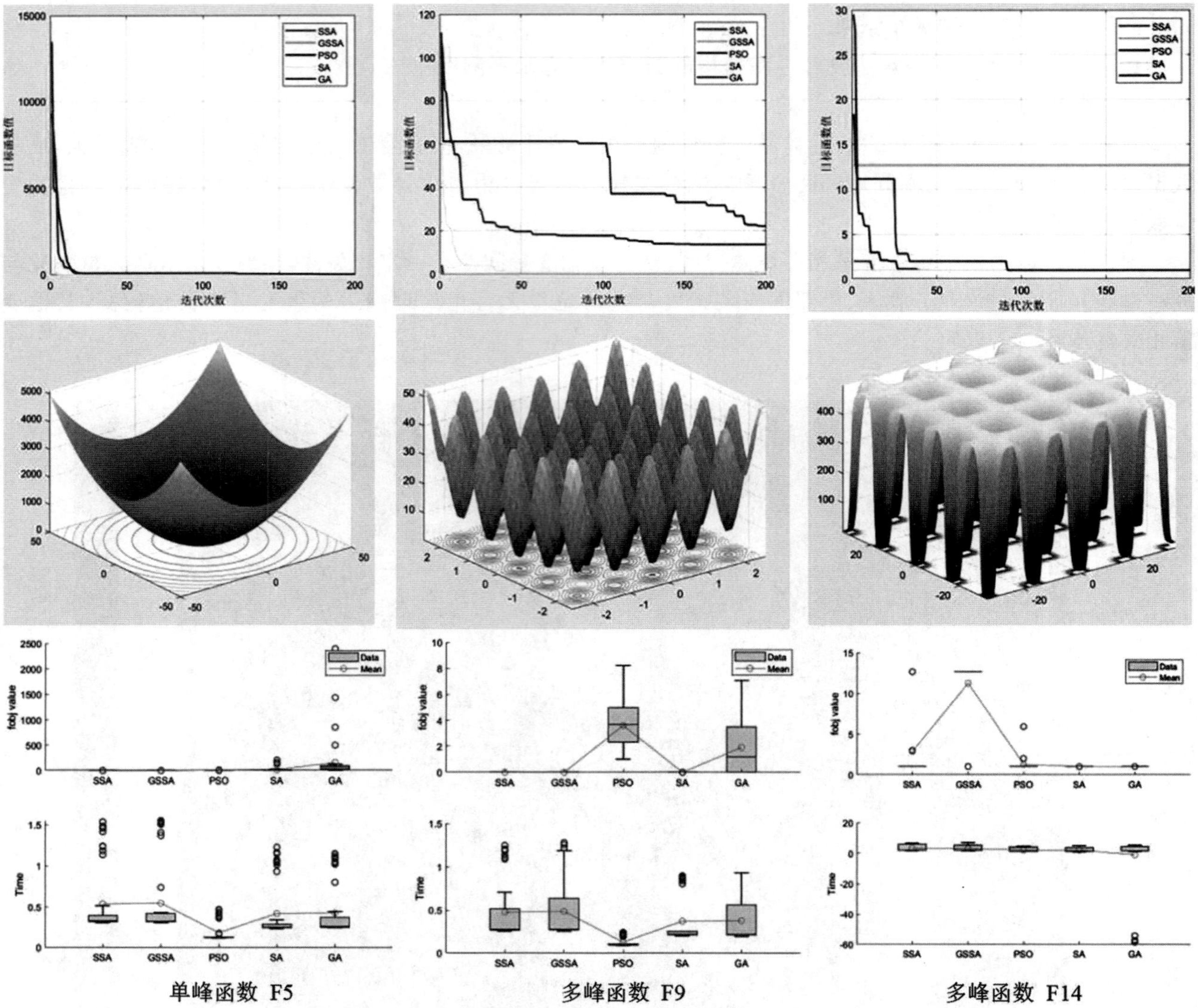

图 7 五种智能优化算法的标准测试函数性能对比图

仿真实验表明,GSSA 算法在三个测试函数上均优于其他算法,具有更为出色的收敛速度、寻优和局部开发能力,其求解精度更高,稳定性更好,适合优化投影寻踪评价模型。

(3)新质生产力指数结果。

在指标体系基础上采用 GSSA,可得到 31 个省(区、市)新质生产力水平(见图 8)。从增长率来看,2012 年以来所有省份新质生产力水平均实现一定增长,西藏增长率最高,为 15.6%,上海增长率最低,为 5.1%。从均值看,地区发展差异较大,广东在全国最高,为 2.5,而西藏在全国最低,为 0.6。

图 9、图 10 分别反映全国及 31 个省(区、市)新质生产力水平和三个子维度水平。2012—2022 年全国新质生产力平均水平从 0.9 上升至 1.7,年均增长 8.7%。从构成看,新质劳动对象水平最高,新质劳动资料次之,新质劳动力最低。从增速看,由高到低依次为新质劳动资料、新质劳动力、新质劳动对象,增速分别为 12.7%、10.3%、3.8%。分地区看,新质生产力三个子维度变动情况与全国平均水平基本一致。

地区	2012年	2014年	2016年	2018年	2020年	2022年	均值	增速
北京	1.2	1.4	1.5	1.7	1.9	2.1	1.6	5.6
天津	0.9	1.1	1.2	1.4	1.6	1.6	1.3	6.1
河北	0.6	0.8	1.1	1.2	1.4	1.5	1.1	9.5
山西	0.5	0.7	0.8	1.0	1.1	1.4	0.9	9.5
内蒙古	0.5	0.7	0.9	1.0	1.0	1.3	0.9	10.4
辽宁	0.7	0.9	1.1	1.2	1.4	1.5	1.1	7.8
吉林	0.8	0.9	1.1	1.2	1.3	1.4	1.1	6.4
黑龙江	0.7	0.9	1.0	1.2	1.2	1.4	1.1	6.5
上海	1.2	1.4	1.5	1.7	1.9	2.0	1.6	5.1
江苏	1.5	1.6	1.8	2.1	2.4	2.8	2.0	6.2
浙江	1.2	1.4	1.6	1.9	2.3	2.3	1.8	6.6
安徽	1.0	1.1	1.3	1.6	1.7	1.9	1.4	7.0
福建	1.1	1.3	1.4	1.7	1.8	2.1	1.5	6.7
江西	0.9	1.0	1.2	1.4	1.6	1.7	1.3	7.0
山东	1.0	1.1	1.4	1.6	1.9	2.0	1.5	7.9
河南	0.8	1.1	1.3	1.4	1.6	1.8	1.3	8.1
湖北	0.9	1.2	1.4	1.6	1.8	1.9	1.5	7.2
湖南	0.9	1.1	1.3	1.6	1.7	1.8	1.4	7.0
广东	1.6	1.8	2.2	2.7	3.0	3.3	2.5	7.4
广西	0.8	1.0	1.2	1.3	1.5	1.6	1.2	6.4
海南	0.8	0.9	1.1	1.2	1.4	1.5	1.2	6.5
重庆	0.9	1.2	1.4	1.6	1.9	2.0	1.5	7.6
四川	0.9	1.0	1.3	1.5	1.7	1.9	1.4	7.5
贵州	0.6	0.8	1.3	1.4	1.4	1.5	1.2	10.0
云南	0.7	0.9	1.2	1.3	1.6	1.6	1.2	7.9
西藏	0.2	0.3	0.6	0.7	0.8	0.8	0.6	15.6
陕西	0.8	1.0	1.2	1.3	1.5	1.7	1.3	7.1
甘肃	0.5	0.6	0.8	1.0	1.1	1.1	0.9	8.2
青海	0.3	0.4	0.7	0.9	1.0	1.0	0.7	14.1
宁夏	0.4	0.6	0.7	0.8	0.9	1.1	0.8	11.3
新疆	0.5	0.6	0.7	0.9	1.0	1.2	0.8	9.1

图 8　省域新质生产力水平测算结果

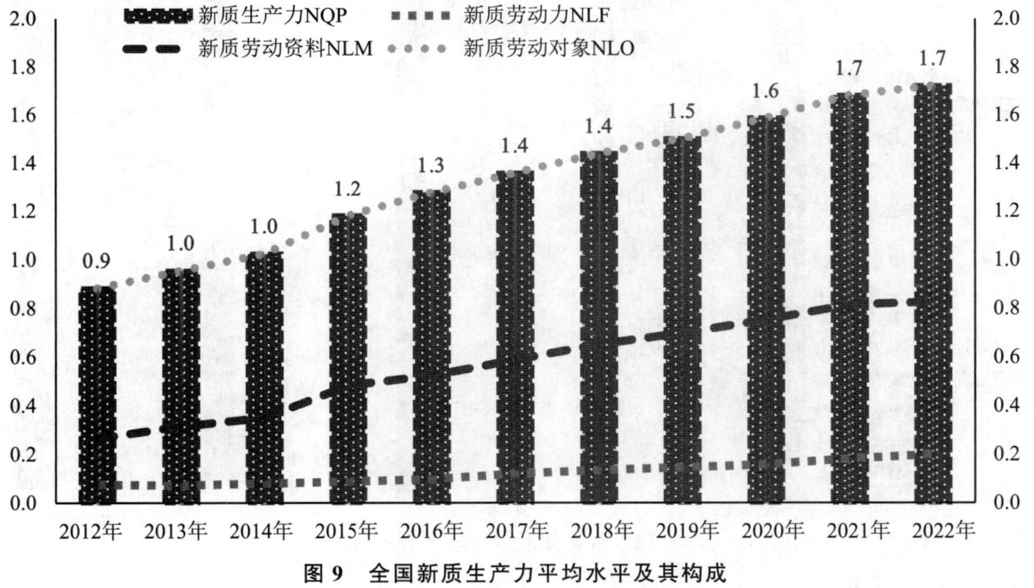

图 9　全国新质生产力平均水平及其构成

从指标构成看，一级指标新质劳动力、新质劳动资料、新质劳动对象权重分别为 18.0%、38.7%、43.4%，说明目前新质劳动力水平总体不高，对新质生产力贡献偏低，新质劳动资料和劳动对象相对更重要，因此要大力培育新质劳动力，加快推动形成新质生产力。从三级指标来看，数字普惠金融指数(8.8%)、单位 GDP 能耗(7.7%)、创新创业指数(7.4%)、战略性新兴产业收入占比(7.2%)、地区数字化专利总数(7.2%)、高新技术行业从业人员(7.1%)在新质生产力构成中占比较大，对新质生产力影响较大(见图 11)。

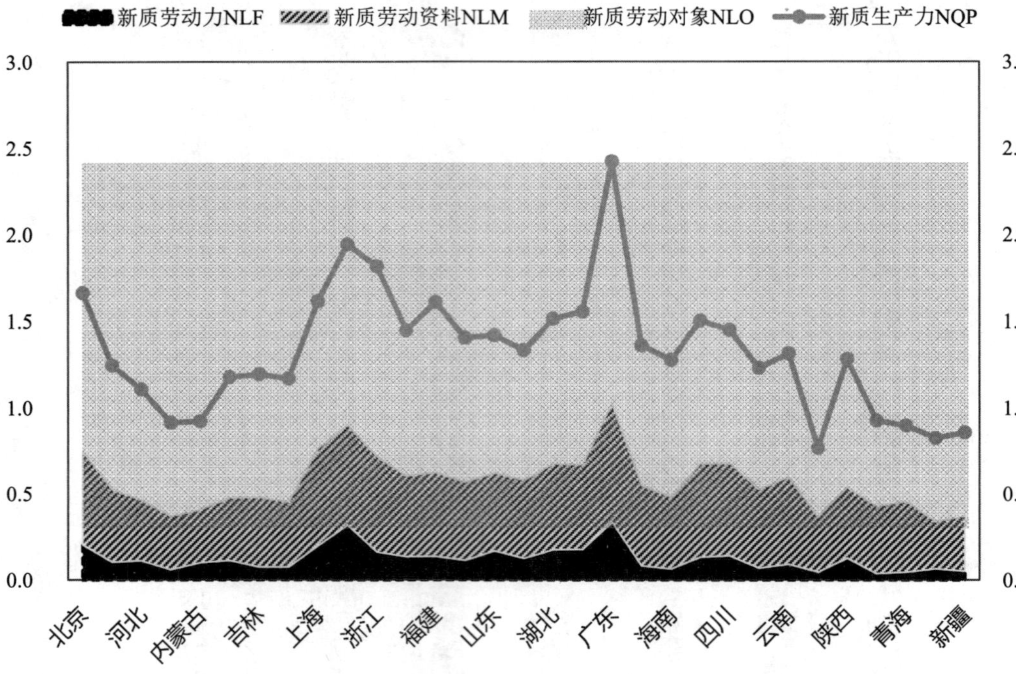

图10　省域新质生产力水平及其构成

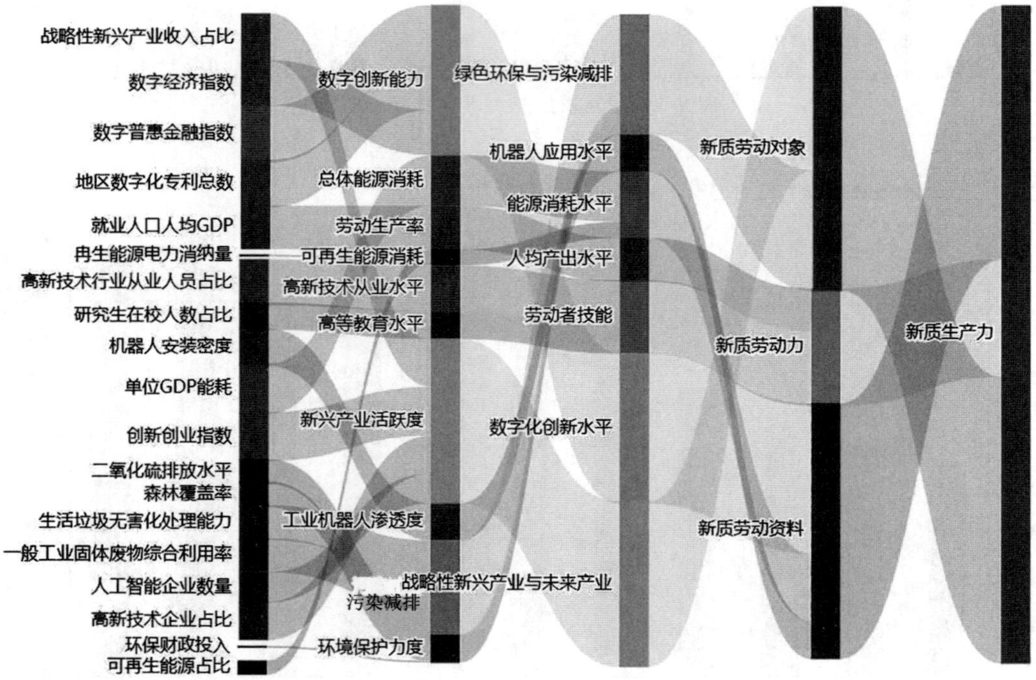

图11　新质生产力分级指标权重

为进一步探讨新质生产力水平动态变化过程，用核密度估计法分析31个省(区、市)新质生产力水平时间分布形态，绘制2012、2017、2022年核密度分布图(见图12)。

从时间变化趋势来看，2012年核密度图呈“单峰”分布，峰度较高，带宽较窄，波峰相应的水平值为0.9，说明31个省(区、市)新质生产力水平差距较小且整体水平偏低。2017年“双峰”形态明显，存在两极分化现象，两个波峰对应水平值分别为1.5、2.6，且波形整体右移，说明新质生产力水平较2012年明显提高，曲线的第一波峰高度变矮，带宽变宽，表明各地新质生产力水平有所提高，但不同省份新质生产力水平存在明显两极分化，非均衡性较大。2022年呈现“单峰”分布，波形整体向右移动，波峰对应水平值为1.9，相较于2012、2017年波峰变宽，表明2022年新质生产力水平提高且各地两极分化现象在减弱。

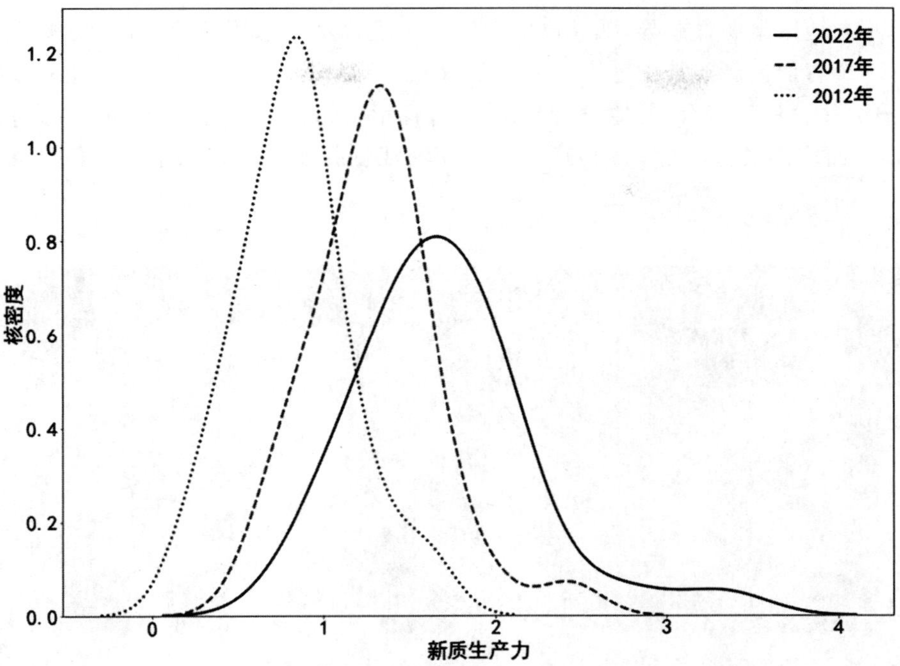

图 12　省域新质生产力核密度图

2. 基于超效率 SBM－ML 模型的创新要素配置水平测度

SBM 是目前测度效率的常用模型，它由 DEA 模型演化而来，可以有效区分决策单元为 1 的对象，当多个决策单元的 DEA 有效时，能够进行有效排序，ML(Malmquist-Lenberger)指数可反映第 t 期到第 t+1 期创新要素配置效率动态变化情况，使时间序列可比。因此本文选择 SBM－ML 模型测度创新要素配置水平。

根据指标体系，借助 SBM－ML 模型可得全国 31 个省份创新要素配置水平(见图 13)。31 个省份创新要素配置水平变化率均值为 1.04，大于 1；2014、2015 年及其后各年创新要素配置水平变化率均大于 1，说明我国 2022 年创新要素配置水平比 2012 年显著提升，充分体现我国经济由要素投入式增长向优化配置式增长转型取得的阶段性成效。

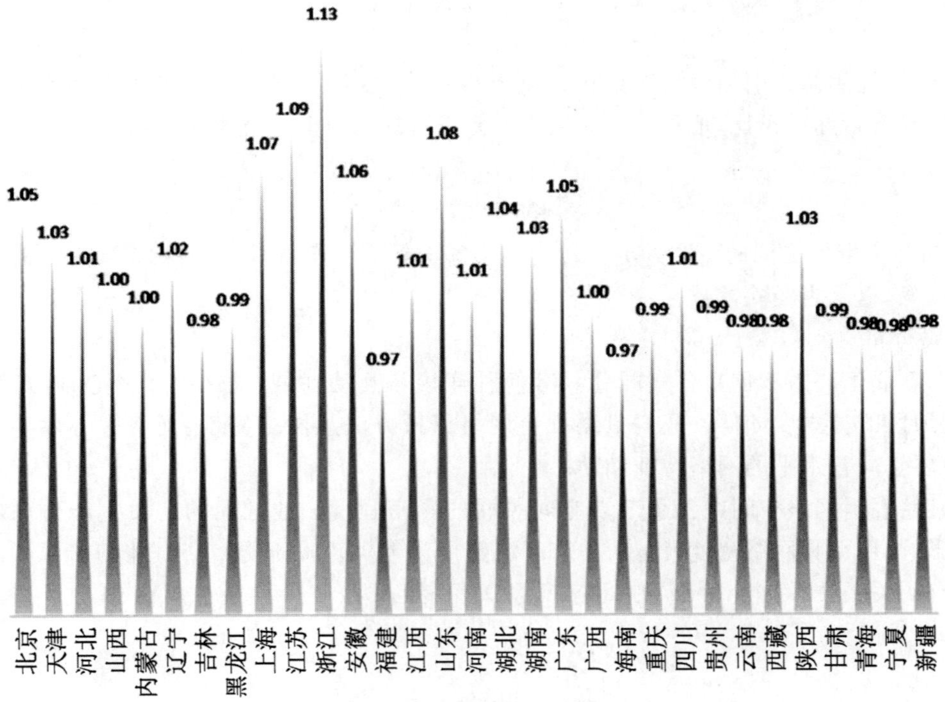

图 13　省域创新要素配置水平

对创新要素配置水平作热力图(见图14),由此可知,2012—2022年31个省(区、市)创新要素配置水平随时间逐步提高,不同地区呈明显差异,如甘肃的创新要素配置水平总体偏低;浙江则相对较高。从增长率看,2012年以来,19个省份创新要素配置水平大于1,实现一定增长,占比61.3%,说明多数省份创新要素配置水平在研究期内提高。从均值看,各地发展差异较大,且年度间波动较大,2022年上海创新要素配置水平在全国最高,为1.5,而广西最低,为0.7;2012—2022年浙江创新要素配置水平平均值最高,为1.1,而福建最低,为0.97。

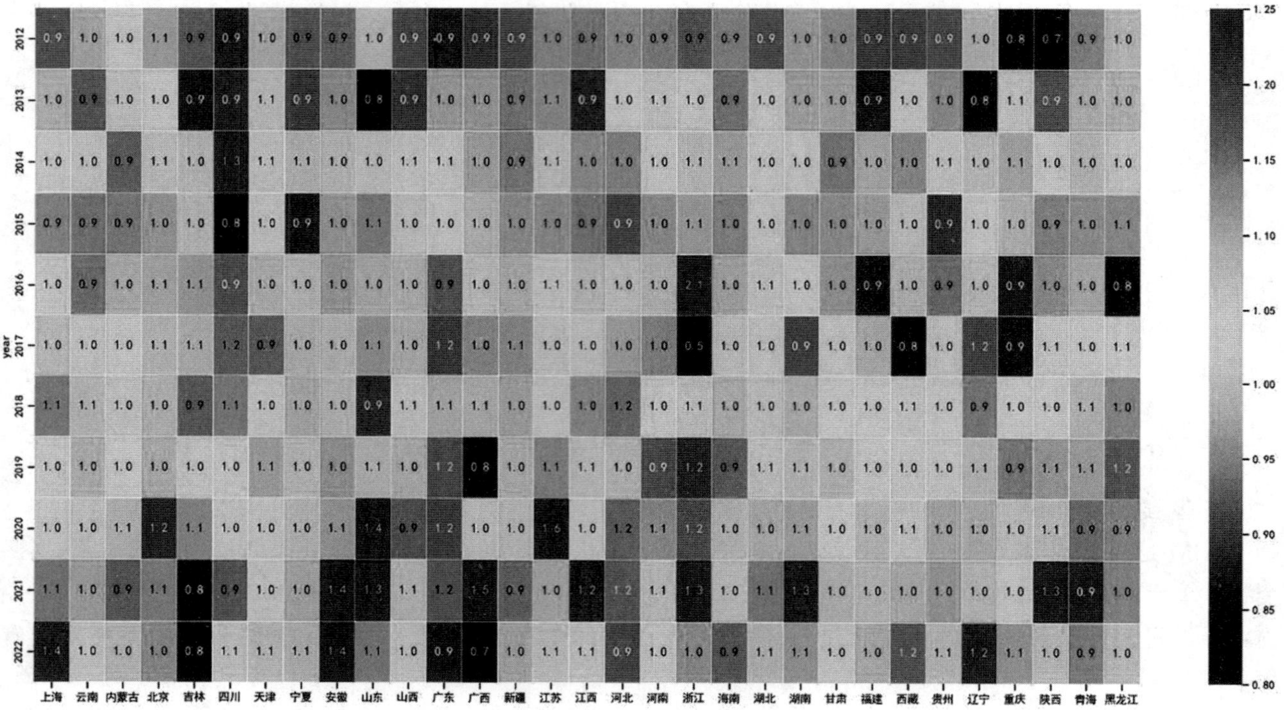

图14　省域创新要素配置水平热力图

四、新质生产力和创新要素配置的空间网络特征测度

(一)空间网络特征模型的选择

1. 修正引力模型

借鉴相关研究,运用修正引力模型对地区间新质生产力、创新要素配置水平联系强度进行量化。引力值大小与各地区经济指标成正比,地理距离成反比。修正后的引力模型公式如下:

$$F_{ij}=K_{ij}\times M_iM_j/D_{ij}^2$$
$$K_{ij}=M_i/(M_i+M_j) \tag{1}$$

其中,F_{ij} 指两个省份之间的引力,M_i、M_j 为两个省份新质生产力引力、创新要素配置引力水平,D_{ij} 为两个省份之间距离,K_{ij} 为经验常数。

2. 社会网络分析

省域之间的新质生产力和创新要素配置具有何种连接与互动,哪些地区处于核心地位,哪些地区处于中介地位,不同地区的独立度如何?我们借助社会网络分析方法从网络密度、网络中心性等方面来揭示新质生产力、创新要素配置水平的网络特征和动态变化。

(1)网络密度:表示网络空间中各个节点空间关联的紧密程度。地区间的新质生产力和创新要素配置越是能够互相影响,那么其网络密度就越大。若区域数量为 N,区域新质生产力和创新要素配置的空间关联网络实际拥有的关联关系数量为 L,则网络密度 D_n 可表示为:

$$D_n=\frac{L}{N\times(N-1)} \tag{2}$$

(2)网络中心性:①点度中心度,描述网络中任何一个点占据的核心性。②接近中心度,是某点不受其

他点控制的测度。③中介中心度。表示一个节点在多大程度上控制其他点对关系的能力。

在修正引力模型的基础上，得到新质生产力和创新要素配置效率关联强度矩阵，进行二值化处理后，将各地区 2012、2017、2022 年新质生产力和创新要素配置关联强度矩阵转换成关系矩阵，用 Ucient 软件进行社会网络分析。

（二）测度结果及分析

1. 空间分布特征的测度结果及分析

（1）新质生产力空间特征分析

①空间全貌

为描述不同地区新质生产力水平空间差异性，运用 ArcGis10.2 软件，采用 Jenks 自然最佳断裂聚类分析法对新质生产力水平和创新要素配置水平进行可视化，得到二者的空间区域分布图。

从空间分布图可知，新质生产力水平表现出较大地区差异性和空间分布不均衡性，呈现出集群化、梯度化、极差化分布特征。“集群化”体现在新质生产力水平集聚性分布，其中东部地区新质生产力水平较高，中部处于中等水平；西部和东北总体偏低。“梯度化”体现在省域新质生产力水平在东西方向整体上呈现东南方向高、西北方向低的梯度分布。“极差化”表现为不同地区之间新质生产力水平巨大差距，广东新质生产力水平较高，但与之紧邻的广西较低。

从构成新质生产力的三个子维度看，不同地区新质劳动力、新质劳动对象和新质劳动资料呈现较显著差异，广东新质劳动资料、新质劳动对象最丰富，江苏和广东新质劳动力最充沛，西北地区陕西、宁夏、新疆等地的新质劳动对象较新质劳动力和新质劳动对象而言更为富足。

②空间自相关检验

采用全局 Moran's I 指数，运用 Stata 软件对 2012－2022 年各地区新质生产力水平进行全局空间自相关性检验，选择空间经济地理嵌套权重矩阵作为空间权重矩阵，得到 2012－2022 年新质生产力水平全局 Moran's I 指数及检验结果（图 15、见附表 4）。

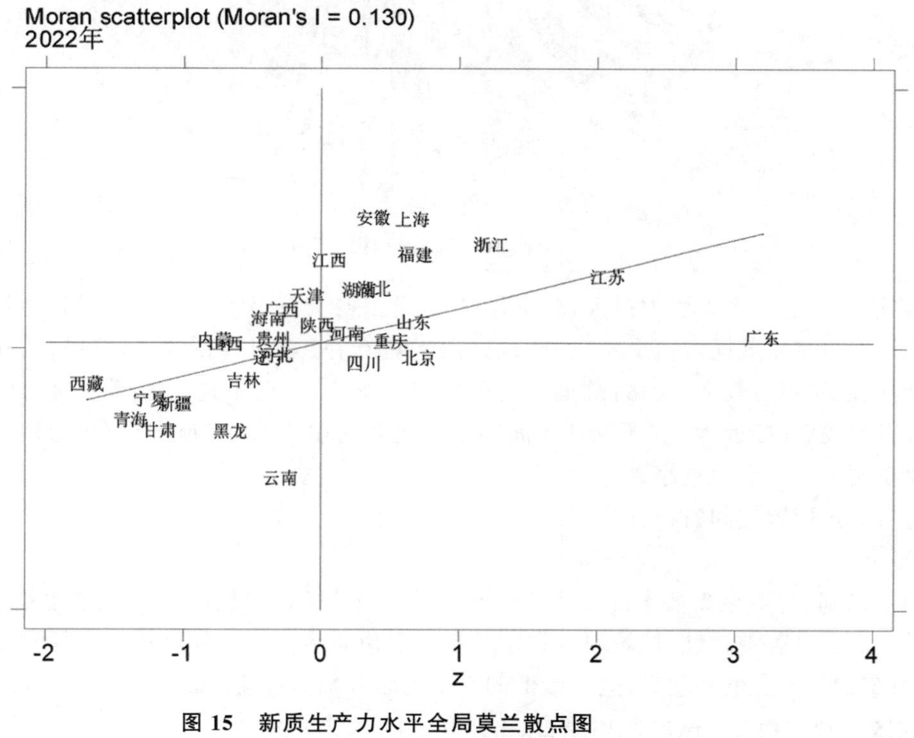

图 15　新质生产力水平全局莫兰散点图

由附表 4 可知，2012－2022 年 P 值均小于 0.01，表明在 1% 显著性水平下，新质生产力水平全局 Moran's I 均通过显著性检验，说明新质生产力水平具有较强空间相关性，呈现出显著全局空间集聚效应。Moran's I 在样本期内均为正（指数值在 0.11－0.16 间波动），且全局莫兰散点图斜率为正，表明省域新质生产力水平在空间上存在正相关，新质生产力水平高的省（区、市）相邻地区也较高，反之则较低。

全局 Moran's I 检验表明新质生产力水平存在显著空间自相关,为进一步检验局部区域间空间效应,利用局部 Moran's I 对 2022 年新质生产力局部空间自相关性检验。结果显示,20 个省份存在显著局部空间相关性,即在 5%显著性水平下新质生产力水平存在局部空间效应,其他省份局部空间效应不明显。广东、上海和湖北处于 H－H 聚集区,内蒙古、陕西、天津处于 L－H 聚集区,河南处于 H－L 聚集区,新疆、西藏、辽宁、吉林等 11 个省处于 L－L 聚集区。

综上,中国省域间新质生产力水平相互影响,具有一定空间相关性,可能为创新要素和经济要素流动性互相作用。因此,借助修正引力模型以新质生产力为核心变量测度省域间吸引力强弱。

③新质生产力引力

采用修正引力模型计算省域间新质生产力引力值,借助 Python 做和弦图,结果如下图 16 所示。

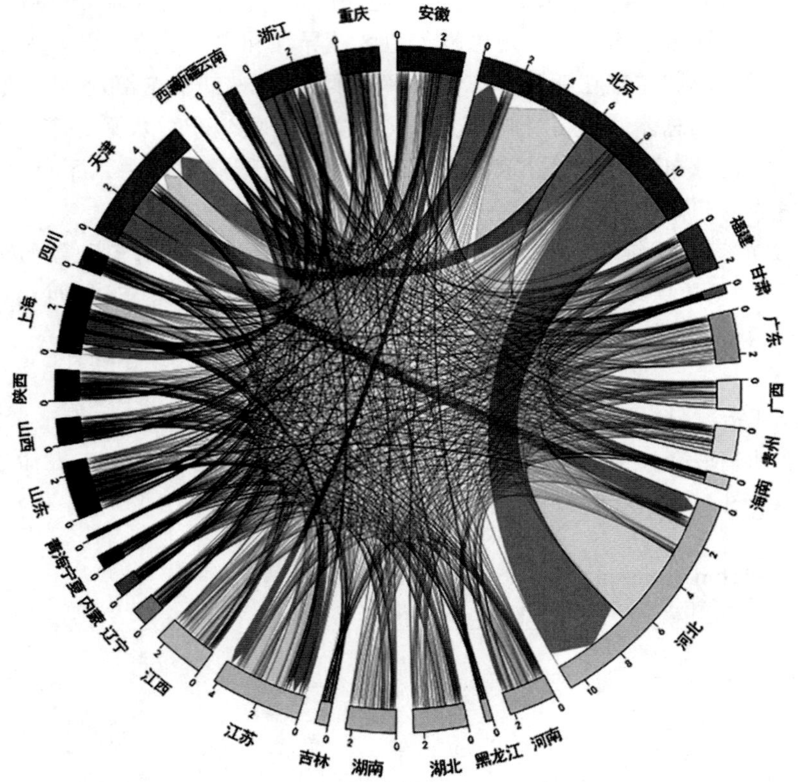

图 16　省域新质生产力引力

京津冀地区新质生产力引力最大,北京与河北、北京与天津、河北与天津之间的新质生产力引力分别为 3.85、1.28、0.98,京津冀同属一个城市群,地区间优势互补、互利共赢、协同发展,具有极强吸引力。其次,江浙沪皖地区之间引力较大。引力最小的是西藏和黑龙江,这两个地区互不相邻,自身新质生产力发展也相对滞后,引力较弱,接近为 0。不同地区间的新质生产力引力大小与地域分布密切相关,距离越小引力越大,反之则新质生产力引力越小。

(2)创新要素配置空间特征分析

①空间全貌

利用 Geoda 软件对创新要素配置水平均值作直观描述,各省创新要素配置水平均值处于 0.98－1.13 之间,地区间呈现显著差异性,地域邻近省份具有一定趋同性。创新要素配置效率最高的 5 个地区分别为浙江、江苏、山东、上海、安徽和北京;效率最低的 5 个地区分别为福建、新疆、吉林、江苏、海南和宁夏;效率接近 1 的 5 个地区分别为西藏、黑龙江、内蒙古、山西和广西。

②空间自相关检验

对创新要素配置水平做全局莫兰检验,从附表 5 可知,除 2015 年、2016 年和 2020 年外全局莫兰指数 P 值均小于 0.05,创新要素配置水平具有空间相关性。2012－2022 年,多数年份全局莫兰指数为负,莫兰指数接近 0,说明创新要素配置水平呈现弱空间负相关性。以 2019 年为例(见图 17),北京与福建、天津、安徽、重庆等地区的创新要素配置水平在空间上呈负相关。这与创新要素在区域范围内聚集与极化有关,创新要素的流动遵循要素收益差的方向，在要素趋利市场机制作用下，创新要素总是从低收益地区流向高收益地区，并在边际产出更高的优势地区形成聚集，而本地市场效应不断扩大则会进一步强化该地区的优势，形成类似“核心－边缘”结构的区域创新格局。

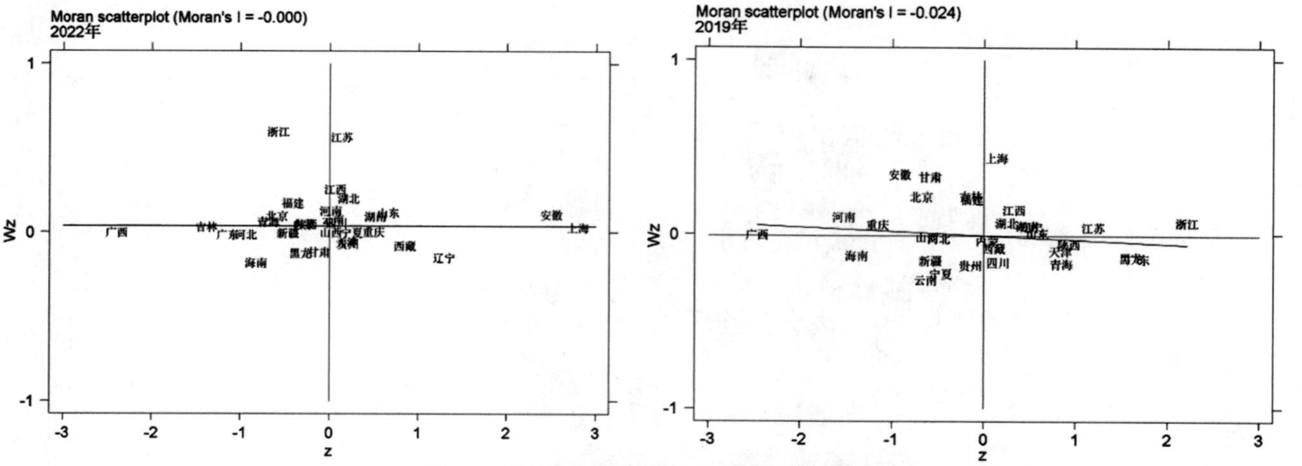

图 17　创新要素配置水平全局莫兰散点图

从创新要素配置局部莫兰散点图和聚类图来看，2022 年局部莫兰指数为－0.063，仅有 3 个省（区、市）存在显著的局部空间相关性，其他省份局部空间效应不明显。

③创新要素配置引力

省域间创新要素配置引力与新质生产力引力类似（见图 18），但总体低于新质生产力引力，创新要素配置引力分布也呈现出显著地域特征：京津冀地区创新要素引力最大；其次是江浙沪皖地区；然后是中部地区；引力最小的是西部和东北地区，如新疆与黑龙江，两个地区之间的创新要素配置引力最小，为 0.0005。

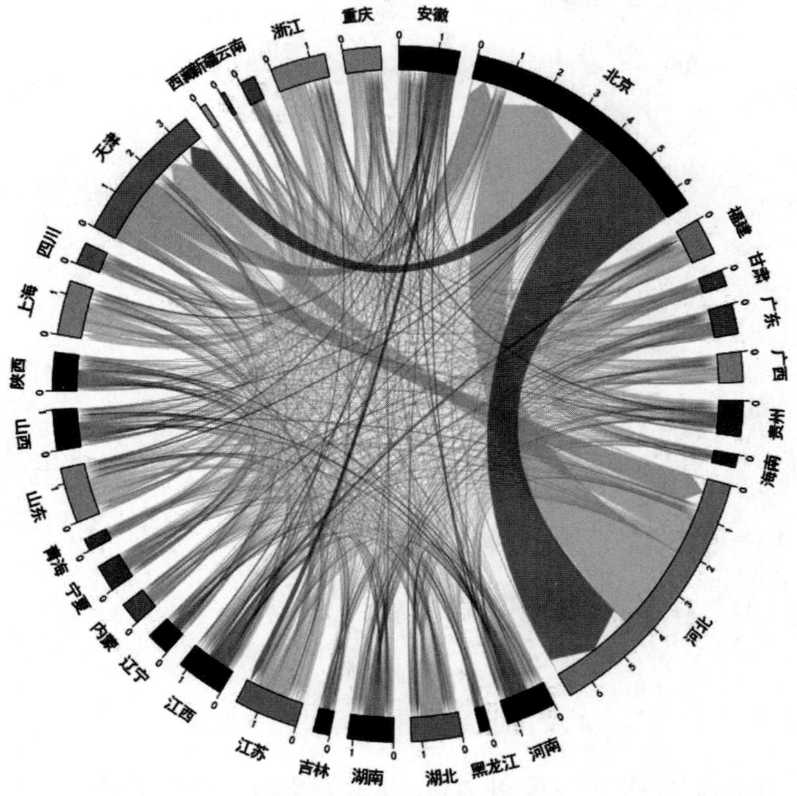

图 18　省域创新要素配置引力

2. 社会网络特征的测度结果及分析

（1）新质生产力网络特征分析。

从网络全貌看（见图 19），全国新质生产力网络覆盖 31 个省（区、市）共 31 个节点。2012、2017、2022 年分别包含162、318、452条边，网络密度分别为0.17、0.34、0.49，2022年网络密度是2012年的2.9倍，省域间新质生产力网络连通性增强。新质生产力网络具有典型的“核心—外围”特征，处于核心的省份与网络中其他省的联系数量和联系程度具有优势，拥有更大影响力；外围省份环绕在网络边缘，分别与1—2个核心省份相连。

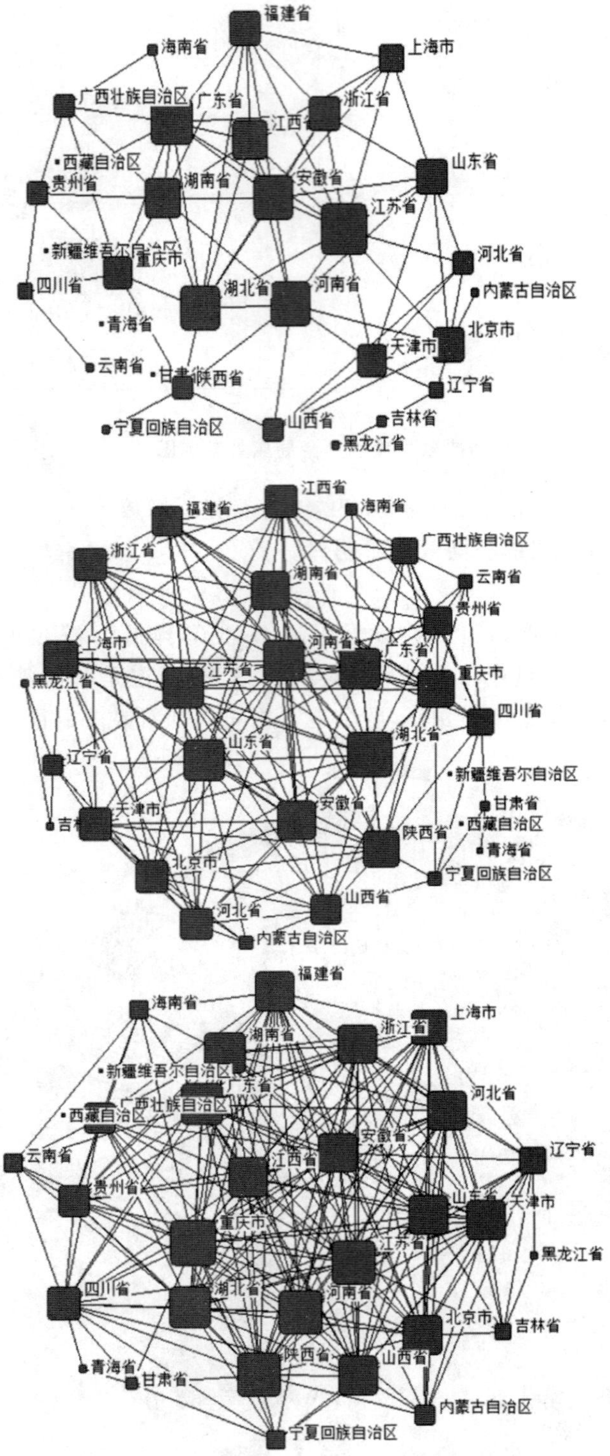

(2012年)

(2017年)

(2022年)

图19　省域新质生产力点度中心度网络

从网络中心性看(见图20)，31个省(区、市)2012、2022年新质生产力点度中心度均值分别为5.2、14.6，点度中心度平均水平提升；2022年重庆、江苏、河南、陕西、湖北、湖南、广东新质生产力点度中心度排名靠前，新质生产力空间辐射能力较强。31个省2012、2022年接近中心度均值分别为124.2、59.3，接近中心度平均水平下降，新质生产力控制平均能力增强；2022年重庆、江苏、河南、陕西接近中心度数值较低，新质生产力发展独立性较强。2022年四川、重庆、辽宁、江苏、陕西中介中心度较高，在新质生产力发展中扮演着中间者的角色。

地区	点度中心度		接近中心度		介数中心度	
	2012年	2022年	2012年	2022年	2012年	2022年
北京	8.0	20.0	91.0	47.0	58.0	10.4
天津	7.0	19.0	92.0	48.0	33.0	6.4
河北	5.0	19.0	97.0	48.0	1.2	6.4
山西	5.0	20.0	97.0	46.0	11.6	8.1
内蒙古	1.0	9.0	116.0	60.0	0.0	0.2
辽宁	3.0	13.0	111.0	57.0	48.0	20.5
吉林	2.0	7.0	134.0	63.0	25.0	6.8
黑龙江	1.0	2.0	159.0	83.0	0.0	0.0
上海	6.0	17.0	102.0	50.0	0.5	1.6
江苏	12.0	22.0	83.0	44.0	62.9	17.1
浙江	8.0	19.0	92.0	48.0	3.9	3.6
安徽	10.0	20.0	89.0	46.0	8.3	5.8
福建	8.0	19.0	92.0	49.0	2.8	3.8
江西	9.0	20.0	90.0	47.0	4.5	5.3
山东	8.0	19.0	93.0	48.0	11.3	6.4
河南	10.0	22.0	85.0	44.0	51.7	11.4
湖北	10.0	21.0	86.0	46.0	25.4	8.0
湖南	9.0	21.0	89.0	46.0	25.6	8.6
广东	11.0	21.0	87.0	46.0	53.9	8.6
广西	5.0	15.0	102.0	52.0	3.5	2.9
海南	2.0	8.0	111.0	64.0	0.0	0.3
重庆	7.0	23.0	97.0	44.0	41.8	21.7
四川	3.0	16.0	119.0	51.0	25.0	29.7
贵州	5.0	15.0	101.0	52.0	13.2	2.9
云南	1.0	8.0	144.0	63.0	0.0	0.4
西藏	0.0	0.0	270.0	150.0	0.0	0.0
陕西	5.0	22.0	93.0	45.0	37.0	16.5
甘肃	0.0	5.0	270.0	65.0	0.0	3.0
青海	0.0	2.0	270.0	77.0	0.0	0.0
宁夏	1.0	8.0	118.0	59.0	0.0	1.6
新疆	0.0	0.0	270.0	150.0	0.0	0.0

图 20　省域新质生产力网络中心性

(2)创新要素配置网络特征分析。

从网络全貌看(见图 21),全国创新要素配置网络覆盖 31 个省(区、市)共 31 个节点。2012、2017、2022 年分别包含 160、178、186 条边;网络密度分别为 0.17、0.19、0.20,2022 年是 2012 年的 1.2 倍,说明省域间创新要素配置连通性增强,创新要素配置网络也具有典型"核心—外围"特征。

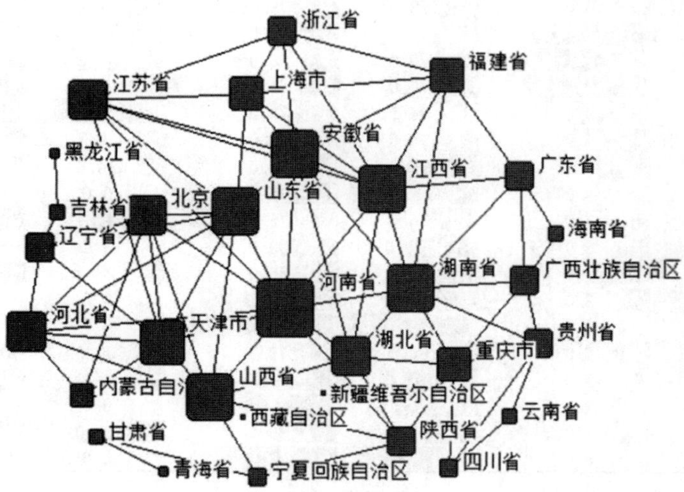

(2012 年)

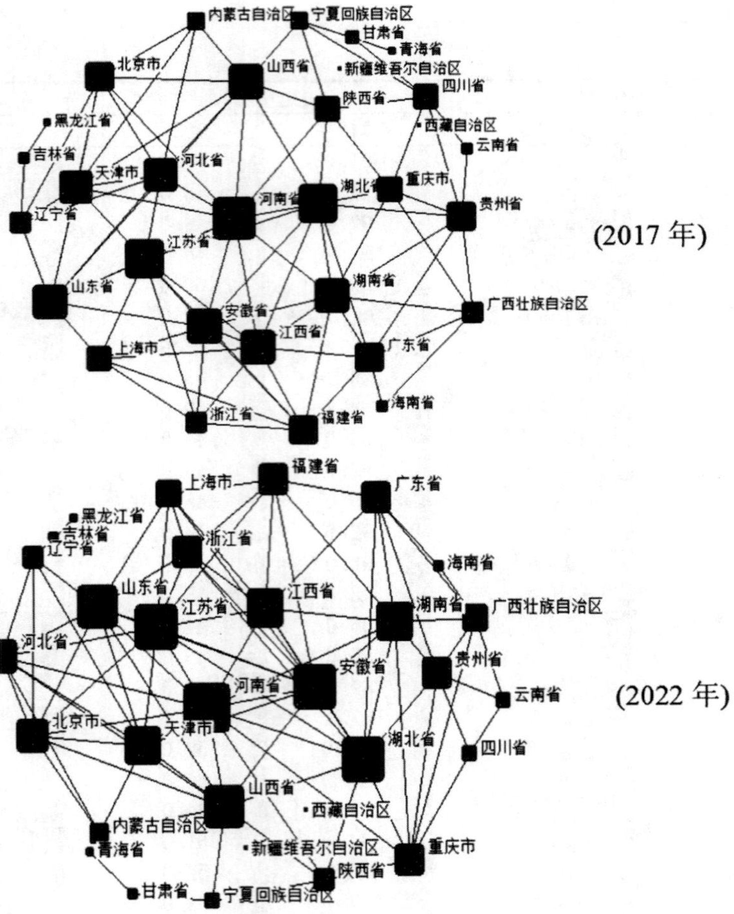

图 21　省域创新配置效率点度中心度网络图

地区	点度中心度		接近中心度		介数中心度	
	2012年	2022年	2012年	2022年	2012年	2022年
北京	7.0	8.0	81.0	76.0	13.3	15.3
天津	8.0	9.0	79.0	75.0	21.4	21.1
河北	7.0	8.0	81.0	76.0	13.3	15.3
山西	9.0	10.0	77.0	70.0	61.6	67.7
内蒙古	4.0	4.0	96.0	90.0	0.0	0.0
辽宁	5.0	5.0	96.0	93.0	52.0	52.0
吉林	2.0	2.0	121.0	118.0	27.0	27.0
黑龙江	1.0	1.0	148.0	145.0	0.0	0.0
上海	6.0	6.0	85.0	85.0	6.9	1.6
江苏	7.0	11.0	82.0	74.0	11.9	21.1
浙江	5.0	7.0	95.0	79.0	0.4	3.6
安徽	9.0	11.0	76.0	70.0	26.4	26.4
福建	6.0	7.0	90.0	81.0	7.4	7.5
江西	9.0	9.0	78.0	78.0	29.4	11.3
山东	9.0	10.0	77.0	74.0	45.7	32.3
河南	11.0	12.0	70.0	68.0	81.3	58.5
湖北	7.0	11.0	76.0	70.0	27.7	57.5
湖南	9.0	9.0	76.0	76.0	76.0	25.9
广东	5.0	7.0	95.0	85.0	15.7	24.3
广西	5.0	6.0	92.0	91.0	14.8	13.4
海南	2.0	2.0	113.0	109.0	0.0	0.0
重庆	6.0	7.0	86.0	76.0	42.4	38.5
四川	3.0	3.0	110.0	99.0	3.4	2.1
贵州	5.0	7.0	92.0	86.0	28.4	23.0
云南	2.0	3.0	118.0	110.0	0.0	0.6
西藏	0.0	0.0	240.0	240.0	0.0	0.0
陕西	5.0	5.0	80.0	78.0	39.6	25.1
甘肃	2.0	2.0	118.0	114.0	27.0	27.0
青海	1.0	1.0	145.0	141.0	0.0	0.0
宁夏	3.0	3.0	93.0	89.0	52.0	52.0
新疆	0.0	0.0	240.0	240.0	0.0	0.0

图 22　省域创新要素配置网络中心性

从网络中心性看(见图22),31个省(区、市)2012、2022年创新要素点度中心度均值分别为5.2、6.0,点度中心度平均水平提升;2022年河南、江苏、安徽、湖北点度中心度排名靠前,创新要素配置空间辐射能力较强。31个省(区、市)2012、2022年接近中心度均值分别为103.4、98.6,接近中心度平均水平下降,各省创新要素配置控制平均能力有所增强;2022年河南、安徽、湖北、山西接近中心度较低,创新要素配置独立性较强。2022年山西、河南、湖北、宁夏中介中心度数值较高,扮演重要中间者角色。

五、创新要素配置对新质生产力的影响效应测度

(一)影响效应测度模型的选择

1. 变量选择及数据说明

为了研究创新要素配置对新质生产力的影响,以新质生产力水平为解释变量,以创新要素配置为核心解释变量,以人均生产总值、第二产业占生产总值比重、金融发展水平、在岗职工平均工资、教育水平等五个变量为控制变量。

①人均生产总值:经济发展是新质生产力形成的基础,形成新质生产力的新兴产业属于新赛道,进入的技术门槛比较高,一般在经济发展基础较好的地区更容易形成新质生产力,以人均生产总值来衡量经济发展水平。

②第二产业占生产总值比重:制造业作为未来新质生产力的主战场,是技术创新的重要载体,新技术的研发和应用往往首先在制造业中实现,如人工智能、物联网、大数据等先进技术在制造业中的广泛应用,正在推动生产方式、产品形态和产业组织的深刻变革。

③金融发展水平:金融市场是新质生产力形成的重要推动力量,新质生产力的形成和发展必然要求生产关系发生相应变革,现代金融体系和金融制度是生产关系的重要组成部分。以各地社会融资规模与地区生产总值的比值来测度金融发展水平。

④在岗职工平均工资:高薪是吸引人才的主要途径,相对较高的薪资水平能够吸引更多人才,从而为战略性新兴产业发展、新质生产力形成提供基础。

⑤教育水平:发展新质生产力需要更多更高素质的劳动者和各类人才,教育水平在促进新质生产力发展中发挥着独特而重要的作用,以平均受教育年限来衡量教育水平。

表1 影响效应测度模型的主要变量及含义

类别	变量名称	变量简称	变量作用
被解释变量	新质生产力水平	NQP	衡量地区新质生产力发展水平
解释变量	创新要素配置水平	EOI	衡量地区创新要素配置水平
控制变量	人均生产总值	GDPPC	衡量地区经济发展水平
	第二产业占生产总值比重	SIP	衡量产业结构优化升级水平
	金融发展水平	SFSP	衡量金融发展水平
	在岗职工平均工资	WAGE	衡量劳动力就业情况
	教育水平	EDU	衡量教育发展水平

2. 基准回归模型的选择

为了探索创新要素配置对新质生产力的影响强度,绘制新质生产力和创新要素配置水平的散点图,二者之间存在一定的正相关关系,考虑采用同时包含个体和时间的双向固定效应模型,基准模型构建如下:

$$NQP = \alpha_0 + \alpha_1 EOI + a CON + \theta_i + \theta_t + \varepsilon \tag{3}$$

其中,NQP 为新质生产力水平,EOI 为创新要素配置水平,i 为省份,t 为时间,CON 是控制变量集合,包括,θ_i、θ_t、ε 分别为个体效应、时间效应和误差项。

3. 空间杜宾模型的选择

从上文新质生产力水平和创新要素配置水平的空间特征分析可知,二者均具有动态惯性,同时具有空间关联性,因此,基于创新要素空间流动视角,考察创新要素配置水平对新质生产力发展的影响,构建空间

杜宾模型。

$$NQP_{it}=\beta_0+\rho W\times NQP_{it}+\beta_1 EOI_{it}+\alpha_1 W\times EOI_{it}+\beta_2 CON_{it}+\alpha_2 W\times CON_{it}+\gamma_i+\eta_t+\varepsilon_{it} \tag{4}$$

其中，NQP_{it} 为新质生产力水平；EOI_{it} 为创新要素配置水平；W 为 n 维空间经济地理嵌套权重矩阵；CON_{it} 为控制变量；β_1 为 EOI 的相关系数；β_2 为 CON_{it} 的相关系数；ρ 和 α_i 为空间相关系数；ε_{it} 为随机误差。

4. 网络回归模型的选择

QAP 回归常用来研究关系型变量之间的因果关系，特别适用于社会网络分析中关系数据之间的回归分析。相较于基准回归，QAP 回归法能够在存在"多重共线性"或自变量相关的情况下，以矩阵网络作为解释变量和被解释变量，并评价整个回归模型判定系数的显著性。QAP 通过对方阵各个格值相似性进行比较，研究两个或多个矩阵间的回归关系，并对相关系数进行非参数检验。QAP 回归模型具体方程为：

$$C=f(c_1F_{nqp},c_2F_{eoi}) \tag{5}$$

其中，C 为新质生产力和创新要素配置水平关联矩阵，F_{nqp}、F_{eoi} 分别为新质生产力引力、创新要素配置邻近矩阵，c_1、c_2 为参数。

(二)测度结果及分析

1. 基准回归的测度效应及结果

(1)描述性统计与模型有效性分析。

研究变量描述性统计结果见附表 6，31 个省(区、市)在创新要素配置和新质生产力上均呈现两极分化和不均衡状况。一些创新要素配置水平比较高的省份，如江苏、浙江、广东、上海等，其新质生产力水平也相对较高；一些创新要素配置水平相对较低的省份，如新疆、西藏、吉林、内蒙古等，其新质生产力水平也明显靠后。此外，相比于东部大部分地区，中、西部地区创新要素配置和新质生产力水平明显更低，只有四川、陕西、重庆接近或超过东部平均水平。

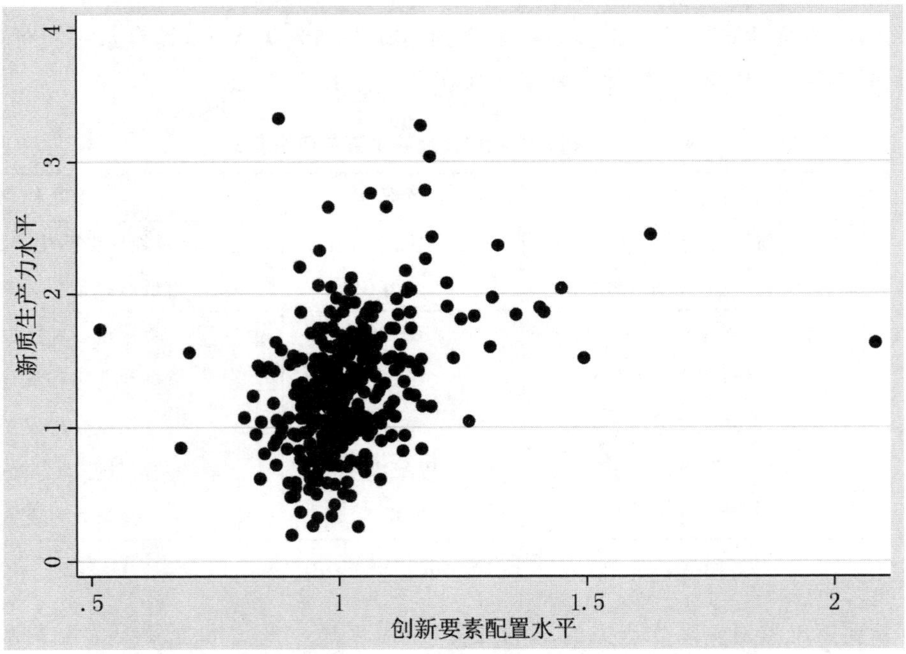

图 23 新质生产力和创新要素配置水平散点图

从创新要素配置和新质生产力水平散点图(见图 23)可知，二者之间存在正相关关系。对所有解释变量进行协方差和相关系数分析(附表 7)，大部分解释变量间相关系数绝对值未超过 0.6，方差膨胀系数(附表 8)均未超过 10，排除严重多重共线性可能，适合采用 OLS 估计。

(2)基准回归结果。

采用面板混合和双向固定效应 OLS 法分别进行全样本基准模型回归，比较回归结果，双向固定效应

OLS 法的赤池信息量（*AIC* 值）更低，*LR* 检验 *P* 值小于 0.05，因此，选择双向固定效应 OLS 法进行回归。结果见表 2，可以看出，创新要素配置水平与新质生产力水平之间存在比较显著的互促效应，创新要素配置水平每提升 1 个单位，新质生产力水平相应提高 0.2014 个百分点。从控制变量看，金融发展水平、在岗职工平均工资、教育水平等特征有利于新兴战略性产业稳定持续发展，一定程度上促进新质生产力形成。以金融发展水平为例，金融发展水平每增加一个单位，新质生产力水平增加 0.31%。

表 2　基准模型回归结果

NQP	Coef.	Robust Std. Err.	t	P>|t|	[95% Conf. Interval]	
EOI	0.2014	.091207	2.21	0.028	.0219322	.3809348
GDPPC	0.5924	0.5089	1.16	0.254	−0.4469	1.6317
SIP	−0.2674	0.4637	−0.58	0.568	−1.2144	0.6796
SFSP	0.3072	0.1192	2.58	0.015	0.0638	0.5507
WAGE	1.3124	0.6517	2.01	0.053	−0.0187	2.6434
EDU	0.0620	0.4879	0.13	0.092	−0.0187	1.0585
year						
2013	−0.0080	0.0093	−0.86	0.39	−0.0264	0.0103
2014	−0.0234	0.0129	−1.82	0.07	−0.0487	0.0019
2015	−0.0114	0.0179	−0.64	0.53	−0.0465	0.0238
2016	−0.0397	0.0224	−1.78	0.08	−0.0837	0.0043
2017	−0.0354	0.0272	−1.30	0.19	−0.0889	0.0180
2018	−0.0358	0.0326	−1.10	0.27	−0.1000	0.0285
2019	−0.0492	0.0367	−1.34	0.18	−0.1214	0.0230
2020	−0.0688	0.0397	−1.73	0.08	−0.1470	0.0094
2021	−0.0696	0.0441	−1.58	0.12	−0.1563	0.0172
2022	−0.0675	0.0470	−1.44	0.15	−0.1600	0.0250
2013	−0.0080	0.0093	−0.86	0.39	−0.0264	0.0103
sigma_u	0.3654					
sigma_e	0.0827					
rho	0.9513			(fractionof variance due to u_i)		

（3）稳健性检验。

进一步通过调整样本期跨度、剔除特殊样本进行稳健性检验。以新冠疫情为分界点，截取 2012—2019 年子样本；剔除北京、上海两个国家中心城市。重新进行双向固定效应回归后，核心解释变量作用方向均未发生明显改变，说明模型设定合理，结果可靠。

2. 空间回归的测度结果及分析

（1）创新要素配置水平和新质生产水平联合空间分布特征。

对新质生产力水平和创新要素配置水平做联合核密度分布图（见图 24），可以发现：新质生产力水平和创新要素配置水平呈弱正相关性；二者均随时间推移不断提高；北京、上海、广东等随时间提高幅度较大，新疆、青海、宁夏等随时间变动幅度较小。

（2）创新要素配置水平和新质生产水平空间相关性检验。

对新质生产力和创新要素配置水平作双变量全局 Moran's I 检验（表 3），除个别年份外，全局莫兰指数 *P* 值均小于 0.05，且 Moran's I 值大部分为正，说明新质生产力和创新要素配置水平具有空间正相关性。以 2022 年为例，双变量全局莫兰指数为 0.17，且 P 值小于 0.05，表明新质生产力和创新要素配置水平呈现显著空间正相关，统计全局莫兰散点图中各地区聚集情况，见附表 9。进一步对新质生产力和创新要素配置水平作局部聚类及显著性地图，空间相关性显著的地区有 22 个，其中，处于 H－H 区域有 3 个，L－L 区域有 8 个，L－H 区域有 5 个，H－L 区域有 6 个。

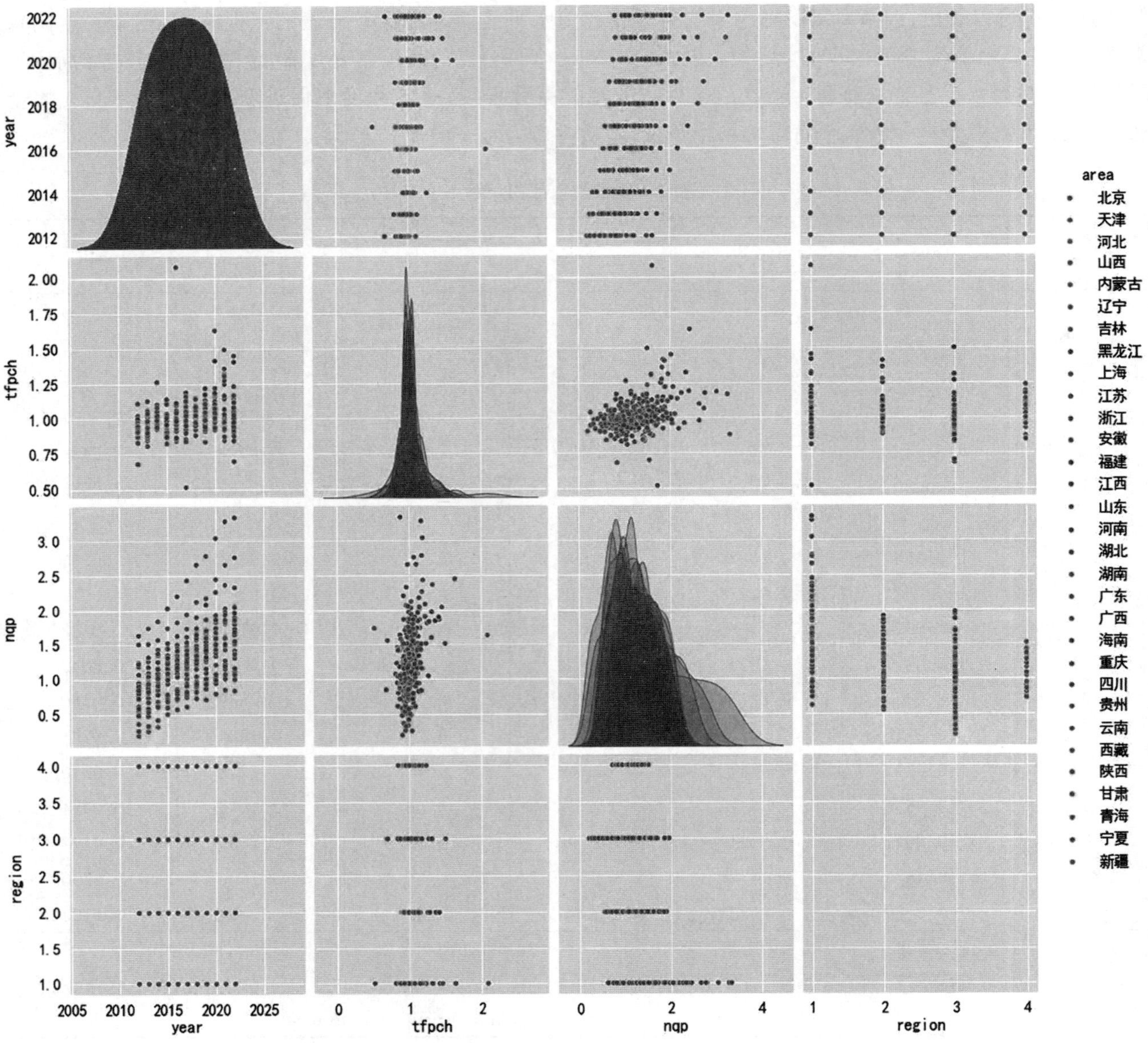

图 24　新质生产力和创新要素配置水平联合核密度分布图

表 3　新质生产力和创新要素配置水平双变量全局 Moran′s I 检验

年份	Moran′s I 指数	P 值	sd(I)	Z(I)
2012 年	−0.0115	0.4430	0.0726	−0.1063
2013 年	0.2060	0.0030	0.0693	3.0210
2014 年	0.1016	0.0600	0.0735	1.5337
2015 年	0.0298	0.2870	0.0670	0.4812
2016 年	0.0844	0.0560	0.0705	1.2912
2017 年	−0.1097	0.0370	0.0675	−1.6183
2018 年	0.0924	0.0810	0.0680	1.4070
2019 年	0.1621	0.0140	0.0707	2.3977
2020 年	0.0869	0.0500	0.0761	1.4528
2021 年	0.0225	0.2970	0.0738	0.4641
2022 年	0.1670	0.0210	0.6820	2.4483

(3)空间回归结果。

①空间模型选择

表 4　空间计量模型选择检验结果表

检验方法	空间滞后模型 SLM		空间误差模型 SEM	
	统计量	P 值	统计量	P 值
LM 检验	26.547	0.0000	84.439	0.0000
稳健 LM 检验	0.0480	61.815	0.0000	
LR 检验	54.250	0.0000	56.640	0.0000
Wald 检验	57.670	0.0000	58.490	0.0000
Hausman 检验	统计量	35.8200	P 值	0.0000
LR 检验	ind		time	
	41.700	0.0000	7.620	0.6657

通过检验空间误差模型（SEM）、空间滞后模型（SLM）和空间杜宾模型（SDM）来确定选择何种模型研究创新要素配置与新质生产力水平间关系(表 4)。首先，LM 检验和稳健 LM 检验中，SEM 和 SLM 均在15%显著性水平检验下拒绝原假设，表明选择 SDM 最合适。其次，Wald 检验和 LR 检验 P 值均小于 0.01，说明 SDM 不会退化为 SEM 或 SLM。最后，根据 Hausman 检验和 LR 检验，确定使用时间固定效应 SDM，表达式如下：

$$NQP_{it} = \beta_0 + \rho W \times NQP_{it} + \beta_1 EOI_{it} + \beta_2 CON_{it} + \alpha_1 W \times EOI_{it} + \alpha_2 W \times CON_{it} + \varepsilon_{it} + \gamma_i \tag{6}$$

其中，CON 为控制变量，包括 $GDPPC$、SIP、$SFSP$、$WAGE$、EDU，γ_t 为时间固定变量。

②空间杜宾模型回归结果

表 5 为空间杜宾模型估计结果，模型空间自相关系数 ρ 显著为正，表明本地区新质生产力水平对邻近地区存在正向空间溢出效应。创新要素配置水平对本地区新质生产力水平影响系数为 0.238，表明创新要素配置水平能显著促进本地新质生产力发展，创新要素配置水平每提高 1%，新质生产力水平提高 0.238%。创新要素配置水平空间滞后项回归系数为−0.131，且通过显著性检验，表明本地区新质生产力水平受邻近地区创新要素配置水平负向加权影响，起负向空间溢出效应。可能归因于：创新要素从低效率地区流向高效率地区，并通过效率机制改善资源配置效率，提升本地区新质生产力水平。然而，地方竞争、制度壁垒等因素导致创新要素流动对邻近地区新质生产力发展产生消极影响。

表 5　空间杜宾模型回归结果

变量	空间杜宾模型 SDM	
	系数	P 值
EOI	0.238	0.002
GDPPC	0.104	0.000
SIP	−0.052	0.600
SFSP	0.142	0.000
WAGE	−0.906	0.000
EDU	0.046	0.390
W×EOI	−0.131	0.045
W×GDPPC	1.844	0.004
W×SIP	0.470	0.422
W×SFSP	0.546	0.789
W×WAGE	−3.196	0.002
W×EDU	−3.428	0.012

控制变量中，$WAGE$ 和 $GDPPC$ 及其空间变量均通过1%显著性检验，表明工资水平和人均 GDP 具有空间异质性，推动本省新质生产力水平提升同时促进邻省新质生产力水平提升；EDU 在5%显著性水平下对邻省有显著影响但对本省无显著影响，教育水平通过空间溢出效应影响新质生产力水平；$SFSP$ 对本省影响系数显著为正，对邻省影响不显著，说明第二产业占生产总值比重对本省新质生产力具有正向促进作用，对邻省新质生产力尚未形成有效辐射带动效应；SIP 和 $W \times SIP$ 均不显著，说明金融发展水平对本省及邻省新质生产力水平提升无显著影响。

③空间杜宾模型稳健性检验

附表10为稳健性检验结果，本文采用4种方法进行稳健性检验：替换空间权重矩阵，采用地理邻接矩阵(0－1矩阵)代替经济地理距离矩阵；运用动态 SDM 模型回归；采用空间 GMM 模型；替换核心解释变量 EOI 为技术效率变动指数 $EFFCH$。结果显示，4种检验的核心解释变量对本地新质生产力水平的回归系数在符号方向和显著性上均未发生根本性改变，表明研究结论稳健。

综上，就本地效应而言，创新要素配置水平能有效调节创新型要素区际流动，提高不同地区生产要素配置效率，进而提升地区新质生产力水平。从空间溢出效应看，创新要素配置水平具有地区集聚效应，抑制了周边其他地区人才和资本等创新要素流动，对邻近地区新质生产力水平产生负向空间溢出效应。

3. 网络回归的测度结果及分析

选择10000次随机置换，对创新要素配置与新质生产力矩阵进行 QAP 回归分析(表6)。2012、2017、2022年创新要素配置均具有显著性，其回归系数的绝对值逐步上升，表明创新要素配置水平对新质生产力水平形成的正向影响呈逐渐增强趋势。

表6　QAP回归分析结果

年份	指标	非标准化系数	标准化系数	显著性检验	R-Square	Adj RSqr
2012	EOI	0.6425	0.5142	0.0005	0.36438	0.26279
2017	EOI	0.8138	0.6749	0.0005	0.45554	0.45436
2022	EOI	0.8162	0.8122	0.0005	0.65973	0.65899

六、创新要素驱动新质生产力的动态仿真

(一)动态仿真模型的构建

系统动力学模型以反馈控制理论为基础，是一种将系统科学理论和计算机仿真相结合、定性分析与定量分析相结合的技术，强调发展、联系、运动的观点，因此常被用来解释复杂系统结构和其动态变化行为。创新要素对于新质生产力的推动作用，是一套复杂且富有逻辑的动力系统，并且具有明显的因果和相互作用关系。因此，利用系统动力学方法，对创新要素推动新质生产力的动力作用进行分析，可以有效揭示创新要素在优化配置过程中，各因素的相互影响关系和作用效果，并清晰展示新质生产力发展的路径。

通过构建创新要素驱动新质生产力发展系统动力学仿真模型，基于第三章测度结果，搭建起人力、资本、科技、信息数据、制度等创新要素五个动力子系统，与新质劳动力、新质劳动资料、新质劳动对象等新质生产力三个动力子系统之间的复杂联系，绘制系统流图(见图25)，把握新质生产力演化动力机制，预测2023－2027年新质生产力发展水平，为制定政策提供参考。

其中状态变量为新质生产力、新质劳动力、新质劳动资料、新质劳动对象，状态变量所对应变化量为速率变量，其余变量为辅助变量(包括对于时间变量的表函数)，各变量均为标准化值，单位无量纲。根据第三章确定的各级指标权重，利用2012－2022年31个省(区、市)历史数据进行回归拟合确定变量间方程式，经多次调整后确定参数，形成系统仿真方程(详见附表2)。

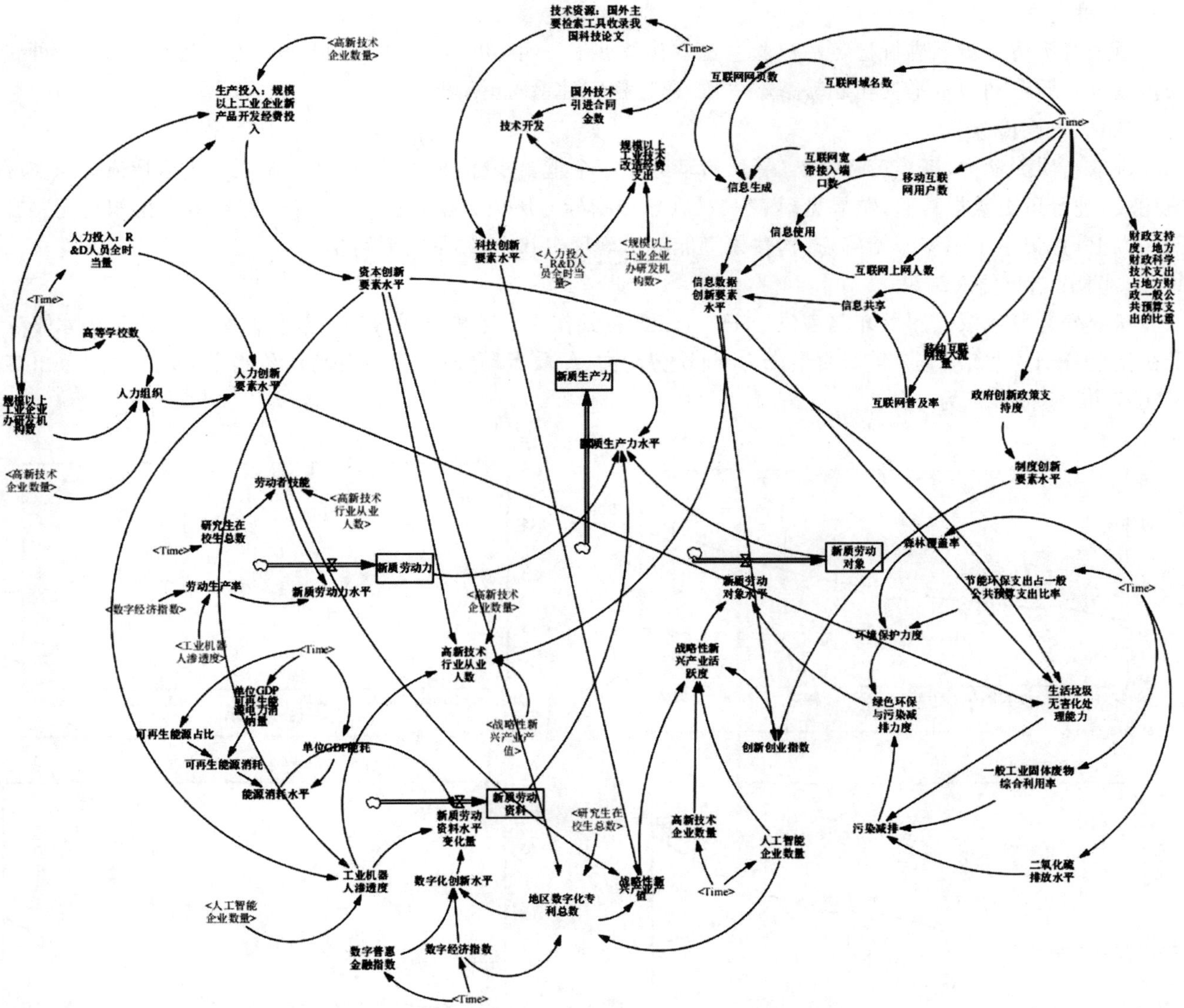

图 25　优化创新要素推动形成新质生产力动态系统流图

(二)模型结果及分析

1. 模型优良性评价

(1)模型结构检验。

检验模型中因果回路关系和变量定义与方程式，检验模型逻辑。基于深入分析过往研究多次调整变量参数完善模型结构，模型通过 Vensim PLE 软件 Check Model 检验。

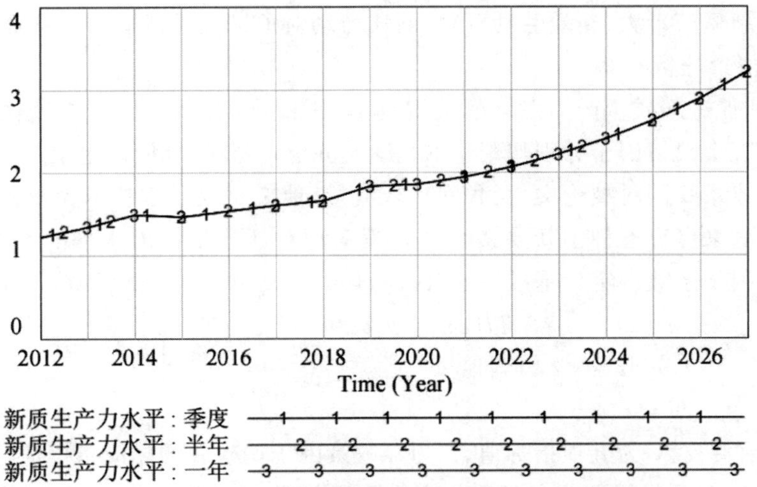

图 26　系统动力学模型稳定性检验模拟比较结果图

(2)稳定性检验

通过变更仿真步长进行稳定性检验。选取仿真步长一年、半年、一季度,以北京为例进行仿真,三种步长仿真下新质劳动力水平变化趋势基本一致,通过稳定性检验(见图26)。

(3)历史性检验

选取新质劳动力、新质劳动资料、新质劳动对象三个重要指标,模拟北京2012—2022年运行值并与实际值比较,进行历史数据检验,结果见附表11。在选取指标与历史数据对比中,仅有个别年份数据相对误差在10%以上,且集中于模型开始年份,构建模型能够达到理想状态,结果有效可信。

2. 演化趋势仿真结果

从双变量莫兰散点图可知北京位于H—H区,将其作为代表进行系统动力学仿真分析。模型中水平变量初始值分别为北京2012年新质生产力、新质劳动力、新质劳动资料、新质劳动对象水平,模拟时长为2012—2027年,模拟步长为一年。

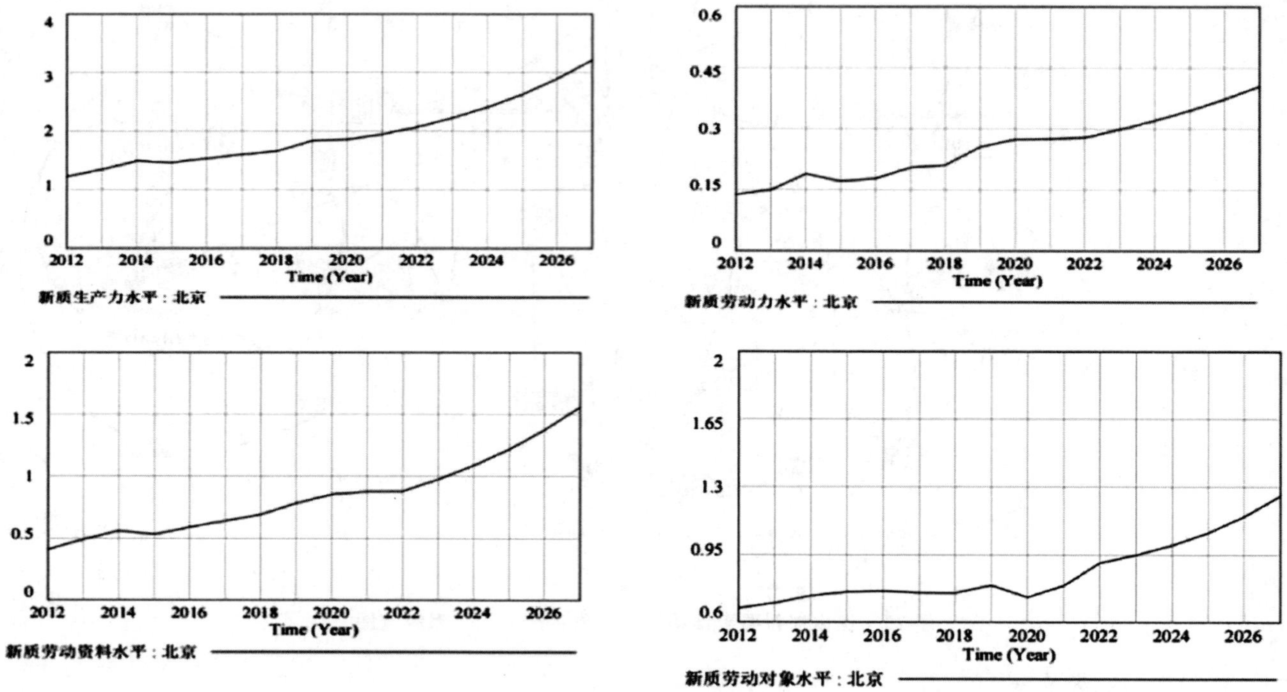

图27　北京市新质生产力水平及分项指标演化趋势仿真结果

结果表明(见图27),北京新质劳动力、新质劳动资料、新质劳动对象水平不断提升,三者在后期增速更加显著,推动新质生产力总体水平持续攀升。在新质生产力发展初期,创新要素逐渐累积对劳动者技能、劳动生产率、战略性新兴产业与未来产业发展、机器人应用水平、数字化创新水平等起到引导和催化作用,随着创新成果不断转化,新质劳动力、新质劳动资料、新质劳动对象进入后期快速增长阶段。

3. 动态仿真结果情景分析

创新要素是推动和促进新质生产力发展的关键动力,因此本文从人力、资本、科技、信息数据和制度五类创新要素出发,增加五个政策因子分别作用于R&D人员全时当量、规模以上工业企业新产品开发经费投入、国外主要检索工具收录我国科技论文、互联网接入流量、地方财政科学技术支出占地方财政一般公共预算支出的比重五项指标,来探究五种创新要素维度政策变动对新质生产力水平的影响,为了比较不同政策工具的作用效果,政策因子系数设定为基准情景(Base)100%,高情景(High)140%,低情景(Low)60%。

$$t=\begin{cases}1, & Time \leqslant 2022 \\ t=set, & \text{其他}\end{cases} \quad set=\{60\%, 100\%\}$$

$$Y=t\times y \tag{7}$$

其中,t为政策因子系数,y为五项指标值,Y为经政策因子调整后的相应指标值。

结果显示(见图28),五项指标与北京新质生产力水平均呈正相关关系。但当其他四项指标不变,其中

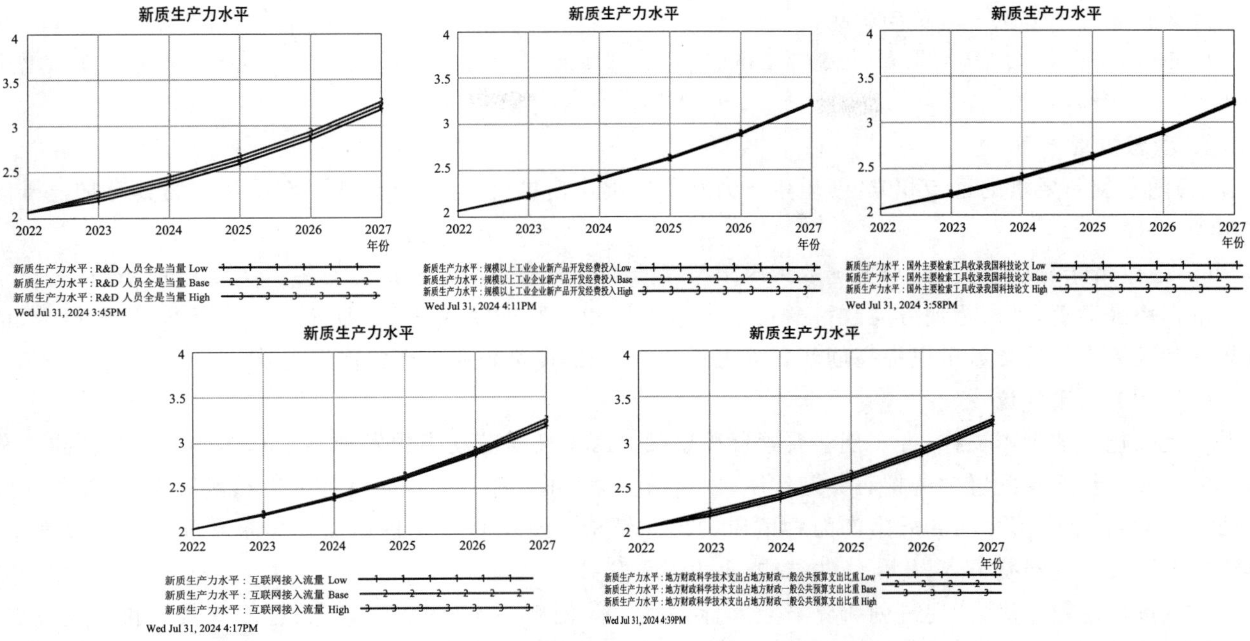

图 28　北京市三种发展情景下创新要素变动影响新质生产力水平化情况

一项指标变动时，对北京市新质生产力发展水平的影响程度存在明显差异，R&D 人员全时当量的增加对提升北京市新质生产力水平作用最显著，其次为地方财政科学技术支出占地方财政一般公共预算支出的比重、互联网接入流量，最后为规模以上工业产品开发经费投入、国外主要检索工具收录科技论文数。

七、结论与建议

（一）测度及仿真的若干结论

1. 水平测度方面

（1）从新质生产力指标构成来看，新质劳动力水平总体不高，对新质生产力贡献偏低，新质劳动资料和劳动对象相对更重要。创新创业指数、战略性新兴产业收入占比、地区数字化专利总数等指标权重较大，对新质生产力影响较大。

（2）2012 年以来新质生产力随时间推移而不断提高。新质生产力水平表现出较大的地区差异性和空间分布不均衡性，呈现出集群化、梯度化、极差化的分布特征，但地区间的新质生产力水平两极分化现象减弱。

（3）2012－2022 年创新要素配置水平显著提升，地区间差异扩大，我国经济由要素投入式增长向优化配置式增长转型取得了阶段性成效。

2. 空间网络特征测度方面

（1）省域新质生产力水平在空间上存在正相关性，新质生产力水平高的省（区、市），其相邻省份也较高，反之则较低。创新要素配置水平呈现较弱的空间负相关性，即创新要素配置水平高的地区其相邻地区水平较低。

（2）地区间新质生产力和创新要素配置引力呈现出显著的地域分布特征：京津冀地区创新要素引力最大；其次是江浙沪皖地区；然后是中部地区；引力最小的是西部地区和东北地区。

（3）新质生产力和创新要素配置网络表现出典型的“核心－外围”特征，2012－2022 年省域间二者均表现出网络连通性增强，空间辐射能力提升，独立度增强的特征。

3. 影响效应测度方面

（1）从基准回归结果看，创新要素配置水平与新质生产力水平之间存在显著的互促效应。控制变量中金融发展水平、在岗职工平均工资、教育水平等在一定程度上可促进新质生产力形成。

（2）从空间杜宾回归结果看，新质生产力水平和创新要素配置水平具有时空网络正相关性。本地区新质生产力水平对邻近地区具有正向空间溢出效应；本地区创新要素配置水平能显著促进新质生产力发展，创新要素配置水平每提高 1%，新质生产力水平提高 0.238%；创新要素配置水平具有负向空间溢出效应，对邻近地区新质生产力水平起负向影响。

(3)从网络回归QAP结果看,创新要素配置水平对新质生产力水平形成正向影响,且影响呈逐渐增强趋势。

4. 动态仿真方面

(1)随着创新要素的逐步积累,新质生产力水平持续快速攀升,即创新要素对新质生产力具有加速推动作用。

(2)通过情景分析发现,五个关键政策因子与新质生产力水平均呈正相关关系。政策因子R&D人员全时当量作用最显著,其次为地方财政科学技术支出占比和互联网接入流量,即优化人才资本、研发投入、信息数据和政策支持等要素可以提高创新要素配置效率,进而促进新质生产力水平提升。

(二)相关对策建议

一是强化人才资本支撑,夯实创新要素资源禀赋。由于新质劳动力的发展水平总体偏低,因此,要充分发挥人才在创新要素配置中的核心关键作用,以高精尖为导向,着力培养创新型拔尖和紧缺人才,完善人才流动共享机制,加快形成与新质生产力相适应的人才结构。资本是优化创新要素集聚和配置的重要纽带,继续加大科技研发经费投入,优化经费结构,大力发展科技金融。

二挖掘信息数据潜力,促进创新要素空间流动。当前创新要素向数据、信息、智能等数字化方向发展,强化数字技术应用,激发信息数据创新要素强大动能。由于省域创新要素配置和新质生产力呈现空间网络关联状态,强化地区合作,特别是新质生产力和创新要素配置水平高的地区与相对落后地区的协作,推动创新要素高效流动,实现空间正向溢出效应,促进区域间均衡发展。

三是优化创新要素配置环境,推动形成新质生产力。研究表明,创新要素配置对新质生产力具有显著正向促进作用。改善创新要素配置环境,深化创新相关体制改革,破除制约创新要素自由流动制度壁垒。通过创新要素聚集高地辐射作用,沿海地区带动中西部地区的方式,激发释放创新要素空间集聚效应,最大程度提升创新要素配置效率。重视创新要素配置与新质生产力协同发展。

【参考文献】

[1] 蔡玉蓉.创新要素集聚对中国制造业结构优化的影响研究[D].兰州大学,2020.

[2] 曹长帅,苏迎娟.数字经济背景下工业绿色转型的协同驱动效应——基于系统动态行为视角[J].华东经济管理,2024,38(02):1—12.

[3] 程涛.基于改进引力模型的区域物流网络结构分析及实证研究[D].河北大学,2019.

[4] 杜传忠,疏爽,李泽浩.新质生产力促进经济高质量发展的机制分析与实现路径[J].经济纵横,2023,(12).

[5] 方大春,王琳琳.我国区域创新能力的空间关联特征及其效应研究[J].开发研究,2024,(01):12—22.

[6] 何帅,陈良华,迟颖颖.新型科研机构创新绩效驱动因素的动态仿真研究[J].科技管理研究,2024,44(01):77—86.

[7] 胡洪彬.习近平总书记关于新质生产力重要论述的理论逻辑与实践进路[J].经济学家,2023,(12).

[8] 黄勃,李海彤,刘俊岐,等.数字技术创新与中国企业高质量发展——来自企业数字专利的证据[J].经济研究,2023,58(03):97—115.

[9] 姜楠.基于系统动力学仿真的中国省份绿色发展研究[D].哈尔滨工业大学,2019.

[10] 李荣杰,张磊,赵领娣.中国清洁能源使用、要素配置结构与碳生产率增长——基于引入能源和人力资本的生产函数[J].资源科学,2016,38(04):645—657.

[11] 李晓华.新质生产力的主要特征与形成机制[J].人民论坛,2023,(21):15—17.

[12] 李宜珈.创新要素配置效率对我国经济高质量发展的影响研究[D].河北经贸大学,2024.

[13] 梁筱,王传荣.基于系统动力学的产融结合提振高技术产业发展研究[J].济南大学学报(社会科学版),2023,33(05):81—92.

[14] 令小雄,谢何源,妥亮,等.新质生产力的三重向度:时空向度、结构向度、科技向度[J].新疆师范大学学报(哲学社会科学版),2024,45(01):67—76.

[15] 刘开迪,张林波,王光辉.政策因素影响下的中国绿色全要素生产率增长研究——碳达峰目标下的仿真模拟[J].系统科学与数学,2022,42(08):2004－2018.

[16] 刘文琦,何宜庆.系统动力学视角下地方政府债务风险研究——基于我国地区面板数据的仿真[J].江西财经大学学报,2017,(03):3－12.

[17] 卢江,郭子昂,王煜萍.新质生产力发展水平、区域差异与提升路径[J].重庆大学学报(社会科学版),2024,30(03):1－17.

[18] 逯进,周惠民.中国省域人力资本与经济增长耦合关系的实证分析[J].数量经济技术经济研究,2013,30(09).

[19] 蒲清平,黄媛媛.习近平总书记关于新质生产力重要论述的生成逻辑、理论创新与时代价值[J].西南大学学报(社会科学版),2023,49(06):1－11.

[20] 戚湧,张明,李太生.基于 Malmquist 指数的江苏创新资源整合共享效率评价[J].中国软科学,2013,(10):101－110.

[21] 石建勋,徐玲.加快形成新质生产力的重大战略意义及实现路径研究[J].财经问题研究,2024,(1).

[22] 陶长琪,徐茉.经济高质量发展视阈下中国创新要素配置水平的测度[J].数量经济技术经济研究,2021,38(03).

[23] 王蓓,陆大道.科技资源空间配置研究进展[J].经济地理,2011,31(05).

[24] 王珏,王荣基.新质生产力:指标构建与时空演进[J].西安财经大学学报,2024,37(01).

[25] 王守文,赵敏,章杰嘉,等.长三角城市群科技创新合作的空间关联网络特征及影响因素分析[J].统计与决策,2023,39(09):91－96.

[26] 谢爱丽,刘连花,何妍慧.基于社会网络分析法的广东省科技创新网络联系模式研究[J].数学的实践与认识,2023,53(06):14－26.

[27] 徐玢.数字化转型、生产要素配置与企业创新绩效[D].北京邮电大学,2023.

[28] 徐政,郑霖豪,程梦瑶.新质生产力赋能高质量发展的内在逻辑与实践构想[J].当代经济研究,2023,(11):51－58.

[29] 张杰.中国制造业要素配置效率的测算、变化机制与政府干预效应[J].统计研究,2016,33(03):72－79.

[30] 张林,蒲清平.新质生产力的内涵特征、理论创新与价值意蕴[J].重庆大学学报(社会科学版),2023,29(06):137－148.

[31] 张思佳,徐静,史训东,等.基于系统动力学的区域物流供需平衡发展研究[J].物流技术与应用,2022,27(02):129－134.

[32] 张哲,李季刚,汤努尔8 1哈3力76克A63中1国新质生产力发展水平测度与时空演进[J/OL].统计与决策,1－6[2024－05－08].

[33] 赵金凤.创新要素配置推动经济高质量发展的机制研究[D].江西财经大学,2022.

[34] 钟学思,刘毅良,陈薇.科技创新与经济高质量发展耦合协调度研究——基于中国 19 个城市群面板数据的实证分析[J].资源开发与市场,2023,39(02):178－187＋241.

[35] 朱富显,李瑞雪,徐晓莉,等.中国新质生产力指标构建与时空演进[J].工业技术经济,2024,43(03):44－53.

附录

附表 1　新质生产力指标描述性统计结果

变量	范围	最小值	最大值	平均数	标准误	偏斜度	峰度
高新技术行业从业人员占比	417.30	0.10	417.40	43.57	4.17	3.50	12.34
研究生在校人数占比	46.50	0.10	46.60	8.08	0.42	2.15	6.11
劳动生产率	72.40	23.40	95.80	46.90	0.82	0.71	−0.06
单位 GDP 能耗	0.22	0.01	0.23	0.08	0.00	1.20	0.48
冉生能源电力消耗强度	228.60	0.60	229.20	30.69	1.99	3.32	12.79
可再生能源占比	96.60	−0.80	95.80	31.17	1.27	1.15	0.44
机器人安装密度	220.90	0.10	221.00	14.51	1.39	4.56	26.48
数字普惠金融指数	399.20	61.50	460.70	261.32	5.00	−0.15	−0.82
数字经济指数	94.00	1.00	95.00	27.26	1.02	1.13	1.48
地区数字化专利总数	4.57	0.00	4.57	0.34	0.04	3.62	15.00
战略性新兴产业收入占比	56.30	0.00	56.30	5.04	0.47	3.50	13.56
高新技术企业占比	13.27	0.01	13.28	1.11	0.10	3.64	16.13
创新创业指数	68.90	31.10	100.00	81.69	0.80	−1.10	1.05
人工智能企业数量	15.73	0.00	15.73	0.85	0.09	4.54	28.12
森林覆盖率	62.60	4.20	66.80	34.04	0.99	0.03	−1.27
环境保护力度	5.70	1.10	6.80	2.89	0.05	1.08	1.80
生活垃圾无害化处理能力	17.80	0.10	17.90	2.38	0.12	3.10	14.36
工业固体废物综合利用率	98.90	1.50	100.40	63.05	1.18	−0.30	−0.04
二氧化硫排放水平	174.80	0.10	174.90	33.06	1.91	1.60	2.19
有效的 N (listwise)	341	341	341	341	341	341	341

附表 2　五种智能优化算法的标准测试函数性能对比表

测试函数	算法	Best	Average	std	mean_time
F5	GSSA	7.67E−11	1.83E−07	8.81E−07	5.38E−01
	SSA	5.45E−11	6.80E−09	2.68E−08	5.45E−01
	GA	3.04E−01	5.19E+00	1.98E+00	1.77E−01
	PSO	4.02E+00	1.68E+01	3.80E+01	4.17E−01
	SA	1.65E+01	1.56E+02	3.98E+02	4.25E−01
F9	GSSA	0.00E+00	0.00E+00	0.00E+00	4.75E−01
	SSA	0.00E+00	0.00E+00	0.00E+00	4.85E−01
	GA	1.00E+00	3.60E+00	1.65E+00	1.23E−01
	PSO	0.00E+00	4.20E−09	2.28E−08	3.69E−01
	SA	3.46E−03	1.92E+00	1.83E+00	3.76E−01
F14	GSSA	9.98E−01	2.83E+00	4.05E+00	3.26E+00
	SSA	9.98E−01	1.13E+01	3.83E+00	3.22E+00
	GA	9.98E−01	1.27E+00	9.97E−01	2.31E+00
	PSO	9.98E−01	9.98E−01	1.14E−11	2.23E+00
	SA	9.98E−01	9.98E−01	2.91E−09	−9.45E−01

附表 3　新质生产力指标权重

变量	映射优化麻雀算法投影寻踪
高新技术行业从业人员占比	7.1%
研究生在校人数占比	4.2%
劳动生产率	6.6%
单位 GDP 能耗	7.7%
再生能源电力消耗强度	0.3%
可再生能源占比	2.1%
机器人安装密度	5.7%
数字普惠金融指数	8.8%
数字经济指数	6.9%
地区数字化专利总数	7.2%
战略性新兴产业主营业务收入占比	7.2%
高新技术企业占比	5.8%
创新创业指数	7.4%
人工智能企业数量	4.5%
森林覆盖率	4.0%
环境保护力度	0.3%
生活垃圾无害化处理能力	5.3%
一般工业固体废物综合利用率	5.1%
二氧化硫排放水平	3.8%

附表 4　2012—2022 年省域新质生产力水平全局 Moran's I 检验

年份	Moran's I 指数	P 值	sd(I)	Z(I)
2012 年	0.1570	0.0000	0.0410	4.5960
2013 年	0.1520	0.0000	0.0420	4.4690
2014 年	0.1450	0.0000	0.0410	4.3160
2015 年	0.1380	0.0000	0.0410	4.1370
2016 年	0.1280	0.0000	0.0410	3.9260
2017 年	0.1340	0.0000	0.0400	4.1360
2018 年	0.1360	0.0000	0.0400	4.1930
2019 年	0.1120	0.0000	0.0410	3.5690
2020 年	0.1220	0.0000	0.0400	3.8240
2021 年	0.1230	0.0000	0.0400	3.8790
2022 年	0.1300	0.0000	0.0400	4.0760

附表 5 2012—2022 年省域创新要素配置水平全局 Moran's I 检验

年份	Moran's I 指数	P 值	sd(I)	Z(I)
2012 年	0.0520	0.0230	0.0380	2.2670
2013 年	−0.0060	0.0410	0.0420	2.2010
2014 年	−0.0210	0.0450	0.0390	2.0870
2015 年	0.0100	0.2950	0.0410	1.0470
2016 年	−0.0160	0.3500	0.0190	0.9350
2017 年	−0.0340	0.0300	0.0360	−2.2480
2018 年	−0.0090	0.0480	0.0420	1.9820
2019 年	−0.0240	0.0220	0.0420	2.3960
2020 年	0.0200	0.1460	0.0370	1.4520
2021 年	0.0680	0.0160	0.0420	2.4190
2022 年	0.0010	0.0408	0.0400	2.2270

附表 6 基准回归模型的变量描述性统计结果

Variable	Obs	Mean	Std. Dev.	Min	Max
NQP	341	1.29	0.49	0.20	3.33
EOI	341	1.02	0.12	0.52	2.08
GDPPC	341	59992.20	30587.38	18947.00	189988.00
SIP	341	0.40	0.08	0.16	0.59
SFSP	341	0.26	0.14	−0.11	1.14
WAGE	341	77814.71	29905.84	37614.00	217363.00
EDU	341	9.25	1.12	4.22	12.68

附表 7 基准回归模型的解释变量相关系数

	NQP	EOI	GDPPC	SIP	SFSP	WAGE	EDU
NQP	1.0000						
EOI	0.3475	1.0000					
GDPPC	0.6919	0.3028	1.0006				
SIP	−6.1203	−6.0985	−6.3155	1.0000			
SFSP	−6.2221	−0.0529	−0.0204	−0.2177	1.0000		
WAGE	0.5524	0.3011	6.8118	−0.5286	6.0110	1.0000	
EDU	0.4694	0.1698	0.6852	−6.2829	−0.2189	0.4072	1.0000

附表 8 基准回归模型的方差膨胀系数(VIF 值)

Variable	VIF	1/VIF
GDPPC	6.83	0.146513
WAGE	5.32	6.187963
EDU	2.87	6.348861
SIP	1.91	0.522940
SFSP	1.27	6.787359
EOI	1.12	6.894779
Mean VIF	3.22	

附表 9　2022 年省域新质生产力和创新要素配置水平空间聚类表

象限	省份	地区个数	新质生产力和创新要素配置空间分布
第一象限（H—H 集聚区）	江苏、北京、上海、浙江、广东、天津	6	区域内各地区的新质生产力和创新要素配置水平均处于高水平，且其中 i 地区的创新要素配置水平对 j 地区的新质生产力水平具有正向溢出效应。
第二象限（L—H 集聚区）	福建、湖北、陕西、内蒙古、重庆	5	区域内各地区的新质生产力处于低水平，但创新要素配置水平处于较高水平，且 i 地区的创新要素配置水平与 j 地区的新质生产力水平呈空间负相关。
第三象限（L—L 集聚区）	河北、山西、吉林、河南、广西、海南、四川、新疆	8	区域内各地区的创新要素配置和新质生产力均处于低水平，且 i 地区的创新要素配置水平和 j 地区的新质生产力水平呈正相关关系。
第四象限（H—L 集聚区）	辽宁、黑龙江、安徽、江西、山东、湖南、贵州、云南、西藏、甘肃、青海、宁夏	12	区域内各地区的新质生产力处于较高水平，但创新效率处于较低水平，区域内 i 地区的创新要素配置水平和 j 地区的新质生产力水平具有负向空间关系。

附表 10　空间杜宾模型的稳健性检验结果

变量	0—1 空间权重矩阵			替换 EOI 为 EFFCH
	(1)空间杜宾模型 SDM	(2)动态杜宾模型 DSDM	(3)空间 GMM 模型	(4)空间杜宾模型 SDM
L. NQP	1.094*** (−102.03)	—	—	1.285*** (−47.93)
L. WNQP	3.375*** −16.44	—	—	
EOI	0.049** (−2.06)	0.221* (−1.92)	—	0.517*** (−150.33)
GDPPC	−0.783*** (−33.52)	0.975*** (−10.85)	0.973*** (−10.86)	10.897*** (−452.08)
SIP	0.724*** (−36.08)	−0.049 (−0.54)	−0.053 (−0.58)	−0.945*** (−74.62)
SFSP	0.064*** (−9.62)	0.112*** (−3.6)	0.112*** (−3.62)	−1.457*** (−52.38)
WAGE	1.182*** (−35.96)	−0.752*** (−5.18)	−0.753*** (−5.19)	11.198*** (−587.69)
EDU	1.156*** (−30.51)	−0.102 (−0.59)	−0.11 (−0.63)	2.216*** (−307.47)
EFFCH	—	—	0.259** −2.23	—
WxEOI	−0.246*** −13.6	−0.146 (−0.73)	—	−0.119*** (−369.56)
WxGDPPC	−12.558*** (−63.27)	1.035*** (−5.08)	1.026*** (−5.1)	10.900*** −782.36
WxSIP	7.403*** (−58.18)	−1.494*** (−6.72)	−1.482*** (−6.66)	−0.935*** (−217.53)
WxSFSP	−0.011 (−0.27)	−0.086 (−1.45)	−0.081 (−1.38)	−1.458*** (−135.99)
WxWAGE	15.174*** (−58.92)	−2.312*** (−7.22)	−2.301*** (−7.21)	11.192*** −726.59
WxEDU	22.041*** (−62.14)	−2.692*** (−6.70)	−2.656*** (−6.61)	2.223*** (−1061.46)
WxEFFCH	—	—	−0.06 (−0.33)	—
rho	0.248*** (−6.6)	0.287*** (−4.98)	0.282*** (−4.89)	—
sigma2_e	0.003*** (−14.15)	0.058*** (−13.05)	0.058*** (−13.04)	—
N	310	341	341	341
R2 ll	0.664 502.17	0.643 −1.65	0.539 −1.2	—

附表 11　系统动力学模型的历史性检验结果

年份	新质劳动力水平			新质劳动资料水平			新质劳动对象水平		
	真实值	模拟值	相对误差	真实值	模拟值	相对误差	真实值	模拟值	相对误差
2012	0.1218	0.1385	13.7%	0.3734	0.4120	10.3%	0.6964	0.6712	－3.6%
2013	0.1342	0.1494	11.3%	0.4528	0.4927	8.8%	0.7273	0.6986	－3.9%
2014	0.1518	0.1809	19.2%	0.5143	0.5618	9.2%	0.7690	0.7368	－4.2%
2015	0.1606	0.1710	6.5%	0.5303	0.5322	0.4%	0.7715	0.7570	－1.9%
2016	0.1713	0.1778	3.8%	0.5664	0.5910	4.3%	0.7707	0.7618	－1.2%
2017	0.2105	0.2044	－2.9%	0.6356	0.6422	1.0%	0.7650	0.7538	－1.5%
2018	0.2244	0.2108	－6.0%	0.7305	0.6916	－5.3%	0.7649	0.7520	－1.7%
2019	0.2432	0.2553	5.0%	0.8388	0.7824	－6.7%	0.7844	0.7928	1.1%
2020	0.2641	0.2739	3.7%	0.8991	0.8517	－5.3%	0.7417	0.7297	－1.6%
2021	0.2908	0.2753	－5.4%	0.9280	0.8769	－5.5%	0.7947	0.7916	－0.4%
2022	0.3057	0.2784	－8.9%	0.8978	0.8791	－2.1%	0.8605	0.9083	5.6%

企业数字化转型对产业结构转型升级的影响
——基于企业统计调查微观数据

国家统计局服务业调查中心　冯志方　黄子桦　万婷婷

摘　要

党的二十大报告指出,要建设现代化产业体系,加快发展数字经济。企业是数字化转型的主体,结合企业的数字化转型进展研究其对产业结构转型升级的综合影响具有重要的现实意义。本文以规模以上企业单位为研究对象,利用2015—2022年统计调查获取的209.1万家单位865.9万条调查数据,采用多种方法测度企业数字化转型和产业结构调整,然后构建模型剖析企业数字化转型对产业结构转型升级的影响,并提出相应的政策建议。

本文按照双重测度测算和两类实证模型的主线展开统计建模研究。首先,利用企业信息化统计年报数据,从数字化投入、数字化应用、数字化订单等三个维度构建企业数字化转型指标体系,采用熵权法测算企业数字化转型指数。其次,从产业升级、结构调整等两个维度测度产业结构转型升级,利用企业财务状况年报数据,使用半参数估计方法(OP法)测算企业全要素生产率,用于衡量产业升级;利用企业基本情况年报数据,测度行业类型调整情况,用于衡量产业结构调整。最后,研究企业数字化转型对产业结构转型升级的影响:一是在建立固定效应模型研究企业数字化转型对产业升级影响的基础上,进行异质性分析,并运用非线性面板平滑转换回归(PSTR)模型进一步研究门槛效应;二是建立随机森林模型研究企业数字化转型对产业结构调整的影响。

结果发现:一是我国规模以上企业数字化转型程度不断加深,东部地区和中部地区优于其他地区,工业企业优于服务业企业。二是我国大多数企业数字化程度不高,且企业间数字化转型差距有所加大。三是企业数字化转型对产业升级呈现显著正向作用,从区域看,四个区域均呈现正向作用,西部、东北地区的正向作用更明显;从产业看,工业和服务业均呈现正向作用,工业中采矿业、建筑业的正向作用高于工业平均水平;服务业中除水利、环境和公共设施业以及批发和零售业外,其他行业的正向作用均高于服务业平均水平。从分项指数看,三个分项指数对产业升级均呈现正向作用,其中数字化投入、数字化应用指数的正向作用更明显。四是企业在不同发展水平和不同数字化投入时,企业数字化转型指数对产业升级存在不同影响,呈现越过门槛后影响由为负向作用转为正向作用,且正向作用不断加大的特点。五是企业数字化转型是影响产业结构调整的重要因素,随着企业数字化转型指数的提升,产业结构调整的概率表现出"快速提高—振动上升—维持稳定"的趋势,有助于推动行业向现代产业调整。

基于上述结论,本文提出以下建议:一是降低企业数字化转型成本,缩小企业间数字化转型差距。二是做好企业数字化转型效果跟踪评价,增强企业数字化转型的信心和意愿。三是鼓励企业通过数字化、智能化改造,释放传统产业蕴含的新质生产力,鼓励企业经营活动向现代产业转变,推动产业结构转型升级。

关键词:企业数字化转型指数;产业升级;产业结构调整;全要素生产率;行业类型调整;固定效应模型;随机森林模型;门槛效应模型

一、引言

(一)研究背景及意义

党的二十大报告中指出,“建立现代化产业体系”“加快发展数字经济,促进数字经济和实体经济深度融合,打造具有国际竞争力的数字产业集群”。经过长期努力,我国建成了配套完备的产业体系,这是建设现代化产业体系的基础。但是,同实现高质量发展要求相比,我国产业体系现代化水平还不高。数字经济具有高成长性和强渗透性,不仅是新的经济增长点,而且是改造提升传统产业的支点。企业是数字化转型的主体,数字技术在企业应用实践,推动各类要素资源快捷流动,提高企业产业竞争力和盈利能力。发展数字经济是把握新一轮科技革命和产业变革新机遇的战略选择,是建设现代化产业体系、发展新质生产力的迫切需要。本文以规模以上企业为研究对象,深入挖掘企业数字经济相关的统计调查数据,探讨分析企业数字化转型对产业结构转型升级的影响,既从微观视角拓宽数字经济和产业结构转型升级的研究方法,又为加快企业数字化转型推动产业结构转型升级提供统计参考。

(二)文献综述

1. 产业结构转型升级测度方面

一是从宏观视角认为产业结构转型升级包括产业结构高级化和产业结构合理化两个维度。赵涛等(2020)、李治国等(2021)使用第三产业增加值占 GDP 比重与第二产业增加值占 GDP 比重来衡量产业结构高级化,使用泰尔指数衡量产业结构合理化。二是从微观视角分析产业结构转型升级。吴丰(2003)、胡焱等(2009)认为企业是产业结构升级的主体,一国的产业结构的升级,是由于企业进入或退出某些产业、新产业的出现和行业生产函数的改变,导致产业之间的地位与比例发生变化所致。

2. 企业数字化转型测度方面

对企业数字化转型的概念界定主要有三类,一是持“过程观”,陈华等(2023)认为企业数字化转型是使用信息通信技术影响生产经营各环节的过程。二是持“变化观”,李鑫等(2023)认为企业数字化转型是通过使用信息通信技术创造了更多价值,给生产经营活动、技术创新带来改变;三是综合“过程观”和“变化观”,腾讯研究院(2022)认为企业数字化转型是采用信息通信技术,带来企业属性的重大变化,实现整体提升的过程。对于企业数字化转型的测度方法主要是构建指标体系并编制相关指数。腾讯研究院《中小企业数字化转型路径报告》(2022)从微观层面通过从 2 个维度 44 个二级指标反映企业数字化转型进度。赵懿宁(2020)、汪洋等(2022)编制了企业数字化转型指标体系。

3. 企业数字化转型对产业结构转型升级的影响研究方面

目前对于企业数字化转型对产业结构转型升级的影响研究较少,且多使用上市公司数据进行分析。赵宸宇等(2021)基于中国 A 股制造业上市公司数据,发现企业数字化转型可以通过提高创新能力、优化人力资本结构、降低成本等方式促进企业全要素生产率提升。较多学者使用省级面板数据研究了数字经济对产业结构转型的影响。刘国武等(2023)、郭凯明等(2021)认为随着数字经济发展,数字技术应用推动服务业部门效率提升,从而推动传统产业结构转型升级。林博等(2023)构建多模型指数分析发现数字经济有助于促进产业结构高级化,对产业结构合理化的促进作用在克服内生性影响后显著。

4. 文献评析

目前文献主要从宏观层面研究数字经济发展对产业结构转型升级的影响,微观视角研究文献较少,且多使用上市公司数据、爬虫获取的文本指标进行分析,使用企业调查数据进行量化分析几乎空白。本文从微观视角,深入挖掘企业数字经济相关的统计调查数据,采用多种方法测度企业数字化转型和产业结构调整,并构建模型研究企业数字化转型对产业结构转型升级的影响。

(三)研究思路

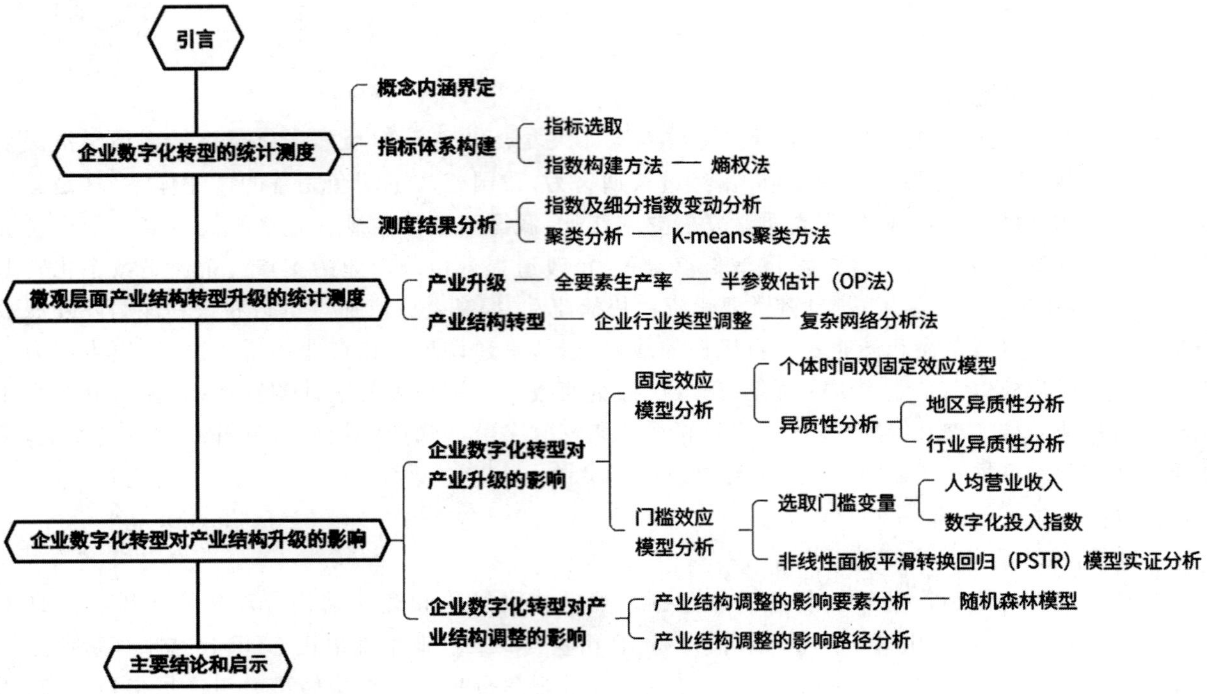

图1　研究思路图

(四)创新点

一是研究视角创新。从微观视角开展分析,丰富拓宽了数字经济和产业结构转型升级的研究方法。引入企业数字化转型情况反映数字经济发展情况,从产业升级和产业结构调整两个维度反映产业结构转型升级情况。

二是研究数据创新。深入挖掘统计调查数据。以规模以上企业为研究对象,深入挖掘2015年到2022年统计调查的209.1万家单位,填报的信息化统计、财务状况、基本情况等报表的调查数据。

三是测度方法创新。使用熵权法测度企业数字化转型指数,使用OP法测度企业全要素生产率,引入行业代码变化情况测度企业行业类型调整。

四是应用价值创新。对于丰富完善数字经济统计测度方法具有应用价值,为加快企业数字化转型推动产业结构转型升级提供有益参考。

二、企业数字化转型指标体系的构建与测度

(一)概念内涵

依据国家统计局《数字经济及其核心产业统计分类(2021)》,数字经济是指以数据资源作为关键生产要素、以现代信息网络作为重要载体、以信息通信技术的有效使用作为效率提升和经济结构优化的重要推动力的一系列经济活动。从微观层面来看,企业数字化转型是指企业利用各项信息通信技术改善企业生产经营管理活动,覆盖研发、采购、生产、物流、营销、售后、管理等全部环节,发挥数据要素的赋能和倍增效应,为企业创造更多价值。

(二)指标体系构建

1. 数据来源

本文研究对象为全国规模以上企业,包括规模以上工业,有资质的建筑业,限额以上批发和零售业、住宿和餐饮业,有开发经营活动的房地产开发经营业,规模以上服务业法人单位。使用规模以上企业2015—2022年信息化统计调查数据,样本共计865.9万条。

2. 指标选取

通过参考各类机构及学者编制企业数字化转型指数方法,结合企业信息化统计调查指标,从数字化投入、数字化应用、数字化订单等三个维度,综合选择评估企业数字化转型情况的3个一级指标,11个二级指标,25个三级指标。

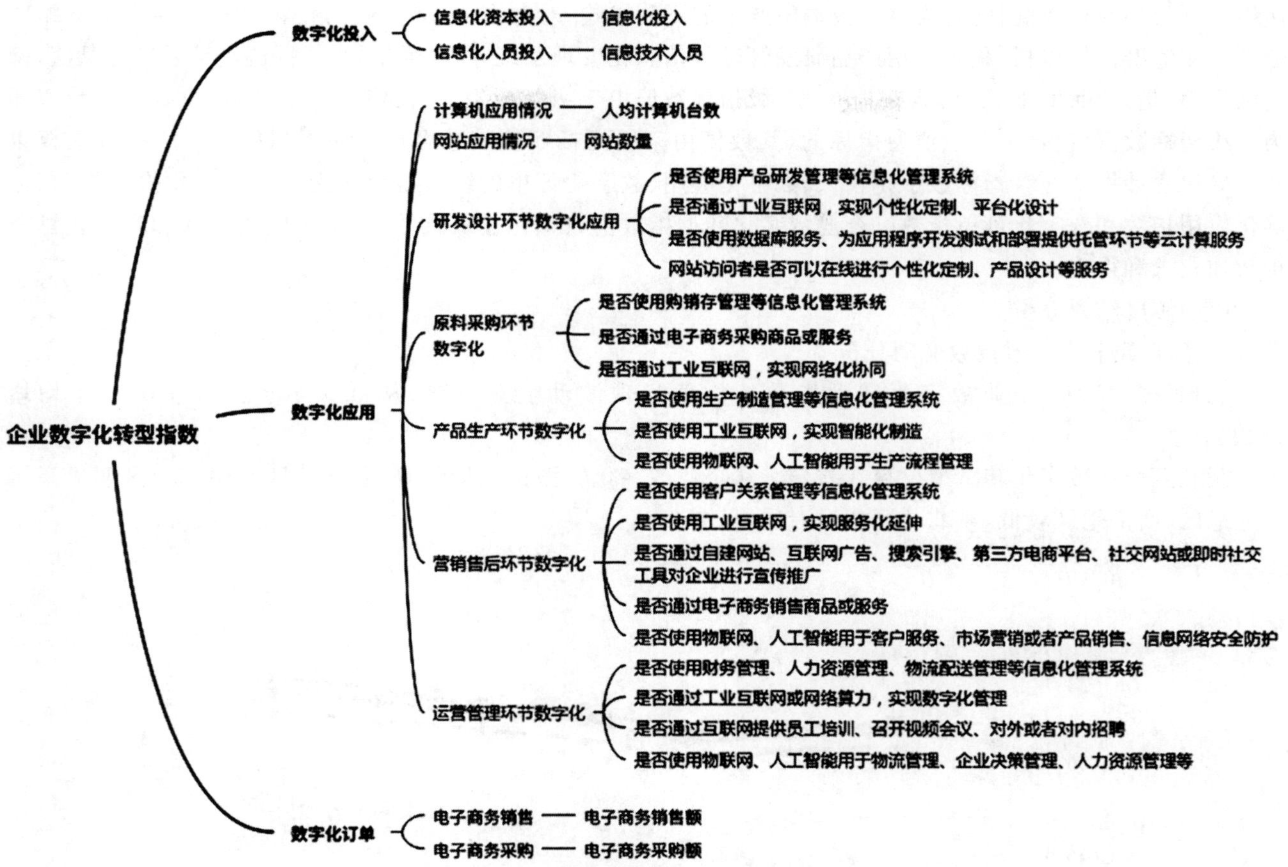

图 2　企业数字化转型指标体系

数字化投入是企业数字化转型的基础，反映企业在数字化方面的资本、人力等方面的投入水平。数字化应用是企业数字化转型的内部表现形式，反映企业在生产经营管理活动，包括研发、采购、生产、物流、营销、售后、管理等全部环节的信息通信技术使用情况。数字化订单是企业数字化转型的外部表现形式，反映企业通过信息通信技术加速供应链的情况。

3. 指数构建方法

本文使用熵权法计算指标权重。熵权法是一种适用于多指标综合评价体系的权重计算方法，通过计算各指标的信息熵值，确定其在综合评价中的权重。

令 U_{ij} 为企业 i 的指标 j 的数值(其中 $i=1, 2, \cdots, n$, $j=1, 2, \cdots, m$)，对 U_{ij} 进行归一化处理，有：

$$X_{ij}=\frac{U_{ij}-\min(U_{1j},\cdots,U_{nj})}{\max(U_{1j},\cdots,U_{nj})-\min(U_{1j},\cdots,U_{nj})} \tag{1}$$

计算变异性指标 p_{ij}，得

$$p_{ij}=\frac{x_{ij}}{\sum_{i}^{n}x_{ij}} \tag{2}$$

计算信息熵 e_j，得

$$e_j=-k\sum_{i}^{n}p_{ij}ln\ p_{ij} \tag{3}$$

计算各指标权重 w_j，得

$$w_j=\frac{1-e_j}{\sum_{j}^{m}(1-e_j)} \tag{4}$$

根据权重 w_j，可以计算企业 i 的综合得分 S_i，有

$$S_i=\sum_{j}^{m}w_jx_{ij} \tag{5}$$

三级指标包括数值型指标和赋值型指标，数值型指标包括：信息化投入、信息技术人员等 6 个指标，直接

使用调查数据的对数值,同时为避免极端值产生的不利影响,对其在 1% 和 99% 分位上进行 Winsorize 缩尾处理。赋值型指标包括:是否使用产品研发管理等信息化管理系统等 19 个指标,根据调查结果进行赋值,调查结果为"是"则赋值 1,反之,则赋值 0。二级指标数值由三级指标生成,仅包含一个三级指标的,其数值即为三级指标数值;包含多个赋值型指标的,其数值由三级指标赋值加总合成。一级指标和二级指标的权重使用熵权法计算。一级指标数字化投入、数字化应用、数字化订单的综合得分称为企业数字化投入指数、数字化应用指数和数字化订单指数。企业数字化转型指数由数字化投入指数、数字化应用指数和数字化订单指数加权求和得出。

(三)测度结果分析

1. 企业数字化转型指数变动分析

2015—2022 年,企业数字化转型指数的均值呈现波动上升趋势,从 0.064 增长到 0.075,年均增长 2.2%。

区域间企业数字化转型情况存在差异。从企业数字化转型指数均值看,东部地区和中部地区明显高于其他地区,西部地区较低,东北地区相对滞后(见图 3)。

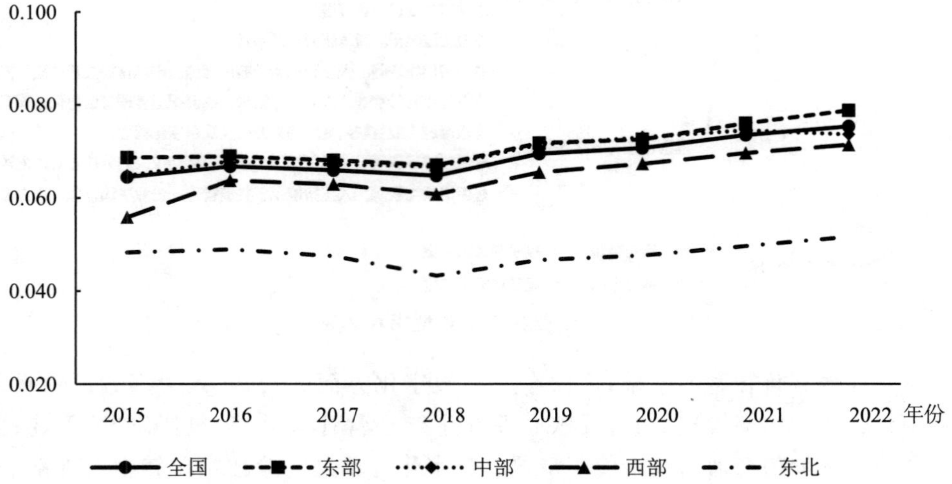

图 3　2015—2022 年分区域企业数字化转型指数

二、三产业的企业数字化转型指数存在差距。从企业数字化转型指数均值看,工业企业数字化转型指数明显高于服务业企业,但优势逐渐缩小。分门类看,信息传输、软件和信息技术服务业最高;制造业,电力、热力、燃气及水生产和供应业,住宿和餐饮业,科学技术和技术服务业,教育,卫生,文化、体育和娱乐业等 7 个门类数字化转型指数也高于全国平均水平(见图 4)。

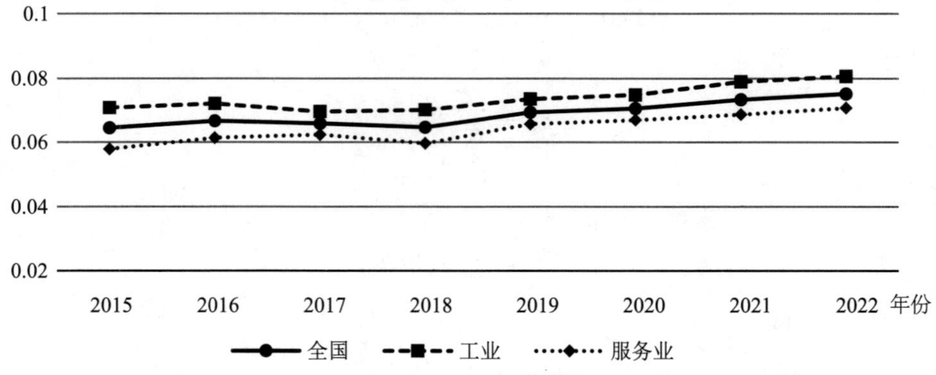

图 4　2015—2022 年分产业企业数字化转型指数

2. 分项指数变动分析

2015—2022 年,企业数字化投入指数的均值呈现波动下降趋势,数字化应用指数较快上升,数字化订单指数平稳增长。

区域间分项指数差异较大。以 2022 年为例,中部、西部地区数字化投入指数高于东部、东北地区;东部、中部地区数字化应用指数高于西部、东北地区;东部、西部地区数字化订单指数高于中部、东北地区(见图 6)。

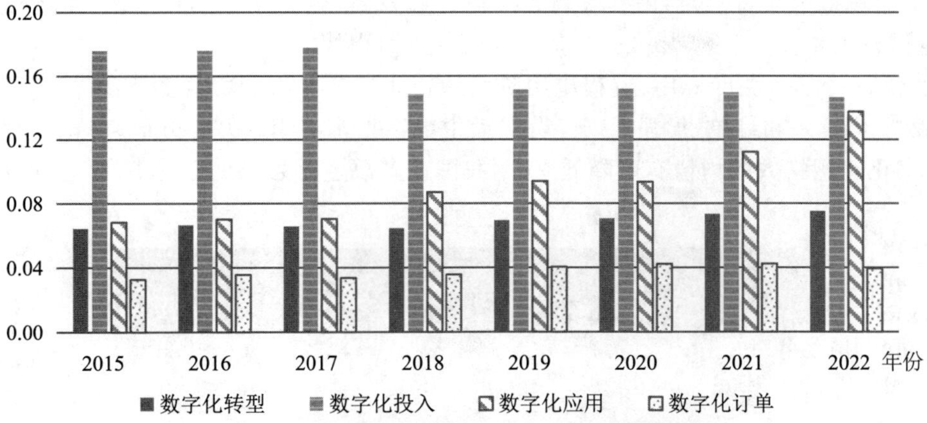

图 5　2015—2022 年企业数字化转型分项指数

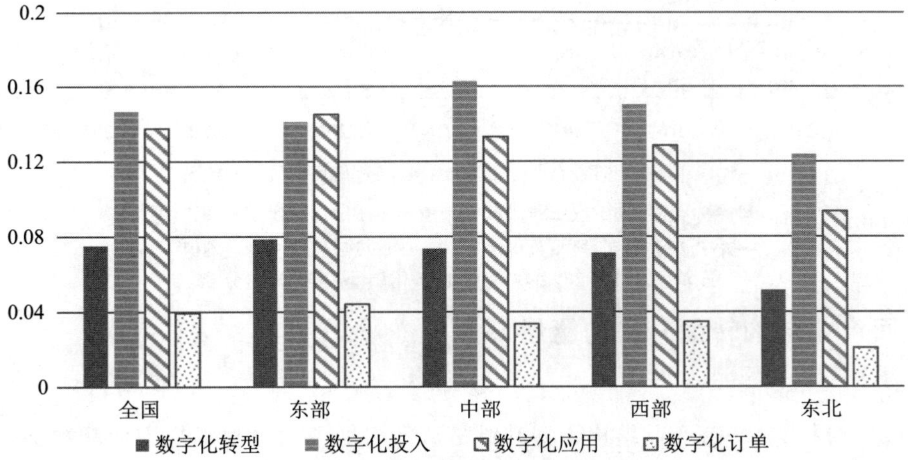

图 6　2022 年分区域分项指数

产业间分项指数表现不一(见图 7)。以 2022 年为例,工业企业的数字化投入指数和数字化应用指数均值明显高于服务业企业;而服务业企业的数字化订单指数高于工业企业。

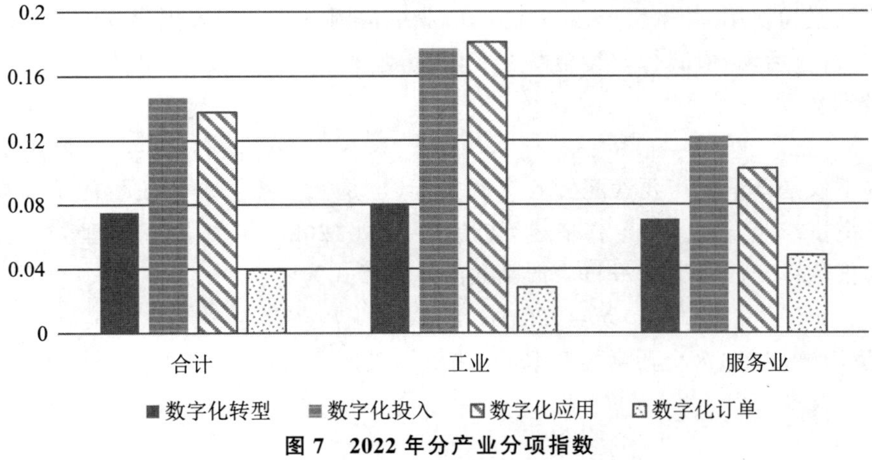

图 7　2022 年分产业分项指数

3. 企业数字化转型指数聚类分析

借鉴 OECD(2021)企业数字化转型报告将企业采用信息通信技术分为不同阶段,本文使用 K－means 方法对企业数字化转型指数进行聚类分析,共分为三类,结合各类型特征将企业数字化转型程度分为基础应用、流程应用和深度应用等三个阶段。

基础应用阶段的特征为:企业数字化转型指数较低,数字化投入少,生产经营活动中使用少数几种信息化管理系统,数字化订单占比较低。流程应用阶段的特征为:企业数字化转型指数较高,数字化投入和数字化订单较高,但数字化尤其是物联网、云计算、人工智能等新一代信息通信技术应用较少。深度应用阶段的特征为:企业数字化转型指数高,数字化投入和数字化订单较高,数字化应用较丰富,生产经营活动中全面使用各类信息通信技术。

2015—2022年,一方面,深度应用、流程应用阶段的企业数量占比不断增多,表明越来越多企业进行数字化转型,增加数字化投入和订单,加强生产经营活动中数字技术应用。另一方面,基础应用阶段的企业比重超过60%,数字化转型指数的均值有所降低,表明我国大多数企业数字化程度不高,企业间数字化转型差距有所加大。

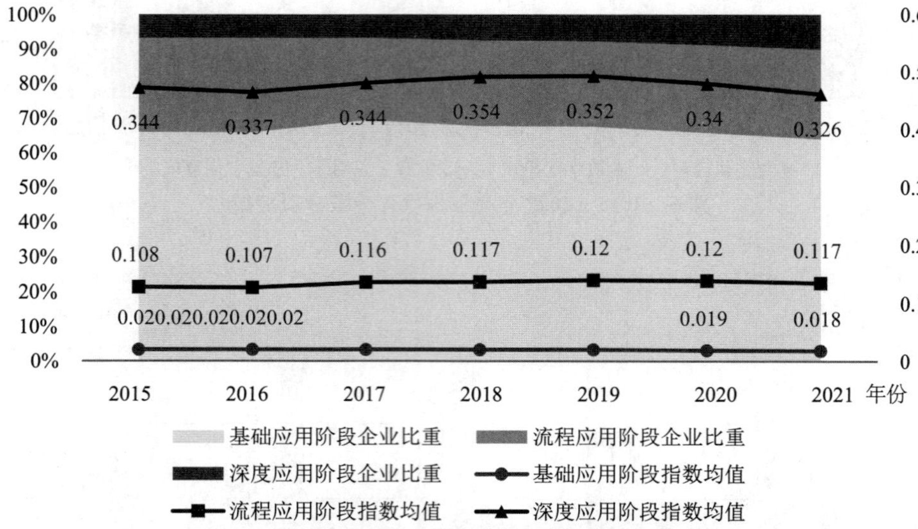

图8　2015—2022年企业数字化转型指数聚类分析

三、微观层面产业结构转型升级的衡量

(一)概念内涵

借鉴夏杰长(2023)相关研究,产业结构转型升级是从低附加值向高附加值方向顺次演进的高度化与协调关联水平不断提升的合理化过程。通常从产业升级(又称产业结构高度化)和产业结构调整(又称产业结构合理化)两个维度衡量。产业升级是通过生产要素的优化配置与高效使用,实现生产效率提升。产业结构调整是通过生产要素的合理配置,实现产业间协调发展。

从微观层面看,产业结构转型升级仍包括产业升级和产业结构调整两个维度。产业升级表现为企业通过优化生产要素的配置和使用,带来生产效率提升,产业结构调整有三种表现形式:一是新建立企业进入某产业;二是企业调整营业活动,所属行业类型发生变化;三是企业经营失败,退出某产业。

(二)产业升级测度

1. 指标选取

全要素生产率不仅是衡量生产要素配置效率的指标,也是衡量经济增长质量的重要指标,本文选取企业全要素生产率来衡量产业升级。借鉴盛来运等(2018)、何平(2022)相关研究,梳理全要素生产率(TFP)的相关概念。在规模报酬不变假设下,C—D生产函数的基本形式为:

$$Y=A(t)K^{\alpha}L^{\beta},\quad \alpha+\beta=1 \tag{6}$$

其中,Y是经济产出,$A(t)$为全要素生产率,K为资本投入,L为劳动投入,α为资本产出弹性,β为劳动产出弹性。

2. 测算方法

通过将生产函数线性化$ln\ Y_t=ln\ A_t+\alpha ln\ K_t+\beta ln\ L_t$,利用最小二乘法估计参数$\alpha$和$\beta$。为避免同时性偏差和样本选择性偏差,Olley和Pakes(1996)年发展了基于半参数估计方法(OP法),假定企业根据当前生产状况做出投资决策,用企业当期投资作为不可观测生产率冲击的代理变量,解决同时性偏差问题。在参考鲁晓东等(2012)、杨如岱(2015)的相关研究基础上,本文根据OP法估计以下模型:

$$ln\ Y_{it}=A_{it}+\alpha_t ln\ K_{it}+\beta_t ln\ L_{it}+r_t con_{it}+\varepsilon_{it} \tag{7}$$

其中,Y_{it}为企业资本投入,L_{it}为企业劳动投入,con_{it}为控制变量,ε_{it}为随机扰动项,下标i标识企业,

t 表示年份。

OP 法为半参数三步估计法，状态变量（state）为 lnK，代理变量（proxy）为企业投资（lnI），自有变量（free）为 lnL，退出变量（exit）为 exit，根据企业的生存经营情况生成，控制变量（cvars）为企业规模、存活年限、控股情况、登记注册类型、省份和行业大类。

3. 数据来源

本文对规模以上企业全要素生产率的估算，数据来源于 2015—2022 年企业财务状况调查数据，同时删除了企业增加值、资本投入、劳动投入、企业投资为 0 的样本。样本共计 706.5 万条。对于企业层面投入产出指标的选取，参考何平（2022）、张敏等（2023）的相关研究，企业增加值使用本年折旧、税金及附加、营业利润、应付职工薪酬、应交增值税之和来衡量；企业资本投入使用固定资产净值来衡量；企业劳动投入使用从业人员平均人数来衡量；企业投资使用固定资产原价减去上期固定资产原价加本年折旧来衡量。

4. 结果分析

使用 OP 法和最小二乘法分别测算企业全要素生产率（TFP），核密度估计情况如下图所示。OP 法和最小二乘法估计的曲线形状相似，均为单峰且右尾略长，数据分布特征相近，表明计算结果具有稳健性。OP 法曲线位于最小二乘法曲线左侧，表明 OP 法测算的 TFP 值绝对量小于最小二乘法得到的 TFP 值。

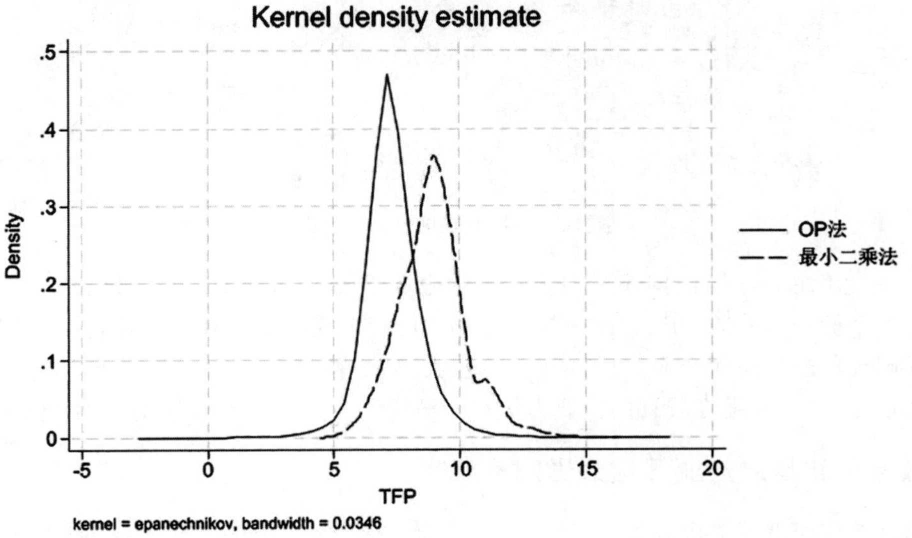

图 9　核密度图

比较计算得到的 TFP 均值和 TFP 增长率，OP 法计算值更能反映企业全要素生产率真实状况，长期看整体平稳增长，在受疫情等不确定性因素冲击后出现波动。故后续分析取 OP 法计算值。

（三）产业结构调整测度

1. 指标选取

产业结构调整包括新企业进入、企业行业类型调整、现有企业退出等三种形式，但由于新建企业和退出企业的数据连续性、可获得性较差，本文选取企业行业类型调整来衡量产业结构调整。《国民经济行业分类》（GB/T4754—2017）采用经济活动的同质性进行分类，包括门类、大类、中类和小类四个层次。本文的行业类型调整表现为行业小类代码调整。

2. 测算方法和数据来源

本文使用 2015—2022 年全国规模以上企业基本情况调查数据，样本共计 865.9 万条。在数据库中以组织机构代码为关键字，使用 stata 软件，以行业代码为比对指标进行跨年报查询比对。例如，2015 年和 2016 年组织机构代码相同，但行业代码不同的单位，则可认为是该单位在 2016 年行业类型调整。

3. 结果分析

2015—2022 年，发生行业类型调整的单位有 31.03 万次。为更好观测企业跨行业调整的情况，本文对全部规模以上企业跨行业大类进行汇总运算，并通过 Gephi 软件绘图复杂网络图。复杂网络图中，网络由节点和节点之间的连边组成，节点表示系统中不同的个体，连边表示节点之间的关系。图中每个圆形代表一个节点，节点名称为行业大类代码；企业跨行业变更纳入数量为节点大小，节点大小表示行业变更纳入力度;以企业所属行业变更方向为有向边,有向边粗细表示两个行业之间变更强度。

整体上看,2015—2022年行业类型调整情况复杂,既有制造业与服务业间调整,也有制造业或服务业内部调整。从行业大类看,行业类型调整的企业集中在72商务服务业、70房地产业、74专业技术服务业等行业大类。从行业变更纳入强度看,相邻行业大类间变更强度更大,如从38电气机械和器材制造业调整到39计算机、通信和其他设备制造业,从51批发业调整到52零售业。

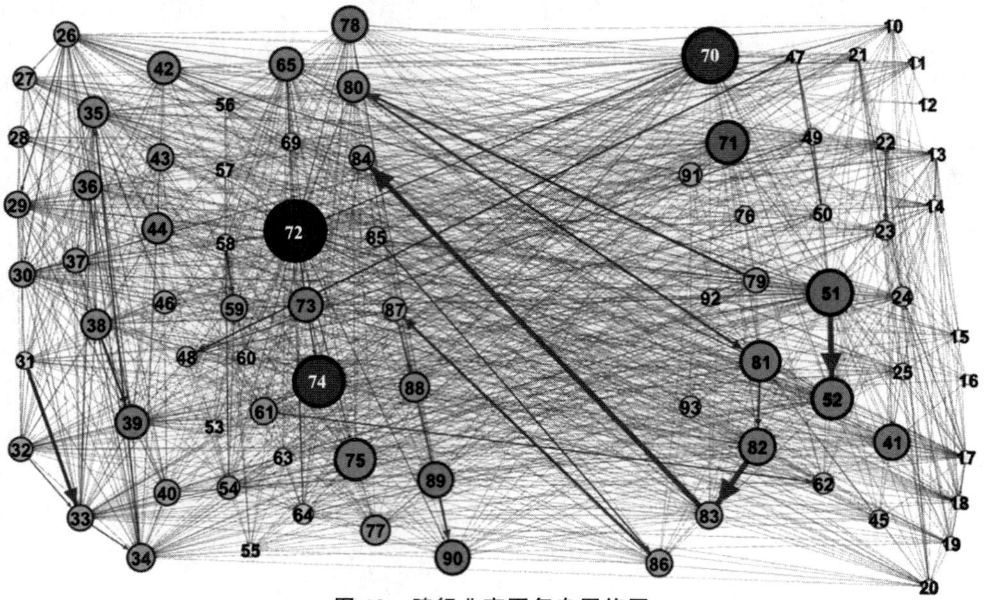

图10 跨行业变更复杂网络图

从产业结构优化角度看,依据国家统计局《现代服务业统计分类(2023)》和《战略性新兴产业分类(2018)》,本文将2个标准中涵盖50%以上所属行业小类的行业大类称为现代产业,其他行业大类为传统产业。图10中,左侧聚集的为现代产业,包括50个行业大类,右侧聚集的为传统产业,包括35个行业大类。可以看出在现代产业中,纳入强度较高的行业为信息传输软件和信息技术服务业、科学研究和技术服务业。

四、企业数字化转型对产业升级的影响分析

(一)面板固定效应模型的实证分析

1. 变量说明及描述性统计

①被解释变量:使用企业全要素生产率(TFP)反映产业升级。

②核心解释变量:企业数字化转型指数(X)。

③控制变量:参考魏婧恬等(2017)相关研究,通过综合考虑指标经济含义和稳定性,选取企业人均营业收入(A1)、控股类型(A2)、企业规模(A3)、企业存活年限(A4)作为模型的控制变量。企业人均营业收入直接使用调查数据的对数值。

数据来源于2015—2022年企业信息化统计、基本情况调查数据,删除了企业增加值、资本投入、劳动投入、企业投资为0的样本,共计697万条观测数据。

2. 模型设定

本文从企业数字化转型指数和全要素生产率等相关变量入手构建基准面板回归模型,对数据进行平稳性检验,数据通过LLC稳健性检验、Hausman检验,确定模型为个体时间双固定效应模型,模型设计如下:

$$TFP_{it} = a_0 + a_1 X_{it} + a_2 Con_{it} + \gamma_i + \delta_t + \varepsilon_{it} \tag{8}$$

其中,TFP_{it} 为企业 i 在 t 年的全要素生产率,a_0 为常数项,a_1 和 a_2 为待估计参数,X_{it} 为企业 i 在 t 年的数字化转型指数,Con_{it} 为控制变量,γ_i 和 δ_t 分别为个体效应和时间效应,ε_{it} 为随机扰动项。

3. 模型结果

模型通过F检验整体显著,结果见表1。

企业数字化转型指数对全要素生产率呈现显著正向作用,影响系数为0.224,即企业数字化转型指数每增加一个单位可带动全要素生产率平均增加0.224个单位。从控制变量估计结果看,人均营业收入、控股类

型和企业规模对全要素生产率呈现显著正向作用，企业存活年限对全要素生产作用产生较小负向作用。

表 1 企业数字化转型指数与全要素生产率回归结果

变量	TFP
X	0.224***
A1	0.495***
A2	0.020***
A3	0.316***
A4	−0.001***
常数项	2.987***
年份固定	是
个体固定	是
R^2	0.2505
adj. R^2	0.2505

注：***、**、* 分别表示在 1%、5%、10% 程度上显著，下同。

4. 稳健性检验

为检验模型的稳健性，将被解释变量 OP 法计算的全要素生产率更换为最小二乘法计算的全要素生产率，通过面板回归分析，整体结果与基本回归结果保持一致，证明模型稳健性较好。

表 2 稳健性检验

变量	TFP
X	0.326***
A1	−0.073***
A2	−0.020***
A3	−0.952***
A4	0.003***
常数项	12.271***
年份固定	是
个体固定	是
R^2	0.5373
adj. R^2	0.5373

5. 分项指数回归结果

对企业数字化转型的分项指数分别进行估计，模型均通过 F 检验整体显著，结果见表 3。

表 3 企业数字化转型分项指数与全要素生产率回归结果

变量	TFP	TFP	TFP
X1	0.180***		
X2		0.143***	
X3			0.057***
A1	0.496***	0.495***	0.495***
A2	0.020***	0.020***	0.020***
A3	0.319***	0.315***	0.314***
A4	−0.001***	−0.001***	−0.001***
常数项	2.958***	2.995***	3.006***
年份固定	是	是	是
个体固定	是	是	是
R^2	0.2510	0.2504	0.2501
adj. R^2	0.2510	0.2504	0.2501

企业数字化转型的分项指数均对全要素生产率呈现显著正向作用，数字化投入、数字化应用、数字化订单指数的影响系数分别为0.18、0.143和0.057，表明增加数字化投入、扩大数字化应用、增加数字化订单有助于提升企业全要素生产率。

6. 异质性分析

(1)地区异质性分析

为分析地区异质性，对我国不同地区进行分样本回归，结果见表4。

表4 地区异质性分析结果

变量	东	中	西	东北
X	0.203***	0.220***	0.281***	0.277***
A1	0.495***	0.525***	0.465***	0.476***
A2	0.019***	0.020***	0.021***	0.019***
A3	0.294***	0.339***	0.360***	0.308***
A4	−0.0001	−0.0008***	−0.002***	0.00007
常数项	3.057***	2.714***	3.083***	3.015***
年份固定	是	是	是	是
个体固定	是	是	是	是
R^2	0.2453	0.3047	0.2244	0.2015
adj. R^2	0.2453	0.3047	0.2244	0.2015

不同地区数字化转型指数对企业全要素生产率都呈现正向作用，其中西部、东北地区数字化转型指数对全要素生产率的正向作用更明显，其次为中部地区，东部地区影响系数最小。

(2)产业异质性分析

为分析产业异质性，对工业和服务业进行分样本回归，结果见表6。

表5 产业异质性分析结果

变量	工业	制造业	服务业	批发和零售业	信息传输、软件和信息技术服务业	租赁和商务服务业
X	0.252***	0.188***	0.163***	0.103***	0.177***	0.242***
A1	0.539***	0.624***	0.460***	0.457***	0.518***	0.326***
A2	0.015***	0.015***	0.023***	0.021***	0.014***	0.019***
A3	0.259***	0.174***	0.357***	0.352***	0.259***	0.359***
A4	0.0001	−0.002***	−0.002***	−0.002***	0.003	−0.003***
常数项	3.090***	2.714***	2.866***	2.326***	3.585***	4.321***
年份固定	是	是	是	是	是	是
个体固定	是	是	是	是	是	是
R^2	0.2853	0.3421	0.2253	0.1675	0.2365	0.1611
adj. R^2	0.2853	0.3421	0.2253	0.1675	0.2365	0.1611

工业、服务业企业数字化转型指数对全要素生产率均呈现正向作用，其中工业企业数字化转型指数对全要素生产率的正向作用更明显，影响系数高于服务业。分门类看，工业中采矿业、建筑业数字化转型指数对全要素生产率的正向作用更明显，影响系数高于工业平均水平；服务业中批发和零售业，水利、环境和公共设施业对数字化转型指数对全要素生产率的正向作用较弱，影响系数低于服务业平均水平，其他服务业

行业影响系数均高于服务业平均水平。

(二)门槛效应分析

1. 变量说明及描述性统计

①被解释变量:企业全要素生产率(TFP)。

②核心解释变量:企业数字化转型指数(X)。

③门槛变量:人均营业收入水平(A1)、企业数字化投入指数(X1)。

④控制变量:控股类型(A2)、企业规模(A3)、企业存活年限(A4)。

由于门槛效应模型要求强平衡面板数据,本文选取 2015—2022 年企业信息化统计和基本情况调查数据,删除了不平衡数据,共计 294.7 万条观测数据。

2. 模型设定

为进一步研究企业发展水平及数字化转型对全要素生产率的非线性影响,采用 Gonzalez et al.(2005)提出的非线性面板平滑转换回归(PSTR)模型进行分析。参考相关文献,本文分别选取人均营业收入、企业数字化投入指数作为门槛变量,构建以下 PSTR 模型。

$$TFP_{it}=\beta_0+\beta_1 X_{it}+\beta_2 X_{it} g(A1_{it};\gamma,c)+\varepsilon_i+u_{it} \tag{9}$$

$$TFP_{it}=\beta_0+\beta_1 X_{it}+\beta_2 X_{it} g(X1_{it};\gamma,c)+\varepsilon_i+u_{it} \tag{10}$$

其中,TFP_{it} 为企业 i 在 t 年的全要素生产率,X_{it} 为企业数字化转型指数,$g(q_{it};\gamma,c)$ 是取值于区间[0,1]的转移函数,$A1_{it}$ 和 $X1_{it}$ 是转移变量,$A1_{it}$ 为企业人均营业收入,$X1_{it}$ 为企业数字化投入指数。

3. 模型检验

通过对人均营业收入和数字化投入指数进行门槛效应检验,检验结果拒绝原假设,人均营业收入处于不同区间时,数字化转型指数对企业全要素生产率存在二阶门槛效应,数字化投入在不同区间时,数字化转型指数对企业全要素生产率存在一阶门槛效应。

4. 模型结果

表 7 列出模型的估计结果:人均营业收入的双门槛值分别为 exp(6.9506)和 exp(8.2736),企业数字化投入指数的门槛值为 0.0216。

表 7 PSTR 模型估计结果

门槛变量	人均营业收入	数字化投入指数
参数估计 0 阶段	−0.169	−0.009
参数估计 1 阶段	0.658	0.248
参数估计 2 阶段	1.564	
位置参数 C1	6.9506	0.0216
位置参数 C2	8.2736	
N	2947199	2947199

图 11 所示,当人均营业收入小于 exp(6.9506)时,企业数字化转型指数对全要素生产率影响为负向作用,影响系数为−0.169;当人均营业收入在 exp(6.9506)和 exp(8.2736)之间时,企业数字化转型指数对全要素生产率产生正向作用,影响系数为 0.658;当人均营业收入大于 exp(8.2736)时,企业数字化转型指数对全要素生产率正面作用更大,影响系数为 1.564。

图 12 所示,当企业数字化投入指数小于 0.0216 时,企业数字化转型指数对企业全要素生产率呈负向作用,影响系数为−0.009,当企业数字化投入指数大于 0.0216 时,企业数字化转型指数对全要素生产率影响由负转正,影响系数为 0.248。

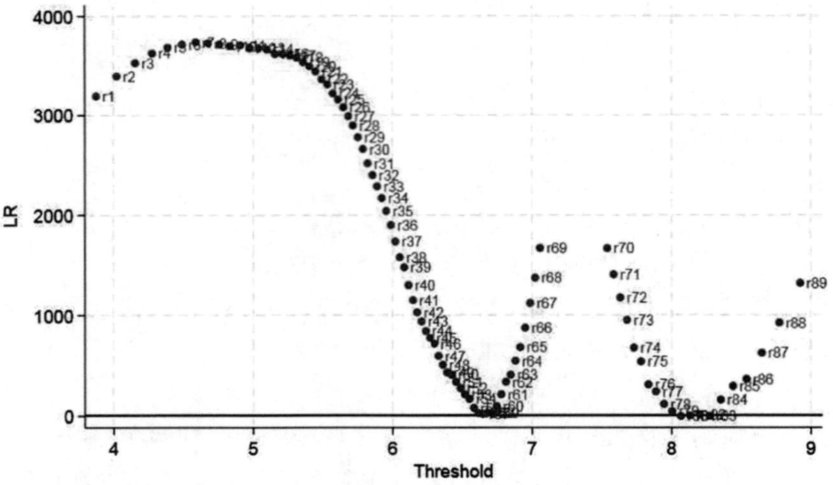

图 11　人均营业收入门槛效应图

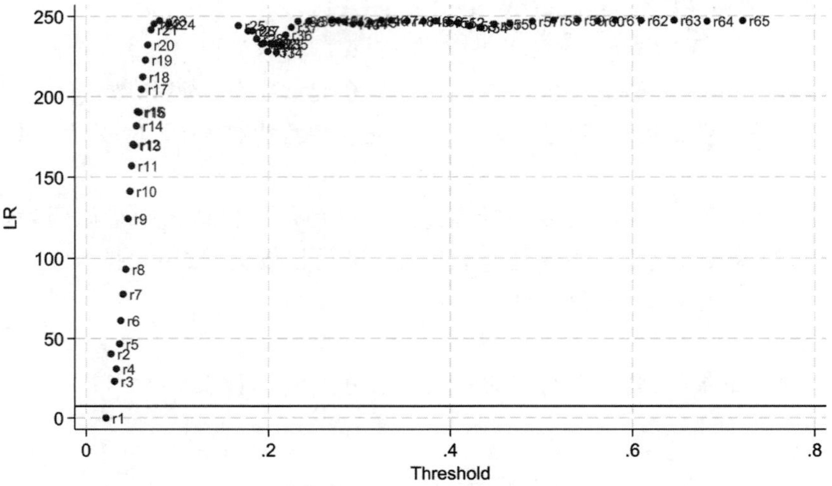

图 12　企业数字化投入指数门槛效应图

五、企业数字化转型对产业结构调整的影响分析

(一)产业结构调整的影响要素分析

1. 模型设定

在微观层面,产业结构调整表现为行业类型调整,衡量指标为企业行业代码调整,其本质属于“行业代码调整”和“行业代码不变”的二分类问题。本文利用机器学习随机森林模型进行分类问题探讨。

选择基于基尼指数的 CART 决策树构造随机森林并进行分析。假设数据集 D 中有 K 个类,样本属于第 K 类的概率为 p_k,则数据集 D 的基尼值 $Gini(D)$ 表示数据集 D 的纯度,公式如下:

$$Gini(D)=\sum_{k}^{K}p_k(1-p_k)=1-\sum_{k}^{K}p_k^2 \tag{11}$$

对于数据集 D 中的特征 A,利用特征 A<=a、A>a 将数据集 D 划分为 D_1、D_2 两部分,则划分后后的基尼指数可以表示为:

$$Gini\_index(D,A)=\frac{|D_1|}{|D|}Gini(D_1)+\frac{|D_2|}{|D|}Gini(D_2) \tag{12}$$

其中,$|D_1|$、$|D_2|$、$|D|$ 分别表示数据集的样本数量。可以发现,当基尼指数越小时,说明特征 A 的划分效果越好,即说明特征 A 越重要。

对于给定的数据集 D,随机选择样本及特征重复构造基于基尼指数的 $CART$ 决策树,形成 m 个决策树,即得到随机森林。通过计算随机森林中决策树的基尼指数,即可分析特征 A 对于分类 K 的重要性。通过固定 A 的值,即可分析特征 A 对于分类 K 的影响程度。

2. 数据来源

本文令数据集 D 为企业生产经营相关的指标数据集，包括企业行业代码是否变化、企业数字化转型指数、营业利润率、资产负债率、研发费用、管理费用、财务费用、销售费用。分类 K 为“行业代码调整”和“行业代码不变”的二分类。选用 2021 年—2022 年企业数据，分析企业生产经营相关指标变化与企业行业类型调整的影响。

3. 模型结果

利用袋外数据和基尼系数，计算企业生产经营各相关指标的变动对行业类型调整的重要性排名顺序。图 13 所示，从基尼指数改变的程度来看，对行业类型调整贡献率排名前三的要素分别是营业利润率差值、数字化转型指数差值、资产负债率差值。因此，营业利润率、数字化转型指数、资产负债率是影响企业行业类型调整的重要因素。

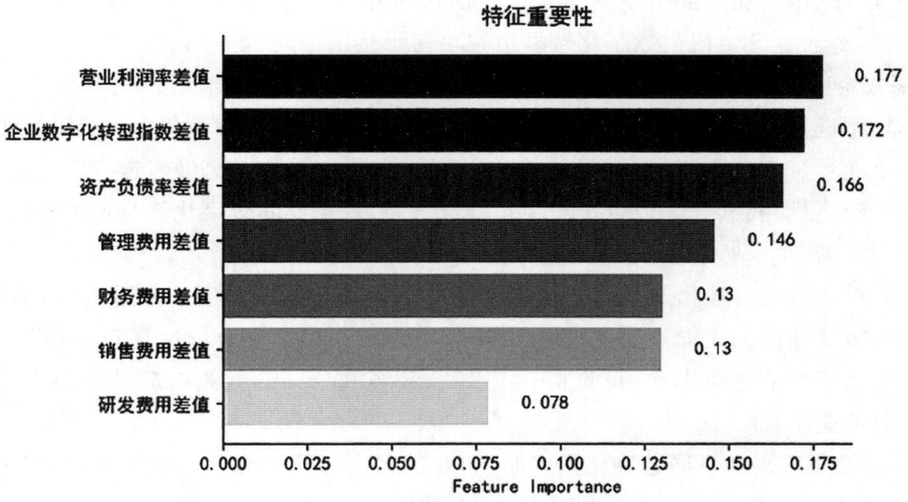

图 13　特征重要性排名

(二)产业结构调整的影响路径分析

本文重点研究企业数字化转型指数变化对行业类型调整的影响效应，以探索提升产业结构转型升级的路径。

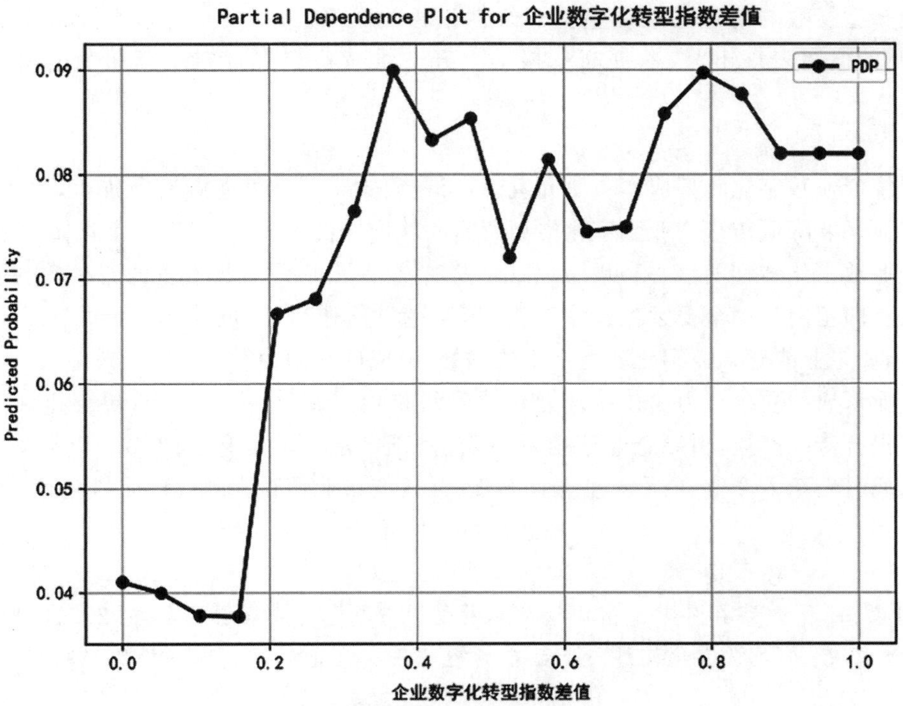

图 14　边际效应分析图

为直观显示企业数字化转型指数对产业结构转型的影响,绘制其部分依赖图,二者呈非线性正相关关系。总体上,随着企业数字化转型指数的提升,行业类型调整概率表现出"快速提高一振动上升一维持稳定"的趋势(见图14)。

企业数字化转型指数提高,即生产经营环节的数字化网络化智能化水平提升,有助于推动企业各类要素资源快捷流动,能够催生新业态新模式,推动企业主营业务活动发生变化,促使企业向现代产业调整升级。

六、主要结论及启示

(一)主要结论

1. 我国规模以上企业数字化转型程度不断加深。

2015—2022年,企业数字化转型指数的均值呈现波动上升趋势。分区域看,东部地区和中部地区明显高于其他地区;分产业看,工业企业明显高于服务业企业,但优势逐渐缩小。门类中,信息传输、软件和信息技术服务业最高;制造业等7个门类数字化转型指数也高于全国平均水平。

2. 我国大多数企业数字化程度不高,且企业间数字化转型差距有所加大。

企业数字化转型进程可分为基础应用阶段、流程应用阶段和深度应用阶段。2015—2022年,流程应用、深度应用阶段的企业数量占比不断提高,但基础应用阶段的企业数量占比仍超过60%,且该阶段数字化转型指数均值有所下降,表明我国大多数企业数字化程度不高,且企业间数字化转型差距有所加大。

3. 企业数字化转型对产业升级呈现显著正向作用。

企业数字化转型指数及分项指数均对全要素生产率呈现显著正向作用。分地区看,不同地区均呈现正向作用,其中西部、东北地区的正向作用更明显。分产业看,工业、服务业均呈现正向拉动,工业中采矿业、建筑业的正向作用高于工业平均水平;服务业中除水利、环境和公共设施业以及批发和零售业外,其他行业的正向作用高于服务业平均水平。

4. 企业在不同发展水平和不同数字化投入时,企业数字化转型指数对产业升级存在不同影响。

一方面,随着企业人均营业收入的不断提高,企业数字化转型指数对全要素生产率的影响存在双拐点影响,人均营业收入低于104.4万元时,对全要素生产率为负向作用,在104.4万至391.9万元间时,由负向作用转为正向作用,高于391.9万元时,正向作用效应不断加大;另一方面,企业数字化投入指数以0.0216为拐点,企业数字化转型指数对全要素生产率的影响由负向作用转为正向作用;

5. 企业数字化转型指数是影响行业类型调整的重要因素。

企业数字化转型指数与行业类型调整呈非线性正相关关系。总体上,随着企业数字化转型指数的提升,行业类型调整的概率表现出"快速提高一振动上升一维持稳定"的趋势,有助于推动行业向现代产业调整。

(二)启示

一是降低传统产业数字化转型成本。研究发现,企业间数字化转型差距有所加大,且不同地区、产业数字化程度差异明显。要降低传统产业数字化转型所需的软硬件投入成本,提高数字化转型成功率。

二是增强企业数字化转型的信心和意愿。研究发现,企业人均营业收入较低、数字化投入较少时,企业数字化转型难以立即正向拉动全要素生产率提高,但当越过门槛后,正向作用不断加大。要做好数字化转型效果跟踪评价,让企业能感知数字化转型带来的好处,形成内在动力。

三是鼓励企业形成新质生产力。传统产业优化升级是形成新质生产力的重要支撑和途径。一是支持用数字技术改造提升传统产业,引导企业使用新一代信息通信技术,提升生产效率和研发能力。二是鼓励企业经营活动向战略性新兴产业、前沿产业方向转变,从传统产业调整为现代产业,推动产业结构优化升级。

【参考文献】

[1] 蔡跃洲,牛新星.中国数字经济增加值规模测算及结果分析[J].中国社会科学,2021(11):4—30.

[2] 陈华,孙汉,沈胤鸿.企业数字化转型与产品市场表现——来自年报文本分析的经验证据[J].投资研究,2023(11):50—76.

[3] 陈梦根,张鑫.中国数字经济规模测度与生产率分析[J].数量经济技术经济研究,2022b(1):3—27.

[4] 郭凯明,罗敏.有偏技术进步、产业结构转型与工资收入差距[J].中国工业经济,2021(3):24—41.
[5] 何平.全要素生产率测算手册[M].科学技术文献出版社,2022.
[6] 胡焱,郑江绥.区域主导产业选择理论:基于演化的视角[J].前沿,2009(6):61—63.
[7] 黄娟娟.数字经济,人力资本对产业结构升级的影响研究[J].科技和产业,2024,24(2):206—211.
[8] 李鑫,徐琼,王核成.企业数字化转型与绿色技术创新[J].统计研究,2023(9):107—119.
[9] 李治国,车帅,王杰.数字经济发展与产业结构转型升级——基于中国275个城市的异质性检验[J].经济理论与探索,2021,5(178):27—40.
[10] 林博.数字经济与产业结构高级化、合理化:基于多模型指数构建的实证研究[J].西南科技大学学报(哲学社会科学版),2023,(4):40—48.
[11] 刘国武,李君华,汤长安.数字经济、服务业效率提升与中国经济高质量发展[J].南方经济,2023(1):80—98.
[12] 龙雄伟.复杂网络视角下我国产业关联结构研究[J].商业经济研究.2017,(20).
[13] 鲁晓东,连玉君.中国工业企业全要素生产率估计:1999—2007[J].经济学(季刊),2012,11(02):541—558.
[14] 盛来运,李拓,毛盛勇,付凌晖.中国全要素生产率测算与经济增长前景预测[J].统计与信息论坛,2018,33(12):3—11.
[15] 苏为华.多指标综合评价理论与方法问题研究[D].厦门大学,2000.
[16] 腾讯社会研究中心.中小企业数字化转型路径报告,2022年3月.
[17] 田晖,张丹丹.贸易开放,产业结构升级与数字经济发展——基于长江经济带面板数据的实证研究[J].商业经济研究,2024(1):176—183.
[18] 涂艳,王翔宇.基于机器学习的P2P网络借贷违约风险预警研究——来自“拍拍贷”的借贷交易证据.统计与信息论坛.2018,6(33):69—76.
[19] 王磊,徐骏.数字政府赋能产业结构升级——基于电子政务综合试点的拟自然实验[J].财经论丛,2024,40(5):28—38.
[20] 汪洋,王瑞锋,杨厚满.企业数字化转型指标体系研究[J].质量与认证,2022(1):53—55.
[21] 吴丰.论产业结构调整的微观基础[D].四川大学:21—46.
[22] 夏杰长,袁航.数字经济、要素市场化与中国产业结构转型升级[J].广东社会科学,2023(4):17—27.
[23] 杨汝岱.中国制造业企业全要素生产率研究[J].经济研究,2015,50(02):61—74.
[24] 于晓红,楼文高.基于随机森林的P2P网贷信用风险评价、预警与实证研究[J].金融理论与实践.2016,2(439):53—58.
[25] 张敏,张磊,刘洋.商贸企业全要素生产率增长测算研究.国家统计局研究参考资料,研参[2023]第77期.
[26] 张艳慧.数字化转型对流通产业结构优化升级的影响与空间溢出效应[J].商业经济研究,2024(4):31—34.
[27] 张一凡,许宪春.数字经济相关指数和指标体系研究[J].财贸经济,2024(4):5—19.
[28] 赵宸宇,王文春,李雪松.数字化转型如何影响企业全要素生产率[J].财贸经济,2021 (7):114—129.
[29] 赵涛,张智,梁上坤.数字经济、创业活跃度与高质量发展——来自中国城市的经验证据[J].管理世界.2020(10):65—75.
[30] 赵懿宁.我国企业数字化转型发展成效评价指标体系及实证研究[J].中国信息通信大会会议论文,2020(12).
[31] 郑镇航.数字经济对产业结构升级的驱动作用研究——基于绿色技术创新的中介效应[J].湖北科技学院学报,2024,44(1):37—48.
[32] 周勇.面向产业融合的企业创新投资决策研究[D].复旦大学:45—59.
[33] A roadmap toward a common framework for measuring the digital economy. Report for the G20 Digital Economy Task Force,SAUDI ARABIA,2020.

[34] David Gierten, Steffen Viete, Raphaela Andres, Thomas Niebel. Firms going digital tapping into the potential of data for innovation. OECD Digital economy papers. December 2021 No. 320.

[35] Gonzalez A, Terasvirta T, van DijkD. Panel smooth transition regression model[J]. Working paper series in economics and finance, 2005.

[36] Meske C, Junglas I. Investigating the elicitation of employees'support towards digital workplace transformation[J]. Behaviour & Information Technology, 2021, 40(11): 1120－1136.

[37] Olley S, Pakes A. The dynamics of productivity in the the telecommunications equipment industry, Econometrica, 1996, 64(6): 1263－1297.

[38] VIAL G. Understanding digital transformation: a review and a research agenda[J]. The Journal of Strategic Information Systems, 2019, 28(2): 118－144.

数实融合对新质生产力形成的影响及机制分析
——基于省域面板数据的实证检验

国家统计局信息民调中心　黄辯辯　张昕彤　刘　淼

摘　要

党的二十大报告提出,"加快发展数字经济,促进数字经济和实体经济深度融合"。习近平总书记强调"发展新质生产力是推动高质量发展的内在要求和重要着力点"。数实融合驱动新质生产力涌现,为发展新质生产力厚植人才、技术、创新和产业基础,是驱动新质生产力形成、实现高质量发展的关键所在。

本文选取2012—2022年全国30个省份(不含西藏和港澳台地区)的经济社会数据,首先从人才创新、科技创新、产业创新、绿色创新等四个维度,采用德尔菲法+熵权经独立性调整的主客观赋权法,构建新质生产力指标评价体系,测度我国新质生产力发展水平并进行时空分析。其次从数字基础设施、数字产业化、产业数字化,实体规模、实体效益、实体环境等六个维度构建数字和实体经济指标体系,采用耦合协调度模型测算我国数实融合耦合协调度并分析。最后采用双向固定效应面板回归模型从整体、结构、区域等探究二者之间的关系,进一步运用中介效应和门槛模型,研究数实融合对新质生产力形成的作用机制。

研究发现:从指标测度看,全国新质生产力发展水平呈现稳步上升态势,四大区域存在明显差距,空间正相关逐渐增强但仍有较大优化空间;全国数实融合协调度不断提升,2017年"数字中国"提出后更为明显,但融合深度有待加强。从影响机制看,数实融合对新质生产力水平有正向影响,通过催生高素质劳动者、提升技术创新、产业结构高度化来促进新质生产力形成。从门槛效应看,因地制宜的数字经济政策能够有效提升数实融合对新质生产力的积极影响;高水平对外开放有助于实现数实融合促进新质生产力形成的最优解。建议着力提高数实融合水平,加强人才培养和技术创新,优化产业结构,因地制宜制定政策,扩大高水平对外开放,以提升新质生产力水平。

关键词:新质生产力;数实融合;耦合协调度模型;中介效应;门槛模型

一、前言

(一)研究背景与意义

2024年1月,习近平总书记在中共中央政治局集体学习时强调,"发展新质生产力是推动高质量发展的内在要求和重要着力点","以科技创新推动产业创新","要大力发展数字经济,促进数字经济和实体经济深度融合,打造具有国际竞争力的数字产业集群"。党的二十届三中全会提出,高质量发展是全面建设社会主义现代化国家的首要任务,要健全因地制宜发展新质生产力体制机制,健全促进实体经济和数字经济深度融合制度。数字经济与实体经济深度融合,是新质生产力形成的核心驱动力,是建设现代化产业体系的必然要求,是高质量发展的重要动力所在。数实融合将先进的数字技术应用于生产、管理、消费、服务等各环节,优化资源配置,提高生产效率,创新商业模式,驱动新质生产力形成。数实融合催生更多科技创新,传统产业效能提高、创新能力增强,新产业加速涌现,新动能持续激发,为培育壮大战略性,新兴产业、布局未来产业提供载体与平台,是加快形成新质生产力、实现高质量发展的关键所在。

数实融合驱动新质生产力涌现,为发展新质生产力厚植人才、科技、创新和产业基础,从数实融合中寻找促使生产力跃升的积极因素,对加快形成新质生产力具有重要意义。那么,数实融合对新质生产力形成的影响几何?数实融合促进新质生产力形成的作用机制是什么?政策和制度环境对二者关系的门槛约束是什么?在此思考下,本文基于省域视角量化测度数实融合与新质生产力发展水平,通过实证分析探究数实融合与新质生产力的关系和作用机制,以及政策保障和对外开放对二者关系的影响约束,为促进数实深度融合,加快新质生产力形成,实现高质量发展提供政策启示。

(二)文献综述

1. 关于新质生产力发展水平的测度研究

学界围绕新质生产力理论内涵、实现路径及测度等开展丰富研究。关于指标体系构建,张哲等(2024)从劳动者、劳动对象、生产资料三要素展开;韩文龙等(2024)将三要素归结为实体性要素,同时以新技术、生产组织、数据要素为支撑构建渗透性要素;吴继飞等(2024)从形成要素视角,构建包含新质人才资源、新质科学技术、新质生产方式和新质产业形态等的指标体系。卢江(2024)等结合内涵论述和经济发展事实,从科技、绿色和数字生产力三个维度构建指标体系。

2. 关于数实融合对新质生产力的影响研究

现有数实融合与新质生产力的关系研究更多集中在理论层面。卢鹏(2024)认为数实融合对新质生产力的驱动作用表现在国家治理数字化转型、产业数字化与数字产业化协同推进、企业全要素生产率提升三个层面。任保平(2024)提出数实深度融合形成数字新质生产力推进新型工业化是数字经济时代我国工业化的重要战略选择。王鹏(2024)认为数实融合是新质生产力的核心驱动力,可以显著提高效率、降低成本、创新商业模式,从而促进经济高质量发展。

3. 研究评述

现有数实融合与新质生产力研究中,学者们更多从理论层面阐述二者关系的逻辑机理和提升路径,缺

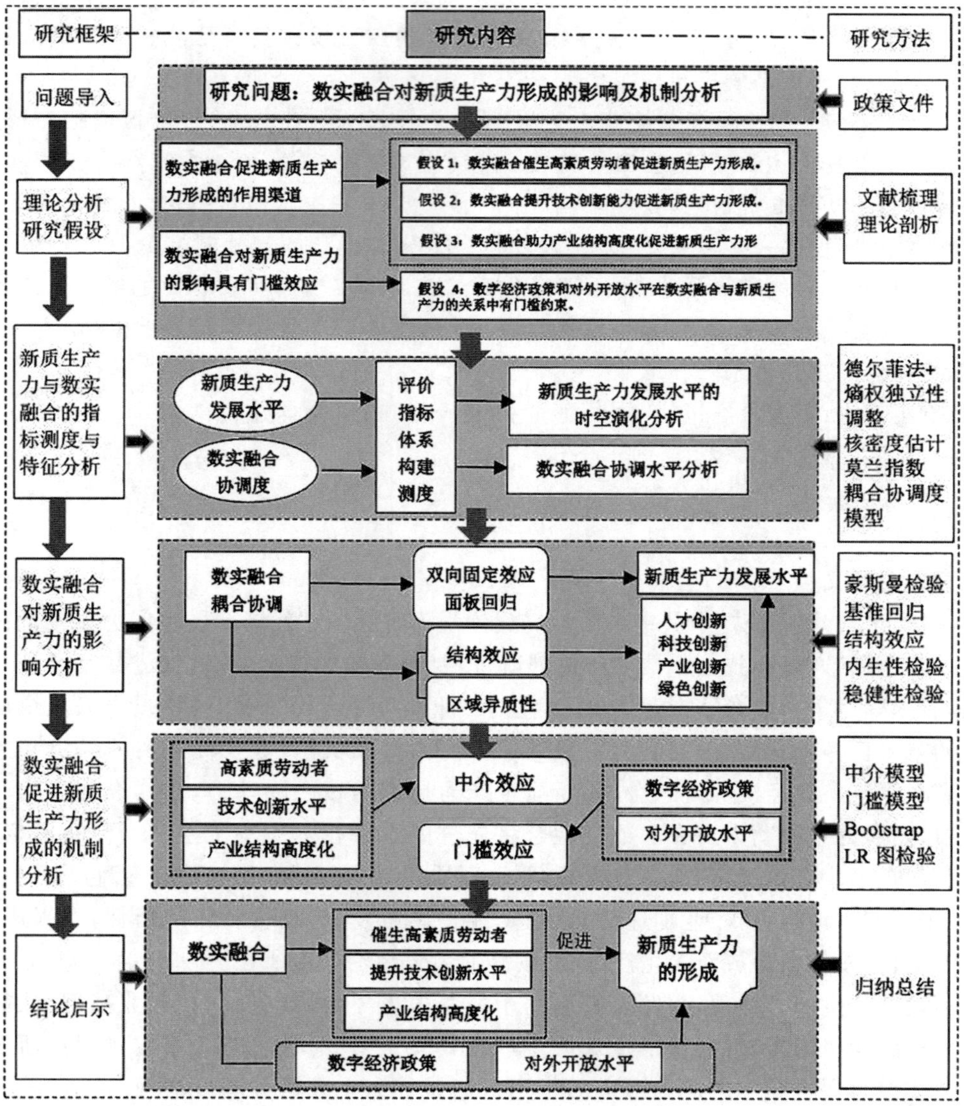

图1 研究思路

乏实证量化分析。本文从实证检验视角，在量化基础上，分析二者之间的关系和影响机制，提出探索性建议，对加快新质生产力形成具有现实意义。

（三）研究思路

本文以测度新质生产力发展水平、数实融合耦合协调度为起点，重点分析数实融合对新质生产力形成的影响机制，并考察政策环境在二者关系中的门槛效应。

（四）创新点

第一，研究视角，基于省域数据实证检验数实融合对新质生产力形成的影响机制，并探究数字经济政策和对外开放水平在二者关系中的门槛效应，充实完善了相关理论研究和实证分析。

第二，指标设计，紧密围绕习近平总书记关于新质生产力的重要论述，构建新质生产力指标体系，重点体现创新这一主导作用。

第三，赋权方法，经过多种方法综合测算，对比确定采用"德尔菲法＋熵权经独立性调整"的主客观结合法赋予指标权重。

二、理论机制与研究假设

数字经济与实体经济深度融合下，激发高素质劳动者涌现，运用以数据为核心的新型生产要素提升企业技术创新水平，引发行业全要素生产率提高，推动传统产业转型升级，催生具有现代化基础的新产业，为驱动新质生产力形成奠定人才、技术和产业基础。同时，政策保障和对外开放深刻影响数实融合进程，进而对新质生产力形成具有相应的传导和作用机制。

（一）数实融合促进新质生产力形成的作用渠道

数实融合"以数赋智"，数据要素和数字技术的学习和运用为劳动者赋智，为新质生产力形成奠定人才基础。在数字经济时代，高素质劳动者发挥主观能动性，将人工智能、大数据、物联网等数字技术融合应用，推动生产方式、消费模式变革，加快发展方式绿色转型，生产效率大幅提高。高素质劳动者运用数字技术，充分开发利用数据新型生产要素，高效运用数字工具和工作平台，提高工作效率和创新能力（卢鹏，2024）。随着熟练运用数字技术的高素质劳动者不断增多，引发高等人力资本比例的提升，新质劳动者产生，积累和储备的知识与技能增加，生产效率大幅跃升，促进新质生产力形成。

假设1：数实融合催生高素质劳动者促进新质生产力形成。

数实融合"以数促企"，企业在数字化转型过程中通过引入数字技术提升创新能力，驱动新质生产力形成。企业运用数字化工具与算法，形成数字化的业务流程、组织体系和商业模式，供给端创新优化，涌现大量柔性化和定制化的生产服务，需求端精准匹配，提供更多新产品和新服务体验，资源配置效率大幅提升。依托数字平台接口形成的数字化企业生态系统，在竞争合作中不断提升技术创新水平，积累创新成果，外部效应和反馈机制循环往复，整体技术创新水平发生质变，推动新质生产力形成。

假设2：数实融合提升技术创新能力促进新质生产力形成。

数实融合"以数构产"，数字技术及其产业化为新质生产力形成提供产业基础。数实融合引领传统产业向数智化改造升级，数字技术含量不断提高，传统产业效能提升，创新活力增强，催生具有现代化技术基础的新产业（任保平，2024）。数实融合推动产业结构合理化并向高级化转变，助力构建现代化产业体系，现代化产业体系进一步通过数智平台，优化配置劳动、资本、数据、信息等要素以显著提升全要素生产率，并培育壮大战略新兴和未来产业，这为促进新质生产力形成提供了强大动力支撑和产业基础。

假设3：数实融合助力产业结构高度化促进新质生产力形成。

（二）数实融合对新质生产力的影响具有门槛效应

政策保障和对外开放影响数实融合进程，数实深度融合能加速新质生产力形成。数实融合的核心是数字经济赋能实体经济发展，而数字经济政策通过提供研发资金支持、税收优惠和创新奖励等来促进技术创新，当政策红利释放到一定程度时产生质变，数实深度融合驱动新质生产力加速形成。对外开放是解放和发展生产力的关键一招，高水平开放能获取科技创新和技术人才资源，推动数实深度融合，塑造新型生产关系，为新质生产力寻求广阔的国际空间（李俊，2024）。

假设4：数字经济政策和对外开放水平在数实融合与新质生产力的关系中有门槛约束。

三、新质生产力发展水平测度指标体系

新质生产力是以科技创新为引擎,以劳动者、劳动资料、劳动对象及其优化组合的跃升为基本内涵的先进生产力质态。习近平总书记强调,人才是第一资源,科技是第一生产力,创新是第一动力,建设教育强国、科技强国、人才强国具有内在一致性和相互支撑性,要把三者有机结合起来、一体统筹推进,形成推动高质量发展的倍增效应。

(一)指标体系构建

根据习近平总书记关于新质生产力重要论述,参考文献(吴继飞,2024),遵照科学、系统、重要、简洁和数据可获得等原则,从人才创新、科技创新、产业创新、绿色创新等四个维度测度新质生产力发展水平。高水平人才是新质生产力的重要基础,畅通教育、科技、人才良性循环,培育更高素质劳动者;科技创新是发展新质生产力的核心要素,加强科技创新特别是原创性、颠覆性科技创新,培育发展新质生产力的新动能;产业创新是新质生产力的重要载体,将科技创新成果应用到产业,催生新产业、推动产业深度转型升级;绿色低碳是新质生产力的鲜明特征,加快绿色科技创新和先进绿色技术推广应用,构建绿色低碳循环经济体系。综上,本文构建的新质生产力发展水平测度指标体系见表1。

表1　新质生产力发展水平测度指标体系

一级指标	二级指标	三级指标	性质
人才创新	人才培养	国家财政性教育经费/GDP(%)	正
		高校基础研究经费/R&D经费支出(%)	正
	人才结构	每十万人口高等学校平均在校生数(人)	正
		科学研究和技术服务业就业人员/就业人员(%)	正
	人才素质	劳动生产率(%)	正
科技创新	创新投入	R&D人员全时当量(小时)	正
		R&D经费/GDP(%)	正
	创新能力	发明专利和实用新型申请授权数/申请受理数(%)	正
		高技术产业平均用工人数(%)	正
	创新产出	规模以上工业企业新产品销售收入/GDP(%)	正
		高技术产业营业收入(亿元)	正
产业创新	战略性新兴及未来产业	高技术企业数(个)	正
		机器人安装密度	正
		人工智能企业数量(个)	正
	产业结构升级	第三产业增加值/第二产业增加值(%)①	正
		泰尔指数	负
绿色创新	能源消耗	能源消耗量/GDP(吨标准煤/万元)	负
	碳排放强度	二氧化碳排放量/GDP(%)	负
	绿色投资	环境保护支出/一般预算支出(%)	正
	绿色技术进步	绿色专利授权数/绿色专利申请数(%)	正

(二)数据来源

本文选取30个省份2012—2022年的面板数据进行分析,数据主要源于《中国统计年鉴》《中国教育统计年鉴》《中国高技术统计年鉴》和有关数据库等,缺失数据使用插值法填补。

① 该指标为适度指标,但在当前发展阶段作为正向指标来衡量产业结构升级。

(三)数据处理及权重方法

1. 指标标准化处理

采用离差标准化对指标进行标准化处理，正指标标准化值为：

$$z_{ij} = \frac{x_{ij} - x_j^{\min}}{x_j^{\max} - x_j^{\min}} \tag{1}$$

逆向指标标准化值为：

$$z_{ij} = \frac{x_j^{\max} - x_{ij}}{x_j^{\max} - x_j^{\min}} \tag{2}$$

2. 确定指标权重

本文采用主客观结合赋权法，既结合专家的经验判断，又保留数据的信息量特征，权重分配更加合理。首先用德尔菲法对一级指标赋权，然后分别尝试熵权、信息量权、独立性赋权以及交叉调整等方法对三级指标赋权。测算表明，不同方法测算结果有一些差异，但趋势一致且整体差异不大(见图 2)。

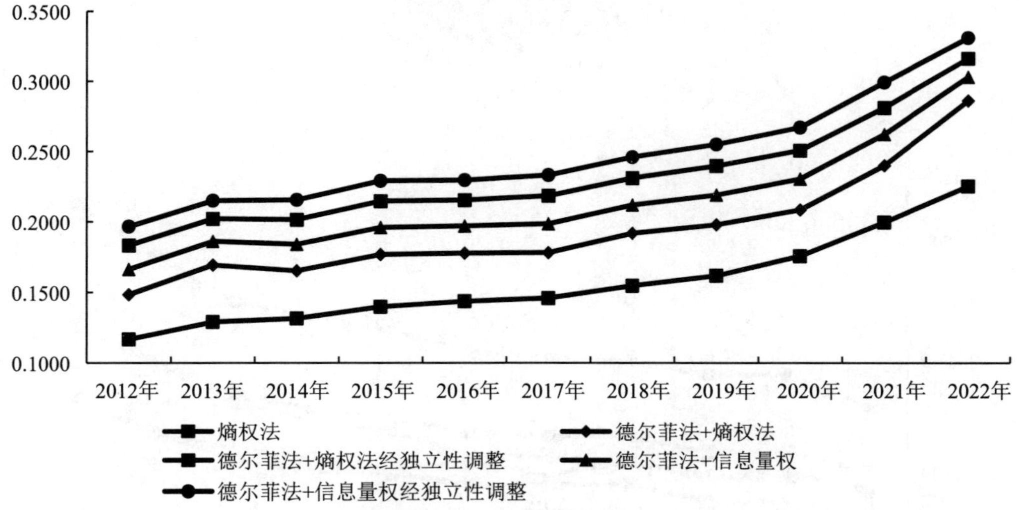

图 2　不同赋权法下全国新质生产力发展水平

最终选用德尔菲法＋熵权法经独立性调整的方法赋权。主要考虑：一是熵权法被广泛应用；二是独立性调整一定程度上减少实际问题中指标之间的相关性；三是此方法下测算结果较能客观反映新质生产力水平。

四、省域新质生产力发展水平测度及时空演进分析

(一)全国及分区域新质生产力发展水平

2012—2022 年全国新质生产力发展水平呈稳步上升态势，全国均值由 2012 年的 0.1832 增长至 2022 年的 0.3166，年均增长率为 5.62%。30 个省份之间的发展水平存在较大差异，2022 年广东(0.7125)、江苏(0.5620)和浙江(0.4423)的新质生产力发展水平排前三，且发展水平较高的省份多位于东、中部地区；内蒙古(0.2068)、新疆(0.2121)和宁夏(0.2202)排后三位，且发展水平较低的省份集中在西部和东北地区(见图 3)。

四大区域新质生产力发展水平基本呈上升态势。其中，2012—2017 年发展相对平缓，2017—2020 年有所提升，2020—2022 年大幅提升。四大区域发展水平呈“东部、中部、东北、西部”依次递减的趋势。其中，东部地区明显高于全国平均水平，中部地区略低于全国平均水平，而西部和东北地区明显低于全国平均水平(见图 4)。

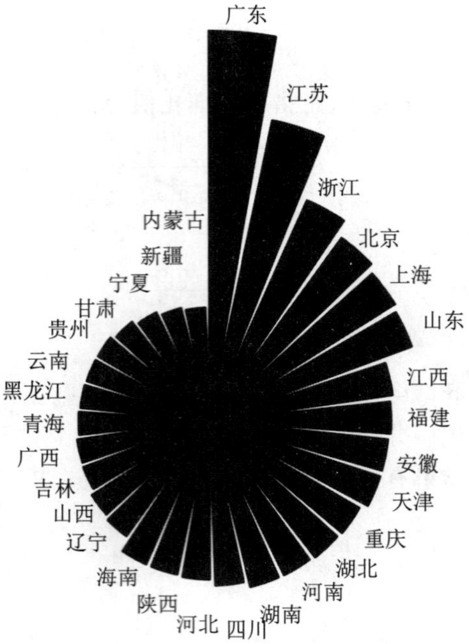

图 3　2022 年 30 个省份新质生产力发展水平

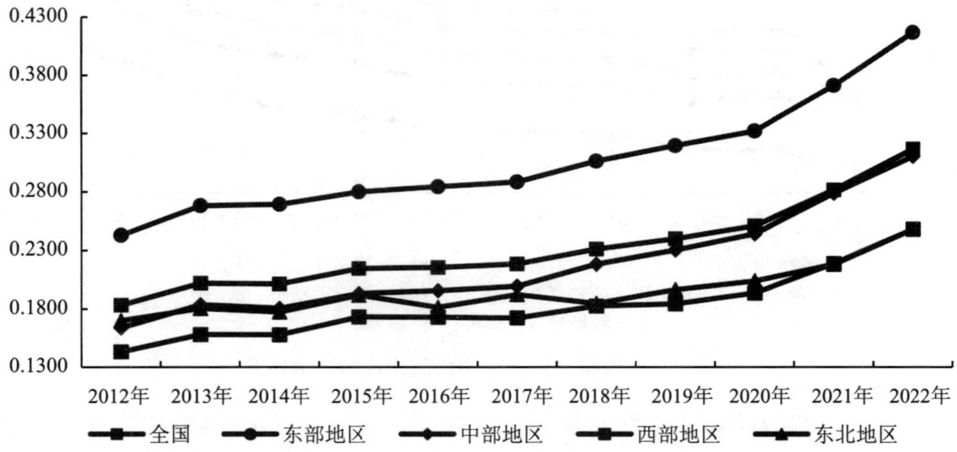

图 4　2012—2022 年全国及四大区域新质生产力发展水平

(二)时间演化分析

绘制 2012—2022 年全国新质生产力发展水平核密度估计三维透视图(见图 5)。从分布特征看,2012—

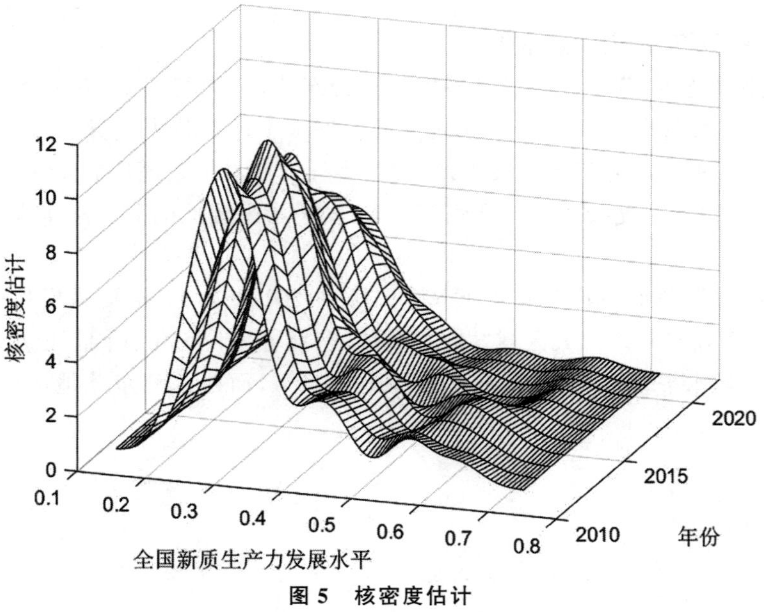

图 5　核密度估计

2022 年核密度曲线整体呈右移态势，表明我国新质生产力发展水平呈稳步提升趋势；核密度曲线有较大集中态势，表明当前多数省份发展水平较为相似。从分布延展性看，核密度曲线存在明显右拖尾，表明存在发展水平较突出的省份，如广东、江苏等；但右拖尾现象基本保持稳定，表明突出省份领先位置较稳定，与其他省份差距并未加大。

（三）空间演化分析

选择地理距离空间矩阵，利用莫兰指数对新质生产力发展水平检验。结果显示，2022 年 30 个省份主要分布于一二三象限，在第一、三象限的地区空间相关性较强。第一象限“高一高”集聚，主要有上海、浙江等东部省份，表明其自身新质生产力发展水平与邻近地区均处于较高水平；第三象限“低一低”集聚，主要有云南、贵州等西部省份，其自身发展水平较低，邻近地区发展水平也较低。与 2012 年分布相比，2022 年“高一高”集聚省份有所增加，表明我国新质生产力水平的空间相关性逐步增强，区域发展协调性明显改善（见图 6 和图 7）。

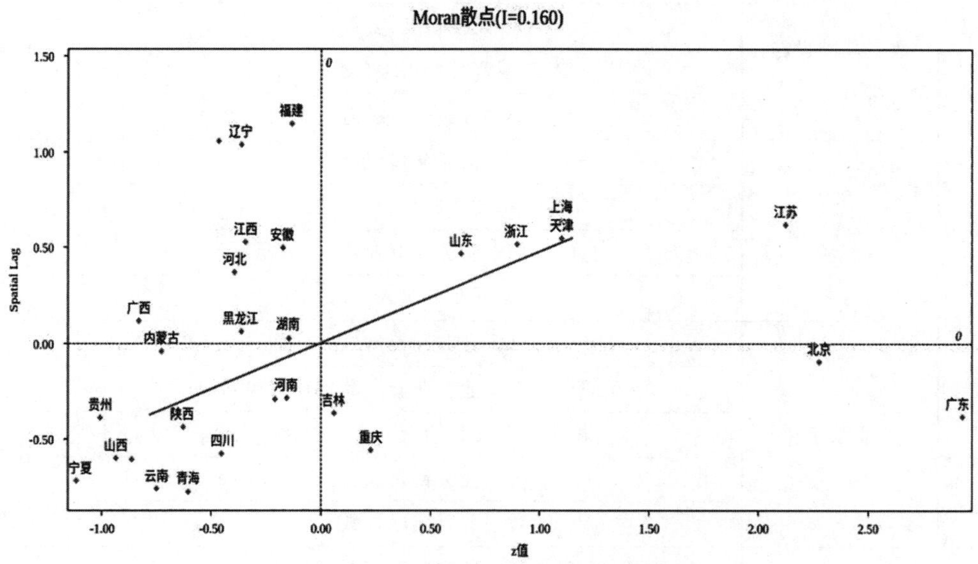

图 6　莫兰散点图（2012 年）

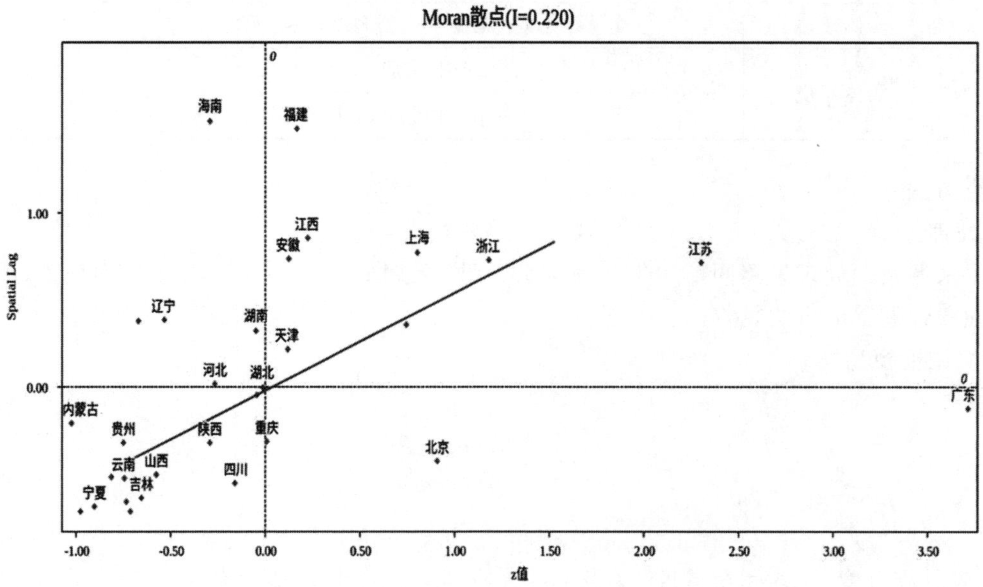

图 7　莫兰散点图（2022 年）

五、省域数实融合耦合协调度测度及分析

实体经济为数字经济发展提供支撑，数字经济促进实体经济创新转型，数字经济与实体经济相互影响。

一方面,实体经济作为国民经济发展基础,为数字经济提供了扎实的物质基础和广阔应用场景,能够不断激发数字经济发展潜能。另一方面,数字经济赋能传统经济实现转型升级,催生新产业和新业态,提高实体经济生产经营效率,促进新质生产力形成。因此,本文先分别构建数字经济和实体经济指标体系,然后采用耦合协调度模型测度二者的协调水平。

(一)指标体系构建

根据中国信通院发布的《中国数字经济发展白皮书》以及相关文献,从数字基础设施、数字产业化和产业数字化等3个维度13个指标构建数字经济指标体系;从实体规模、实体效益、实体环境等3个维度5个指标构建实体经济指标体系。

表2 数实融合水平测度指标体系

一级指标	二级指标	三级指标	性质
数字经济	数字基础设施	移动电话基站数(万个)	正
		光缆长度(公里)	正
		互联网宽带接入端口数(万个)	正
		互联网域名数(万个)	正
	数字产业化	电信业务量(亿元)	正
		邮政业务总量(万元)	正
		电子信息制造业营业收入(亿元)	正
		软件业务收入(万元)	正
	产业数字化	每百家企业拥有网站数(个)	正
		规模以上工业企业新产品项目数(项)	正
		有电子商务交易活动的企业数比重(%)	正
		电子商务销售额(亿元)	正
		数字普惠金融指数(%)	正
实体经济	实体规模	除金融、房地产以外的所有产业增加值/GDP(%)	正
		社会消费品零售总额(亿元)	正
	实体效益	规模以上工业企业利润总额(亿元)	正
	实体环境	工业废水排放量/GDP(%)	负
		工业固体废物综合利用率(%)	正

(二)研究方法

1. 数据处理

本章数据来源及预处理思路同新质生产力部分一致,采用离差标准化进行无量纲处理,采用德尔菲法+熵权法经独立性调整的方法赋权。

2. 耦合协调度模型

$$C = 2 * \sqrt{\frac{E * F}{(E+F)^2}} \tag{3}$$

$$T = \alpha E + \beta F \tag{4}$$

$$D = \sqrt{C * T} \tag{5}$$

其中,C 表示耦合度,T 表示协调度,D 表示耦合协调度。式中 E 表示数字经济发展水平,F 表示实体经济发展水平;α 和 β 为权重,考虑到数字经济和实体经济相互依赖相互促进,同赋予0.5的权重。D 数值越高,数实融合协调水平越高,详见表3。

表 3　耦合协调度等级划分标准

D 值区间	耦合协调程度	D 值区间	耦合协调程度
[0.0～0.1)	极度失调	[0.5～0.6)	勉强协调
[0.1～0.2)	严重失调	[0.6～0.7)	初级协调
[0.2～0.3)	中度失调	[0.7～0.8)	中级协调
[0.3～0.4)	轻度失调	[0.8～0.9)	良好协调
[0.4～0.5)	濒临失调	[0.9～1.0]	优质协调

(三)结果分析

1. 全国及分区域数实融合协调水平

全国数实融合耦合协调度呈稳步上升趋势，从 2012 年失调等级(0.3461)升至 2022 年协调等级(0.5410)。四大区域均不同程度上升，其中，东部地区耦合协调度持续领先，2022 年已经达到中度协调；中部地区上升幅度高于全国，自 2017 年起其耦合协调度跃至全国水平之上，逐步进入协调区间；西部和东北地区相对偏弱，尤其是东北地区协调度上升缓慢，甚至个别年份出现回落(见图 8)。

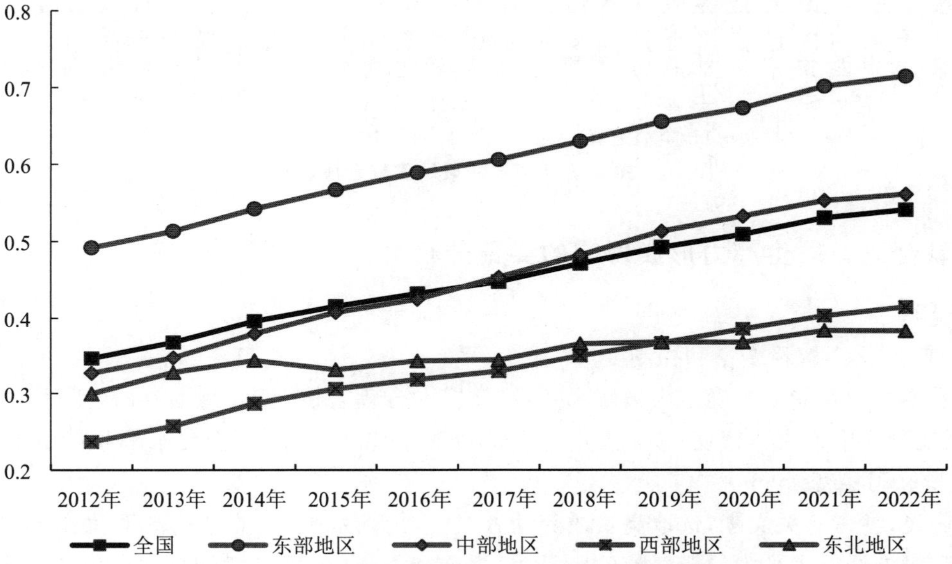

图 8　2012－2022 年全国和四大区域数实融合协调水平

长三角地区 2012 年数实融合水平已经进入协调区间，协调等级逐步上升，2022 年趋近中级协调上限。长江经济带耦合协调度上升趋势较为明显，2012 年处于濒临失调区间，2022 年已经超过初级协调中值，京津冀耦合协调度与 10 年跨度仅次于长江经济带。黄河流域地区整体相对较弱，尽管近些年数实融合度有所提升，但 2022 年等级仍处于濒临失调程度(见图 9)。

区域	2012	2013	2014	2015	2016	2017	2018	2019	2020	2021	2022
京津冀	0.436	0.453	0.481	0.499	0.513	0.528	0.549	0.574	0.586	0.621	0.623
长三角	0.519	0.533	0.568	0.601	0.623	0.643	0.672	0.701	0.730	0.753	0.771
长江经济带	0.416	0.441	0.470	0.500	0.529	0.552	0.581	0.613	0.635	0.652	0.665
黄河流域	0.247	0.270	0.296	0.313	0.325	0.334	0.353	0.365	0.381	0.397	0.405

图 9　2012－2022 年长三角等地区数实融合协调水平

2. 省域数实融合协调水平分析

2017 年 10 月，党的十九大报告明确提出建设网络强国、数字中国、智慧社会，“数字中国”首次被写入党和国家纲领性文件。以2017年为界,本文将数实融合协调水平分为2012—2017年(第一阶段)、2018—2021年(第二阶段)两个阶段研究(图10)。横向看,省域之间数实融合耦合协调度存在明显差异,且第二阶段基本高于第一阶段。纵向看,第一阶段13个省份高于全国均值(0.4009),第二阶段22个省份高于全国均值(0.5089)。

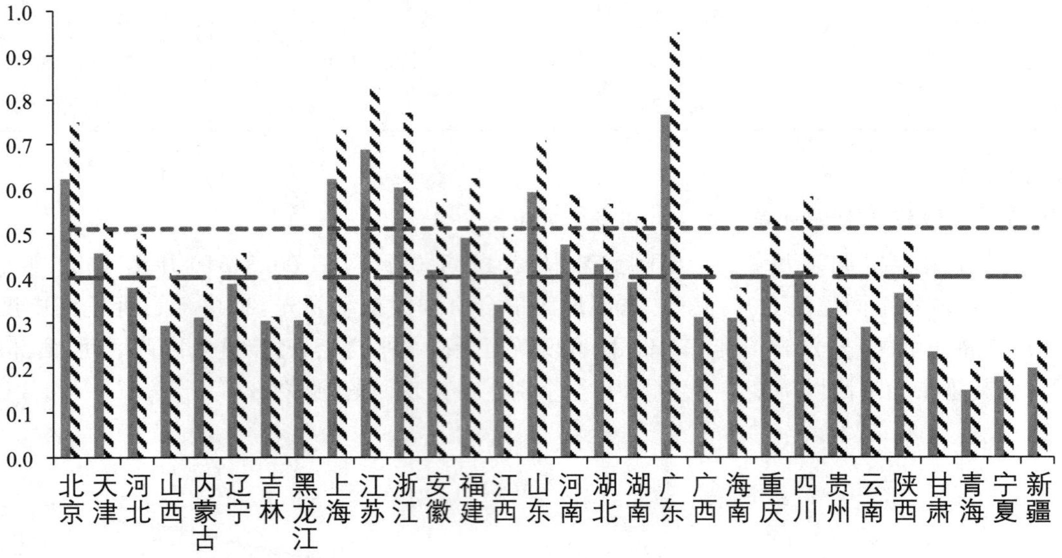

图10 30个省份不同阶段数实融合协调水平

六、数实融合对新质生产力形成影响的实证分析

(一)变量说明

1. 被解释变量、核心解释变量和控制变量

本文将新质生产力发展水平确定为被解释变量,数实融合耦合协调度为核心解释变量。参考相关文献(2024)等,控制变量确定为人口密度、金融发展水平、固定资产投资水平、工业化水平和市场化指数。

2. 中介变量和门槛变量

依据研究假设,参考有关文献,选取高素质劳动者、技术创新水平、产业结构高度化作为中介变量;选取数字经济政策和对外开放水平为门槛变量(见表4)。数据来自国家统计局官网、各省统计年鉴、相关经济数据库等。

表4 变量定义说明

	变量	符号	计算方法
被解释变量	新质生产力发展水平	Newqpf	指标体系测算
核心解释变量	数实融合协调度	DRinteg	
控制变量	人口密度	Popd	地区常住人口/地区行政区划面积
	金融发展水平	Fin	金融机构贷款余额/GDP
	固定资产投资水平	Inv	固定资产投资额/GDP
	工业化水平	Industr	工业增加值/GDP
	市场化指数	Market	樊纲市场化指数
中介变量	高素质劳动者	Inforemp	信息服务业从业人员数
	技术创新水平	Tech	技术市场成交额/GDP
	产业结构高度化	IdustrSup	第一产业增加值占比 * 1+第二产业增加值占比 * 2+第三产业增加值占比 * 3
门槛变量	政策保障	Digpolicy	政府工作报告数字经济词频和
	对外开放	Openl	货物进出口总额/GDP

(二)模型设定

1. 基准回归模型

本文构造面板数据双向固定效应模型，即同时包含个体和时间的双向固定效应模型。模型设定如下：

$$Newqpf_{it} = \alpha_0 + \beta_1 DRinteg_{it} + \beta_i X_{it} + \delta_i + \theta_t + \varepsilon_{it} \tag{6}$$

式(6)中，$Newqpf_{it}$ 表示省份 i 在 t 年的新质生产力发展水平，$DRinteg_{it}$ 为数实融合耦合协调度，X_{it} 为控制变量。α_0 为常数项，β_1 和 β_i 为待估参数，δ_i 为个体固定效应，θ_t 为时间固定效应，ε_{it} 式随机扰动项。

2. 中介效应模型

结合本文研究问题，参考江艇(2022)关于中介效应分析操作方法，选用对被解释变量有直接影响的中介变量，构建其与核心解释变量回归模型以检验作用渠道，而中介变量对被解释变量的影响直接通过现有文献和前文理论分析说明。本文中介效应模型如下：

$$Medvariable_{it} = \alpha_0 + \beta_1 DRinteg_{it} + \beta_i X_{it} + \delta_i + \theta_t + \varepsilon_{it} \tag{7}$$

其中，$Medvariable_{it}$ 表示中介变量。

3. 门槛效应模型

本文主要考察数字经济政策和对外开放水平在二者关系中的门槛效应。

假定存在单一门槛，门槛模型如下：

$$Newqpf_{it} = \mu_0 + \varphi_1 DRinteg_{it} I(q_{it} \leqslant \gamma) + \varphi_2 DRinteg_{it} I(q_{it} > \gamma) + \varphi_i X_{it} + \delta_i + \varepsilon_{it} \tag{8}$$

假定存在多门槛，门槛模型如下：

$$\begin{aligned} Newqpf_{it} = {} & \mu_0 + \varphi_1 DRinteg_{it} I(q_{it} \leqslant \gamma_1) + \varphi_2 DRinteg_{it} I(\gamma_1 < q_{it} \leqslant \gamma_2) \\ & + \varphi_3 DRinteg_{it} I(q_{it} > \gamma_3) + \varphi_i X_{it} + \delta_i + \varepsilon_{it} \end{aligned} \tag{9}$$

其中，q_{it} 是门槛变量，γ 是从方程中分离出 φ_1 和 φ_2 两个回归系数的阈值参数，δ_i 表示个体效应，ε_{it} 表示随机干扰项。

(三)影响效应分析

1. 基准回归结果

模型结果如表 5 所示，F 检验拒绝原假设，表明存在固定效应；Hausman 检验 P 值为 0.0001，拒绝原假设，同时考虑不同省份、时间均会有影响，最终选用双向固定效应模型。列(4)为加入控制变量后的固定效应模型，数实融合系数在 1%的显著性水平上为正，说明数实融合促进新质生产力形成。此外，金融发展、市

表 5 基准回归结果

变量	Newqpf			
	(1)	(2)	(3)	(4)
Drinteg	0.521***	0.417***	0.440***	0.323***
	(26.80)	(11.42)	(12.78)	(7.96)
Popd			0.000**	0.001***
			(2.45)	(6.68)
Fin			0.029***	0.024***
			(2.77)	(2.63)
Inv			−0.017*	0.004
			(−1.78)	(0.47)
Industr			0.178***	0.014
			(4.50)	(0.37)
Market			0.011***	0.004*
			(3.97)	(1.78)
个体固定效应	是	是	是	是
时间固定效应	否	是	否	是
样本量	330	330	330	330
R-squared	0.706	0.830	0.757	0.857

注：***、** 和 * 分别表示在 1%、5%和 10%水平上显著；括号内为 t 值(下同)。

场化指数、人口密度的系数也显著为正，说明地区金融平稳健康发展、市场化水平提高、适宜的人口密度有助于加快形成新质生产力。

2. 结构效应分析

数实融合对新质生产力各二级指标回归模型结果如表6所示，模型拟合效果较好，数实融合对人才创新、科技创新和产业创新的影响在1%的水平显著为正，其中对产业创新的影响效应最大。表明数实深度融合能够提升人才、科技、产业创新水平，对现代化产业体系构建影响深远，进而推动新质生产力发展。

表6 数实融合对新质生产力分项指标的回归结果

变量	(1) TalentInv	(2) TecInv	(3) IdusInv	(4) GreenInv
Drinteg	0.026** (2.54)	0.130*** (8.15)	0.133*** (5.58)	0.020 (1.07)
Popd	0.000*** (3.33)	0.000*** (5.20)	0.000*** (7.52)	−0.000 (−1.41)
Fin	0.009*** (3.76)	0.005 (1.51)	0.005 (1.01)	0.005 (1.26)
Inv	0.004* (1.96)	0.001 (0.18)	0.001 (0.28)	−0.001 (−0.23)
Industr	0.005 (0.53)	0.008 (0.50)	−0.052** (−2.31)	0.052*** (2.94)
Market	−0.000 (−0.46)	0.004*** (4.15)	0.001 (0.52)	−0.000 (−0.02)
R-squared	0.703	0.701	0.699	0.728

3. 异质性分析

受自然资源、地理环境和国家政策等影响，数实融合对新质生产力形成的促进作用可能存在区域差异，按三大地带划分，构建东、中、西部数实融合对新质生产力的回归模型。结果显示，东、中、西部在1%的显著性水平上为正，且东部影响效应最大，中部、西部次之，表明数实融合对新质生产力的影响存在区域差异(见表7)。

表7 三大地带回归结果

变量	Newqpf		
	东部	中部	西部
Drinteg	0.518*** (3.91)	0.290*** (4.68)	0.154*** (4.04)
Popd	0.000** (2.28)	0.001*** (3.43)	0.001*** (3.04)
Fin	−0.015 (−0.73)	0.092*** (5.64)	0.023*** (3.09)
Inv	0.009 (0.38)	−0.021** (−2.47)	0.006 (0.68)
Industr	−0.039 (−0.36)	0.050 (1.22)	0.058 (1.57)
Market	0.005 (0.87)	0.004 (1.05)	0.004* (1.75)
R-squared	0.845	0.963	0.935

4. 稳健性检验

为进一步验证结果的可靠性，采用替换核心解释变量、剔除样本、滞后一期解释变量等方法进行稳健性和内生性检验，结果见表 8。

(1)稳健性检验。

一是替换解释变量，用数字经济发展水平(由前文数字经济指标体系测算)替换数实融合指标进行回归，二是缩短样本观测范围，剔除 2015 年以前样本后进行回归。结果显示，主要变量通过显著性检验，模型拟合效果较好，表明模型相对稳健。

(2)内生性检验。

为防止可能存在的遗漏变量、双向因果关系等内生性问题，采用数实融合滞后一期回归，在一定程度上减弱遗漏变量的影响。表 8 结果表明模型相对稳健，基准回归的结论不存在较大偏误。

表 8　稳健性和内生性检验结果

替换核心解释变量		剔除部分样本		滞后解释变量	
数字经济发展水平	0.074***	数实融合	0.312** (7.53)	滞后一期数实融合	0.296*** (10.35)
样本量	330	样本量	240	样本量	300
R-squared	0.883	R-squared	0.829	R-squared	0.849

(四)机制效应分析

首先进行方差膨胀因子检验，在高素质劳动者、技术创新水平、产业结构高度化这三个路径下，所有变量的 VIF 最大值均小于 10，VIF 均值为 2.74，因此认为变量间不存在多重共线性。中介效应回归结果见表 9。

表 9　中介效应回归结果

变量	信息服务业从业人员	技术市场成交额/GDP	产业结构高度化
数实融合	51.803*** (4.95)	0.047*** (2.71)	0.245*** (6.46)
主要控制变量	YES	YES	YES
R-squared	0.397	0.529	0.859

列(1)为信息服务业从业人员对数实融合的回归结果，通过了 1%的显著性检验，模型拟合效果尚可。表明以信息服务业从业人员数为代表的高素质劳动者，在数实融合对新质生产力的关系中起到中介作用，数实融合催生熟练运用数字技术的高素质劳动者，质和量的不断集聚形成新质劳动者，为新质生产力形成提供人才支撑。假设 1 成立:数实融合催生高素质劳动者促进新质生产力形成。

列(2)为技术市场成交额/GDP 对数实融合的回归结果，通过了 1%的显著性检验，模型拟合效果良好。表明技术创新水平在数实融合对新质生产力的关系中起到中介作用，数实融合加速企业、行业数字化转型，激发提升技术创新水平，为新质生产力形成夯实创新基础。假设 2 成立:数实融合提升技术创新水平促进新质生产力形成。

列(3)为产业结构高度化对数实融合的回归结果，通过了 1%的显著性检验，模型拟合效果较好。表明产业结构高度化在数实融合对新质生产力的关系中起到中介作用，即数实融合助力产业结构优化升级，加速现代化产业体系构建，各种要素配置效率提高，全要素生产率显著提升，为新质生产力形成提供动力和产业基础。假设 3 成立:数实融合助力产业结构高度化促进新质生产力形成。

(五)门槛效应分析

1. 门槛效应检验和门槛值确定

首先检验变量之间是否存在门槛效应，本文参考 Hansen 的“自助法”(Bootstrap)，以反复抽样 1000 次得到 Bootstrap－p 值来判断是否存在门槛效应。

表 10　门槛效应检验结果

门槛变量	门槛个数	P 值	10%临界值水平	5%临界值水平	1%临界值水平
数字经济政策	单门槛	0.0010	10.9282	13.9985	20.6219
	双门槛	0.2780	14.9559	19.1111	29.0005
	三门槛	0.3480	19.7092	24.6629	34.6844
对外开放水平	单门槛	0.0030	33.4567	39.6313	50.0544
	双门槛	0.0890	23.0216	67.7233	112.4536
	三门槛	0.2150	33.4005	40.4483	62.5256

由表 10 和 11 结果知，数字经济政策和对外开放水平均对二者关系存在门槛效应。进一步门槛回归显示，数实融合与新质生产力之间的关系受数字经济政策影响，且存在单门槛效应；同时二者关系也受到对外开放程度的影响，存在双门槛效应。

表 11　门槛估计值和置信区间

门槛变量	门槛估计值	门槛 95%置信区间	P 值
数字经济政策	30	[29 , 31]	0.0000
对外开放水平	0.3588	[0.2166,0.3766]	0.0040
	0.7377	[0.6488,0.7809]	0.0740

2. 数字经济政策和对外开放水平门槛效应分析

实证结果显示，当数字经济政策值大于 30 时，影响系数由 0.3720 上升至 0.4128，表明随着数字经济政策力度加强，研发资金支持、税收优惠和创新奖励等政策红利加速释放，数实融合深度融合，进而对新质生产力形成的促进作用增强。

当对外开放水平值小于 0.3588 时，数实融合对新质生产力的影响系数为 0.4016；当对外开放水平值处于[0.3588,0.7377]时，影响系数小幅提升至 0.4272，边际促进作用有所增强；当对外开放水平值大于 0.7377 时，影响系数跃升至 0.5002，此时边际促进作用最强。表明高水平对外开放下，国内外先进数字技术、创新效应达到最优状态，此时数实融合对新质生产力形成的正向影响最大。假设 4 成立：数字经济政策和对外开放水平在二者关系中有门槛效应。

表 12　门槛变量的面板模型检验结果

门槛变量	门槛区间	Newqpf
数字经济政策	Digpolicy<30	0.3720***
		(7.48)
	Digpolicy≥30	0.4128***
		(8.18)
对外开放水平	Openl<0.3588	0.4016***
		(8.49)
	0.3588≤Openl<0.7377	0.4272***
		(10.85)
	Digpolicy≥0.7377	0.5002***
		(11.34)

3. 门槛模型稳健性检验

通过门槛回归结果进行 LR 图检验，数字经济政策和对外开放水平均存在虚线以下的门槛值，表明本文门槛效应结果相对稳健。

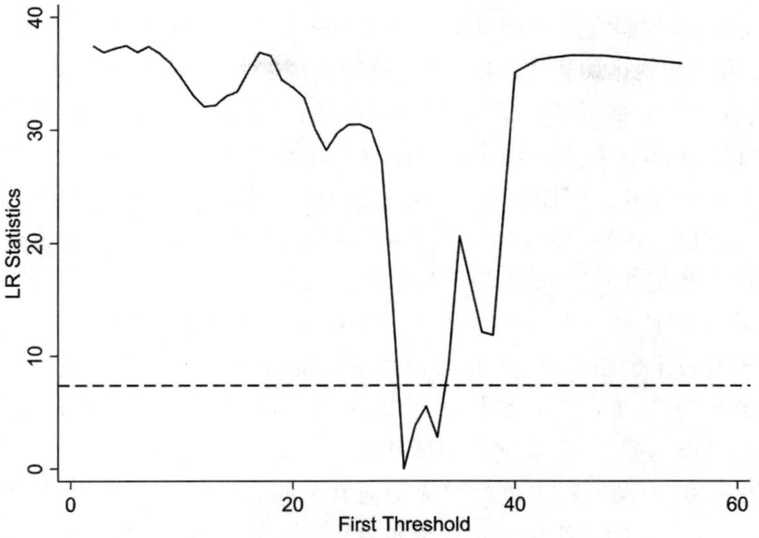

图 11　数字经济政策门槛估计 LR 图

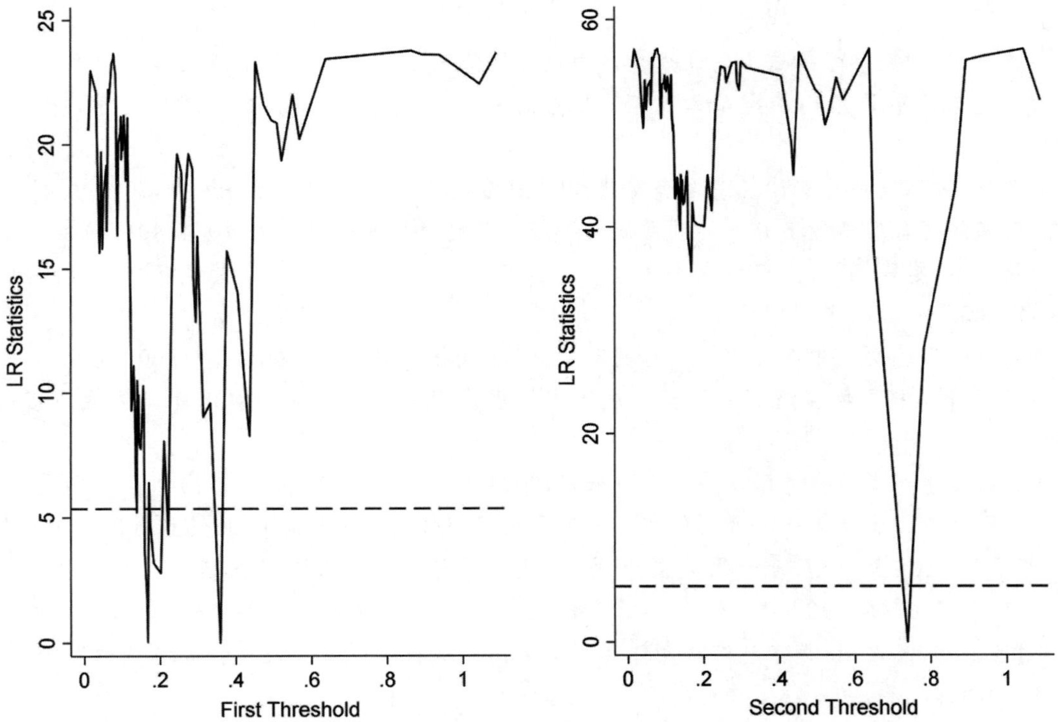

图 12　对外开放水平门槛估计 LR 图

七、研究结论与启示

(一)研究结论

数实融合既是一个涉及技术创新与产业升级的过程,也是新时期驱动生产力质的跃升、促进新质生产力形成的核心动力。研究发现:第一,全国新质生产力发展水平呈稳步上升态势,四大区域间存在明显差距,空间正相关逐渐增强但仍有较大优化空间。第二,全国数实融合协调度不断提升,2017 年"数字中国"提出后更为明显,但融合深度广度有待加强。第三,数实融合能够形成新质生产力效应,这一结论经过内生性、稳健性检验后依旧成立。第四,机制分析表明,数实融合通过催生高素质劳动者、提升技术创新水平、产业结构高度化促进新质生产力形成。第五,门槛效应表明,因地制宜的数字经济政策能够有效提升数实融合对新质生产力的积极影响;高水平对外开放有助于实现数实融合促进新质生产力的最优解。

(二)政策启示

1. 充分发挥地区优势,因地制宜发展新质生产力。研究发现,区域新质生产力水平存在明显差距,空间相关性有待增强。应综合考虑地区的资源禀赋、产业基础等因素,明确新质生产力发展的重点领域,推动优势产业和潜力产业快速发展。加强区域间联动,构建优势互补、协调并进的区域新质生产力发展格局。

2. 着力提升数实融合水平,为壮大新质生产力提供经济土壤。研究发现,虽然数实融合协调度近年逐步增强,但融合深度广度有待提升。应加强数字基础支撑能力,优化信息技术基础设施布局,加大高性能智算供给;健全各类创新主体协同机制,加快融合技术创新突破;以需求为牵引,加速数字技术与实体经济深度融合,为培育新质生产力奠定技术基础和产业基础。

3. 加强人才培养、技术创新和产业结构优化,为培育新质生产力提供支撑。机制分析表明,数实融合通过催生高素质劳动者、提升技术创新水平、产业结构高度化促进新质生产力形成。应加大人才培养和科研投入,增强技术创新活力与动能,推动产业结构转型升级,完善人才、科技、产业政策等体制机制,厚植发展新质生产力的人才基础、创新基础、产业基础和制度基础。

4. 夯实政策和发展环境,为发展新质生产力提供适宜空间。门槛分析表明,数字经济政策和对外开放水平影响数实融合对新质生产力的作用关系。构建包容审慎的数字经济政策,解决数实融合不充分不平衡问题,用好对外开放这关键一招,为发展新质生产力营造良好政策和国际发展空间。

【参考文献】

[1] 方敏,杨虎涛.政治经济学视域下的新质生产力及其形成发展[J].经济研究,2024,59(03):20—28.
[2] 龚晓莺,严宇珺.新质生产力的基本意涵、实现机制与实践路径[J].河南社会科学,2024,32(04):15—22.
[3] 郭晗,全勤慧.数字经济与实体经济融合发展:测度评价与实现路径[J].经济纵横,2022,(11):72—82.
[4] 高培培.数字经济与实体经济融合协调发展水平统计测度[J].统计与决策,2024,40(05):28—32.
[5] 韩文龙,张瑞生,赵峰.新质生产力水平测算与中国经济增长新动能[J].数量经济技术经济研究,2024,41(06):5—25.
[6] 江艇.因果推断经验研究中的中介效应与调节效应[J].中国工业经济,2022(5):100—120.
[7] 李勇,蒋蕊,张敏.中国数字经济高质量发展水平测度及时空演化分析[J].统计与决策,2023,39(04):90—94.
[8] 李俊.发展新质生产力须内外联动[J].经济杂志,2024.
[9] 卢鹏.数实融合驱动新质生产力涌现的逻辑与实践进路[J/OL].电子政务,1—11[2024—06—19].
[10] 卢江,郭子昂,王煜萍.新质生产力发展水平、区域差异与提升路径[J/OL].重庆大学学报(社会科学版),1—16[2024—06—19].
[11] 米国芳,吕淼鑫,苏坤荣.数字经济与实体经济融合的碳减排效应——来自我国省域的经验证据[J].统计学报,2024,5(02):12—26.
[12] 任保平.以数字新质生产力的形成全方位推进新型工业化[J].人文杂志,2024,(03):1—7.
[13] 金灿阳,徐蔼婷,邱可阳.中国省域数字经济发展水平测度及其空间关联[J].统计信息与论坛,2022,37(6):11—21.
[14] 陶长琪,丁煜.数字经济政策如何影响制造业企业创新—基于适宜性供给的视角[J].当代财经,2022(3):16—27.
[15] 周文,许凌云.论新质生产力:内涵特征与重要着力点[J].改革,2023,(10):1—13.
[16] 王朝科.从生产力到新质生产力——基于经济思想史的考察[J].上海经济研究,2024,(03):14—30.
[17] 王雅洁.加快形成新质生产力:关键环节、风险挑战与实现路径[J].内蒙古社会科学,2024,45(02):141—148.
[18] 王珏,王荣基.新质生产力:指标构建与时空演进[J].西安财经大学学报.2024,37(01):31—47.
[19] 王曼,李明亮,李锦.数实融合对区域经济韧性的影响——基于中介效应和空间溢出效应[J/OL].资源开发与市场,1—15[2024—06—19].

[20] 张哲，李季刚，汤努尔·哈力克. 中国新质生产力发展水平测度与时空演进[J]. 统计与决策，2024，40(09)：18—23.
[21] 王鹏. 数实融合：开启新质生产力新时代[J/OL]. 第一财经，2024.
[22] 吴文生，荣义，吴华清. 数字经济赋能新质生产力发展——基于长三角城市群的研究[J]. 金融与经济，2024(4)：15—27.
[23] 吴继飞，万晓榆. 中国新质生产力发展水平测度、区域差距及动态规律[J]. 技术经济，2024，43(04)：1—14.
[24] 解学梅，朱琪玮. 企业绿色创新实践如何破解"和谐共生"难题？[J]. 管理世界，2021，37(1)：23.
[25] 俞红海，徐龙炳，陈百助. 终极控股股东控制权与自由现金流过度投资[J]. 经济研究，2010(8)：12.
[26] 张帅，吴珍玮，陆朝阳等. 中国省域数字经济与实体经济融合的演变特征及驱动因素[J]. 经济地理，2022，42(07)：22—32.